キッシンジャー
回復された世界平和

A World Restored

Henry A. Kissinger

【著】ヘンリー・A・キッシンジャー
【訳】伊藤幸雄

July 7, 1976

Dear Professor Inoki:

As you well know, history neither repeats nor perfectly recapitulates itself. Nonetheless, foreign policy situations and problems do recur. Thus the relevance of history to the craft of diplomacy.

In *A World Restored*, I analyzed the efforts made by European statesmen to recreate a moderate international system out of the disorder and devastation unleashed by the French revolution and Napoleonic wars. The international conditions which Castlereagh and Metternich confronted were unique, as were the national situations which shaped their policies. The contemporary international order is marked by quite different characteristics and new complexities. Yet statesmen today face similar challenges. As in 1815, a nation's security cannot depend merely on the self-restraint of its neighbors; peace can be achieved and sustained only if there is a balance of forces; a durable international order must rest on political arrangements in which all important powers recognize a stake; prudence still requires that nations do, in peacetime, the most good to each other and, in conflict, the least harm possible, without jeopardizing their genuine interests. I trust that this book will help to illuminate for Japanese readers the enduring problems associated with the task of establishing a just and stable international order.

I thank you for your assistance in facilitating the publication of this volume in Japan.

Best regards,

Henry A. Kissinger

Professor Masamichi Inoki,
The National Defense Academy,
Yokosuka, Japan.

日本語版に寄せて

拝啓

御承知のように、歴史はくりかえすこともなければ、完全に再現することもありません。それにもかかわらず、外交政策上の状況や問題がくりかえして現われることもたしかです。だからこそ外交の技術には歴史が意味を持ちます。

『回復された世界平和』において、私はフランス革命とナポレオン戦争によって引き起こされた無秩序と荒廃の中から、何とか国際社会のシステムを再建しようと苦心したヨーロッパの政治家たちの努力を分析しました。カースルレイとメッテルニヒとが直面した国際社会の諸条件も、彼等の政策を形成したそれぞれの国の状況も独特のものでした。現代の国際秩序は、全く違った特徴と新たな複雑さを持っています。しかし、今日の政治家たちは当時とよく似た挑戦に直面しているのです。一八一五年と同じように、一国の安全は、その隣国の自制心だけを頼りにするわけにはまいりません。力の均衡が存する場合にのみ、平和を確保し、維持することができます。持続的な国際秩序は、すべての重要な利害関係諸国が承認するような政治的協定に基礎を置かなければなりません。諸国民は、平和時には互いにできるだけ善行にはげみ、紛争に際しては自国の真の利害を危険にさらさないようにしながら、互いにできるだけ傷つけあわないようにすることが要請されます。公正で、かつ安定した国際秩序を確立するという任務に関する永続的な諸問題を日本の読者に解明するのに、本書が役立つことを私は確信する次第です。

本書の日本での刊行を促進された貴殿の御支援に感謝いたします。

敬具

一九七六年七月七日

ヘンリー・A・キッシンジャー

猪木教授殿

推薦の言葉

猪木正道

アメリカ合衆国の国務長官ヘンリー・キッシンジャー博士ほど極端に対蹠的な評価を受けている人はすくない。一九七一年七月にパキスタンから忍者のように北京入りした時、第一期の戦略兵器制限交渉をまとめあげた時、ヴェトナムから米軍を引上げるパリ協定にこぎつけた時、そしてシナイ半島からのイスラエル軍の段階的撤兵に関するエジプトとイスラエルとの交渉を成立させた時、キッシンジャー博士は、大天使のようにあがめたてまつられたかと思うと、大悪魔としていみきらわれた。二百年の米国史上最大の国務長官という評価がある一方では、戦略兵器の分野でソ連の優位に途を開き、ヴェトナムも、アンゴラも失った腰抜けという酷評も行われている。

国務長官としての、そしてまた大統領特別補佐官としてのキッシンジャー博士の業績を正当に評価する仕事は、後世の歴史家に委せなければなるまい。しかし政治学者としてのキッシンジャーと外政家ないし政治家としてのキッシンジャーとの関係を論ずることは、今日でも充分可能である。なぜならば、キッシンジャー博士の場合、学者がたまたまアメリカ外交に関与したわけではなくて、ハーヴァード大学の教授時代から彼は他日国務長官に就任する心組みで国際政治を研究していたといわれるからだ。何人かのハーヴァード大学関係者から、私はこのことを聞いた。

「ハーヴァード大学教授時代のキッシンジャー博士と国務長官のキッシンジャー博士とは、どんな点が違うか?」と聞かれて、彼の旧同僚の一人が、「全く違わない。ハーヴァード時代からヘンリーは国務長官のつもりだった」と答えた話は有名である。

キッシンジャー博士の場合、彼の研究は彼の外交の前提であり、彼の政策は彼の理論の実践にほかならない。では国際政治に関するキッシンジャー博士の理論はどんなものであろうか? 彼は一九五七年に "A World Restored" と "Nuclear Weapons and Foreign Policy" という二つの著書を以て米国の内外で高い名声をかちえて以来、"The Necessity for Choice" (一九六一年)、"The Troubled Partnership" (一九六五年)、および "American Foreign Policy" (一九六九年) 等の書物をはじめたくさんの論文を発表して、そのつど注目されてきた。

しかし数多いキッシンジャー博士の著作の中で、学問的にもっとも大きな価値を持っているのは、疑いもなく処女作 "A World Restored" すなわち今回伊藤幸雄氏の手で日本語に移された本書である。同じ年に公刊され、すでに日本版が出ている『核兵器と外交政策』の方が段違いに有名だが、キッシンジャー外交の理論的基礎はそこには見出せない。〝正統制原理〟と〝力の均衡〟というキッシンジャー外交の二本の柱は、『回復された世界平和』と題する本書において確立した。フランス革命とナポレオン戦争とで滅茶苦茶に破壊された世界秩序を、メッテルニヒとカースルレイとが、〝正統制原理〟と〝力の均衡〟という二本の柱の上にどのようにして再建したかについて、キッシンジャーは本書の中で力強く描写し、熱っぽく説いている。この書物を書くうちに、メッテルニヒがキッシンジャーにのりうつったといっても恐らく過言ではあるまい。

二十世紀の最も偉大な社会科学者——の少くとも——一人といわれるシュンペーター教授は、社会科学者の場合、ヴィジョン（Vision）を生み出せるのは二十代までで、その後はただトゥール（Tool工具）をみがくことができるだけだという意味の言葉を残している。いかにも『経済発展の理論』を創造した学者らしい名言だと思う。キッシンジャー博士の場合に、これをあてはめると、一九五七年公刊の『回復された世界平和』において、彼はヴィジョンを生み出し、その後今日にいたるまでトゥールをみがき続けているということになるだろう。

一九二三年五月二七日にドイツで生れたキッシンジャーは、一九五七年には三十代に入っていたけれども、彼がアメリカに亡命後、第二次世界大戦直後のドイツ占領軍に参加し、復員後ハーヴァード大学に入り、普通の学生よりも五年も遅れて卒業していることを考慮すれば、『回復された世界平和』の中で展開される〝正統制原理〟と〝力の均衡〟というキッシンジャー外交のヴィジョンが育ったのは、シュンペーターのいう二十代の末期であったといってよいと思う。

キッシンジャー博士はしばしば現代のメッテルニヒだといわれる。さきにもふれたように、キッシンジャー自身がメッテルニヒ外交を分析し、理解し、描写しようと努めるうちに、メッテルニヒになりかわったのではないかという印象を読者に与えることはたしかである。メッテルニヒが「十三才までオーストリアを見たこともなかったし、十七才までオーストリアに住んだこともなかった」(二四頁)という叙述は、キッシンジャー博士とアメリカ合衆国との関係を想起させる。

またキッシンジャーが本書の四四頁以下で、くりかえし、くりかえしメッテルニヒの〝敵との提携政策〟についてふれ、〝敵との提携〟という離れ技は、「道義的強さを確信している国か、さもなければ、道義的無力を知り、自失の状態にある国だけがよくとりうるにすぎないのである」と説いている点は、キッシンジャーの対ソ・対中外交を理解する手がかりを与えてくれるはずだ。「敵と提携する政策は、大きな凝集力と高い士気を持った社会でなければ、成功裡に実行することはできないだろう。なぜならば、そのような政策は、反逆と思われないだけの指導力の面での自信を前提とするからである」(四五頁)と論じているあたりには、ウォーターゲート事件の破局を境にして、キッシンジャー外交が神通力を失ったかのように見える秘密を解くかぎがひそんでいそうである。

結びの第十七章で、キッシンジャー博士は、「従って、ステーツマンシップは、着想の問題ばかりでなく、実行の問題をも含むのである。すなわち、何が望ましいヴィジョンであるかを見抜く能力とともに、何が達成可能であるかを見定める能力をも必要とされるのである。カースルレイとメッテルニヒが、正義にかなうものと可能なもの、国際的正統性と国内的正統性とを調和させようとしたその努力についての記述は、政治家としての彼らの物語であり、彼等が維持したいと心から願っていたものの永久性を達成することに失敗したことは、人間としての彼らの物語りである。」と説いている。奇しくもここにキッシンジャー外交そのものに対する彼自身による評価が行われていると感ずるのは、私だけではあるまい。

このように考えてくると、わが国ではよきにつけ、悪しきにつけ、キッシンジャー外交の評判ばかり高くて、その解明に不可欠な本書の内容がほとんど知られていなかったのは不思議というほかはない。三年前に西尾末広氏の紹介で、同氏の元秘書伊藤幸雄氏にはじめてお目にかかった際、伊藤氏はランカスター大学への留学を熱望しておられた。国際政治、特に安全保障論と戦略論を本格的に勉強したいという伊藤氏の熱意に打たれて、私はランカスター大学へ推薦した。その際伊藤氏が本書を訳了しておられることを知り、私は原書房の成瀬社長にその出版を御願いして快諾をえた。伊藤幸雄氏のなみなみならぬ努力と成瀬社長の御好意により、キッシンジャー博士の処女作であり、最上の著作でもある本書の日本版が公刊されることを、私は日本の読者とともに喜びたい。
キッシンジャー外交の歴史的評価は別として、〝正統制原理〟と〝力の均衡〟という本書の二つの柱は、国際政治の怒濤をまともに受けようとしている今日の日本国民にとってぜひとも理解しなければならないものだからである。

昭和五十一年七月二十日

はじめに

本書執筆に当り、多くの方々から、その専門分野からの助言と善意による援助をしていただきました。とくに次の諸氏に心から感謝の意を表します。

マクジョージ・バンディ氏には、氏との数多くの会話を通じ、大いに発奮させられるとともに、本書の内容に対し批評をしていただきました。

カール・J・フリードリッヒ氏は、筆者の歴史の研究と政治の研究とを結びつけようとする意図に対し、理解を示し、激励してくれました。

クラウス・エプスタイン氏には、本書のすべてにわたり目を通していただき、氏の歴史に対する深い造詣から、筆者の速断のあるものを訂正していただきました。

スティーブン・グローバード氏にも一部を読んでもらい、多くの夕げの会話を通じて刺激されるところがありました。

ジョン・コンウェイ氏の保守主義の本質に関する該博な解釈から教示されるところがありました。

コリン・ライマン嬢には、全原稿の校正と有益な助言をしていただき、ナンシー・ジャーヴィー嬢には、原稿のタイプをお願いしました。

それに、妻の忍耐と、献身がなければ本書の完成はありえませんでした。

最後に、本書を、筆者が、学問的にも人間的にも報いることの出来ないほどの恩恵を受けているウィリアム・Y・エリオット教授に捧げるものです。

言うまでもなく、本書の欠点は、すべて筆者の責任であります。

ヘンリー・キッシンジャー

目次

日本語版によせて……………………ヘンリー・キッシンジャー
推薦の言葉………………猪木正道
はじめに
第一章　序論………………………………1
外交の限界――安定した国際秩序のための諸要素――ステーツマンシップの挑戦
第二章　大陸国の政治家………………13
メッテルニヒの個性――国際関係に対するメッテルニヒの見解――初期の外交経歴――外務大臣就任――〝敵との提携政策〟の本質――ロシアでのナポレオン敗北の意味
第三章　島国の政治家……………………63
カースルレイの個性――国際関係に対するカースルレイの見解――

第四章　メッテルニヒと政治的均衡の定義……87

カースルレイとイギリスの国内体制――メッテルニヒの調停案に対するカースルレイの反応――ピットの構想

メッテルニヒの調停政策――オーストリアの戦術についてのメッテルニヒの定義――クネーセベックの覚書――ロンドンと同盟国司令部への使節にあてたメッテルニヒの訓令――アレキサンダーとの折衝――政治的均衡についてのメッテルニヒの概念――シュヴァルツェンベルグへの訓令――戦争のための理由と講和の本質

第五章　連合の結成……125

メッテルニヒとオーストリアの国内体制――正統性秩序と革命的秩序との関係――現状維持国家の政策の表明――オーストリアの調停開始――正統性秩序と革命的秩序における交渉の機能――ドレスデンの会見――プラハ会議――メッテルニヒ外交の本質

第六章　同盟を試めす仕事……165

連合についての島国の考え方――メッテルニヒに対するカースルレイの不信感――ポーランド問題――カースルレイの一般的同盟の構想――連合の戦争に関する諸問題――フランクフルト提案――大陸へのカースルレイ使節

第七章　連合の危機……203
同盟に対するカースルレイの見解――戦争目的の機能――連合の〝正統性〟――カースルレイとメッテルニヒとの理解――ラングルにおける協議――シャティヨン会議――その第一段階――トロワーにおける協議――戦争目的の決定
第八章　ショーモン条約と平和の本質……239
シャティヨン会議――その第二段階――カリスマ的支配の因果応報――ショーモン条約――ブルボン家の王制復活――回顧的講和と展望的講和――第一回パリ条約
第九章　ウィーン会議……267
安定的な講和の諸要素――安全保障と正統性――ウィーンにおける外交官の顔ぶれ――手続問題――ポーランドをめぐる交渉――サクソニーをめぐる交渉――カースルレイの国内政治面での困難――四大国会議へのタレイランの参加――一月三日の秘密同盟――最終的解決――正統性秩序の構築
第十章　神聖同盟と安全保障の本質……319
ナポレオンのエルバ島脱出とヨーロッパの結束――戦争の正統化

――集団安全保障の諸問題――第二回パリ条約――四国同盟と神聖同盟――政治家と予言者―その一

第十一章　メッテルニヒと保守主義者のジレンマ……347
保守主義と革命――義務と忠誠の概念――理性的保守主義者と歴史的保守主義者――憲法の本質に対するメッテルニヒの思想――革命の本質に対するメッテルニヒの考え方――保守主義者のジレンマ――オーストリアの国内体制――ステーツマンシップと官僚行政

第十二章　エイクス・ラ・シャペル会議と平和の組織化……387
正統性秩序における外交――新しい国際秩序の構成要素――オーストリア・イギリス協調の基礎――社会斗争と政治斗争――エイクス・ラ・シャペル会議への訓令――会議の争点――会議の結論

第十三章　カールズバード条例と中央ヨーロッパの支配……415
オーストリアの中央ヨーロッパに対する関係――ドイツの組織化――ドイツ統一への期待感の消滅――コッツェビュの暗殺――テプリッツとカールズバードにおける協議――諸国の反応――オーストリアとイギリスの協調関係の限界

第十四章　トロパウ会議とヨーロッパの組織化……441

〝メッテルニヒ体制〟の講造——革命に対するイギリスの考え方——ナポリの革命——メッテルニヒのジレンマ——神聖同盟の解釈——トロパウ会議——カースルレイの反応——メッテルニヒの勝利

第十五章　ライバッハ会議とヨーロッパ政府……481
メッテルニヒ外交の戦術——ライバッハ会議——その第一段階——その第二段階——カースルレイと同盟——ピエモンテの革命——メッテルニヒの政策の再声明——外交の不毛性——ヨーロッパの結束

第十六章　ギリシアの反乱……507
ギリシアの反乱——その第一段階——その第二段階——神聖同盟の再解釈——カースルレイの同盟への復帰——ハノーヴァーでの会見——アレキサンダーへのメッテルニヒの訴え——タチチェフとメッテルニヒの交渉——招待状と覚書——島国の政策と大陸国の政策との矛盾の認識

第十七章　ステーツマンシップの本質……551
会議方式の終焉——政治家と予言者—その二——カースルレイとメッテルニヒのステーツマンシップの教訓——ステーツマンシップの本質

新装版のための解説
「ヘンリー・A・キッシンジャーとその国際秩序観」石津朋之……587
引用文献……615
索　引……630

※　本書は一九七九年刊行『回復された世界平和』を改装のうえ、あらたに解説を付したものです。

第一章　序　論

外交の限界——安定した国際秩序のための諸要素——ステーツマンシップの挑戦

Ⅰ

熱核兵器による人類の絶滅という脅威にさらされている時代からみれば、外交がそれほどひどい罰をもたらさなかった時代、すなわち、戦争が限定され、破滅などほとんど考えられなかった時代に懐かしさを感じたとしても驚くにあたらない。そのような今日の環境においては、平和を達成することが、最大の関心事となるか、平和が必要であるとの認識自体が、平和を達成するための原動力を生み出すだろうと考えたとしても不思議ではない。

しかし、平和を達成することは、平和を祈求することのようには簡単ではない。歴史を振り返ってみれば、それが、ネメシス（訳注1）のように見えるのも理由がない訳ではない。というのは、人間の望みをわざと違った形でかなえるか、あるいは、あまりにも完全に人間の望みに応えることによって、人間に罰を与えるからである（訳注2）。振り返ってみれば、最も平和だったと思われる時代は、最も平和への探求が少なかった。平和への探求が果てしなく続くように思われる時代が、平和を達成するのが、最も困難なように思われる。一ヵ国か、いくつかの国からなるグループが、平和――戦争を避けること――を、その第一の目標としていた時は必ずと言っていいほど国際組織は、国際社会の中の最も残酷な国家の意のままにされてきた。ある主義に対して、たとえ平和のためであっても、妥協することができないと国際秩序が確認した時には、少なくとも、力の均衡にもとづく安定だけは考えられたのである。

とすれば、一般的に言って、安定は、平和の探求からもたらされたのではなく、あまねく受け入れられている正統性によってもたらされたものと言えるだろう。ここで使われた〝正統性〟という言葉は、正義と混同されてはならない。それは実行可能な諸解決の内容、それに外交政策の許される目的およびその手段についての国際的な合意を意味しているにすぎない。つまり、あらゆる主要大国による国際秩序の枠組みの承認を意味するのである。少なくとも、ヴェルサイユ条約(訳注3)後のドイツのように、革命的外交政策で、その不満を表わすほどの大きな不満をもった国はないという程度の意味である。正統性にもとづいた秩序においては、戦争が不可能なのではなく、戦争の範囲が限定されるということである。戦争は起るかもしれないが、戦争は、存在する体制の名のもとに斗われ、そのあとに来る平和は、〝正統性〟つまり一般的合意をよりよく表わしたものとして正当化されるのである。伝統的意味での外交――交渉を通じて意見の相違を調整すること――は、〝正統性〟にもとづいた国際秩序においてのみ可能なのである。

国際秩序や、それを正統化しようとする手段を抑圧的と考えるような国が存在するときは常に、そのような国家と他の諸国との関係は、革命的なものとなる。そのような場合は、争われる問題は、与えられている秩序の中での意見の相違を調整することではなく、秩序それ自体が争われることになる。調整を図ることは可能かもしれないが、それは、必然的に起る対決の場での自己の立場を強固にするための戦術的策略と考えられるか、あるいは、敵の士気をそぐための手段と考えられるのである。たしかに、革命勢力の行動の動機が自分を守るための防御にあるというのももっともだし、革命勢力が、他から脅威を感ずると言明するのも、もっともである。しかし、革命勢力のきわ立った特徴は、他から脅威を感じること――そのような感情は、主権国家からなる国際関係の本質上、本来的に存在するものであるが――にあるのではなく、革命勢力を安心させるものがありえない、というところにあるのである。絶対的な安全保障――敵を完全に無力にすること――のみが、十分な保障と考えるようになり、かくして、絶対的な安全保障を求めようとする一ヵ国の欲望は、他のすべての国家にとっては、絶対的な不安を意味することになるのである。

外交は、力の行使を制限する技術であるが、それは、そのような環境においては機能することは出来ない。〝善意〟と〝合意に達しようとする意思〟さえあれば、外交が常に国際紛争を解決することが出来ると考えるのは誤りである。というのは、革命的な国際秩序においては、それぞれの国家は、その相手国が、明らかにそのような資質を欠いていると思うからである。外交官同士はまだ会うことは出来るが、お互いに説得することは出来ない。というのは、彼らは同じ言葉を話すのをやめてしまうからである。合理的な要求について合意出来ないところでは、外交交渉の会議は、それぞれの基本的立場を無意味に繰り返したり、悪意にみちた非難の場となるか、あるいは、〝不合理〟かつ〝破壊的な〟主張の場となるのである。しかも、その会議は、その時点で、まだ態度を明らかにしていない国々を敵対しているいずれかの側に抱き込もうとする巧妙な舞台となってしまうのである。

このことは、長い間の安定に慣れ、破滅の経験をもたない国々にとっては得がたい教訓である。そのような国々は、永久に続くと思われる安定によって、思考方法が穏健になっているので、革命勢力が口にする既存の枠組みを破壊するという主張を、額面どおりに受け取ることはほとんど出来ないのである。従って、現状維持勢力が、革命勢力に対処する場合、たいがい、革命勢力の宣言が、あたかも、単なる戦術的なものであり、実際には、存在する正統性を受け入れるつもりはあるが、ただ交渉上のかけ引きの目的で、問題を誇張しているかのように考えたり、あるいは、革命勢力が、あたかも、ある特定の不満で動機づけられており、そこで一定の譲歩をすれば、それで満足でもするかのような考え方で、取り組み始めがちなのである。だから、近づきつつある危険を事前に警告する者が、むやみやたらと騒ぐやからとみなされ、状況に順応するよう説く者が、つり合いのとれた健全な考え方の持ち主と思われるのである。というのは、穏健な主張をする人々は、存在する枠組みの中で正当なものとして受け取られてきたあらゆる〝合理的な理由〟をもち出すことが出来るからである。従って、〝宥和政策〟——時をかせぐ手段以外の場合の——というものは、結局、際限のない目的を追求しようとする革命勢力の政策と真正面から取り組むことが出来ないことを意味するのである。

ところが、革命勢力の本質は、革命勢力が、その信念からくる勇気をもっており、しかも、どんなに過激な理論でもそれを実現しようとする意志というよりも情熱をもっていることにある。従って、革命勢力が何をするにせよ、国際秩序の正統性を破壊しないまでも、少なくとも国際秩序が機能するその抑制力を破壊しがちなのである。安定した秩序の特徴は、それが自然発生的なものであるが、革命的状況の本質は、それが意識的にもたらされたものである。正統性にもとづいた時代においては、社会や国家に対する義務は、当然のこととして受け取られているので、それについて議論が斗わされるということはない。そのために、そのような時代は、後世から見れば、浅薄で独善的なものに思えるのである。革命的状況においては、理論がきわめて重要性をもつので常に論議の対象となるのである。しかし、そのような議論をしても結局は何も生み出さないので、理論の意義が失なわれ、議論をしている双方が、同じ言葉を用いながら、正統性の〝真の〟本質についてのお互いの解釈を主張し合っているのを見るのはめずらしいことではない。かくして、革命的状況においては、相対立する体制は、意見の相違を調整することよりも、それぞれの体制への忠誠心がくつがえされはしないかとおそれることになるため、外交にとって代って、戦争か軍備拡張競争が起るのである。

(訳注1) 古代ギリシア神話における応報天罰の女神。高慢な者や激怒する者を罰し、不義にして富む者に対しては、損害を与えることによって幸運と不運のつり合いを保ち、破られた均衡を回復するよう人間の行動を導く運命の女神。

(訳注2) 本書では、この具体例として、最終章第一節に、メッテルニヒが、自己の目的を達成し得意の絶頂に立った瞬間に、自分の最高の理解者であるとともに、自分の政策を遂行する際の盟友であったカースルレイを失ったことがあげられている。しかし、著者の次の著作「核兵器と外交政策」では、その冒頭に、「ギリシア神話では、神は、人間の望みをあまりにも完璧にかなえることによって人間を罰することがある。まさにこの罰の意味する皮肉を経験するのが核時代である。人類の歴史を通じて、人間は、たえず力の不足に悩まされつづけ、新たなエネルギー源の開発とその採用に全力を傾注してきた。わずか五十年前には、力の過剰などということは思いもよらなかったことであろう。従って、万事は核をいかにうまく、分別をもって用いることができるかにかかっているのである」と述べているように、この表現は、著者の関心と視点が核時代の国際関係にあることを象徴するモチーフのように思える。

(訳注3) 第一次大戦後、一九一九年六月二八日、ドイツと連合国との間に結ばれた講和条約で、主な条件は次のとおり。ドイツは、植民地のすべてを放棄し、委任信託統治領とする。アルザス、ローレイン二州を

フランスへ返還、オイペン・マルメーディー地方をベルギーへ割譲、北シュレスヴィッヒでの国民投票、プロシア領ポーランド、東プロシア、上部シレジアをポーランドへ割譲、ダンツィヒを割譲し国際連盟の統治下におく、フルチン付近の領土をチェコスロバキアへ割譲、メーメル市をリトアニアへ割譲、ザール地方を一五年間フランスの占領下に置いたのち国民投票、ラインラントの非武装化と一五年間連合国による占領、莫大な賠償金（一九二一年に六六億ポンドとその利息と決められたが、多くの市場を失った敗戦国にかかる多額の賠償金を課すことにケインズなどの経済学者が批判を加えていた）、さらに軍備については、陸軍を十万人に制限、参謀本部、徴兵制、戦車、飛行機、重砲、毒ガスの禁止、海軍艦艇の個艦排水量一万トン以下に制限、潜水艦、航空兵装の禁止、ドイツ、オーストリア両国の統一の禁止、戦争原因をドイツの責任とし、元皇帝、戦争指導者を裁判に付すなどの規定がもうけられていた。ドイツは、この条約に対し異議を申し立てたのち署名したが、フランス、イギリス国内には、このような条件でさえ厳しくはないとする世論があった。他方、アメリカ議会は批准を拒否した。著者は、苛酷な講和には批判的である。

II

本書は、以上のような問題を、鮮明に浮彫りにした十年間、すなわち、フランス革命戦争の結果とその余波を取り上げようとするものである。革命勢力が出現し、従来の言葉のもつ意味を変え、最も身近かなものと考えられていた諸関係の意義さえも変えてしまうような思潮によってもたらされたジレンマを、これほどよく示している時代はなかった（訳注1）。新しい哲学は、既存の義務構造を鋳直すと主張し、フランス革命が、この主張を実行に移し始めたのだった。ルソー（訳注2）によって、「権威に正統性を与えているものは一体何か？」という問題が、政治の根本的課題として提示された。彼の反対者たちは、この問題を消し去ろうとしたが結局出来なかった。この時以来、争いはもはや、受け入れられている枠組みの中で、意見の相違を調整することではなく、その枠組みそれ自体が正しいかどうかという枠組みの妥当性が争われることとなったのである。換言すれば、政治斗争は、理論的なものになったのである。十八世紀を通じて精緻に作用してきた力の均衡は、急激にその柔軟性を失ない、自国の政治理論と他の諸国のそれとは相容れないと公言するフランスと対決するには、従来のヨーロッパの力の均衡は、十分な防御力ではないと思われるようになった。しかも、フランスの正統な支配者をかつての地位に復位させようとしたプロシアとオーストリアの中途半端なやり方は、革命の情熱《エラン》を一段と煽りたてたにすぎなかった。神の恩寵を受けた絶対専制君主でさえ、想像も出来なかった徴兵制度にもとづいたフランス軍は、自国に侵入した外国軍を打ち破り、逆にロー・カントリー(訳注3)を侵略したのだった。そのような時に、フランス革命の精神的主張を現実のものにしようとする一人の征服者が現れたのだった。すなわち、ナポレオン(訳注4)の影響力の下にあっては、十八世紀の正統性にもとづく体制が崩壊したばかりでなく、それによって、少なくとも、その時代に生きた者にとっては、安定の前提条件と思われた物理的な防衛力も失なわれてしまったのである。

しかしながら、ナポレオン帝国は、その広大な版図にもかかわらず、征服された人々に受け入れられないという征服国家のもつ脆さを示すこととなった。ナポレオンは、既存の正統性についての概念を打倒することには成功したが、それに代るものを打ち建てることが出来なかった。ヨーロッパは、ニーメン河(訳注5)からビスケー湾(訳注6)に至るまでひとつにされ、力が義務にとって代ったが、フランス革命が物質的に成し遂げたものは、それを支えていた道義的根拠を越えてしまったのである。ヨーロッパが統一されたとはいえ、その意味するところは、異質と感じられる一カ国（それは、正統性を欠いているという確かな徴候なのであるが）に反対する形でであり、そして、それは、やがて道義的主張が与えられてナショナリズムの基礎となる〝異質である〟という意識をもって結束したのである。

ナポレオンが、ロシアで敗北したとき、ヨーロッパは、正統性にもとづいた秩序を構築するという問題に、最も具体的な形で直面することとなった。というのは、何かに反対するということは、一つの幅広いコンセンサス、おそらく達成しうる最大限のコンセンサスをもつくり出すことが可能であるが、そのようなコンセンサスを構成する個々の国々は、好ましくないものに対して意見が一致しているのであって、何がその好ましくないものにとって代るべきかについては、意見が大いに対立することがあるからである。本書の議論の出発点を一八一二年とするのは、このためである。一八一二年の意義については、民族自決の原則が、道義的に証明された年であるとか、英雄の悲劇的運命の年であるとか、いろいろ異った解釈が下されてきたが、どのように解釈するにせよ、この年は、ヨーロッパを力によって組織することは出来ないことを明らかにした年であった。しかしながら、力にとって代るものが、何であるか、いまだ明らかにはなっていなかった。人民を統治に参加させることを要求する解放された新しい勢力がいたる所に存在していることは明らかだった。しかし、これらの新勢力が、四半世紀にわたる混乱の責任者だったことも確かのように思われた。フランス革命は、王権神授説に、致命的打撃を与えたが、革命による流血の世代を終らせる任務を与えられたのは、まさに王権神授説の代弁者たちであった。このような状況の中で、驚くべきことは、彼らが行なった解決が、いかに不完全なものだったかというのではなく、それが、いかに健全なものだったかということであり、そして、それは、十九世紀の歴史家の独善的な理論が言うような〝反動的な〟ものではなく、きわめて均衡のとれたものだった。その解決は、理想を求める世代の希望を必らずしも満足させるものではなかったかもしれないが、その世代の希望を、大戦争や、永久的な革命を経ることなく実現することが出来るような安定の時代という、より貴重なものを与えたのである。本書の終る一八二二年は革命戦争から出現した国際秩序が、その後一世代以上にわたって維持されることとなった形をとるに至った年である。その後、安定の時代が続いたことは〝正統性〟にもとづいた秩序が構築されたことを示す最善の証拠であり、そしてその秩序は、すべての主要大国によって受け入れられたものであったため、それ以後、諸国は、その秩序を打ち壊そうとすることによってではなく、その秩序の枠組みの中で調整を図ってゆくことになったのである。

一見、混沌とした状態のヨーロッパに安定をもたらしたのは、主として二人の偉大な人物の功績によるところが大きい。その二人とは、国際的な解決を交渉によって導き出したイギリスの外務大臣カースルレイ（訳注7）と、その解決に正統性を与えたオーストリアの首相メッテルニヒ（訳注8）であった。だからと言って、一つの国際秩序が、個人の直感から生れたのだというのではない。いかなる政治家も、正義と考えられることを可能にするよう努めなければならないものである。しかし、何を正義とするかは、自分の国の国内体制によっており、それが可能か否かは自国の資源、地理的条件、決意、ならびに他国の資源、地理的条件、決意、その国内体制によっているのである。従って、イギリスの島国のもつ安全性をよく認識しているカースルレイは、明白な侵略に対してのみ反対する傾向があった。ところが、大陸の中心に位置する国の政治家であるメッテルニヒは、まず第一に動乱を未然に防ごうとしたのである。自国の国内体制の堅固さに確信をもっているイギリスは、他国の国内問題については、〝非介入〟の原則を打ち出したのである。逆に、ナショナリズムの時代に、国内体制の脆弱さに悩まされていたオーストリア・ハンガリー帝国は、社会不安がどこで起ろうとも、それを鎮圧するための一般的介入の権利を主張したのである。イギリスが脅威を受けるのは、ヨーロッパが一国の支配に落ちた場合だけなので、カースルレイは、ヨーロッパの力の均衡を構築することに最大の関心を払っていた。力の均衡は、侵略の範囲を制限するのみで、侵略自体を防ぐものではないから、メッテルニヒは、正統性理論を展開し、みずからその管理人となることによって均衡を支えようとしたのである。

カースルレイは、イギリスをヨーロッパ協調の恒久的な一員にしようと努力し、メッテルニヒは、彼自身確立しようと腐心した正統性理論を維持しようと努めたが、二人は、それぞれ成功を収めると同時に失敗もした。しかし、彼らのあげた業績は、相当なものである。というのは、その後、約百年にわたって平和の時代が続くことになり、安定があまりに行きわたっていたために、次の戦争の一因ともなったと言えるからである。かくも長く平和の時代が続いたために、悲劇の感覚が失なわれ、国家が滅亡することがあるとか、動乱が、とりかえしのつかない結果をもたらすことがあるとか、恐怖感が社会の団結をもたらす手段となり得るとかということが忘れられてしまったのである。第一次大戦が勃発した時に、ヨーロッパをおおった歓喜の狂乱状態は、空虚な時代を象徴するものであったと同時に、危険など存在しない時代への希望をも表わしていたのである。すなわち、エドワード時代(訳注9)のすべての恵みを享受しつつ、軍備拡張競争や、戦争の恐怖がなくなることにより、一層住みよいものとなる世界が出現するだろうという、いわば至福千年の到来にも似た希望の感情があったのである。一九一四年八月に宣戦布告した大臣のうち、一九一八年の世界や、いわんや今日の世界の姿を知っていた者があるとすれば、恐怖に身をおののかせない者があり得ただろうか(注一)。

そのような世界が、一九一四年には、想像も出来なかったということは、本書が取り上げる政治家たちの功績を証明するものである。

(注一)　そのような予感をもって恐怖におののいた人物は、もちろんイギリスの外務大臣グレイ卿であった。

(訳注1)　王権神授説が力を失ない、例えば、国家は、神の是認によって作られたものではなく、人間の理性によって産み出されたとする考え方が出現したこと。

(訳注2)　Rousseau, Jean Jacques (1712—1778) フランスの哲学者。その著書は、当時の社会、政治理論、および文学に大きな影響を与え、フランス革命の理論的背景となった。

(訳注3)　北海沿岸の低地帯で、ライン河、ミューズ河、およびシェルト河の下流地域。現在のオランダ、ベルギー、ルクセンブルグ地方。

(訳注4)　Napoleon I, Bonaparte (1769—1821) フランス皇帝 (一八〇四—一八一五)。コルシカ島に生れ、一七八五年陸軍に入り砲兵士官となる。一七九三年ツーロン港をイギリス海軍の占領から奪還することに成功し二四才で陸軍少将に昇進。一七九五年国民議会が、パリの暴民におそわれた際これを撃退した功によって国内軍司令官に登用され、翌一七九六年には、イタリア方面軍の司令官に任命され、ロデイとリボリの戦斗でオーストリア軍を破り、共和国軍最高の司令官としての評判を確立した。エジプト遠征ののち一七九九年パリに帰り、クーデターによって、執政官制度を打倒し、新行政府の三人の執政官の首席執政となり、一八〇二年にその終身執政となった。ナポレオン法典、政教条約などの偉大な諸改革は、彼が執政の時に行なわれたものだった。一八〇四年皇帝となり、一八〇五年から一八〇七年にかけて、オーストリア、プロシア、ロシアと連破し、権力とヨーロッパ支配の絶頂をきわめた。一八〇八年以降、彼の力は下り坂になり、大陸封鎖の失敗、スペインでの敗戦など、ナポレオンの戦力の消耗が目立ったが、一八〇九年には、オーストリアを破った。一八一二年ロシアを攻撃し、ボロジノでは勝利を得たものの結局

モスクワを撤退せざるを得ず、大敗北を喫した。翌一八一三年ライプツィヒの戦斗で連合国に敗れ、一八一四年四月一一日退位し、エルバ島に流された。しかし、一八一五年二月エルバ島より脱出、パリに進軍し、いわゆる〝百日天下〟の皇帝となったが、ウォータールーの戦い敗れ、セント・ヘレナに流されそこで死んだ。ナポレオンは二七才で三四才のジョセフィーヌと結婚したが、子供を生まなかったため一八一〇年離婚し、オーストリア皇女マリー・ルイスと政略結婚し、一子を得たが、ナポレオンの期待に反し、その没落を早めることとなった。ナポレオンは、ロベスピエールの弟と親交があったほど旺盛な革命精神の持ち主であり、本書でも指摘されているとおり、その内政、外交政策は、ナポレオンが徹底した革命の子であったことを示している。

(訳注5) 現在のソ連白ロシア共和国に発し、バルチック海に注ぐ河。

(訳注6) フランス西部とスペイン北部との間の大西洋に面する大湾。

(訳注7) Castlereagh, Viscount (Robert Stewart, 2nd Marquis of Londonderry 1769—1822) その個性、経歴については、第三章参照のこと。

(訳注8) Metternich, Clemens Wenzel Nepomuk Lothar, Prince von (1773—1859) その個性、経歴については、第二章参照のこと。

(訳注9) 一九〇一年から一九一〇年にかけての英国王エドワード七世の治世を指す。その前のヴィクトリア女王の時代は、社会道徳的にもきびしかったのに対し、エドワード時代は、国民がその生活をより自由に楽しむ風潮があり、国王自身もプレイボーイであった。二〇世紀の激動が始る前の最後の羽目をはずした平和と繁栄と自由を謳歌した時代。

第二章　大陸国の政治家

メッテルニヒの個性――国際関係に対するメッテルニヒの見解――初期の外交経歴――外務大臣就任――〝敵との提携〟政策の本質――ロシアでのナポレオン敗北の意味

1

全く予想だにしなかったロシアにおけるナポレオンの敗北は、ヨーロッパに新しい国際秩序を構築しなければならないという課題をもたらしたのであった。このような問題に直面したオーストリアは、その地理的理由から見ても、歴史的理由から言っても、まさに象徴的ともいえる特質をもった国家であった。オーストリアは、ヨーロッパの中央に位置しているため、自然の国境がなく、従って潜在的な敵性勢力の真只中にあり、しかも、ドイツ人、スラブ人、マジャール人(訳注1)、イタリア人という複数民族からなり立っていたため、いわば、ヨーロッパの地震計であった。オーストリアのように共通の帝冠によって一つに結びつけられているにすぎない国にとっては、戦争は、そのような国家の遠心力的要素を強めるにすぎないので、オーストリアは、いかなる変動においても、その最初の犠牲者となることは確実だった。従って、オーストリアは、安定を必要とする度合がきわめて大きく、かつ法は現状を表現したものであるから、限界感覚と均衡の重要性、それに法の必要性と条約の神聖さを象徴する国家であった。いみじくもタレイラン（訳注2）は、「オーストリアは、ヨーロッパの貴族会である」と述べている。

しかし、オーストリアの地理的位置にもまして、その国内体制は、ヨーロッパのかかえるジレンマを象徴していた。十八世紀の終り頃までは、オーストリア帝国は、ヨーロッパ諸国のうちでも最も強力な国の一つだった。一七九五年頃までは、まだプロシアの愛国者シュタイン（訳注3）が、オーストリアの君主政体の団結力とその繁栄に羨望のまなざしでプロシアと比べていたほどであった。ところが、今や、ロシア軍の西ヨーロッパへの進出によって、オーストリア帝国を「民族の牢獄」に変えることとなる最初の激動がおそってきたのだった。それは別に、オーストリアの政治体制が以前よりも圧制的になったということではなく、ただ、オーストリアの正統性が、だんだんと疑問視されるようになってきたにすぎなかった。牢獄というのは、物理的状態をいうばかりでなく、精神的状態についてもいえるからである。ハプスブルグ家（訳注4）の皇帝は、一つのドイツ王朝にすぎないから、〝外国人〟であるという考え方は、十八世紀には想像も出来ないことだった。しかし、このような考え方は、十九世紀には、自明の理として明らかになりつつあり、しかも、守勢は、状況への順応を困難にするために、オーストリアの政策は、徐々に柔軟性を欠く運命にあった。オーストリア帝国は変らなかったけれども、歴史が、オーストリア帝国を通り過ぎはじめていたのである。

従って、一八一二年の冬、中央ヨーロッパにたどりついたナポレオンの大陸軍《グランド・アルメ》の惨憺たる敗残の姿（訳注5）は、オーストリアに成功への希望を与えるとともに危険な兆候をもたらしたのだった。成功への希望というのは、オーストリアが三年ぶりにようやく、国家の生存が一人の人間の意思にかかっているという意識にとらわれない、真に独立した外交政策を遂行することが出来るからであり、一方、危険な兆候というのは、フランス勢力が崩壊しつつある混沌とした状態から、どんなことが起るかがわからなかったからである。新しい民族主義理論や、合理的統治理論は、この封建時代の最後の生き残りのようなきわめて複雑なオーストリア帝国の国内体制を瓦解させる役割を果たすにすぎなかった。また、西方のフランスからの圧力が、東方のロシアからの脅威によって置きかえられるのではないかということもまだわからなかった。いかにして国家の無力と分裂を回避することが出来るのか、いかにして平和と均衡を回復し、勝利と正統性をかち得ることが出来るのだろうか。

国家の存亡がかかっている時には、その国の政治家の信念が、生存のための媒体である。そして、成功するか否かは、その信念が、国家が要請しているものと合致しているかどうかにかかってくる。オーストリアが、その危機の時代に、まさにオーストリアのもつ本質を縮図にしたような人間によって導かれたことは、オーストリアの宿命であった。それは、宿命ではあったが、決して幸運ではなかった。というのは、ギリシア悲劇におけるように、クレメンス・フォン・メッテルニヒの成功が、結局は、彼が、維持しようとして、きわめて長期にわたって奮斗してきたその国の最終的な崩壊を避けることが出来ないものにしたからである。

メッテルニヒが代表していたオーストリアと同じように、彼もまた過ぎ去りつつある一時代が生み出した人間であった。彼は、タレイランをして、フランス革命後に生れた人間なら誰しも、こんな甘美で優雅な生活があったとは思わないだろうと言わせた十八世紀に生れた。そして、メッテルニヒには、青年時代の信念がいつまでも残っていた。だから当時の人々は、メッテルニヒの完全な理性論へ訴えようとするやり方を嘲り、その人当りのよい哲学者ぶった態度とその磨かれた警句に対して嘲笑を浴せたのであろう。しかし、彼らは、メッテルニヒの体質には全く異質の革命斗争へ彼を投げ込んだことが、歴史の偶然であるということを理解しなかったのである。というのは、彼を生み出した時代のように、メッテルニヒのスタイルは、意思をもってする斗いよりも、与えられた要因を巧みに操ることに向いており、一定の尺度を通じるよりも、つり合いを通じて物事を達成することに向いていた。彼は、ロココ型（訳注6）の人間で、全面が複雑に美しく彫刻され、そして精巧に磨かれたプリズムのようであった。その顔立ちは、繊細ではあったが深みがある方ではなかった。彼の会話は、才気煥発ではあったが、つきつめた真面目さを欠いていた。彼は、家庭でもサロンでも、そして内閣でも、同じように優雅であり人当りが良かったように、内容が真実かどうかによってではなく、そのように存在することによって正当化されるという十八世紀の貴族のもつ美の極致であった。そして、彼が決して新時代と折り合わなかったのも、彼が新時代の重要性を理解しなかったからではなく、新時代を軽蔑していたからだった。その意味では、彼の運命は、オーストリアの運命でもあった。

このような人物が一世代以上もの間、オーストリアを支配し、しばしばヨーロッパをも牛耳ったのであるが、その手口は、彼が青年時代に身につけた何気ないふうの策略を通じてであった。しかし、メッテルニヒが、どんなに間接的なまわりくどいやり方をしても、結果的には、彼が革命斗争と斗ったという事実をおおいかくすことは出来なかったし、従って、ほとんどの彼の狡猾な策略には、意図しないにもかかわらず緊張感がつきまとっていた。彼は、勝利は得られても、理解を得られることはないと考えていたので、革命斗争と斗う武器として、自意識の高揚につれて理性に対して全面的に信頼を置くようになるとの啓蒙主義の最も誇り高い主張を利用したのだった。もし、メッテルニヒが、もう五十年早く生れていたとしても、彼は依然として保守主義者だったろうが、保守主義の本質についての学者ぶった論文など書く必要はなかっただろう。彼は、自分の申し分のない魅力をふりまきながら上流社会の応接間で優雅に行動していただろう。そして、五十年前であれば、確実さの象徴であり、誰もが皆そうしたであろうようなまわりくどいやり方で、巧妙かつ超然と自己の外交活動を遂行していただろう。そして、彼は、依然として、十八世紀の流行に従って、遊び半分に哲学をしていただろうが、それを政治の手段とは考えなかっただろう。しかし、革命が果てしなく続くような時代にあっては、哲学が、革命の一時的な要求に対して普遍性を守る唯一の手段となったのである。メッテルニヒが、その虚栄心と大いに矛盾する態度だったが、彼の時代に、自分の名前をつけることに強く反対したのはこのためであった。もしかりに、「メッテルニヒ体制」というものがあるとすれば、彼の業績は、個人的なものになってしまい、彼の斗いは意味のないものとなるだろう。彼は次のように主張している、「一つの考えを私物化することは、あたかも、一個人が物事の原因となりうるかのような危険な結論に導くのです。というのは、そのようなことがあてはまる場合は、原因をなくそうとすることになるとともに、原因を偽ることになるので間違った考え方なのです」（注一）、と。保守主義は、保守主義が主張するものによってではなく、保守主義が存在するということによって、言うならば、名をかくして革命と斗わねばならないことが、保守主義のジレンマなのである。

　そのような訳で、メッテルニヒは、果てしない革命との斗いに臨んで、自分を育んできた時代の理論へ回帰していったのである。しかし、彼は、その理論を解釈するときは、その理論が当然と受け取られていた時代には、必要ではなかったほどの硬直したものとしてとらえたため、実際にその理論を用いたときには、その本質をゆがめてしまうこととなった。彼は、依然として、「大いなる秩序《グレート・クロックワーク》」とか「黄金時代《ゴールデン・エイジ》」というものが、怠惰な夢以上であった時代の人間であった。すなわち、宇宙には、人間の最も高貴な願望に応える合目的性があり、人間の願望を理解するうまく秩序づけられた機構が成功を保証し、そして、そのような法則は、罰則なしには破られるものではないとする考え方だった。「人間と同様に、国家もしばしば法律を犯すが、その唯一の違いは、その罰則の重さなのです」（注二）。「人間や自然と同様に、社会にもその法則というものがあるのです。そして、老人が古い肉体をもつように、社会も古い組織をもっており、それは決して若がえることなどありえないのです。……これが、社会秩序の法則であり、自然の法則なのですから、違っているはずがありません……精神的世界にも、物質的世界におけるように嵐があるのです」（注三）。「人類を破滅させることなしに、世界中を荒廃させることなど出来るものではありません」（注四）。メッテルニヒは、革命と自由主義に反対するために、これらの十八世紀哲学の自明の理を利用したのである。なぜならば、革命と自由主義が邪悪だからではなく、それらは、不自然だからであり、また、彼の敵対者たちが創り出そうとしている世界に住みたくなかったからばかりでなく、そのような世界は、必らず失敗する運命にあると信じていたからでもあった。革命は、意思と力の主張であったが、存在の本質は、調和であり、その表現は法であり、そのメカニズムは均衡であった。

従って、保守主義政治家メッテルニヒは、至上の現実主義者であり、彼の敵は、〃理想主義者〃であった。彼は、自己の政治覚書の中で、「私は、散文の人（訳注7）であり、詩人ではありません」（注五）と述べている。「私の出発点は、私の知らない世界のことではなく、この世界の出来事を冷静に熟視することなのです。そして、私の知らない世界は、知識と真向うから対立する信仰の対象なのです。……社会的な世界においては、冷静に観察にもとづいて、憎しみも偏見も持たずに行動しなければなりません。……私は、小説を書くためではなく、歴史をつくるために生れてきたのです。そして、私が正しいと考えるとすれば、それは、私が認識しているからなのです。存在しているものだけが発見されるという意味では、新しいものを発明するということは、存在するものを発見するにすぎない歴史の敵と言えるでしょう」(注六)。これは、個人的感情の支配する面で、冷静で、泰然とし、卓越している理想的な十八世紀の支配者哲人王の神話であった。ステーツマンシップは、国益の科学であり(注七)、それは、物質的世界の法則に完全に対比できる法則に支配されているというものであった。このような理論を理解している哲学者であったメッテルニヒは、ただ、しぶしぶと政治の仕事をしているにすぎなかった。というのも、政治の仕事は、彼から、唯一の真の楽しみの根源、すなわち、真理を熟考することを奪ってしまったからであった(注八)。彼は、自己の良心と歴史に対してのみ責任を感じていた――良心は、真理についての自己のヴィジョンを内包するからであり、歴史は、そのヴィジョンが正しかったかどうか証明する唯一のものだからであった。

　メッテルニヒの独りよがりな自己満足と硬直した保守主義に対する批判は、一世紀以上今日に至るまで、彼の真の業績を否定しがちであった。しかし一人の人間が、自分の参加したあらゆる連合を支配し、二人の外国君主からは、彼らの大臣よりも信頼され、三年間の間、事実上ヨーロッパの首相だった、そのような人間が、平凡な人物であるはずがなかった。彼は、自分の成功を、自己の理論が、道義的にすぐれていたからだとしていたが、実は、大部分、彼の非凡な外交技術に負っていたのである。彼の天分は、手段にあって、創造力にあるのではなかった、つまり、策略を用いることに秀でており、建設することには向いていなかった。メッテルニヒは、十八世紀の宮廷秘密外交《キャビネット・ディプロマシイ》(訳注8)の場で鍛えられていたので、正面攻撃よりも、むしろ狡猾な策略を好んだのである。一方では、彼は、自己の理性主義がわざわいし、うまく表現された宣言を出すことで一つの行為が行われたと感ちがいすることがしばしばあった。ナポレオンは、メッテルニヒを評して、彼は、政治と陰謀を混同している人物だと言ったし、ウィーン駐在のハノーヴァー(訳注9)の全権公使であったハルデンベルグ(訳注10)は、一八一二年の危機の高まりの中で、メッテルニヒ外交の流儀について、次のように分析している。「メッテルニヒは、自己の卓越した能力に対して高い評価が与えられているので、政治においては、フィネス(訳注11)を愛し、それを政治にとっては必要不可欠のものとみなしている。……彼は、自分の国の戦力を動員するだけの権力をもっていないので、権力と地位の代りに狡智をもってしようとしているのである。……幸運な出来事――ナポレオンの死とかロシアの大勝利とか――によって、メッテルニヒが、オーストリアに重要な役割を演じさせるような情勢をつくり出すことが出来るならば、その時こそ、彼が最も活躍する時だろう」(注九)。また、長い間、メッテルニヒの最も親密な僚友だったフリードリッヒ・フォン・ゲンツ(訳注12)は、メッテルニヒの流儀とその個性について、的確簡潔に次のように描写している、「激しい情熱と大胆な手段を合せもった人間ではないが、つまり天才ではなく、偉大な手腕家であり、冷静、沈着、冷徹であり、とりわけ打算家である」(注一〇)と。

一八一二年に、オーストリアの運命をまかされた政治家は、このような人間であった。メッテルニヒは、一八世紀の普遍主義的な意味においてのみ理論を重んじたにすぎず、彼の信念は確実さにあったので彼のとる手段はきわめて柔軟であり、そのために、まわりくどくなったのだった。また彼は、冷静に政治的手段を実行したから、事務的で超然としていたのであった。メッテルニヒの性格上の特徴は、臨機応変の才であり、しかも、微妙な違い《ニュアンス》に対して敏感なことであった。そのような人間は、十八世紀には、幅をきかしただろうし、またいつの時代にあっても手ごわい相手であった。メッテルニヒは、戦略家としては平凡だったが、戦術家としては、非凡な才能があったので、枠組みが決っているか、さもなければ、外部から目的が強いられている、いわば、土俵が決められている斗いの達人であった。そのような時代とは、一八一二年であり、メッテルニヒにとっては、問題は、ヨーロッパを解放することではなく、道義的にも、物理的にも、ヨーロッパの均衡を回復することであった。

（注一）Metternich, Clemens, *Aus Metternich's Nachgelassenen Papieren,* 8Vols. Edited by Alfons von Klinkowström. (Vienna, 1880). Vol Ⅷ, p.186 以後 N.P. として引用。
（注二）N.P. Ⅰ, p.35.
（注三）N.P. Ⅲ, p.322
（注四）N.P. Ⅷ, p.184
（注五）N.P. Ⅶ, p.635
（注六）N.P. Ⅷ, p.184
（注七）N.P. Ⅰ, p.33
（注八）多数の例のうちでも、とくに N.P. Ⅲ, p.342 あるいは、N.P. Ⅲ, p.357 を参照のこと。なお、メッテルニヒの政治思想のすべてについては、第十一章に詳述。
（注九）Oncken, Wilhelm, *Oesterreich und Preussen im Befreiungskriege,* 2Vols. (Berlin 1880) Vol. Ⅱ, p.88 この報告は、大英帝国の摂政（従って、ハノーヴァーの選帝侯でもあり、オーストリアを反ナポレオン陣営に加えようと熱心であった）に対して書かれたもので、メッテルニヒの流儀に対する論評として重要な意味をもつと同時に、メッテルニヒの注意深い策略が、当時の人々に不満を与えていたことを示すものである。
（注一〇）Srbik, Heinrich von, *Metternich der Staatsmann undder Mensch,* 2Vols. (Munich, 1925) Vol. Ⅰ, p.144
（訳注1）ハンガリー人。

（訳注2） Talleyrand-Périgord, Charles Maurice de (1754—1838) フランスの政治家、外交官。その経歴個性については、第八章一節および第九章一節を参照のこと。

（訳注3） Stein, Karl, Freiherr vom und zum (1757—1831) プロシアの政治家。ナポレオン戦争を通じてのプロシアの諸改革の推進者。一八〇七年首相となり、改革に着手したが、一八〇八年ナポレオンの圧力により罷免された。一八一二年、ロシアでのナポレオンの敗北ののち、東プロシアを糾合し、プロシア・ロシア間のカリッシュ条約の交渉に当り、さらに解放戦争、ウィーン会議を通じて、ドイツ諸国の統一のために働いたが失敗した。その自由主義的、立憲主義的考え方のためにプロシア国王にうとんじられる面もあった。その最大の功績はドイツ国民を政治的に教育したことにあった。

（訳注4） かつてヨーロッパの最も偉大な皇室の一つで、オーストリア皇室として知られている。ハプスブルグの名前は、一〇二〇年にその祖先がスイスのアルガウにたてたハプスブルグの城（鷹の城）に由来する。ハプスブルグのルドルフ四世が、一二七三年にドイツ王（神聖ローマ皇帝一二七三—九）となり、その息子にオーストリア公領を与えたことにオーストリアのハプスブルグ家は始り、以来神聖ローマ皇帝はハプスブルグ家から出ることとなった。ハプスブルグ王朝は、一九一八年まで続いた。

（訳注5） ナポレオンのロシア遠征の主要な経過は以下のとおり。一八一二年六月二四日ニーメン河を渡り、六月二八日ヴィルナを陥し、八月一七日、スモレンスクを陥し、九月七日、ボロジノの戦斗に勝利、九月一四日モスクワに入城するが、ロシア人の手により、火が放たれ、一四日から一六日にかけて市街の四分の三が炎上。ナポレオンは一〇月一八日までモスクワにとどまり、その間ツァーとの休戦を結ぼうと使節を送るが、拒否され、モスクワ撤退を決意。例年より早い冬将軍の到来のため馬を失ない、さらに貧弱な装備の兵士が寒さと飢え、さらにロシア軍の追撃などで大損害をこうむった。一一月二八、二九日ベルジナ河を渡り、一二月五日スモゴルニで軍を放棄、一二月一八日深夜パリに帰還した。六一万二千の大軍のうちロシア国境より撤退したのは、一一万二千にすぎなかった。

（訳注6）　一八世紀に流行した華麗な装飾的要素の多い建築、美術様式。

（訳注7）　空想力の乏しい人。

（訳注8）　皇帝や国王は、謁見の間（オーディエンス・チェンバー）では、多くの従者に囲まれているため、重要な会話や交渉が出来ないので、私室（キングズ・キャビネット）で、ごく少数の人々と相談や交渉をしたことから、公式の会議に出る前に個人的、秘密に討議や交渉を行ない、採られた政策に対する合意や実施について、個人と個人との交渉を通じて行なう外交方式。

（訳注9）　ドイツの選帝侯領王国。ナポレオン戦争前のドイツには、神聖ローマ帝国を構成する大小三六〇の主権国家が存在した。ハノーヴァー家は、ドイツのハノーヴァーの選帝侯であるとともに一七一四年から一九〇一年まで大英帝国の王家でもあった。ナポレオン戦争中は、一八〇三年にフランスに占領され、一八〇七年から一八一三年まではナポレオンが自分の弟ジェローム・ボナパルトのために建てたウェストファリア王国の一部にされた。ウィーン会議で王国として再建された。

（訳注10）　一九八頁以下のプロシア首相ハルデンベルグとは別人。

（訳注11）　トランプのブリッジなどで、高点の持ち札を残し、低い点の札を出して、場札を取ろうとすることの意から、政治においては、わずかの譲歩で、相手からより多くの譲歩をかち取ろうとすること。

（訳注12）　Gentz, Chevalier Friedrich von（1764—1834）ドイツの政治評論家。ブレスラウで生れケーニヒスベルグ大学で法律を学ぶとともに、カントの影響を受けた。プロシアの役人になったが、満足できず一八〇二年にウィーンにやって来て、一八一二年以来メッテルニヒの秘書兼情報係となった。ウィーン会議からヴェロナ会議に至る一連の会議の事務総長をつとめた。フランス革命とナポレオンに反対する彼の著書が有名なように、彼はきわめて広範な知識と政治的識見の持ち主であった。個人生活は放縦で、ワイロがきく人間であると言われたが、本質的には知的な真面目な人物であった。彼は全面的に信用されていないが、尊重されるというめずらしい人間の一人である。

II

最もオーストリア的政治家であるメッテルニヒは、十三才までオーストリアを見たこともなかったし、十七才までオーストリアに住んだこともなかった。彼はラインラント(訳注1)に生れ、ストラスブルグ(訳注2)とマインツ(訳注3)で教育を受け、父がロー・カントリーの総督だった関係で、ブラッセル(訳注4)で成長し、十八世紀貴族の典型的教育を受けた。しかし、コスモポリタンで理性主義者である彼は、ドイツ語よりも、はるかにフランス語が堪能だった。しかし、メッテルニヒが、いかに十八世紀の貴族社会の典型的人間であったとはいえ、フランス革命に関するそういった人々の希望的観測には従わなかった。彼には、ナポレオン戦争が、十八世紀の戦争――基本的な義務構造に影響を与えない有限の目的をもった斗いのようには思えなかった。彼は、征服者を、妥協によって満足させることも、譲歩によって懐柔することも、同盟によって強制することも不可能だと信じていた。メッテルニヒは、一八〇七年に次のように書いている、「どの国も、早急にフランスとの戦争の戦備をととのえようとせずに、フランスとの条約を結んで平和を求めようとする過ちを犯しました。貴族の館に宣戦するロベスピエール(訳注5)体制であろうと、国家に対して宣戦するナポレオン体制であろうと、革命体制との間の平和はありえないのです」(注一)。このような信念にもとづいて、国家の団結の理論が、革命の理論にとって代るという確信を深めたのである。「孤立した国家というものは、いわば、哲学者の抽象的概念としてのみ存在するにすぎません。諸国家からなる社会においては、各々の国家には利害関係があり、それは、他の諸国と結びついているのです。政治学の重要な理論は、あらゆる国家の真の利益を認めようとするところから出てきているのです。すなわち、国家の存在の保証は認められるべきであるということは、全体の利益に合致するものですが、他方、特殊な利益──性急で近視眼的な人間はそれを確保することが、政治的叡知だなどと考えていますが──は、二義的な意味をもつにすぎないのです。……近代史は、一国の覇権に反対し、自然法の状態にもどすために、諸国が団結してきたこと、つまり、均衡と団結の理論の正しさを証明しているのです。……従って、利己的な政策や、空想的政策、破廉恥なやり方で利益を得ようとする政策が、一体どうなるかは、先がみえています」（注二）。

ところが、一八〇一年、メッテルニヒが、外交官としての第一歩をふみ出した時には、諸国家の団結は成し遂げられそうになかった。というのは、メッテルニヒの言葉によれば、「永遠の争う余地のない理論と、真向うから対立する指導体制とを調和させることほど困難なことはない」（注三）からである。実際のところ、普遍的な平和を保障するのではなく、耐えられるような休戦を達成するための力の均衡をつくり出すという仕事が残っていたにすぎなかった。メッテルニヒが行なった最初の外交上の報告は、彼が二十八才で、サクソニー（訳注6）駐在オーストリア外交使節に任命された時であったが、その中で、彼は、自分の生涯の政策を左右することになる均衡に対する次のような考え方を披瀝している。フランスの力を削ぐためには、オーストリアとプロシアは、シレジアの領有をめぐって斗われた最近のいまわしい戦争（訳注7）を忘れるべきであり、相争うのではなく、協力し合うことこそ、オーストリア、プロシア間の当然の政策でなければなりません。均衡は、イギリスの支援による強力な中央ヨーロッパの建設を通じてのみ可能なのです。というのは、もっぱら通商によって立つ国家の利害と、完全に大陸的な国家の利害とは、決してライバル関係になることはないからです、（注四）と。

力の配慮にもとづく均衡を構築することは、最も困難であり、とりわけ長い平和の時代のあとの革命の時代にあっては、とくにそうである。諸国は、安定の記憶によって安心しきっているので、行動しないことに安全保障を求めがちであり、無防備でいることが、相手を挑発しないことだと考えがちになるのである。理性か協調によって、つまり、致命的な脅威とか全滅などはありえないとする安易な考え方にもとづいた政策によって、征服者を抑制しようとするのである。革命に対抗する諸国家の連合は、これまで、たいてい、一連の背信と動乱をへた最後の段階にならなければ実現をみないものである(訳注8)。というのは、正統性と現状維持を代表する勢力は、敵が、道理には従わないということを示すまで、それを知ることができないからである。また敵は、国際秩序の枠組みをすっかりくつがえしてしまうまで道理に従わないというその正体をあらわさないからである。

メッテルニヒは、一八〇四年、プロシアとの同盟締結の交渉に派遣されたとき、このことを経験することとなった。彼は、そこで、自衛のために準備することが、まちがいなく戦争への挑発になると考え、共同行動をとることが、全世界を破滅させるもとになると考えている王室を見たのだった。メッテルニヒは、プロシアが、まだフリードリッヒ大王(訳注9)の後光に包まれてはいるものの、長い平和の時代によって退廃したプロシアの脆弱性を見抜いた当時では唯一人の人間であった。彼は、奇抜な文章でそのことを次のように表わしている、「誰もが、断固たる行動を恐れるという感情によって結ばれた凡人たちの陰謀のようなものがあるのです。……プロシア軍は、ベルリンやポツダムの練兵場でよりも、戦場で大いに役立たせるべきだと国王に進言するような人物は誰もいないのです。プロシアは領土が三倍になったとはいえ、フリードリッヒ大王の死以来、真の強さを失ってしまったのです。常に兵営でありつづけた首都の城壁からフリードリッヒ大王が号令するのと何ら変らない、広大な領土の中心からフリードリッヒ・ヴィルヘルム三世(訳注10)が号令するなどということはありえないでしょう」(注五)。

従って、均衡を構築するということは、単に武力によるばかりでなく、それを用いようとする決意にもかかっているのである。メッテルニヒは、フランスの脅威が目にみえていても、プロシアがオーストリアとの共同行動をとらないというのであれば、ロシアの脅威によってそれを実現しようと考え、「我国は、ロシアの脅威をプロシアに加えることによってしか、プロシアを我国になびかせることが出来ないでしょう」と語り、同盟か戦争かの最後通告とともに、ロシア軍をプロシア国境に進出させる外交活動を開始したのだった。しかし、プロシア王は、国家間の〝正常な関係〟に対するそのような明白な違反行為を受け入れることを拒絶し、軍隊の力をもってしてでも抵抗しそうな気配だった。だが、プロシアとの戦争は、ナポレオンの軽率な行動によって避けられた。というのは、ナポレオンが、プロシア領を通って軍を進めたため、プロシア王は、自己の善意――ナポレオンがヨーロッパの支配を求める征服者として決して得ることの出来なかったもの――を踏みにじられたことに対して激怒したからである。プロシアとの同盟は万事うまくゆきそうに思われた。同盟条約の最終的調整のために、プロシアの交渉者がウィーンに派遣され、プロシア軍は、ボヘミア(訳注11)を侵略しつつあったフランス軍の側面に向けて行動を開始し、一方ロシア軍は、ポーランドを通過しつつあった。ナポレオンが決定的敗北を喫しそうに見えたのだった。

しかし、臆病な人間というものは、大きなチャンスに臨むと、大胆になるよりも萎縮しやすいものである。一世紀にわたり、絶えず領土を拡大してきた伝統と、最大の取引きは、最も決定的な局面でなされなければならないという宮廷秘密外交《キャビネット・ディプロマシイ》の〝鉄則〟とが結びついた結果、プロシアは、その最終的な参戦を遅らせたのであった。凡人の本質は、不確実な利益よりも確実な利益を好むところにある。かくして、プロシアは、この時を選んで、ヴェーゼル河(訳注12)にそった軍事国境線に文句をつけ、"合理的な"条件にもとづいた武装調停(訳注13)を提案した(注六)のだが、それは結局、ナポレオンの背信のもう一つの証拠をにぎる羽目になるのだった(訳注14)。メッテルニヒが、均衡についての自己の考え方——領土の拡張によるのではなく、安全保障は国家間の関係にもとづくものであると説いても無駄だった。また、一国が、自国の利益のみを求めながら、どうして調停など出来るのかとただしても無駄だった(注七)。これは論理的問題ではなかった。プロシアが参戦をためらっているうちに、フランス軍は南に転進し、アウステルリッツでオーストリア軍とロシア軍を破ったのである(訳注15)。

限定戦争の理論によれば、再び講和が訪れる状況にあったが、革命戦争の性格からみれば、戦争の継続を暗示していた。今や、メッテルニヒの斗いは、彼自身の政府との斗いになった。メッテルニヒは、ナポレオンが全能のように見えるのは、我々が分裂しているからであり、同盟軍が連合すれば、数の上では、まだはるかにナポレオン軍を上まわっているのです。敗北は率直に認めなければなりませんが、それは、再建のための道義的基盤として役立つのです、と主張した(注八)。プロシアが自己の利益を決定的にしようとしてその危機を利用したとすれば、オーストリアは、その損害を少しでも少なくしようとして単独講和を交渉したのだった(訳注16)。一方、ナポレオンは、プロシアに向けて軍を展開したが、その時は、まだプロシアを打倒するためではなく、プロシアを脅迫して、ハノーヴァー併合の共犯者にし、そうすることによって、プロシアとイギリスとの仲を裂こうとしたのである。一方、ロシア軍は、ポーランドへ撤退してしまった。「味方は、五倍の軍勢をもちながら、ナポレオンのわずか十万の軍隊に敗れたのです。マナ(訳注17)は一体どこにあるのでしょう。神はいつになったら舞台に現れるのでしょう」とメッテルニヒは慨嘆したのだった。そして彼は、まだ私は生きていますから、一縷の望みはあるとはいうものの、本当に絶望しました(注九)、とつけ加えている。以後、メッテルニヒは、オーストリアの同盟国となりそうな諸国がすべて態度を明確にするまで、オーストリアの態度を明らかにしようとはしなかったのも当然のことであった。また、彼は、将来実行されるという約束にもとづいた忠誠の宣言を信用しなくなったのもうなずけるし、オーストリアの協力を切望している国々にとっては、腹立たしく思えるほどの長い熟慮を重ねて、ようやく同盟をつくりあげたのも当然であった。しかし、そうすることは、連合が、どの程度しっかりしたものであるか、その精神的強さを試すには欠くことの出来ないものだったのである。

(注一)　N.P. Ⅲ, p. 147.
(注二)　N.P. Ⅰ, p. 34.
(注三)　N.P. Ⅱ, p. 236.
(注四)　N.P. Ⅱ, p. 4f.
(注五)　Oncken, Ⅱ, p.68f.
(注六)　プロシアの歴史家は、プロシアがこの時点で武装調停を提案したのは、軍を動員するための時間をかせぐためであったと主張している。後に一八一三年の時点では、メッテルニヒが武装調停の政策を採ったことは誠に興味あることであり、それに関しては、第四、五章を参照のこと。
(注七)　N.P. Ⅱ, p. 64.
(注八)　N.P. Ⅱ, p. 92f.
(注九)　Srbik, *Metternich* Ⅰ, p. 111.
(訳注1)　ドイツのライン河以西の地方。

（訳注2） フランス北東部の都市。

（訳注3） 西ドイツ南西部の要塞都市で、ライン、マイン両河の合流地点の港市。

（訳注4） ベルギーの首都、当時ベルギーはハプスブルグ家領。

（訳注5） Robespierre, Maximilien de (1758—1794) フランス革命の指導者の一人。弁護士から国民議会に第三階級の代表として選出され、過激なジャコバン党の首領となった。彼の政治理論は、ルソーの政治思想からなっており、彼は、みずからを〝一般意思〟の立法者、その権化と考えていた。彼は清廉ではあったが峻厳をきわめ、パリでの支持を利用し、公安委員会を支配、敵対者を排除し独裁権を確立し、恐怖政治により社会革命を実行したが、彼自身も一七九四年七月二七日革命協議会によって逮捕されギロチンにかけられた。

（訳注6） ドイツの選帝侯領王国。ナポレオン戦争を通じ、選帝侯アウグスト三世は、プロシアの敗北（一八〇六—一八〇七）ののち、ナポレオン側に加わり、プロシアの領土を得て国土を拡大し、サクソニー王国とし、みずからもフリードリッヒ・アウグスト一世となり、ライン連邦の一カ国となった。ナポレオンは、また、サクソニー王を、ワルソー大公国の大公にした。そのようないきさつから、ナポレオンが没落したのちのウィーン会議では、サクソニーの処分が大問題となり、プロシアが、サクソニーの全土を併合しようとしたが、メッテルニヒの努力によって王国として存在することが出来た。

（訳注7） 神聖ローマ皇帝カール六世には、男子がなかったため、唯一人の皇女マリア・テレジアに継承させようとしたが、彼の死後、バヴァリアの選帝侯がこれに反対し、プロシアのフリードリッヒ大王がオーストリア継承戦争（一七四〇—一七四八）を起し、オーストリアを破り、一七四二年ベルリン条約でオーストリアにシレジア（ヨーロッパ中央部オーデル河上流地方）を割譲させた。これに対して、オーストリアは、七年戦争（一七五六—一七六三）で、フランス、ロシアと同盟し、プロシアを孤立させたためプロシアの敗北は決定的となったが、ロシア女帝エリザベスのあとをついだピーター三世が、大のフリードリッ

ヒ大王の崇拝者で、プロシア側に寝返ったため、オーストリアのシレジア回復はならなかった。

（訳注8）　著者は、一般論として述べているが、フランス革命戦争に対する対仏大連合が、一連の裏切と敗北ののちようやく最後の段階で成功したのは、この例である。対仏連合は、五回にわたって結成されたが、最後の二回を除いてすべて各個撃破されて瓦解した。第一次連合（一七九二―一七九七）オーストリア、プロシア、サルジニア、それに続いて、イギリス、スペイン、ポルトガル、ナポリ、トスカニーそれに教皇領が参加した。まず最初に、ネザーランドが侵略され、一七九五年四月にプロシア、七月にスペイン、一七九六年五月にサルジニア、一〇月にナポリがフランスと単独講和を結び、オーストリアは、イタリア戦線で敗北し、一七九七年一〇月カンポ・フォルミオの講和条約を結んだ。ロシアは、真剣に連合を考えることはしなかった。一七九七年には、フランスと斗う国は、イギリス一カ国となってしまった。第二次連合（一七九九―一八〇二）イギリス、ロシア、トルコ、オーストリア、ナポリ、それにポルトガル。ロシアは一八〇〇年に早くも脱退。オーストリアは、一八〇一年マレンゴとホーエンリンデンの斗いに敗れ、二月リュネヴィル条約を締結。イギリスのみとなった。第三次連合（一八〇五―一八〇六）ロシア、オーストリア、イギリスそれに後にプロシアが参加。まず、オーストリアがアウステルリッツの斗いに敗れ一八〇五年一〇月プレスブルグの講和を結んだのち、一八〇六年一〇月プロシアがイエナで完敗。九カ月後、ロシアは、一八〇七年七月、ナポレオンとティルジット条約を結び同盟国になってしまった。またしてもイギリスのみとなった。第四次連合（一八一二―一八一四）、イギリスとロシア、一八一三年二月にプロシアが加わり、一八一三年六月にオーストリアも参加、つづいて、ヴィルテンベルグ、バーデン、ヘッセも参加。一八一三年一〇月一六日ライプツィヒの戦斗でナポレオン敗北。一八一四年三月九日、ショーモン条約が二〇年間の期間をもつ対仏同盟として締結された。第五次連合（一八一五）、ナポレオンがエルバ島より脱出したとのニュースで結成され、ウォーターループでナポレオン敗北。

（訳注9）　Friedrich II（1712―1786）　プロシア王。フリードリッヒ・ヴィルヘルム一世の長男として生れ、

父は、彼を勇敢な兵士にしようとスパルタ教育をしたが、彼はそれを嫌い、音楽や文学を愛し、ヴォルテールと交際し、「反マキャベリ論」などを書いた。しかし、一七四〇年王位についてからの政策は、マキャベリズムそのもので、その四六年間の治世で、オーストリア継承戦争や七年戦争を通じプロシアの領土を二倍に、その人口を三倍にふやし、ヨーロッパにおける列強の地位を確立した。

(訳注10) Friedrich Wilhelm Ⅲ (1770—1840) プロシア王。一七九七年一一月、父フリードリッヒ・ヴィルヘルム二世のあとをついだが、イエナの戦斗でナポレオンに大敗を喫し一八〇七年ティルジット条約によって国土の半分を奪われナポレオンの同盟国となった。しかしシュタイン、シャルンホルスト、グナイゼナウによって、国内の改革、軍隊の再建を図った。世論に押され一八一三年ロシアと同盟を結びフランスと斗った。解放戦争という民族精神の高揚の中で、彼は、国民に憲法を与える約束をしたが、メッテルニヒの影響を受け、その約束を破ったように、性格的には弱かったが、名誉を重んずる人物だった。

(訳注11) 現在チェコスロバキア西部の州、当時オーストリア領。

(訳注12) 北海に注ぐドイツ北西部の河。

(訳注13) 領土その他の問題で争っている両国に対し、第三国が武力を背景に一定条件下での解決のために介入し、第三国の条件と援助を受け入れる側のために交渉すること。従って、その目的は、平和を維持することよりも、いずれの側にも利益を得させないことにあった。第四章三節、第五章一、三節参照のこと。

(訳注14) プロシア王が当初中立の立場を維持しようとしたのは、ナポレオンからハノーヴァーの取得などの利益を約束されていたためだった。しかし、ナポレオンがオーストリアとのウルムの戦斗の際にプロシア領を侵したことに腹を立て、秘密にハノーヴァーの取得を条件に今度はロシアと同盟を結んだ。その後ナポレオンが、アウステルリッツでオーストリアを破り、プレスブルグ条約を結び、その中でプロシアにハノーヴァーを与えることを約束していた。プロシアにとっては、ハノーヴァー取得は魅力であるが、それは、必然的に同盟国であるイギリスを敵にまわさねばならなかったが、結局、その誘惑に勝てずイギリス

を敵にまわしてしまった。ところがナポレオンは、イギリスとの秘密交渉で、ハノーヴァーの返還を提案していた。

（訳注15）一八〇五年一二月二日、モラヴィアのアウステルリッツ（現在、チェコスロバキア中部の町）で、ナポレオン、ロシア、オーストリアが戦斗を交えた。ナポレオンは、六週間前、ウルムの戦いでオーストリア軍を破ったが、ロシアの新軍が到着したためナポレオン軍七万に対して同盟軍八万六千と数字上は同盟側が有利だった。ロシア軍は、ナポレオンの右翼側面をつこうとしたが、ナポレオンは、同盟軍の中央に攻撃を集中、同盟軍を分断し、敗走させた。連合軍二万六千の損害に対してナポレオン軍は八千の損害だった。

（訳注16）一八〇五年一二月二六日、オーストリアは、ナポレオンとプレスブルグ条約を結んだ。オーストリアは、イタリア王としてのナポレオンに、ヴェネツィア、イストリア、ダルマティアを割譲、さらに、チロル、ヴォラルベルグ他をバヴァリアに割譲した。この条約によって、単独不講和を規定した第三次対仏連合も瓦解してしまった。

（訳注17）旧約聖書「出エジプト記一六章」モーゼに率いられたイスラエル人がエジプトを脱出し、アラビアの砂漠の中で食物がなくエホバの神に祈ったところ与えられた食物。

Ⅲ

とるに足らない利益しかない政策を遂行する政治家は、えてして、迷いながら、行動しないですむような手段を求めがちである。出来事に左右される場当り的政策というもの——もっともらしく表現すれば、〝事態の進展を待つ〟ということになるが——は、間違ったとわかった決定に対する矯正手段をとる場合に、中間的な解決手段が可能かどうかも考えずに、極端に反対の政策を求めるものである。そのような訳で、プロシアが一八〇六年に大敗北を喫する最大の原因は、そのためらいにあったのだが、プロシアは、ハノーヴァーの併合にもかかわらず、その相対的地位が弱められたことに急にめざめ、前年はあれほど必死になって避けようとしたフランスとの戦争に、無謀にも突入することになったのである。しかし、ナポレオンは、一対一の戦争に敗れるはずがなかった。プロシアは、イエナとアウエルシュタットの戦斗で、オーストリアがアウステルリッツでこうむったと同じ運命にみまわれたのだった(訳注1)。約束されたロシアの支援は、またしても幻想であることが証明されたのだった。ロシアは、フリートラントの敗戦(訳注2)ののち、皇帝《ツァー》アレキサンダー(訳注3)が、テイルジットを流れるニーメン河に浮ぶいかだの上でナポレオンと会見し、世界の分割を完成させたのだった(訳注4)。

しかし、逆説的ではあるが、現体制が最終的に崩壊したということは、メッテルニヒに、最後の勝利への自信を回復させたのだった。というのは、今やナポレオンの物理的基盤と精神的基盤との間の矛盾が明らかとなり、中間勢力は抹殺されてしまったから、限定戦争によって勝利が際限なく得られるという時代が終ったからであった。これ以後は、勝利は、国家の戦力にすべてがかかるということになり、一方ナポレオンは、征服地を維持するための義務の理論を確立することが出来なかったために、間断なく武力を行使せざるをえない羽目に陥り、自己の力が徐々に弱まってゆくのを知ることになるのだった。一方、メッテルニヒは、パリ駐在大使となっており、彼は、パリから、どのように国家の再建をはかるべきか、どのように軍事組織の改革をすべきか、また、ナポレオンからの軍備縮小の命令をのがれるにはどうすべきか、国内の結束力を強めるにはどうすべきかなど、うやうやしさの中にも鋭敏な感覚で詳細にわたって根気よくおびただしい量の進言を書き送ったのだった。一八〇八年にメッテルニヒは次のように書いている。「世論は、最も強力な武器の一つであります。それは宗教のように、行政手段の影響力が及ばない最も神秘的な所にまで浸透するものです。世論を軽蔑することは、道義力を無視するようなものです。……（世論は）それ自体流行するものですが……後世の人々は、我々が現在、論争の世紀にあってもなお、沈黙を効果的な武器とみなしていたなどとは信じないでしょう」（注二）。また、メッテルニヒは、ティルジット条約が結ばれた知らせを聞いた直後に書いた手紙の中で、自己の目標を次のように雄弁に述べている、「我国政府の叡知によって、三十万の兵力が全面的な混乱状態にあるヨーロッパで、最も重要な役割を果たす日が必らずや到来するでありましょう。大侵略のあとには、必らずそのような時が来るものなのです。その日が何時かを予言することは出来ませんが、これまで、混沌状態に陥るとわかっていながら、それを避けるための手段をとろうとはしなかった唯一人の人間（訳注5）が、その日を先に延ばしているにすぎないのです」（注二）。力は世界を征服することが出来るかもしれませんが、征服を正統化することは出来ないでしょう。古い理論と古い形態を残そうというもののすべての倉庫として、オーストリアをそのままの状態に保つことが、オーストリアに課せられた任務であり、そうすることによって、時間がたつにつれて、必然的にオーストリアに多くの強力な同盟国をもたらすことになるのです（注三）。

スペインでのナポレオンの戦争（訳注6）の経過は、メッテルニヒの予想の正しさをいよいよ証明しているようだった。ナポレオンは、初めて敗北しても降伏しない、しかも、その資源は、フランスの戦力を増加させない敵とぶつかったのだった。補充兵からなるナポレオン軍の早々の敗北は、ナポレオンが不敗であるという神話を打ち砕いた。一八〇八年、メッテルニヒは次のように書いている、「我々は、大きな秘密を知りました。ナポレオンは、グランド・アルメという一つの軍隊しかもっていないのです。フランスの補充兵は、他の国の補充兵と大した変りはないのです」。もちろん、メッテルニヒは、スペインは、当然軍事的には敗北するだろうが、平定はされないだろうと考えていた。ナポレオンの性格から言って、撤退など考えなかったから、スペインは、フランスの人的、物的資源を流出させ続けることとなったのだった。道義的支持を獲得することがいっそう重要な意味をもつようになったのである。アウステルリッツの戦斗は、ナポレオンの敵になることは危険であることを証明したし、イエナの戦斗は、中立でいることも災となることを立証したものだったが、スペインの戦斗は、ナポレオンの友好国になることは、まちがいなく、致命的になることを証明したのだった(訳注7)。

それでは他にどのような手段が残されているというのであろうか。メッテルニヒは、自重するよう、そして、過去の敗戦の傷をいやす機会をのがさないよう説いたのだった(注四)。オーストリアの領土とオーストリアが体現する理論の双方から言って、オーストリアの存在は、ナポレオンの全世界の支配とは両立しないがゆえに、ナポレオンがオーストリアの打倒を狙っていることは確実であった(注五)。しかし、スペインが証明したように強奪には限界があった。そのうえ、ナポレオンの敵対者が不屈の精神をもっていれば、フランス国内でさえ栄光に飽きあきし、栄光の報酬を邪魔されずに謳歌したいと思っているあらゆる人々の中に同盟者を見い出すことが出来たのだった。フランス国内の同盟者とは、とりわけ、タレイランとフーシェ(訳注8)がそうだった。メッテルニヒは、この二人を評し、大胆な舵手に反抗する気は大いにあるが、船が暗礁に乗り上るまで反抗しない水兵のようだとたとえている(注六)。また彼は、タレイランが、ライン河、アルプス山脈、ピレネー山脈という自然の国境を越えたいかなる戦争も、もはやそれはフランスの戦争ではなく、ナポレオンの戦争だと述べたことを引用している。

しかし、メッテルニヒは、フランス国内の同盟者にのみ期待していたのではなかった。彼は、オーストリアとロシアとの同盟構想を復活させたのだった。すなわち、特定の軍事的協力の提案をにおわすように、オーストリアの決意と困難を率直にツァーに説明すべきであると進言した（注七）。そのような訳で、彼はパリで、ロシアの外務大臣ロウマゾフに、ロシアとフランスとの同盟がいかに不自然なものであるか、また強力な中心のないヨーロッパに永続的な平和をうちたてることがいかに困難であるかを説いたのだった（注八）。しかし、均衡の本質についてのお説教が無駄だったことがわかった。一八〇九年、ロシアは、一八〇五、六年と同様に、征服者がその国境に進撃してきたにもかかわらず消極的に傍観していたのだった。

そのような状況の中で、オーストリアは、一八〇九年、生存のための戦争、すなわち、国家的一体性という名のもとに、そして徴兵制による軍隊によって斗われたメッテルニヒ時代の最初にして最後の戦争に突入したのである。メッテルニヒでさえ、そのコスモポリタン的外見からは考えられないほど民族的熱情に動かされたのだった。彼は上司であるシュタディオン（訳注9）に次のように書き送っている。「（ナポレオンは）勝利への期待を、我々の行動の遅さ、我々の緒戦の勝利のあとの安堵感、あるいは、緒戦の敗北のあとの失望と無気力に託しているのです。……今度は、我々の方で、彼のお株を奪わなければなりません。戦斗が終る日まで勝者と思ってもいけないし、四日のちまで敗者と考えてもなりません。……我々は、常に一方の手に剣を持ち、他方の手にはオリーブの枝をもっていなければなりません。常に交渉に応ずる用意はあるが、進撃しつつある時こそ交渉すべきなのです……。かつて、古い体質の帝国がおかしたと同じ過ちをくりかえすはずがありません。……我国は、今初めて、我国自身が強力なのです。我々は断じてやらねばなりません……我々は、一八〇九年という年が、古い時代の終りか、新しい時代の始りであることを忘れてはなりません」（注九）。

しかし、一八〇九年は、古い時代の終りにも、新しい時代の始りにもならなかった。宇宙には、事物の合目的性というものが存在するかもしれないが、それは、限られた時間内には作用しないし、短い時間内にはあらわれないものである。オーストリアがこれまでに創り出した最もすばらしい軍隊は敗北し、すべてを賭ける意思のない皇帝は、ナポレオンに講和を懇願したのである(訳注10)。メッテルニヒの指導下では、オーストリアは、二度と再び単独でナポレオンを倒そうなどとはしなかったし、国民の道義的性向にオーストリアの運命を賭けようとはしなかった。かくして、一八〇九年の戦争は、一時代の終りにも、始りにもならず、むしろそれは、分岐点であり、継続であった。その年が分岐点であったというのは、皇帝が、その帝国を構成する多くの民族の支持に大きな期待をよせることに強いためらいを感じ始めたことを示していたからである。以後、皇帝は、安定と、現行制度を出来るだけ変化させないことに安全を求めることとなったのである。従って、その統治は、情熱と自信を喪失し、とくに国内問題では、限界を知っているが、その目標を知らないものとなり、国際的には、出来るだけ多くの同盟国を注意深く結集することによって危険を防ごうとする形態の継続となったのだった。この意味で、「メッテルニヒ体制」の基礎は、一八〇九年にしかれたのである。

また、この年は、フランツ皇帝(訳注11)が、メッテルニヒに外務大臣——三十九年間にわたって彼が手離そうとはしなかったポスト——に就任するよう要請した年でもあった。すこし前までは、他の誰よりも戦争を主張した人間が、今度は、平和の建設者となり、あらゆる戦争で失ったものを、狡智と忍耐と策略によって回復することになるのは、オーストリアが、戦争から引き出した教訓の象徴であった。

（注一）　N.P. Ⅱ, p. 192. この言葉と後のメッテルニヒの発言を比較することは面白い、例えば、N.P. Ⅲ, p. 440. あるいは、N.P. Ⅷ, p. 238.
（注二）　N.P. Ⅱ, p. 122f.
（注三）　Srbik, *Metternich*, I, p. 129.
（注四）　N.P. Ⅱ, p. 248f.
（注五）　N.P. Ⅱ, p. 178f.
（注六）　N.P. Ⅱ, p. 268f.
（注七）　例としては、N.P. Ⅱ, p. 171f., p. 286f. を参照のこと。
（注八）　N.P. Ⅱ, p. 270f.
（注九）　N.P. Ⅱ, p. 295f.

（訳注1）プロシア軍は、一八〇六年一〇月一四日、サクソニーのイエナおよびアウエルシュタットでナポレオン軍と斗い戦死、傷者二万二千、捕虜一万八千という壊滅的打撃を受けた。その敗因は、プロシアが、一八〇五年よりも情勢が悪化しているにもかかわらず戦争に突入したこと、すなわち、ナポレオン軍が容易に戦場に急行しうる態勢にあったこと、オーストリアが前年の敗戦で介入しえなかったこと、ロシア軍がいまだヴィスチュラ河の後方にあったことである。このような状況にあって、プロシア軍が、エルベ河まで後退してロシア軍の到着を待って斗わずに前進して斗ったことが致命的であった。

（訳注2）　一八〇七年六月一三、一四日ロシア軍は、フリートラント（現在ソ連のプラブディンスク）でナポレオン軍と斗い、二万五千の戦死傷者を出し敗北した。この敗北によって、ロシア軍司令官および政治家がロシアに関係の少ないこの戦争から脱退することが賢明であるとアレキサンダーに勧告し、ついにロシアもナポレオンの軍門に下り、第三次対仏大連合が瓦解した。

（訳注3）　Alexander I（1777—1825）ロシア皇帝（一八〇一—一八二五）。〝気狂い〟ポール一世の子として

生れ、幼時は、カサリン大帝の艶麗な宮廷に育ち、家庭教師スイスの学者ラ・アルプからはルソーの思想を教えられる一方、サルティコフ元帥からは、ロシア伝統の専制主義の訓練を受け、父ポール帝からは、軍事への情熱を吹き込まれた。このような環境に育ったアレキサンダーの性格は、複雑かつ矛盾しており、当時の人々にとっては、彼の考えと行動はまさに謎であった。ナポレオンは彼をビザンチン帝国の伝統をうけつがんとする策略家と思っていたし、メッテルニヒは扱いやすい気狂いと考えていたし、カースルレイは、才能はあるが、疑い深く優柔不断と見ていた。一八〇一年、父の暗殺――彼の黙認による――のあと皇帝となったが、その政策は、性格同様矛盾したものであった。第六章二節参照。

(訳注4) ティルジット条約は、ロシアとプロシアが、一八〇七年七月八日フランスと結んだ平和条約で、公開された条約によると、ロシアは、中央、西ヨーロッパにおけるフランスの覇権を認めること、プロシアは、フランスに、エルベ河以西の領土すべてと三回のポーランド分割によってポーランドから得た領土全部を割譲すること、エルベ河以西の割譲地をもってウェストファリア王国をつくり、ナポレオンの弟ジェロームを国王とすること、プロシア領ポーランドは、ロシアに引き渡した一部をのぞき、これをもってワルソー大公国をつくりサクソニー王をその大公とすること、ロシアは、ナポレオンが、ドイツ、イタリア、オランダにつくった衛星国を承認することが規定されていた。秘密条項によれば、ロシアは、イギリスとフランスとの調停を行ない、イギリスがそれを拒絶した場合には、ロシアはイギリスに宣戦すること、フランスは、ロシアとトルコとの調停を行ないトルコが拒否した場合には、フランスは、トルコのヨーロッパ領モルダヴィアおよびワラキアをロシアが獲得するのを援助すること(コンスタンチノープルとルーメリアをのぞく)、さらに、ロシアはスエーデンにおけるフリーハンドを得て、一八〇九年フィンランド公国を獲得した。著者が、世界の分割というのは、ナポレオンとツアーとの間にこのような秘密同盟条約があったことを指す。しかし、フランス、ロシアの協力関係も、ロシアのトルコへの野心、フランスの大陸封鎖に対するロシアの非協力、フランスのポーランド民族主義者への支援などによって緊張し、一八一二

年六月二四日のナポレオンのロシア遠征によって終った。

(訳注5)　ナポレオンを指す。

(訳注6)　いわゆる〝半島戦争〟。一八〇八年、イギリス政府は、ナポレオンに対するスペイン、ポルトガルの抵抗を支援するため、イベリア半島に出兵することを決定し、同年七月、ウェリントンにひきいられたイギリス軍がリスボンに上陸し、フランス軍を敗った。その後一八一四年まで英、仏両軍はスペインで戦斗をつづけ、二五万ものナポレオン軍がスペインに釘づけにされることになったため、フランスの人的、物的消耗は、他のヨーロッパ戦線へ大きな影響を与え、ナポレオン没落の一因となった。

(訳注7)　スペインは第一次対仏連合に加わったものの、一七九五年のバール条約でフランスと講和をして以来、チャールス四世は、ナポレオンに資金や艦船を提供して協力する忠実な同盟国であったが、ナポレオンは、スペインに足場をつくるや否やスペイン王室の内部事情に干渉し、チャールス四世をして、その子フェルディナンドに位を譲らせ、やがて、フェルディナンドをも退位させ、ナポレオンの兄ジョセフ・ボナパルトをスペイン王に即位させた。この王位さんだつに反抗してスペイン国民が決起し、ゲリラ戦を展開しポルトガルとともに、一八〇八年イギリス政府に援助を求めた。

(訳注8)　Fouché, Joseph (1759—1820)　フランスの政治家。一七九二—三年にかけて、ロベスピエールの熱心な支持者で、とくにリヨンの虐殺で悪名をはせた。しかし一七九四年に反ロベスピエール派となり、彼を打倒する片棒をかついだ。一七九九年から一八〇二年にかけ警察長官となり、また一八〇四年からナポレオンのもとで、その国内にはりめぐらされたスパイ網が価値があったために六年間にわたってその地位を保持したが、イギリスと連絡をとっていたかどで免職させられた。しかし、ナポレオンの〝百日天下〟で、またも警察長官になったが、ブルボン家の復位によって閑職に追いやられた。常に権力の側にあるその変節漢的身の処し方は、タレイラインとともに双璧。

(訳注9)　Stadion, Johann Philipp, Count (1763—1824)　オーストリアの政治家。一八〇五年アウステルリ

ッツの敗戦後、外務大臣に就任すると、ナポレオンに対する新たな戦争を計画し、そのためには全ドイツで当らねばならないと考え、徴兵制にもとづく国民軍を創設するとともにドイツ民族主義の高揚に努力した。しかし、一八〇九年のオーストリアの敗戦ののち、外務大臣を辞任し、メッテルニヒが引き継ぎ、その外交政策は、フランスとの対決政策から提携政策へと変更された。一八一六年以降、大蔵大臣として税、財政問題に当った。

(訳注10) オーストリアは、一八〇九年四月レーゲンスブルグの戦いから七月のワグラムの戦いに至る一連の斗いに敗れ、七月一二日休戦を申し入れ、ツナイム休戦条約が締結された、一〇月一四日シェーンブルン講和条約を結ぶ。

(訳注11) **Franz I** (1768—1835) オーストリア皇帝。彼はおじにあたるヨセフ二世(大帝)に厳格に教育されたが、大帝は、彼の想像力のなさをきらっており、それが結局彼に劣等感と忍耐力をうえつけた。一七九二年、父レオポルト二世の死によってフランツ二世として神聖ローマ皇帝となったが、一八〇五年のアウステルリッツの敗戦ののち、ナポレオンによってライン連邦がつくられ、神聖ローマ帝国の存在が否定されるに至り、神聖ローマ皇帝の称号を放棄し、オーストリア皇帝フランツ一世となった。彼の最大の長所はその忍耐力にあった。第五章一節、第十一章五節参照のこと。

IV

戦争に敗れ、分裂におびやかされている国家には、公然と反発するか、納得して受け入れるかの二つの幅広い選択がある。もし敗戦国が、敗北を国家の決意を反映したものであって、力を反映したものでないと考えるならば、次のより有利な機会に武器をとって斗うために戦力の充実と士気の高揚につとめ、戦場で失ったものを回復しようとするだろう。これは、一八〇五年以後のオーストリアの態度であった。さもなければ、敗戦国は、自己の物理的無力を納得し戦勝国に順応することによって、その国家の実体を救おうとするだろう。ある状況のもとでは、このような政策は、最も英雄的であるかもしれないが、いつでもそのような政策が英雄的であるとは限らない。しかし自己の精神を失なうことなく協調し、自己の主体性を犠牲にすることなく援助し、奴隷の身とみせかけて、沈黙を強制された状態で、解放のために働くことは、精神的強さを試めすこれ以上の試練が存在するであろうか。

これは、あらゆる点からみて、一八〇九年以降のオーストリアの政策であった。そのような政策をとらざるをえなかったのは、少なくともある程度は、オーストリアの物理的無力によるものであった。というのは、ナポレオンとの講和によって、オーストリアは、三分の一の領土とその防衛線、それに海への出口を奪われてしまったからである。アドリア海岸のイリリア地方は、フランスの新しい一つの州となり、やがて、それはハンガリーとなるのであった。他方、北方のワルソー大公国（訳注1）に割譲された地域は、オーストリアの品行に対する抵当として取られたものだった。しかも、オーストリアの財政はほとんど破産状態にあった。ナポレオンは、オーストリアが、十分な戦力を維持するに足る資力を持っていないことを知っていたので、軍隊の規模に対する制限さえしなかった。メッテルニヒは、自分の政策についての最初の声明の中で、皇帝に次のように上奏している。「一八〇五年以降、オーストリアが、依然として全体の解放のために力をつくせるほど強力であったとしても……現時点では、フランスの体制に順応することによって、みずからの安全を求めざるをえないのでありますす。もとより、正義にかなう政策のあらゆる原則に反するあの体制と我国がほとんど協調できないということは、私が今さら繰り返し申し上げるまでもないところであります。……しかしながら、我国は、ロシアの援助なしに、二度と再び、フランスに抵抗しようなどと考えてはならないのであります。あの信用の出来ない皇室(訳注2)も、早晩、その破廉恥な政策によっては、自国だけの利益を得ることは出来ないと悟るでありましょう。……我国に残されている唯一の道は、他日を期して、国力を維持することであり、より穏健な手段を通じて我国を保持するよう努めることであります――そして決して過去を振り返らないことであります」(注一)。

ここにメッテルニヒの政策を形成するすべての要素が凝縮されている。すなわち、征服体制と有機的な国際社会とは両立しないという確信、ロシアへの不信感、もろもろの同盟の失敗に対する反省、それに、一つの目的を達成するための戦術の柔軟性であった。そして、その目的は、普遍的法則を反映するがゆえに、たとえ、それがはるかかなたにあるにせよ、必らず到達しうるとの確信をもっていたのだった。メッテルニヒは、〝敵との提携〟といわれる政策をとろうとしていたのであった。そのような政策は、道義的強さを確信している国か、さもなければ、道義的無力を知り、自失の状態にある国だけがよくとりうるにすぎないのである。しかも、そのような政策は、国内の義務の理論から国民を納得させるのが困難な政策なのである。というのは、そのような政策は、その真の意図するところを明らかにすることによって正統化することができないからである。その政策を成功させるには、誠実なように見せかけることにかかっており、かつて、メッテルニヒが述べているように、お人好しではないのに、お人好しのように思わせる能力にかかっているのである。目的を明らかにすることは災厄をもたらすことがあり、あまりにも完全に成功することは分裂を招くことがある。そのような時代には、悪漢と英雄、反逆者と政治家は、彼らの行為によって区別されるべきではなく、彼らの動機によって判断されねばならないのである。どのような場合での敵国との提携が、国家的実体に損害を与えるのか、いかなる点で、安易な手段の言訳になるかは、抽象的に考えても答えの出る問題ではなく、厳しい試練を通じて生きてきた人間でなければわからないのである。敵と提携する政策は、大きな凝集力と高い士気をもった社会でなければ、成功裡に実行することはできないだろう。なぜならば、そのような政策は、反逆と思われないだけの指導力の面での自信を前提とするからである。かつてメッテルニヒが戦争で勝利を得るために期待していたオーストリアの道義的強さは、その目的には役立たなかったが、屈辱的な平和の時代には、オーストリアを救ったのである。

そのような時代でのメッテルニヒの政策は、あらゆる選択手段をとれる可能性を開いておくこと、最大限の行動の自由を確保することであったが、それには、フランスの信頼をかちえなければならなかったため、あらゆる拘束から可能な限りのがれることであった。オーストリアは、イギリスに対する大陸封鎖《コンチネンタル・システム》(訳注3)には加わったが、決してイギリスとの関係を断つようなことはしなかった。メッテルニヒは、ハノーヴァーの全権公使で、従って間接的には、イギリスの摂政の全権公使でもあるハルデンベルグとの緊密な関係を保っていた。彼は、ハルデンベルグを通じて、オーストリアとイギリスは、友好関係を維持するばかりでなく、相互に助言を与え合うことを表明するところまでいったのであった(注二)。正常な関係は、ロシアとの間にも維持されたが、オーストリアの政策の基盤は、ロシアの援助にあるのではなく、フランスの寛容にあると考えていることを明確にしていた。オーストリアの生存の条件は、フランスの圧力が緩和することであったが、その圧力は弱まりそうもなかったし、信頼という枠組みなしには、交渉は意味のないものとなるだろう。しかも、その信頼は、ナポレオンが同意することができると認める理論、すなわち、少なくとも、ある程度は、オーストリアとフランスの利益を一致させる理論が前提として必要だった。世界支配の要求と勢力均衡の要求とをどのようにして調和させようというのであろうか。いかなる制約もすべて自国に対する挑戦と解釈するような国の要求と、制約が生存の条件であるような帝国の要求とをどのように調和させようとするのだろうか。

しかしながら、ナポレオン体制には、メッテルニヒがあくことなく指摘しつづけてきた一つの弱点が存在した。すなわち、正統性は、強制によるのではなく、受諾によるのであり、また、多くの征服が行なわれたにもかかわらず、フランス帝国は、唯一人の人間にかかっているということであった。それゆえに、メッテルニヒは、ナポレオンが〝権利〟として認めるような絆を創り出すために、成り上り者の不安感に訴えたのだった。メッテルニヒは、正統性と時間とを物々交換したのである。すなわち、ナポレオンの永遠性への願望と、オーストリアの生存の保証を交換したのである。メッテルニヒは、キリスト教世界の統治者で五百年にわたって君臨してきた最後の神聖ローマ皇帝であるフランツ皇帝の皇女マリー・ルイスと、コルシカ人で、わずか十年間しか統治していないナポレオンとの間の婚姻をととのえたのである(訳注4)。一八一〇年、メッテルニヒは、皇帝に対し、次のように上奏している、「ナポレオンは何かを破壊するときは、必らず保証のことを口にするのであります。通常の意味では、この言葉と彼の行為とは全く矛盾しているのであります。保証とは、普通、政治的諸関係からなる状態に基礎をおくものですが、ナポレオンには、保証の政治的意味がわからないのです。すなわち、ナポレオンは、現実つまり確実さを目的にするのであります。従って、ナポレオンにとっては、強奪の一つひとつが、自己の強さと存在の保証なのであります。……この意味で、彼は、自衛を口実に玉座の転覆一つひとつに理由を与えているのであります。ナポレオンは、陛下の皇女との婚姻によって、オーストリア皇室の打倒という彼が探し求めていた保証を失ったのであります」(注三)。かくして、メッテルニヒは、革命的状況の特徴である相対立する二つの正統性間に存在する断層を、ナポレオンが自己に反対する正統性についてもっている考え方――それは、彼が容認する唯一のものだったが――を大胆に利用することによってのりこえたのだった。それはちょうど、ナポレオンがあらゆる諸国を征服することが出来たのは、ナポレオンの敵対者たちが、途方もない目的をもつ政策など夢想だにできなかったからだったが、同様にナポレオンが最終的に没落するに至ったのは、ナポレオン自身が、皇室関係の不安定さを理解することが出来なかったからであった。

メッテルニヒは、自分の新たな立場を利用してただちに行動を開始した。彼はナポレオンの新皇后が風土に慣れるのを助けるためと称し――そして、ナポレオンの次の行動を占うためにパリを訪れたのである。そこで彼が得たものは、ほんの少しの譲歩、すなわち、オーストリアの賠償金のわずかばかりの削減、ベルギーで公債を発行する許可、それに、ローマ教皇とナポレオンとの間をとりなす許可にすぎなかった。しかし、メッテルニヒは、きわめて価値のある確信を得てパリをあとにしたのだった。というのは、フランスは必らずロシアを攻撃するであろう。そしてその時期は、一八一二年の夏になるだろう。他に理由はないにせよ、この理由によって、オーストリアは、一時的な休息をもつことになるだろうとの確信を得たからであった。オーストリアは、その財政状態をたてなおすのに、この休息期間を利用したのだが、戦争の切迫によって、新たなジレンマに直面することとなった。というのも、今や長い間、必死に求めてきたロシアとの同盟は、提案するだけで実現できるように思われ、大陸の均衡が再び得られそうになった。ティルジットの講和以来、二流国になったプロシアでさえ、同盟国を求めて触角をのばしはじめていた。しかし、メッテルニヒは、一八〇九年の敗戦によって、オーストリア帝国は、再び過ちを犯す余裕のない国になってしまっていることをよく認識していた。彼は、もう一度敗れるか、戦争が長びけば、オーストリアは崩壊するだろうということを知っていおり、プロシアの物理的強さにも、ロシアの道義的耐久力をも信じることは出来なかった。一方、メッテルニヒは、皇帝に上奏する覚書の中で、次のように力説している、フランスとの同盟は問題外であります。というのは、フランスと同盟を結ぶことは、オーストリアの強さの源泉、すなわち道義的に優位にあるという一つの権利を失なうことを意味するからであります。かといって中立は、フランスの友情を失ないロシアの敵意を招来するでありましょう。そのような政策をとれば、オーストリアは将来の講和の際の発言力を失ない、二流国としての役割に甘んじなければならなくなるでありましょう、(注四)と。

一連の矛盾の輪は、哲学者にとっては、興味をそそるかもしれないが、政治家にとっては、それは一つの悪夢である。というのも、政治家は、それを熟慮しなければならないと同時に、解決しなければならないからである。ロシアと同盟を結べば、ナポレオンを敗北させることは出来るかもしれないが、オーストリアが攻撃の矢面に立たされることになるだろうし、再びロシアに裏切られるかもしれなかった。フランスと同盟を結ぶことは、オーストリアの道義上の立場を傷つけることになるだろうし、かといって武装中立は、オーストリアの資源を消耗させることになるだろう。かくして、オーストリアは、敵と提携する政策が収益漸減をはじめる点、すなわち、守勢の斗いと意思の喪失の境目に立ったのであった。メッテルニヒは、オーストリアの立場を鮮明にするのを避けることによってこのジレンマを逃れようとしたが、他の諸国は逆に彼らの立場をいっそう明確にしたのであった。メッテルニヒは、オーストリアにある程度行動の自由を回復させようと考えると同時に、この機会を利用して、オーストリアの戦力を増強しようとしたのだった。メッテルニヒが採った手段は、フランスに同調する路線に大きく一歩踏み出すものであったが、内心の留保を証明するような方法で歯止めがかけられていた。すなわち、ナポレオンの直接の指揮下で作戦し、フランスの補給を受ける三万のオーストリア軍を提供するという同盟が、フランスとの間で結ばれたのだった。その代償として、ナポレオンは、オーストリア帝国の保全を保証し、オーストリアの働きに応じて、領土上の報酬を約束したばかりでなく、記念としての不釣合いなほどの領土の増加をつけ加え、オーストリアとフランスの永続的協調を象徴したのである(注五)。このような手段が、道義的にどのように評価されようと、メッテルニヒの目的が達成されたという事実にまちがいはなかった。オーストリアは、フランスから反対されるどころか、奨励されて武装することができたのだった。それによって、講和の際の発言力が確保され、またフランスの支配体制内における有利な地位を獲得したことを象徴していたのである。領土の増大は、フランスの勝利にかかっていたが――その場合にはフランスを牽制する手段となるだろう――もちろんフランスが敗れた場合にはその約束は意味がなかった。まちがいなくメッテルニヒは、オーストリアが行なおうとしている戦争を、征服の戦争ではなく、防衛の戦争でもなく、自己保存の戦争として説明することが出来たのである(注六)。要するに、フランスとの同盟は、オーストリアに利益のあるきわめて限定された同盟であった(注七)。

今度は、オーストリアのフランス側への参加が、限定されたものであることを明らかにしなければならなかった。メッテルニヒは、ハルデンベルグに、オーストリアとしては、他にとるべき手段はなかったのでそうしたのだが、依然としてナポレオンに反対する勢力の中心であると考えていることに変りはない、と語った。しかし、公然と敵対することは、オーストリアが、一段と強力になるまでは、無謀な政策であるとつけ加え、スペインにおけるイギリスの牽制作戦を活発化するよう促したのだった(注八)。同様に、メッテルニヒは、ロシアに対しても、オーストリアは、侵略の意図のないことを保証するとともに、ナポレオン軍に参加しているオーストリア軍を温存し、オーストリア軍が、重要な軍事作戦に真剣に参加せずにすむよう、オーストリアとロシアは、作戦の遂行について何らかの合意に達すべきであるという驚くべき提案を行なったのである。メッテルニヒは、オーストリア軍が、行動出来ないことを正当化し、ナポレオンの軍団とは別の軍団をつくらねばならないという口実をもうけるために、ロシア軍は、ガリシア地方(訳注5)に集結するよう示唆したのだった(注九)。しかし、メッテルニヒはこれらの提案を文書にすべきであるというロシアの要求を巧みに逃れたのである。メッテルニヒは、最初の戦斗で、オーストリアの存在を危くするような危険をおかしてはならないと決意していたので、各国の勢力関係が見きわめられるようになり、オーストリアに真の伝統的役割、すなわち、連合を結成することと講和を正統化するという役割を演じられるようになるまで、いわば、島国が、その地理的条件によって得ている孤立の有利さを自分の機敏な策略によってオーストリアにも与えようとつとめていたのだった。

(注一) N.P. Ⅱ, p. 311f.
(注二) Oncken, Ⅱ, p. 52. Luckwaldt, *Oesterreich und Die Anfaenge Des Befreiungskrieges*, (Berlin, 1898), p. 31 をも参照のこと。
(注三) N.P. Ⅱ, p. 411.
(注四) 皇帝のために書かれたメッテルニヒの長文の分析、N.P. Ⅱ, p.410f. を参照のこと。
(注五) Oncken, Ⅱ, p. 85.
(注六) N.P. Ⅱ, p. 440.
(注七) Oncken, Ⅱ, p .47.

（注八）　Oncken, II, p. 824.

（注九）　Oncken, II, p. 93. Luckwaldt, p.39 も参照のこと。

（訳注1）　ナポレオンがティルジット条約にもとづき、プロシアから奪ったポーランド領でつくられた公国でサクソニー王をその大公とした。さらに一八〇九年のシェーンブルン講和条約でオーストリアが割譲した西ガリシア地方も加えられた。

（訳注2）　ロシア皇室を指す。

（訳注3）　ナポレオンが一八〇六年一一月二一日ベルリン法令で、イギリスの通商を大陸からしめ出すことを狙ったイギリスに対する封鎖。ベルリン法令によれば「イギリスは文明国の守る国際法を認めず、交戦行為を通商に従事する船舶、平和的な私人、商船内の私人の財産にまで拡大し、また一隻の軍艦も配置せず沿岸を封鎖したと宣言した。これはイギリスの利益のために全世界の通商を破壊する措置である。ゆえにフランスは、イギリス全島を封鎖状態におき、一切の通商と交通を禁止し、フランスおよびその同盟国の占領下にあるすべての国に存留するイギリス人を投獄し、彼らの商品と財産とを没収し、イギリスおよび、その植民地からの船舶は、フランスおよびその同盟国の港に入ることを禁止し、虚偽の船舶書類を作成したものは船舶と貨物を没収する」とある。しかし、この大陸封鎖は、ヨーロッパ諸国ばかりでなくナポレオンの支柱であったフランスの中産階級からも不人気で、ナポレオンも一八〇九年には、許可証を発行してイギリスとの通商を認めざるをえなかった。

（訳注4）　ナポレオンは、皇后ジョセフィーヌが子を生まなかったため離婚し、一八一〇年、オーストリアの皇女マリー・ルイス（一七九一―一八四七）と結婚した。当初ナポレオンは、ロシア皇女に結婚を申込んだが、ロシア皇室がなかなか決定しなかったために、ルイ十六世の皇后の生家であり、ヨーロッパ最古の皇室ハプスブルグ家と縁結びすることとなった。ナポレオン自身は、著者も述べているようにこの婚姻は、ナポレオンが求めている正統性を与えると同時に、オーストリア皇室との同盟によってナポレオン帝

国の支柱になると信じたが、メッテルニヒの策略による全くの政略結婚であった。

（訳注5） 中央ヨーロッパ東部の地域。当時はオーストリアの一州であったが、現在は、西部はポーランド領、東部はソ連ウクライナ共和国領となっている。

V

フランス軍が、ロシアで敗北を喫したという最初のニュースがもたらされたときのメッテルニヒの態度は、以上のようなものだった。一八〇五年の戦争は、メッテルニヒに同盟の脆さを教え、一八〇九年の戦争は、同盟の必要性を教え、さらに、一八〇五年の出来事は、危険が迫っている場合には、連合と同様に、孤立が正当化されるかもしれないし、従って、大陸国の政策は、場当り的なやり方で、遂行されてはならないとの確信を抱いたのだった。一八〇九年の敗戦によって彼は、国民の熱情は、物質的基盤の代りにはならないことを確信したのだった。オーストリアが困難に直面していたこの期間ずっとロシアの行為は、いずれにもとれるあいまいなものであった。ロシアは、フランスに対抗する防壁となる国々が敗北するのに手を貸し、そして、みずからの領土が脅威にさらされると最初の敗北ののち後方へと撤退してしまったのだった。逆に今度は、ロシア軍が、西欧に進出してきたので、メッテルニヒは、ロシアの優柔不断と同様にロシア軍の勝利を恐れたのである。メッテルニヒが、均衡を求めてほとんど十年間にわたって斗ってきたのは、西欧フランスの覇権を、東欧ロシアの支配で置きかえようとしたためではなかった。そして彼は、一時的な熱狂で危険を冒すような少しばかりの強さにオーストリアを復活させたくはなかった。ロシアが、フランスからロシアに乗り換える時が来たと言ってきたとき、メッテルニヒは次のように回答した。オーストリアの現在の立場は、オーストリア自身の選択にはないし、その生存が、条約関係の神聖さを認識することにかかっている国というものは、簡単に同盟を破ることは出来ないし、しかも、オーストリアの政策は、感情によっているのではなく、冷静な計算によっているのです(注一)、と。

メッテルニヒがかつて予言したように、三十万の兵力が、全面的な無政府状態にあるヨーロッパで重要な役割を果たすことができる、まさにその時が本当にやってきたのだった。しかしながら、オーストリアは、かろうじてその五分の一の兵力を擁しているにすぎず、しかもその半数は、ナポレオンとともにロシアにあった。まず何をおいても、オーストリアがやらねばならないことは、ロシアの決意を試めすことと、これから行なわれる戦争がいかなる性格をもつのかを調べることであった。というのは、オーストリアは、民族を解放することよりも、歴史的に存在してきた国家をナポレオンの支配から解放することに関心をもっていたからである。民族解放戦争は、多民族帝国オーストリアの解体となるであろうし、民族的聖戦は、オーストリアのドイツ人を基盤にした王朝を打倒することになるかもしれなかった。「偉大な人間の没落は何とやっかいなことでしょう。……憐れな中欧諸国(訳注1)は、フランスを徹底的に粉砕するような計画を立てることは出来ないのです」(注二)とメッテルニヒは述べている。そのためには、すべては、ナポレオンの敗北いかんにかかっていると同時に、それをどのような方法で達成するかにもかかっていたのである。従って、連合を結成しなければならないと同時に、その連合が、いかなる大義名分で戦争をするかということにもかかっていたのである。

「偉大な国家が、きわめて困難な状況で行動しなければならない場合には、少なくとも、みずから最高のリーダーシップをもつ立場を獲得しなければならないのです」(注三)とは、のちにメッテルニヒが、一八一三年の状況と似ているとみなしたクリミア戦争(訳注2)の時に述べた言葉である。このことは、海か草原という自然の要害をもって斗うことの出来る諸国の中間に位置し防御可能な国境線のない中央ヨーロッパの帝国にとってはきわめて重要なことであった。「オーストリアが戦争に参加する時には、軍事的に有利な立場ばかりでなく、道義的にも有利な立場を獲得していなければならないのです」(注四)、これがメッテルニヒの確信であった。そして、オーストリアが、その道義的立場として求めているものは明白であった。すなわち、国家の戦争であって、民族の戦争ではなかった。そして、保守主義と安定の理論によって正統化された連合であり、可能ならば、条約を破るのではなく、むしろ存在する条約の名のもとに斗われる戦争であった。

加えて、勢力関係を考慮するとメッテルニヒは慎重にならざるを得なかった。というのは、ナポレオンは、ロシアでこそ敗れはしたものの、依然として、オランダ、イタリア、イリリアの支配者であった。ライン連邦(訳注3)を構成する二流のドイツ諸国は、ナポレオンの衛星国であり、プロシアは同盟国だったからである。しかし、メッテルニヒは、ナポレオンの性格については、自分が他の誰よりもよく精通していることを利用できるそのチャンスがやって来たとの確信をもって、慎重なうえにもますます慎重を期していったのである。一八二〇年になってメッテルニヒは、当時のことを次のように回顧している、「ナポレオンと私は、お互いに相手の動きを注意深く観察しながら、あたかもチェスをしているように数年間を過したのです。私が彼に王手をかけようとすると、彼は、私をチェスの駒もろとも打ち滅ぼそうとしたのです」(注五)。これこそ当時の国際関係の象徴であった。すなわち、意思の人と理性の人、普遍性の理論と限界の感覚、力にもとづく要求と正統性にもとづくそれとの対立であった。しかし、一八一二年の出来事が、もろもろの事柄の証明になったにせよ、とくに次の一点は確実に証明していたのである。すなわち、以後のゲームは、もはやチェスの相手や駒を打ち滅ぼすることによっては勝利を得ることは不可能であるということ、そしてそれは、野蛮な力によるのではなく、穏健な手段に利益を見い出すところの、そのゲーム自体のルールに従って行なわれなければならないことを示していたのである。ナポレオンが、この真理を認めるのをためらえばためらうほど、ナポレオンの最終的敗北は確実になるのであった。全面的支配の要求は、もしそれが、十分な力を背景にして行なわれるか、あるいは、相手側にそのような行為に断固として反対するという決意がない場合は、まさにその犯罪的行為を通じて国際関係の構造を破壊することが出来るのである。しかし、手段が限定され、相手側が断固たる決意をもったときには、緒戦での偉大な勝利の記憶によって錯覚が生じているので、結局は、それが敗北へのプレリュードとなるのである。

そのうえ、メッテルニヒが行なおうと決意したゲームは、早い王手詰めを狙って、すべてを賭けるという大胆な策略のたぐいではなかった。そのゲームは、むしろ慎重かつ狡猾であり、大勢が徐々に変化してゆくことに利益を見い出すゲームであり、そして、その演技者は、まず、自己の戦力を結集することによって相手を無力にし、その上で、相手の行動を利用して敗北させようとしたのだった。しかし、それは、友と敵との双方からの無理解と暴言に耐えて遂行しなければならない孤独の中に大胆さを必要とするゲームであった。すなわち、その勇気は、一つの誤った行動が敗北につながるかもしれず、信頼を失なうことは、孤立を招くかもしれない時の沈着さにあったのであり、また、その偉大さは、行動の巧みさにあって、着想の妙にあったのではなかった。しかし、そのようなゲームによって、その最終段階には、オーストリアは、同盟の最高の指導者になり、戦争を領土の問題から切り離し、連合の基礎を民族にではなく政府に置き、そのようにしたことによって講和の締結を可能にしたのだった。そして、それを正統化することこそ、オーストリア帝国の連綿たる存在と調和していたのである。それは、英雄的行為ではなかったが、一つの帝国を救ったのだった。

メッテルニヒの最初の指し手は、ナポレオンが敗北したことはわかったが、どの程度の敗北かがまだわからなかった時点、すなわち、十二月九日、ヴィルナ(訳注4)のフランス軍司令部にいるオーストリアの代理大使に一通の手紙を出すことであった。その手紙は、巧妙かつ皮肉たっぷりな内容であり、それは協調的なようでもあり、また脅迫めいたところもあったが、そして、その手紙の調子こそ、これから行なわれようとしているゲームの性格を暗示していたのだった。その手紙の中で、メッテルニヒは、国家の独立は、個人の健康と同様であると主張していた点(注六)を除けば、その内容――それは、複雑な策略の第一歩にすぎず、しかも、その真の意図するところは七ヵ月先にならなければわからなかったのだが――には意味がなかった。その手紙は、情勢に対する次のような皮肉な要約で始っていた。「オーストリアは、今世紀最高の指揮官に対して最大級の尊敬を払っておりますので、そのとられた軍事的措置については、意見を申し述べる訳にはまいりません。事態は新たな展開を見ました。セント・ペテルスブルグの政府(訳注5)は、過去において幾度となく無節操であることを証明してきましたので、どんなにひかえ目にみましても、モスクワ遠征のような誰もがなしえなかった大胆な計画によれば、アレキサンダーは、和議に応ずるだろうと予想されたのであります。しかし、この予想は見事にはずれてしまいました。要するに、ロシアは、自分の同盟国の利益は平気で相手に引きわたすのですが、自分の利益だけはそんなに簡単には放棄しなかったのです」。

この一節は、軍事的、心理的可能性について述べた長い分析の序文であり、その分析の結論として、グランド・アルメのあらゆる勝利は結局何物をも獲得出来なかった。従ってロシア遠征は不可能であり、ロシアとの単独講和を可能とするような動機は存在しない、と述べていた。それでは、いかなる解決策が考えられるのだろうか。メッテルニヒは、全面講和を交渉するためにオーストリアの好意的斡旋を受け入れることである、と答えていた。メッテルニヒによれば、オーストリアのみが、他の諸国の威信を傷つけることなくそれらの諸国に接近できる立場にある一方、フランスとは皇室間の姻戚関係によって結ばれており、ヨーロッパの中央に五千万の国民を擁している国は、その面子から言っても、フランスに対して話し合う義務がある、と主張していた。このオーストリアの善意についての脅迫的な断言につづいて次のようなどちらともとれるあいまいな文章となっていた。「フランスの皇帝は、マリー・ルイスとの婚姻が、ヨーロッパの顔を変えたとしばしば私に語っていましたが、それは、今日のような事態を予測していたように思えるのです。ナポレオンは、この幸運な同盟から真の利益を引き出すその日は近いのです。いやもう来ているのかもしれません」。そして、メッテルニヒは、アンダーラインを引いてまで強調していた微妙かつ分りにくい、しかも手の込んだ大胆な内容の次のような文章でその手紙を結んでいた、「わが神聖なる皇帝陛下は、ナポレオンのモスクワからの撤退を知ったとき、以下のような簡潔なお言葉で、陛下御自身の立場を表わされました。『朕が、フランス皇帝であることを示すことが出来るその日が来ました』と。私は、この簡潔にして効果的なお言葉をくりかえすだけで十分です。そして、貴下に、このお言葉をフランスの外務大臣バッサノ公爵(訳注6)に伝える権限を与えるものです。よけいなコメントを付け加えることは、その言葉の真意をそこなうことになるでしょうから」(注七)。

かくして、メッテルニヒは、ナポレオンに敵対する大連合を結成することとなる外交活動の第一歩を、ナポレオンに講和を提案することから開始したのだった。このようにして、彼は、オーストリアをフランスとの同盟国の立場から中立に変えることに対するフランスの是認を取りつけ、そして中立は調停に変えられ、さらに調停は戦争へと結びつけられてゆくのだった。しかも、そのような手段がすべて存在する条約の名のもとに遂行され、そして、まず第一に偉大な同盟国フランスに対する配慮によって動機づけられていたのである。何ゆえにメッテルニヒが、それほどまでに間接的な手順をふみ、かつきわめて正統化するのが困難で複雑な手段をとらなければならなかったかを疑問とするかもしれない。何ゆえに、オーストリアの国内体制を、ヨーロッパにほうはいとして起りつつあった民族的熱情に順応させようとしなかったのであろうか。しかし、政治家というものは、手もとにある素材をもとにして働かなければならないのである。オーストリアの国内構造は硬直化しており、逆説的ではあるが、国際社会のそれよりも硬かったのである。そのオーストリアの国内構造がメッテルニヒの外交政策にいかなる影響力を与えたかを調べるまえに、ナポレオンと最も執拗に斗った国の外務大臣である、いま一人の政治家を見ることにしよう。彼もまた、連合に活を入れるために、ある構和の構想を提示しようと舞台に登場したのだった。

(注一) Oncken, I, p. 47.
(注二) Luckwaldt, p.41.
(注三) N.P. Ⅶ, p. 371.
(注四) N.P. Ⅷ, p. 364f.
(注五) N.P. Ⅲ, p. 332.
(注六) Text, Oncken, I, p. 17.
(注七) その手紙は、Oncken, I, p. 36f. にある。
(訳注1) 具体的には、オーストリアとプロシアを指す。

（訳注2）　一八五三年から五六年にかけて、トルコ、イギリス、フランスが、ロシアと戦った戦争で、サルジニアがのちに同盟側に加わった。戦争の直接の原因は、トルコ帝国内のキリスト教徒の保護を求めるロシアの要求をトルコが拒否したことである。根本的原因は、ロシアのトルコ領土の分割提案や、ハンガリーの革命に対するロシアの介入など、ロシアの膨張に対してイギリスが脅威を感じたことにあった。同時に、フランスとロシアとの関係は、聖地におけるカトリックとギリシア正教との争いによって悪化していた（この争いは戦争開始前に解決していた）。一八五三年九月二三日トルコがロシアに宣戦した。ロシアがダニューブ公領を占領したが、オーストリアが、この地域からのロシアの撤退を保証したためロシア軍は撤退した。しかし、一一月三〇日にトルコ艦隊がロシアに敗北したためイギリス、フランスは艦隊を黒海に入れ一八五四年九月同盟軍はクリミアに上陸し、英、仏、露の戦斗はせいさんをきわめたため、同盟側はしきりに同盟国を求めていた。オーストリアはなかなか勧誘に応じなかったけれども一二月二日ついに英、仏と同盟を結んだが、それは、本格的同盟ではなく、「四カ条の条件」にもとづく講和が成立しない場合には、同盟の目的を達成するための措置を協議するというものだった。一八五五年サルジニアが同盟側に加わって参戦、オーストリアが宣戦するという威しのもとに、一八五六年二月一日ロシアは予備講和を受諾した。

（訳注3）　ナポレオンは、一八〇五年にアウステルリッツでオーストリアを敗ったのち、西南ドイツを再編成してフランス帝国と連合する衛星国家を作ろうとし、バヴァリアとヴィルテンベルグを王国に引き上げ、バーデンとヘッセ・ダルムスタットを大公国に引き上げるとともに、新たにベルグ、フランクフルトのような大公国あるいは都市をつくった。一八〇六年七月一二日、タレイランが起草した連邦法に衛星国諸公が署名し、一六カ国からなるライン連邦が発足した。これらの衛星諸国は、ナポレオンを連邦の保護者とし、大陸での戦争に際しては、軍隊を提供してフランスを支援する義務を負っていた。八月一日連邦は神聖ローマ帝国から分離、神聖ローマ帝国の存在をみとめないと宣言された。

（訳注４） 現在、ソ連リトアニア共和国の首都、もとポーランド領。

（訳注５） ロシア皇室。セント・ペテルスブルグは、帝政時代の首都で、現在のレニングラード。

（訳注６） Maret, Hugues Bernard, Duke of Bassano（1763—1839）フランスの政治家、外交官。一八〇二年ナポレオン執政の主席顧問となり、その後、一八一一年に外務大臣となったが、彼は、主戦派で、同盟国との講和には、あまり熱心ではなかったため、ナポレオンがライプツィヒで敗れたのち、講和派のコーランクールにその職を譲らねばならなかった。しかし、ナポレオンの最も親密な臣下の一人であり、ナポレオンがエルバ島に流されたのち、人を送りその脱出のために一役買っており〝百日天下〟では、国務大臣になった。

EUROPE IN 1815
GERMAN CONFEDERATION
GREAT BRITAIN
LONDON
HAGUE
ANTWERP
BRUSSELS
WATERLOO
AIX LA CHAPELLE
JENA
HAMBURG
ELBE
HANOVER
BERLIN
LEIPZIG
DRESDEN
BRESLAU
REICHENBACH
TEPLITZ
PRAGUE
TROPPAU
AUSTERLITZ
PRUSSIA
VISTULA
WARSAW
CRACOW
RUSSIA
MOSCOW
FRANKFURT
MANNHEIM
VIENNA
PARIS
FONTAINBLEAU
CHAUMONT
CHÂTILLON
LANGRES
DIJON
FRANCE
BORDEAUX
GENEVA
TURIN
GENOA
VERONA
FLORENCE
ELBA
ROME
NAPLES
AUSTRIAN EMPIRE
JASSY
OTTOMAN EMPIRE
CONSTANTINOPLE
SPAIN
MADRID
CADIZ

第三章　島国の政治家

カースルレイの個性——国際関係に対するカースルレイの見解——カースルレイとイギリスの国内体制——メッテルニヒの調停案に対するカースルレイの反応——ピットの構想

I

国家の過去の記憶というものは、国家の現実の政策に対する試金石を提供する。その国の経験が、根本的なものであればある程、過去に照らしてみて、国家の現在の判断に深甚な影響を与えるものである。あまりにもひどい経験をした国が、過去のとりこになるということは、ありがちなことである。しかし、一八一二年のイギリスの場合には、そのようなことにはならなかった。イギリスは衝撃を受けたけれどもそれを乗り越えたのだった。しかし、たとえイギリスの物の考え方、精神構造が変らなかったにせよ、十年近い孤立の試練から抜け出した時には、イギリスは、二度と再び孤立はすまいという決意をもったのであった。

そして、このような決意を実行に移した人物をあげるとすれば、ロシア遠征のグランド・アルメがニーメン河に集結したちょうどその時、イギリスの外務大臣になったカースルレイ卿をおいて他にはいないだろう。彼は有名ではないが、アイルランドの古い家柄に生れ、イギリスと大陸との接触がまだそれほど強くなく、その外交の対象といえば、革命的風潮に反対する連合が、場当り的なものにすぎなかったその時代に、イギリスの土地所有貴族の典型的教育を受けたのだった。彼の経歴は、堅実そのものであり、とくに目覚しいようなものはなかった。彼は、最初の公的な仕事で、アイルランドの暴動を鎮圧し、アイルランド議会を廃止することに関係をもったために、反自由主義の鬼という評判を高めてしまった。彼は、ピット(訳注1)内閣で陸軍大臣をつとめたが、その時のピットとの結びつきが、彼の後年の政策を形成する基礎となったのだった。この時期の大部分は、才気縦横のカニング(訳注2)のかげにかくれて目立たなかった。一八〇九年、カニングとの不幸な決斗(訳注3)ののち、両者共に公務から退かなければならなくなった。一八一二年、カースルレイは、二、三ヵ月以上は続くまいと思われていたリヴァプール(訳注4)内閣の外務大臣、下院の指導者として復帰した。彼は、国際問題についてのカニングの〝専門家的見識〟に対する評判がきわめて高かったので、下院の指導者としての地位を維持することを条件に外務省をカニングに譲ることを申し出たのだった。しかし、カニングは、リヴァプール内閣の見通しが暗かったのでその申し出をことわったため、以後十年間、外務大臣になろうという自己の目標を達成することが出来なくなってしまった。このように、歴史上のカースルレイの地位も、その遠慮がちな人格と同様に、後になって評価されるようになったのである。

しかしながら、イギリスとヨーロッパとの結びつきを再びつくり上げ、連合を維持し、その基本的なアウトラインが、その後五十年以上も存続することになった講和を交渉したのは、他ならぬカースルレイであった。心理学者にとっては、その経歴からみて、深遠な構想をもっているようには見えないこのアイルランド貴族が、どうして、イギリスの政治家の中で最もヨーロッパ的政治家になったかを不思議に思うかもしれない。カースルレイを脇役とすれば、メッテルニヒは偉大な主役だったが、この二人の間には、想像も出来ない程の大きな違いがあった。メッテルニヒは、優雅で人当りがよく、理性主義者だったが、カースルレイは、堅実、重厚であり、実用主義者だった。メッテルニヒは、どことなく学者ぶったところがあったにせよ、機知に富んでおり雄弁家だったのに対し、カースルレイは、論争には効果があったが、表現が複雑だった。メッテルニヒは、理論家的で間接的だったが、カースルレイは、現実主義者で、直接的だった。カースルレイについては、以上のようなほんのわずかの追想録が残されているにすぎないのである。カースルレイは、よそよそしく無口だったので、自分の政策が、国民の大多数に理解されなかったように、人間的にも近づきがたい孤独の道を歩んだのだった。カースルレイは、まさに、冷く、超然とキラキラと美しく輝いている霜柱の切っ先のようであり、誰も近づくことが出来ないし、また誰も近づこうとは思わない孤高の人だったと言われている。カースルレイの悲劇的な死によってはじめて世界は、その孤独の人の価値を知ったのだった。

しかし、イギリスの国民的経験のシンボルとしては、カースルレイは、どうみても適切な人物とはいえなかった。というのは、イギリスは、革命の理論に反対するために戦争をしたのではなく――革命の理論に代る理論のためということもさらさらなく――ナポレオンの世界支配に反対するために斗ったのであり、すなわち、自由のためではなく、独立のために斗ったのであり、さらに言えば、社会秩序のためでなく、均衡のために斗ったからである。ここに、イギリスと大陸諸国、とくにオーストリアとの間に誤解を生む原因があったのである。大陸諸国にとっては、フランスとの戦争は、独立のためばかりではなく、歴史的経験という意味でのみずからの独立のための斗いであったが、イギリスにとっては、ヨーロッパが一カ国によって全面的に支配されることのないような、そういうヨーロッパをつくるための斗いだった。オーストリアにとっては、社会秩序を存続させるための戦争であったが、イギリスにとっては、フランスを封じ込める〝大連合〟をつくり出すための戦争だった(注二)。一八二一年に、メッテルニヒが、自分の考える世界革命の危険と斗うために普遍的な介入の理論をつくり出そうとしたとき、カースルレイは、大英帝国が、ナポレオンと斗ったのは、明らかにイギリスの利害にかかわるという具体的な考えにもとづいていたのであって、抽象的で曖昧な理論を宣言するためではなかったと述べ、メッテルニヒの試みに釘をさしたのである(注二)。

このために、イギリスの目的は、積極的な意味で述べるよりも、消極的意味で述べる方が容易である。イギリスの目的は、もしヨーロッパ大陸が、一カ国の支配下に統一されるならば、島国にとっては、致命的な脅威を意味するという島国の政策を反映していたのである。すなわち、外国の国内的変化が、海を越えて強制的に拡大されようとしたときにのみ脅威を感ずるという特異な社会構造に対する意識——その意識は、実際に特異である以上に重要な意味をもつのだが——を反映した政策であった。イギリスが、ヨーロッパの均衡を維持するためのバランサーとしての役割を見い出したということは、外交政策における防御的考え方であった。そして、イギリスにとっては、均衡は、社会的意味あいよりも政治的意味あいで認識されたので、おおむね似かよった諸国間の力のつり合いにもとづくものと考えられ、正統性理論にもとづくものとは考えられなかった。イギリスが、フランス革命の外部への流出に反対して斗ってきたのは、征服を制限するような構造をもったヨーロッパを建設するためだったのである。一方、オーストリアや他のヨーロッパ諸国が斗ってきたのは、フランス革命の現実によって、また、地理的、心理的に孤立して存在するのは不可能であるために崩壊の瀬戸際に立たされた経験から、全面的支配など思いもよらないような〝正統性〟にもとづいたヨーロッパを建設するためだったのである。バランスをとる国にとっては、諸国間の相違が、バランスをとる国と諸国間の関係の相違よりも大きくなければ、バランスをとる機能を発揮することが出来ないから、イギリスの悪夢は、イギリスを除外した大陸の講和であった（訳注5）。他方、社会というものは、その社会の神話を攻撃する勢力に対して、絶えず守勢をとっていたら、社会としての機能を果たすことが出来なくなるので、ヨーロッパ諸国の悪夢は、永久的革命であった（注三）。

だからといって、イギリスの政治家たちが、ある国内体制を好み、またあるものは好まなかったというのではない。しかし、どちらかといえば、ヨーロッパの均衡を維持する見込みの大きい方を好んだのである。リヴァプール内閣は、オーストリア政府よりも、はるかに、ナポレオンの支配が続くことに対して強く反対していたのである。しかし、この逆のブルボン家（訳注6）の〝正統性〟とは何ら関係がなかったのである。つまり、ナポレオンに対する妥協はありえないとする考え方は、ナポレオンとの講和が永続することはありえないとの確信から出て来たものだった。ナポレオンがエルバ島から脱出したあとで、カースルレイは次のように述べている、「もし、再びナポレオンが、フランスを支配するならば、ヨーロッパの安寧、安全、独立をどうして維持しうると言えるだろうか。現在フランスで起っている問題は、ヨーロッパが、人類の利益を守れるような道義にもとずく体制にもどることが出来るか、あるいは、我国が、過去二十年間そうだったように軍事体制を維持しなければならないかということであり、換言すれば、ヨーロッパが将来、自由な国家からなる集団としての姿になるか、あるいは、軍事国家の集団としての姿をとるかという、きわめて重要な問題であると信ずるものであります」（注四）。

カースルレイが、革命に反対したのは、メッテルニヒのように、革命が〝不自然〟であるからではなく、革命が平穏を欠くからであった。自由主義者によって加えられたカースルレイに対する非難は、彼の真意を誤解しているのである。カースルレイは、安全に物事を達成することが出来ると感じたときには常に、穏健な和解的手段——たとえそれが〝リベラル〟ではなかったにせよ——をとるよう主張したのだった(注五)。彼にとっては、ヨーロッパの安寧が最優先されるべきであり、統治の理論は、国際間の安定の下位におかれるべきものであった。一八一八年、カースルレイは、ウィリアム・ベンティンク卿(訳注7)が、いやがっているシシリー(訳注8)にイギリス型の憲法の恩恵を与えようと計画を進めているのに対して、次のように書き送っている、「我々がイタリアで望んでいるのは、反乱ではなく、我々が信頼できる君主のもとでの規律ある勢力なのです」(注六)、と。またカースルレイは、次のように付け加え、国内政策に対する外交政策の優位の理論、すなわち、社会体制の均衡よりも、力の均衡の優位の理論を展開していた、「……私は、ヨーロッパではもうすでに行なわれた統治の科学でのあまりにも急激な実験が、イタリアの人々に対してもただちに広げられるべきだとは思わないのです。ヨーロッパで進行しつつある大きな精神的変化を知らないはずがありませんし、自由についての理論も完全にゆきわたっているのです。変化があまりにも急激すぎて、かえって世界をよりよく、幸福に出来ないことの方が危険なのです。我々は、フランス、スペイン、オランダ、それにシシリーで発布された新しい憲法を知っております。我々は、これ以上多くの試みをするよりも、その前にその結果を見ることにしましょう。……もし、我国が、オーストリア、サルジニア(訳注9)と共同行動をとろうとするのであれば、イタリアでは、より慎重であることが必要なのです……」と。この言葉は、急激な理論上の変化に対するイギリスの王党派の不信の表明であると同時に、連合の支配的な性格に対するカースルレイの信念の表明でもあったのである。

カースルレイは、戦争から生れた連合を均衡の永久的表現と見ていたのである。彼は、戦争を一カ国の覇権に反対する防御と見ていたので、同盟を将来の侵略を防ぐものと考えたのは、ごく自然なことであった。彼にとっては、革命戦争が、フランスの覇権という形をとって以来、ナポレオンの全世界支配の要求によって、あらゆる信頼が失なわれてしまったので、国際関係における信義の回復は、永久平和の前提条件だった。カースルレイは、一八一四年に、問題児であるウィリアム・ベンティンク卿に対して次のように書き送っている、「もし、猜疑心がおさえられないとすれば……それは、軍事協力をしようとするからではなく、我々同盟諸国間同士の戦争に備えようとするからなのです。そして、同盟の当事国が、お互いに友好関係ばかりでなく、信頼関係すらもつくり出せないとするならば、同盟諸国が避けようと望んでいる最悪の事態をひき起すことになるでしょう」(注七)、と。イギリスの大陸における唯一の利益は、その安定にあったので、従って、イギリスは、大陸諸国間の対立の調停者としての役割を果すことであった。しかもイギリスは、大陸諸国の偏狭な要求に対して比較的関心がうすかったので、全般的な安定に資するような解決策を主張することが出来たのである。しかし、そのような態度をとるには、イギリスの主張の動機が、自国の利益のためではないかと疑われないようにしなければならなかった。だからこそ、カースルレイは、優勢な力にもとずく講和ではなく均衡にもとづく講和という穏健な政策を主張し、そして、復讐を目標にするのではなく、協調を目標にするよう主張しつづけたのである。彼は、バーゼル(訳注10)の同盟国諸君主の司令部に向う途中、同行者のリポン(訳注11)に次のように語ったのである、「これから行なわれようとしている交渉でぶつかるだろうと私が予想する困難の一つは、全体として大国間同士が信頼し合った交渉が出来ないことから起こるでしょう。しかし、多くの見えを張った要求も、あらゆる重要な問題をも含めて、各々の当事国が、胸襟を開いて意思疎通が出来るような信頼関係にもとづいた討議の場にゆだねることによって緩和されるでしょう」（注八）。また後になって、内閣が、大陸問題への参加に対して常に不信の念をもっていたため、カースルレイとの間には、周期的ともいえる論争が生じたのだが、その際に彼は次のように内閣に書き送ったのだった、「大陸諸国から、我国が強さ、影響力、信頼感の象徴としての評判を得ることは、他のいかなるものを獲得するのにも勝る大きな意味があるのです」（注九）。

島国が譲歩することが出来ない唯一のものは海上権《マリタイム・ライツ》の問題（訳注12）であった。イギリスが十年間にわたる孤立に耐え抜くことが出来たのは、海を支配していたからであると考えられ、海上権《マリタイム・ライツ》は、その実際の重要性以上に重要であると考えられるようになったのである。もちろん、一国の国民が、彼らの過去の経験をどのように解釈しようとそれに異議をとなえることは出来まい。国民のそのような経験が、将来に立ち向う際の唯一の手段であるからである。しかし、実際に起ったことが、起ったと思われていることに比べ、さほど重要性がない場合は、よくあることである。イギリスでは、封鎖と中立国の船舶を臨検する権利が、ナポレオンの支配を終らせる重要な要因だったと考えられていたのである。カースルレイがツアーへのイギリスの全権大使であるカスカート（訳注13）に次のような訓令を送ったのは、イギリスの政策の自明の理を述べたにすぎなかった、「大英帝国は、会議からは除外されることがあるかもしれませんが、海上権《マリタイム・ライツ》から除外されることはありません。もし、大陸諸国が、みずからの利益を知っているならば、海上権《マリタイム・ライツ》に制限を加えようなどとはしないでしょう」（注一〇）。

この点の外交関係に関する限り、カースルレイの考え方は、イギリスの考え方と一致していたし、少なくともイギリスにとっては快いものだったろう。しかし、カースルレイが、ナポレオンに対する同盟を、平和を維持する国際組織に変えようとしたとき、彼は、自分の国からばかりでなく、同盟者からも訣別しなければならなくなったのである。というのは、事実上フランスの侵略に限った約束を基礎にした協力政策は、大陸諸国にとっては、あまりに益のないものだったし、イギリスの国内構造にとっては、あまりにも負担がかかるものだったからである。大陸諸国は、自分たちの安全に対する余裕がきわめて小さかったので、そのような限定された同盟では満足出来なかったのである。カースルレイが、メッテルニヒに予防的理由にもとづいた外交政策をとるべきではないと忠告したのも彼にとっては当然のことだった（注一二）。ところが、メッテルニヒには、イギリスが、英仏海峡のかなたから事態の成行を見定め、最も有利な時に介入するような余裕がなかったのである。メッテルニヒの安全は、最後の戦斗にあるのではなく、最初の戦斗にかかっていたのであり、従って、予防政策こそ唯一の彼の政策であった。一方、イギリスが、限定されているにせよ、ヨーロッパ政府的なものに参加することは、その国内構造には、あまりにも大きな負担であった。カースルレイとは違い、カニングは、常時ヨーロッパの国際会議に参加することは、イギリスを、新たな、しかも大いに疑問のある政策にまき込むことになろう、と次のような国民の立場に立った演説をしたのだった、「そのような政策は、イギリスをヨーロッパのあらゆる政治問題に深く介入させることになろう。しかるに、我国の真の政策は、重大な危機に際しては、堂々と軍隊をもって斗う以外は、一貫して外国へは介入しないことであった」（注一三）。

これは、非介入の理論であり、しかもそれは、イギリスの政治体制の特異性についてもっている確信の裏がえしであった。すなわち、外国の政府の変化によって、イギリスの政治が影響を受けることはありえないとの確信であり、従って、イギリスの安全にとっての脅威は、政治的なものであって、社会的なものではなかった。イギリスにとっては、いかなる勢力がシェルト河口(訳注14)を支配するかが、重要な問題だったのである。なぜならば、イギリスの安全保障は、英仏海峡を完全に支配することによっていたからである。いかなる勢力がナポリを支配しようが、――少なくともミュラー(訳注15)が打倒されたあとでは――そんなことはイギリスの安全にとっては問題ではなかったのである。このような考え方の当然の帰結として、イギリス社会の政治的確信にもとづいて、国際問題をも解釈するということになったのである。各々の国家が、みずからの統治形態を決定する権利をもつということが、下院の両党によって認められた自明の理であった。しかし、外国の国内問題に介入することは、決して是認はされないが、どうしても介入しなければならないという時に限って例外的に正当化されたのである。つまり、黙認されることはありうるが、普遍的権利としては認められなかったのである。従って、カースルレイの外交政策に制約を加えたものは、議会と世論であった。例えば、カースルレイは、「我々が警戒しているその問題が国会に提出されるときには我々の警戒心が正当なものであることを証明するような形にととのえておかねばならないのです。そして、それに従って我々は行動しなければならないのです」(注一三)、と述べている。また、彼は、ツアーが、スペインの革命に対して、ヨーロッパの名のもとに介入しようと提案してきた時には、自分のためではなく、議会のために次のように回答したのだった。「ヨーロッパの領土上の均衡が破られるような場合には、大英帝国は、有効な介入を行なうことが出来ますが、特定の性格をもった問題すべてに無条件で介入したり、そのような危険をおかしたりすることは出来ないのです。……実際の危険(著者傍点)が、ヨーロッパの均衡体制を危機におとしいれるような時には、我国は、その使命を見い出すのであります。しかし、我国は、抽象的な予防政策の理論にもとづいて行動することは出来ないし、またしようとは思わないのです。存在する同盟は、本来そのような目的をもって結成されたのではありません。国会に対してもそのようには説明されませんでしたし、もし、そのような説明がされたなら、まちがいなく、議会は承認を与えなかったでしょう」（注一四）、と。

　この書簡の中に、カースルレイの政策を形成するすべての要素が凝縮されている。すなわち、ヨーロッパの均衡は、政治的なものとして存在するのであって、従って、イギリスは、その均衡をくつがえそうとするいかなる試みに対しても斗うのである。しかし、その脅威は、明白でなければならず、抽象的概念であってはならないのである。しかも、その行為は、防御的でなければならず、予防的であってはならないのである。イギリスにとっては、革命は、望ましいものではないが、実際の危険を意味するものではなかったのである。カースルレイは、ロシアがナポリの革命を鎮圧するのに、同盟を使おうとしたのに対し、ロシア大使リーヴェンに次のようなイギリス政府の回答を与えたのである、「ロシア皇帝の政策は、とりわけイギリスにとっては遂行することの出来ないはかない希望であり、美しい幻想です。……革命を打倒しようと提案されておりますが、イギリスは、その革命が、より明確な形をとらない限り、斗うわけにはまいりません。しかし、その他のあらゆる純粋な政治的問題に関しては、イギリスは、同盟諸国とともに討議し、共同行動をとる用意があります」（注一五）。

　「その他のあらゆる純粋な政治的問題に関しては」――この表現こそ、国内体制の堅固さに確信をもっている島国の外交政策の理論であった。一方、大陸の政治家メッテルニヒにとっては政治的要因と社会的要因（訳注16）とをこのように区別することは、容認しがたいことだった。しかしながら、この意見の相違は、一八一二年の段階には、まだ現れなかったのである。というのも、均衡に対する脅威が明白であり、連合の必要性が明らかだったからである。軍事独裁の仮面をかぶった革命は、社会的均衡か、あるいは、領土上の均衡の名のもとに打倒されねばならなかったからである。それゆえに、メッテルニヒが、道義的枠組みをつくり出そうとして講和を提案することから自己の外交活動を始め、他方、カースルレイが、物理的均衡を達成しようと領土上の解決を提唱したのは、けだし当然のことであった。

(注一) Castlereagh, Viscount, *Correspondence, Dispatches and Other Papers*, 12Vols. Edited by the Marquess of Londonderry. (London, 1848—52), Vol. **Ⅷ**, p. 355. 以後 C.C. として引用。
(注二) Webster, Sir Charles, *The Foreign Policy of Castlereagh*, 2Vols. (London, 1931 and 1925). Vol. **Ⅱ**, p. 554 (Appendix).
(注三) この問題については、第十一、第十四章に詳述。
(注四) Hansard (Commons), 一八一五年三月二〇日。
(注五) 例えば、フランス王に対する助言、Webster **Ⅱ**, p. 504 (Appendix), あるいはスペイン王に対する助言、C.C. **Ⅹ**, p. 26. を参照のこと。
(注六) C.C. **Ⅸ**, p. 434.
(注七) C.C. **Ⅸ**, p. 431, 一八一四年四月三日。
(注八) C.C. **Ⅰ**, p. 128.
(注九) C.C. **Ⅸ**, p. 474, 一八一四年四月一九日。
(注一〇) C.C. **Ⅸ**, p. 39. 一八一三年七月一四日。
(注一一) Webster, **Ⅱ**, p. 106.
(注一二) C.C. **Ⅻ**, p. 56, 一八一八年一〇月二〇日。
(注一三) C.C. **Ⅻ**, p. 90, 一八一三年一二月七日。

（注一四）　Webster, II, p. 240.

（注一五）　Webster, II, p. 283.

（訳注1）　Pitt, William (1759—1806)　イギリスの政治家。二二才で下院議員、二三才で大蔵大臣、一七八三年二四才で首相になった。四六才で死去するまでほとんど間断なくその職にあった。一八〇四年に首相に返り咲くや、ロシア、オーストリアと第三次対仏大連合を結成しナポレオンを倒そうとしたが、一八〇五年一二月アウステルリッツで、オーストリア、ロシア軍が大敗を喫した知らせは、当時すでに健康を害していたピットの死期を早めた。オーストリアが同盟から脱落して四週間後、「祖国よ、こんな祖国を残してどうしよう」という言葉を残して死んだ。

（訳注2）　Canning, George (1770—1827)　外務大臣、首相。その生いたちから、オクスフォード在学中には、〝ジャコバン党〟〝貴族ぎらい〟として知られていたが、一七九二年ロンドンへ来てまもなく、ピットを知り、熱心なピットの支持者となった。ピットの支援によって一七九三年議席を得るや、その雄弁は有名となった。一八〇七年、外務大臣となり、イギリスが、スペイン支援のための半島戦争の開始を主張した。一八〇九年、カースルレイとの決斗によって、その後一二年間にわたり、閣外にあるか、あるいは、主要なポストにはつけなかった。しかし、一八二二年カースルレイの突然の死によって外相を引きつぎ、一八二七年にはリヴァプールのあと首相となった。

（訳注3）　一八〇九年春に、カースルレイが陸軍大臣として計画したシェルト河口のヴァルカレン島への奇襲攻撃の失敗に対して、当時外務大臣だったカニングが、カースルレイの更迭を主張し首相も密かに同意した。これを知ったカースルレイがその不誠実な陰謀をめぐらしたカニングに挑戦状をつきつけ決斗の結果カニングが傷つき、二人のライバルは共に辞職することになった。

（訳注4）　Liverpool, Earl of (Robert Banks Jenkinson 1770—1828)　一八一二年五月、暗殺されたパースヴァルの後任として首相になり、一八二七年までほぼ一五年間その職にあった。これはイギリス史上、ピ

ットとウォルポールに次ぐ記録である。彼は強烈な個性をもった政治家ではなかったが、内閣をうまくまとめてゆく能力が卓越していたことが長期政権を維持した一因でもあった。またナポレオン戦争に勝利を収めたことも幸いし、さらに、戦後の内閣への批判は彼自身に対するよりも、外相のカースルレイと内相のシドマスに集中したことにもよる。

（訳注5）　大陸諸国に対するバランサーとしてのイギリスと大陸諸国との関係について、イギリス、フランス、オーストリアの三カ国関係を例としてあげると、イギリスとフランスとの対立度を1、イギリスとオーストリアとの対立度を1、フランスとオーストリアとの対立度を3とすると、イギリスと大陸諸国との対立度よりも大陸国同士の対立度の方が大きいので、イギリスは、どちらかに加わることによって、バランサーとして機能しうるが、逆に、イギリスとフランスとの対立度が3、イギリスとオーストリアとの対立度が3、フランスとオーストリアとの対立度が1とすると、イギリスと大陸諸国との対立度よりも、大陸諸国同士の対立度が小さいので、大陸諸国は、イギリスを除外して協調出来るから、イギリスは、バランサーとしての機能を果すことが出来ない。

（訳注6）　かつてヨーロッパにおける最も大きな王室の一つで、フランス、スペイン、ナポリ、シシリー、トスカニー、パルマ、ルカを支配していた。その名称は、フランスのアリア県、ブルボン・ラシャブーのブルボン城からきている。フランスのブルボン王朝は、一五八九年から、一七九二年—一八一四年のフランス革命とナポレオン時代を除き、一八四八年まで続いた。

（訳注7）　Bentinck, Lord William Henry Cavendish（1774—1839）　イギリスの軍人、行政官。スペインにおけるいわゆる半島戦争ではウェリントンのもとに従軍。一八一一年ナポリ王国のイギリス大使として赴任、一八一四年ジェノアへの介入に際し、彼が主導権をとって、一七九七年の共和国憲法を復活させるなどイギリス王党派政府を困惑させた。このような彼の行動に対して、著者はカースルレイの問題児と述べている。

（訳注8）　二つのシシリー王国。シシリー島はメシナ海峡をはさんでイタリア半島に対する地中海最大の島である。時代によって支配者がことなるが、一七三八年以来ナポリのブルボン家が支配しナポリ王国とともに二つのシシリー王国を形成していた。一八〇六年にナポレオンが、兄ジョセフをナポリ王に任命、一八〇八年ミュラーがジョセフに代り、フェルディナンド国王はシシリーに追放された。

（訳注9）　当時のサルジニア王国。その領土は、現在のイタリア北西部のピエモンテ地方（そのためこの王国をピエモンテとも言う）およびサルジニア島（イタリア半島西方の地中海第二の大島）からなり、一八一五年以降はジェノアも含んだ。今日のイタリアを統一した中心勢力。一九世紀後半にイタリアが統一されるまでは、イタリア半島は次のような諸国が存在した。北部には、ロンバルディ、ヴェニス、サルジニア王国、パルマ、モデナ、トスカニー公国、中部にローマ法王領、南部にはナポリ王国（二つのシシリー王国ともいう）、さらに、都市国家、サン・マリノ、ジェノアがあった。

（訳注10）　スイス北西部、ライン河畔の都市。

（訳注11）　**Ripon, Frederick John Robinson**（1782―1859）　イギリスの政治家。カースルレイの友人で大陸へ同行する。のち一八二七―八年に首相となる。

（訳注12）　他の諸国では、「公海の自由」と名づけているものに対して、イギリスで用いられている表現である。その違いは、他の諸国は、中立国船は、〃自由船舶〃〃自由貨物〃の原則に従って、自由に航行する権利が保証されねばならないと主張するのに対し、イギリスは、交戦国は、公海上で中立国船を臨検する権利をもつと主張した。というのは、もし、諸国の主張する原則が認められるとすれば、封鎖されている国は、中立船で貨物を輸入することが出来ることとなり、封鎖の実効がなくなるからであった。これに対し、フランスなどは、イギリスがその海軍力によって中立国の正統な通商にまで介入するのは国際法違反であると主張していた。

（訳注13）　**Cathcart, William Shaw**（1755―1843）　イギリスの軍人、外交官。一八一二年、ロシア大使兼ツ

アーへの使節に任命された。一八一五年以後五年間ロシア大使。

(訳注14) 北フランスに発し、ベルギー西部とオランダ南西部を流れて北海に注ぐ河。

(訳注15) **Murat, Joachim** (1767—1815) ナポリ王。宿屋の息子として生れたが、ナポレオンと早くから行動を共にし一七九五年一〇月五日のパリの暴民鎮圧に際しナポレオンを手助けした。第一次イタリア戦役では最高の騎兵隊指揮官としての評判を得、さらにナポレオンのクーデターにも彼の軍団が使われた。一八〇〇年、ナポレオンの最も若い妹カロラインと結婚し、一八〇四年には元帥となり、一八〇八年ナポリ王になった。モスクワ遠征にも参加したが、ライプツィヒの敗戦ののち、ナポリ王位を維持しようと、一八一四年、ナポレオンを裏切りオーストリアと条約を結ぶが、これは他の同盟諸国に承認されなかった。ナポレオンのエルバ島からの脱出後協力を申し出たが、軽蔑され拒絶された。しかし、後にナポレオンも、セント・ヘレナで、ウォータールーの戦斗で彼を使っていたら勝利を収めただろうと後悔していた。一八一五年一〇月イタリアで事を起そうとしたが捕えられ処刑された。

(訳注16) 本書で用いられている政治(的)、社会(的)という言葉は、次のような意味をもつので注意を要する。すなわち、政治(的)とは、国家間の関係(外交的、国際関係)、社会(的)とは、国家内の支配者と被支配者の関係(社会階級関係)を意味する。

Ⅱ

カースルレイが、最も活躍できたのは、目的が明確な場合、すなわち、連合を維持し、お互いが和解し合うよう交渉し、対立を解きほぐさなければならないような時であった。それは、一八一三年の状況であり、そして、彼の目的は、ヨーロッパの解放と力の均衡の回復であった。しかし、ヨーロッパは、ナポレオンを敗北させることなくして解放されるはずがなかった。このことは、カースルレイにとっては、理の当然だったので、メッテルニヒのとらえどころのなさは、口実か逃避のように思えたのである。海峡の安全と十年間の孤立からヨーロッパを眺めてきた〃率直な〃政治家に、戦争の準備をしているときに、一方では講和を語る政策に共鳴するよう期待することは、所詮無理なことであったし、その政策の成功が、見せかけの真面目さにかかっているような時には、よけいにそうであった。それゆえ、カースルレイは、メッテルニヒの提案に対して、きわめてきびしい内容の回答をよこしたのである。そして、それは、形式的表現で、現象が唯一の現実であるという外交関係の一つの概念を立証しようとしていた。それは、メッテルニヒの政策の成功が、うまくごまかすことによっているそのまさにあいまいなところをあからさまに指摘していた。その回答は次のように主張していた、オーストリア軍は、フランス軍の指揮下にある。オーストリアは、必然性とか、正義を口実にするだけで、ロシアに対する戦争に加わることが出来た。もし、前者であれば、その必然的な圧力が軽減されしだい、オーストリアは、必らずや、フランスとの結びつきを終らせ、オーストリア自身の利益を考慮するはずである。しかるに、もしオーストリアが、ナポレオン戦争を正しいと考えるならば、実際に大英帝国に対して、大陸封鎖《コンチネンタルシステム》に同意するよう求めるだろう。それゆえ、大英帝国は、オーストリアが独立を求める意思を表明するまで、オーストリアの講和への努力に対して協力することは出来ないのである(注二)、と。

　しかし、カースルレイは、オーストリアの努力によって、イギリスが時期尚早と考えている交渉を強いられることよりも、イギリスを除外した大陸の講和を恐れていたのである。いかなるかたちの解決であれ——いかに満足出来ないものであっても——力の均衡からひきつづきそのバランスをとる国が除外されるよりはましであった。それゆえに、カースルレイが、大陸諸国のもっとも総括的な公式見解をイギリスの目的とすることによって大陸諸国を鼓舞しようとし、また、妙案を求めて、自分が偉大な師と仰ぐピットの構想に回帰して行ったのはきわめて当然のことであった。一八〇四年、ピットは、一八一三年にカースルレイが直面した状況と似た立場に立っていたのである。その当時も、一八一三年のように、ヨーロッパは、ナポレオンが、全面的に支配しようとする企てに対し、その均衡を回復しようとしていたのである。ただし、その脅威の本質は、まだ一般的には理解されず、フランスとの間の個々の和解は可能だという幻想が残っていたのだが。メッテルニヒが、グラグラして腰の定まらないプロシアに、ナポレオンの支配するフランスとの平和共存は不可能なことを確信させようとしていたちょうどそのとき、青年ロシア皇帝《ツアー》アレキサンダーが、連合を交渉し、イギリスからの補助金をとりつけるためにイギリスに代表を派遣していた。その当時のツアーには、まだ自由主義的な面があって、ナポレオン帝国を弱体化したり、打倒したりするための連合には賛成しなかった。その連合は、自由のための聖戦であるべきであって、その目的は普遍的な平和であった。

冷静なピットが、ロシアの全権が説明したその計画を聞いて、驚いたのももっともだった。アレキサンダーの主張は、古いヨーロッパは永久に去り、新しいヨーロッパが創造されなければならない、つまりそれは、封建主義の名残りを打ち倒すことに他ならず、自由主義の憲法を与えることによって国家の改革も、安定を回復することが出来るのであり、そのような手段をとればオットマン帝国（訳注1）の救済さえ、考えられなくはない、というものであった。さらに、アレキサンダーは、いかなる勢力も、立憲国家間の協調を妨げることのないように、多くの保証条件をつけ加えていた。すなわち、諸国家は、紛争を第三国の調停に付託すべきこと、新しいヨーロッパに挑戦するようないかなる国家に対しても、ただちに、その国家に反対する他のすべての国々からなる連合を結成すべきこと、大英帝国とロシアは、両国の地理的条件という長所によって、その解決を保証すべきこと(注二)。領土上の取決めについて——とくにサルジニアとドイツの編成についての漠然とした計画に類するもの——若干述べられてはいたが、それらについては、実際のところアレキサンダーは興味をもっていなかった。彼によれば、平和は、社会の調和によって保証されるはずであり、戦争は、それが考えられないようにすることによって避けられるはずであった。

しかし、ピットは、立憲的な自由を求める聖戦に乗り出すつもりはなかったし、当然、イギリスの海上権《マリタイム・ライツ》の放棄など考えたこともなかった。ツアーの提案によれば、海上権《マリタイム・ライツ》の放棄は、イギリスの国際的善意に対する貢献になるだろうというものであったが。かといってピットは、政治哲学上の論争のために、対仏連合を崩壊させたくなかった。このジレンマから逃れ、しかも、講和会議まで、ツアーに、社会の改善を求める提案をひっ込めておいてもらうために、ピットは、イギリスの最大の目的——フランスの力をそぐことだったが——を具体的に表現しようとしたのである。このようないきさつで、ピットの和平構想が生れ、一八〇五年には、実らなかったけれども、一八一三年になって戦後の諸問題を解決する基礎を形づくるためによみがえったのである。

ピットの構想は、ロシアの提案を、自分が同意できるような三つの基本的目標を設定することから始っていた。すなわち「(a)革命が勃発してから今日まで、フランスによって征服された諸国をその支配から解放し、それらの国々が以前存在したようにフランスを革命前の旧版図に縮小すること、(b)フランスから取り戻した領土に関しては、それらの国々の安寧と幸福がもたらされると同時に、将来フランス側からの侵入に対する、より効果的な国境を構成するように調整すること、(c)平和が回復した時、諸国家の相互の防衛と安全を保障し、かつヨーロッパに国際法にもとづく一般的組織を再建するのを保障する一般協定をつくること」(注三)。

これらの提案は、望ましい目標を抽象的に公式化したものにすぎなかった。それゆえ、ピットは、これに現実性を与えるような体制を描きはじめたのであった。彼は、こう主張した。大英帝国とロシアは、ともに領土的野心をもたず、全体的な見方ができるので、ヨーロッパの均衡の性格について合意することができるのであり、他の諸国によるそれらの承認を保障することができる。そして、フランスの覇権は、二流諸国家を衛星国にすることによってもたらされたものであるから、新しい力の均衡は、諸大国の支配的な影響力に基礎をおくべきである、と。たしかに、国家の独立を回復させることを、同盟第一の目標とすべきではあるが、あまりにも早く崩壊したり、あるいは、フランスに屈服したりするのをみると、自治には向かないと思われるようないくつかの国々が存在した。それらの国々の領土は、大国を連合に加え、フランスを封じ込めるための〝大団結〟を結成するための犠牲に供されることになっていた。消滅が予定されている国々には、ジェノア(訳注2)、ライン河左岸の教会領、北イタリアのスペイン領が含まれていた。その主たる受益者には、イタリアにおいてはオーストリアがなり、ドイツにおいてはプロシアがなることになっていた。オーストリアを、イタリアにおける中心勢力とすることによって、過去において、しばしばフランスが介入する原因となってきたドイツ内でのオーストリアとプロシアとのライバル関係に終止符を打つものと、ピットは期待していたのであった。

このように、ヨーロッパは、イギリス、フランス、ロシア、オーストリア、それにプロシアの五大国からなる一つの社会に組織されることになっていた。フランスは、フランスからの第一撃を吸収する要塞からなる国境をもつ二流諸国と、その他の大国によって包囲されることになっていた。プロシアが支援するオランダは北を、オーストリアが支援するサルジニアは南を守ることになっており、オーストリア、プロシア同盟は、中欧を防御することになっていた。その全体的配置は、領土問題の解決を保障するあらゆる大国間の一般条約と、実際に、その保障を再保障するためのロシアとイギリスとの二国間条約によって保障されることになっていた。

　わずか二、三ページのこの短い文章は、イギリスが戦争に参加する際の本質を表していた。すなわち、イギリスの参戦は、理論のためではなく、安全保障のための戦争でなければならず、つまり、革命に反対するための戦争ではなく、全面的な征服に反対する戦争でなければならなかったのである。その目標は、フランスの力を減少させると同時に、中欧諸国の力を増大させることによってもたらされる安定した力の均衡をつくり出すことであった。それは、均衡の表現としての領土の保障と国際的善意の象徴としての〝利己的でない〟二つの国の特別な保障によって守られるはずであった。次の二つの点に関してだけは、イギリスは強硬だった。すなわち、一つは海上権《マリタイム・ライツ》の問題――ピットの構想では、意識的にふれられていなかったのであるが――と、いま一つは、オランダを大国の支配にはおかない、ということであった。

　この構想の実際的な点こそ、長所であると同時に短所でもあった。その構想は、他の国々に先んじて、イギリスにその主要な目標を達成させるのを可能にするようなひたむきに目標を追求する姿勢を表していた。と同時にその構想は、国家間の関係の変化を考量しないような、国際関係を機械的に見る考え方を意味していたのである。目標とする均衡は、防御的概念、すなわち、侵略的なフランスに対する脅威にもとづいていたのである。この脅威が、普遍的に認められている限り、力の均衡を正統化するには十分であった。しかし、新しい問題がもち上ったり、異った脅威が出現した時には、改めて、その均衡の性質を規定しなければならなかった。これをあらたに規定する際には、かつての合意を再び獲得することは、めったに出来るものではない。というのは、革命の時代においてのみ、脅威は、普遍的だと思われるにすぎないからである。換言すれば、革命の時代においてのみ、防御的連合が一般化されうるにすぎないからである。もし仮に、共通の危険という記憶以外に、同盟を結束させておくものがないとすれば、まさに、平和な時代の安定は、戦時の同盟を崩壊させることにならざるをえないだろう。

しかし、それはまだ先のことだった。グランド・アルメが敗北し、イギリスの孤立が終ったように思えたので、カースルレイは、次のような手紙とともに、ピットの構想をカスカートに送り、その構想をよみがえらせたのである。「ヨーロッパの政治的取決めについて、この早い時期に決意するのは、おそらく、きわめて難しいでしょう……。我々が合意している主な点は、フランスを抑制するために、大連合を必要としていることと、プロシア、ロシア、オーストリアが、従来のように強力になること、そして、二流諸国は、フランスに抵抗するために手を貸すか、それとも、没収されるかが求められねばならないのです……。同盟は、一八〇五年に基礎をおくものであるという私の手紙の大要から推察できるように、おそらく、ロシア皇帝は、司令部でこの興味ある文書をもっていないでしょう（……私は、ピット氏がそれを書く前に（カースルレイ傍点）ピット氏とその詳細について、一度ならず話し合ったことをよく覚えています）。提案のあるものは、現在の情勢では、あてはまらないかもしれませんが、ヨーロッパの均衡回復のため大綱としては、見事な構想ですので、貴下が、それを別個の提案として、その内容について、ロシア皇帝陛下の考えていることを知ることが出来れば幸いです」（注四）。かくして、ピットの構想は、カースルレイの政策の青写真となったのである。彼は、その目標をきわめて成功裡に達成したので、一八一五年、ウィーン会議の解決を正当化するものとして、下院に対して、ピットの構想を提示することが出来たのである。

しかしながら、一八一三年四月には、それはまだ時期尚早だった。というのは、平和になるのか、戦争になるのか、戦争になるとすれば、どんな戦争になるのか、まだ明らかになっていなかったからである。連合は、従来どおり、つくられるべきであり、ナポレオンの新しい軍隊は、試練を受けねばならなかった。しかし、オーストリアは、まだその複雑な手段をつかって、仲裁のことを論じていた。一方、カースルレイは、もうほとんど、自分のあせりを抑制できないところに来ていたのであるが、この連合の偉大な守護者は、連合が結成されるまで活動することは出来なかった。というのは、連合を構築する任務にたずさわったのは、メッテルニヒだったので、彼がその仕事を完成させるまで他の者はみな待機していなければならなかったからである。

(注一)　C.C. Ⅷ. p. 276f. これはクックが起草したものであるが、まちがいなくカースルレイの主張を反映していた。

(注二)　Webster, I, p. 54f.

(注三)　Text in Webster, Sir Charles, *British Diplomacy*, 1813—15, (London, 1921), p. 389f. 以後B.D. として引用。

(注四)　C.C. Ⅷ, p. 356, 一八一三年四月八日。

(訳注1)　トルコ帝国。オットマン帝国は一三世紀末に小アジアを支配していたが、その後急速に膨張し、一四五三年コンスタンチノープルを陥し東ローマ帝国を亡ぼし、トルコ帝国の首都とした。オスマンの創建

以来六世紀にわたって、その版図は、南東ヨーロッパ、南西アジア、北アフリカの三大陸にわたったが、一九二二年に崩壊した。

（訳注2）イタリアの都市。一六世紀以来、一七九六年にナポレオンに侵略されるまで都市国家であった、ウィーン会議でサルジニアに併合された。

第四章　メッテルニヒと政治的均衡の定義

メッテルニヒの調停政策——オーストリアの戦術についてのメッテルニヒの定義——クネーセベックの覚書——ロンドンと同盟国司令部への使節にあてたメッテルニヒの訓令——アレキサンダーとの折衝——政治的均衡についてのメッテルニヒの概念——シュヴァルツェンベルグへの訓令——戦争のための理由と講和の本質

I

メッテルニヒは、かつてこう書いている。「(政治は) 何幕かからなる芝居のようなもので、ひとたび幕が上ってしまえば、当然くりひろげられてゆくものなのです。その時に、芝居が行なわれないなどと考えるのは馬鹿げています。劇は、俳優によってか、さもなければ、舞台にかけ上る観客によって続けられるでしょう……。しかし、利口な人々は、これが、事の本質だとは決して思わないのです。そういう人たちにとっては、問題は、幕を上げるべきかどうか、観衆を集めるべきかどうかの決意と、その劇の本質的な内容にあると考えているのです……」(注一)。一八一二年年の末までには幕は上げられたとはいうものの、そこで目にとまったものは、一人の注意深い演出家が、自分の好みに合った形が出来るまで、何度も舞台の装置の一部を目立たないように動かしている雑然とした舞台だった。そして、その演出家は、自分の意図している舞台配置の内容を早くみせるつもりなどなかったので、仕事を早めさせようとする外部からのどんな圧力にもしばしば憤慨して抵抗したのだった。

メッテルニヒが、全面講和を求める好意的な斡旋をナポレオンに提案したとき、彼はもうすでに引き返すことはありえないと認識した上で、ある一つの政策に乗り出していたのであった。もしメッテルニヒが、ただ単に厄介なフランスとの同盟から解放されたいとのぞんでいたのであれば、彼は、フランスが、ロシアとの単独講和を結ぶための手助けを申し出ることも出来ただろうし、もし、それに失敗した場合には、中立の立場に引き下ることも出来ただろう。しかるに、全面講和を意図することによって、彼は、オーストリア帝国の利益を最も直接的な方法の中に組み込んだのである。万が一、ナポレオンが、メッテルニヒの考えている条件を受け入れなければ、ナポレオンには、敵の真只中にとり残されることが確実だった。すなわち、そのような状態は、明らかにオーストリアが、自国の安全保障が成り立つとみなしうる唯一のヨーロッパのアウトラインであった。メッテルニヒは、ナポレオンの性格を熟知しているということに誇りをもっていたので、ナポレオンが、条件が、きびしいからではなく、それが、条件であるがゆえに、絶対に受け入れることはあるまいと確信していた。

メッテルニヒが、フランスとの同盟の名のもとに外交活動をくりひろげた、その方法の真面目さについては、少しの疑念ももたれなかったからこそ、その外交活動の最終段階には、オーストリアは、異議をさしはさまれることなく反フランス連合内での道義的、軍事的主導権を獲得することとなったのである。その外交活動が成功するかどうかが、相手に真面目だと思わせることにかかっていたので、オーストリアの動機に疑問をもたせることになるようなどんな行為も差し控えねばならなかったのである。オーストリアの政策を鮮明にするようにとのロシアの要請は、はぐらかされるか、回答が与えられなかったし、カスカート卿が、早急にオーストリアを対仏戦争に参加させようと使者をよこした時には、メッテルニヒは、自分は、カスカート卿などという人物は知らないし、イギリスとの交渉は、用意がととのった時点で、ロンドンで致しましょう、と素気ない回答を与えたのだった。そして、オーストリアの交渉上の立場が強まるか否かは、オーストリアがフランスから独立していると思わせることにかかっていたので、行動の自由を得ることが、メッテルニヒの最大の目標となったのである。すなわち、一八一三年一月はじめに、メッテルニヒは、こう書いている、「あらゆる利益のうちで最も重要なものは、フランスから独立することなのです。相争っている国のいずれかが、戦力を消耗しないで大きな勝利を収めるとすれば、それは、オーストリアにとって、新たな敗北をつくり出すようなものです……。(しかし) 現在、一八一三年の年頭においては、オーストリアは、他の二皇室が戦力を消耗してしまっているので、強い立場にあるのです……。日一日と我国の独立への気運が積極的になるだろうということを、フランスに対するあらゆる手段を通じて印象づけてきたのは、このためなのです」(注二)。

しかし、メッテルニヒの意図した独立は、そのための手段が間接的であることや、それを述べる際の言い回し、それに、ナポレオンの要請に従うことに対するためらいなどからわかるように、矛盾した性格の独立であり、すなわち、隷属していることを大義名分にして遂行すると、ますます効果をあらわすような独立であった。メッテルニヒが最初の行動として採った措置は、ブブナ伯爵をオーストリアの使者として名目上は、フランスとの同盟を新情勢に適応させるためという訓令を与えてナポレオンのもとに派遣し、実際は、ナポレオンの意図を見抜き、フランスの厄介な要求の裏をかこうとしたことだった(注三)。その訓令は、ナポレオンに対して改めて述べられることになっていたが、オーストリアの調停問題を再び持ち出すとともに、その問題を、オーストリアの戦力の中核をなすナポレオン麾下のオーストリア軍に対する処置と結びつけていた。その訓令は、ナポレオンの敗北に対して例のごとく二つの意味に解釈できるようなあいまいな言及で始まっていた。すなわち、絶えず過ちを繰り返し、何ら軍事的才能がなかったにもかかわらず、ロシアは、勝者として存在するに至りました。それは、予想を裏切った勝利でした、と。ついでメッテルニヒは、またも、いずれともとれるような言い方で次のように述べていた、「ヨーロッパは、過去二十年間に、軍事力を判断することを学びました。従って、最近起った出来事に関して、惑わされるようなことはありません」。唯一の解決策は、オーストリアが調停する講和であり、オーストリアは、ナポレオンに対して大きな義務を負っていると同時に、それ以上にオーストリアの国民に対して、大きな義務を負っているのです、と。さらにメッテルニヒは、こう主張していた、万が一、戦争が続くならば、オーストリアの援軍をガリシアまで撤退させ、そこで、監視軍と合流させることは、共通の目的（著者傍点）に最もよく合致することは明白であります、と。この監視軍というのは、メッテルニヒが、一八一二年に、ロシアの〝脅威〟に備えるためという名目で、その設置の許可を得ていたものだった（注四）。このようにして、メッテルニヒは、独立のための道義的な気運を醸成しながら、注意深く、それに効力を与えるための戦力を蓄えていたのである。逆に、ナポレオンは、あまりにも熱烈な抱擁は、物事を破壊してしまうということを知ることになるのである。

その結果、日本の歌舞伎のように様式化された複雑なルールをもつ斗いが始まった。というのは、両者とも、情勢をそのままにし、自分たちの採れる選択手段の幅を広げておくために、事態の本質を必死におおいかくそうとしていたからである。すなわち、ナポレオンは、自分の軍隊を再建して、オーストリアに進出し、グランド・アルメの崩壊で、オーストリアが背信しないように甘言で騙すか、それとも脅迫するためだった。一方、メッテルニヒは、将来オーストリアの同盟国となる国々の決意がどれくらいしっかりしているかを試し、もし、それらの諸国が、信頼出来ないとわかったならば、オーストリアがナポレオンの側から離脱しているのをおおいかくすと同時に、最初の攻撃にさらされることなく、ナポレオンを無視することができるほどの戦力を蓄える時間をかせぐためだった。それは、相手に打撃を与えるときは、最高の礼儀をつくすべきであり、そして、自分がそれを受けたときには、うわべと本心との間に何のちがいもないように平然と受け入れなければならない、という苦しさに耐えるテストだった。針で刺すようないやがらせに気付いたときには、人生には、大した違いがないかのように、にこやかに、いやがらせの意味などには無頓着をよそおわなければならないという忍耐力のテストのようなものだった。指導することに慣れてきた人間というものは、交渉することの意義を知ることは、ほとんど出来ないものである。なぜならば、交渉するということは、力が限られていることの自認だからである。しかるに、ヨーロッパの中央に位置している国家は、交渉することが国際関係の通常の形態であるような世界以外では、安全を見い出すことが出来ないのである。つまり、ナポレオンにとっては、すべては、自己の全能を示すことにかかっており、一方、メッテルニヒにとっては、フランスの力の限界を示すことにかかっていたのである。

このために、会見は、奇妙かつ不得要領な会話となった。というのは、両者とも、それぞれの立場の本音を吐くのをためらっていたからであった。ナポレオンは、十二月三十一日のブブナとの最初の会見で、フランスが軍事力で優位にあり、従って、ロシアを再び侵略する決意であることを強調し、オーストリアの援軍の倍増を求めてきた。メッテルニヒには、ウィーン駐在のフランス大使から、同様の提案がよせられていたが、一月三日に彼はあまりにも〝非政治的な〟戦争を継続することは、その君主体制の道義的弱点を示すことになるでしょうと回答するとともに、次のような無気味な言葉をつけ加えていた、オーストリアは、フランスの軍事力の正確な評価に、あまりにも信頼をおいたために、その本当の状態についてもまちがえてしまいました。しかし、オーストリアは、補充兵と正規軍を見分けるすべを知りました(注五)と。フランスの外務大臣バッサノ公爵は、こう力説した、メッテルニヒは、フランスの真の戦力について思いちがいしており、パリの老練なオーストリアの観察者は、近いうちにナポレオンの強大な力についてメッテルニヒに教えることになるだろう、と。メッテルニヒの十二月九日付の手紙(注六)で述べられているオーストリアがその善政によって擁している五千万人の国民という威し文句が注意をひかなかったというのではあるまいが、バッサノ公爵は、オーストリアとフランスとの間の戦争は、政治的な戦争ではなく、生存をかけた戦争になるだろうと警告したのである(注七)。しかし、このことを知りすぎるほどよく知っているメッテルニヒは、そのようなドロ試合には興味がなかったし、戦力を試めすことにもなおさら興味はなかった。彼はものやわらかに次のように回答をした。オーストリアが、ロシア軍の殺到から、オーストリアの領土とフランスの同盟国の領土を守ろうとする時に、なにゆえにオーストリアが、オーストリアの軍事力とフランスの軍事力を比較するのを非難されるのでしょうか。五千万人の人口を擁しているオーストリアは、フランスから疑われるどころか、フランスの道義的支援を得るに値すると考えるものであります、と述べ、メッテルニヒは、遠まわしではあるが、力を背景にしたと同様の主張で、その手紙を結んでいた(注八)。一方、一月七日に、ナポレオンは、再度、オーストリア皇帝に書簡を送り、その中で自己の戦力の明細を書きつけ、しかも、オーストリアの援軍を二倍にするよう要求するとともに、フランスの助成金のみかえりに、フランス軍にオーストリア領を通過する権利を与えるように大言壮語してきた。

今や、すべては、軍幹部が意図的に配置したオーストリア軍の運命いかんにかかっており、そして、その戦力をどのように動かすかがそのカギをにぎっていた。オーストリアの政策の第一目標——政治的に動くことだったが——は、もうすでに達成されていた。というのは、ナポレオンは、十二月三十一日ブブナと会見したときに、オーストリアの講和への努力を受諾する用意があることを肯定したが、オーストリアは、フランスへの援軍を増加して、そのことを裏打ちすべきだと主張していたからである(注九)。こうして、ナポレオンは、自分が大きな錯覚をしていたことを示すこととなるのであった。彼は、オーストリアのためらいが、臆病のせいだと思い、そこで、オーストリアに強力であるという自信を与えることで、オーストリアが恐れているものを克服しようとしたのである。ところが、メッテルニヒは、もし、その必要があれば、ナポレオンを無視しうるような力を持とうとしていたのである。ナポレオンは、オーストリア軍を、自分の軍隊を休養させるための楯と見ていたのであるが、メッテルニヒは、それを、オーストリア独立の核心をなすものと考えていたのである。コルシカ生れの成り上り者は、義務と個人的関係は等しいものと思っていたので、父というものが、自分の娘の主人に戦争をしかけることがありうるなどとは、想像もできなかったのである。ハプスブルグ家は、その五百年にわたる統治を通じて、歴史は、個人を超越するものであることを学んでいたので、ハプスブルグ家の永続性を保障するような方法を考慮したにすぎなかった。

オーストリア軍の司令官シュヴァルツェンベルグ(訳注1)は、自分の敵であるロシア軍司令官と直接交渉する権限を与えられていたので、中国の将軍だったら喜んだかもしれないような複雑な〝理論上だけの〟戦争をするために、その権限を利用したのである。シュヴァルツェンベルグは、ロシア軍司令官に、作戦をオーストリア軍の南から北に変えるよう主張し、オーストリア軍がガリシアまで撤退する以外に方法がないように、側面から攻撃するよう示唆したのである(注一〇)。メッテルニヒは、この作戦を是認するとともに、最終的には、オーストリア軍をクラコウ(訳注2)に向け撤退させるよう命じた。そして、一月三十日、シュヴァルツェンベルグに、無期限の休戦に署名する権限を与えたのである(注一一)。

かくして、オーストリア軍は救われ、オーストリアは、再び、きわめて狡猾な宮廷秘密外交《キャビネット・ディプロマシイ》を通じて、その行動の自由をとり戻したのである。メッテルニヒが起草したにすぎない二通の書簡が、オーストリア皇帝フランツの名で、ナポレオンに送られた。一通は、一月七日のナポレオンの要求に対する回答であり、もう一通は、シュヴァルツェンベルグがヴィスチュラから撤退したことを知らせたものだった。一月二十三日の最初の手紙は、この期におよんでも、ほとんど義務的に、フランスに対するオーストリアの友誼の宣言から始まっており、フランスの不運にくやみを述べてはいるものの、暗にオーストリアの相対的強さを連想させる次のような文面であった。「……陛下は、私が、幾度も友情のしるしをくりかえしても、私が受けるに値すると感じている信頼をお与え下さらないことは、私にとって心痛にたえません……。私が、確信をもっておりますことは、今回の敗戦は、人間の力を超えた状況の結果であり、決して敵の軍事的勝利などではないということであります。……私は、フランスのとる軍事的手段に疑問を抱くどころか、逆に、私は、平和への希望をフランスの軍事力に託しているのであります」(注一二)。この皮肉な文章によって、メッテルニヒは、フランスの軍事力に対する評価を下すとともに、そこからナポレオンの意図とは明らかに反する結論、すなわち、講和への論拠を導き出したのだった。

事実、その手紙は、こう続けられていた、オーストリアは、ナポレオンの要請をすでに超えてしまっています。六万ではなく、十万の兵力を動員することが可能です。「敵の側面に配置されたその兵力は、ロシアに脅威を与えるとともに、イギリスにさえ警戒の念を起さしめるよう意図されているのです」。しかし、こうした大げさな言葉で述べられていても、結局はまた、講和を求める主張になるのであった。なぜなら、講和への希望のみが、オーストリア国民をして、この戦力を創り出すための必要な犠牲を払わせることを可能にしたからであった。従って、その手紙は、言いのがれであり、罠であった。それは、共同で努力するということを大義名分に、あらゆるナポレオンの要求を拒絶し、この言いのがれは、オーストリアの調停に、ナポレオンをより深く巻き込む一つの手段となっていたのである。つまりメッテルニヒが言わんとしたことは、新たに創られたオーストリア軍は、将来、当然の帰結としてオーストリア政府の目からみて、明らかに講和を妨害する勢力に対して使われなければならないということを意味していたのであった。

一月二十四日付の第二信は、オーストリアの立場の最も重要な点を述べていた。というのは、十万の軍勢——それはフランスの寛大さによって創られたのだが——は、オーストリアの防衛に集中されるべきであって、フランスのために使われるべきではない、ということを明らかにしていたからである。その文章の調子は、恭順そのものではあったが、ポーランドを縦断する道は、今や、開かれてしまっているという事実をあからさまに述べていた。メッテルニヒが宮廷秘密外交《キャビネット・ディプロマシィ》の舞台では、自分が主役だという自信をつけつつあるのを証明するような皮肉な調子で、その手紙は、次のように説明していた。すなわち、グランド・アルメ——そう呼ばれている軍隊とメッテルニヒは、同封の手紙の中で意地悪く書いていたが——の司令部が撤退してしまったために、シュヴァルツェンベルグは、連絡をとることが出来なくなったのです。「陛下の代表が司令部を去るというような非常事態においては、私が直接、自分の軍隊の安全を引き受けざるをえませんでした。……私の命令が、陛下の御意にそうものであると信じて疑いません」(注一三)と。ブブナは、このメッセージをナポレオンに読み上げたときのナポレオンの表情をこう報告している、ナポレオンは深い感動の表情を示しました。それは、激怒ではなく、事態の予想外な進展に対する驚きと同時にその真面目さに対して全面的に感謝している様子でした(注一四)、と。オーストリア軍の撤退とメッテルニヒの手紙の尊大さは、行動の自由以上のもの、つまり、ナポレオンの無力を証明したものだった。ナポレオンにとっては、以前なら必らずや、宣戦をもって回答したであろうような手段を、受諾する以外に何も出来ないということは、はじめての経験だった。

プロシアがフランスから離反したことと、オーストリアが離反したこととの違いは、その時代に起りつつあった出来ごとの特徴をよく示している。プロシア軍司令官ヨルク(訳注3)が、タウロゲンで締結した休戦は、外国の束縛からの民族的独立と自由の象徴となった。もっともそれは、イエナとアウエルシュタットの勝者としてのナポレオンを記憶しているプロシア王によってただちに否認されてしまったが。一方、オーストリア軍の撤退は、国家の行為としてなされたものであり、またそのようにナポレオンに通告されたのである。プロシアは、存在する条約を破って、ナポレオンとの同盟から離れたが、オーストリアは、存在する条約の名のもとに、行動の自由を獲得したのである。愛国の至情にもとづく政策か、宮廷秘密外交《キャビネット・ディプロマシィ》による政策か、民族解放戦争か、国家の戦争かが、一八一三年の選択だった。メッテルニヒには、オーストリアが、どれを選択すべきかについて、何の迷いもなかったし、その枠組みを創り出すことが、彼の次の目標だった。

(注一)　N.P. Ⅷ, p. 190.

(注二)　Oncken, I, p. 80f., 一八一三年一月三日。

(注三)　Luckwaldt, p. 62.

(注四)　Text, Oncken, I, p. 390f., 一八一二年一二月二〇日。

(注五)　Oncken, I, p. 69f.

(注六)　第二章五節参照のこと。

(注七)　Luckwaldt, p. 72.

(注八)　Text, Oncken, I, 400f.

(注九)　Oncken, I, p. 66.

(注一〇)　Oncken, I, p. 99. Also Luckwaldt, p. 68.

(注一一)　休戦の意味と詳細については、Luckwaldt, p. 83f を参照のこと。

(注一二)　Text, Oncken, I, p. 405f.

(注一三)　Text, Oncken, I, p. 407.

(注一四)　Oncken, I, p. 107 ; Luckwaldt, p. 86.

(訳注1)　Schwarzenberg, Karl Philipp, Prince zu (1771—1820)　ナポレオン戦争における最も有名な元帥の一人。一八〇九年のオーストリアの敗戦後、パリ駐在大使となり、メッテルニヒとともにナポレオンとマリー・ルイスとの婚姻をととのえた。また、一八一二年には、ロシア戦役のためのフランスとオーストリアの同盟を折衝したことなどにより、ナポレオンは、彼を大いに評価し、ロシア遠征の際のオーストリア軍司令官となったが、彼は、メッテルニヒと協力してオーストリア軍を撤退させ、プロシア軍とロシ

ア軍を結びつける役割を果たした。そして、オーストリアが連合に加わったときには、彼は連合軍の総司令官となった。ウィーン会議では、オーストリアの負担になるとの理由で、ドイツにおけるハプスブルグ家の帝冠の回復にも、ライン上部の元ハプスブルグ家の領土の回復にも反対したように、彼は常に軍事面からのメッテルニヒの政策の代弁者だった。

（訳注2） ポーランド南部ヴィスチュラ河に臨む都市。

（訳注3） Yorck, Johann David Ludwig, Graf（1759—1830）プロシアの将軍。ナポレオン戦争の危機のなかで、プロシアをフランスの同盟国から、連合国側に寝返させるイニシアチブをとった。一八一二年のナポレオンのロシア遠征に際し、フランス軍司令官のもとで、プロシア軍を指揮して参加したが、ナポレオン軍のロシア撤退の途中、プロシア王の許可なく、一八一二年一二月三〇日、リスアニアのタウロゲンでロシア軍との間で休戦協定を締結した。プロシア王は、これをただちに否定したが、本書に述べられているとおり、プロシアが、結局ロシアとの間にカリッシュ条約を結び、連合国の一員となったので、ヨルクの決断は正当化された。

Ⅱ

もしカースルレイが、メッテルニヒの活動を完全に知っていたら、またもやフランスとの間に単独講和が結ばれるのではないかと心配する必要はなかっただろう。メッテルニヒは、再び行動の自由をとり戻したので、全力をあげて、諸国を自分の方へ引き寄せ、ナポレオンを無力にしながら、情勢を流動的にしておくことに努力を傾けた。というのは、メッテルニヒは、自分の行動によって、オーストリアがフランスに対して再び全面的勝利を許すようなことはなくなったということを認識していたからである。限られた力しかない現在のナポレオンは、他にとるべき手段がないからオーストリアの意思を受け入れるかもしれなかった。しかし、征服者としてのナポレオンは、効果のなくなるような友情、孤立させられるような調停を認めそうもなかった。

事実、オーストリア軍の撤退は、二つの目的にかなっていた。それは、オーストリア帝国の戦力を増強させたし、ポーランドを縦断する道をあけておくことによって、ロシアの決意を試すことが出来るのだった。メッテルニヒは、総司令官クツゾフ(訳注1)も含めてロシア軍首脳部が、ロシア国境でフランス軍の追撃を止めるべきであると考えていることをよく知っていた。しかし、今やロシア軍は、ヴィスチュラ河を越えはじめたので、この懸念はなくなったものの、その作戦能力は、ある程度プロシア軍の支援いかんにかかっていた。というのは、前年の敗北以来、ロシア軍は援助なしに中央ヨーロッパにまで進出しつづける力を失っていたからである。メッテルニヒは、プロシアを戦争に引き入れるべく努力し、ロシアを国境を越える戦争に参加させようとつとめたのである。

かくして、メッテルニヒは勝ち得たばかりの〝機動力〟を利用して、戦争をオーストリアの国境外へそらせ、ロシアが、その目的を明確にするまで、超然とした態度でいることにしたのである。というのは、メッテルニヒには、ロシアの優柔不断と同様に、ロシアの勝利を恐れる理由があったからである。彼は、ポーランドの愛国者ツァルトリスキー(訳注2)が書いたある文書を、〝特別な事情〟で──おそらく、オーストリア秘密警察の主要な活動であった〝辻強盗〟のようなやり方でだろうが──手に入れたからだった。その文書は、君主個人を通じてのみロシアと結びついた、かつてのすべてのポーランド領土を再結合したポーランド王国の建設を求めていた(注一)。しかし、メッテルニヒとしては、ポーランド民族主義の象徴として、ナポレオンがワルソー大公国を建国したのに反対するために斗ってきたのであって、今、ナポレオンが敗北した以上、当然のこととして、ポーランドの民族主義を満足させるつもりなどなかった。メッテルニヒが、この問題を処理するのにあたって採った手段こそ、まさに、彼の機略縦横さを示すものであると同時に、彼の策略のまわりくどさをも示すものだった。彼は、その手に入れた文書をナポレオンに渡したのである。こうして、メッテルニヒは、オーストリアの新聞よりもフランスの新聞に発表されたのを見る方が、無難なこの問題に対する自分の忠誠心を証明すると同時に、ナポレオンにロシアとの単独講和を結ぼうと期待することは、全く無駄であることを示したのである(注二)。というのは、ロシアは、圧倒的な勝利を得たのちでなければ、ナポレオン個人の創造物であるワルソー大公国を打倒しようなどと考えることはほとんど出来なかったからである。かくして、ポーランドをめぐる抗争が始り、しかも、その争いは、その後二年間にわたって続き、ヨーロッパを再度、戦争にまき込みそうになるのだった。

しかしながら、ポーランドの処分をめぐる議論は、まだ時期尚早だった。プロシアはまだ態度を明らかにしていなかったし、ロシアは、援助なしに大きく前進することは不可能であった。ちょうどこの時、プロシアは、オーストリアとの同盟を申し入れるとともに、助言を得ようとしてクネーセベックを全権に任命し、ウィーンに派遣した。

プロシアは、絶望的なジレンマの中にあったのである。一八〇六年の敗北は、プロシアを二流国の地位におとし、その領土は、以前の三分の一に減っていた。そして、ロシアとの戦争におけるプロシアの役割は、ナポレオンの臣下としての立場を強調したものにすぎなかった。プロシアは、グランド・アルメの供給基地として働き、そして、プロシア軍は、フランスの一元帥の指揮下で斗ったのであった。今度は、西欧を襲いつつあるロシア軍によって、フリードリッヒ大王がかつて、意思にもとづく行動によって大国の地位に引き上げられたプロシアには、ポーランドの運命が待ちうけているように思われた（訳注3）。プロシア王室は、自国が、無力であるという見方から事態の進展を見つめていたが、新たなフランス軍の進出、ロシアの大勝利、国民の熱情、オーストリアの中立など、これから起るかもしれないあらゆる事態に内在する危険におののき身動きがとれなくなっていた。プロシアは、何が脅威であるかは知っていたが、それに対してどう対処するか、また、自国には、どのくらいの力があるのかもわからなかった。ロシアの進出は、プロシアの直面する問題を増加させたにすぎなかった。ロシアの密使は、ロシアが勝った場合には、東プロシアを奪い取ると威すことによって、プロシアを、ナポレオンに対して宣戦させようと、圧力をかけつつあった。一方、民族的熱情の波は、プロシアの残り少なくなった国中をおおっており、前首相のシュタインは、王を無視して、東プロシアの三階級《エステイツ》議員を糾合していた。プロシアには、全滅の戦争か、国家の分裂の戦争かのいずれかしか残されていないように思えた。いわばクネーセベックの任務は、ロシア、フランスという二つの大国にはさまれているプロシアをヨーロッパにおいて孤立させないようにとオーストリアに嘆願することだった。

　このことは、メッテルニヒを困難な立場に立たせた。彼は、〃オーストリア国粋派〃のきわめて偏狭な政治家連中とちがって、オーストリアの安全とヨーロッパの均衡の前提条件として、強力なプロシアを考えつづけていたのである。しかし、一八一三年一月の時点では、プロシアが強力になるにはオーストリアとの同盟によってではなく、フランスを打ち破る以外にはなかったのである。オーストリアとプロシアの同盟が結ばれれば、オーストリアが行なおうとしていた調停が本格的に始まる前にそれを御破算にするばかりでなく、相争っている二つの大国を引き分ける中立の中心勢力になることを望んでいるプロシア王室内の〃講和派〃を力づけることになっただろう。彼らは、あたかも、中立は、意思さえあれば可能であって、中立を有効にする力の裏付けなどは問題ではないかのように考えていたのである(注三)。しかし、同盟を拒否することは、プロシアをして、ロシアの腕の中に飛び込ませるかもしれないし、ロシアの勢力を中央ヨーロッパに深く浸透させることになるかもしれなかった。どうしたらプロシアを戦争に参加させ、しかも、将来、協力出来る可能性を残しておくことが出来るのか。どうしたらロシアを国境を越えた戦争に参加させ、しかも、ロシアの優位を防ぐことが出来るのか。

メッテルニヒは、このジレンマをオーストリア、プロシア間の利益の一致は、自明の理であるから、何ら明確な取決めの必要はない、ということで、解決したのである。パリへ出されるすべての公文書の写しは、オーストリアの独立の気運がだんだんと大きくなっていることを示すために、引き続きプロシア内閣に転送されていた。今度は、メッテルニヒが一歩ふみ出した。彼は、クネーセベックとの最初の会見で、オーストリアは、プロシアとロシアとの同盟を恐れるどころか、ロシアの決意を調べる試金石として、むしろそれを歓迎している、と主張した(注四)。メッテルニヒは、ベルリン駐在のオーストリア大使あてに手紙を送り、このことを徹底させたのである。その中で彼は、プロシアは、オーデル河(訳注4)を守るという口実で、シレジアのプロシア軍を再建した方がよいと、示唆するとともに、皮肉っぽく、こうつけ加えた、ヨルク将軍のひどい前例に比べれば大したことではありません、(注五)と。こうして、メッテルニヒは中欧の二つの国が、オーストリア流のゲームを演ずることが、可能であるということをプロシアに示すことによって、オーストリアの利益と、プロシアの目的とが一致していることを示したのである。メッテルニヒはまだ、プロシアがその目的を達するのに援助するよう約束させられなかったが、もはや、ナポレオンを怒らせた結果がすべてプロシアの身にふりかかる(訳注5)のをだまって見ている気にはなれなかった。

しかし、メッテルニヒが、中央ヨーロッパに、ロシアを引き出すために、プロシアにロシア側に立ってもらいたいと望んではいるものの、同時に彼は、将来のオーストリアとの協力の可能性を残しておくために、プロシアに、ロシアとの結びつきを限定してもらいたいと思っていた、とくにポーランド問題に関してはそうだった。プロシアが、オーストリアによって支援されるからには、ロシアの政策を推進するものとしてではなく、ロシアの野心を妨げるものとして役立ってもらわなければならなかった。したがって、メッテルニヒは、現時点でのオーストリアの自制は、一時的かつ戦術的なものであって、間違いなく、その共通の目的を達成するために計画されたものであることを示さねばならなかった。そこで彼は例によって典型的な間接的手段を採ることにした。すなわち、一月十四日、クネーセベックが、オーストリアの意図を分析した覚書を起草し、それをメッテルニヒが修正した上で、万が一、フランスの手に落ちた場合でも、自分自身の身が危険にならないような添え状をつけてベルリンに送ったのである(注六)。その覚書は、プロシアとオーストリアの立場の次のような比較から始まっていた。すなわち、プロシアは、フランスとの同盟条約に署名する際は、明らかに強制的になされたのであって、フランスという外国の圧力がとりのぞかれた場合にはすぐに、その結びつきを破る権利を与えられているのであります。ところが、オーストリアは、皇室間の婚姻によって、かつ外見上は、自由な意思によって調印した条約によってフランスと結びつけられているので、簡単にその節を変えるならば、オーストリア皇帝の威信を傷つけることになるでありましょう。オーストリアに課せられた任務は、ナポレオンの同意によって、オーストリアの自由を回復することでなければなりません。すなわち、フランス自身によって、その結びつきから解き放たれることであります、と。この目標はもうすでに達成されていた。ナポレオンがオーストリアの調停を受け入れた時点から、オーストリアの状況は、完全に変っていたのである。

しかし、クネーセベックの覚書は、オーストリアが、行動の自由をとり戻したとしても、ロシアがその意図を明確にしない限り、それ以上のことは、出来ないだろうと警告し、ロシアが、その目標を明らかにするまでは、オーストリアの採りうる手段は、次のようなものに限定されるだろう、と述べていた。すなわち、オーストリア軍をゆっくりとシレジア方面に移動させること、ロシア軍と接触した時には、ロシアの進出とちょうどつり合いをとるように、それぞれの州を武装すること、そして、援助を求めるフランスの要求を拒否することは可能でありまた拒否されるだろう、という実例を示すことによって、フランスの同盟諸国がフランスと共に行動することが出来ないようにすることでしょう、と。従って、オーストリアの消極的行動の狙いは、ロシアをしてその利益を追求せしめ、またドイツ諸国をして、オーストリア一国の英雄的努力にすがることなく、みずから解放のために行動するよう勇気づけることにあったのである。

このことは、メッテルニヒが、一八〇五年の教訓をいかによく学んでいたかを示していた。連合は、出来る限り広い基盤に立つべきであり、オーストリアは、その危険が最小限になるまで、オーストリア自身を参加させることは出来なかったのである。そして次の一節は、一八〇九年の経験も忘れてはいなかったことを明らかにしている。それによれば、オーストリアの究極的目標は、「諸国家の独立と所有権の保障を基礎にした中央ヨーロッパの偉大な、自発的同盟であります。そしてそれは、いかなる方面からにせよ、勢力拡大を求めるあらゆるもくろみに反対し、かつ、強制された連合という現体制にとって代るべき正義の体制にもとづくものでなければなりません」(訳注6)と定義づけていた。一つ一つの言葉がみな、正統性理論についてのこの宣言の中に、最大限の効果を発揮するよう選びぬかれており、そして、この正統性理論の名において、オーストリアは、ナポレオンと斗おうとしていたのである。諸国家の自由意思にもとづく同盟とは、民族自決の原則によるドイツの統一を妨げようとするメッテルニヒの決意を示していたのである。正義の体制は、ナポレオンの力の体制にとって代るべきものであるが、所有権の保障にもとづくべきであり、北方プロシアの民族的熱情がめざしているすさまじい改革を打倒することを意図していたのである。要するに、オーストリアは、個人としてのナポレオンと斗っていたのではなく、フランスの覇権に反対して斗おうとしていたのであった。そして、ナポレオンの全面的支配を、ロシアという別の全面的支配とおきかえるつもりは毛頭なかったのである。

　ポーランドにおけるロシアのもくろみとドイツにおけるプロシアの野心を警戒して、メッテルニヒは、オーストリアの参戦の性格を次のように明らかにしている。すなわち、オーストリアは、その成功への希望を性急な世代の理想にかけるのではなく、歴史的経験という知性にかけているのであります。また人民の熱情にかけるのではなく、征服者の心理の鑑定にかけているのであります、と。メッテルニヒは、欄外の書込みの一つに次のように記していた、「オーストリアのあらゆる政策は、ナポレオンの性格に立脚しており、そして、それは、この人物と諸外国政府とくに南ドイツ諸政府と交渉をもったオーストリアの経験に照して判断されねばなりません」(注七)と。こうして、メッテルニヒは、ロシアの道徳主義的熱情とプロシアの民族主義的性急さを調和させる手段を切り開き、そうすることによって、彼らの努力を支えてきた精神的基盤をわからないうちに変えてしまったのである。それは、たしかに一見、日和見的な政策であったが、もし、早い段階にその目的を全て明らかにしてしまえば、憤慨して拒絶されてしまったかもしれないような、そのような目的を、順序を追ってゆくことによって達成することを可能にしたのであった。つまりそれは、劇的な手段を軽蔑していたから無関心をよそおっていたのであって、結果的には、目的の達成をよりいっそう確実なものにするやり方であった。あまりにも巧妙に、狡猾なまでにメッテルニヒが、自己の目的の正統性を吹き込んだので、オーストリアが目的にしていたすべてのものが、逆に他の国からオーストリアに提案されるに至ったのである。もし、クネーセベックの覚書と、実際に起った出来事の経過とを比べてみれば、それらが、ほとんどちがいのないことに気付くだろう。そのために、多くの偉大な理想が実現しなかったとか、多くの精気が、意義あるものに使われなかったというのは別問題である。

クネーセベックは、オーストリアとの同盟を結ぶことには失敗したが、プロシアが求めていた再保障を得たのである。オーストリア皇帝は、プロシアの使節に、何事も――皇帝の義理の息子(訳注7)に対するプロシアの背信でさえ――プロシアとオーストリアとの緊密な関係を害するものではない、と語った(注八)。そして、メッテルニヒは、オーストリアの意思を明らかにしたのである。二月六日、プロシア王は、義勇軍の編成を呼びかけた。二月八日、クネーセベックは、再び使命を帯びて派遣された――今度は、カリッシュ条約(訳注8)として知られるに至った条約の交渉のためにツァーのもとへ派遣された――そしてその条約は、プロシアをロシア側に立たせ、ロシアをして、中央ヨーロッパにおける戦争に参加させるものであった。

(注一) Text, Oncken, I, p. 219f.

(注二) ナポレオンに、自分が孤立しているのではないかとか、オーストリアが自分にとって重要な味方であるということに疑惑をもたせないように、メッテルニヒは、ウィーン駐在のロシア大使シュタケルベルグに、ロシアとフランスとの単独講和の可能性はないというナポレオンに対する共同の覚書に署名させたのだった。Luckwaldt, p. 133.

（注三）プロシアの和平派については、Lukwaldt, p. 97 を参照のこと。

（注四）Oncken, I, p. 132, クネーセベックのレポート。

（注五）Oncken, I, p. 135.

（注六）Text, Oncken, I, p. 138f.

（注七）Oncken I, p. 141.

（注八）Text, Oncken, I, p. 154, Luckwaldt, p. 105 をも参照のこと。

（訳注1）Kutuzov, Mikhail Ilarionovich, Prince（1745—1813）一八一二年、ナポレオンのロシア侵入の際のロシア軍総司令官。彼の戦法は、ナポレオンとの全面的な会戦をさけ、撤退しながらたえず小規模な戦斗でフランス軍を漸減させようとするものだった。ナポレオンは、このゲリラ戦術と冬将軍の到来でついにモスクワを撤退したが、途中、追撃を受け大敗北を喫し、没落の決定的要因を作った。なお、クツゾフは、これ以前に、トルコ戦役では、多くの武勲をたて、とくに一八一一年の戦斗では、トルコ軍を破り、ロシアに有利なブカレスト条約を（一八一二年五月）締結させるなど功績を残している。

（訳注2）Czartoryski, Adam Jerzy, Prince（1770—1861）ポーランドの政治家。ポーランドの皇族の出身でポーランド領土回復のために働いた。一七九五年セントペテルスブルグで、当時大公だったアレキサンダーと親しくなった（第六章二節参照）。一八一二年には、ポーランドは彼の父の名ばかりの指導のもとにナポレオンの側についていたが、ナポレオンの没落後は、彼は、アレキサンダーからポーランド領土の回復の約束をかちとることにつとめた。一八一五年のウィーン会議では、アレキサンダーの同意のもとに、ポーランドのスポークスマンとなり、アレキサンダーを王とするポーランド王国をつくることとなった。

（訳注3） ポーランドのように分割されること。この時点までに、ポーランドは、一七七二年、一七九二年、一七九五年の三回にわたって、ロシア、オーストリア、プロシアの三国によって分割され、一七九五年の第三次の分割で、地図上から抹殺されてしまっていた。プロシアもそのような運命になるのではないかということ。

（訳注4） ドイツ東部のバルチック海にそそぐ河。現在東ドイツとポーランドの国境となっている。

（訳注5） ナポレオンは、プロシアには常に苛酷だった。ティルジット条約では、ロシアには和解的、寛大で、領土上の要求をしなかったが、プロシアは四分割され、領土の半ばを失い、軍隊を四万二千に制限されるとともに、賠償金一億数千フランが課せられた。

（訳注6） メッテルニヒがフランスの脅威ばかりでなくロシアのそれをも念頭においたものであり、従って、それを防ぐため中欧のオーストリア、プロシア両国間の同盟を示唆したものである。

（訳注7） ナポレオン。

（訳注8） 一八一三年二月二八日、ロシア皇帝アレキサンダーとプロシア王フリードリッヒ・ヴィルヘルムは、カリッシュ（現在ポーランド中部、プロスナ河に面した都市）で条約を結び、プロシアが一八〇六年以前の領土を回復するまで戦争をやめないことを約束すると同時に、プロシアは、第二回、第三回のポーランド分割でポーランドから得たすべての領土をロシアに放棄し、その代りにドイツに領土を得ることになっていた。三月一六日、プロシアはナポレオンに宣戦し、そして、三月一九日には、ロシアとプロシアは、ライン連邦の解体を宣言し、その国王たちに、味方に加わるよう、さもなければ領土を没収すると宣言した。

Ⅲ

メッテルニヒが、プロシアに、ロシアとの同盟を結ぶようすすめた時には、もうすでにオーストリアは、フランスの完全勝利を許さないだけの地位を獲得していた。今や、和平交渉という口実のもとに、フランスの敗北を確実なものにするための連合を結成する時だった。二月八日、クネーセベックが、ロシアとの同盟を求めるという使命を帯びて、ツァーのもとへ派遣されたちょうどその日に、メッテルニヒは二人の使者に与える訓令を準備した。ヴェッセンベルグ男爵は、ロンドンへ、レプツェルテルン男爵は、ツァーの司令部へ、イギリス、ロシア両国がオーストリアの調停を受け入れるよう説得するために派遣されることになった。これはとりわけ困難な仕事だった。イギリスに対しては、ナポレオンに反対する連合が存在するという事実よりも、連合を結成する方法の方が重要であるということ、それに、勝利は、戦斗によるばかりでなく、戦場を選択することによっても得られるという壮大な夢は、大陸国の直面する問題を正しく認識させなければならなかった。他方、アレキサンダーに対しては、力の均衡の代りにはならないということを納得させねばならなかった。要するに、連合の結成は、イギリスが、均衡を正統化することとの重要性を理解するに至るかどうか、ロシアが限界の定義を受け入れるかどうかにかかっていた。

両方の訓令の序文は、全く同じで、論理的こじつけから始まっていった。すなわち、オーストリアは、調停者ではなく仲介者である。調停者の役割は、講和の条件を述べることであるが、仲介者の機能は、一方の陣営から、他方の陣営に講和の条件を伝達することである。それゆえ、大英帝国とロシアが、もし、みずからの真の国益を知っているならば、オーストリアを仲介者から、調停者に変えようとするはずである。しかし、講和の条件が明らかにされる前に、講和の条件が導き出されるところの全般的原則に対する合意が存在しなければならない、と。

この指摘の意味するところは、誤解の余地のないものだった。しかし、オーストリアは、前にフランスに対しては、調停者として臨んだ、従って、オーストリアが提案しようとする講和条件のためには、斗うという約束を暗に意味していた。しかし、その約束が、フランスに反対することに向けられているという事実――犠牲を払わなければならない唯一の立場にある国として――は、ナポレオンにはわからなかったのである。ところが、イギリスとロシアは、調停を価値あるものにするよう求められたのである。つまり、講和の条件ではなく、オーストリアの行動を正統化する全般的枠組みを規定するよう求められたのだ。その中欧の帝国は、参戦の代償として正統性を求めていたのである。

二つの書簡の内容は、この点から分れていた。イギリスに送られた手紙は、理解を訴え、大陸国と島国との関係を説明していた。「手段を冷静に計算することよりも性急さを好む人々や、我国の戦力、我国と他国との関係を知らないために、斗いの中にみずからを投げ込もうという欲望に燃えている夢想家たちには、我国の政治体制を正しく理解することが出来ないのです。……現在の危機の中で、最も考慮しなければならないことは、我国のあらゆる手段をもって、戦争が国内に入るのを防がなければならないということです。……北方での戦争を南方に移すことは、荒廃した土地で戦争を続ける困難さから、ナポレオンを救い出すことになり、再び彼を情勢の主人公にすることになるでしょう。……もしイギリスが、イギリスと大陸との結びつきの利益を考え、イギリスが、ヨーロッパの均衡の価値を正しく認めるならば、ロシアとフランス双方の野心を抑えることが出来る唯一の国家を保持しようとするでしょう。……イギリスは、オーストリアのことを完全な勝利を保証するものが何一つなく、敗北が最も恐しい結果をまねくような時に、国力を使い果してしまうような国家と考えてはなりません。……もし、我国が、現在の方法とちがった他の手段を採用していたならば、我国の中央ヨーロッパに位置するために持っているあらゆる利益を失っていたでありましょう」(注一)。

ロンドンへの手紙が、理解を求めるものになっていたとすれば、ツァーへの使者に与えた訓令は、十年間のロシアのあいまいな態度によって引き起された不信感を表していた（注二）。ロシアとイギリスとの違いは、島国のより大きな信頼性にある、とメッテルニヒは主張している。ロシアについては、最近の勝利――予想外のことであり、また、その影響は重大だが――は、ロシア皇室が、これまで常に示してきた高揚への傾向を誇張するだけかもしれなかった。たしかに、巧妙な外交は、ロシアの不安定さを利用することが出来るだろうが、ロシアの征服への欲望によってもたらされる危険性、ロシアが、革命運動を利用する危険性、それに、緒戦での敗北で傲慢な孤立へひきこもる可能性なども無視することは出来なかった。こうしたあらゆる理由から、機の熟すのを待つために、レプツェルテルンの旅程は遅らされていた。しかし、今や、メッテルニヒは、自分の作品に最後の仕上げをする名人の誇りをもって、決定的な瞬間が来たと断定した。「プロシアの政策変更は、おそらく決定されたでしょう。二、三日のうちには、ロシア軍はオーデル河に到達するでしょう。機動力ある我軍は、ロシア軍の側面や背後にさえ展開されているので、今後のロシア軍の作戦は、我国の善意にかかっているのです。我軍は、彼らを支援することも、阻止することも出来るのです。だからこそ、交渉の時期が到来したというものです」。あたかも、北ヨーロッパのプロシアからの民族主義の熱情など聞いたことがないような、この短い無味乾燥で散文的な文章で、メッテルニヒは、自己の政策の第一段階が終ったことを宣言していたのである。他の主役たちはみな態度を鮮明にしてしまい、彼らの選択手段はなくなってしまった。オーストリアは、他の諸国から推されて自由を獲得し、他の諸国がオーストリアを必要とすることによって強力になったのである。これこそ、まさに、交渉の瞬間だった。

レプツェルテルンは、道中いろいろと〝仮病〟をつかったのち、ようやく、三月五日、ポーランドのカリッシュにあるロシア軍司令部に到着した時、そこで彼が目のあたりにした状況は、メッテルニヒの判断の正しさを証明する光景だった。プロシアとの同盟条約は、数日前に署名がすんでいた。その条約によれば、プロシアには、一八〇六年以前の領土の回復を保証していたが、そのためにどこの領土をあてるかについては、一言も書かれていなかった。まさにその表現のあいまいさこそ――北ドイツのナポレオンに征服された領土が、プロシアの版図を増大させるために使われるという規定――ツアーが、自己のポーランド構想を実現するために、プロシアが、以前ポーランドで所有していた領土をあてるつもりであることを明確に結論づけていた。しかし、メッテルニヒは、ツアーのポーランド構想を知っていたにもかかわらず、レプツェルテルンに出来るだけ到着を遅らせるよう命じたのである。というのは、プロシアの交渉者が必死になってオーストリアに共同行動を求めてくるのを避けるためだった。メッテルニヒの第一の目標は、ロシアを中央ヨーロッパでの戦斗に参加させることだった。彼は、今後のポーランド問題について、アレキサンダーの裏をかくことに自信を持っていたのであった。レプツェルテルンは、情勢の決定的転回をみな一様に喜んでいる時――君主たちは、永遠の友情を誓い合い、愛国者たちは、ドイツ国民に与える宣言を起草しつつあった――に到着したのである。オーストリアだけが民族的熱情の局外にいることは不可能に思われた。

しかし、国民の熱情というものは、同盟の交渉に際しては、危険な要素となりうる。というのは、交渉者から、その最も効果的な取引きの武器である選択の自由を奪うことになるからである。事実、カリッシュに到着したプロシアの全権大使は、国民の愛国主義の激情によって拘束されていた。そして、全権が、ポーランド問題でためらった時、ツアーは、自分の誠意が変らないことを、直接プロシア王に訴えて、その同盟を締結したのであった。プロシアの選択の幅は、条約締結を求める熱意の強さによって制約されてしまったが、オーストリアは、国民大衆の祈求によって、妨げられるということはありえなかったし、革命の脅威によってなどということは、なおさらなかった。メッテルニヒは、かつて、こう述べている。「文明の擁護などという厳密に検討すれば、空中に発散してしまうような言葉では、具体的なものは何一つ決まらないのです」(注三)。ツアーが、具体的に述べたことに注意するのが、レプツェルテルンの任務だった。

彼は、自分への訓令に加えて、オーストリア皇帝からツアーに宛てた二通の書簡をたずさえていたが、それらの書簡の友好的調子こそ、いかなる具体的提案をも自分の方からはしまいとする態度が明らかに見られ(注四)、また、それらの手紙は、オーストリアが、道義的聖戦というような漠然とした約束によって行動することはありえないと考えていることを明白に表していた。同じような留保の態度は、メッテルニヒから、ロシアの提案を受け取ることのみが唯一の任務であると訓令されていたレプツェルテルンにも見られた(注五)。三月八日、ツアーがいら立たしく、オーストリアが、本当に欲っしているものは何かとたずねた時、レプツェルテルンは、交渉の基礎としての全般的前提を作成するのが、ツアーの義務であると冷やかに答えた。ツアーが、戦争の目的――旧来の全領土をオーストリアに返還すること、プロシアの独立とその領土を以前の大きさにもどすこと、フランスの束縛からドイツ諸国を解放すること、オーストリアの神聖ローマ帝国の帝冠の回復を意味していた――を明らかにしたのはその時であった(注六)。

かくして、オーストリアは、プロシアが権利として要求しても獲得できなかったものを、ロシアからの申し出によって獲得したのである。オーストリアは、旧版図ばかりでなく、それ以前の領土までも保証されたのである。このことは、ツアーのポーランド構想に一つの枠がはめられたことを意味していた。というのは、ツアーは、自分の提案によって、ポーランドの三分の一をオーストリアの分として放棄したからである。帝冠の回復だけは、メッテルニヒの興味をひかなかった。彼は、ハノーヴァーの全権公使であるハルデンベルグにこう語っている、ドイツ諸国は、完全な独立を経験したので、オーストリアには、従属するとしても、オーストリアの立場を弱めようとするでしょう、と(注七)、ナポレオンは、無敵の雰囲気と武力による威嚇によって、ライン連邦を保持してきた。しかしながら、もうだいぶ前からフランスには匹敵できなくなっていたオーストリアは、不満をいだいたドイツ諸国に支援されたフランスと、将来、戦争をするなどということは出来なかった。独立した諸国家からなるドイツ――条約と法律によって結合された――の方が、はるかに望ましかった。メッテルニヒは、このロシアとの合意事項に、ドイツにおけるオーストリアの優位を保証するものとの一項を付け加えることが出来たかもしれないが、付け加えなかった。二流諸国の無力な独立の方が、油断のならない臣下になられるよりもオーストリアとの強力なきずなになることが、やがて証明されることになるのであった。ドイツにおけるプロシアの覇権、フランスの侵略、国内の動乱への恐怖心は、神聖ローマ帝国の遺産よりも、オーストリアの覇権にとっては、より効果的な手段を意味するであろう。

三月二十九日、ツアーは、レプツェルテルンに、従来の提案を繰り返したばかりでなく、それに、オーストリアは、みずからの国境を決定出来るという提案までも付け加えてきた。ツアーは、オーストリアに、南ドイツにおけるフリーハンドを与え、そして、きげんをとるために、メッテルニヒのいかなる提案も支持する、という約束をしたのである(注八)。かくして一八一三年三月末までには、メッテルニヒは、自分の主要な目的を達成してしまった。中央ヨーロッパのロシア軍は、フランスとの決戦に参加することとなった。プロシアは、反フランスの共同戦線の仲間に加わった。オーストリアだけが、最後までその態度を鮮明にせずにすますことが出来たのである。オーストリアの主要な目的は、ナポレオンが、オーストリアの調停を受諾した時点で、すでに同盟諸国によって認められていたのである。たしかに、オーストリアは、民族の熱情によってではなく、その統制と強力な指導力を通じて、日一日と強力になりつつあった。斗いの目的は、均衡のための、民族からなる社会のためではなく、諸国家からなる社会のための、多くの主権国家からなるドイツのための、そして、保守的なヨーロッパのための戦争として定義づけられたのである。オーストリアの正統性理論が認められたからには、メッテルニヒは、いまや、自分が、ヨーロッパの均衡として会得しているものをまさに明らかにしようとしていたのである。かつて、オーストリアの利己主義の宣言と考えられていたものが、全くの正義の表現として見られるに至ったということは、メッテルニヒの巧みな忍耐強い根まわしに対する贈物であった。

（注一）　Text, Oncken, I, p. 416f.
（注二）　Text, Oncken, I, p. 421f.
（注三）　N.P. VIII, p. 365.
（注四）　Text, Oncken, I, p. 448.
（注五）　Luckwaldt, p. 135.
（注六）　Oncken, I, p. 354.
（注七）　C.C. IX, p. 60. Luckwaldt, p. 112f. も参照のこと。
（注八）　Oncken, I, p. 359.

Ⅳ

いまや、ほとんど感づかれずにフランスとの同盟から抜け出すためのいろいろな方法の一つをとる好機であると同時に、中央ヨーロッパを少しばかりロシア軍にさらすことになるような手段をとる好機でもあった。そして、それは、いつものように存在する条約の名のもとに遂行されたのであった。オーストリア軍が、ヴィスチュラから撤退してしまったあとでは、次の河川の防衛線はオーデル河であるが、それは、オーストリア軍の配置いかんにかかっていた。もし、オーストリア軍が、シレジア方面に撤退すれば、グランド・アルメの残存兵力——オーデル河の中心に集中していたのだが——は、春にナポレオンの新軍が到着するまで、ロシア軍の進出を阻止するチャンスを得るかもしれなかった。もし、オーストリア軍が、南方に撤退するならば、オーデル河の防衛線は、側面を包囲されるだろうし、戦斗の模様は、エルベ河の方へ、もう百五十マイルも、ヨーロッパの中心深くに変るであろう。メッテルニヒは、シュヴァルツェンベルグに、クラコウ方面、つまり南に撤退するよう命じた。

メッテルニヒは、この決定をブブナ伯爵へ手紙で知らせた。その書簡は、あたかも、他にとるべき手段は考えられないかのように、しかも、吉報でも知らせるようなそぶりで書かれていた。シュヴァルツェンベルグ公——前のパリ大使で、フランスとの同盟条約を交渉し、オーストリア軍を指揮するためにその職を離れたのだが——は、まちがいなく、彼を大いに必要としているパリに帰還しつつあります。彼は、中央ヨーロッパにおける真の力関係に付いて、ナポレオンを啓発するでありましょう、と。さらにメッテルニヒは、皮肉をこめて、こうつけ加えた、ポーランドの河を防衛出来るなどということは、フランスの王党派そっくりのポーランド王党派が心に描いている幻想にすぎません。

彼らは、自分のために、他人の戦力を使うことにためらいを感じないのです。というのは、彼らは、得るものはあっても失うものは何もないので守らなければならないものは何もないからであります。さらに、ポーランドにおけるロシア軍についての印象的な評価がつづいていた――それは、正確で詳細にわたっていたが、現実とは、全くかけ離れたものであった――すなわちシュヴァルツェンベルグの軍は、実際に四週間以上にわたって、この強力なロシア軍の前進をおくらせ、要するにオーストリアがとった手段は、まさに同盟の戦力を保持するために計画されたものなのですと主張していた(注一)。

しかし、シュヴァルツェンベルグは、急いでパリに向うようなことはせず、それから四週間以上たって、ようやく出発した。そして、三月十八日、メッテルニヒが、シュヴァルツェンベルグへの訓令を書いた時には、もうすでにプロシアは寝返っており、ツァーは、オーストリアの目的を保証していたのである。それでもなお、シュヴァルツェンベルグは、まっすぐにパリへ向わなかった。彼は、同盟条約によって、まだフランスと結びつけられている南ドイツ諸国の首都をめぐっては、軍事的援助を求めるフランスの要求を避けるよう、それらの諸国を説得していたのである。シュヴァルツェンベルグは、四月九日になって、ようやくナポレオンとの最初の会見をもったが、この時までにはロシア軍は大いに前進し、ポーランドは、ロシア軍の後方はるかかなたにあったのである。

しかし、シュヴァルツェンベルグの派遣を通じて、メッテルニヒは、均衡の概念を一層綿密にする機会をもったのである。シュヴァルツェンベルグに対するメッテルニヒの訓令は、力の均衡の必要性を浮彫りにした次のような歴史的要約から始っていた(注二)。一連の戦争は、均衡の性質に関する従来の考え方を完全にくつがえしてしまいました。一八〇七年以降、大陸には、フランス、ロシア、オーストリアという三つの大国だけが残ったわけですが、実際は、これらのうち二つは、他の一国に対抗する同盟を結んでおりました(訳注1)。しかるに、一八〇九年のオーストリアとフランス間の戦争は、物質的には悲惨ではありませんでしたが、道義的には、オーストリアを強める結果となりました。それは、フランス、オーストリア間の密接な関係の確立に導き、かくしてロシアとフランスとの間に不和の種をまくことになったのであります、と。さらにメッテルニヒは、ロシア、フランス間の緊張の他の原因について要約し、ついで戦争勃発について述べるとともに戦争を避けようとしたオーストリアの努力についてふれたのち、これらのすべてがこの調停提案になったのであると結論していた。フランスの敗北は、あらゆる予測をくつがえしたもので、従って新しい均衡が構築されなければなりません。オーストリアは、であるからこそ調停を申し出たのであります。というのも、オーストリアの地理的位置から言って、オーストリアを犠牲にしなければ接触出来ないような二つの国家が戦争する場合には、蹂躙される運命にあるオーストリアほど均衡を回復することにより大きな関心をもっている国はありえないからであります、と。

しかし、オーストリアが、ナポレオンにその調停案を伝えようとしていたまさにその時――とメッテルニヒは、そ知らぬふりをして述べていたが――重大な結果をもたらす予期せぬ事件――プロシアとロシアとの同盟――が起ったのであります、と。しかしながら、メッテルニヒは、プロシアのやり口を非難するどころか、それは、一八〇六年以来、プロシアが苦しめられてきた、その論理的帰結であるとまで言い切り、そして、ナポレオンが、かつての同盟国プロシアを打倒することによって、自己の運勢を上向きにしようなどと考えないようにと、メッテルニヒは、プロシアの運命とオーストリアの運命は一蓮托生であると次のように述べていた。「ヨーロッパ諸国の態度は、その地理的位置が異るように色々と異っているのです。フランスとロシアは、一つの国境をもっているだけであり、このことは、攻撃を受けやすい弱点がほとんどないということであります。三つの要塞線をもつライン河は、フランスの安全を保障しており、一方、恐しい風土は、ニーメン河をしてロシアにとって、きわめて安全な国境となっております。これに対して、オーストリアとプロシアは、あらゆる側面を隣国による攻撃にさらされているのであります。この二大強国の優位によってたえず脅威を受けているので、オーストリアとプロシアは、賢明かつ計算された政策と、お互いの善意にもとづく両国関係ならびに近隣諸国との関係の中に、安定を見い出しうるにすぎず、結局は、プロシアとオーストリアの独立は、みずからの力による以外に保証しうるものはないのであります。中欧のいずれかの一国を弱めることは、他の一国の存在に対する最も直接的な攻撃を意味するのであります……」と。

このように、この書簡はその冷静な調子にもかかわらず、一つの挑戦であると同時に限界についての一つの定義を示していた。もし、メッテルニヒの分析が正しいならば、ナポレオンが準備しつつある戦争は、何の目的ももたないであろう。もし、プロシアが守られ、可能ならば強力になることが出来るとすれば、ライン河のフランス国境についての記述は、くだらない修辞ではなく、メッテルニヒが、ヨーロッパの平和と両立出来ると考えているフランスの勢力範囲の限界を示していたのである。そして、シュヴァルツェンベルグにあてた訓令は、幻想をいだかないようにとのナポレオンに対する警告でもあった。フランスとの同盟に対するオーストリアの忠誠心は、領土が増大するかもしれないとの期待感を抱かせることによっては買い取ることは出来ないものだった。中央ヨーロッパに位置する帝国は、勝利に対してではなく、安寧に関心をもっており、領土の広さにではなく、列強間の相対的強さ、つまり、規模ではなく、均衡がオーストリアの安全を保証するもの であった。「オーストリア皇帝は……決して、友好国の破滅の中に、幻想的利益を求めるようなことはないでしょう……。もう一つの中間にある国家(訳注2)の破滅に手を貸すことは、オーストリアが、みずからの死亡証明書にサインすることに等しいでしょうから」。シュヴァルツェンベルグへの訓令によって、メッテルニヒは、革命的征服の時代が終り、意思の人であるナポレオンは、限界を認めることによってしか平和を得ることが出来ず、支配による安全を求めていたフランスは、支配を断念することによってしか安全を獲得することが出来ないということを宣言していたのである。要するに、この訓令は、オーストリアは、必要ならば、ナポレオンに敵対してでも均衡の回復に立上ることを宣言していたのである(注三)。

数日間の差はあったが、カースルレイとメッテルニヒは、ともに彼らが確立しようとしていたヨーロッパの性質を決定していたのだった。二人は、均衡は、強力な中央ヨーロッパに依存しており、それには、強力なオーストリアとプロシアを前提とするという同じことを考えていたのである。しかし、フランスの勢力を弱めなければならないということでは一致していたが、メッテルニヒは、カースルレイよりも、この制限の内容については、あいまいだった。しかし、それも当然のことであった。というのも、カースルレイは、フランスに反対する連合を結成しようとしていたからである。かろうじて生き残ったという試練の記憶によって、島国の政治家は、戦争の原因であり、平和の妨害者を無力にしようとしていたのである。しかし、メッテルニヒにとっては、ナポレオンの敗北は問題の終りではなく、永続的な国際関係をつくるための機会であった。従って、彼は、フランスの封じ込めよりも力の配分に関心をもっており、つまり、要塞による防壁よりも国家の相対的勢力関係に興味をもっていたのである。カースルレイにとっては、フランスの衰退は、ヨーロッパの安寧の保証であったが、メッテルニヒにとっては、フランスを制限することは、ロシアの勢力圏次第であるという考え方であった。カースルレイは、大陸との関係が再建されたのち、最初の手段の一つとしてピットの構想を提案してきたが、メッテルニヒは、まわりくどい、そして慎重な外交によって、同盟の道義的枠組みが作りあげられるまで、均衡についての自己の考えを述べなかった。カースルレイにとっては、ナポレオンの支配という事実が、連合結成の十分な原動力であり、解決しなければならないもののすべては、侵略者をいかにうまく抑制するかという本質的には技術的な問題であった。メッテルニヒにとっては、講和の性格こそ主要な問題であり、それゆえ、彼は、いかにしてその講和を正統化するかという、本質的には、道義的問題に関心をもっていたのである。

(注一)　Text, Oncken, I, p. 306f. (German), p. 430f. (French), 一二月二八日。

(注二)　Text, Oncken I, p. 439f.

(注三)　メッテルニヒは、イギリスを除外した大陸の講和を否定してはいなかったが、その場合は、ナポレオンは、戦争の継続は、イギリスの利益にのみなるということを知る羽目になっただろう。つまり、その場合は、ナポレオンが、ヨーロッパがイギリスの支援がなくとも不安を感じないほどフランスの国力の限定に同意する場合であったから、それは、はかない夢であり、そんなことはありえなかった。

(訳注1)　一八〇七年七月八日に、フランス、ロシア間にティルジット条約が結ばれ両国が和解した。しかもその公開された条約以外にロシアとフランスには秘密同盟条約が存在したことを指す。

(訳注2)　プロシアを指す。

V

メッテルニヒが、一八一三年三月末の情勢を見て、彼がそれに満足を感じたのももっともであった。オーストリアは、フランスの一翼を担うにすぎない立場から、ヨーロッパの要となる勢力に変っていたし、将来同盟国となるべき国からは、オーストリアの講和条件を無条件な提案とする権利を獲得していた。オーストリアは、単独講和が不可能なことを双方の側に強く主張していたので、あらゆる折衝がオーストリアを通さねばならないという事実は、基本的な確認事項として受け入れられるに至ったのである。かくして、メッテルニヒは、もろもろの出来事をつなぐ糸をすべて自分の手中に収めることによって、自己の政策をオーストリアの強化と結びつけることが可能となったのである。一八一二年の十二月には、メッテルニヒは、かろうじて五万の兵力を配備出来るにすぎなかったが、一八一三年一月には、皇帝は、ナポレオンに十万と語り、そして、シュヴァルツェンベルグは、ナポレオンとの最初の会見においては、その数の二倍の見通しをほのめかすことが出来た。これで、奇襲攻撃を受けた際の破局の危険はなくなりつつあった。これは、すべて、ナポレオンの祝福は受けないにせよ、少なくとも、彼の容認のもとで、かつまた他の諸国の信頼を失うことなく成し遂げられた成果であった。

しかし、いかにうまい政策であっても、それは自動的には成果を生み出すことはない。メッテルニヒはなお、自分の条件に対する同盟諸国との合意を政治的現実に変えねばならなかった。すなわち、均衡の理論ばかりでなく、均衡の実体をもつくり出さねばならなかったのである。メッテルニヒにとっては、このことは、戦争なくしては不可能だということは、疑おうにもほとんど疑いえないほど確実のように思えた。ナポレオンにドイツの征服地の大部分を放棄させ、おまけにアントワープ(訳注1)——これなくしてはイギリスの講和はありえないだろうが——を加えるということは全く可能性がなかった。しかし、この事実は、オーストリア政府の他の閣僚たちにとっては、必らずしも明白にわかってはいなかった。もし、他の諸国が、メッテルニヒの目的を推測することが困難であるとすれば、このことは、彼の同僚たちにとっても同様であった。彼らのある者は、メッテルニヒの政策を危険すぎると考え、またある者は、全面的に民族主義の熱情におおわれたヨーロッパにおいては、そのような政策は不名誉なみすぼらしいものと非難していた。四度の敗戦を記憶し、常に獲得することよりも確保しようとする皇帝は、いかなる犠牲を払っても、平和への希望に強く固執していたのである。そして、この間ずっと、他の諸国は、オーストリアの超然たる態度を終らせようと、懇願したり、懐柔したり、脅迫したりしていたのである。

メッテルニヒが、再びつり合いをとる行動をきわめて巧妙に始めたために、そのバランスをとっている人間が、はかりを一方に傾けつつあるということは、ほとんど誰にも気付かれなかったのである。いわば、手品師がきわめて見事にやってのけたので、今まで、空中に数多くあったボールが、誰も気付かないうちに、急に一つになっていたのが、わからなかったようなものであった。メッテルニヒは、皇帝のためらいにもかかわらず、オーストリアは、主要な国家として登場すべきだと決心していた。従って、オーストリアは、同盟諸国がどんなに懇願しようとも、オーストリアの国内体制に最も合った方法で、しかも、オーストリアに有利な時に登場しなければならないと決心していた。すべては、戦争の理由いかんにかかっていた。というのは、それは、皇帝の疑惑をとり除くであろうし、同時に、講和を正統化する理論をしっかりと定着させることになるだろうからである。このことを念頭において、メッテルニヒは、オーストリアを仲裁者から調停者へ変えはじめていた。そして、民族主義の熱情の波が、ヨーロッパをおおい、愛国的諸団体が、人間性改革の講想を描きつつあった時、ウィーンの冷静な打算主義者は、これらの努力のすべてを虚しい空想にしてしまうような開戦の理由を用意しつつあった。メッテルニヒは、本質的に、論理的に演繹することによって、同盟を正統化し、オーストリアを戦争に導くことをもくろんでいたのである。彼は、講和が不可能であることを証明することによって、戦争が避けられないということを論証しはじめたのである。

（訳注1） ベルギー北部のシェルト河にのぞむ港市。

第五章　連合の結成

メッテルニヒとオーストリアの国内体制――正統性秩序と革命的秩序との関係――現状維持国家の政策の表明――オーストリアの調停開始――正統性秩序と革命的秩序における交渉の機能――ドレスデンの会見――プラハ会議――メッテルニヒ外交の本質

I

メッテルニヒが、フランスに対抗する連合の計画をねりつつあり、一方では、二つの大軍がドイツ中央部に向って進軍しつつあったその時、彼が主張したのは講和であった。彼の政策はいまや分岐点に達していたのである。それは、プロシアを模範とした解放戦争を好む貴族からなる〝国粋派〟には歓迎されなかった。事実、三月には、メッテルニヒは、ヨハン大公が指導する陰謀を鎮圧しなければならなかった。大公は、皇帝の権力を奪取しようと、チロル地方(訳注1)の民族的反乱を計画したのであった。しかし、たとえ違った目的のためとはいえ、皇帝はメッテルニヒを支持していた。敗北の十年間によって、皇帝の体内には、一世紀間にわたる基本的なハプスブルグ家の美徳となるもの、すなわち、忍耐力と頑強な永続性が育まれていたのであった。しかし、皇帝は、忍耐のために忍耐力を尊重したのであり、また、その永続性の目標は、単に生き残ることにすぎなかった。衒学的で創造力に乏しい皇帝は、安定と沈滞を混同し、平和と無為を混同していた。これまで、メッテルニヒがとってきたすべての手段は、例えば、ナポレオン麾下のオーストリア軍を撤退させたように、維持することであった。あるいは、オーストリア領の通過権を求めるナポレオンの要求を拒絶したように、行動からの逃避であった。ところで、そのような皇帝を積極的な行動にかり立てることがはたして出来るであろうか。メッテルニヒのこれまでの超然とした態度が、実はオーストリアを全面的に戦争に参加させるためにもくろまれた手段だったということが明らかになった時に、皇帝は、尻ごみをするのではないだろうか。

メッテルニヒが、講和を口にしたのもそれなりの理由があったのである。危機が、間近にせまってから国家の国内体制に不平をこぼしてみてもはじまらない。メッテルニヒは、いずれにせよ、そんなことをするような人間ではなかった。メッテルニヒの強みは、創造することにあったのではなく、手もとにある有効なあらゆる素材を駆使し、それらを適当な形に配置し、見た目には、手当り次第にやっているようだが、実際には、状況に最善の形で利用してゆく能力にあったのである。皇帝の性格は、メッテルニヒから見れば、同盟諸国のいら立った態度よりもさらに硬直したものに思えた。いわば、オーストリアが時間の精神に順応するのではなく、時間が、オーストリアの精神に従っているのであった。五月二日の手紙にハルデンベルグは、つぎのように書いている。「メッテルニヒ伯爵は、皇帝の独特の気質を満足させなければならないのです。彼は、戦争にせき立てるようなあらゆるものに抵抗するでしょう。しかし、一度に一歩しか進まないにしても、それでも彼は、急転回がさけられない地点に到達しているのです……。しかし、ここまで来るまでには、メッテルニヒは、野心とみえるものはすべてかくさねばならなかったし、事実、戦争の危険をおかそうとする彼の意思さえかくさねばならなかったのです。ちょうどいま、彼はナポレオンが、均衡にもとづく公正な講和を拒否する場合にのみ、戦争は避けられないという考え方に皇帝をもってゆくのに成功したところです……」(注二)。ちょうど柔道家のように、メッテルニヒは、押されているように見える時でさえ、皇帝を引きずっていたのであり、はじめは皇帝の中立を守るために軍隊を創設させ、それから平和を守るためにこの軍隊を使わせたのである。

メッテルニヒは、ナポレオンの無力に助けられて、新しい状況をつかんだのである。カリスマか力によって正統化されている支配者というものは、自分の安全は、自己を抑制することによって求めなければならないということや、事態は、もはや、自己の意のままにはならないということ、それに、平和は、自分の力によっているのではなく、他国の力を認めることにかかっているなどという事実を容易にみとめようとしないのである。革命家というものは、自分の敵が、〝正統性〟の枠組みによって制約されていた当時を覚えている場合には、敵が、革命家による危険の大きさに気付いた時も、確固たる決意をすることは、なかなか出来ないものだと思っているのである。敵は、まだ限定された目的のための戦争をしていた時には、いとも簡単に降伏したので、革命家は、また戦斗に勝てば、再び敵は、臆病さを暴露するだろうと信じているのである。そして、革命家は、自分が力がなくなっていることを認めることが出来ないので、自分の同盟国を失なうということを信じることが出来ないのである。一八一三年四月に、ナポレオンが、軍を進めようと準備を整えつつあった時の彼の精神状態は以上のようなものであった。ひと度戦斗に勝てば、同盟は瓦解するだろうと確信していたので、彼は、オーストリアが、最終的には味方に加わるだろうと信じて疑わなかった。彼は、かつては知っていたかもしれないが、自分の偉大な勝利は、軍事的成功によっていたと同様、敵が、敗北を簡単に受け入れたことによってもたらされたことを忘れてしまっていた。従って、メッテルニヒが、同盟国の軍隊の状態よりも、同盟国の決意により多くの関心を払っていたのも当然のことだった。

ナポレオンの錯覚がどの程度のものかが、四月九日のシュヴァルツェンベルグとの会見の中で明らかになった(注二)。かりにナポレオンがオーストリアの意図に疑いをもっていたにせよ、少なくとも、彼が出した提案の中には表われてはいなかった。その提案は、十万のオーストリア軍をボヘミアに結集し、それとガリシアの部隊とによる協同作戦を要求していた。またしても、メッテルニヒにとっては、最も望んでいた提案が、ナポレオンの方から出されようとしていたのである。というのは、フランスの懇請で、今やボヘミアで一軍を編成することが出来るようになったからである――もっともそれは、フランスに敵対するために使われることになるのだが。シュヴァルツェンベルグは、軍隊に関してのナポレオンの提案には回答しなかった。それというのも、彼は、さらに〝しかるべき〟場所と時期が来るまで、説明をのばしたかったからである。実際のところ、フランス軍の一翼を担っていた指揮官が、フランス軍と協力する軍隊などは、もはや存在しないということを明らかにすることは不適当であっただろう。

というのは、メッテルニヒは、エルベ河に接近中の同盟軍によって、オーストリア軍の結集地をボヘミア――まだ危険にさらされている唯一の地域であると同時に、進撃しつつあるフランス軍の側面を脅かす最善の場所でもあった――と決めてしまっていたからである。メッテルニヒは、ツアーの好意的な提案についてのレプツェルテルンからの第一報を受け取るやいなや、ガリシアのオーストリア軍から側面攻撃を受けるかもしれないという脅威を与え、ロシア軍の前進をはばんでいたその最後の障害物をとり除きはじめた。これもまた存在する条約の名のもとに達成されねばならなかったし、出来れば、ナポレオン自身の是認によってなされねばならなかった。三月二十五日、メッテルニヒは、レプツェルテルンに訓令を発し、ロシアは、休戦を廃棄し、オーストリア軍の両側面に進出するよう――そして、その場合には、オーストリア軍は、大勢に従って降伏するであろう――と提案した(注三)。さらに四月十一日、メッテルニヒは、ロシアがポーランドへ進出しないことを遺憾とする次のような抗議の書簡を送った。「フランスの同盟国としての我国の役目は終りつつあり、我国は、重要な国家として舞台に登場する準備をととのえつつあります……それゆえ、貴国の休戦を廃棄するという知らせを受け取らないことは理解に苦しむところです」(注四)。メッテルニヒの願望が最終的に満たされ、その上で、ツァーに抗議する無礼なまでの手紙――メッテルニヒの当惑と驚きの大きさを強調するために、〃午前一時〃という書出しで始っており、しかもそれは、フランスという同盟国に対するメッテルニヒの不変の忠誠心を示すこと以外に何の目的もないものであったが――を起草した時、メッテルニヒの不敵な微笑を想い浮べることが出来るだろう。

メッテルニヒは、何をおいてもフランスに対する忠誠心を証明しなければならなかった。それというのも、オーストリアとフランスとの関係が試される場に直面しつつあったからである。四月七日、フランス大使ナルボンヌは、オーストリアは、その軍隊を増加させ、ナポレオン軍との協同行動をとるようにとのナポレオンの要求を伝達してきていた。メッテルニヒは、「ナポレオンがまたしても幻想にもとづいた政策をとろうとしているということを自分から証明してきました」とハルデンベルグに語り、敵の錯覚を利用しはじめたのである。というのは、ナポレオンは、オーストリアが、完全な一人前のパートナーとして出現すべきだという、ナポレオン自身の要求によって、前年の限定されたオーストリアとの同盟は、もはやあてはまらないということを認めたからである。そして、たとえ、オーストリアの領土を回復するためであっても、現状から一歩でも出ることを肯んじない皇帝であれば、それは、まちがいなく自分の義理の息子ナポレオンのためなどに自分を引き込もうとするどんな企てにも反対するであろう。しかし、たとえ皇帝が、均衡にもとづく講和を強制するためにその軍隊を動員することに同意しないまでも、ナポレオンからの援助せよという〝不条理〟な要求に対する抗議として、そうすることには賛成するかもしれなかった。メッテルニヒは、皇帝にこう上奏している。「今後、すべては、我国の出方いかんにかかっております。我々は、あらゆる期間を通じて、このもっとも稀にみる時期に、幸運な結果をもたらしうるような手段を、我々自身の力によって見い出さねばならないのであります……」（注五）。

いつものように複雑なメッテルニヒと必死に策略を弄するナルボンヌとの間に論争が起ったが、それは、微妙に優雅な雰囲気をもって行なわれた割には、相容れないきびしいものであった。しかし、今やメッテルニヒは、心理的に優位に立っていた。ナポレオンが初期に成功を収めたのは、相手が、ナポレオンの目標の桁外れなことを理解出来なかったからであり、つまり、ナポレオンが、敵の見通しの限界をついたからであった。今度は、メッテルニヒが優位にあったのは、ナポレオンの力の限界を知っていたからであり、逆にナポレオンは、まだ自分が全能であると思い込んでいたからである。一八〇五年、六年にかけて、ナポレオンが勝者であったのは、ナポレオンの敵対者たちが、限定された目標の外交を行なったからであり、一八一三年にナポレオンが敗者になったのは、彼が、あたかも無限の力をもっているかのように行動したからだった。かくして、メッテルニヒとナポレオンの立場は逆転したのだった。ナポレオンが常に誇りに思っていた機動力、実はそれは、ナポレオンの敵対者の硬直性を反映したものにすぎなかったが、今度は、メッテルニヒのものであった。ナポレオンの機動力が威力を発揮したのは戦場においてであったが、メッテルニヒの機動力は、宮廷秘密外交《キャビネット・ディプロマシィ》の場においてであった。そして、ナポレオンの行動の敏捷さが、そんなことは明らかに〝不可能〟だという前提に固執している敵を撃破したように、メッテルニヒの行動の機敏さは、それを軽蔑している敵を孤立させたのである。ナポレオンは、自分の本当の力に、あらゆるものを賭けたが、メッテルニヒは、相手に幻想を抱かせることに賭けたのである。革命の時代に、外交の効果に頼ることは、災厄をまねくかもしれないが、不十分な力に頼ることは、自殺行為となるのである。

　従って、メッテルニヒの手段を説明するとすれば、それは、単なるまわりくどさではなく――彼は、フィネスを非常に好んではいたけれども――武器を慎重に選択することにあったといわねばならない。策略が複雑になればなるほど斗いは、愛国的熱情の段階から、確実に宮廷秘密外交《キャビネット・ディプロマシィ》の分野に変えられてゆくのであった。メッテルニヒとナルボンヌとの間に起った斗いは、事実、戦争の原因を道義的問題から法的問題に、つまり、民族の解放から国家の均衡へと変えることであった。討議は、四月七日、同盟諸国に敵対するオーストリアの軍事行動を求めるナルボンヌの要求で始った。それに対して、メッテルニヒは、オーストリアの軍事力について、フランスとの同盟条約によって規定された制限を撤廃したらどうかと提案した。そして彼は、いずれにもとれるようにあいまいに次のように付け加えた。万が一、オーストリア皇帝の〝合理的な〟和平提案が拒否されたときは、いかなる場合においても、条約によって規定されたオーストリア軍の規模には拘束されないでしょう、と(注六)。これは、メッテルニヒが〝武装調停〟を意図しているという最初の告白であり、そして、この時点でフランスとの同盟が終ったということを明白にすべきだったかもしれないがしなかった。しかるに、四月二十日ナルボンヌは執拗に全面的なオーストリア軍の支援を求める要求を出してきた。そこで、メッテルニヒは、ナルボンヌに、オーストリア軍は、ガリシアから撤退したということと、軍事的援助は、問題外であるということを知らせたのである。なんとなれば、オーストリア皇帝が、調停者と戦斗者とを同時に行なうなどということは、出来るはずがないからというのであった。ナルボンヌは、そのような行為に対しては宣戦をもって応える以外にはないと述べたが、ナポレオンの力にもとづく威しは、もはや効果がなかった。メッテルニヒは、オーストリアの目標は、戦争ではなく平和であるが、その目的のためには、オーストリアは、斗う用意があると主張した。そして、会見は、自分の力について錯覚している者と狡知にたけている者との対立の性格を浮彫りにした次のような会話で終ったのである。「ところで、貴国は、斗う用意が出来ていないようです。それがどうなっているかを知ることが私のつとめです」とナルボンヌは述べると、メッテルニヒは、「それをかくすのが私の仕事です。どちらが、うまくその仕事をするか、いまにわかるでしょう」(注七)と答えた。

しかし、ナルボンヌは、落胆することはなかった。たとえ、力によって打ち建てられたものであっても一つの世界秩序が崩壊するなどということは、人間が、みずからの死を心にえがくことが困難であると同様に、それを信ずることは困難なのである。おそらく、永遠性についての幻想は、我々の最も重要な神話であろう。そして、いずれにせよ、それが、生命をささえているのである。ナルボンヌは、十年前にナポレオンの敵対者たちが、十八世紀の体制が、崩壊してしまったということを信じることが出来なかったのと同様に、フランスの威しにもかかわらず、メッテルニヒの平静さを〝本物〟であるとは信じることが出来なかったのである。しかし、彼は四月二十三日の皇帝との会見ののち自分の考えを改めねばならなかった。というのは、フランスの強要によって、オーストリア皇帝が、英雄的偉大さをよそおうことが出来る唯一の立場、つまり、何もしないことを強力な忍耐とする立場に、皇帝を追いこんでしまっていたからである。ナルボンヌとの会話についてメッテルニヒから報告を受けて、警戒していたので、皇帝は、もうすでにボヘミア軍を八万五千に増加するよう命令を出していたのである(注八)。今や皇帝は、ナルボンヌに次のように語った。朕は、一方で調停をしながら他方でロシアを攻撃するなどということは、ほとんど不可能であり、また、いずれにせよ、フランスとの間の制約を受けた同盟は、新事態には適用されないと考える。もしナポレオンが、この拒絶を条約を破ったものと考えるならば、その決裂の罪はナポレオンの側にある。朕は、二十万の兵力を背景に、朕の政策を継続する用意がある、と繰り返したのだった(注九)。

ナルボンヌは、ふたたび議論をむしかえしてきたが、もう幻想にもとづいた政策の時は終りに近づいていていた。四月二十九日、彼は、メッテルニヒと再び会見し、ナポレオンが、彼の軍隊に加わったことを伝え、これで戦斗に勝ったも同然であると述べた。この言葉が果して、オーストリアの決意に影響を与えるであろうか。メッテルニヒは、冷厳にこう回答した、オーストリアの行為は、同盟国側の勝利を仮定しているのではなく、敗北を仮定して行なわれているのであって、後者の場合は、オーストリアの労苦を二倍にするでしょう、と。五月一日、メッテルニヒは、フランスの要求に対する最後の回答を送ったが、その中で彼は、オーストリアが均衡のために斗う用意があることを次のように表明していた。「オーストリア皇帝は、調停者として可能な限りそれにふさわしい態度をとってきました。（皇帝は）すみやかに目的を達成しようと望んでいるとともに、その手段をも求めているのであります。その手段とは、完全に公明正大に振舞い、大きな権限を発揮しうる立場なのであります。……皇帝は、和平を求めているのであって、和平以外の何物も望んではいないのです。皇帝は、強力な武力を背景に自己の和平案を支持し、フランスの利益に反する敵と斗おうとしております(著者傍点)。そしてそれは、みずからの帝国の利益とは不可分のものだからであります」(注一〇)と。この脅迫的な平和を求める言葉によって、メッテルニヒは、オーストリアを、フランスの同盟国としての立場から武装調停者への立場へ転換させたのである。そのいずれともとれるあいまいさにもかかわらず、ナルボンヌに対するメッテルニヒの回答は、彼が真の目的とするところを明らかにしていたのである。すなわち、オーストリアの調停がめざしているものは、フランスは、ヨーロッパの均衡のためには欠かすことの出来ない一構成要素であるがゆえに、フランスに反対しているのではないことを明らかにしていたのである。つまり、ヨーロッパの利益を害する真の敵——それゆえ、オーストリアの利益に反すると同時に、フランスの利益にも反するのであるが——は、ナポレオンであった。メッテルニヒがとろうとしていた次の手段は、この根本原理を証明することであった。

(注一)　Text, Oncken, II, p. 221f.
(注二)　Text, Oncken, II, p. 618f.
(注三)　Text, Oncken, II, p. 201f.
(注四)　Oncken, II, p. 205.
(注五)　Luckwaldt, p. 173.
(注六)　Luckwaldt, p. 75f.
(注七)　Oncken, II, p. 215. メッテルニヒは、このようにハルデンベルグに説明しているが、これが、たとえ事実でなくとも、少なくとも事実であってほしいと思っていたことであろう。
(注八)　Luckwaldt, p. 199f.（一八一三年四月二十日）。
(注九)　Oncken, II, p. 217f.（ハルデンベルグの報告）。
(注一〇)　Text, Oncken, II, p. 224f, p. 630f.

（訳注1） オーストリア西部およびイタリア北部のアルプス山脈地方。

Ⅱ

戦争とは、平和が不可能なことである。メッテルニヒの計画は、この命題と同様、簡単であるが、わかりにくいものであった。というのは、ロシアとプロシアは、まだ、過去の多くの勝利の後光につつまれているナポレオンとの戦斗に臨みつつあったので、その両国にメッテルニヒの政策の慎重なまでの複雑さを正しく評価することを期待することは所詮出来なかったからである。あらゆる策略が無用のものになるような状況に直面している時には、策略の重要性を理解することは困難だからである。好意的中立が、たいがい影のうすい存在となるのは、それが、友好国を明らかに不安にするようなそぶりをしなければならない反面、一方では、敵を十分に安心させることもないからである。あまりにも完全に成功してしまうと、同盟者を失なうことになるかもしれないし、かといって、あまりにも早く失敗してしまうことは、奇襲攻撃をまねくことになるかもしれない。同盟諸国の信頼を失なうことになれば、メッテルニヒは完全に孤立してしまうことになるだろう。一方、オーストリアが最終的に裏切るという確信を与えてしまえば、オーストリアに対するナポレオンの最大限の怒りの行動となって表われるだろう。早くもツアーは、オーストリア皇帝が、彼の個人的会見を求める提案を拒否したことに腹を立てて、自分は、オーストリアに期待しているのは外交上の行為ではなくて、軍事的な行動であると、ひそかに不平をもらしていたし、また、オーストリア軍に関するメッテルニヒのまわりくどいやり方には、必らずしも満足していなかった(注二)。メッテルニヒは、逆に、予想もしないような敗北でも起れば、アレキサンダーの移り気な性格から言って、同盟が完全に形づくられる前に同盟を崩壊にみちびくのではないかと恐れていたのである。

そこでメッテルニヒは、四月二十九日、同盟国の不信感をとり除くとともに、最終的には、確実にオーストリアが支援するということを同盟諸国に確信させることを狙ったツアー宛の書簡を送った。それは、理解を求める嘆願であると同時に、援助をするという誓約でもあった。この言明は、オーストリアがロシアに対して行なったまれにみる率直なものであり、そして、それは、つぎのような簡潔な内容であった。すなわち、戦争においては、一時的な熱情ではなく、確固たる決意がなければ勝利を得ることは出来ません。妨げられずに軍を配置することは、政策を劇的に宣言することよりも一段と重要なことであります。オーストリアは、同盟国側に参加しますが、それは、オーストリアにとって、最も有利な時に行なわれるでしょう(注三)、と。しかも、その書簡は、冒頭に次の三つの基本的な必要条件を提示していた。すなわち、(a)戦争に際しては、同盟諸国は確固たる態度で臨むこと、(b)オーストリアと同盟諸国は、完全な合意に達すること、(c)オーストリアの軍事力を最大限に発揮させることの三点であった。オーストリアは、一同盟国の降伏は、ナポレオンの行動を妨げようとするオーストリアの労苦を二倍にするということを歯に衣を着せずに明らかにしていたのである。しかし、ツアーにあてた個人的な部分では、その手紙は次のように続けていた、オーストリア政府は、遺憾ながら、ロシア皇室が明らさまな不信の念をお持ちであることを知っております。しかしながら、我国のとる手段は、オーストリアの特異な立場から言って当然のものなのであります。「抽象的なことについては、何を申し上げても致し方ありませんから、我国としては、事態をあるがままに受け入れ、現実について、幻想を持たないように全力をつくすつもりであります」と。

国民の激情の爆発や、王制主義者のそれによって押し流されることのないというオーストリアの決意を示すことによって、メッテルニヒは、彼の眼前に姿を現わした〃現実〃がどのようなものであるかを試めしてみることにしたのである。一八〇九年には、オーストリア軍は、完全な崩壊状態にあった。一八一一年には、六万人の動員さえ不可能だったろう。それが、今やオーストリアは、ナポレオン麾下の援軍と監視軍を創設するという口実のもとに、かなり強力なそして増強されつつある戦力の基盤をつくりあげてしまっていた。たしかに、オーストリアは、フランスに調停を申し出、ロシア・プロシア連合に加わることを拒絶した。メッテルニヒによれば、このような手段を採らざるを得ないのは、オーストリアという国家に本来的に内在する本質から言って致し方のないものだった。オーストリアのように、その国家の存在が、条約関係の神聖さによっているような国家は、その同盟国が逆境にみまわれたからといって、敵味方を変えるようなことは出来なかったし、また、物事を成功させるために欠くことの出来ない財政的手段を講じることは、平和が維持されているという条件下においてのみ実行が可能であった。そのうえ、オーストリアは、決定的戦斗は、エルベ河とオーデル河との間で斗われるだろうと予想していたので、軍隊をボヘミアに集結し、出来るだけナポレオンの作戦計画を分断させようと、ナポレオンに対するオーストリアの最終的な意思表示をひきのばしてきたのであった。「前年の戦斗以来ナポレオンの特徴となっている、まったくの幻想にもとづいた方式に従って、彼は、我々の以前の援軍による積極的な支援をあてにしているのです。さらに理解に苦しむところは、我々が、我々の戦力のすべてを自分の自由になる指揮下におくであろうと心ひそかに信じていたのです。その逆のことが起っているのであり、ナポレオンに協力する援軍などは、もう存在しないのです。……六万以上の軍勢が、フランス軍の側面に配置されているのです。万が一、ナポレオンが戦斗に勝ったとしても、得るものは何もないでしょう。なんとなれば、オーストリア軍は、ナポレオンが勝利するようなことを許さないでしょうから。ナポレオンが敗けた場合には、彼の運命はすぐにはっきりするでありましょう、勝とうが負けようが、彼の運命は決っているのです。……いずれにせよ、オーストリアは、困難な立場に立つことになるでしょう。我国は、こうした事態を恐れるものではありません。我々は、過去二十年間、このことを十分に証明してきたところです。しかし、もし我国が必要とする戦力について感ちがいをして事を起したり、あるいは、それらの戦力を戦斗に投入する以前に、十分な計画準備をしなければ、それこそ申し訳が立たなくなるでしょう……」(注三)。

これらの言葉こそ多くの国家的熱情が挫折したことによって賢くなり、多くの夢がこわれやすいことを知ることによって警戒心をはぐくみ、多くの戦斗に敗北し疲弊した老大国の政策の表明であると同時に、正確な計算にもとづくことによって、その安全に対する余裕の少なさを補わなければならない国の政策の表明でもあった。そして、ヨーロッパの中心に位置しているということは、しばしば外国から侵略される原因になったのであるが、今度はそれを最大限の行動の自由を得るために利用しなければならなかった。最も危険にさらされている国が、已むを得ずすることを進んでするかのように装おい、一時的には孤立していても危機が訪れた時にその国の必要性を高めるというやり方は、一つの新しい理論であった。巧みな外交によって、地理的に隔てられていることから多くの利益を享受している国々と同様の効果を創り出すことが出来たのである。オーストリアの兵力を結集しつつ、メッテルニヒは、あらゆる選択手段が可能なように見える、どちらともとれるようなあいまいさをともなう彼の外交の糸をつむいでいたのであるが、実際には、それは、オーストリアを、ゆっくりと一歩ずつ同盟国の陣営へ近づけていたのである。あらゆる国がみな態度を明らかにしたあとで、最後に舞台に登場したのが、その中欧の帝国であり、しかも、講和を条件に、その軍隊を動員した唯一の国であるということは、まことに皮肉なことであった。

この政策が成功するかどうかは、次の二つの要因にかかっていたのである。すなわち、相争っている諸国の相対的強さを正確に評価することと、その外交が効果をあげるかどうかであった。メッテルニヒが、オーストリアを要の国家であると考えていたのは、いずれの側もオーストリアの援助なしには、決定的勝利を収めることは出来ないと確信していたからである。そして、実際に彼のこの判断どおりになったのは、オーストリアが、相争っている諸国間の中で、外交を行なう能力のある唯一の国であったからである。同盟諸国とフランスとの関係は、〝革命的〟関係であり、双方は、正統性理論の本質について相争っており、従って、外交は、必然的に役に立たなかった。しかるに、オーストリアは、両者が共に〝正統性がある〟とみなしうる理由をもって、双方に訴えることが出来たのである。すなわち同盟諸国に対しては、ヨーロッパの均衡の必要性によってであり、一方、ナポレオンに対しては、皇室間の姻戚関係を基礎にしてであった。たしかに、メッテルニヒのフィネスは、ナポレオンの錯覚がなかったならば、必らずしも効果をあげなかっただろうというのももっともである。そして、ナポレオンの多くの錯覚の中で最も悲劇的なのは、父親というものは自分の娘の夫とは戦争をすることはありえないという確信であった。

（注一）　Luckwaldt, p. 215.
（注二）　Text, Oncken, Ⅱ, p. 630f.
（注三）　Oncken, Ⅱ, p. 634.

III

今や二つの軍隊が、おたがいに中央ヨーロッパに進軍しつつあったとき、メッテルニヒは、オーストリアが反ナポレオン連合に加わるまで止めようとしなかった武装調停にのり出したのであった。彼は、敵対する両司令部に二人の全権大使を派遣した。それは、あたかも、敵対する両当事者間のへだたりがあまりにも大きすぎて、直接の接触によっては両者のみぞをうめることが不可能なことを示すかのようであり、また、それはあたかも、近づきつつある戦斗に際しオーストリアが絶対に必要になるということを証明しようと意図されているかのようだった。同盟軍司令部に派遣されたシュタディオンは、講和条件に関するオーストリアの提案をたずさえて行ったのであるが、その条件があまりにも穏やかであったために、オーストリアの動機に対しての疑惑の念を深めたにすぎなかった(注一)。そして、講和条件についての討議はまだ時期尚早だった。というのは、同盟軍は、五月二日、リュッツェンで敗北し(訳注1)、さらに、五月十六日には、バウツェンで再び敗北を喫したからである(訳注2)。勝利の獲物をめぐって争うよりも、当面の敗北を避けることの方が、より重要だった。

同盟軍の敗北は、オーストリア皇帝を恐怖の淵へつきおとした。みかけだけの不敗のナポレオンに直面し、さらに、一八〇五年と一八〇九年の敗北の記憶に威圧された皇帝は、フランス軍が、南に旋回しオーストリア領を侵略するのではないかと恐れたのである。メッテルニヒのイギリスへのルートであるハルデンベルグは、こう報告している。「もし、ナポレオンが、この時期に(オーストリアの意図についての)無条件の釈明を要求したならば、皇帝は、まちがいなく無条件の中立を約束したでしょう……。私は、オーストリアの目標を追求する行動の範囲について、メッテルニヒと皇帝の間には、重大な意見の衝突があったことを承知しております」(注二)。それゆえに、メッテルニヒは、再び和平を口にし、ナポレオンの司令部にブブナを急派したのである。本来は、ただあいまいな訓令をたずさえて、単なる〃外交的均衡〃をとるためにブブナを派遣するつもりだった。しかるに、今や皇帝の主張によって、ブブナは、シュタディオンが同盟諸国に提示したのと同じ講和条件をナポレオンに手渡すよう命じられたのである(注三)。さらにブブナは、補足訓令で調停者としてではなく、オーストリアの使節として話しをするよう強いられたのである(注四)。

しかるに、ナポレオンは、三つの幻想をもって、戦争に入っていたのである。ひとつは、彼は、対仏連合を瓦解させるような圧倒的打撃を考えていた。第二は、彼は、自分が選択するいかなる時にでも、ロシアとの単独講和の交渉に入ることは可能だと信じていた。第三の幻想は、彼が、たとえオーストリアの支援が得られないにせよ、少なくともオーストリアの中立をあてにしていたことである。ところが、ナポレオンは、五月末までに二度の戦斗を行なったが、勝利の女神は彼を見放してしまった。騎兵の不足によって追撃が不可能だったということもあるが、より重要な原因は、この戦争の〃規則《ルール》〃が、降伏も、単独講和もみとめていなかったところにあった。五月十八日、ナポレオンは、ツアーとの会見を求めて、使節をロシアの前進拠点に派遣したが、ツアーは、あらゆる交渉は、オーストリアを通じてなされるべきである、と主張して、これを拒絶した(注五)。今度は、メッテルニヒが、ナポレオンが勝利の戦斗で得た獲物を奪うためにナポレオンがまだもっている一つの錯覚——オーストリアの善意への信頼——を利用しようとしていた。同盟軍がシレジアに撤退しつつあったとき、シュタディオンは、オーストリアが調停の機会を得るために休戦を求めるようにとの訓令を与えられたのである。

当事者のすべてが休戦を求めていたのである。ナポレオンは、騎兵隊を再建するために、ロシアとプロシアは、その軍隊のたて直しのために、メッテルニヒは、同盟諸国を再結集し、オーストリアの動員を完了させるためだった。ナポレオンの勝利によって、オーストリア軍の配置を変えねばならない必要性がでてきており、北バヴァリアを攻撃する手はずになっていた軍隊が、今度は、ボヘミアに至る狭道を守るために展開された。そのうえ、五月十六日には、もうすでにシュタディオンは、オーストリア参謀本部によれば、実行するのに三十七日から五十七日間も要するようなある作戦計画を同盟諸国と協定してしまっていた(注六)。オーストリアの準備不足よりも、皇帝の心理状態の方がより重要だった。ナポレオンが弱そうに見えたとき、愛国の戦争をもっとも熱心に求めたまさにその人々が、今度は、ナポレオンの無敵ぶりが実は、みかけだけであるにもかかわらず、講和を主張したのである。しかも皇帝は、気狂いのように、完全に拱手傍観の態度をとるためのきまり文句を探し求めていた。メッテルニヒはこうシュタディオンに書き送った、「皇帝、ドゥーカ伯、それに我軍部のすべてが、いまや、うるさいほどに講和を求めています……。休戦は、神が与えてくれた偉大な賜物でありましょう……。それは、お互いが理解し合い、軍事的手段について同盟諸国と協力し、もっとも脅威にさらされている地点に増援部隊を送る機会を我々に与えてくれるでしょう」(注七)。

六月四日、プレスヴイッツで七月二十日までの休戦協定が締結された(訳注3)。決定的作戦のために戦場におもむく指揮官のように、メッテルニヒは、今度は、敵対する両司令部のほぼ中間にあるボヘミアの一城ギィッチン(訳注4)に自分の司令部を進出させた。すべては、オーストリアの出方にかかっていた。オーストリア軍との接触を保つために、同盟軍の退路が前もって決められており、もし、オーストリアが中立を維持するならば、同盟軍の敗北は確実だった。同盟諸国のいら立ちは高まりつつあった。プロシア軍司令部にいた英国全権大使スチュワート(訳注5)は、五月三十一日、カールスルレイに宛てた次のような手紙の中で、そのムードを的確に描写している、「我々の作戦は、オーストリアを黙信して遂行されたのです。我々は、軍隊の存在自体がきわめて危険になるような国のせまいところで戦争をしたのです。我々は、カリッシュと直接連絡しているブレスラウ(訳注6)を放棄し、かくしてポーランドをナポレオンの勢力圏下におくことになったのです。しかるにまだオーストリアは態度を明らかにしません……。私は、会議においても、戦場においても、現在行なわれているやり方に決して満足出来ないのです」(注八)。メッテルニヒは、自己の政策を次のような前提においていたのである、すなわち、同盟諸国が、メッテルニヒに、メッテルニヒ自身のやり方——つまり、その唯一の方法というのは、オーストリア皇帝が受け入れることが出来る方法なのだが——で合意された目的を達成するという前提だった。今や彼は、失敗するかもしれない危険な状態にあった。なぜならば、いかに博愛主義者であっても、外国の複雑な国内事情のために、戦争の危険をおかすような国はないからである。

同盟諸国のあらゆる疑問は、シュタディオンが同盟軍司令部にもたらした和平構想に集中した。オーストリアは次のように提案していた、すなわち、イリリアをオーストリアに返還すること、ワルソー大公国の中にプロシア領土を拡大すること、ライン河右岸のフランス領の放棄、それにライン連邦——フランスの衛星国となっているドイツ諸国家——の解体であった。これに対する五月十六日の同盟国側の反対提案は、次のような多くの条件をつけ加えてきた、すなわち、スペインの独立、プロシアが一八〇六年以前に持っていたと同じ広さの領土(同じ領土ではないが)を得るという約束をつけ加えてきた(注九)。しかし、その議論は、講和条件よりも、はるかに重要だった。同盟諸国は、ナポレオンと協定を結ぶことをしぶってはいたが、少なくとも自分たちの安全保障の要求を反映させた計画案を望んでいたのである。メッテルニヒ――彼は、ナポレオンとの間には、いかなる協定も不可能だということを信じていたのだが――は、同盟国側の提案の心理的衝撃を心配していた。同盟諸国は、講和の条件を述べていたが、メッテルニヒは、苦心して戦争の理由をつくり上げようとしていたからである。同盟諸国は、ナポレオンが、オーストリアの寛大な条件を受け入れるのではないかと心配していたが、メッテルニヒは、同盟国側の非妥協的態度が、フランス国民を再結集させ、オーストリア皇帝に影響を与えるチャンスをナポレオンに与えはしないかと心配していたのである。

そのとき本当の問題点は、来たるべき会議の目的に関係していたのである。もし、その会議が、合意に達するよう意図されているとすれば、参加者たちの提案には、自分たちの最大限の要求が反映されていなければならなかった。しかし、もし、その会議が合意不可能であることを証明するためであれば、最小限の要求の提案が求められただろう。安定した国際秩序にあっては、ひとたび公式に出された要求は、交渉することができる。革命の時代においては、ひとたびなされた要求は実行出来ないプログラム的性格をもつものとなる。安定した秩序においては、外交交渉の会議は、対立する両者の意見の相違を調整しようとするものである。革命的状況においては、会議の目的は心理的なものとなり、行動のための動機を確立しようとし、主として、まだどちらにも与みしていない国々に対して向けられるのである。安定した秩序において、最小限の要求を出すことは、交渉の際の柔軟性という利益を放棄することである。どっちみち拒絶するような相手に途方もない要求をつきつけることは、革命家は、事実、革命家であり、革命家の目的は際限のないものであるということを、まだどちらにも態度を明らかにしていない人々に確信させるのがむずかしいという革命の時代の第一の困難をさらに大きくすることになる。それは、実行するのに危険のない穏健な主張のもつ有利さを革命家に与えてしまうことを意味する。一八一三年に、まだ態度を明らかにしていない人物は、オーストリア内にいたのである。そこで、メッテルニヒは、皇帝に、ナポレオンの目的を明らかにするための会議をもとうとしたのである。

それゆえ、すべては、メッテルニヒが状況を正しく判断していたかどうかにかかっていた。もしナポレオンの政策が完全に柔軟性をもっていたら、ナポレオンは、メッテルニヒの最小限の要求を受け入れることによって、メッテルニヒを無力にすることが出来ただろう。しかしながら、外交における完全な柔軟性という考え方は、素人の幻想にすぎない。起るかもしれないあらゆる出来事の可能性を等しく仮定した政策を立案することは、ステーツマンシップと数学を混同することである。起るかもしれないあらゆる出来事に備えることは不可能であるから、敵が完全な柔軟性をもっていると仮定すれば行動不能に陥てしまう。無形のものを理解することが出来る人間ならば、いかなる国といえども、その国家の〝正統性〟に対する考えを放棄することは出来ないし、いかなる人間といえども、自己の存在理由を放棄することは出来ないということを認めるだろう。なぜなら、それは、物理的に不可能だからではなく、心理的に不可能だからである。ナポレオンにとっては、海上における講和をかちえる以前に、大陸で講和を受け入れたり、ライン河以遠の自己の征服地のすべてとイリリアを放棄することは、ナポレオンがナポレオンたることを否定するに等しかっただろう。一方、メッテルニヒは、領土の割譲などよりも、もっと根本的なもの、つまり、革命政策の終結を求めていたのである。この意味から言えば、メッテルニヒの政策は、おそらくナポレオンの自縄自縛からナポレオンを救い出すような意図があったといえるだろう。

だから、六月十日、同盟諸国の全権大使が、オーストリアの講和条件について、シュタディオンと討議したとき、同盟諸国の全権たちは最大限の要求をもり込んだ計画を主張したが、シュタディオンは、最終的な講和会議までさしひかえるよう彼らを説得したのである（注一〇）。このこと自体、メッテルニヒが交渉するための計画に興味をもっていたのではなく、戦争をするための理由に関心をもっていたことを明らかにしているだろう。しかも、疑念があってはいけないので、メッテルニヒは、六月十四日、シュタディオンに彼の立場を再確認する手紙を出している（注一一）。その中で、メッテルニヒは、「オーストリア皇帝は、講和会議が召集され、ナポレオンが、これらの穏健な要求でさえ受諾しないということが明らかになるまで、決っして行動することはありえないでしょう」。だから、オーストリアの提案は重要な意味があるのです。過大な要求を持ち出すことは、ナポレオンをしてフランス国民を結集させ、フランス民族の名誉の名のもとに斗わせるという機会を与え、ナポレオンの術中に陥るでしょう、と力説した。要するに、問題は、信頼出来る講和が不可能だということを示すのではなく、いかなる講和も不可能だということを証明することだった。そして、ナポレオンが、オーストリアの最も寛大な条件を受諾して、すべての計画をぶち壊さないように、メッテルニヒは、ナポレオンが、それを受諾するということは、講和会議で、同盟諸国が、追加要求をしないということを意味するものではない、という但し書までつけ加えたのである。

これは、おそらくメッテルニヒが、六月十九日、オポチナ（訳注7）でツアーと会見した時——ツアーは、妹を訪問するという口実で来たのだったが——に、ツアーに対して用いた論法だったろう。メッテルニヒの筋書きがどうであれ、同盟諸国とオーストリアとの間の交渉は、ツアーが司令部に帰ったあとで緊急課題となり、そして、結局ライヘンバッハ条約（訳注8）——それはきわめてあいまいな両方に解釈できる文書なのだが、歴史家は、今日までナポレオンの非妥協性を証明するものとして用いている――となった。それには事実次のように規定されていた、オーストリアは、予備的講和のためのオーストリアの調停を受諾させるために、ロシア及びプロシア両皇室とともに、もしナポレオンが七月二十日までに、以下の四条件を受諾しない時には、オーストリアは、ナポレオンに反対する戦争に参加することを約束する。条件は、ワルソー大公国の解体、プロシアの拡大、イリリアのオーストリアへの返還、ハンブルグ、リューベック（訳注9）を再び自由都市とすること（注一二）、と規定されていた。これらの条件は、事実〝寛大〟であってもかまわなかったし、征服者に対して、〝寛大〟と思われても問題ではなかったのである。その柔軟性には、一つのきわめて重大な事実がかくされていたのである。すなわち、きわめて日和見的にみえた七カ月間の外交ののち、オーストリアは、決められた日時に、一定の条件のもとで、戦争に入ることが約束されていたのである。

ライヘンバッハ条約は、半年間にわたるメッテルニヒのまがりくねったやり方に対するふさわしいクライマックスを描き出している。メッテルニヒの活動が、きわめてゆっくりと行なわれたために、ほんの二、三カ月前だったら、これ以上の大胆さはないだろうと思われたような手段が、今では、否応なしに、客観的条件を反映したものと見られるに至ったのである。しかもメッテルニヒの外交が、名人芸とでもいうべき熟達したものだったので、ライヘンバッハ提案のまさにその寛大さこそ、ライヘンバッハ提案には、何の意味もないという事実をおおいかくしていたのだ。というのは、その条約には、オーストリアの約束しか規定されておらず、同盟諸国の約束には何ら言及されていなかったからである。それには、オーストリア皇帝によるプロシア皇室とロシア皇室に調停の申入れが規定されていたが、いかなる条件で同盟諸国がオーストリアの調停を受け入れるのかについては、何ら述べられていなかった。その条約は、もしフランスが四条件を受諾しなければ、戦争に入るということを約束していたが、万が一にもフランスが受諾した場合には、同盟諸国がどう対処するかについては、何らふれていなかった(注一三)。オーストリア皇帝はそうではなかったが、メッテルニヒは、講和の可能性については何の幻想ももつことは出来なかった。というのは、プロシア、ロシア両国の大臣は、六月十九日付の手紙の中で、すでに講和条件を表現したものとしてでなく、調停の基礎としてだけならオーストリアの条件を受諾するということを明らかにしていたからである(注一四)。

この論理的逃げ道は、ナポレオンがライヘンバッハ条約の条件を受諾しても、それは、予備的講和しか保証しないという前の無気味な文章にもう一つのあいまいな要素を加えていたにすぎなかった。事実、ナポレオンは、講和のためではなく、講和の交渉に入れるようにするための代償として、ライン河を国境とすることを要求されていたのである。自己の王朝の運命と自己の帝国がそこなわれないこととを同一視してきた男が、そのような自らの弱さを告白するに等しい条件に同意するはずがなかった。ナポレオンが間違いなくこのように反応するということこそ、メッテルニヒが求めていた戦争のための本当の筋書だった。ナポレオンは、力の至上性にすべてを賭けてきたので、力の限界を知るまで、妥協するなどということはありえなかった。——そして、彼がそれを知った時には、遅すぎたのだった。一方、オーストリア皇帝は、単なる生存にすべてを賭けてきたので、ナポレオンの要求と均衡体制が両立するものではないことが立証されるまで、戦争に突入するなどということはありえなかった。ライヘンバッハ条約は、この二つの命題を数学の方程式のような必然性をもって一つに結びつけたものであった。メッテルニヒの外交は、オーストリア皇帝とナポレオンという二つの個性に対する正確な評価によっていたのである。その成功は、いわば無形のものの実在を証明したものだった。

（注一）一八一三年五月七日、シュタディオンに対する訓令 Oncken, II, 640f.
（注二）Oncken, II, p. 311. Luckwaldt, p. 224. をも参照のこと。
（注三）一八一三年五月十一日、ブブナへの訓令。Oncken, II, p. 314f；645 f. (French).
（注四）Luckwaldt, p. 233f.
（注五）Luckwaldt, p. 283.
（注六）その作戦計画の議論については、Oncken, II, 320f. 341f. を参照のこと。
（注七）Oncken, II, p. 336. 皇帝の心理状態の別の兆候は、七月末にシュタディオンが、皇帝に送った手紙の中にみられ、そしてそれは、皇帝のその時のすばらしい心理状態とわずか六週間前の絶望すなわち「(バウツェンの戦斗ののち) 皇帝は、同盟の大目的に絶望していた。戦争の目的は失なわれ、陛下が私に使命を与えて派遣されるときにお考えになられたような偉大な目標にそぐわないような条件でさえ、講和を結ぶことによって、より大きな不幸をのりこえる以外に道はないと確信していました」Oncken, II, p. 443. とは対照的だった。
（注八）C.C. IX, p. 21, 一八一三年五月三一日。
（注九）Text, Oncken, II, p. 318f.
（注一〇）Oncken, II, p. 340, シュタディオンの報告。
（注一一）Text, Oncken, II, p. 667f. B.D., p. 71. スチュワートの報告をも参照のこと。
（注一二）Text, Martins, *Recueil de Traités*, p. 106f. 問題の一節には、こう規定されていた、「オーストリア皇帝は、全面的講和に至るための予備的講和に関してフランスと交渉するためにロシア、プロシアを招き、フランスが以下の諸条件を七月二十日までに受諾しない場合には、フランスに対して宣戦することを約束する」。

(注一三) Text, Oncken, Ⅱ, p. 365.

(注一四) Oncken, Ⅱ, p. 359f. B.D., p. 78f をも参照のこと。

(訳注1) 一八一三年四月十六日、ナポレオンはパリを発ち、エルフルトで彼の軍に加わり、五月二日、リュッツェン(現在東ドイツ、ライプツィヒ市の南西の町)で一四万五千のナポレオン軍と約八万のロシア、プロシア同盟軍と激戦を交えたが、同盟軍が敗れエルベ河を渡り撤退、ドレスデンを放棄した。同盟軍が後退したためサクソニー王は再びナポレオン軍に加わった。

(訳注2) ナポレオンは、五月十七日まで、ドレスデンにとどまり、軍の再編と兵力の結集をはかり、五月二十日、二十万五千の兵力で決定的戦斗を求めてバウツェン(現在、東ドイツ、ドレスデン地区の町)で同盟軍と斗い再び同盟軍を破った。この二つの戦斗でナポレオンは勝ったもののそれは決定的なものでなく、同盟軍の後退も整然と行なわれたため、その損害もナポレオン軍よりも少なかった。

(訳注3) ナポレオンは六月一日、オーストリアの調停を受け入れ、六月四日、プレスヴィッツ(ライプツィヒ市の郊外)で休戦条約が署名された。ナポレオンがこの段階で彼の日頃の精力をもってロシア、プロシア連合軍を追撃していたら決定的勝利を得られただろうといわれている。ナポレオン自身も数年後、セント・ヘレナで、プレスヴィッツの休戦は、人生最大のまちがいだったと述べている。

(訳注4) 現在、チェコスロバキアの北ボヘミア地方の町イエヘン。ライプツィヒの戦斗の前に、オーストリア皇帝は、ロシア、プロシア代表とここで会談をもった。

(訳注5) Stewart, Sir Charles, (1778—1854) カースルレイの義理の弟。一八〇七年陸軍省次官となり、スペインやポルトガルに従軍。一八一四年には、カースルレイとともにウィーン会議、さらに、トロパウ、ライバッハ、ヴェロナ会議にイギリス代表として出席した。

(訳注6) ポーランド南西部のオーデル河畔にある都市ヴロツラフ。旧ドイツ領。

（訳注7）　現在チェコスロバキアの東ボヘミア地方の町。

（訳注8）　一八一三年六月二十七日、ライヘンバッハ（現在のポーランド下部シレジアの町で）オーストリア、プロシア、ロシア間で締結され、オーストリアは、ナポレオンが調停者としてのオーストリアの条件を拒絶する場合には、同盟国側に加わることを約束した条約。その条件は、ワルソー大公国をとり潰すこと、イリリア地方をオーストリアに返還すること、一八一〇年ナポレオンが併合した北ドイツ地方を放棄することだった。

（訳注9）　現在の西ドイツ、シュレスヴィッヒ・ホルシュタイン州のバルト海の港市。

Ⅳ

ほんのいま一歩のところで、オーストリアは、連合に加わるのをちゅうちょしていた。六月十六日、スチュワートは、カースルレイに次のように書き送っている、「今では、メッテルニヒの方が勇敢で、フランツ皇帝は臆病のように思われます。しかるべき手段で彼を巻き込み……そして、彼を決定的に約束させるのが現在の目的です。……フランツ皇帝陛下は、事態が望んでいるほど有利に展開しているとは見ていないのです。ボナパルトの背後の動きが、皇帝の義理の息子を亡ぼすかもしれないということが示されると、皇帝は、平和的な調整手段がもたらすその範囲内で事をおさめるのをむしろ求めるのです」（注二）。メッテルニヒ外交の最後の詰は、平和的調整手段では、ナポレオンに制約を加えることは不可能だということを示すことだった。

ナポレオン自身は、自分の無謀な行動によって、事態を悪くするのに手を貸した形になったが、それは、ナポレオンが、オーストリアの態度についてまだ錯覚しているという証拠だった。ナポレオンは、メッテルニヒが、オポチナでツアーと会見したことを知り、意見交換のためにドレスデン（訳注1）

にある司令部に来るように命じた。メッテルニヒは、シュタディオンにこう書き送った、「おわかりですね、私の悪魔の星がドレスデンに招いています。……話し合っても、何の結論も得られないでしょう。……私は、この旅を問題の本質を明確にするための最もたしかな手段だと考えています」(注二)。

メッテルニヒは、晩年、一八一三年六月二十六日のドレスデンにおけるナポレオンとの会見について、およそ次のような劇的な物語を書くことになる。平和のための最後の機会を目撃しようという大臣でうずめられた控の間、華麗なナポレオンと冷静なメッテルニヒ。ナポレオンが帽子を床に投げつけ、メッテルニヒがそれを拾うのを拒否したこと。「陛下、あなたは敗北します」と、別れ際に述べた予言など(注三)。たとえ、これが、実際に起ったことを述べていないにせよ、往時の歴史の場面としては真実であり——それはまた心理的な意味でも真理である。ドレスデンで、意思の男と調和の男が、お互いに最後の対決をしたのである。そして、意思の男は、究極的洞察力——限界への認識——を欠いたがゆえに、敗北したのであった。二人の会話の要約は、ナポレオンとの会見の直後、メッテルニヒが皇帝に宛てた短い報告に収められている(注四)。その核心は、オーストリアの調停の条件を知ろうとするナポレオンの要求と、ナポレオンがまず、武装調停の原則を受け入れることであるとするメッテルニヒの主張だった。ナポレオンは、いかなる利益をも受けるような資格のある国は存在しないと主張し、ポーランドの一部を除いては、寸土といえども、ロシアに割譲する領土はないと述べオーストリアの提案を拒絶し、メッテルニヒは、領土の問題は、講和会議でとり上げられるべきだと逃げ口上を述べたのである。ナポレオンは、あたかも講和が自分の意思しだいであるかのように主張していたが、もはや彼は、自己の意思に効力をもたせる力を失っていたから、その大言壮語には哀れを誘うものすら感じられた。メッテルニヒは、その抗争を、自分が主導権を握るに至った——ある意味では、敵の愚さのためだったが——分野、すなわち宮廷秘密外交《キャビネット・ディプロマシイ》の場に移すための会議を召集しようとしていたのである。ナポレオンが、とらえどころのない敵をつかまえ、休戦期間のわずかな延長を獲得しようとして、オーストリアの武装調停と会議開催に同意したとき、彼は、罠にはまりつつあったのである。というのは、問題になっているのは、もはや講和ではなく、戦争にするための理由だったからである。

六月三十日に、メッテルニヒとナポレオンが署名した協定には、フランスがオーストリアの調停を受諾すること、休戦を八月十日まで延長すること、七月五日までにプラハで会議を召集することが規定されていた(注五)。オーストリアが新たに見い出した独立は、別の一カ条の中で、ナポレオンがオーストリアの武装調停を受諾したことよりもはるかに象徴的に表わされていた。すなわち、それは、オーストリアがフランスとの同盟から離脱することを規定していたからである。六月二十七日、メッテルニヒは、フランス・オーストリア同盟は調停の期間中は、その目的と矛盾しないように一時的に効力を停止させるべきだと求めた。これに対し、六月二十九日、フランスの外務大臣は、「フランスは、フランスの友邦の負担ではありたくない」(注六)という理由で、条約上のすべての義務からオーストリアを解放したのであった。このように、オーストリアは、一八一三年六月末には、その目的を達成したのであった。かくして、オーストリアは、ナポレオンに反対して形づくられつつある大連合の指導的勢力となるとともに、誰に妨げられることもなく十五万の兵力を結集したのである。平和にせよ、戦争にせよ、どんなことが起ろうとも、オーストリアの国内体制がおびやかされることはないだろう。なぜならば、オーストリアは、中欧帝国が存続するための唯一の保証であるヨーロッパの均衡と条約関係の神聖さによって正統化されているからであった。メッテルニヒがあてこすりの意味をこめて、ドレスデンから皇帝に、「私たちが、その場しのぎの手段に終始していたら、今日のオーストリアはどこにあるでしょう」と書き送ったのも、もっともだった(注七)。

しかし、メッテルニヒは、同盟諸国に、休戦延長がまだ必要だということを確信させねばならなかった。オーストリアの最初の行為が、ライヘンバッハ条約――同盟諸国がはじめからいやいやながら同意したものだが――の違反を構成したということは、調停者オーストリアにとっては、幸先のよい出発点とはいえなかった。同盟諸国の代表たちは、スチュワートほどではなかったけれど――スチュワートは、カースルレイに、オーストリア、フランス間には秘密協定があると報告していた(注八)――それでも、彼らは、オーストリアの戦争に参加するという約束は、六月一日から七月二十日までに引延ばされ、今度は八月十日まで再び延ばされた。オーストリアが、いつ戦斗行動に参加できるということをどうして知りえようか、と指摘していた。しかし、メッテルニヒは動じなかった。彼は、同盟諸国が七月二十日に戦斗を再開するのを妨げることは出来ないだろうが、その場合には、オーストリア皇帝はおそらくオーストリアの無条件中立を宣言するだろう、と述べ、オーストリアが、実際に、外交的意味からだけでなく、戦略的にも連合の要になっていることを想起させる言葉を付け加えたのである。メッテルニヒは、オーストリアの中立は、ボヘミアを通る同盟諸国の兵員輸送――それなしては、エルベ河におけるナポレオンの優位を変えることは出来ないのだが――を妨げることになるだろうと、強調した。要するに、メッテルニヒが、自己の政策を国内的に正統化する間、戦争再開は待たねばならなかったのである。

従って、プラハでの会議は、全権代表間の交渉に意味があるのではなく、オブザーバー――そのうちでも、最も重要な人物はオーストリア皇帝だったが――に与える影響力に重要な意味があったのである。メッテルニヒと皇帝との手紙のやりとりが、この間の本当の事情を明らかにしている。七月十二日、メッテルニヒは、皇帝に訓令をあおぐ要請書を送付したが、それは、今や成功は間近いということに対する皇帝の不動の信念を求める懇請だった(注九)。そして、その手紙は、皇帝の決断――皇帝にとっては、常にいやなことだったが――は、もはや避けられないという主張で始まっていた。メッテルニヒは、こう力説していた、国家の力は、物質的強さと支配者の個性という二つの要素からなりたっているのです。オーストリアは、現在の政策によって、達成しうる最大の成果をあげてきましたが、それでもどうしても、決断が必要なのです。帝国は、私が皇帝の偉大な確固たる信念と不屈の精神におすがりすることが出来る場合にのみ救われるにすぎないのです、と。皇帝の心理をよく知っている者にとっては、これは、恭順的な調子の割には、それだけ大胆な主張を意味していた。事実それは、失敗は、物質的弱さによるのではなく、意思の欠除によるものだと指摘するとともに、戦争に参加する時が来たと次のように述べていた。「我国は現在の政策をとりつづけることは出来ません。それは、帝国の一時的弱さによって必要だったのです。その時の弱さの告白は、我国の力を結集するための唯一のチャンスを意味したのです。……たしかに……我国は、まだ以前ほど強力ではありませんが、つり合いの意味から言えば、重要な国になったのです。……（オーストリアは）優勢なのです。我国は、この唯一の正しい判断を十分に認識していないように思われます」と。

メッテルニヒは、絶対的な力を計算しようとすれば、行動不能に陥り、強さは、国家の相対的地位によるということを想い起させる言葉によって、プラハ会議でオーストリアが直面するかもしれない万が一の場合の布石にとりかかったのである。そして、メッテルニヒは、こう言明した、調停は、同盟諸国の利益のためだけに行なわれ、オーストリアは、フランスがライヘンバッハ条約の条件を拒絶した場合のみ宣戦する、というのは、オーストリアの政策の自明の理です。万が一、同盟諸国がオーストリアの四条件を拒絶しても、オーストリアがナポレオンと結ぶということは考えられません」と。メッテルニヒが、適切な時のためにと進言の権利を留保していたのは、この時のためだった。しかし、メッテルニヒが本当に恐れていたことは、同盟諸国と関係をもっていないことであり、それは、次の質問に要約されている、「もしナポレオンが、オーストリアの条件を拒絶した場合、私は陛下の確固たる信念におすがりすることができましょうか。その場合、陛下は、その正義にかなった主張を、武力による仲裁にゆだねるよう御決意なされますか……」。メッテルニヒは、オーストリアが再びためらっていると、同盟諸国の怒りと増大しつつあるナポレオンの不快の感情を結びつけ、裏切者であるオーストリアを崩壊させる十分な根拠となるかもしれないということを知りすぎるほどよく知っていた。オーストリアのあいまいな態度は、他国を約束させることは出来たが、このことは、外国からみればたとえどんなに引き延ばされても、オーストリアに対する一つの請求権を意味していたのである。メッテルニヒは、次のような文章でその手紙を結んでいた、「(もし我国が再び決断を引き延すならば)帝国の崩壊以外に、講和も有利な形の戦争ももたらすことは出来ないでしょう……そして私は、善意であらゆる政治的考慮を台なしにし、道義的本質を破壊し、国家機構を解体する手先となってしまうでありましょう」。メッテルニヒがいかに遠まわしの言い方をしても、ヨーロッパの運命が、ただ一人の人物の決断にかかっているという事実をおおいかくすことは出来なかった。

オーストリア皇帝の心の変化は、その大臣に対する返書に最もよく示されている。それは、安全を衒学的に切望し、あらゆる危険を恐れて恐々としているのを示してはいたが、プロシアの例にならいオーストリアを対フランスの聖戦に参加させたいと考えている人々に対する最善の回答だった。それは次のように述べていた、「……平和、永続的な平和は、すべての慎み深い人間の最も望ましい目標である。そのような慎み深い臣民の、また、そのように美しい領土の被害が、重く我が身に降りかかる朕にとっては、なおさらのことである。これが我国の目標であり……我国は、一時的な利益にまどわされてはならない……」(注一〇)。オーストリア帝国を、つつましい倹約の暮しで取りしきられた個人の所有物とみている皇帝は、ヨーロッパの均衡という考慮によって動かされるようなことはありえなかったし、いわんや、民族の解放によってなどということはありえなかった。彼は、講和を求める意のあることを示すために、ライヘンバッハ条約での〝オーストリア〟の条件――イリリア地方への請求権――を差し控えることさえ提案していた。しかし、万が一、ナポレオンが、これらの〝妥当な〟要求を拒否した場合には、戦争が唯一の解決策だということを確認していた。いうならば、フランツ皇帝は、市場を分割することが、お互いがうまく調和してやってゆく最善の保証だということがわからない一人の同業者から、自分自身を守ろうとする小商人のような決意で、〝解放戦争〟として知られるに至った戦争に参加したのであった。

しかしながら、メッテルニヒの方は、ほとんど自己の目標を達成していた。カリッシュでは、ロシアから、オーストリアの調停を受け入れるという約束を得ていたし、ドレスデンでは、ナポレオンが同意した。そして、今度、オーストリア皇帝が、メッテルニヒの政策の裏にある意味に従ったということは、メッテルニヒの非凡な成果だった。三人の人物がお互いに、メッテルニヒの政策を受け入れるのに、三人三様の思惑があったとしても、別に問題はないだろう。ツアーは、オーストリアを同盟国として確保しようとし、ナポレオンは、オーストリアを無力にしようと考え、オーストリア皇帝は、戦争に巻き込まれるのを避けようと思っていたのである。ツアーがオーストリアの調停を勝利のための武器と見なし、ナポレオンは、征服のための武器と考え、皇帝は、平和のための武器と思っていたにせよ、たいした違いはもたらさなかった。すべての糸はメッテルニヒの手の内にあり、あとは結ばれるのを待つばかりだった。

プラハ会議は、実際の意味で開かれたとはいえなかった。ナポレオンは、自分の尊大さを示すためか、あるいは時間をかせぐためか、七月二十五日まで全権を派遣しなかった。ツァーは、ナポレオンを侮辱する意味で故意に、アルサス人のアンステットを派遣した。イギリスの全権スチュワートとカスカートは、補助金の約束をするか、それを取りやめると言っておどすことによって、オーストリアがよろめくのを防ごうと舞台の脇の方にひかえていた。しかし、よろめくようなことはなかった。一方、ナポレオンは、オーストリアの臆病さに確信をもっていたので、視察のために司令部を離れた。ナポレオンの全権大使であるコーランクール(訳注2)は、最終的決定をあおぐために、ありとあらゆる提案をナポレオンに照会しなければならなかったから、手続き問題についての合意さえ得られなかった。七月三十日、メッテルニヒは、シュタディオンにこう書き送っている、「ここで起っている出来事からいって、八月十日が、我国とフランスとの関係の最後の日となることは、まちがいありません。……コーランクールは、私がドレスデンでわかったこと――ナポレオンが本当の情勢について完全に錯覚していること――を確認してくれました。ナポレオンは、前に自分のあらゆる計算が敵に裏をかかれたので、今度は、自分に都合のよい唯一の予想に固執しているのです。彼は、モスクワでアレキサンダーが交渉に応ずるだろうと信じていたように、オーストリアが、自分に対して武器をとることはないと確信しているようです」(注一一)。

そのようなわけで、ナポレオンがみずからの帝国に永遠性を与えようとしてとった唯一の平和的努力——マリー・ルイスとの婚姻——が、かえって、ナポレオンの没落を早める結果になったのである。コーランクールでさえ、オーストリアの確固たる態度を求めていた、とメッテルニヒは、少なくともそのように皇帝に報告している（注一二）、コーランクールが、「戦争か休戦か早急に決断をして、我々がフランスへ帰れるようにしてもらいたい。そうすれば、三千万のフランス国民は、オーストリアに感謝するでしょう」と述べたと言うような言葉を引用していた。八月八日、メッテルニヒは、最後通牒の形でオーストリアの条件をコーランクールに提示した。メッテルニヒが状況を完全に握っていたので、コーランクールにその内容を秘密にしておくよう誓約させるのに成功したのである。そのために、ナポレオンがその条件を利用してフランス国民を結集させることが出来なかったのである。コーランクールが、「講和によって敵の連合を解体する」ようナポレオンに訴えたが無駄だった。ナポレオンは、たとえ義理の父であるオーストリア皇帝の忠誠心をあてにすることは出来ないにしても、その臆病さには期待出来ると考えていた。ナポレオンからの一言の連絡もなく八月十日は過ぎた。翌八月十一日、使者が、ナポレオンの反対提案——いずれにせよ内容は不適当なものだったが——をたずさえて来た時、メッテルニヒは、ただこう回答しただけだった、「昨日までは我国は調停者でしたが、今日は違います。今後フランスの提案は、三つの同盟王室あてに送られなければなりません」。

（注一）　Alison, Sir Archibald, *The Lives of Lord Castlereagh and Sir Charles Stewart*, 3Vols. (London, 1861). Vol. I, p. 667.

（注二）　Text, Oncken, Ⅱ, p. 362.

（注三）　N.P. I, p. 151f.

（注四） N.P. Ⅱ, p. 462f.
（注五） Text, Fain Ⅱ, p. 454.
（注六） Text, Oncken, Ⅱ, p. 392.
（注七） Oncken, Ⅱ, 395.
（注八） Alison, *Lives* Ⅰ, p. 674.
（注九） N.P. Ⅱ, p. 463f.
（注一〇） N.P. Ⅱ, p. 467f.
（注一一） Oncken, Ⅱ, p. 440. B.D., p.79（スチュワートの報告）も参照のこと。
（注一二） プラハ滞在中にメッテルニヒは、膨大な報告書を送っているが、その中で、彼は、コーランクールとフーシェが、用いたのとそっくり同じ論法を用いている。例えば、Oncken, Ⅱ, p. 433f.

（訳注1） 現在東ドイツ、エルベ河に臨む港市でサクソニー州の首都。

（訳注2） Caulaincourt, Armand Louis de （1773—1827） フランスの外交官、ナポレオンの外務大臣。一八〇七年から一八一一年までロシア大使をつとめ、帰任後ロシア遠征を計画していたナポレオンと七時間におよぶ会見を行ないロシア攻撃を思いとどまらせようとした際、ナポレオンは激怒し、彼を〝ロシア人〟と呼んだほど彼は平和論者であった。ロシア遠征にはナポレオンと同行したが、その後同盟国と一八一三年のプレスヴィッツの休戦を交渉し、プラハ会議の代表をつとめ、ライプツィヒの敗戦後、バッサノ公に代って外務大臣となった。一八一四年四月、アレキサンダーと交渉しナポレオンをエルバ島に送ることになったフォンテンブロー条約に署名した。

V

ボヘミアの丘のかがり火は、八月十一日、オーストリア軍が今や戦争に突入したことを告げると同時に、それは、非凡な外交活動の終焉を表わしていた。オーストリアは、その冷静かつ慎重な外交によって、連合内において比肩しうるもののない卓越したスポークスマンとしての地位を獲得したのである。それは、何の偉大な概念も生み出さなかったし、性急な世代の国民の高貴な夢を利用したものでもなかった。その巧みさは、創造力にあったのではなく、均衡、つまり与えられた要素を組み合わせる能力にあったのである。メッテルニヒは、オーストリアが中欧に位置するということと、特異な国内体制から出てくる特殊な要請という仮定から出発して、条約の神聖さと主権の正統性のうえに連合を結成するのに成功したのである。メッテルニヒは、各々の場面で、ナポレオンの承認のもとに、オーストリアをフランスの同盟国からその敵に変えてしまった。彼は、ツァーの提案として、戦争を民族解放戦争から、均衡のための国家の戦争に変えてしまった。また彼は、フランスの面前で、軍隊を再建する権利を獲得したのであった。さらに彼は、オーストリア皇帝の承認をえて、オーストリアの国内体制と両立する講和を保証するという理由をもって、オーストリアを戦争に導いたのであった。

哲学者は、こうした政策の道義的な面に文句をつけるかもしれないが、政治家は、それを学んで得るところがあるだろう。二つの悲惨な戦争からようやく回復しつつあった老帝国がその生存のために斗おうとしている時、国内的改革を実行できるはずがなかった。政治家は、あたかもあらゆる方法が等しく可能であるかのように考えて、自己の政策を選択することは出来ないのである。オーストリアは多民族国家として、民族戦争を斗うことは出来なかったし、財政的に疲弊した国家として長期戦を斗うことも出来なかった。多民族国家の存続は、〃時代精神〃に逆行しており、従って、その国の政治家に、国家の自殺を一つの政策理論にまで高めることを求めるのは、あまりにも残酷だった。たしかに、たとえオーストリアの国内体制にもっと柔軟性があったとしても、メッテルニヒは、異った政策をとることはほとんどなかっただろう。メッテルニヒの成功の原因が、彼の信念とオーストリアの状況が要求するものと一致したことにあった。しかし、このことは、メッテルニヒという人間は、彼の偉大な真価が、皮肉屋にあると考えられていたようなそんな皮肉屋ではなかったと言うだけのことである。

メッテルニヒの政策は、その内容からいっても、その形式からいっても、オーストリア帝国の本質を象徴していた。オーストリアは、聖戦に加わることは出来なかった。というのは、聖戦は、普遍的要求をつくり出すからであり、一方、オーストリアの生存は、限界の認識と条約の神聖さと正統性に依存していたからである。慎重な手段、冷静な計算、細心の策略は、すべて普遍的な要求がなくなり、覇権が不可能になるような世界を求めていることを証明するものだった。オーストリアの政策が、国民の精神的高揚から力を引き出すことが出来なかったから、オーストリアは、外交の粘り強さと狡猾さによって、その目的を達成しなければならなかった。政策がすなわち均衡であり、その叡知がお互いを巧妙に関連づける手段にあって、個々の行動の〃賢明さ〃にはないことをこれほど明らかに証明している外交活動はほとんどない。個々の手段はどれもこれもあいまいであり、各々の段階で異った説明がされやすかった。しかしながら、その結果は、その内容をどう考えようとも、道義的枠組みの強さが十分に試めされた上での連合になったのであり、そして、その業績は、四半世紀にわたった戦争ののち、平和を回復したことだった。

メッテルニヒのその後の政策のほとんどの要素は、もうすでに、この時代に明らかになっている。すなわち、注意深く準備すること、出来るだけ幅広い道義的一致を得ようと強調すること、それに敵をより確実に敗北させるために敵の心理を利用することだった。そして、その最高の業績は、オーストリアの国内的正統性理論と国際秩序のそれとを一致させることに成功したことだった。オーストリア皇帝が、プロシアからの賓客に、粗野なオーストリア訛りで、こう語りかけることが出来たのも当然だった、「これ、朕は、貴下よりも賢明ではなかったかな？　朕は、貴下が、混乱のうちに行なおうと思ったことを、節度ある方法で成し遂げたのではないかね？」（注一）と。

合法的な方法で成し遂げられたのは、皇帝の功績ではなく、外務大臣の功績だった。災厄は避けられ、連合が結成された。オーストリアは、再び生き残ったのである。フリードリッヒ・フォン・ゲンツは、メッテルニヒの業績を次のように要約している、「国家の健康で精力のみなぎった陽光のもとで、無限の手段をもって、世界の中で役割を果たすことは難しいことではない。……二十年間にわたって嵐に乱打された船を、多くの絶壁や渦巻を通り抜け、何千という障害物を避け、多くの困難と斗いながら大洋に導くことは、ごく限られた人々にしか与えられない技術である」（注二）。

メッテルニヒは、後になって静かな海で進路を測定することの方が、暴風雨の海――自然の暴力が生存の必要性の精神的高揚を与えるが――で航路を示すことよりも難しいかもしれないということを証明することになるのだった。

（注一）　Springer, Anton, *Geschichte Oesterreich's seit dem Wienen Frieden von* 1809, 2Vols. (Leipzig, 1863). Vol. I, p. 222. "Schaun's war ich nicht gescheiter wie Sie? Hab'ich nicht in Ordnung getan, was Sie in Unordnung tun Wollten?"

(注二) Srbik, I, p. 128.

第六章　同盟を試す仕事

連合についての島国の考え方――メッテルニヒに対するカースルレイの不信感――ポーランド問題――カースルレイの一般的同盟の構想――連合の戦争に関する諸問題――フランクフルト提案――大陸へのカースルレイ使節

I

メッテルニヒが、まわりくどいやり方をしている間、ナポレオンと最も長く、かつ最も仮借なく戦斗を続けてきた国の政治家は、何も出来ないことにあせりを感じながら待っている以外になすすべがなかった。カースルレイにとっては、ナポレオンが信頼出来ないことは、わかりきっているように思えたので、それを立証するためのどんな試みも、ただ臆病さをおおいかくすためか、さもなければ、よほど深遠な計略でもかくすためのものとしか考えられなかった。カースルレイには、会議がうまくゆかない場合の心理的影響力だけのために会議を開くなどということは、およそ意味のない逃避のように思われた。外交政策の防御的考え方というものは、脅威だと感じている国に反対するという一つの目的にきわめてひたむきになるものである。しかし、それでは、まだ態度を明らかにしていない諸国を説得することは出来ない。危険が理解されているのであれば、呼びかける必要はないだろう。従って、危険が経験されるまで、共同行動を求める呼びかけは、相手国にとっては、外国の理由で斗うことを勧められているように思われ、しかも、その独善性のゆえに、よけいに腹立たしく感じられるのである。このために、大陸国が、ナポレオンとの単独協定が可能かもしれないという幻想によってか、孤立させられて無力となったために、次々と屈服してしまった時、イギリスは、一国でもちこたえてきたのであった。また、それゆえにこそ、ナポレオンが、最も寛大な講和条件でさえも拒否したことで、いかなる制約をも受け入れることはありえないというナポレオンの本質が証明されつつあった時も、イギリスは、舞台の脇の方に下っていなければならなかったのである。

というのは、メッテルニヒが、講和条件についてのあらゆる交渉から、同盟国司令部のイギリス代表をはずしてしまったからである。メッテルニヒの表向きの理由は、イギリスが、オーストリアの調停を拒絶したからというものであったが、本当の理由は、メッテルニヒが、戦争が必要だということを皇帝に確信させようとしている努力をぶち壊すような条件をイギリスが主張するのを恐れたところにあった。同盟国諸王室へ派遣されているイギリス代表二人——プロシア司令部のサー・チャールズ・スチュワートとロシア司令部のカスカート卿——が、メッテルニヒのやり方にびっくり仰天したのも無理はなかった(注二)。一度も災厄を経験したことのない国というものは、破局の予感をもって遂行される政策を理解することは困難である。恵まれた環境にない同盟国の危険を防ごうとする試みは退廃的な如才のなさから出てきたものと見られざるをえないのだ。メッテルニヒがロンドンに派遣しているた大使ヴェッセンベルグ男爵の役割ほどみじめなものはなかった。彼は、社交界からは忌避され、摂政(訳注1)からは一度も公式に接見されず、新聞の悪意に満ちた攻撃のもとで、かろうじて耐えていたが、庶民の激怒から逃れるために一度は郊外への移転を真剣に考えたほどだった(注二)。一方、スチュワート——つまらない陰謀を見抜くことを好きな人間だったが——は、同盟国司令部から次のように報告した、「私は、メッテルニヒが何かファミリー・コンパクト（訳注2）のようなものをつくろうとしているのではないかと考えざるをえません。……もし事態が会議になったら、願わくば有能な人物を派遣してもらいたいものです。きっと、そういう人物が必要とされるでしょう。……会議では、悪魔のようにかしこい人間が必要でしょう」（注三）。

カースルレイが、一八一三年の春から初夏にかけてのヨーロッパ情勢を見たとき、満足出来るような理由はほとんどなかった。たしかに、同盟軍は、ヨーロッパの中心にあったが、戦斗の機会があまりにも多かったために、戦力をなくしているように思われた。イギリスは、もはや孤立してはいなかったけれども、それでも列強の協力体制の一員ではなかった。それは、ひとつにはコミュニケーションの難しさにもよるが、最大の理由は、絶対的に戦斗に参加している国は、交渉する立場にはないというにあった。イギリスの最も有効な武器――同盟国の軍隊のための補助金を差し控えると威すことだったが――でさえ、補助金条約（訳注3）への署名のわずか三日後に締結されたライヘンバッハ条約が示しているように、ロシア、プロシア、オーストリアがナポレオンとの講和交渉に入ることを防ぐことは出来なかったのである（注四）。メッテルニヒのとった手段は、大いに誤解されていたけれども、それでも、イギリスが、まだ完全にはヨーロッパの一員ではないということと、少なくともイギリスを除外した大陸の平和は、可能であるということを示していたのである。イギリスは、少なからず大陸諸国だけの合意を不可能とするような国際秩序をつくるために斗っていたのであった。

大陸の講和を恐れるその気持ちの裏には、二度と再び孤立してはならないという決意があった。たとえどんな合意であろうとも、力の均衡からひきつづきバランスをとる国が除外されるということよりは好ましかった。つまり、対岸の大陸が、島国に敵対する政策をとりうるという潜在の脅威が存在するよりは好ましかったのである。必要とあれば、イギリスは、もし、同盟諸国とともに締結できるならば、イギリスの期待をはるかに下まわる講和にも進んで同意するつもりだった。カースルレイは、カスカートに次のような訓令を送った。「貴下は、我国を除外してなされつつある大陸の講和に警戒しなければなりません。我国との諸条約にもかかわらず、我国が除外される危険性があります。……このために、同盟諸国が我国を非難することのないように、我国が同盟諸国と交渉する用意があることを言明する必要があります」（注五）。ただ、スペイン、ポルトガル、シシリーの独立、スエーデンに対するイギリスの義務の履行、それに、もちろん海上権《マリタイム・ライツ》についての交渉はありえなかった（注六）。この島国は、大陸に影響力を与えるいくつかの地点——大陸の中心ではないにせよ、少なくとも、航路を防御している周辺の地点を確保しなければならなかった。

カースルレイは、さらに一歩前進した。七月十三日、プロシア、ロシア両国大使の懇請に応じて、しぶしぶではあったが、オーストリアの調停を受け入れたのである（注七）。カースルレイは、ただちに、そのような講和は、きわめて不満足なので、イギリスとしてはいかなる植民地をも放棄するつもりはないと指摘することで、その受諾が限定されたものであることを示したのである（注八）。このことは、講和への拒否権を留保するに等しかった、というのは、カースルレイには、フランスの失った植民地を返還することは、ナポレオンにオーストリアの条件を受け入れやすくするにすぎないように思えたからである。カースルレイは、もう一通の手紙で、予備的講和にさえ邪魔になるような障害物を増やすと同時に、メッテルニヒの理解に苦しむ政策に対する極度の不信感を示した次のような勧告の言葉で結んでいた。「ボナパルトは、きびしい試練を受けました。しかし、彼は、相当な戦力をもっているうちは、メッテルニヒ伯爵だったらあつかましくも署名するかもしれないが、ヨーロッパに永久的な平和をもたらすようないかなる妥協にも従わないでしょう（著者傍点）」（注九）と。カースルレイは、自分とメッテルニヒが、情勢分析に関して、いかに完全に一致しているかを知らなかったのである。いずれにせよ、イギリスは、その勝利の果実を失ってまで、現時点で交渉するために、この十年間を孤独で斗ってきたのではなかった（注一〇）。

イギリスの調停受諾の知らせが届いた時には、もうすでに賽は投げられていた。事実、それは、オーストリアが宣戦をしてからオーストリア皇室に伝達されたため、単に誠意のしるしとしての意味しかなかった（注一一）。それ以後、カースルレイは、同盟が結ばれたという事実を同盟が必要だという意識に変えることを自己の仕事としたのである。彼は、カスカートにこう告白している、「私は、成功しそうにはなかったが、プラハ会議がうまくゆくのではないかと心配でなりませんでした」（注一二）と。九月から十月にかけてのカースルレイの手紙は、共同行動の必要性を述べ、共通の危険を強調する主張で満たされており、彼の衒学的な書き方には、めったに見られないほどの雄弁をもって書かれていた。彼はカスカートにこう書き送った、「ヨーロッパの諸国には、次々にわかってきたのです。自分たちに安全か休息をもたらすような服従の範囲がありえないということと、自分たちが、フランスに対する敵対行動をやめるやいなや、他の罪もない諸国を征服するためのフランスの手に握られた道具にされてしまったということを。……そのことこそ、同盟の真の基盤として常に心にとめておかなければならない共通の危険なのです（著者傍点）。……フランスに対抗するものとして協力して結ばれた講和というものは――協調という意味ではほとんど利益はないけれども――討議の結果として、敵からかちえた最大の譲歩よりも好ましいでしょう。……これは単に敵の軍事力を普通の水準に引き下げることが出来るだけであり、また、ヨーロッパが得たその利権によって、ヨーロッパが徐々に征服されることから救いうるにすぎないからです」(注一三)。

オーストリアだけは、まだ優柔不断のように思われた。まちがいなくカースルレイは、メッテルニヒの不決断を疑いつづけていた。というのは、メッテルニヒは、勝利に対してよりも、均衡に興味があり、また、フランスの打倒よりも、フランスの力を制限することに関心を持ちつづけていたからである。いかなる国の優位をも避けようとしているメッテルニヒは、ロシアの野心を刺激するような力の真空を防ごうとしたのである。一方、フランスの優位のみを恐れているカースルレイは、最大限の努力をはらい対仏連合に生命を与えようとしたのである。カースルレイはオーストリアの決意について非常に危惧していたので、戦争を国家間の戦争ではなく、民族戦争にするための、国民の熱情に訴えるためのおびただしい助言——要するに、メッテルニヒが避けてきたあらゆるものを実施するようすすめたものだったが——を与えたのである。彼は次のようにカスカートに書き送った、「私は、その問題については、全く正しい判断をしていると思うのですが、オーストリアの大臣が早く決心してくれれば、それだけ危険をおかさずにすむのです。……民族の戦争であって、政治家のゲームではないのです。そして、もしオーストリアの大臣が、それ以外の原則にもとづいてやろうとしているならば、ボナパルトを勝たせることになるでしょう」(注一四)。オーストリアが変心するのではないかという恐れは、カースルレイに、国際秩序のための社会的基盤を主張させる程先ばしらせたのだった。彼は、アバディーン(訳注4)に次のように書き送った。「(メッテルニヒの)耳は、戦争の音にはほとんど耐えられないようです。彼は、民族の耳に大音声で叫ぶよりもむしろささやきたいようです。……フランス革命の軍事史は、ひとたびフランスの地に生れた怪物は、栄養を求めて、どこか他の場所に脱出するのを恐れなければならないことを我々に教訓として与えました。……今や人民が唯一の防壁なのです。人民はフランスに反対しています。このことは、とくにオーストリアのように防御可能な国境の全くなく、自己の防衛のために仲裁に入ろうと決意するような国にとっては、盾を意味するのです」(注一五)。このように、カースルレイにしてはめずらしい社会哲学への脱線の議論は、まさしく、フランスに反対する断固たる態度を求めるもう一つの論拠を述べたものであった。

カースルレイのオーストリアに対する勧告は、事実、誤解によるものだった。誤解の原因は、メッテルニヒが、「フランスの脅威に対する認識を欠いていたからではなく、カースルレイには、まだ認識できないもう一つ別の危険に対するメッテルニヒの危惧によって、オーストリアがためらっているように見えたことにあったのである。というのは、カースルレイが、まだ、ヨーロッパの均衡の条件を規定するためには、〝利己的でない〟勢力——イギリスとロシア——による協力が必要だと考えていた時、ツアーは、中央ヨーロッパを自分の意のままにすることによって諸国に脅威を与えることになるような構想を練り上げつつあったからである。カースルレイが、普遍的支配の危険性について、メッテルニヒに訓戒を与えていた時、自分の言葉がどんなに警戒の目で見られていたのか知らなかった。しかし、メッテルニヒは、一方の目でナポレオンを睨みながら、もう一方の目でツアーとポーランドを見つめていたのである。

(注一)　例えば、C.C. IX. p. 13, 一八一三年五月一八日を参照のこと。
(注二)　ロンドンにおけるヴェッセンベルグの役割については、Luckwalt, p. 122f を参照のこと。
(注三)　C.C. IX. p. 23, 一八一三年六月六日。
(注四)　もちろん、メッテルニヒの交渉は完全に誤解されていた。イギリスは、予備講和から除外されていたにすぎず、全面講和には参加するはずであり、しかも、ロシア、プロシアが、明確にこの権利を留保していたことは見てきたとおりである。ウェブスターは、この点に関し、全く誤解させるものである。しかし、B.D., p. 78（スチュワート宛のハルデンベルグの手紙）を参照のこと。

（注五） C.C. IX, p. 30, 一八一三年七月六日。

（注六） B.D., p. 6f.

（注七） B.D., p. 12.

（注八） C.C. IX, p. 36, 一八一三年七月一四日。

（注九） C.C. IX, p. 40, 一九一三年八月七日。

（注一〇） B.D., p. 79f. 参照のこと。

（注一一） C.C. IX. p. 45, 一八一三年九月一日。

（注一二） f.e., B.D., p. 103, 一八一三年一〇月一五日を参照のこと。

（注一三） B.D., p. 20, 一八一三年九月一八日。

（注一四） B.D., p. 34, 一八一三年一〇月一四日。

（注一五） B.D., p. 105, 一八一三年一〇月一五日。

（訳注1） イギリス摂政、のちのGeorg IV (1762—1830) 一八一一年から一八二〇年まで摂政。

（訳注2） 一八世紀にフランス、スペイン、二つのシシリー王国のブルボン家一族の間に結ばれた対イギリス防衛同盟。

（訳注3） イギリスは、ライヘンバッハ条約の直前、すなわちプロシアとは、一八一三年六月一四日、ロシアとは六月一五日、それぞれ、両国が、ナポレオンと斗うための兵力二十四万人に対する支援として二百万ポンドの補助金を支出することを約束する条約を締結していた。

（訳注4） Aberdeen, Earl of (George Hamilton Gordon, 1784—1860) イギリスの外交官、政治家。一八一

三年にウィーン駐在大使、本書ではこの期間のことが扱われているが、後に一八二八—三〇に外務大臣、さらに一八五二年には首相となった。

II

一つの国家が一七九五年に地上から抹殺されたことと、自己の信念の高貴さに誇りを感じている一人の君主が、対仏大連合に不和の要素をもち込んだことは、まことに皮肉なことだった(訳注1)。一七九五年の第三次ポーランド分割以来、ポーランドという国家は、一八〇七年、ナポレオンが、プロシアの所有していたポーランド領から、ワルソー大公国を復活させ、一八〇九年の戦争ののち、オーストリアが所有していたポーランド領の一部をワルソー大公国に加えるまでは、ポーランドの愛国者の精神的至情の中にのみ存在したにすぎなかった。一八一二年にナポレオンは、ポーランド人の愛国心をロシア戦役の道具に利用した。ナポレオンが、その戦争をポーランド戦争と宣言すると、ナポレオンの兵力は八万人も増加したのであった。そして、一八一三年には、まだその残存兵は、フランス陸軍の中にあったほどである。ナポレオンのモスコーからの撤退によって、ドニーパー河(訳注2)まで拡大されるというポーランドの夢は打ち砕かれてしまった。そして、ロシア軍が、西に進撃を開始した時には、ポーランドの運命は、昔の分割された状態にもどる以外にはないように思われたのである。

しかし、ポーランドは、これまで幾度となく勝者の側を選ぶという能力によってよりも、愛国者の熱情によって救われてきたのである。ロシア軍が、ポーランドに進軍しつつあった時、アダム・ツァルトリスキー——彼の父は、ナポレオンの後援で、全ポーランド連邦を宣言する際、議長をつとめ、それを機に、ロシア軍を退役した——は、自分の青年時代の友人であるロシア皇帝アレキサンダーを思い出した。十二月六日、アダム・ツァルトリスキーは、次のような内容の手紙をツアーに書いた。「もし陛下が、勝利者として我国に入る場合は、ポーランドについてのかつての構想を再びとり上げてくれるでしょうか。陛下は、ポーランドを征服する際に、ポーランドの心をも征服するおつもりでしょうか」。

この手紙のいずれにもとれるあいまいさは、それを受け取る人物の心の不安定さに匹敵するものだった。ナポレオンは、ツアーのことをこう評している、彼は、偉大な能力をもってはいるが、彼は、どんなことをする場合にも、常に〝何か〟が欠けている。それで、誰も何が欠けているのか、前もって知ることは不可能だから彼の行動を最終的に予測することが出来ないのだ、と。メッテルニヒは、ツアーについて、「男らしい長所と女のような短所が混り合っためずらしい人間であり、真の野心にしては弱すぎ、純粋な虚栄心にしては強すぎる」(注二)と描写している。神秘的で狡猾であると同時に、理想主義的であり、打算的でもあったアレキサンダーは、一定のロシアの国益を正当化しようとする普遍的原則と、利己的な人間は少ないと考えようとする熱望を支える高貴な動機という矛盾する二つの要素が混在している人物だった。彼は、神聖同盟の時代に再三にわたって証明したように、偉大な自己否定の能力があった。しかし、彼は、残忍な信用のおけない裏切者にもなることが出来たのであった。タレイランは、アレキサンダーについてこう述べている、「彼は、ツアー・ポール（気狂い）の息子以外の何者でもない」(訳注3)と。アレキサンダーは、自己の目標と普遍的正義の要求とが一致していると確信していたことにまちがいない。少なくとも彼の若い時には、これらの要求が、ロシアの国益と全面的に一致していたということは、問題になることはほとんどない。アレキサンダーは、青年時代に、スイス人家庭教師ラ・アルペから大きな影響を受けていた。ラ・アルペ(訳注4)は、彼を啓蒙主義の理想的君主――普遍的理論にもとづいて統治し、人民に自由の祝福を与える哲人王として育成しようとしたのであった。アレキサンダーが、まだ皇太子であった時、アダム・ツァルトリスキーにポーランドの解放のために働くことを約束していたのだった。アダム・ツァルトリスキーの手紙で述べられていたのは、この約束のことだった。

ツァルトリスキーの手紙に対するアレキサンダーの返事は、彼の二重人格を暴露したものだった。それにはこう書かれていた、「執念深いということは、朕の知らない感情である。いやなことに親切に答えることは朕の最もよろこびとするところである」。アレキサンダーは、ポーランドに関する自分の目標が変っていないということを主張したあとで、その場合、自分がロシア国内でぶつかるであろう抵抗、それにオーストリア、プロシアから反対が出るだろうと論じていた。さらに、彼は、軽卒な意思表示は、オーストリア、プロシアを連合に加えることを妨げるとともに、オーストリア、プロシア両国をフランスの腕に飛び込ませることになるかもしれない。しかしながら、軍事情勢が良くなるにつれて、自分の計画が徐々に明らかになるだろう、と約束していた(注二)。崇高な精神が、ポーランド独立の動機となるかもしれないが、それを実践する方法は、狡猾となるのであった。

アレキサンダーは、約束を守る人間であることを証明していた。カリッシュ条約は、意味ありげにポーランド領をプロシアに返還するようないかなる約束もしておらず、交渉の過程で、可能な代償としてサクソニーがあげられていた。しかし、ツアーが自己の野心のすべてを明らかにするのを注意深く避けていたけれども、これまで見てきたように、メッテルニヒは、ツアーの野心をよく知っていたのである。そして、オーストリアは、ロシアが中央ヨーロッパに深く拡張することも、プロシアが、東欧国家から優勢なるドイツ国家になることにも無関心ではいられなかった。ロシアが、オーデル河まで拡大すれば、防御不可能な東部国境をもつプロシアは、ロシアの衛星国になってしまうだろう。他方、ドイツへ勢力を向けたプロシアは、オーストリアとドイツにおける支配権を争う立場になるかもしれなかった。従って、メッテルニヒは、急激にフランスを全面的に崩壊させることによって、ロシアの交渉の立場を強めるのに手を貸すにすぎない力の真空を作る気はなかったし、とりわけ、一方では、イギリスの態度がまだ明らかではなかった。というのは、イギリスが、ナポレオンを敗北させること以外に、ヨーロッパの均衡を考えることが出来るかどうか、換言すれば、イギリスが、アントワープを防衛しようとするならば、まずポーランドを防衛するのが最も効果的だということを認識するに至るかどうか、まだわからなかったからである。

今までのところでは、カースルレイは、この問題に気付いてはいなかった。もし、かりに聞いていたとしても、彼は、それをまちがいなくメッテルニヒの詭弁だと考えただろう。カースルレイにとっては、今度の戦争は、外国に支配された経験によって、自己の野心を抑制出来るように穏和になった国々が、均衡の回復のために斗うものだった。フランス以外の国が、再び平和をかきみだすとは、ほとんど考えられなかったので、この時代のカースルレイのおびただしい書簡のどれ一つとして直接たると、言外たるとを問わず、この問題について言及されたものを見い出すことは出来ない。それどころか、カースルレイは、ピットの構想にもとづいた政策を追求しようとしていた、すなわち、もう一つの〝満足した〟国家ロシアとの協力によって、ヨーロッパの均衡を創り出し、オーストリア、プロシア両国の歴史的ライバル関係を抑制し、同盟に生気を与え、ヨーロッパの平和を保障するというものだった。このために、ピットの構想に規定されていたように、戦後の講和のためのあらゆる提案は、きまって、まず最初に、ツアーに提示されたのである。カースルレイは、大陸にやって来てはじめて、イギリスの当然の同盟国は、国内体制の違いはどうであれ、均衡と安寧の要求を表す大陸国オーストリアだと悟ったのである。

この誤解によって、カースルレイとツアーとのやりとりは、一段といら立たしいものになった。なぜなら、要領の得ない本当の原因が、すぐには明らかにならなかったからである。カースルレイは、ツアーとの最初の交信で、そのとおりのイギリスの条件を出そうとした。それは、イギリスの占領地、例えば、スペイン、ポルトガル、シシリーの独立、まだ不確実であったが、オランダの独立、それに、海上権《マリタイム・ライツ》は、いかなる講和会議においても討議しないことを保証することであった。カースルレイが、どんなに連合について大きな関心を払っていたにせよ、彼は、ほとんどひたむきなまでの情熱をかたむけて、これらの目標を追求したのである。オランダの独立と海上権《マリタイム・ライツ》の問題についてはとくにそうだった。早くも、四月十日には、カースルレイは、カスカートに次のような手紙を出していた、「貴下は、ツアーに熱心にオランダに注意を払うようにさせてほしいのです。フランス人をライン河のかなたに追いやることによって、オランダを安全な地位におくことは、フランスに対する我国の望ましい防壁となるばかりでなく、大陸の同盟諸国と我国との間の連絡の安全を確保することにもなるからです」(注三)。従って、オランダの独立は、あらゆる機会を通じて強調されることとなった。しかし同盟国の軍隊は、まだ遠方にあったので、ツアーのあいまいな回答は、ただその軍事情勢を反映したものにすぎないと受け取られたのであった。

それと同じ行き詰りは、海上権《マリタイム・ライツ》の問題にも起った。カースルレイが、この問題については、いかなる討議も避けようとしたにもかかわらず、ツアーはイギリスとアメリカ合衆国との間を仲裁しようと提案して、事態を紛糾させたのである。イギリスとアメリカの戦争(訳注5)は、中立船を捜索するイギリスの〃権利〃の問題に関して斗われていたので、イギリスにとっては、露骨に神経を逆なでされたことになり、カースルレイは、鋭い警告を発した。彼は、カスカートにこう書き送った「私は、ロシア皇帝にどんな海上権《マリタイム・ライツ》の問題も、全交渉から前もって除外する必要があることをどうしても自覚させなければなりません。もし、それがわからないというのであればロシア皇帝は、現在ヨーロッパの安全が依存している諸大国の結束に誤解を生じさせるような危険をおかすことになろう……」。ロンドン駐在ロシア大使が、再び論争を引き起すような問題をもち出したとき、カースルレイは、さらに長文の手紙をしたため回答した。イギリスには、海上権《マリタイム・ライツ》について妥協するような大臣は一人としていないと繰り返し主張し、さらに無気味な調子でこう付け加えた、もしヨーロッパ諸国が、フランスに対抗する均衡を確立することに興味をもつならば、この問題をもち出すことによって、不和の種をまきちらすような危険はおかすべきではないでしょう、と(注四)。事実ここに、対仏大連合にさえ、とって代るほどの、至上のイギリスの国益があったのである。

カースルレイが、ピット構想の基本的概念——ヨーロッパの均衡の必要条件を意味する一般的同盟の交渉——を実行しようとしたとき、いま一つの困難が生じた。彼は、プラハ会議の散会を知ってから数日後、ツァーに手紙で次のように訴えた。「もし、いずれかの国が、単独講和をしようとするならば、それは、フランスをして他の諸国の運命の支配者にするにちがいありません。ロシアが存在し、ドイツが救われるのは、スペインにおける戦争によってであり、スペインが、征服をまぬがれているように見えるのは、ドイツにおける戦争のおかげであります。……浮沈を共にするとの決意が、唯一の安全保障であり、これを達成するために同盟諸国は、共通の利益というある確固たる原則に合意しなければならないのであります」(注五)。従って、戦争は、完全にフランスを打倒する必要性によって正統化されており、提案された条件はこのことを反映していた。すなわち、オランダ、シシリー、スペイン、ポルトガルの独立、イタリアおよびライン連邦からのフランスの支配権の除去、それにオーストリア、プロシアがナポレオンに敗れる前に持っていた領土とその影響力の回復を求めていた。

明らかに、カースルレイは、この提案が、何のちゅうちょもなく、受け入れられるだろうと信じていた。彼は、カスカートに、英国の統治区域に関して、自分が前に出した訓令は、消滅しないということをツアーに保証するよう促し、イギリス、ロシアが共に、他の諸国を同盟に参加するよう招請することを提案した。もし、何か困難が起るとすれば、それは、オーストリアからだろうが、カースルレイは、疑い深い国を大胆にさせる最善の方法は、オーストリアに穏健ではあるが、決然とした同盟国があると確信させることだと考え安心していたのである(注六)。しかるに、不思議なことに、ツアーの方に問題があるとわかった。カースルレイの手紙は、同盟軍が、ライプツィヒの戦斗(訳注6)の後、敗走する敵を追撃している時に届いたが、ツアーは、軍事的考慮を口実にいくつかの会見を避けたのだった。カスカートが、十月二十六日、ツアーとの最後の会見で、ツアーは、提案された同盟に、原則的な賛成を表明し、自分の外務大臣のネセルローデ(訳注7)とその準備について話し合うよう示唆した(注七)。しかしながら、その後の会見では、ツアーは、だんだん何も言わなくなった。ツアーは、自分の誠意を訴え——公式な取決めなど必要ないといわんばかりに——しかも、再び、海上権《マリタイム・ライツ》の問題をもち出し、さらに、イギリスが戦時中征服した植民地のどれを返還する意思があるのか詳しく述べるよう主張するとともに、将来のイギリスの補助金についての確約を要求してきたのである。ツアーは、講和の条件は、〝現実の状況〟を反映したものでなければならないと謎のような言葉を述べたが、その言葉の意味するものを明らかにはしなかった。カスカートは、こう報告している、もっとも困難な問題を引き起すと思われていた国のオーストリアが柔軟で、ツアーがきわめて頑迷だということは、異常なことである(注八)、と。これも誤解であった。というのは、ツアーにきわめて問題があったから、メッテルニヒが柔軟にみえたにすぎなかった。

事実、対仏大連合は、目標を公言すると、調和してゆこうとする精神が少なくなるという、まさにそういう重大なところにさしかかっていたのである。当然のことだが連合の構成国とその共通の敵との対立の方が、連合内部のお互いの対立よりも大きいというのが、連合の本質である。連合というものは、調和しているように見えることが、最も効果的な武器の一つであるため、連合の一構成国が、連合の共通の敵とほとんど同じ位の脅威を意味し、おそらく、勝利者としてだんだんと大きくなって、諸国家間の相対的地位を変えるなどということは決して認められない。それゆえに、現状維持勢力と獲得欲の強い勢力との連合は、常に困難な問題をもたらすのであり、そして、そのような連合は、ともすれば誤解か、逃避のいずれかにもとづいたものになりがちなのである。誤解というのは、そのような連合においては、枝葉末節的問題——連合内のある国々にのみ関心のある問題で、基本的な力関係に影響を与えないような問題——は比較的簡単に、つまり、お互いが特定の要求を認め合うことによって解決しがちとなるからである。逃避というのは、根本的に重要な問題の解決を戦争の勝利の間に先に延ばせば延すほど、獲得欲の強い国家の力は、軍事的にも心理的にもますます強力になるからである。もし、つり合いをとる勢力が他に何もなくなってしまうか、現状維持勢力が、敵の敗北によって、その相対的立場を強めたかつての同盟国によって降伏か戦争の二者択一をせまられるとすれば、敵を完全に敗北させたことの意味がなくなってしまうだろう。

従って、現状維持勢力は、戦争の出来るだけ早い時点で、敵の圧力すなわち敵の脅威を味方の側に加えることによって、戦争の目的を明確にしなければならない。獲得欲の強い同盟内の国家と共通の敵とのへだたりが十分にあるうちは、勝利への欲望か復讐の恐怖は、このような問題を解決する十分な根拠となるであろう。オーストリアが連合に参加するまで続けたメッテルニヒの外交活動における考え方は以上のようなものであった。そして、それは、戦争期間中の彼の政策にもひき継がれたのである。

逆に、獲得欲の強い国家は、最終的解決を出来る限り引き延ばそうとするだろう。こうすることによって、獲得欲の強い国家は、あらゆる利益を得るのである。もし、獲得欲の強い国が、最終的解決は、軍事情勢によらねばならないと主張するならば、その国は、敵を完全に敗北させることによって、力の真空状態をつくり出すような全面戦争を起しがちである。真空状態が大きくなればなるほど、均衡を乱す要因は多くなり、無制限な要求が、ごく〝当然の〟ようになるだろう。単独講和によってのみ、これを防ぐことが出来るのだが、現状維持勢力は、常に、存在する条約を破って戦争を終結させることに、物理的ではないとしても、大きな心理的負担を負っているものである。というのは、真の戦争目的――安定の回復――は、条約関係のもつ神聖さを認めることにかかっているからである。そして、獲得欲の強い国家が、自己の目的が本当に〝限られている〟ことの証しとして、その誠意をもち出す場合は、同盟の不和の責任を、その誠意を信ずることから、最も利益を得るはずの諸国に転稼することになるだろう。そのような国々は、誠意を信じよと宣言した国の言葉が、実は信用出来なかったということを、その獲得欲の強い国の不誠実が示されるまで確かめることは出来ないし、獲得欲の強い国は、信じていた国にとって、手遅れになるまで、自分の不誠実は示すはずがないからである。同盟軍が西欧を襲いつつあったとき、ツアーは、軍事情勢にもとづいた講和を堂々と口にし、そしてそれを自分の誠意によって正当化しようとしたのである。

しかし、カースルレイの提案は、ツアーをジレンマに直面させた。一般的同盟の提案は、フランスを抑制することを狙ったものだったが、同時にそれは、明らかに、ロシアをも抑制することになるのであった。というのは、もし、ツアーが、その一般的同盟に同意すれば、たとえ自分が、目的を公言するのを避けても、他の諸国は、彼らの目的を保証されることになるからであった。もし、ツアーが、自己のポーランド構想を明らかにすれば、フランスとオーストリアの単独講和を引き起すかもしれなかった。もし、すべての国がそれぞれの利益を獲得してしまったならば、ポーランド問題を最終的解決まで引き延すことは危険だった。なぜなら、その場合、それらの諸国は、団結してロシアの要求に反対するかもしれないからだった。しかるに、ツアーが、ポーランド問題を一般同盟の目標の中に含めようとすれば、最終的な交渉によって解決される問題ではなくなってしまうのだった。他方、メッテルニヒも、拘束されるのをきらっていた。ツアーが、同盟国の目的に対して、自分が同意してしまえば、ロシアの報酬に対して、同盟国が賛成してくれなくなるのではないかと、懸念していた時、メッテルニヒは、イギリスがひとたび、自己の条件が満たされたならば、大陸から撤退してしまうのではないかと危惧していたのである。イギリスが、自己の安全は、シェルト河口の確保にあると考えると同様に、ヨーロッパの均衡にあると考えることが出来るかどうか、まだわからなかった。メッテルニヒは、イギリスが態度をより明確にするまで、イギリスのオランダに対する強い関心を、ポーランド問題でツアーの裏をかくことに利用しようともくろんだのである。

つまり、正反対の理由ではあるが、ツアーとメッテルニヒは、両者とも、イギリス提案の一般的同盟から逃れようとしていたのである。メッテルニヒは、その条約を、ヨーロッパの防衛に対するイギリスの参加を獲得するもう一つの手段と見ていたが、ツアーは、それを一つの権利を獲得する一手段と考えていたのである。しかし、ツアーの意図を見抜いていたメッテルニヒは、ツアーをあて馬として利用したのだった。メッテルニヒは、再三にわたり、その一般同盟に署名する意思表示をしたが、ロシアの参加しない同盟は、意味がない、と主張した(注九)。また時には、彼が最終的なロシアの黙認を得るのを保証しようと提案した。そして、ある時、メッテルニヒは、イギリスの新任のオーストリア大使ですぐ真に受けやすいアバディーンにこう語った、「ところで、親愛なるアバディーン閣下。カースルレイ卿によろしく伝えてほしいのです。そこで、卿が求めている我国の忠誠心と熱意を証明するものは何かをたずねてもらいたいのです」(注一〇)と。最終的にロシアの黙認がえられないことが明らかになると、メッテルニヒは、アバディーンに、私が締結しようとしている講和条件を実際に表わしているのならば署名致しましょう(注一一)、と申し出たが、メッテルニヒの予想どおり、アバディーンは拒絶した。

このように、カースルレイは、やがて戦争の危険を賭してまで敵対する運命となる国からの支持を求め、逆に、自分の第一の支持者となる国を信頼していなかったのである。この誤解がとけるまで、イギリスの政策は、核心からはずれていたのである。カースルレイは、カスカートへの手紙の中で、深まりつつある疑問を書きつらねており、その手紙のわざとらしい論理性、誠意がふみにじられた怒りの中に、ロシアを獲得欲の強い国家と考えることが出来なかったのは、ピット構想の後遺症のためだったことが示されていた(注一二)。その書簡は、ツアーが誠意を信ぜよとか、軍事情勢の進展によってと述べたことから始っており、「イギリスが一般同盟を提案したことは、ツアーに対する不信を表わしたものとの非難は当っていません。というのは、大英帝国は、最も早くから信頼出来る国としてロシアを選び、その政策を成功させるために、ロシアの〝幅広い視野に立った見解〟を最大の拠りどころとしてきたのであります。ツアーが、軍事情勢の進展について言及したことも、きわめて理解に苦しむものであります。同盟諸国の勝利は、共通の目的を達成するのをきわめて容易にしたのであり、従って、同盟を締結しようとするのであれば、困難を増そうとするのではなく、困難を除去すべきでありましょう」と。カースルレイは、憤慨してイギリスが征服した植民地で返還する意図のあるものを列挙すべきだとのツアーの提案を峻拒した。植民地の返還は、イギリスがすすんで提案したものだったが、大陸諸国が、講和のアウトラインに賛成してはじめて、明らかに出来る性質のものだった。要するに、植民地は、いかなる講和にせよ、イギリスの基本的国益を確保するために、利用さるべきものだったのである。そしてカースルレイはツアーがためらっていることが信じられないといったような驚きを表わすようにくどくどと再び訴えて、その手紙を結んでいた。それは、あたかも合意が得られない障害が、意思の疎通が欠けているためであって、忍耐づよい教師が何回も繰り返せば理解がえられるかのような調子で次のように述べられていた。大英帝国が、最初にロシアに接近したのは、ロシアを信じないからではなく、大英帝国とロシアは、そのような同盟の必要性を感じることが最も少ない国だからであります。「……諸国の政策が動揺しているなかにあって、今後、厳粛な気持をもって大英帝国とロシアがフランスの暴虐に対抗する防壁となる立場におく機会を得ることは、私にとっては、世界への義務を果たすに等しい賢明な行為に思えるのです。この決意によってヨーロッパは、最もすばらしいもの、すなわち、永続的平和の保護者を得るでありましょう。……大英帝国政府は、大陸の一般的利益を通じて、みずからの利益（著者傍点）を追求するような方針をもつものではありません。……もしそうでなければ、イギリスを孤立させようとする政策によって最大の被害をこうむる国とはならないでしょう」とカースルレイは繰り返した。

情勢が変ったために、この高慢な手紙は届けられずにすんだ。カースルレイを大陸に行かせ、同盟諸国の会議に個人的に参加しようと決心させるような事態が起ったのである。イギリスの外務大臣が、歴史上はじめて大陸におもむくことになったということは、重大な転換というべきだった。事実、同盟が試されつつあったのである。というのは、メッテルニヒは、自分の心に描いている力の均衡が完全にくつがえされるのを見たくはなかったので、同盟の名のもとに、ナポレオンに、講和を提案したからである。

(注一) N.P. I, p. 316f.
(注二) Text, Oncken, I, p. 226.
(注三) C.C. Ⅷ, p. 359, 一八一三年四月一〇日。
(注四) B.D., p. 32.
(注五) B.D., p. 19f. 一八一三年九月一八日。
(注六) B.D., p. 30.
(注七) B.D., p. 35, 一八一三年一〇月三〇日。
(注八) B.D., p. 37, 一八一三年一一月一一日。
(注九) B.D., p. 119, 一八一三年一二月九日。
(注一〇) Webster, I, p. 175.
(注一一) C.C. Ⅸ, p. 105, 一八一三年一二月一九日。
(注一二) B.D., p. 56f., 一八一三年一二月一八日。

（訳注1）　一七九五年にロシアのカサリン二世が、オーストリア、プロシアとともに第三次ポーランド分割を行ない、ポーランドを地図上から消してしまったが、カサリン大帝の孫にあたるロシア皇帝アレキサンダー一世——自己の信念の高貴さに誇りをもっている——が、自由主義的憲法をもち、彼個人を通じてロシアと結びついたポーランド王国を建設しようとして対仏連合内に不和の種をまいたこと。

（訳注2）　ソ連西部の河、南に流れて黒海に注ぐ。

（訳注3）　Paul I (1754—1801) ロシア皇帝（一七九六—一八〇一）母カサリン二世（大帝）のあとをついで皇帝になったが、彼女が夫であるピーター三世をクーデターによって追放したその精神的ショックは彼から生涯消えなかった。ために、彼の治世は狂乱の独裁政治であり、フランス革命の感染を恐れ狂気のようにその国内治安対策を行ない、外交政策では、一七九八年に第二次対仏大連合に加ったが翌年には、フランス側につくなど、精神的に不安定であり、一八〇一年宮廷革命により暗殺された。

（訳注4）　La Harpe, Frédéric César de, (1754—1838) スイスの政治家。法律と啓蒙主義の理想を学び、ロシアの女帝カサリン二世の寵愛を受け、アレキサンダー大公（後のアレキサンダー一世）の家庭教師となった。フランス革命の勃発によって、彼の自由主義的思想はロシア皇室に歓迎されず、パリに去ったが、一八一四年には、アレキサンダーからロシアの将軍の階級をもらい、ウィーン会議では、スイスの二県を代表して出席した。

（訳注5）　一八一二年六月一八日以来、英米両国は戦争状態にあった。原因は、イギリスがフランスとの戦争で、ヨーロッパ大陸の逆封鎖を行なったために、中立国アメリカの対ヨーロッパ貿易が大きな影響を受けたこと、ならびに、イギリス海軍が脱走兵を捜索するため、アメリカの商船からアメリカ人船員を強制引致することをやめなかったことにあった。

（訳注6）　一八一三年一〇月一六日から三日間、オーストリア、ロシア、プロシア同盟軍三五万とナポレオン軍一五万がライプツィヒ市を中心に斗った。同盟側が圧倒的優勢だったうえに、フランスの同盟軍サク

ソニー、ヴィルテンベルグが寝返ったこともあり、一八日の決戦後、フランス軍は夜になって敗走した。この戦斗は、〝諸国民の戦〟と呼ばれ、ナポレオン支配に対する解放戦争の勝利を決定するものとして重要な意味があった。

（訳注7）　Nesselrode, Karl Robert, Count（1780―1862）ロシアの外交官、外務大臣。ドイツ人。一八〇六年ドイツを旅行したおり、メッテルニヒとゲンツを知り、その影響でロシア皇室内のオーストリアのスラブ民族の反乱をあおる一派とはことなり、親オーストリア派となった。第四次対仏大連合の戦争期間中は、パリ進軍にもアレキサンダーとともにあり、ショーモン条約に署名した。フランスに対する破壊的な戦争に反対しウィーン会議ではブルボン家の復位をアレキサンダーに説いた。会議外交の時代には、常にアレキサンダーと共にあったが、カポ・ディストリアの影響力の方が強かった。しかし、一八二二年、カポ・ディストリアが辞任してからは、一八五六年まで三四年間外務大臣を続けた。

Ⅲ

一八一三年八月十一日、オーストリアが、ナポレオンに対して、宣戦したとき、連合内におけるオーストリアの主導権は、既成の事実だった。オーストリアの陸軍元帥が、同盟軍の最高司令官となったが、その人物こそ、かつては、ナポレオン麾下のオーストリア軍の司令官シュヴァルツェンベルグ公だったということは、二重の皮肉だった。メッテルニヒは、事実上、連合の首相だった。講和交渉の期間中、同盟諸国を代弁したのは、彼だったし、また勝者の側に加わろうとするナポレオンの衛星国の領主達――その数は増えつつあったが――と交渉したのも彼だった。九月七日、メッテルニヒは、テプリッツ条約（訳注1）――ライン河に至るまでのドイツ諸国を解放することならびにドイツの組織は、主権国家を基礎とすると規定されていたが――を締結することによって、プロシアとロシアとの同盟に忠実であることを示した。つまり、テプリッツ条約は、戦争は、民族主義の名のもとに斗われるのではないということを同盟諸国が改めて承認したものにすぎなかった。

また、連合のスポークスマンとしてのメッテルニヒの今一つの存在理由があった。ナポレオンは、オーストリアの戦争参加を最後まで信じようとはしなかったので、オーストリアの決意は、オーストリアの参戦が遅れたのと同様、弱いものだと思い、みずからをなぐさめたのだった。八月十八日にはバッサノ公は、もう交渉再開を申し入れてきた。九月二十六日には、ナポレオンの副官が、より多くの不幸な事態を避けるために講和を訴えるオーストリア皇帝宛の手紙をたずさえて、オーストリア軍の前線司令部にやって来た。さらに十月十七日、ライプツィヒの戦斗の初日、ナポレオンはもう一人の使者——捕虜になっていたオーストリアの将軍メルヴェルト——に講和提案をもたせて送ってよこした。これらの提案の悲劇ほど、二つの正統性が相対立しているときには、講和が困難であることをよく示すものはないだろう。ナポレオンが、どれほど戦争を終らせようと熱心にかつ真剣に望んでいたにせよ、同盟諸国は、これまで、ナポレオンが和平を提案することによって、連合を瓦解させてきた手腕を知っていたので、彼との交渉を拒否したのである。ナポレオンが、ライプツィヒで、軍隊を失ったのち、つまり、ナポレオンが無力であることが、彼の誠意を保証するようになってはじめて、メッテルニヒは、ナポレオンの提案を考慮したのであり、またフランスの弱体化がメッテルニヒのロシアに対する恐怖を増大させたからこそ、そうしたのである。

フランスの残存兵力がライン河の後方で避難場所を探していた時、メッテルニヒは、戦争が全面的になるのを防ぐことが出来るように思える最後のチャンスに直面していたのである。講和の条件として規定されたあらゆる目標は、もうすでに達成されていた。ナポレオンが、もう一度敗北すれば、戦争は、もろもろの要求を制限するための合意が成り立たないような段階まで進み、ヨーロッパの力の均衡は、重大な脅威にさらされることになるだろう。しかるに、交渉期間中、軍隊の前進を止めると、連合が瓦解するかもしれないし、ナポレオンに軍隊を再結集させるチャンスを与えることになりかねなかった。力の信奉者であるナポレオンは、自己の無力をみずから納得するまでは、決して講和を結ぶなどということはありえなかった。しかし、彼の無力ぶりが、あまりにも明らかになりすぎると、ロシアに対する最も重要なつり合いの一つが失なわれてしまうだろう。自滅の方向に進みつつある敵に対して、どうしたら、力の均衡にもとづく講和を結ばせることが出来るのか。限界を認めることが、王朝の自殺行為に等しいと考えている敵と対峙しているとき、どうしたら、力の真空状態が生じるのを防ぐことが出来るのか。これに対するメッテルニヒの回答は、穏健な講和を提案すると同時に、軍をひきつづき前進させることだった。メッテルニヒは、一八〇九年、オーストリア軍の一連の敗戦のさ中に、次のように書いていた。「我々は常に、一方の手には剣を、他方の手には、オリーブの枝をもっていなければなりません。常に交渉に応ずる用意がなければならないが、進撃しつつある時こそ、交渉すべきなのです」と。この箴言を実行に移す時が来たのだった。穏健な講和を提案することは、ロシアの要求を制限する意味をもつと同時に、フランス国民の平和を求める願望に訴えることにより、ナポレオンの国内的地位を弱めることにもなるだろう。それは、とりもなおさず、「フランス国民で、同盟諸国のために、武装するようなものです」(注二)とメッテルニヒは書いている。

しかし、勝利の最中にどうしたら同盟諸国、とりわけ、ロシアとイギリスを交渉に引き入れることが出来るのか。メッテルニヒにとって幸運なことには、カースルレイを除いて、主要な人物はすべて同盟軍司令部に集っていた。三人の君主とその大臣たち、それに参謀長たち、加えて三人のイギリス全権からなる舞台は、メッテルニヒの外交官としての才覚を発揮するには、おあつらえ向きだった。その会合は、以後の多くの場合でもそうなったのだが、メッテルニヒは、そのすべての参加者をうまくまるめ込むことに成功した最初の例だった。彼は、常におせじに弱いツァーとの間に、きわめて親密な関係をつくり上げた。カスカートは次のように書きしるしている、「アレキサンダー皇帝は、自分の大臣の役までしてしまうのです。彼の通常の大臣たちは、セント・ペテルスブルグにおり、ここで彼が使っている数人の腹心の従者は、大臣の権限を帯びていないのです。……陛下はオーストリアの大臣の才覚を十分に認識しております。……メッテルニヒ公は、いつでも陛下に拝謁できるのです。また陛下も、信頼して彼の意見に耳を傾けています。……もちろんメッテルニヒ公は、ひとつひとつ恭順な態度をとることによって、この有利な地位を一段と強めているのです。また彼の率直な振舞いが、きわめて好感を与えているのです」(注二)。国益に訴えても、ツァーから同盟に対する同意が得られなかった(訳注2)が、ツァーの理想主義的なところに訴えると、講和を提案することに対する同意が得られるという結果になったのである。

イギリスのウィーン駐在大使アバディーン卿は、きわめて御し易い人間だった。わずか二十九才で、かろうじてフランス語が話せるにすぎなかった彼は、メッテルニヒのような狡猾な外交官の相手ではなかった。彼の生硬さと自信は、メッテルニヒの術中に陥らせるにすぎなかった。「メッテルニヒは、アバディーン卿に対しては、きわめて丁重な態度です」とカスカートは報告している。その効き目は、間もなく出てきた。メッテルニヒは、かつて、外交官の仕事は、騙されずに、騙されやすい人間のように見せる技術であると描写したことがあったが、誇り高いアバディーンに対して、このことを最大限に実行したのである。アバディーンは、カースルレイに次のように書き送った、「メッテルニヒのことを、そんなに恐しい人物と考えてはなりません。……私は、常に彼と共に生活しておりますから、彼を知らないということがありえましょうか。もし、本当にメッテルニヒがきわめて狡猾な人間ならば、騙されたことがわからないような人間にはつけ込むかもしれませんが、これは、彼の人格ではないのです。私は、繰り返し申し上げますが、彼は、とび抜けて利口な人間であるわけではありません。彼は、虚栄心の強いつまらない人間ですが、信頼出来る人物です……」(注三)。優越感をともなったけんそんさとすぐ真に受けて騙されやすい性格がまじり合ったアバディーンは、メッテルニヒから、〝愛すべき愚かな外交官〟という皮肉なあだ名をたてまつられたのである(注四)。

十月二十九日、ツァーとメッテルニヒ、それにアバディーンの会合で、十月十七日のナポレオンの提案に回答することに決定した。そこで採られた方法は、オーストリアの大臣の心情を大いに汲んだ巧妙かつ象徴的なやり方の一つだった。ナポレオンが捕虜になったオーストリア軍将校を通じて和平を申し入れて来ていたから、同盟諸国は、捕虜にしていたフランス軍将校を通じて回答する番だった。ワイマール(訳注3)駐在のフランス代理大使で、コーランクール外相の義弟でもあり、プラハでのナポレオンの全権大使だったセント・エニアンがその役割のために選び出された。ネセルロード、メッテルニヒ、アバディーンの三者会談で、フランスに対し、ライン河、アルプス山脈、ピレネー山脈からなる〝自然の国境〟を提案することが決定された。オランダは独立すべきだが、フランスとの国境は、交渉に委ねられ、一方、スペインの旧王室は復活されることになっていた(注五)。メッテルニヒは、交渉期間中も、軍事行動を継続すべきだと主張した。ネセルロードとカースルレイは、一段と厳しい条件を提出することを望んでいたが、アバディーンはメッテルニヒに完全にまるめ込まれてしまっていたので、彼等に反対して、メッテルニヒとともに穏健な条件を強く支持したからである(注六)。

しかし、メッテルニヒは、事態が進展する前に、戦争を終らせようとする自分の熱意を立証するために、最後の接触をはかった。十一月九日、メッテルニヒは、ネセルロード、彼自身、それにセント・エニアンとの間に協議の場をもうけたが、それに、アバディーンが、あたかも偶然のように加わり、イギリスの和平への願望と、イギリスは「フランスが、当然のものとして要求できる」海上の権利を認める用意があることを明らかにしたのである。この不可解な言葉が、何を意味したかは別にしても、それは、海上慣習のいかなる部分の放棄をも意味するものではないとのアバディーンの言明にもかかわらず、アバディーンは、重要な点を見落していたことは明らかだった。というのはイギリスにとっては、海上権《マリタイム・ライツ》は、象徴的意味ばかりでなく、実質的にも重要なものだったからである。つまり、このような状況で、海上権《マリタイム・ライツ》を討議することによって、アバディーンは海上権《マリタイム・ライツ》が交渉の対象となりうることを認めてしまったのである。しかし、それは、イギリスの政治家が、一貫して執拗に拒否してきたものだったのである。アバディーンは、ヨーロッパに平和をもたらしたという名誉を得ようとする情熱で、いかなる国といえども、国家の存立の条件を交渉することはありえないということを忘れてしまったのである。

提示された条件は、軍事情勢を反映したものよりもはるかに寛大だった。なぜならば、メッテルニヒが、フランスをヨーロッパの勢力均衡のための重要な国家として残そうと考えていたからであった。フランスには、何世代にもわたって、フランス人がそのために斗ってきたベルギーとライン左岸の領土は残されることになっていた。さらに、この寛大な提案を補強するために、メッテルニヒは、十一月十日、コーランクールに私信を送り、次のように警告したのである。フランスが講和を獲得しようとするなら、この機会を逃してはなりません。もし、同盟諸国がさらに勝利を重ねれば、一段ときびしい要求をつきつけるでしょう。しかるに、フランスが勝利を収めたとしても、その要求が減ずることはありえないでしょう、と。メッテルニヒが恐れていたのは、もし、ナポレオンが譲歩しない場合には、その結果は、目的も際限もない大動乱になるだろうということだった(注七)。かくして、ライン河を国境とするという提案は、もはや自制を求めるものではなく、ナポレオンの実際の力——おそらくそれは、ナポレオンの最大限の力だったにせよ——の限界となっていたのである。それは、幻想をすてるようにとのナポレオンへの呼びかけだったが、本心からメッテルニヒがナポレオンを救いたいと考えたからではなく、サクソニーとポーランドを救おうとしたからにすぎなかった。この目的のために、メッテルニヒは、フランス皇帝が、フランス王——タレイランの言葉だが——になれるかどうか調べようとしたのである。

　しかるに、これらの微妙な問題は、ロンドンにはわからなかったのである。ロンドンでは、ポーランドをめぐる争いが存在していることさえ認識されていなかった。アバディーンの多くの手紙は、何ら安心感を与えてはいなかった。ピットの構想では、フランスを〝昔の〟革命以前の国境——ベルギーとライン左岸の領土を除いたものに——制限することを望んでいたが、セント・エニアンに与えた覚書では、〝自然の国境〟を基礎にした講和を提案していた。しかも、ロー・カントリーにおけるオランダの防壁については、何の規定もなかったが、それを欠いては、オランダは、フランスの属国にすぎなくなるだろう。アバディーンにとって幸運なことに、英国政府は、海上権《マリタイム・ライツ》に対する彼の無頓着な態度がどんなことを意味したかまだ知らなかった。しかし、アバディーンの喜々とした報告に対するカースルレイの最初の反応からみると、カースルレイがそんな提案に対して乗り気でなかったことは明らかであった。カースルレイは、用心深い言葉使いで同盟諸国の採った手段を既成事実として承認はしていたけれども、イギリスがこれらの条件にもとづく講和以上に恐れる唯一のことは、同盟の瓦解であることを示していた。カースルレイは、次のように書きしるしている、「貴下は、我国は、フランスを昔の版図に厳格に制限しないような講和に対しては、不快の念をもって見ているということをよく承知しているはずです。実際、いかなる（著書傍点）条件にせよ、ナポレオンと講和を結ぶということは、いたって評判が悪いのです。……我国は、同盟諸国とともに、講和のもたらす危険と斗う用意があります。……しかし、私は、我々が同盟諸国に対して、彌縫策的に不完全な協定を締結しないように勧告していることに満足しています」（注八）。

カースルレイは、フランクフルト提案（訳注4）がアントワープについて、何ら言及されていないことについても不安を感じていた。彼は、しつこいくらいにこう書いている、「私は、貴下が、アントワープにとくに注意するよう求めるものであります。あの兵器庫の破壊は我国の安全にとって欠くべからざるものなのです。アントワープがフランスの手に残されることは、大英帝国に、永久的に戦時編成の費用を課するようなものです。我国が、この戦争において、大陸諸国のために、ありとあらゆる努力を払ったのですから、大陸諸国は、我国と大陸諸国双方にとって、多くの危険をもたらす根源をなくす責任を負っているのです」（注九）。また、別の手紙で、カースルレイは、現在の状況では、イギリスは、その植民地を放棄しても、オランダとイタリアのための若干有利な国境を得るにすぎないと警告している（注一〇）。そして彼の不安は、最後に、〝自然の国境〟という言葉に反対したことに表われていた。同盟諸国の提案は、権利としての要求ではなく、政略的考慮から出ていたので、一度拒絶されると維持する必要がないものだった（注一一）。カースルレイは、これらの条件では、イギリスがたとえ二十年間の戦争を経てさえ、講和を結ぶことは難しいだろうと信じていた。

しかるに、またしても、ナポレオンがすべての困難をとり除いてくれた。ナポレオンが、ライヘンバッハ条約の基礎を受け入れていれば、メッテルニヒの計略の裏をかくことが出来たかもしれなかったように、フランクフルト提案を受諾すれば、対仏大連合を瓦解させたかもしれない。しかし、征服者ナポレオンは、まだ敵の決意の固さを信ずることが出来なかったのである。十一月二十三日、一通の覚書がバッサノ公から届けられた。それには、ただ会議の場所としてマンハイム（訳注5）を提案されており、全面講和のために、犠牲を払う用意があるというイギリスの意思は、何に対して言明されたものかを問合せる以外には、同盟国の条件については、何らふれられていなかった。イギリスが海上権《マリタイム・ライツ》の譲歩によって、ナポレオンとの戦争を終らせるかもしれないというような印象を与えたことにイギリス内閣は激怒した。カースルレイは、アバディーンに二通の激しい調子の覚書を送り、文書で同盟諸国に抗議するよう訓令した（注一二）。しかし、アバディーンがこの役目を果たす前に、十一月二十五日、メッテルニヒは、同盟諸国の名において、フランクフルト提案が受け入れられない限り、交渉は、開始されない旨、回答していたのであった。

ナポレオンは、心理的に、そのチャンスをつかみそこねたのだった。彼は、軍隊を増強する時間かせぎのために、フランクフルト提案の受諾を遅らせたのだった。しかし、ナポレオンが、問題を、力による抗争の場で解決しようとしたために、かえって同盟諸国に、その相対的力関係を完全に認識させる機会を与えたにすぎなかった。同盟軍が、スイスを通り側面攻撃のために南に向っている時、メッテルニヒが、のちにコーランクールをして、敗戦よりも大きな打撃だったと言わしめた、フランス国民にあてたきわめて好意的声明文を起草した。その宣言には、次のように記されていた。戦争は、フランスに対してなされているのではなく、フランスのヨーロッパ支配に反対して行なわれているのである。まさに、この理由のために、同盟諸国が、その勝利にもとづいて行なう第一の行為は、和平を提案することである。しかるに、ナポレオンは、新たな徴兵をもってこれに応えた。同盟諸国は、フランスが、偉大で強力な国家たることを願い、事実、歴代の王の下にあった時よりも偉大であることを望んでいると同時に、同盟諸国は、みずから平和に存在することも望んでおり、正義にかなった力の均衡が達成されるまで戦斗行為を休止することはありえない(注一三)。メッテルニヒは、この宣言を起草しながら常に、この戦争が、聖戦にならないように気を配っていたのである。メッテルニヒは、たとえフランスという均衡勢力を維持することによって、ツァーのもくろみを防止することが出来ないまでも、穏健な声明にツァーを参加させることによって、彼を抑制しようと考えていたのである。

メッテルニヒが主張したように、その宣言が、フランス国民の平和への願望を高め、かくして、フランス国内においてさえ、ナポレオンに反対の圧力を加えるのを狙っていたにせよ、それは、ほとんど必要のないことだった。ナポレオンは、国民の不満に屈して、外務大臣をバッサノ公から、講和論者として知られているコーランクールに代えた。しかし、十二月二日、コーランクールが、フランクフルト提案を受諾した時は、あまりにも遅すぎた。同盟軍がフランス侵攻を準備しつつあった時、メッテルニヒは、コーランクールからの手紙をロンドンに送り、英国が、特命全権大使を任命するよう求めたにすぎなかった。

(注一二) Fournier, August, *Der Congress von Chatillon* (Vienna, 1900) p. 242, (Appendix), 一一月九日。

(注一三) B.D., p. 43f., 一八一三年一一月二八日。

（注三）　Webster, I, p. 174.
（注四）　Fournier, *Congress*, p. 91.
（注五）　B.D., p. 110.
（注六）　B.D., p. 107.
（注七）　Fournier, *Congress*, p. 32.
（注八）　C.C. IX, p. 74, 一八一三年一一月一三日。
（注九）　C.C. IX, p. 75.
（注一〇）　B.D., p. 115, 一八一三年一一月三〇日。
（注一一）　B.D., p. 117, 一八一三年一二月七日。
（注一二）　B.D., p. 116f.
（注一三）　Fournier, *Congress*, p. 23f.

（訳注1）　一八一四年九月七日、北ボヘミアのテプリッツ（現在チェコスロバキアのテプリース）で、オーストリア、ロシア、プロシアの三国は、これまで約束したことを再確認するとともに、フランスとは、共同でなければ講和しないことを約束し、更に秘密条項で、ナポレオンとの講和条件を協定した条約。

（訳注2）　ピット構想にもとづいたイギリスの一般的同盟案にロシアの賛成がえられなかったこと。

（訳注3）　ドイツの公国の一つ。ポツダムがプロシア軍国主義の象徴とすれば、ワイマールは、ドイツ文化の中心地で一七七五年にゲーテが来てからは、ヨーロッパ文学のメッカだった。一八一五年ウィーン会議以後はザクセ・ヴァイマール・アイゼナッハ大公国となった。

（訳注4）　一八一三年一一月九日、フランクフルトでメッテルニヒは、一〇月二九日の三者会談にもとづき、ナポレオンに対して行った〝自然の国境〟の提案。

（訳注5）　西ドイツの都市。ライン河とネッカー河の合流地点にあり、ライン河上流の主要港。

これが一八一三年十二月の情勢だった。一般的同盟の締結を求めるイギリスの期待は裏切られてしまった。同盟諸国が、ナポレオンを敗北させねばならないということについては一致するにせよ、この一致が、ヨーロッパの新体制をつくり上げるコンセンサスを意味しないということは、イギリスにとっては、驚きであった。しかも、フランスのヨーロッパ支配の危険は、明らかだったのに、これが、新たな均衡を構築するための十分な推進力にならないということは、イギリスにとって思ってもみないことだった。コーランクールが、フランクフルト提案を受諾したまさにその時、イギリスの提案した一般的同盟を締結しようとする努力が、同盟軍司令部では、手詰りの状態に陥り、解決の場はロンドンに移されてしまっていた。しかし、ロンドンでは同盟諸国の各大使は、全権を与えられていなかったから、そこでの交渉も何ら結論が得られなかった。他方、セント・エニアンを通じての折衝では、目前の戦争目的でさえも、その解釈はいろいろと異っており、同盟諸国の中には、勝利よりも敗北を恐れている国があるということが示されたほどだった。イギリスの影響力も、その払った犠牲の大きさの割には、小さなものだった。当時の通信の困難さによって、カースルレイの手紙は、事件よりもたいがい十日も遅れて到着する状態だったし、他方、大陸に派遣された英国代表には、権限が分割して与えられていたために、その効率はよけいに悪かった。ハルデンベルグ(訳注1)が、英国評議会と呼んだスチュワート、アバディーン、カスカートの三人は、内部のライバル関係に悩まされていた。アバディーンは、セント・エニアンとの交渉を自分の同僚二人に秘密にしておくような無礼があったために、もう少しで、スチュワートが辞任するところだった。これら三人の英国代表の誰一人として、その任に耐えうる人物はいなかった。アバディーンは若すぎ、スチュワートは、うぬぼれが強すぎ、カスカートは愚鈍だった。いずれにせよ、スチュワートとカスカートは、ささいなことに腹を立てる兵士のようだったし、アバディーンは、ナポレオンの不運に対するある種の憐れみを完全に抑え切れなかった。英国政府は、十二月二十日、英国代表団に権威を与え、懸案の交渉を処理するために、大陸への使節として、その外務大臣を派遣するという前例のない手段をとったのである。

カースルレイへの訓令――大部分彼自身によって起草されたものだが――は、戦争に対するイギリスの考え方を反映したものであり、大陸の覇権に反対する象徴としての対仏大連合の重要性、島国の安全保障を意味するものとしてのオランダの重要性、共同行動の際の十分なきずなとしての善意の重要性を述べていた（注一）。その訓令は、まさにイギリスらしく海上権《マリタイム・ライツ》への次のような言及から始っていた、「同盟諸国大臣より、海上権問題について満足しうる保証を得て、H・R・H（摂政）殿下が、直ちに、陛下の外務大臣の同盟諸国司令部への派遣を命ぜられたことに深く感謝の意を表するものであります……」と。かくして、イギリスの最も基本的な利益が保証されたことによって、カースルレイは、同盟諸国との理解を深め、敵との交渉に際して一つの共通の利益を代弁することになったのである。イギリス政府は、まだ合意がえられない理由は、主として、イギリスの動機に対する誤解にあると信じていたので、カースルレイは、「大陸の全体的な利益に出来るだけそいたいとの願望を示し、有利な講和を結ぶに際しては、確固たる決意をもって同盟諸国を支持するという最も明確な保証を与え、しかも、イギリスがみずからの目的実現のために、同盟諸国を前面に押し出す傾向があるなどという疑惑をもたれるようなことは一切避けよう」としたのであった。

しかし、イギリス政府の心は、主としてイギリスの目的にあったことは明らかだった。従って、その訓令は、述べられていることと同様に、述べられていないことが重要だった。それは、イギリスがまだ十年間にわたる孤立の経験をのり越えていなかったことを物語っていたのである。すなわち、島国の政策からヨーロッパの政策への転換がいまだなされていなかったのである。たしかに、イギリスは、共通の利益を口にしたが、それは、フランスを軍事的に敗北させることを意味していたし、また、ヨーロッパの均衡を支持したが、それは、実はアントワープのことを考えていたのだった。イタリアとドイツをどう編成するかについては、ほんの申し訳程度の注意しか払われていなかったが、大量の同盟軍をオランダへ入れることについては、かなり大きなスペースがさかれていた。ポーランド問題については、全く述べられていなかった。海上の講和に対する特別の覚書には、ロー・カントリーに関する満足すべき協定が結ばれた場合には、イギリスが返還する意図のある植民地のいくつかを列挙してあった。同盟は、戦争終了後も継続すべきであるとされていたが、戦争の原因は、同盟当事国がヨーロッパにもっている領土に対するフランスの攻撃だけだった。イギリスは、ナポレオンに反対する戦争に没頭するあまり、勢力均衡を脅やかす他の脅威があるかどうかという問題は、考慮さえされなかったのである。

　カースルレイが使命を帯びて大陸へ出発した時には、フランスの覇権による危険は、過ぎ去っていたが、それに代るものが何であるかは、まだそのアウトラインすら明らかにはなっていなかった。対仏大連合は結成されたものの、共通の危険という意識によってかろうじて結束が維持されているにすぎなかった。その敵が無力となった時、その同盟の中の遠心力的要素が徐々に現れつつあった。ナポレオンの敗北は、確実のようだったが、従来のフランスによる全面的支配が、競い合う諸勢力が入り乱れた混沌状態以外の何によって置きかえられるか、皆目見当がつかなかった。イギリスの政策は、その時はまだ、〝満足している〟ロシアと、善意の必要性に対する自明の理によって維持されるヨーロッパの均衡という二重の幻想にもとづいていたのである。イギリスが、その狭い島国的見解を克服出来るかどうか、つまり、オランダの独立とイギリスの安全保障は、ヨーロッパの勢力均衡の一側面にすぎないことを理解するに至るかどうか、まだ明らかではなかった。

多くのことが、その時、同盟国司令部に急行しつつあった一人の人物にかかっていたのである。安全保障が、孤立して存在しうるのか、それともヨーロッパの一員として参加することに存在するのかを決定することになるのがその人物だった。また、平和の必要性が、フランスへの脅威と同様に、同盟の有効な紐帯となりうるか否か、敵を敗北させたのち、連合が、それ自体の目標を見い出しうるかどうか、さらに、連合が、外部からの圧力によらずに、自制を行えるかどうかを決定するのが彼であった。大陸諸国のささいな問題をめぐっての抗争から超然としていられれば、彼は、ヨーロッパの仲裁者となりうるだろう。事実として存在するに過ぎない連合から、現実にその機能を果たす連合に変えることが、カースルレイの役割だった。

（注一）Text, B.D., p. 123f., 一八一三年一二月二六日。

（訳注1）Hardenberg, Karl August, Prince von (1750—1822) プロシアの首相。一八〇四年外務大臣になったが、一八〇六—七年の敗戦ののちナポレオンの命令で政治から引退せねばならなかった。しかし、一八一〇年シュタインの辞任のあとを受けて首相となり前任者のしいた路線の第二段階として内政の改革をすすめた。彼は、シュタインのような深遠な強い個性はなかったが、柔和であり、長く国王の信頼を得た。プロシアの政策の目標は、「領土がえられ、国境が広げられるような時は常に状況を巧みに利

用することにある」と述べているが、ウィーン会議では必らずしも成功しなかったにせよ、ナポレオン戦争というフリードリッヒ大王の七年戦争以来のプロシアの危機を救った。

第七章　連合の危機

同盟に対するカースルレイの見解――戦争目的の機能――連合の〝正統性〟――カースルレイとメッテルニヒとの理解――ラングルにおける協議――シャティヨン会議――その第一段階――トロワーにおける協議――戦争目的の決定

I

カースルレイ卿の経歴の中には、おそらく、イギリスの政治家の中でももっともヨーロッパ的となるべく、船で大陸に向うことになるなどということを暗示するようなものは何一つなかった。その時までに彼がとった手段というものは、すべて、もろもろの出来事によって強いられたものだった。ナポレオンに対抗する連合の必要性は、イギリスの政策のもっとも基本的原則だったので、外務大臣の対処しなければならない問題は、結局のところ、それをいかに最善に成し遂げるかという本質的には、技術的仕事だった。シェルト河口の支配や、地中海に突き出たいくつかの半島の自由――ピットの構想ではうまく計画されていたが――は、イギリスの戦略の自明の理を表わしていた。しかし、カースルレイが大陸に向けて出帆しようとしていたとき、イギリスは、重大な問題点――おそらく、逆境の中にあって英雄的不撓不屈の精神で斗う以上に困難なこと、つまり国家が新たにその目的を生み出さなければならないような――に直面していたのである。外部の世界が、もはや征服されてはいなかったので、それは、あらゆる挑戦をもたらしたのである。イギリスにとっては、現実について全く新たな解釈を下さなければならなかったのである。島国としては、安全保障の本質についての議論からこの仕事にとりかかり、そして、ここでナポレオンに再び焦点をあてたのは当然のことだった。

事件から離れたところに位置する島国は、戦争というものが、その内在的原因によって起りうるということを認めることは難しい。島国の戦争参加は、たいてい防御的であるから――つまり、ヨーロッパが一国に全面的に支配されるのを防ぐことだが――島国は、平和の必要性が、力の均衡を達成するための十分な正統性あるものと考えるのである。平和によって利益がもたらされるということが明らかな世界――満足している国家という意味だが――では、戦争はよこしまな人間の敵意によってしか引き起されないと考えるのである。力の均衡というものが、本来的に不安定なものであるということが理解されないから、戦争は、大動乱の〝原因〟をなくそうとする聖戦になりがちなのである。ナポレオンが占領した国々でさえ、イギリス以上には、ナポレオンを忌み嫌っている国はなかったし、イギリス以上にナポレオン王朝を存続させるような講和を結ぶことを渋った国も他にはなかった。

カースルレイがイギリスを離れる前から、各地からもたらされる勝利の知らせは、ナポレオンの運命は、同盟諸国の意思一つにかかっているようだった。もうすでに、同盟軍は、スイスを通りフランスに侵入していたし、ウェリントン（訳注1）麾下の英軍は、ピレネー山脈を越え、現地の人々に熱狂的歓迎を受けていた。ウェリントンは、今こそブルボン家の皇子がフランスに姿を見せるべきだと言ってきた（注二）。カースルレイを大陸に運ぶ船が濃霧のためハーウィッチ（訳注2）に停泊していた時、内閣は、ウェリントンからの書簡をカースルレイに転送し、その好意的感情をかくさなかった。ナポレオンに代る人物は、誰の目にもフランスの最後の王の弟で、ブルボン家の〝正統な〟継承者――のちのルイ十八世（訳注3）——以外にありえないということは明らかだった。カースルレイは、実際上、自分が交渉するために派遣される、まさにその相手政府の転覆を求められていたわけである。

政府が、イギリスの国民感情を反映していたことに疑問の余地はない（注二）。しかし、カースルレイには、イギリスの安全保障と一個人の運命とを同一視するつもりはなかった。彼は、フランス国民世論のどれ一つとして、イギリスが同盟から離脱すると言っているものはないし、同盟諸国は、イギリスがブルボン家のためにするあらゆる努力を、交渉を決裂させるための口実と考えるだろうと力説した。「我々は、我国が、常に講和の問題で心の中では、何か留保しているのではないかと疑われていることを想起すべきであり、我々は、もっと用心深く行動すべきです。……もしボナパルトが、政府の条件をのむと言ってきた場合には、ブルボン家を復位させようなどという同盟を反革命の迷路に陥れるような危険をおかすべきではありません」（注三）。これは、カースルレイの政策の基本原則を初めて表明したものだった。つまり、同盟の結束こそ、イギリスの最も基本的国益以外のすべてに匹敵する程重要であり、さらにうまく換言すれば、ヨーロッパの連合が、イギリスの基本的利益の一つになることだった。

このことは、イギリスの国益が完全にないがしろにされるということではなく、イギリスの利益が、同盟国の結束という枠組みの中で見い出されるということを意味していたのである。大陸に到着後、カースルレイは、途中、ハーグに立ち寄り、イギリス皇女とオランダの王位相続権者オレンジ公（訳注4）との婚姻をととのえ、ベルギーをオランダに組み入れるのに尽力することを約束した。また彼は、フランスに対する要塞を建設するのに必要な金額をイギリスが支払う代償として、喜望峰を大英帝国に割譲させた（注四）。このように、カースルレイは、イギリスの最も重要な利益を守ってから、同盟国司令部に向け出発した。彼は、同行者のリポン伯爵に、調停者としてつとめ、当事国間の意思疎通を円滑にし、挑発をとりのぞき、もろもろの主張をやわらげるつもりであるとの彼の意図を語ったのはこの旅行中のことであった(注五)。もし、戦争が悪意によって引き起されたものであるならば、善意は、それを救うことが出来るはずだった。

そのことは、きわめて必要なことだった。大陸のイギリス大使たちからの手紙によれば、カースルレイが、やってくるとの期待によって、かろうじて司令部内での意見の衝突が先に延ばされているにすぎないことが徐々に明らかになってきた。アバディーンは一月六日、次のように書いている、「敵との関係では、我々の情勢は、この上なくよいのですが、味方同士の関係は、全く逆なのです。長い間くすぶりつづけてきたものが、今や爆発しそうです。貴下が出席してくれることは、まさに神の助けです。もし、貴下が、公平無私の態度をもって来るならば、どんなことでも解決することが出来るでしょう。貴下がなさんとする任務は、言葉では表わせないほど重要なのです」(注六)。

カールレイは、敵が大いに弱体化したことによって、同盟諸国間の関係に根本的変化が生じた、まさにちょうどその時、司令部に到着しようとしていた。敵が、連合の構成国のどの一ヵ国よりも強力である限りは、結束することの必要性の方が、各々勝手に自己の利益のことを考えようとすることよりも強いのである。そのような時は、安寧を求める勢力は、周囲の状況として、戦争目的に限界を規定するよう主張することが出来るのである。しかるに、敵があまりにも弱体化して、個々の同盟国が単独で、その目的を達成できるようになれば、連合というものは、最も強硬な国の意のままになってしまうものである。そして、力の均衡をつくり出している要素のうちの一つが完全に崩壊するような事態に直面すると、他のすべての国々は、歩調を合せようと自分たちの要求を増大させるものである。

それゆえに、同盟諸国が、ほとんどなんの抵抗もなくフランスに侵入し、完全な勝利は、同盟諸国の意思か、あるいは、個々の同盟国の意思だけで達成されそうに思われるに至ったとき、一八一四年の対仏大連合は、ツァーとメッテルニヒとの対立によって分裂の危機にひんしたのも偶然ではなかった。このような事態になった原因は、勝利があまりにも完璧だったために、メッテルニヒが、計算ちがいをしていたことにあった。彼は、ナポレオンに講和を結ばせることが出来るのは、心理的、軍事的圧力の組み合せ、つまり、講和の名のもとに斗われる戦争と、戦争の脅威とともに提案する講和による以外にはないと考えていた。それゆえ、メッテルニヒは、軍事的衝撃を与えると同時に心理的衝撃を与えるためにも冬期作戦を主張したのだった。彼はほとんど一人でツァーの激しい反対――ツァーは、彼の尊敬する師ラ・アルペの母国であるスイスを侵略したくなかった――を押し切り、また、プロシア王の自己の利益をつかもうとするためらいに反対して、スイスを経由した側面攻撃を計画したのであった。メッテルニヒは、まだナポルオンが、戦斗では、個々の同盟国を打ち破ることが出来るほど強力だと思っていたので、オーストリア軍を撤退させると脅すことによって、常にその作戦に歯止めがかけられると信じていたので、そうしたのだった。

メッテルニヒは、そうした限界を、十八世紀までの「大いなる秩序《グレイト・クロックワーク》」と考えられていた宇宙の合目的性を表わす解決とぴったりと調和する限界の一つとして求めていたのだった。彼がナポレオンと斗ってきたのは、その外交政策が、国際秩序に革命的攻撃を加えたからだった。しかし、彼がナポレオンの国内政策に敬意を払ってきたのは、十年間にわたる社会的大動乱を鎮める功績があったからだった。従って、メッテルニヒは、国際的均衡に脅威を与えるものとして、ナポレオンを除こうとしたが、一方では、社会的均衡の擁護者として彼を維持したかったのである。しかし、いかなる政策といえども、あらゆる利点を組み合せることは出来ない。国内的にナポレオンを独裁者にした、まさにその資質こそ、国際問題においてナポレオンを革命家にしたのであった。また、国内の反対者を打倒したまさにその非妥協性こそ、ナポレオンに外敵との講和を結ばせなかった原因でもあった。同盟軍が、ラングル高原（訳注5）を横切ったとき、パリへの道にはさえぎるものはないようであり、フランスは、もはやバランスをとる役割を果たす国ではなくなったように思われた。そして、力の均衡を回復するという名目で斗われた戦争は、その欠くべからざる歯止めを失ってしまったのであった。

これ以上進軍を続ければ、すでに無力になっている敵を一段と弱体化し、かくて、ロシアの相対的地位を強めるだけだった。オーストリアは、ナポレオンの力がある程度以下に弱められないと安心出来なかったが、同様に、ロシアの意のままになる中央ヨーロッパやフランスの革命政権にも不安だった。カースルレイの言葉なのだが、ロシアは、戦後のポーランド問題の支配者として残るかもしれないということに対するメッテルニヒの危惧は、一歩前進するごとに大きくなっていった。そのうえ、これから始まろうとする抗争では、ツァーの方があらゆる面で有利になる状況だった。メッテルニヒの絶頂期は、オーストリアが、軍事的にも外交的にも要の地位にあった時だった。すなわち、一八一三年六月には、同盟国が決定的勝利を得ようとする場合は、オーストリアの加勢なくしては不可能だった。しかも、オーストリアは、外交を行なえる能力のある唯一の国家だった。なぜならば、オーストリアは、双方から承認された〝正統性理論〟をそなえていたからだった。すなわち、ナポレオンとは姻戚関係で結ばれ、ロシアとプロシアに対しては、勢力均衡を回復するという大義名分があった。しかるに、今や、ツァーは、一人で押し切ることが出来るし、しかも、より重要なことには、メッテルニヒではなくて、ツァーが、共通の努力という〝正統性理論〟をもっていたのである（注七）。

というのは、戦争は、それ自体正統性をもっており、しかも、それは、勝利を得ることであって、講和を結ぶことではないからである。全面戦争のさ中に講和の条件を口にすることは、冒瀆であり、つまらない打算のように思われるだろう。力が最高にはぶりをきかせている時には、いかなる条件も、共同行動の活気に水をさすもののように見えたり、束縛するもののように思われるのである。オーストリアのもっている交渉の際の最強の武器は、単独講和だったが、ツアーの決定的な訴えは、敵を敗北させることだった。ツアーが、カスカートに、講和は、完全な勝利が得られるまで延期すべきだと語った時(注八)、彼は、連合の神話の〝良識〟を語っていたのである。それに対してメッテルニヒが、ナポレオンと講和を結ぶためにもう一度努力すべきだと主張した時、その同じ神話でいえば〝臆病さ〟をさらけ出していたのである。勝利を得た時の寛大さは、後世の人々によってのみ正しく評価されうるものであるが、その当時の人々からは、不必要な降伏と見られがちであり、めったに正しい評価など与えられないものである。メッテルニヒは、外務省の首席次官であるフーデリストに対し、次のように書き送っている、「まだ生き残っている唯一の悪魔(訳注6)は、力があり過ぎます。我国をこの悪魔から守るには、私の穏健な政策による以外にないのです。……私は、これまで災厄の大きさによって悩まされてきたと同様に、今度は、勝利の大きさによって困惑しているということは、貴下に申し上げるまでもないことでしょう」(注九)。

ツアーとメッテルニヒとの間の抗争は、たいがい形式上は、枝葉末節的なものだったが、このような理由のために、実質的には、安定した国際秩序をどのように構築するかという本質に関する争いだった。アレキサンダーは、新しい国際秩序を自己の意思どおりに実現させ、自己の理論の高潔さによってのみ安全が保たれるような体制をつくろうとしていた。一方、メッテルニヒは、諸国家にとって、あまりにも大きな自制を必要としないような力の均衡にもとづいたそれを欲っしていたのである。ツアーは、この戦争を道義的象徴に変えることによって、戦後の時代を神聖化しようと考えており、他方、メッテルニヒは、物理的均衡を表現するような戦争目的を明確化することによって、講和を保証しようとしたのである。例のごとく、アレキサンダーにとっては、個人的憎悪と国家理性とを区別し、道義上の要求と国家としての野心を区別することが困難だった。しかし、これらの動機は、お互いに補強しがちであるから、その区別が出来ないということは、さほど重要ではないだろう。メッテルニヒとツアーの意見の不一致は、スイスへの侵入問題に端を発し、ツアーは、スイス侵入は、ロシアへの宣戦とみなすと言って威したのだった。しかし、メッテルニヒは、イタリアと直接連絡をつけることの方が、皇帝の不興を買う以上に重要と考えたので、スイスがみずからの中立を守るためにオーストリア軍を招き入れたとの複雑な策略を考え出したのである。メッテルニヒは、この既成事実をもってツアーに対したが、彼がアバディーンに述べたように、実質を確保してしまったあとで、原則はツアーに譲ったのである（注一〇）。かくして、両者の不和は、数多くの友情の言葉が交されたにもかかわらず、その後数ヵ月間は解消されなかった。

　さらに根本的な意見の対立が間もなく表れた。メッテルニヒは、戦争を聖戦にするのを避けようと努力してきたが、彼の交渉の立場は、フランスの無力が明らかになってくるにつれて弱められてしまったのである。そこで彼は、フランス軍の抵抗の代りに、軍事行動の手綱を引き締めようと考え、一月八日、シュヴァルツェンベルグに、〝用心深く〟進軍し、「好戦的行為を避けることによって、平和を願うフランス国民の願望を利用する」よう命じたのである（注一一）。アレキサンダーは、なお、状況を流動的にしておこうとしたのである。彼はあくことなく、自己の善意を持ち出し、ナポレオンとの講和は不可能なこと、そして、勝利がえられるまでは、戦後の国境についての具体的討議はさけるのが賢明であると主張した(注一二)。ツアーは、フランスの力を物理的になくすのに代えるものとして三つの再保証を提案してきた。一つは、同盟諸国が、フランスの国境を越えたあらゆる問題の解決に際しては、ナポレオンを除外するという条約を結ぶことであり(注一三)、いま一つは、ナポレオンが打倒された場合には、フランス王には、以前ナポレオンの元帥で、現在スエーデン皇太子のベルナドット(訳注7)を就位させることだった。これによって、ツアーは、神秘的であると同時に、狡猾な人間でもあることを証明したのである。フランスから、ヨーロッパの諸問題に対する発言権を奪うことは、外交的にフランスをヨーロッパの勢力均衡から抹殺することを意味し、一方、ベルナドットをフランス王位につけることは、事実上、ロシアが優位に立った仏・露同盟を復活させることになるだろう。

しかし、メッテルニヒは、一八一三年に、戦争を王位の正統性理論におくために、存亡の危険をおかしてまで斗ってきたのであって、革命から生れてきた人物を王位につけて戦争を終らせるつもりなど毛頭なかった。ナポレオンに代る者はいかなる者といえども弱体だろう。弱体な政府はみな人民の政府であろうとするにちがいない。人民の政府というものはみな、ジャコバン党を喚起するであろう。メッテルニヒは、たとえ、ナポレオンの滅亡が避けられないにせよ、力の要素に依存しているとはいえ、ナポレオンのようなカリスマのない一元帥を受け入れる意思はなく、人民の意思から独立した正統性をもった支配者のみを受け入れるつもりだった。メッテルニヒが、マリー・ルイスによるハプスブルグ家の摂政制さえやってみる気はなかったのは、彼の脳裏には、マリー・アントワネット(訳注8)の運命があまりにも鮮烈にやきついていたからである。メッテルニヒが認める唯一の代替策は存在しているものか、〝正統性〟王朝だった。すなわち、社会革命を超越してきた男ナポレオンか、あるいは、社会革命に反対することによってのみ存在しうる王朝だった。

メッテルニヒは、戦勝の結果、恐れている仏・露同盟の亡霊が再び現れるまで拱手傍観しているつもりなどなかった。彼は、再び強力な中央ヨーロッパという自分にとって好ましい構想にもどり、プロシアに対し、もしプロシアが、ポーランド問題でツアーに反対するならば、サクソニーの併合を黙認してもよいと提案することによって、プロシアをロシアから引き離そうとした（注一四）。メッテルニヒは、また、オーストリアの総司令官指揮のもとにあって、均衡を完全に破壊するような軍事行動を許すつもりもなかった。彼は、一月十六日、シュヴァルツェンベルグに、追って訓令のあるまで、同盟軍の進撃を停止するよう命じた。オーストリア――その存在は、国内的にも国際的にも限界を認めることにかかっており、この理由のためにナポレオンと斗ってきたのだが――は、聖戦を遂行することによって、ヨーロッパに新時代を開くつもりはなかった。メッテルニヒは、フーデリストに次のように書き送った。「我々の約束はすべて成し遂げられました。連合のかつての目標はすべて達成されたばかりではなく、限度を越えてしまいました。今や、我々は、もう一度、我々の目的を明確にしなければなりません。というのは、目的は、あらゆる友好には必らずあるように、もろもろの同盟にも必らずあるものだからであり、もし同盟が厳密に決められた目的をもたなければ、同盟は崩壊するでしょう」（注一五）。

カースルレイが同盟軍司令部に近づきつつあったとき、かつて、対仏連合は、ナポレオンの強力な軍事力によって崩壊させられたのだったが、今度は、ナポレオンが無力に思われたことによって崩壊の危機にひんしていたのである。同盟諸国間のライバル関係がいかに大きかったかということは、二つの司令部がバーゼルでカースルレイの到着を待っていた事実によって証明された。一つは、ツアー派のロシア軍司令部であり、もう一つは、メッテルニヒ派のオーストリア軍司令部だった(注一六)。幸いなことに、何の説明もされずにパリへの進軍が止められていたので、ツアーの進軍しようとはやる気持ちの方が、カースルレイに出来るだけ早く会見したいという気持ちよりも強かったために、ツアーは、カースルレイが到着する二日前に、シュヴァルツェンベルグの司令部に出発してしまった。カースルレイの態度が、連合の運命と戦争の結末を決定するだろうことは明らかだった。もしイギリスが、その目的を英仏海狭の安全に限定するならば、ポーランドは失われ、ロシアはフランスに代りヨーロッパでの優位を獲得するだろう。また逆に、カースルレイが、イギリスの安全保障は、ヨーロッパの安定にかかっていると理解するならば、力の均衡による平和を建設することは可能となるだろう。

カースルレイは、ほとんど何の先入感ももたずに到着した。彼は、同盟諸国の結束が、どんな局地的利益にかかわる思惑よりも重要であると固く信じてはいたが、争われている問題が、本質的に局地的問題でないからこそ、きわめて困難だということが、まだ認識していなかった。一月十八日、カースルレイは、バーゼルに到着したとたんに、連合がもうすこしで瓦解しそうになるような問題に直面した。ナポレオンとの講和を結ぶべきか、それともパリへ進軍を続けるべきかという問題だった。というのは、一月九日、コーランクールは、同盟軍前線にやって来て、講和交渉を行なうため、司令部までの護衛案内を求めてきていた。身の安全の保証もなく外務大臣を敵の司令部に派遣するなどということは、ナポレオンの無力をあらためて、象徴するものと解釈されたにすぎず、ツアーの進軍しようとする欲求に拍車をかける結果になってしまった。そして、コーランクールが回答を促すと、カースルレイの到着を待つよう、そして、同盟諸国が交渉を開始する用意がある際には、通告すると告げられていた（注一七）。同盟諸国が、ナポレオンの運命は、あたかも同盟諸国の意思一つで決るかのような議論をしていた時、コーランクールは、リュネヴィル（訳注9）で待機していたのである。

一月十八日から二十二日までの間に、カースルレイとメッテルニヒは、連合の将来について数回の会談をもった。カースルレイは、ベルナドットに関するツアーのもくろみを知って驚いた。カースルレイの考え方をよく表わしているが、彼の主な関心は、ツアーのもくろみが、ヨーロッパの均衡にどんな影響を与えるかではなく、戦争の遂行にどんな影響を与えるかにあったのである。彼は、こう述べている、「ツアーのその計画に別に悪いところは無いにせよ、同盟軍を麻痺させるという意味では、その影響は重大だといわなければなりません。私は、この計画が葬り去られるまで、オーストリア軍は、前進しないと信ずる理由があります……」（注一八）と。ここに再び、ナポレオンの運命に関する問題がもち上り、しかも、全く予期しなかった角度から提起されたのである。すなわち、カースルレイが、同盟の結束のために、ナポレオンを打倒するようとの政府の要請に反対したのである。今や、同盟の結束は、この問題のために崩れてしまい、そして表面上は、イギリスは、みずからの目的だけを勝手に追求しているかに見えたのである。

しかしながら、カースルレイは、ヨーロッパ的観点から決定を下したのであって、島国的観点からしたのではなかった。メッテルニヒは次のように報告している、「私は、カースルレイをいくら賞賛してもしすぎることはありません。彼の態度は立派であり、彼の仕事ぶりは、正しいと同様に率直なのです。私は、ひとつとして、彼との意見の相違点を見い出すことは出来ません。貴下に、彼のムードは平和的であり、しかも我々のいう意味で平和的であるということを確信をもって保証します」

(注一九)と。安定を求める二人の偉大な政治家は、会見し、お互いに理解し合ったのである。一方、カースルレイもまたこう報告している、「オーストリアの大臣は、彼のもっている欠点以上に悪く言われているのです。彼は、組織を前進させる偉大な才能をもっています」(注二〇)と。カースルレイは、政治的動乱に反対する保証として、ブルボン家の統治下のフランスを望んだが、同盟の結束を維持するためには、ナポレオンと交渉する意思はあった。他方、メッテルニヒは、社会革命を防止し、仏・露同盟を阻止するためにナポレオン統治下のフランスの方が好ましかったが、イギリスとの友好関係を維持するためには、ブルボン家との講和を結ぶ用意があった。両者は、ナポレオンとブルボン家は、二者択一の問題であること、ベルナドットとマリー・ルイスの摂政制のいづれも除外されるべきであるという点で合意を見た(注二一)。その選択は、フランス国民にまかされることになるが、同時にナポレオンとの講和の可能性も追求されることとなった。カースルレイは、リヴァプールに次のように書き送った、「我々はそのような問題(ナポレオンの打倒)について主導権をもっているような印象を与えることによって、我々自身わずらわされてはなりません。もし我々が、他のあらゆる条件に優先するかのように、フランスの現在の政府の打倒に拘泥しているならば、我々は最大限に我国の要求を主張することが出来なくなるでしょう」(注二二)。メッテルニヒは、次のように報告している、「パリが、誰と講和を結ぶべきかを決めてくれるでしょう。我国が、誰と交渉を行なうべきかという実験を行なうことが果して賢明なことでしょうか。もし、私が、一人で独自に行動出来るとしてもそうはしないでしょう。しかも現在の状況においては、結束の必要性が他のあらゆる考慮に優先しているのです」(注二三)。

このように、ためらいや誤解がありながらも、メッテルニヒとカースルレイの協力関係が始り、そしてそれは、カースルレイの死に至るまで続くこととなるのだった。カースルレイ――彼は、連合それ自体が目的だと考えていたが――が、連合内の意見の相違を調整する人物となり、メッテルニヒ――彼は、連合を正統性理論の副産物と見ていたが――が、そのスポークスマンとして行動することになったのもけだし当然だった。カースルレイとメッテルニヒが、ツアーに会見するためにラングルまでおもむいた時、両者とも満足していた。というのは、カースルレイは、オーストリアが歓迎はしないが、講和を達成する方法が他にないとすれば、ナポレオンの打倒には必らずしも反対しないということがわかり、しかも、メッテルニヒが、ロー・カントリーにオランダの防壁を設けることに好意を示していることもわかったからであった。一方、メッテルニヒは、ベルナドットの問題で、イギリスの支持が得られるとの保証を得たからであり、そして万が一、ナポレオンを救うことが不可能になった場合でも、オーストリアが、ヨーロッパで孤立する心配がなくなったからであった。

(注一) Wellington, Duke of, Dispatches, 13 Vols. Edited by Curwood. (London, 1837.) Vol. XI, p. 306, 一八一三年一一月二一日。
(注二) C.C. IX, p. 137, 一八一三年一月五日および、Webster, I, p. 514 (Appendix) 一八一三年一月一二日を参照のこと。
(注三) C.C. IX, p. 124, 一八一三年一二月一〇日。
(注四) C.C. IX, p. 153, 一八一四年一月八日。
(注五) C.C. I, p. 128 (引用文は、第三章参照のこと)。
(注六) C.C. IX, p. 142, 一八一四年一月六日。
(注七) C.C. IX, p. 148, 一八一四年一月八日。

(注八)　C.C. Ⅸ, p. 112, 一八一三年一二月二四日。
(注九)　Fournier, *Congress*, p. 48, 一八一三年一月九日, p. 251, 一八一三年一月二〇日。
(注一〇)　C.C. Ⅸ, 111, 一八一三年一二月二四日。
(注一一)　Fournier, Congress, p. 51.
(注一二)　例えば, C.C. Ⅸ, p. 112, 一八一三年一二月二四日, p. 149, 一八一四年一月八日を参照のこと。
(注一三)　C.C. Ⅸ, p. 170. 一八一四年一月一五日。
(注一四)　Fournier, *Congress*, p. 361 (Hardenberg diary); C.C. Ⅸ, p. 171, 一八一四年一月一五日。
(注一五)　Fournier, *Congress* (Appendix), p. 250, 一八一四年一月一七日。
(注一六)　C.C. Ⅸ, p. 164, 一八一四年一月一四日。
(注一七)　Fournier, p. 61.
(注一八)　B.D., p. 133f., 一八一四年一月二一日。
(注一九)　Fournier, p. 61.
(注二〇)　B.D., p. 160, 一八一四年二月二六日。
(注二一)　B.D., p. 137, 一八一四年一月二二日。
(注二二)　C.C. Ⅸ, p. 185, 一八一四年一月二二日。
(注二三)　Fournier, *Congress* (Appendix), p. 256.
(訳注1)　Wellington, Duke of (Arthur Wellesley, 1769—1852) ナポレオン戦争における最も有名な将軍の一人。一七八五年に陸軍に入り、一七九六年から一八〇五年までインドにいたが、一八〇五年から一八〇八年には国会議員であった。一八〇八年にポルトガル支援のイギリス軍司令官として半島戦争を指揮し、一時帰国した以外、一八〇九年から一八一四年まで、最終的勝利を得るまでスペインで戦った。ウォータールーの戦斗では、プロシアのブリュッヘルとともにナポレオンを破った。ウィーン会議に出

席したほか、エイクス・ラ・シャペル、ヴェロナ会議にも参加した。一八二八年から一八三〇年には首相となった。〃アイアン・デューク〃のあだ名は、ヴィクトリア時代初期のイギリスの偶像であった。

（訳注2） イングランド南東部、エセックス州の北海に臨む海港、海軍基地。

（訳注3） Louis XVIII (1755—1824) フランス王(一八一四—一八二四)。フランス革命で処刑されたルイ十六世の弟。一七九一年ブリュッセルにのがれ、一八〇七年以来イギリスのバッキンガムシェアに亡命していた。一八一四年、ナポレオンの没落が近づくとフランスにもどり、タレイランと交渉し革命の諸原則をもりこんだ憲法を承認することで復位した。彼の治世のもとでフランスの国際的信用を回復した。

（訳注4） William II, Prince of Orange (1792—1849) オランダ王（一八四〇—一八四九)。オランダ共和国の首長だった祖父（ウィリアム五世)、父（ウィリアム六世、オレンジ公）が、一七九五年のフランスの侵入によって追放され、プロシアに亡命した関係で、彼は、ベルリン士官学校で教育を受け、のちオクスフォード大学に学んだ。父が、一八一三年、オランダのフランスへの反乱ののち、共和国臨時政府の要請を受けて、ウィリアム一世としてネザーランド（オランダ、ベルギー、リーグ、ルクセンブルグ大公国）王になったので、オレンジ公の称号を引き継いだ。なお、カースルレイのととのえたイギリス皇女との婚姻は結局実現せず、一八一六年、ロシア皇帝アレキサンダーの妹と結婚。一八四〇年、父に代り王位についた。

（訳注5） 中央フランスの森と石灰石からなる台地でその北端にラングルの町がある。

（訳注6） ロシアを指す。

（訳注7） Bernadotte, Jean-Baptiste (1763—1844) スエーデン王。彼はナポレオンに完全に信頼されてはいなかったが、一八〇四年元帥となった。アウステルリッツとワグラムの戦斗で大功を立てた。一八一〇年、スエーデン王位継承者が死んだので、スエーデン議会の親フランス勢力によって王位継承者に選ばれ、一八一八年チャールス十六世として王位についた。皇太子時代に、ノルウェーを取得する条件で、

ナポレオンとの斗いに参加し、ライプツィヒの戦斗ではスエーデン兵一二万を率いて斗った。スエーデンはウィーン会議でノルウェーを取得した。

（訳注8） Marie Antoinette （1755—93） ルイ一六世妃。オーストリアの女帝マリア・テレジアの第十一子で、従って、マリー・ルイスは、姪に当った。オーストリアとフランスとの同盟関係強化のために彼女は、一七七〇年十五才でフランスの皇太子妃となった。しかし、フランス革命により処刑された。マリー・アントワネットも、マリー・ルイスも、外交というチェスボードの駒にすぎなかった。

（訳注9） フランス北東部の都市。

II

しかし、ラングルでの協議が始る前に、メッテルニヒは、ヨーロッパの勢力均衡と両立しうるような戦争目的を明確にしようと再び試みた。彼は、総司令官シュヴァルツェンベルグが、オーストリア皇帝にあてた覚書によって、そのチャンスをつかんだ。その覚書には、戦争がオーストリアという国家の精神とは、まるでことなる全面的なものになっているように思われるとのオーストリアとしての危惧を表明していた。凡人は、学者ぶった〝客観的〟やり方で、責任を自分の都合のよい方に転稼するものだが、シュヴァルツェンベルグは、皇帝の決定を仰ぐという口実で、軍事行動を継続することに賛成反対両方の論拠をならべ立てた——実際は、自分の抱いている惧れを明らかに表わしたものだったが（注一）。彼は、進軍することの利益を認めたが、敵に側面をさらすことの危険、軍隊内で次第に増加しつつあった傷病兵、補給の困難さなども強調していた。しかしながら、シュヴァルツェンベルグの最大の心配は、敗北ではなく、勝利の方であった。彼の覚書によれば、交渉がさし迫っていたので、彼は、ラングルは、パリに至る最後の休止地点であり、ナポレオンとの講和がまだ可能な最後の地点であると指摘していた。深遠な政治問題についての無知をよそおう一軍人としての節度をもって、シュヴァルツェンベルグは、今後戦争は、内戦の様相を呈するであろうと指摘し、選択を行なうのは、皇帝の卓越した叡知であると次のように強調していた。「我国が選択をせまられている問題は、あまりにも重大であり、従って、本官は、以下の建議に対する陛下の御聖断をあおぐことの栄誉に浴するものであります。本官は、軍が必要とする十分な休息を与え、補給を待ち、軍の両翼が本隊に追いつく機会を与えるために、現在の位置にとどまるべきか否か。それとも、平地に進出し、予測しえない結果が起るかもしれない戦斗を始めるべきかどうか……」と。このように、軍事的にも、政治的にも、安定か混沌かという選択を持ち出したことで、シュヴァルツェンベルグは、オーストリアのジレンマ――ラングルを越えれば、勝利は得られるが、その勝利は実質のないものとなるということを明らかにしていた。というのは、勝利は、力の均衡に重大な影響を与えるので、全面的な変化を否定することにその生存がかかっている国に脅威を与えるからであった。

シュヴァルツェンベルグの見解は、決っして支持者がなかったわけではない。プロシア王とその側近――ブリュッヘル将軍(訳注1)やグナイゼナウ将軍(訳注2)ではなかったが――は、実質的には同じ考えだった。スチュワートでさえ、本質的には似通った見解を述べた覚書をカースルレイに送ったほどである(注二)。そこで、メッテルニヒは、その機会を利用し、オーストリア皇帝に訓令を求め、同盟諸国には戦争目的の明確化を求め、さらに、安全保障は力の均衡からなること、講和は調和からなるとのオーストリアの考え方を訴えたのである。メッテルニヒの覚書は、オーストリアが戦争に参加する以前の時代の回顧から始っていた(注三)。彼はこう力説した、同盟の最も偉大な成果は、心理的面であって、ナポレオンから穏健だと見せかけていた仮面を剝ぎ取ったことであります。今度は、同盟諸国がみずからを逆の立場におき、征服戦争をしたらどうなるのでしょうか。フランスをヨーロッパの力の均衡と両立しうる範囲内に制限し、オーストリアとプロシアを一八〇五年の状態に回復させること以外に、他に戦争の目的があるでしょうか、と。メッテルニヒは、ロシアの利益については、意識的に何も言わなかった。ロシアが利益を得るならば、明らかに均衡が乱されるからだった。ナポレオンと交渉すべきかどうかについては、コーランクールと二、三回会見すれば、ナポレオンの誠意はわかるだろう。しかも、いずれにせよナポレオンの最終的運命は、フランス国民によってのみ——同盟諸国によるのではなく——決定されうるにすぎなかった。しかし、もしナポレオンが、同盟国側の条件を拒否した場合はどうなるのか。その場合には、進軍を続け、同盟国側の条件をフランス国民に訴える以外に方法はない、というのがメッテルニヒの回答だった。

このように、メッテルニヒが、どんな事態を想定していたにせよ、彼は、起りうるあらゆる事態の限界を明確にするための口実にしたのである。というのは、彼が、フランス国民に影響を与えると同様に、ツアーを拘束する手段として、同盟諸国の宣言を欲していたことは明らかだった。そして彼は、まだフランス軍が、戦場に存在する間に、アレキサンダーを、自分の目的を認めるような方向に誘い出すことに役立つような多くの質問事項を提起する形で、その覚書を閉じていた。その質問とは、同盟諸国は、まだフランスと講和を結ぶ用意があるかどうか、同盟諸国は、フランスに支配者を押し付けるつもりなのかどうか、それとも王室問題をフランス国民にまかせるのかどうか、最後に、これが最も決定的な質問だったが、同盟諸国は、一八〇五年の状態を回復すること以上の要求をもっている場合には、お互いに知らせる用意があるかどうか、と。

しかし、連合国が、その敵よりも優勢なときには、獲得欲の強い国家の手段を力で制限することは困難である。なぜならば、協定が存在しない限り、獲得欲の強い国の相対的地位は、日増しに強くなるからである。アレキサンダーは巧妙な回答で、戦争目的についてのいかなる討議をも避け、そのような討議をすることは、現在の協調関係を乱すにすぎず、講和の条件は、軍事情勢によるものであるから、なおさらそうであると説明していた(注四)。講和の条件は、バーゼルでは、フランクフルトにおけるのとは、また、ラングルでは、バーゼルにおけるのとは違って決定されるだろうし、要するに、情勢の変化に応じて決め直すべきだというのであった。アレキサンダーは、進軍を続けることを条件に、ナポレオンと交渉する用意はあった。かくして、ツアーは、ナポレオンを打倒して初めて解決しうるというジレンマをもたらしつつあったのである。ツアーは、ヨーロッパの勢力均衡問題を討議することには同意したが、それは、フランスとの講和が解決した後に限ってであった。また彼は、ナポレオンと交渉する用意はあったが、その交渉条件を、軍事情勢の進展に関連させるつもりだった。軍事情勢は、日増しに同盟諸国に有利に展開しつつあったから、ツアーは、常に自己の条件を引き上げる権利を留保していたのである。要するに、オーストリアは、フランスの力を一掃することに協力することによってしか、ツアーの講和条件を知ることが出来なかったのである。もし、ナポレオンが、モスクワ遠征によって、イギリスを屈服させようとしていたとすれば、アレキサンダーが、パリへ入城することによって、ワルソー大公国勝ちとろうとすることは、あながち不合理だとはいえなかった。

カースルレイは、ツアーのポーランド構想について誤った情報を受けており(注五)、また、いずれにせよ、ナポレオン以外に、平和に脅威を与えるものの存在を認識するような考え方は、まだ出来なかったので、軍事行動の継続には賛成した。その結果出てきたものは、連合が一応外見上は結束を維持し、同盟内のバランスに変化が起ったという事実をおおいかくすような体裁のよい妥協の一つだった。ナポレオンと交渉することは決たが、進軍を続けるということも決定された。ツァーが、フランスには、ヨーロッパでの講和条件について意見を求めることさえ認めるべきではないと提案したが、カースルレイは、これを拒否した。しかし、カースルレイの代案は、名ばかりの改善があったにすぎず、講和条件はフランスに提出されるが、それは、交渉のためではなく、単に同意を求めるものにすぎなかった(注六)。フランスは、一時的に勢力均衡を支える一要因ではなくなってしまった。同盟諸国の大臣たちが、ナポレオンに提出する条件を討議しようとしつつあった時、戦争は、パリにおいてしか終ることはありえず、さらにヨーロッパは結局、混沌の脅威から均衡の感覚をとりもどさなければならないということが徐々に明らかになりつつあった。

しかし、ラングルでの協議では、新たな解決がどのような形でなされるにせよ、イギリスが重要な役割を果たすことになるだろうということもわかってきた。というのは、ラングルでは、カースルレイをヨーロッパ的政治家に変える重要な一段階をしるしたからである。彼は、連合内の調停者となり、しかも、そのような役割を果たすことになったために、彼は、ベルギーを暫定的にオランダの支配下におき、ロー・カントリーに、〝防壁〟を獲得する方向へさらに一歩前進することに対する同盟諸国の同意をとりつけることが出来るようになったのである。カースルレイは、二月一日以前に、オランダ王室へ派遣されているクランカーティ大使に、オレンジ公は、ミューズ河(訳注3)に至るまでのロー・カントリーの併合を求める世論を喚気しても差しつかえないとの訓令を与えることが出来たほどだった(注七)。ついに同盟諸国は、フランクフルト条件を放棄して、フランスを革命前の旧版図にまで縮小することに合意した。カースルレイが、オーストリアから、こうした譲歩を獲得しえたのは、たとえ彼がまだ、安定を、フランスの力を抑制することだと考えていたにせよ、イギリスの安全保障を、大陸の安定の中に見い出そうとしていることが次第に明らかになってきたからであった。植民地問題に対するカースルレイの対処の仕方は、そのことをよく物語っていた。カースルレイが、大英帝国として、その征服した領土を放棄する場合の条件をあげたときに、彼は、フランスに旧版図のみを認めること、ならびにロー・カントリーにオランダのための防壁を設けることという従来の要求に、「大陸諸国の団結によって、フランスの力を削いだのであるから、将来大陸諸国間の意見の相違によって、再びフランスの権威を回復させることのないように」大陸諸国間で友好条約を締結してほしいとの要請をつけ加えたのである(注八)。他方、メッテルニヒは、ツアーにポーランドを領有させるような解決は、友好的とはならないということに注意を払うつもりだった。

メッテルニヒは、ラングルでは、ツアーに彼の野心を言明させることには失敗したが、おそらくもっと重要なことを達成したのである。シュヴァルツェンベルグの象徴的言葉によれば、同盟軍が、平野に下ってパリに進軍する準備をととのえていた時、メッテルニヒは、その平野を越えても、カースルレイを味方に出来そうだとわかったからである。

(注一) Text, Klinkowstroem, Alfons, *Oesterreich's Theilname an den Befreiungskriegen*, (Vienna, 1887), p. 810f.
(注二) C.C. Ⅸ, p. 525f, 一八一四年一月二七日。
(注三) Fournier, *Congress*, p. 62f.

（注四）　Fournier, *Congress*, p. 67f.
（注五）　カースカートは、一月十六日、ツアーがその要求をヴィスチュラ河に限定しているとの誤った報告をしていた。カースルレイはこれを信じていたふしがある。というのは、その証拠として、彼は、ウィーンで、その手紙をツアーに見せたからである。C.C. Ⅸ, p. 169.
（注六）　Castlereagh report, B.D., p. 141f., 一八一四年一月二八日。
（注七）　C.C. Ⅸ, p. 224.
（注八）　B.D., p. 146, 一八一四年二月六日。
（訳注1）　Blücher, Gebhard Leberecht von （1742—1819） プロシアの元帥。イエナの敗戦後、リューベックで降伏するが、そこでシャルンホルスト（ドイツ参謀本部の生みの親）との結びつきが生れ、プロシア軍の再建に努力した。一八一三年には七十一才の老齢にもかかわらずプロシア軍を率い、リュッツェン、バウツェンでは、敗れたが、ライプツィヒそして、ウォータールーの戦いで勝利を収めた。彼は、無学であったが、常識と偉大な勇気のもち主であった。

（訳注2）　Gneisenau, August Wilhelm Anton von （1760—1831） プロシアの元帥。ブリュッヘル、シャルンホルストのもとで、対ナポレオン戦争の作戦計画の立案に当り、一八一三年シャルンホルストの死のあとは、プロシア軍の参謀総長として、戦いを勝利に導いた。

（訳注3）　フランス北東部からベルギー、オランダを通り北海に注ぐ河。

Ⅲ

二月三日に開かれたシャティヨン会議（訳注1）では、ナポレオンが力の均衡にもとづく講和を受け入れることが出来るかどうかを決定する最後の努力が払われた。しかし、それは、正統性の相対立する体制間の断層を埋めることがいかに困難かを強調するのに役立ったにすぎなかった。交渉が、全く合意に達することが出来なかったのは、同盟諸国の安全保障についての考え方と、ナポレオンが、自己の王朝に必要と考えているものとが両立しなかったからである。ナポレオンは、自己の征服地のすべてを犠牲にした講和など出来ないと信じていたし、他方、同盟諸国は、ナポレオンにとっては、玉座を失なうことを意味するような制限をナポレオンに課すのでなければ講和を結ぼうとはしなかった。かくして、問題は、純粋に力の問題となり、シャティヨン会議は、そのような状況のもとでは、自制を行なうことがいかに困難かを示す好例となった。純粋な力の問題になるような方法においては、ナポレオンは、全くの初めの段階か、それとも自分が決定的に敗北を喫し、自分の運命が、完全に同盟諸国の意思にかかっているような最後の段階においてしか講和を結ぼうとはしなかった。彼は、同盟諸国の勝利がある程度均衡を回復し、講和が、ある程度自分の意思によることになった時、講和を考慮するのを拒否したのである。ナポレオンが、自分以外の移り気な感情の持主であるツァーと相対していたということは、このような事態をいっそう複雑にしたにすぎなかった。

そのような訳で、最後の段階になって、あまり気乗りのしないパリへの進軍が行なわれ、その間、要領の得ない和平会議で、一時的な優位を得たと思っている当事者にとっては(訳注2)、決して受け入れられない条件を議論するという事態になったのである。戦争は、いよいよ全面的様相を呈してきた。なぜならば、両当事者は、正確な力関係について、決して合意することはありえず、なかんづく、ナポレオンが、自己の意思とは異なるヨーロッパの正統性を受け入れることはありえなかったからである。従ってシャティヨン会議は、同盟諸国とナポレオンとの交渉のためよりも、同盟諸国間の関係にとって重要な意味があったのである。

二月三日、交渉出席者たちがシャティヨンに参集しつつあったとき、ちょうどナポレオンが、ラ・ロティエール(訳注3)で敗北したときであり、同盟諸国が、二週間以内にパリに入城するのは確実な情勢だった。同盟諸国は、一体となって行動し、オーストリアの全権大使シュタディオンをスポークスマンとすることに合意が出来ていたが、すべての同盟国は、代表をシャティヨンに送った。イギリス代表団全員――カスカート、スチュワート、アバディーン――が召集され、カースルレイに率られることになったが、彼自身は、全権大使にはならなかった。しかし、その会議は、全会一致が求められていたために、何も生み出さない意味のないものとなり、会議が長びけば最も多くの利益を得る国の言いなりになってしまった。会議のはじめの段階では、それはロシアであり、ロシアの全権大使は、アレキサンダーの承認なしには、いかなる署名も行なってはならないと命令されていた。

この結果、一連の会議は奇妙なものとなった。同盟諸国は、六カ月まえならば、とても考えられなかったような条件なのだが、ナポレオンが権力を維持する一縷の望みを満たすような条件でさえ、講和を結ぶのを拒んだのである。ところが、コーランクールの方は、ナポレオンの承認の意思表示なしには、革命前の〝旧版図〟を受諾することは出来なかったのである。一方では、カースルレイは、植民地の返還を全般的なヨーロッパ問題の解決を条件にし、これに対して、今度はツアーが、フランスとの講和が締結されるまでは、そのような問題の討議をすることは出来ないと拒否した。そして、このことは、もう一つの堂々めぐりの議論を引き起した。すなわち、フランスに植民地を返還しない限り、フランスは〝旧版図〟を受け入れることは出来ないし、植民地の返還は、フランスとの講和を前提にしており、フランスとの講和がない限り、ツアーは、ヨーロッパに関する全般的な取決めを討議する意思はなかった。シュタディオンは、メッテルニヒにこう書き送った、「我々は、陳腐さだけがおもしろいような喜劇を演じています。……外交慣習でもって、そんなゲームを行なう価値はないのですが」(注一)と。講和への鍵は、シャティヨンにあるのではなく、トルワー(訳注4)の同盟軍司令部にあることと、それは、ナポレオンにかかっていると同様、アレキサンダーにもかかっていることは明らかだった。二月九日、コーランクールが、メッテルニヒへの書簡の中で、〃旧版図〃を受諾したまさにその日、ロシアの全権大使が、「訓令を受けるために」シャティヨンを離れ総司令部にもどったということは、このことを象徴的に表わしていた。かくして、シャティヨン会議の第一段階は終った。

アレキサンダーは、もはや、パリへ進軍し、ナポレオンを打倒して、新たな支配者を選ぶための名士会議(訳注5)を開こうとする決意をかくさなくなっていた。そして、彼が全面的勝利を主張したことによって、メッテルニヒは、同盟をほとんど崩壊させるような対決を強いられることになった。交渉の継続こそ、均衡と有限の目標をもつ世界を求めることを象徴するものであるがゆえに、一歩前進する度に和平が不可能になるということを、相手に示しながらパリへ進軍するしか方法がなかった。パリへの猪突猛進は無限への進軍を意味した。中欧の帝国オーストリアは、勝利を明確な政治的条件に結びつける〃ルール〃に従ってしか戦争をすることが出来なかった。相拮抗している諸国の中間に位置した国は、力の真空状態も、埋めることの出来ないような分裂を引き起すことも出来ないし、また外国の国内変動に敏感な国は、戦争が終るとともに、革命を起させることも出来なかった。オーストリアは、ナポレオンの軍隊よりも、パリへの道が開かれていることの方を恐れていたのである。

だからこそ、トルワーの同盟軍司令部で、メッテルニヒは、目標を明らかにさせ、その過程で相対立する見解をまとめるために、再度質問事項を用意した。かつてナポレオンに反対する同盟が、調停をよそおって作り上げられた時と同様に、同盟の目標を明確にするという口実のもとに、ロシアの孤立化をおし進めたのである――それは、ツアーが、どこまでやる決意であるかを知る残された唯一の手段だったが。メッテルニヒの質問は、コーランクールの提案にどう回答するか、フランス国民の意思がどこにあるかをいかに決定し、ブルボン家をどう扱うのか、またパリが陥落した場合には、どのように統治するのかという形で提起されていた（注二）。これらの質問には、ラングルでの協議の際のように軍事行動による圧力を言訳にして、答えないですますわけにはいかなかった。というのは、ツアーの目的をはっきりさせるために、パリへ進軍するというツアーの要求に賛成しているかのようによそおわれていたからである。

これらの質問に対するカースルレイの回答は、彼が単に同盟の結束を維持するために、ナポレオンの打倒に反対していた時にくらべ、どれほど変ってきたかを如実に示していた（注三）。今や、彼の最大の関心は、同盟の結束にあるのではなく、均衡に必要な条件にあった。カースルレイは、その問題を、「我々の条件にもとづく講和を受諾するか、それともナポレオンの退位による、より寛大な講和を結ぶか」の選択として位置づけた。従って、彼の見解によれば、戦争の目的は、もはや達成されたと考えていることに疑問の余地はなかった。カースルレイはまた次のように主張した、ナポレオンを打倒しようとすることは、賢明な方針ではなく、しかも、存在する了解事項を犯すことでもある。すなわち、フランスに侵入した目的は、政府を変更させることではなく、「ライン河の上では見い出しえなかった講和を獲得することにあったからである」（訳注6）。従って、同盟諸国は、正統な（著者傍点）戦争目的が達成された現在、ブルボン家の問題をもち出す資格はない、と。このように、カースルレイは、ほとんど知らず識らずのうちに戦争目的についてのオーストリアの解釈を受け入れるに至っていたのである。やがて、カースルレイは、そのような考え方が、戦争目的についてのイギリス国民の考え方といかに違っているかを悟ることになるのであった。

二月十二日の外相会議では、同盟の内部分裂が明白なものとなった。ハルデンベルグが、メッテルニヒの質問に対し、カースルレイと同じ趣旨の回答を与えたのち、ネセルローデがアレキサンダーの回答を伝えてきたが、それはきわめて横柄な内容だった。ツアーは次のように主張していた、軍事行動の目標はパリであり、そこで開催される名士会議が将来の支配者を決定するだろう。ブルボン家には、支持も反対もするものではない。ロシア軍司令官がパリを支配し、ナポレオンと最も長期にわたり斗ってきた国への感謝のしるしとして、選挙を監視するものとする、と(注四)。ツアーがもくろんでいたものは、みずからをヨーロッパの運命の支配者に任ずる以外の何物でもなかったのである。

しかし、メッテルニヒが、忍耐づよく、オーストリアを強化してきたのは、一人の人間の意思による国際秩序をつくらせないためだった。彼は、同盟の道義的証明が、ナポレオンの打倒であるとするツアーの主張を否認し、みずからの質問に対する回答にあたる覚書を提示した(注五)。その覚書には、むしろ戦争は、力の均衡を回復するために行なわれたのであって、フランスの国内を変革するためではなかった。シャティヨンでコーランクールが受諾した条件は、力の均衡と両立する最も弱体なフランスを表わしている。従って、さらに過大な要求をすることは、同盟の道義的基盤をくつがえすことになるだろう。しかし、万が一ナポレオンが退位を強いられる場合には、ブルボン家の正統な継承者ルイ十八世がナポレオンに代る唯一の人物だろう。なぜならば、諸外国が、王室問題で国民に訴えるなどということをすれば、いかなる玉座の存在も危くなるであろう、と。事実上メッテルニヒが述べていたのは、ハプスブルグ家の存続は、受け入れられているからではなく、その神聖さと、あらゆる正統な支配のもつ神聖さによっているから、ハプスブルグ家は、人民の意思を問うようなチャンスを与えることになる戦争をする危険をおかすことは出来ない、ということだった。

その時、すべては、ツアーの決意と力にかかっていた。彼が威したように、もし、単独で進軍出来るほどの力をもっているならば、メッテルニヒは、自分の目的を達するためには、カースルレイが決して同意しないような、また、オーストリアの健全な政策のすべての原則と矛盾することになる、同盟諸国との神聖なる条約を破って、フランスとの単独講和をする以外にはなかっただろう。しかし、ナポレオンがまだいくぶんかの力を残していれば、その力は事実上オーストリア側に加えられ、その結果、同盟の結束の必要性によって、アレキサンダーが妥協するかもしれなかった。そして、二月十二日、ナポレオンがブリュッヘルを破ったとき(訳注7)メッテルニヒは、状況の主人公になった。というのは、ナポレオン軍は、オーストリア軍を必要としないかのように進撃していたプロシア軍が敗北したことによって、オーストリア軍は、弱体化しているとはいえ一対一の戦斗では敗けることはありえないことが証明されたからである。オーストリアが再び必要とされ、メッテルニヒは、自分の要としての立場を最大限に活用することとなった。敵と対決しようとする時に戦争の目的を明確にせよと唱えることは、英雄的行為ではないかもしれないし、また決して人気のあるものではない。しかし、不必要な力の真空状態をつくり出すことは、永久的な革命になるかもしれない。

二月十三日に行なわれた二回目の外相会議で、メッテルニヒは、オーストリアは、専制政治を復活させるために斗っているのではない。従って、フランスと単独講和を結ぶ用意があると宣言することで、その問題を強引にかたづけようとした(注六)。成功がもうすぐという段になって、カースルレイが、それまでいつくしんできた連合の崩壊という危機に直面すると彼は、今までの調停者としての立場をかなぐり棄てたのだった。そして彼は、シャティヨンでの交渉は続行すべきであり、メッテルニヒが、もしフランスが、〝旧版図〟を受諾するならば、同盟諸国としては、休戦条約を締結する用意がある旨の手紙をコーランクールあてに出すべきだと提案した。しかも彼は、この計画に対するツアーの黙認を得ることを引き受けたのだった。カースルレイが、フランスの覇権という明白な脅威によって団結し、イギリスとロシアとの協力関係によってヨーロッパの安定を維持しようという構想を抱いて大陸に向ってから六週間後、均衡を求めるためにツアーに反対する人間となっていたのである。

以後、カースルレイがツアーと激論を交すことになる多くの会談の最初の会談がすぐ始った。アレキサンダーは、パリへ進軍し、そこで名士会議を召集するとの彼の決意、ブルボン家に対する不信感、さらにオーストリアの臆病さへの不快の念をくりかえした。これに対しカースルレイは、フランス国内で内戦を引き起すのは好ましくないこと、国民の意向を引き出すことのむずかしさ、目標のない戦争の危険性を説いた。しかし、ツアーは譲らなかった。彼は、イギリスの世論が、ナポレオンとの講和に強く反対しているのを前もって知っており、そこでリヴァプール卿も自分と同じ考えであるというロンドン駐在のロシア大使からの手紙を見せつけた。しかし、カースルレイの決意は変らなかった。彼はツアーに次のように語った、「私は、信任された職務に基いて、責任をもって行動しているので、私自身の判断の命ずるところに従って行動しなければならない。また私は、我々が現在、(文字どおり)決定するよう求められている本当の状況について何も知らない国内において形成されたかりそめの希望によって私自身が左右されることがあってはならないのです」(注七)と。この文章には、カースルレイの長所と短所が表わされている。すなわち、世論を機械的に遂行するのではなく、大衆にはわからない利害関係を正しく評価することに責任を持つという誇り高い主張であり、それは一方では、国民感情に影響力を与えることが出来ないか、世論を拒絶することになったのである。カースルレイの人格は、安易な解決を拒否する勇気をもったステーツマンシップであり、また、英雄は意思の疎通をはかろうとはしないがゆえに、孤高の道を歩まねばならない英雄の悲劇的孤立の人生であった。

ツアーに対するカースルレイの使命は、その直接の目的を達するという意味では成功しなかったが、ロシアを決定的に孤立化させた。結局メッテルニヒの質問に対するロシアの回答は、対仏大同盟内に、事実上ロシアに反対する連合を作りあげる結果になった。メッテルニヒは、ためらうことなく自分の優位を利用した。彼が再度、オーストリア軍を撤退させると言っておどした時、二つの気ままな隣国の意のままにされるのを恐れたプロシアは、協定の形で、オーストリアの目的とするものを保証することに同意した。カースルレイは、国内政策を理由に、公式にはそれに加わらなかったけれども賛成はした。二月十四日の協定は、もう一つの譲歩を意味していたが、それは、オーストリアの要の国としての地位を証明するものだった。それによれば、ナポレオンの敗北がいかに徹底的なものであろうとも、シャティヨン会議の合意事項をこえるいかなる条件も課さないこと、講和は、ナポレオンが国民の自発的な行動によって打倒されない限り、ナポレオンと締結すること、もし、ナポレオンが打倒された場合には、同盟諸国は、ブルボン家とルイ十八世——みずから辞退しない限り——と交渉すること、もしパリが占領された場合には、ロシア軍司令官を受け入れること、ただし、実際の行政は、各同盟国の代表からなる会議によること、と規定されていた(注八)。もしツアーがこれに同意すれば、進軍は続けられるが、さもないとオーストリアは、連合から離脱すると主張された。

ツアーは、全面的な勝利を求めるために、パリが陥落するまで自己の条件を述べるのを拒否することによって、安定を求めるオーストリアの願望の弱みにつけ込もうとしていたのだった。ところが、今や、メッテルニヒは、形勢を逆転させ領土問題とフランスの国内体制の双方に関してツァーに約束させるために、パリを占領したいと願うツァーの欲望を逆に利用したのである。アレキサンダーのパリへの執着が、他のいかなる考慮よりも強かったために、彼は、二月十五日、メッテルニヒの協定案に同意した。今後いかなることが起ろうとも、フランスは均衡を保つ一要素として存続し、ナポレオンにせよ、ブルボン家にせよ、誰がフランスを支配しようとも、ツァーときわめて友好的になりそうには思えなかった。

　勝利を得たときに驕慢になり、敗北を喫したときに恐慌状態に陥いるのは、純粋に軍事的考慮のみにもとづいた政策の特徴である。二月十四日、ブリュッヘルが再び敗れる（訳注8）と、ツァーは、休戦を主張した最初の人々のうちの一人だった。また、シュヴァルツェンベルグは、二月十七日、シャティヨンで予備的講和が間もなく締結されるというもっともらしい口実で、フランス軍司令官に休戦を申し入れた。これに対し、カースルレイは激怒した。彼は、もうすでに、自分の持っていた強力な交渉の立場をベルギーを併合してオランダを増強する政策や、講和が締結されてもフランスには、イギリスが拿捕した船舶を返還しないとの条項、さらに海上権《マリタイム・ライツ》の問題は、会議の場では討議しないということに同盟諸国の同意をとりつけるために使ってしまっていた（注九）。ナポレオンがついに話し合いに応ずるように見え、〃イギリスの〃目的がすべて実現されたまさにその瞬間に、かくも長く待たされ、かくも大きな困難をともないながら作られた連合が崩壊するように思えたのだ。カースルレイが、メッテルニヒに、次のような憤慨した手紙——少なくともそれは、彼が均衡の感覚を失っていなかったことを示していたが——を書いたのも不思議ではなかった。「もし、貴下が、戦争にはつきもののちょっとした敗北の圧力と、今ではもうなくなっていればよいと私が願う貴国政府内の困難な圧力によって、偉大な平和の構造が歪められ、調和を失なうのを容認するならば、貴下は、道義的にも、政治的にも致命的犠牲を払うことになるでしょう。もし我々が、軍事的にも、政治的にも、思慮深く行動するならば、六十万の兵力によって要求されている正義の講和に、フランスがどうして抗しきれるというのでしょうか。もしフランスがあえて立ち向うというのであれば、そうさせるがよい。そうすると我々がフランス国民に事実を明らかにする日までには、ボナパルトが本当に征服されてしまっていることは確実なのですから」(注一〇)。

このような勇壮な言葉を使っていても、カースルレイが深く失望していたということをおおいかくすべくもなかった。彼は、同盟諸国のことを苦々しく思っていたのである。「ある時は、誇り高く、何事にも耳をかさず、またある時は、敵の前から逃れようと汲々とするあまり、シャティヨン会議の延長をはかったことも、全く馬鹿ばかしい限りです」(注一一)。そして、カースルレイは、リヴァプールあてに憤慨した手紙——それは、わずか二カ月前なら自分自身からみても、異端のように見えたであろうような——で次のようにつけ加えた。「オーストリアとロシアの非難の応酬は、頂点に達しています。私は両者の主張と斗って勘忍ぶくろの緒がきれそうです。……我国は、我々がいま乗っているような小船で、海へ冒険に乗り出すべきではないのです」(訳注9)。カースルレイが次のようにイギリスが、単独で戦争を続けるとさえ述べて、同盟諸国に威しをかけた時には、彼が連合の栄光に賭けた気持を本当に失っていたにちがいない。「大英帝国なくしては、講和は実現できないという認識ほど、同盟諸国を確固たる態度にさせるものはありません。……もし諸国が、権威ある原則にもとづいた講和をしようともせず、また出来ないのならば、我国は、我国自身のためばかりでなく諸国のためにも、フランスに対抗する地位に止まらなければならない、と私は明確に述べました」(注一二)。

しかし、トルワーにおける危機は、結局有益に働いた。永遠の友好関係を宣言することが、永久に続く安定の保証であると考えられた希望に満ちた時代は、もうすでに去っていた。それに代って平和の問題は、戦争の問題ほど奮い立せるものはないが、それ自体の論理をもっており、またそれはおのずと国家としての忍ぶべきことを正当化するものだという認識が生れてきたのである。ツアーは、領土は征服できるが、それに対する権利までも征服することは出来ないということ、また自分の誠意をどんなに主張しても、自国の国境線を拡張すれば、他国に対する保証とはならなくなるということがわかり始めてきた。そしてツアーは、連合内の他の諸国の団結した反対に直面して、ナポレオンとは対照的に、それを受け入れたのである。彼の要求は壮大であったが、征服に正統性を置こうとする考え方があった。そして同盟諸国の交渉代表者たちが再びシャティヨンにもどったとき、ようやくヨーロッパ問題解決の実体ではないが、形式についてのアウトラインが姿を現わし始めたのである。連合は、その内部関係の本質を作りあげていたのである。そして、連合の行く手には、まだ多くの危機が待ちうけていたのだが、同盟諸国は、その幻想を棄て――それは、国家の生涯ばかりでなく人間の生涯においても、最も苦痛をともなう危機なのだが――そして、諸国は生存することになったのである。同盟諸国が、新たに発見したみずからの成長について強く認識したとき、残されている問題――ナポレオンの意思から離れたヨーロッパの体制をナポレオンに受け入れさせることが出来るかどうかの――と取り組むことが可能となったのである。

(注一) Fournier, *Congress*, p. 93.

（注二）　Fournier, *Congress*, p. 111.
（注三）　B.D., p. 155f., 一八一四年二月一三日。
（注四）　Fournier, *Congress*, p. 121.
（注五）　Fournier, *Congress*, p. 123f.
（注六）　Münster to the Prince Regent, 一八一四年二月一四日、Fournier, *Congress* (Appendix), p. 298f.
（注七）　ツアーとの会話についてのカースルレイの報告、B.D., p. 147f., 一八一四年二月一六日。
（注八）　Fournier, *Congress*, p. 133f.
（注九）　Fournier, *Congress*, p. 137.
（注一〇）　B.D., p. 158f, 一八一四年二月一八日。
（注一一）　C.C. IX, p. 290, 一八一四年二月二五日。
（注一二）　B.D., p. 160, 一八一四年二月二六日。

（訳注1）　一八一四年一月二十九日、中央フランスのシャテイヨン・シュ・サンの町で同盟国側は、軍事行動を継続すること、フランスには、一七九二年の国境を提示すること、全面講和の予備会議を開催するとのラングルでの協議の結論にもとづいて開かれたもの。

（訳注2）　一八一四年二月に行なわれたブリエンヌ、シャンポベール、モンミライユの戦斗は、いずれもナポレオン軍はめざましい勝利を収めたが、実質的には、同盟軍は局地的に退却しても、全戦線にわたって西進をつづけていた。

（訳注3）　一八一四年二月一日、ブリッヘル麾下の八万五千のプロシア軍が、ラ・ロティエールでナポレオン軍四万五千に攻撃を加え、フランス軍は、夜に至るまで、もちこたえたが、六千人を失ない退却した。

（訳注4）　フランス北東部のセーヌ河畔の都市。

（訳注5）　フランス革命以前に、国王が必要と考えるときに国民の各階級の名士を指名し、召集する審議会。

ただし、会議は、法的な力も、立憲的な権利を要求する場でもなかった。

（訳注6）当初ライン河、アルプス山脈、ピレネー山脈からなる「自然国境」を条件にした講和が受け入れられなかったことを指す。

（訳注7）パリに進撃中の五万六千のブリュッヘルの軍に、ナポレオンは、三万の劣勢な軍勢で最後の攻撃を加え、二月一〇日のシャンポベールの戦斗から、モンミライユ、シャトーティエリ、そしてヴアクシャンプに至る四日間の戦斗でナポレオン軍の損失四、〇〇〇に対し、同盟軍は一万六千以上を失った。

（訳注8）一八一四年二月一四日、フランス軍は、エトジーでブリッヘル軍に再び攻撃を加え、フランス軍六〇〇〇に対して、ブリュッヘル軍に六千の損害を与えた。

（訳注9）まったく頼りにならない同盟を指す。

第八章　ショーモン条約と平和の本質

シャティヨン会議――その第二段階――カリスマ的支配の因果応報――ショーモン条約――ブルボン家の王制復活――回顧的講和と展望的講和――第一回パリ条約

I

もし、ナポレオンが講和を結ぶとすれば、今こそその時だった。ラングルでは、メッテルニヒが、ナポレオンとの講和をしぶっている同盟諸国から、今や無力に見える敵ナポレオンと交渉する同意を取りつけていた。しかし、その時は、講和がナポレオンにとっては、慈悲の行為に映ったので締結されなかった。今度は、ナポレオンがある程度の強さを維持していることを示したとき、そして、トルワーでの同盟分裂の危機に際しては、同盟諸国は、ナポレオン主義者のフランスでさえ、〝革命前の版図〟に縮小されるならば、ヨーロッパの均衡と両立するだろうと決めてしまったのである。講和を急ぐために、カースルレイは、イギリスがフランスに返還する用意のある植民地を列挙していた。メッテルニヒが、二月九日のコーランクールの書簡に対する最終的な回答を与えた時には(注一)、すべてはナポレオンの意思次第であることは明らかだった。というのは、その回答の中で、メッテルニヒは、ナポレオンに早急な講和を締結するよう必死になって懇請すると同時に、五万のコサック兵をかかえている連合の大臣として行動することの難しさを訴えていたからである(訳注1)。

しかるに、ナポレオンは、またしても情勢分析を誤ったのである。たとえ革命体制と〝正統性〟にもとづく均衡体制との間に平和共存がありうるか否かについての疑問があったとしても、シャティヨン会議の第二段階がその疑問を取り除いてしまっていたのだった。カリスマか武力によってみずからを正統化してきた人間というものは、失敗を運のせいにしがちである。というのは、そのような人間は、自己の欠点を是認して生存することはありえないからである。またそのような人間は、個々の勝利を全面的勝利と混同するものである。というのは、彼にとっては、限定された勝利など、敗北と変るところはないからである。限定された勝利は、結局は、自己の力の限界を告白することを意味することになるからである。ナポレオンが、同盟諸国軍をライン河のかなたに追い払うと語ったのは、別に彼が理性を欠いていたからではなく、あらゆる人間が行動するときにはその法則があるように、カリスマ的支配の論理に従ったまでのことだった。そのような訳で、エルベ河からパリ直前までの長い退却は、ナポレオンに何一つ教えることがなかったのである。彼は、自分の首都のまさに入口まで追いつめられても、自分の戦力には限界があり、一連の勝利でさえ、自分にとっては、何の役にも立たないこと、それに、同盟諸国の提案は、現実の力関係を反映していることを認めることが出来なかったのである。ナポレオンは、相矛盾する二つのことを確信していたので、よけいに頑迷になっていたのである。一つは、自分がいかに徹底的な敗北を喫しても、あたかも、フランスの国内に変化など起らないとでも思っているように、自分は、常に〝革命前の版図〟を前提に講和を結ぶことが出来ると信じていた。もう一つは、自分の支配体制は、自分が征服した領土のすべてを失ってしまっては存続しえないと信じていたことである。現実の力関係と正統性についての錯覚、事実、これがヨーロッパ諸国とナポレオンとの間の断絶の定義だった。

シャティヨンでは、シュタディオンがたとえたような〝喜劇〟の第二幕目が始っていた。しかし、神は、人間のあらゆる計画には予測しえないことが起ることを示しでもするかのように、今度は役割を逆にしてしまった。今や、同盟諸国は、やっきになって、講和を求めていたが、一方、〝自然の国境〟を主張するよう訓令を受けていたコーランクールの方が、引き延ばしていたのである。同盟国側は、予備講和のための条約草案を提出したのに対し、コーランクールは、均衡の本質についての抽象論をふりまわしたり、他の諸国が力を増強しているのに、フランスを革命前の国境に制限することの矛盾を指摘する回答をもって応えた。そこで同盟国側は、フランスのいくつかの要塞の放棄を規定した条約案のある軍事条項を放棄する旨申し入れたが、コーランクールは、回答の延期を求めてきたにすぎなかった。一方、ナポレオンは、二月二十一日、オーストリア皇帝に書簡を送り、その中でナポレオンは、ツアーの執念深さを非難しつつ、尊大にも〝自然の国境〟を条件とする講和を求めてきた。

しかし、時がたつにつれて、同盟諸国は、再び自分たちの力を認識し始めた。軍事的勝利というものは、常に、物理的現実と、心理的影響力という二つの要素をもつものである。そして後者を政治的条件に変えることが外交の仕事である。ナポレオンがアウステルリッツとイエナの戦斗を覚えていると同様に、同盟諸国は、戦術的敗北と、戦略的手詰りを混同してしまっていたのだった。しかし、同盟諸国が、この間違いに気付く余裕が出てきたとき、それは、ナポレオンにとっては破局となった。最近のナポレオンの一連の勝利は、彼の作戦の妙によるものだったが、基本的な情勢を変えるものではなかった。なぜならば、消耗戦においては、勝利でさえも、相対的に弱い国の力をさらに弱めるにすぎないからである。もはやナポレオンは、一八〇五年や一八〇九年の勝者ではないということがすぐに明らかになった。それは、彼が戦術面での巧みさを失ったからではなく、彼が、自己の戦術に効果を与える力をすでに失ってしまっていたからである。ナポレオンの真の勝利は、優勢な敵に講和を結ぼうという気持ちを起させる心理的なものだった。今度は、自分が講和を結ぼうとしない限りいかなる講和をも実現しえないがゆえに、みずからを破滅させることとなったのである。このようなナポレオンの心理状態では、二月二十五日に同盟国側が、期限を切って明確な回答を求めた際に、コーランクールが約束した三月十日に回答が出そうにもないことは明らかだった。

この間、メッテルニヒとナポレオンとの間には、以前二人の間で数多く起った斗いに似た斗いが起っており、そしてそれは、従来以上にナポレオンの心理をめぐる斗いであった。ナポレオンとメッテルニヒとの間の斗いの一つひとつにはみなファウスト的運命ともいうべき特徴があった。メッテルニヒが、プラハ会議に至る底なしの地獄へ一歩一歩とナポレオンを引き寄せてきたのは、ナポレオンの自尊心――自分が何者であるかによってではなく、自分がどのように見られるかによって自己の立場を明らかにしようとする男の態度――を利用してのことであった。今や、逆に、ナポレオンを救おうとするメッテルニヒの苦心を無にしているのは、まさにそのナポレオンの自尊心だった。かくして、戦争の結果は、二つの教訓を教えたのである。すなわち、ナポレオンは、自己の力の限界を経験しつつあり、メッテルニヒは、策略の限界――ひと度奮い立された精神は、意思にもとづく行為によっては払いのけることは出来ないということ――を知りつつあったのである。メッテルニヒは、ナポレオンの力の限界以上のものを意図してはいなかった。なぜならば、いかなる王朝の打倒も、オーストリアにとっては、危険な象徴以外の何物でもなかったからである。メッテルニヒは、ある程度強力なフランスを必要と考えていたがゆえに、これまで事を企ててきた張本人だった運命を変えようとして、ナポレオンの知るべきことは、不可能ということ、つまり限界を認識するようナポレオンに求めたのだった。しかし、ちょうどギリシア悲劇で、破滅から逃れるには、神託を知るのではなく、神託を受け入れなければならないがゆえに、神託が運命を変えるほどの力をもたないように、ナポレオンは、メッテルニヒの議論を理解しなかったからではなく、軽蔑し、メッテルニヒの懇請を無視したために滅亡への道をたどったのである。

オーストリア皇帝が、ツアーの執念深さに対するナポレオンの非難を拒否するとともに、〝革命前の版図〟を基礎に早急に講和を求めているとの同盟諸国の意思を再び表明しても結局は無駄だった。コーランクールとメッテルニヒが、ナポレオンに講和を結ぶよう懇願しても何の効果もなかった。メッテルニヒは、憤慨してコーランクールにあてて次のような手紙を書いたほどだった、「自分の置かれている状況についてナポレオンを啓発する手だてはないものでしょうか？　彼は、自分と息子の運命を、とりかえしのつかない最後の砲架にゆだねてしまったのでしょうか？　彼は、自分の勇気と豪胆さが、優勢な力によって自分が打倒されるのを防いでくれるとでも思っているのでしょうか？……オーストリア皇帝が、一八〇九年にチロル地方を割譲したというのに、何ゆえにナポレオンが、一八一四年にベルギーを手放せないのでしょうか？」（注二）。ナポレオンが絶えず求めていた〝正統性〟に対して巧みに焦点をあてたこの訴えでさえ何の効き目もなかった。メッテルニヒが、ハプスブルグ家もボナパルト家も、同じであると言明することが出来たにしても、その時の状況を支配していた鍵は、ナポレオンが両家の格の違いによって精神的に圧迫されていることだった。というのは、ナポレオンは、正統な支配者たちは、いかに多くの斗いに敗れようとも、首都に帰ることが出来るが、革命の子である自分には、このぜいたくは許されないのだと絶えずいいきかせてきたからである。つまり、ナポレオンは、力を義務に変えることが出来なかった——あるいは出来ないと思っていた——がゆえに、あらゆるものに対して、自己の力を誇示することに賭けねばならなかったのである。力は、専制的な、それゆえに不安定な世界秩序の表現である。従って、結局、ナポレオンは、みずからを破滅させる戦争を通じて、ヨーロッパを統一することに成功したにすぎなかった。

破滅の瀬戸際のナポレオンの非妥協的態度によって、彼の勝利の時でさえそれほどわからなかった事柄、すなわち、ナポレオンが支配している限り、ヨーロッパの平和はありえないこと、ナポレオンとの間のいかなる協定も休戦にすぎないということが、いよいよ完璧に証明されたのである。同盟諸国間の意見の相違がどれほど大きいものであれ、今や、ナポレオンの脅威が最高潮に達したので、そんなことはどうでもよかった。メッテルニヒでさえ、ナポレオンの支配が続いた場合の脅威の方が、フランスが完全に崩壊した場合にもたらされる均衡への脅威よりも大きいように思い始めた。うまい具合に、ナポレオンとツァーとの間のバランスをとり、それを政治的に表現することによって、社会革命を打倒しようなどと考えたのは、少々ムシがよすぎたのだった。革命というものは、意思にもとづく行為によって、あるいは、革命がなければ、世界は、もう少し〝理性的に〟なるだろうといったような、なまやさしい行為では終らせることは出来ないのである。ナポレオンは、いとも簡単に、力の均衡のルールに従うのを拒否したのだった。メッテルニヒが、戦争を全面的なものにしようとのツァーの主張に打ち勝ったにもかかわらず、戦争の様相は全面的になりつつあった。なぜならば、革命家にとっては、降伏を選ぶよりも、自己を破滅させることの方が容易だからである。

その結果、カースルレイが大いに苦心し、忍耐づよく主張してきた一般的同盟条約がついに陽の目をみることとなった。ナポレオンの軍隊が中央ヨーロッパを侵略したときでさえ、諸国を一つの目的に向って結束させることが出来なかったが、逆に、ナポレオンが、自分の首都の入口にまで押し返されたときに、諸国の結束を妨げてきたあらゆる幻想をとり去ったのだった。ナポレオンが回答を約束した三月十日が近づきつつあり、しかも、講和がだんだんと遠のきつつあるように思われはじめたとき、ようやく同盟諸国は、共同の手段とみずからの目標についての合意をみたのだった。

三月四日署名されたショーモン条約(訳注2)は、主としてフランスとの戦争の遂行に関するものだった(注三)。その条約によれば、同盟四ヵ国は、各々十五万人を戦争に投入することを約束し、加えて、イギリスは、五百万ポンドの補助金の支出を約束していた。また各々の調印国は、単独講和を締結してはならない義務を負っていた。しかし、これらの規定は、どんな軍事同盟にもあるきまり文句で、イギリスの役割の大きさが特徴だったにすぎなかった。ショーモン条約の重要性は、フランスは、ナポレオンの敗北後でさえ、諸国に脅威を与える国家として存続するものと仮定したところにあった。この同盟条約は、二十年間の有効期間をもち、その間フランスの侵略があった場合には、各同盟国は、六万の軍隊の提供を約束していたが、イギリスは、それに対応する補助金を出すことは留保していた。ショーモン条約は、結局講和がナポレオンと結ばれることになるだろうという仮定のうえに立って締結されたものだったから、この条項は、いかにナポレオンに対する不信感が大きかったかを物語るものだった。

しかし、ショーモン条約は、メッテルニヒとカースルレイが、いかに巧みに自分たちの特定の目的を達成したかという点をも示している。追加条項では、スペイン、スイス、イタリア、ドイツそれにオランダの独立を規定していた。そして、オランダには、領土の拡大と、〝適切な〟国境が与えられることになっており、ドイツは、独立した主権国家からなる連邦として組織されることになっていた。ポーランドについては何ら言及されていなかった。オランダの拡大とは少なくともアントワープを含むものであり、〃適切な〃国境とは、ベルギーへの言及であった。また、主権国家からなるドイツとは、ドイツ統一の夢と、北方のプロシアの覇権を求めようとする野心は、ともに葬り去られるべき運命にあることの承認を意味していた。これを見ればわかるように、オーストリアとイギリスは、ロシアがその要求を獲得する前に、自分たちの要求を獲得してしまっていたのである。もっとも、ツアーは、オランダから借りた借款をイギリスが肩代りすることを条件に、オランダ問題について合意しようとした(注四)。しかし、ツアーが、この金銭問題をもち出したことは、彼が、ベルギーをオランダへ併合するという原則を認めたものと推測されたのだった。ツアーは、ポーランド問題の解決を引き延ばすことには成功したが、その過程で、枝葉末節的なことにこだわり、すなわち、パリへの進軍や、オランダ問題に対するケチな了見によって、自分の交渉上の立場を失ってしまったのだった。

カースルレイは、まさに勝者だった。イギリスの特殊な目的は、連合を通じて達成されたのである。同盟が構築され、それが、フランスに対する脅威によって正統化されたのである。彼は、妙に気どった調子で誇らしげに次のように報告してきた。「私は、諸君が承認するものと期待している私の条約を送付します。我々四人の大臣が署名しようとした時に、トランプの勝負をしているようなことが起ったのです。そして、その勝負では、賭金を以前よりも高くしようと合意したのです。私は、遠慮がちなので、条約案を提案するのをやめようと思ったのですが、彼らは、我国を一つの軍事勢力として存在するよう望んだので、私は、我国が他国の風下に立たないようにと決意したのです。事実は……我国が参加したということは、結束した彼らの力と等しいということなのです。……何とすばらしい勢力関係でしょう。これは、大陸問題について発言することに対して我国内に存在するあらゆる疑念を解消させるものであると私は確信するものであります」(注五)。ここにカースルレイの功績の真価があった。イギリスを、二十年間の孤立ののち、再びヨーロッパの一員としたということである。

三月九日、ブリュッヘルがレオン(訳注3)でナポレオンを打ち破った。今や戦争の帰趨は決ったも同然だった。一連の勝利を活用することが出来なかったナポレオンには、もはや敗北は出来なかったのが敗北を喫してしまったからである。そして、同盟諸国には、シャティヨン会議の期限は、あと二十四時間しか残されてはいなかった。非公式ではあるが、連合の首相としてメッテルニヒは、コーランクールが三月十日に行なう予定の回答がどんなものであれ、自分に報告するよう各国全権代表に指示した。それは、一つには、交渉の糸口を自分自身握っておくためであり、また一つには、避けられそうにない連合の分裂が表面化するのを引き延すためだった。こうしたやり方は、スチュワートを憤慨させ、彼は、コーランクールが、同盟諸国の要求を受諾した場合には、同盟諸国はどう出るかを逆にただしてきた(注六)。しかし、彼の心配は、杞憂に終った。コーランクールの回答は、ナポレオンの訓令が、不十分だったので、どちらともとれるあいまいなものだった。その回答は、〝自然の国境〟という主張にほんの少しばかり修正を加えたものにすぎなかった。シャティヨン会議は、手続き上の問題で閉会がおくれているにすぎなかったが、三月十五日、コーランクールの最終反対提案が、司令部にもたらされた。そして、三月十七日、連合国は、メッテルニヒによって起草された宣言を発表し、ナポレオンとの講和を結ばんとする同盟諸国の最後の努力が終ったことを明らかにした。

しかし、この期に及んでも、メッテルニヒは、社会的基盤が崩壊するのを恐れて、政治的均衡を求めるための戦争を終らせようとする努力をあきらめてしまうことは出来なかった。換言すれば、ナポレオン帝国によって超越されたはずのフランス革命が、ナポレオン帝国の崩壊によって、再び起るのを甘んじて見ていることは出来ないと考えたからである。だからこそ、三月十七日、シャティヨン会議がもう閉会してしまったあとで、メッテルニヒは、自分は、ナポレオンが最後の勝利を得られると考えていることが、どうしても理解できないと必死になって、コーランクールに訴えたのであった。ナポレオンに現実感覚をとりもどさせ、フランス革命を、フランス革命自体が生み出したものによって克服しようとしたのである。「私は、貴下に、講和に必要な犠牲を払う用意が出来た時には、ただちに同盟司令部をお訪ねいただきたいのです。ただし、実行不可能な提案の代弁者としてではありません。事態があまりに深刻すぎて、ナポレオンの運命を危険に陥れることなく小説を書き続けることは不可能なのです。同盟諸国は、何を失う恐れがあるというのでしょう。せいぜい、旧(革命前の)フランス領を残さねばならないことぐらいでしょう。しかも、ナポレオンは何かを得られるとでも思っているのでしょうか? ベルギー人は武器をもって立ち上るでしょうし、ライン左岸の人民もそうするでしょう。……依然としてオーストリアの希望していることは、オーストリアと密接な関係をもつ王朝を存続させることなのです。まだ講和は、貴下の主君の意思にかかっているのです。時期を失してからではもうおそいのです。私は、カースルレイ卿を、ここに二、三日引きとめておくのに全力をつくしましょう。彼がいなくなれば、もはや講和は不可能となるでしょうから」(注七)。

この手紙のように、メッテルニヒは、いら立った教授のように、最後に自分が心に抱いている均衡の諸要素を披瀝してしまったのである。あたかも、現実を見ている者がその現実を理解出来ないというこことが考えられないとでもいうかのように。しかし、革命家が、現実感覚をもっているならば、少なくとも、その現実感覚が、〃正統的な〃感覚と共通のものであるならば、彼らは革命家ではなくなってしまうだろう。三月二十五日、コーランクールが、講和のために同盟司令部に来る用意があると回答してきた時には、もうすでに賽は投げられてしまっていた。そして、同盟諸国間の連絡網を切断しようとしたナポレオンの必死の試みも失敗に終った。パリへの道は再び開かれたのである。オーストリア皇帝が司令部を離れていたので、メッテルニヒがコーランクールにあてた返書には、今や間近かにせまった講和は、ナポレオンとは締結されないだろうと素気なく述べられていた。

いずれにせよ、メッテルニヒの手紙は、カースルレイの柔軟性を過大評価していたのである。というのは、メッテルニヒと違って、カースルレイは、フランスの社会革命には心配していなかったからである。カースルレイが、ナポレオンと交渉するのを黙認したのは、フランスの〃革命前の版図〃と拡大されたオランダを、イギリスの安全のための十分な政治的保証とみなしていたからである。そして、カースルレイが、ナポレオンと交渉することに同意したのは、誠意を示そうとしたからであって、イギリスの選択としてではなかった。彼は、ナポレオンとの、講和に対するイギリス国内での大衆の反応はだんだんと険悪になりつつあるとの知らせにもかかわらず、この立場を崩さなかった。リヴァプールやクランカーティ以上に、外務省終身官であるクックとハミルトンは、ナポレオンとの講和を弁護するのは困難であるという点で一致していた。三月十九日、ハミルトンは、「ナポレオンとの講和に反対する世論は、従来同様全面的にそうである」と報告してきた。また、二月十七日には、リヴァプールは次のように記している、「ナポレオンとの間のいかなる講和に対しても、反対するとの国民世論は、日ごとに強まっている。そのような声は、国中のあらゆるところから、国民のあらゆる階層から聞えてくる」(注八)と。三月十九日、内閣は、カースルレイに対して、いかなる条約を締結する場合も、署名に先だってロンドンに照会するよう訓令を発したのである(注九)。この訓令は、到着が遅れたために事態に影響を与えなかったが、イギリスが、ナポレオンと講和を結ぶのは、同盟の結束を維持するために払う犠牲であり、しかも、署名は、最後の手段として考えられているにすぎないことは明らかだった。

それゆえ、シャティヨン会議が終ったとき、カースルレイは、自分は、誠意をつくして自己の義務を遂行したので、今度は、自分の目標を自由に追求できると感じたのだった。彼は内閣に次のように報告している、「私は、時間をあまりかけずに、現在のフランスの支配者と講和を結ぶことは不可能だということを確かめられればよいと思っておりましたが、ようやく、早期の、名誉ある、かつ確固たる講和にとって、本当のそして唯一の障害物は、ナポレオンであるということが、フランス人に対してさえ、疑問の余地のないほど明らかにすることが出来たのです」(注一〇)。ナポレオンの権威は急速に失墜しつつあったので、ナポレオンと講和を結ばねばならないという理由はもはや存在しなかった。一方、ナポレオンは、大胆な最後の作戦を展開し、同盟軍の背後を衝こうとしてパリに至る道をあけてしまったから、彼の運命は、決まってしまった。彼は、極めて長い間、絶対的な権力をもっていたので、自分がパリを留守にしている間に、パリが、自分に反旗を翻すなどとは想像も出来なかったのである。

三月二十日から二十二日間の間に、同盟諸国は、ブルボン家を承認する最初の一歩をふみ出した。戦争の全期間中は、ブルボン家の諸公は、フランスにいることはいたが、同盟諸国からは無視されていた。しかし、今や、ブルボン家の密使ヴィトロール(訳注4)は、司令部に受け入れられ、ブルボン家のために行動を起すよう激励された。同盟諸国は、占領していた領土の収入をブルボン家に返還することを約束するとともに、講和がナポレオンとの間に結ばれた場合には、ブルボン家の大義を支持した者の保護を約束した（注一一）。加えて、カースルレイは、ブルボン家にイギリスの借款を与えることを申し出た。三月二十四日、ボルドー市（訳注5）が、ブルボン家についた。事ここに至って、メッテルニヒは、もう賽は投げられ、ナポレオンが、均衡の一要素ではなくなり、安定は、国内的にも、対外的にも、ブルボン家のフランスを通じて求める以外にないと悟ったのである。メッテルニヒはフーデリストに次のように書き送った、「貴下は、我々の方針に対して心配しないでよろしい。避けられない事態については、せめて、方向づけだけでもしなければならないし、また、弱い人間だけが、尻ごみをするものであるという私の永遠の主義に忠実であるから安心して下さい」（注一二）。

メッテルニヒが述べたその事態は、パリでだんだんと具体的な形となって現れはじめていた。すなわち、ナポレオンのかつての外務大臣であるタレイランが、ブルボン家の復位をはかる陰謀を企てていた。メッテルニヒと同時代のあらゆる人物の中で、彼に最もよく似た人物はタレイランだった。タレイランには、メッテルニヒのような冷静さと狡猾さそれに、メッテルニヒを上まわる痛烈なウィットがあった。これは偶然ではなかった。タレイランもメッテルニヒも十八世紀が生んだ人物であり、彼らにとっては、粗野で無骨と考えざるを得なかった斗争にまき込まれた封建領主だった。二人とも、その成し遂げたことの内容ばかりでなく、そのやり方から言っても貴族そのものだった。彼らは、平和を、均衡と調和のとれた状態とみなしていたのである。

しかし、これらの類似性は、二人の基本的な相違をおおいかくしていた。というのは、運命はこれまでタレイランに味方しなかったし、彼の能力を生かす機会を与えなかったからである。貴族であるということは、理論ではなく事実である。しかし、タレイランには、常に、口にすることと行いとが一致しなかった。彼は、若くして聖職に入れられ、オータイユ(訳注6)の司教にまでなったが、フランス革命のときに、教会を棄ててしまった。しかし、彼は、革命と手を切り、のちにはナポレオンの外務大臣にまでなったが、今度は、パリに進軍中の同盟軍とともに、ブルボン家の復位のために働くことになったのである。もちろん、この彼の変節的な行為の中に、そうすることによって、当時の人々の極端な行動に対してバランスをとるというある種の一貫性を見ることは出来るだろう。しかし、タレイランの同世代人が彼に不信の念を抱いていたと言って、彼らを非難することは出来ない。なぜなら、タレイランの同世代人は、タレイランの弁明によってではなく、その行動によって判断しなければならなかったからである。たしかに、タレイランは、より安定した時代に生きていたなら、もっと自分の才能を生かす機会をもっていただろう。動乱を乗り切ってゆくには、二つの方法がある。動乱を超越するか、その流れとともに泳ぐか、換言すれば、理論をもってするか、術策をもってするかである。タレイランが、究極的に偉大の域に到達しえなかったのは、彼が常に優勢な方につこうとする行動をとったからであり、また、自分の個人的栄達を犠牲にしてまで、自分を打ち込むようなことをしなかったからである。これは、物事を穏びんに処理しようという真摯な気持から出たものであったかもしれないが、第三者から見れば、それが日和見主義ととられても仕方がなかった。従って、タレイランの最大の長所は、常に、機敏に策をめぐらすとともに、他人の理論をたくみに扱い、そして、合意された目的を達成するために、一定の形式をつくり出すことにあった。

しかし、タレイランの欠点はどうであれ、パリの情勢は、彼の特殊能力を活かすにはおあつらえむきだった。パリの城門でツァーは、自分にはまだあらゆる選択手段が残されており、感謝の気持に満たされた人民が、望むならば、共和制さえも決定できるかもしれないと期待していた。しかし、ディジョンの(訳注7)同盟軍司令部やパリにいる冷静な策士たちは、危険きわまりない実験が行なわれないようにあらゆる注意を払おうとしていたのである。三月三十一日、ツアーは、勝者としてパリに入城したが、メッテルニヒとカースルレイの二人は、ディジョンにとどまっていた。彼らが、ツアーにパリ入城の栄誉を与えたのは、二人は、外国の占領というものは——たとえ、それが切望されていたにせよ——日がたつにつれて、民族的屈辱と感じられるようになることを知っていたからであった。征服者の侵入に対して歓呼の声をあげて迎えたその同じ国民が、自信を回復してくるにつれて、自分たちの敗北を、みずからの臆病なふるまいの結果ではなく、状況のせいにし、そして、征服者に対する激しい敵意を示すことによって、みずからの罪をあがなおうとするのはよくあることである。ブルボン家の復活に際して果たしたツアーの目立った働きに対しても、完全な祝福は与えられなかった。外国の傀儡ではないかと疑われるような弱い政府ほど、自からの存在を依存している——あるいは依存していると思われるような——国家を攻撃することによって、みずからの正統性を獲得しようと考えがちである。しかし、勝利の歓喜のさ中にあっては、このことはわからなかったのである。四月六日、タレイランの手引きとツアーの同意によって、フランス上院は、ルイ十八世を玉座につける新憲法を可決した。かくして、ナポレオンに対する斗いは、戦場においても、パリにおいても、正統性の勝利という形で終ったのである。

しかし、ブルボン家の正統性が、薄弱なものになってしまったことはたしかだった。ブルボン家は人民の意思によって呼び戻され、かつて見たこともないような憲法を受諾させられたからである。このことは、〝正統性〟というものは、意思にもとづく行為によっては回復されないということを意味しているのである。正統性の強さは、自然発生的なものであり、何ゆえに正統性があるかというような問題が提起されないとき、実際に、そんなことは、問題になりえないときに最も強力なのである。しかし、ひと度、存在する義務体系に疑問が提起されたとき、すなわち、それが、有力な革命勢力の存在という形で表わされるようになると、その社会構造は、たとえ、〃正統性秩序〃が勝利を収めても、再び、もとの同じ形にはなりえない。社会構造の自然発生性をとりもどすという機能は、社会構造自体には与えられていないからである。それは、人間が一度失った純潔をとりもどすことが出来ないと同様なのである（注一三）。しかし、ブルボン家が、〃旧体制〃にもどることが出来ないにせよ、外国に自己の正統性を承認させることを通じて、ある権利を確立することは出来るだろう。もし、ブルボン家が、ある程度、人民の意思に依存しているとすれば、ナポレオンが締結することの出来なかった講和をもたらすことから始めるのが最善の方法だった。また、ブルボン家の正統性が、ある程度、外国からの承認によっているので、締結される講和条約は、ブルボン家の国際的地位を反映したものになるはずである。同盟諸国が、その討議を始めると、ヨーロッパの均衡だけでなく、フランス国内の均衡も問題にされることとなった。

（注一）　Fournier, *Congress*, p. 148, 一八一四年二月一六日。
（注二）　Fournier, *Congress*, p. 194, 一八一四年三月三日。
（注三）　Text, Martens, G. F., *Nouveau Receuil de Traités*, 16 Vols. (Göttingen, 1817—1818). Vol. III, p. 155f.
（注四）　C.C. IX, p. 326, 一八一四年三月八日。
（注五）　C.C. IX, p. 336, 一八一四年三月一〇日。
（注六）　C.C. IX, p. 322f. 一八一四年三月八日。

（注七）　Text, Fournier, *Congress*, p. 226.
（注八）　Webster, I., p. 514 (Appendix).
（注九）　B.D., p. 166, 一八一四年三月一九日。
（注一〇）　B.D., p. 168, 一八一四年三月二二日。
（注一一）　B.D., p. 170, 一八一四年三月二二日。
（注一二）　Fournier, p. 231, 一八一四年三月二三日。
（注一三）　この問題の詳細は第十一章を参照のこと。

（訳注1）　アレキサンダーが五万のロシア兵を従えて力にものを言わそうとしているため穏健なメッテルニヒの立場もいきおいむずかしくならざるをえないということ。

（訳注2）　ショーモン条約の日付は三月四日になっているが、実際に調印されたのは三月九日であった。というのは、ナポレオンの全権コーランクールが回答を約束した日が三月一〇日であったからである。しかし、ナポレオンは、戦場での勝利を信じて確たる訓令を与えなかった。

（訳注3）　北フランス、パリの北東にある町。ローマ時代から戦略的要衝の地。

（訳注4）　Vitrolles, Eugéne François, Baron de (1774—1854)　フランス革命の亡命貴族で一八一二年帰国し、一八一四年に、タレイランによって連合国への使者に任命され、ルイ十八世の復位のために働いた。

（訳注5）　フランス南西部の都市。フランス革命で大きな役割を果たしたジロンド党の根拠地だった。

（訳注6）　パリを形成する十六地区の一つ。

（訳注7）　パリの南東にある都市。

Ⅱ

戦争は、いずれも平和の名のもとに斗われるが、平和を戦争のない状態と定義し、それを軍事的勝利と混同しがちである。戦時に、戦争が終るかもしれないことを是認すると戦意を喪失させるかのように、講和の条件を討議することは、見苦しいことだと思われている。こう思われたとしても、それは奇異なことではないのである。戦争の論理は力であり、力は本来、限界のないものである。が、平和の論理は、均衡であり、均衡は、制限を意味するものである。戦争の成功は、勝利であり、平和の成功は安定である。勝利の条件は、戦斗であり、安定の条件は自制である。戦争の動機は、外的なもの、すなわち、敵からの脅威である。平和の動機は内的なものであり、力の均衡とその正統性の受諾である。敵の存在しない戦争など考えられないし、敵が存在するという神話の上に築かれた平和は休戦である。相手を懲罰しようとすることは、戦争への誘惑となり、建設的に物事を考えることが、政治の課題である。力は、相手を裁くことが出来るが、ステーツマンシップは、その将来を見つめなければならないのである。

全面戦争を終結させる際の講和には、このように性質の全く相反する問題を生じさせるという特徴がある。被害が大きくなれば、戦争を個人的意味でとらえるようになり、不幸をもたらした〝原因〟として敵を見、そして、敵の敗北を報復するための機会として考えるようになる。そして、被害が大きくなればなるほど、戦争は、ますます戦争自体が目的と考えられるようになり、その戦争のルールが、講和の際にも適用されることとなる。戦争が全面的であればある程、講和の際には、際限のない要求が〝当然のように〟出されるのである。しかし、受難は、謙遜よりも、しばしば、独善に導くものである。それはあたかも、善意のしるしででもあるかのように、また〃無実の者〃のみが被害を受けるかのように。かくして、各々の講和解決は、結局は、敵の運命をどう扱うかという問題と直面することとなり、そして、戦争の経験は、敵の存在しない世界が考えうるか否かという根本的な問題につきあたるのである。

諸国家が過去の状態にもどそうとする回顧的講和を結ぶか、あるいは、将来を考慮した展望的講和を結ぶかは、それらの国家の社会的強さにかかっているとともに、どの程度、講和を結ぶことに動機づけをすることが出来るかにかかっている。回顧的講和は、敵が再び斗うことが出来ないように敵を打倒することを意味し、その逆は、敵が再び斗おうとする気持を抱かないように、敵と交渉することを意味する。回顧的講和は、過去という唯一の確実なものに執着する硬直した社会秩序の表現であり、それは、〃正統性〃にもとづいた解決を困難にする。なぜなら、敗北した国家を完全に分割しない限り、敗戦国は、そのような屈辱を受け入れないからである。そのような場合には、戦勝国間内部の合意と、敗戦国の諸要求という二つの正統性が存在する。その二つの正統性との間の関係を律するものは、力のみ、つまり力に対する脅威だけである。安全保障を通じて安定を求めたり、戦争それ自体には本来的な原因はないという神話を信じたりすることによって、回顧的講和は、革命的状況をつくり出すのである。事実、二つの世界大戦間のヨーロッパの情勢は、まぎれもなくこの状況だった。

ナポレオン時代後の講和を交渉した政治家たちが、フランスに対する懲罰的な講和の誘惑を克服したのは、名誉に値することである。このことは、彼らが、人民の圧力に対して全く無頓着だったという、ふつう彼らの最大の欠点と考えられているものによっていたのかもしれなかった。しかし、その原因は何であれ、彼らは、報復ではなく均衡を、懲罰ではなく正統性を求めたのだった。一八一四年の連合国の政治家たちは、フランスの国内体制の変化を思っていたよりもうまいぐあいにいったなどと考えたりせずに、また意味のない体裁上のことにこだわったりせずに、自分たちが信じている神話の結果からどんなことが起ろうともそれを受け入れようとしたのである。敵を敗北させることに最大の関心が集っていたときには、メッテルニヒのねばり強い外交は、きわめて臆病で、認識が甘いように思われていたが、今やその意義がすべて明らかになったのである。彼はこれまで、戦争の目的は、均衡の回復にあると余りにも強調してきたので、他の目的が考えられないようになってしまったのである。同様に彼は、これまで多くの宣言を発表し、戦争は、ナポレオンとの間に〝合理的な〟条件の講和を結ぶための手段であると言明してきたので、フランスの分割を求めるような厳しい提案は出されなかったのである。例外的にプロシアだけが、フランスは本来的に邪悪であると主張したが、間もなくそのような主張を引っ込めた。戦争は結果的には、全面的になったけれども、それが、きわめて慎重に遂行され、一つひとつの手段を注意深く選択したので、全面戦争のようには見えなかった。限定された手段によって成し遂げられた無限なものは、際限のなさへの恐怖と無限を求める誘惑を失なわせるものである。ここに、一八一三年から一四年にかけてのメッテルニヒの採った政策の究極的意味がある。

カースルレイのとった態度は、さらに注目すべきものがあった。彼は、反フランスという国民感情が、おそらく最も高ぶっている国の政治家であるにもかかわらず、穏健な講和を主張したいま一人の主要な人物だった。彼は、まえにパリへの進軍にツアーを加えることに反対したし、今度は、〝絶対的な〟安全を求めようとする主張に反対しなければならなかった。かくして、ナポレオン戦争の最終的解決は、まず、ナポレオンの退位と彼の処分を規定する条約、ついで、フランスとの講和、最後に、ヨーロッパの均衡の回復という三段階をふんで達成される運びとなった。

ナポレオンをどう扱うかという問題は、ヨーロッパの均衡に直接的には、何の意味もなかったが、同盟諸国の精神状態を調べる試験紙のような役割を果たした。十九世紀初頭は、勝利の度合いを、個人に課す報復の大きさによって測るというような時代ではなかった。スチュワートでさえ、カースルレイに対して、ナポレオンの境遇は、キリスト教徒が、その最もめぐまれない者に対して差しのべる憐みぐらいは受ける価値がある(注一)、と書き送っているほどである。アレキサンダーの欠点が何であったにせよ、彼にしても寛大さが欠けているのではなかったことは、彼が、フォンテンブロー条約(訳注1)をコーランクールとの間で交渉したのを見てもわかる。その条約によって、ナポレオンは、皇帝の称号を維持し、二百万フランの年金を受けることとなった。また、エルバ島(訳注2)は、ナポレオンが主権をもった完全に独立した公国として樹立され、皇后には、パルマ公領(訳注3)が与えられることになった。さらに、ナポレオンの一族、離婚した元皇后ジョセフィーヌ・(訳注4)それに養子であるイタリア総督のオジェンヌ・ボアーネ(訳注5)に対してまでその条約は規定をもうけていた。そして、ナポレオンは、船と、エルバ島警護のフランス兵の所有を許されていた。しかし、この条約は、心理的観点から見れば、おそらく、考えられている程寛大なものではなかっただろう。というのは、ヨーロッパの征服者にとっては、イタリアの三流の大公の地位に格下げされたことは、耐えられない程の大敗北にちがいなかったから。

カースルレイとメッテルニヒが、パリに到着したときには、もうすでに交渉は終ってしまっていた。メッテルニヒが、エルバ島が、フランスとイタリアに接近しすぎているという理由でナポレオンにエルバ島を与えるのに反対したが無駄だった。そんな訳で、彼は、新たな戦争が二年以内に起ると予言したほどだった。カースルレイも、完全に満足したわけではなかった。彼は、リヴァプールと同様、エルバ島よりも、ナポレオンにとって、〝もっともふさわしい〟場所を望んでいたのだった。そして、イギリスは、ナポレオンが権力の絶頂にあった時でさえ、拒絶してきた承認を、敗北したナポレオンに与えるつもりは毛頭なかった。カースルレイは、ナポレオンに対する皇帝の称号を生存期間に限ることに成功し、条約の領土条項以外には同意しなかった。四月十六日、ナポレオンは、南のエルバ島への移住を開始し、同盟諸国は、フランスとの講和に入ることとなった。

カースルレイは、与えられた枠組み内での調整に関するあらゆる交渉においてそうだったように、今度も、その指導的人物となった。その時、彼は、自己の影響力を行使しうる絶頂期にあった。彼は、同盟諸国のためらいにもかかわらず、対仏大連合を維持してきたのだった。また彼は、世論の非難にもかかわらず、ナポレオンと交渉を続け、その結果、ブルボン家復位の道義的基盤をつくり出したのだった。そのようなときには、よくあることだが、今度は、大衆は、自分たちの非難の激しさは、善意から出たものだと主張し、また、内閣は内閣で、どこか理解できないものがあったにせよ、少なくとも、ある程度、ナポレオンの現実認識がまちがっていたために起ったことを、内閣の深遠な政策によるものと説明したのである。クックは、カースルレイへの手紙に次のように書きしるしている、「貴下が、見事成功裡に成し遂げた交渉を通じて示された貴下の偉大な能力には、全面的に正しい評価が与えられることは確実です。貴下の卓越した能力と権威は、今や確固たるものがあります」(注二)、と。カースルレイは、自己の立場の重要性をよく認識していた。リヴァプールが、議会の会期のために、カースルレイに早急に帰国を促したとき――彼なしには、議会を乗り切ることがむずかしいと思ったからだったが――彼は次のように答えている、「尊大に聞こえるかもしれませんが、私が、ここにとどまることは、私の本来の使命よりも比較にならない程重要なのです。従って、貴下が、うまく議会を処理してほしいのです……」(注三)と。

カースルレイの主たる関心事の一つは、ブルボン家の権威を確固たるものにし、ヨーロッパの安全を、フランスを屈服させることによって築くのではなく、フランスとの和解の上に築くことであった。彼は、ブルボン家に対して、「政治的抽象論について争う」よりもむしろ、不完全ではあるにせよ、タレイランが起草した憲法を受諾するよう勧告したのである。また、彼は、可能な限り早期の同盟軍の撤退を取り決めようとしていた(注四)。ブルボン家は、復位する前に、〝革命前の版図〟を受諾することに同意していたので、早期の講和条約締結の障害物は何もないように思われた。ところが、プロシアが、フランスとの平和条約を締結する前に、ヨーロッパの地図を書きかえようとあらゆる未解決の問題の解決を強く主張しだしたのである。というのは、プロシアは、各国が次々とその目的を達してゆくのを見て、プロシアがそのポーランド領をロシアに放棄する代りに得る補償が小さくなるのではないかと恐れたからである。たしかに、この要求には理由がないわけではなかった。交戦状態が終ったあとまで、最終的解決を引き延ばすことによって、最も多くの利益を得るのは、獲得欲の強い国家であるが、それは同時に、一連の部分的解決がなされた場合に、最も失うものが多いという結果にもなるのである。なぜなら、部分的解決によって満足する国が多くなればなるほど、譲歩する動機は、ますます小さくなるからである。それゆえに、四月二十九日、プロシア首相ハルデンベルグは、ポーランドの大部分をロシアに与える代りに、プロシアが、サクソニーを併合するという講和条約草案を提出したのだった。

しかし、ツアー――彼は常に、世界的名声を求める欲望と国家理性の要請との間をさまよっていたのだが――は、自分の要求を明らかにしようとはしなかった。また彼は、自分の要求を明らかにするのを引き延ばせば引き延ばすほど、イギリスは、最終的解決に際して、無関心になるだろうと信じていたのかもしれなかった。さらに彼は、近づきつつあるロンドン訪問からより大きな利益を得ようと期待していたのである。従って、ツアーには、フランスとの平和条約を締結することと、ポーランド、サクソニー問題の解決を引き延す以外に選択の余地はなかったのである。パリ条約(訳注6)の規定によって、フランスは、オランダ、ベルギー、ドイツ、イタリー、スイスそれにマルタに対するすべての請求権を放棄した。イギリスは、トバゴ(訳注7)、サンタ・ルシア(訳注8)、イル・ド・フランス(訳注9)の植民地を獲得し、スペインは、サント・ドミンゴ(訳注10)のフランス領を得た。パリ条約の秘密条項第一項には、ドイツの独立と連邦として組織されるべきことが規定されていた。第二の秘密条項では、フランスは、オランダがベルギーを併合するのを認めていた。さらに、第三の秘密条項では、イタリアにおけるオーストリアの国境を、ポー河(訳注11)とマギオレ湖(訳注12)と規定するとともに、トスカニー(訳注13)において、ハプスブルグ家の家系を復活させることが規定されていた。

カースルレイが、この条約を、過度の不信感を表わすような取決めはしまいとした自分の意思を実行に移したものだと感じたのも当然である(注五)。フランスは、革命前の領土を維持したばかりでなく、サヴォイ(訳注14)とパラチネット(訳注15)で領土を拡大し、革命前の人口に比べ六〇万人も増やしていた。フランス軍の規模には、何の制限も加えられなかった。イギリスは、フランスから奪ったほとんどの植民地を返還し、保持したのは、経済的よりも戦略的重要性をもつものに限られた。オランダは、国境の要塞建設の資金を得るために希望峰をイギリスに売却した。そして、当時まだその価値が十分に理解されていなかったオランダ領東インド諸島(訳注16)を回復した。フランスは、二十五年間にわたる征服期間中に、パリに集められた美術品の所有を認められた。しかも賠償金は一切課せられなかった。このような寛大な措置に対して、クックは次のような抗議の書簡を書き送ったのだった、「フランスが、ヨーロッパを破壊したことに、何らの償いもせず、我々が、ヨーロッパを救うためにすべてを負担するなどということは、耐えがたいことである」(注六)と。

このように、パリ条約は、均衡による講和であった。そして、それは、安定は、根本的な反目のない状態によるのであり、ステーツマンシップの課題は、罰することではなく、まとめてゆくことであるとの認識にもとづいていたのである。安全をもっぱら国境の標柱の位置によって評価したり、あるいは、一ヵ国に制約を加えることによって、他の諸国との間の不均衡を生み出すような、〝絶対的安全保障〟の神話はかえりみられなかった。ジュネーブの全権代表が、戦略的必要性を根拠に、いくつかの国境の修正を主張したとき、カースルレイは、次のように答えている。「戦略的国境についてのそのような議論は、あまりにも強く主張されすぎます。真の防衛と安全保障は、現状維持に利益を見い出しているすべての国に宣戦することなしに貴国を侵略することは不可能だという事実によって与えられる保証なのです」(注七)と。かくして、ナポレオン戦争は、憎しみに満ちた戦勝歌によってではなく、和解の精神の中に終ったのである。そこには、国際秩序の安定は、その構成諸国が、国際秩序の防衛にどの程度責任を感じているかにかかっているという認識が存在したのである。それは、性急な世代の大いなる理想を考慮した講和ではなかった。その動機は、安全さにあって、抽象的な理想を実現することではなかった。しかし、四半世紀にわたる動乱の後にあっては、安全は、きわめて価値のあるものだった。

たしかに、ヨーロッパの均衡は、まだ未完成であった。ポーランド、サクソニーという補足的問題が、ヨーロッパ会議の場での討議を待っていた。そして、解決の形は明らかになりつつあった。トルワーには、新たなヨーロッパの秩序を形成する諸要素が集りはじめていた。パリ条約によって、フランスは、バランスを維持する有力な一要素として存在することとなった。もっとも、フランスは、その諸決定を批准するのに、会議に招かれたにすぎなかった。しかし、ブルボン家の王制復活によって、フランスは、他の同盟諸国から見て、〝受け入れることの出来る〟一同盟国になったのである。そして、もはや他のヨーロッパ諸国とフランスを隔絶していた〝理論的な〟隔りがなくなったのである。フランスを味方にして、均衡を自国に有利にしようとせずに、あえて自国にとって不利益な決定を受け入れるような国が果してあるだろうか？　自制の限界にあるこの難問に回答を与えるのがウィーン会議であった。

（注一）　C.C. IX, p. 449, 一八一四年四月六日。
（注二）　C.C. IX, p. 454. 一八一四年四月九日。
（注三）　C.C. IX, p. 458, 一八一四年四月一三日。
（注四）　C.C. IX, p. 459, 一八一四年四月一三日。
（注五）　C.C. IX, p. 472, 一八一四年四月一九日。
（注六）　C.C. IX, p. 454, 一八一四年四月九日。
（注七）　Webster, I, p. 268.

（訳注1）　一八一四年三月三一日、ロシア皇帝とプロシア王は、パリに入城した。一方、フォンテンブロー宮殿には、ナポレオンが六万の兵力をもって、最後の決戦を挑もうとしたが、彼の元帥たちが退位をすす

めたため、位をわが子に譲ることを決意した。しかし、ロシア皇帝は、これを拒否し、退位はナポレオンだけでなく、一族すべてが行なうことを要求した。ナポレオンは戦争を決意したが、元帥たちが再び支持を拒んだため、四月一一日、フォンテンブロー条約を受諾した。

(訳注2)　イタリアの島。時代によって支配者がことなるが、一八〇二年フランスに帰属し、一八一四年ナポレオンが退位してから、ナポレオン主権下の公国となった。ナポレオンは、島の道路の整備、農業技術の改革などを行ったが、全ヨーロッパの征服者には所詮満足出来なかった。ナポレオン脱出後はトスカニーに加えられた。

(訳注3)　北イタリアの公国。一七四八年以来ブルボン家の支配にあったが、一八〇一年フランスに併合された。ナポレオンの没落後パリ条約でマリー・ルイスに与えられたが、彼女の死後ブルボン家に返還され、のち一八六〇年サルジニアに併合。

(訳注4)　Joséphine (1763—1814)　ナポレオン一世の皇后。ウィンドワード諸島マルティニーク島の農園経営者の娘として生れた。パリに出てきて一七七九年に、アレキザンドラ・ボアーネ子爵と結婚し二児をもうけ、一七九〇年には、ジャコバン党の領袖の一人バラスやフーシェとも知り合ったが、一七九四年に夫がギロチンにかけられたため未亡人になった。しかし、バラスなどの後援によって、パリ社交界の花形となり、当時、盛名をはせつつあった七才年下のナポレオンに求婚され、一七九六年に結婚した。ナポレオンの彼女に対する手紙は、その愛情の深さを示しているが、ナポレオンが、エジプト遠征の留守中には、一士官と関係をもつなど、その行動は必らずしも貞淑とはいえなかった。彼女は、ナポレオンとの間に子供をもうけなかったので、彼女の懇願にもかかわらず、一八一〇年離婚させられた。

(訳注5)　Beauharnais, Eugène de (1781—1824)　ジョセフィーヌと革命で一七九四年ギロチンにかけられた将軍アレキザンドラ・ボアーネとの間に生れ、ジョセフィーヌがナポレオンと結婚したのち、ナポレオンの養子となった。一八〇〇年のオーストリアとのマレンゴの斗いやロシア遠征で活躍した。ナポレ

オンが一八〇五年にイタリア王になったとき、彼を総督に任命した。

(訳注6) フランスの新政府が直面する緊急の課題は、平和条約を締結することと憲法を起草することであった。いわゆる第一回パリ条約が五月三〇日に連合国との間に結ばれ、憲法は、五月二七日、ルイ十八世が受諾した。

(訳注7) カリブ海。南米ベネズエラの北東海岸にある西インド諸島の最東端の島。現在トリニダト・トバゴ。

(訳注8) カリブ海。ウィンドワード諸島の一つ。現在イギリスの自治領。

(訳注9) マダガスカル島のインド洋上の島。現在のモーリシャス。

(訳注10) 西インド諸島の島。ドミニカ。

(訳注11) イタリア最大の河。アルプスに発し、北西部を東流してアドリア海にそそぐ。

(訳注12) イタリアとスイスにまたがる湖。

(訳注13) イタリア中部西海岸の一州。当時、大公国。

(訳注14) 現在フランス南東のアルペン地方。イタリアとスイスに接している。一七二〇年サルジニアの一州となったが一七九二年にフランスに併合された。しかしウィーン会議の第二回パリ条約の結果サルジニアに返還されたが、一八六〇年にフランスに割譲された。

(訳注15) 現在西ドイツのラインラント・パラチネット州で、ナポレオン戦争前まで神聖ローマ帝国を構成する選帝侯領であった。

(訳注16) スマトラ、ジャワ、セレベス、ボルネオ、ニューギニアなどからなる島々。

第九章　ウィーン会議

安定的な講和の諸要素――安全保障と正統性――ウィーンにおける外交官の顔ぶれ――手続問題――ポーランドをめぐる交渉――サクソニーをめぐる交渉――カースルレイの国内政治面での困難――四大国会議へのタレイランの参加――一月三日の秘密同盟――最終的解決――正統性秩序の構築

I

パリ講和条約第三十二条には、ヨーロッパの均衡の問題を解決することを目的に、ウィーンにおいて会議を開催することを規定しており、その会議には、戦時中の全当事国が招かれていた。この条項が起草されたときには、その会議は、主権国家の互恵尊重を基礎とする一時代の始りとしての象徴的意義をもつものと期待されたのだった。新しい均衡の諸要素は、パリ条約締結後、ロンドンにおいて、ツアー、プロシア王、それにメッテルニヒが会談をもった際に解決されてしまっていた。従って、その会議は、最終的問題の解決をもはや避けてとおることは出来ないという認識から、予期しないほどの争いの場となり、会議をとりまく華やかな雰囲気の割には、厳しいものとなったのである。というのは、今こそウィーン会議の場で、ナポレオンとの戦争から、〝正統性〟秩序、すなわち、すべての主要大国によって受け入れられる秩序が出現したのかどうか、また、国際関係が、力による支持されない要求にもとづく革命的関係であり続けなければならないのかという問題に最終的結論が下されねばならなかったからである。

どんな国際問題の解決の場も、ある国が、自分自身に対して抱いている姿と、他の諸国が、その国に対して抱いている姿とを調整する過程を意味するのである。国家というものは、みずからを正義の表現と見なすものであるが、その国の社会の義務形態《パターン・オブ・オブリゲーション》が、自発的であればあるほど、このことは一段と真実である。というのは、大多数の国民が自発的に従うとき、政府は最も効果的に機能し、国民は、その指導者の要求を正当であると認める範囲において政府に従うからである。他の国にとっては、それは、一つの力かあるいは、意思の発現と見えるのである。外部に対する主権の行使は、自国よりも優勢な外国の力によってのみ制約を受けるにすぎず、また、外交政策というものは、相手側の単なる意思だけでなく、その能力を基礎にして策定されねばならないから、このことは、必然的な結果である。かりに、一国が、その欲望のすべてを獲得することが可能だとすれば、その国は、絶対的安全保障、換言すれば、外国からの危険を感じないような世界秩序を獲得した場合であり、そして、そのような世界秩序においては、あらゆる問題は、国内問題のように扱いやすいものとなるだろう。しかし、一国にとっての絶対的な安全は、他のすべての国にとっては、絶対的な不安を意味するがゆえに、そのような安全は、〝正統性〟にもとづいた解決の一つとしては達成しえないものであり、征服によってしか獲得できないものである。

このような理由から、国際的な講和というものは、たとえそれが強制されたものでなく、受諾されたものであっても、常に、いずれの当事国にとっても、何かしら不条理なものと映るのである。逆説的であるが、当事国がみな少なからず不満をもっているということが、安定の条件なのである。なぜならば、仮に、いずれかの国が完全に満足するとすれば他のすべての国々は、完全に満足しないことになり、その結果、革命的状況をもたらすことになるからである。安定秩序の基礎は、関係当事国の相対的な安全――従って相対的な危険を意味する――にあるのである。その安定とは、不満がないということを意味しているのではなく、その不満を講和がもたらした枠組みの中で調整をしてゆこうとせずに、その講和自体を破壊することに救済方法を求めようとする程の大きな不満がないということを意味しているのである。すべての主要大国によって受け入れられている枠組みをもつ秩序というものは、〝正統性〟があるのである。一国でもその枠組みを抑圧的と考えるような秩序は、〝革命的〟秩序なのである。国内秩序を保証するものは、圧倒的な政治権力であるが、国際秩序を保証するものは、力のつり合いとその表現である均衡状態なのである。

一つの国際秩序に、安全と均衡とを与えねばならないとするならば、それは、正統性理論の名のもとに構築されることになろう。講和というものは、結局のところ、強制を受諾に変えることであるから、安全保障の要求を権利として、また、個々の要求を全体的利益として解釈されるようにもってゆかなければならない。相対立している諸要求を相対的に〝正当なもの〟とし、それらを調整する形を確立するのが、正統性理論なのである。このことは、正統性理論と講和の諸条件とが正確に一致することが必要だと言っているのではない。いかなる大国も、正統性のためだけで、自国の安全保障のための最小限の権利――独自の外交政策を遂行しうる能力――を放棄することはないだろう。しかし、正統性理論は、限界的なケースを明確に示している。一九一九年、オーストリア・ハンガリー帝国は、戦争の影響によって崩壊したのではなく、講和の性格によって崩壊したのである。オーストリア・ハンガリー帝国の存続は、民族自決という新しい国際秩序の正統性理論と両立しなかったからであった。国家の正統性が、言語的結合によるなどということは、十八世紀には思いもよらなかったことだろう。ヴェルサイユ体制の立案者たちには、正統性支配のための基礎を他に求めることなど考えることが出来なかったのである。正統性理論は、それが当然と思われた時に勝利を収めるのである。

　正統性理論と講和の諸条件との間の正確な一致はありえないが、安定のためには、そこに何らかの共通性があることを必要とする。もし、本質的な共通性が存在せず、しかも不利益を蒙ったと感じている大国が存在する場合は、その国際秩序は、不安定なものになるだろう。というのは、〃革命〃勢力が、講和の正統性理論をふりかざして、それを心理的面から悪用することになるからである。現状維持勢力の政策の〃自然な〃表現は、法――継続する関係を規定するものとして――であるが、常に不満をもって国際秩序の正統性理論をふりかざす勢力にとっては、力が唯一の手段である。かくして、安定から最も多くのものを得る者は、革命的政策の代弁者ということになる。一九三八年のズデーテン危機(訳注1)の際に、ヒトラーが行なった自族自決への訴えは、〃正義〃を祈求するものだったがために、これに敢然と反対することを難しくしたのだった。すなわち、西欧諸国は、ドイツに〃正義の〃要求を満足させてやることによって、〃真の〃正統性秩序を構築しようとしたのである。ヒトラーが、ボヘミアとモラヴィア(訳注2)までも併合してしまってから、ようやく、彼が求めているのは、正統性ではなく、支配を目指しているとわかったのである。そして、争いは、純粋な力の争いになったのである。

　国際間の講和の主要な課題は、革命的政策で、その講和に不満を表わす国がないように、正統性の要求と安全保障の要請とを結びつけるとともに、講和条件以外の原因によって引き起される侵略を抑止するために、力の均衡をつくり出すことである。これを達成することは、技術的問題ではない。もし、国際秩序が、数学上の公理のように明快に構築されうるものであれば、諸国家は、みずからを均衡の要因とみなし、侵略力と抵抗力との完全な均衡を獲得するための調整を行う。しかし、厳密な均衡などありえないのであるが、それは、侵略を予言することが困難なためばかりではない。とりわけ、そんなことは空想であるのは、第三国にとっては、諸国家は、安全保障体制を確立するための要素に思われるのであるが、当事国にとっては、歴史的存在の表現と考えているからである。たとえ、どんなにうまく均衡がとれており、かつ〝安全〟であっても、自国の考え方を完全に否定するような講和を受け入れる国家は、ありえないのである。例えば、イギリスに海上《マリタイム・ライツ》権を放棄させ、オーストリアにドイツにおける地位を放棄させるような均衡の考え方はありえなかっただろう。なぜならば、両国の〝正義〟についての概念は、これらの権利から切り離すことは不可能だったからである。従って、均衡には、二つの種類が存在する。一つは、一国か、ある国家グループが、その意思をその他の諸国に強制しようとすれば危険をともなうような一般的均衡であり、もう一つは、ある国家間における相互の歴史的関係を規定するような特定の均衡である。前者は、一般的な戦争に対する抑止力であり、後者は、円滑な協力関係の条件である。従って、国際秩序というものは、協調してゆこうという調和の意識からは、めったに生れてこないものである。というのは、正統性についての合意が存在する場合であっても、安全保障に対する考え方は、相対峙している国々の地理的位置とその歴史によって異なるからである。均衡の本質に対する、ちょうどこのような対立があったにもかかわらず、ウィーン会議は、ほぼ一世紀もの間永続することとなった講和を形づくったのである。

　ウィーン会議は、イギリス、オーストリアという現状維持勢力とロシア、プロシアという獲得欲の強い国家の対立という簡単な問題ではなかった。一方、フランスを代表するタレイランは、脇で事態の成行きを興味深かげに見守っていた。獲得欲の強い国家の要求も、現状維持勢力の抵抗も、同じ秩序を求めるものではなかった。ポーランドに対するロシアの要求は、ヨーロッパの均衡に脅威を与えており、プロシアのサクソニーへの執着は、ドイツにおける均衡を危くするものだった。カースルレイが均衡について語る時には、いずれの国も覇権をにぎることのないようなヨーロッパを意味し、メッテルニヒが、均衡を訴える時は、プロシアの優位のないドイツを意味したのである。カースルレイは、東西からの攻撃に十分耐えられる強力な中央ヨーロッパの建設に関心をもっていたが、メッテルニヒは、同じことを望みながらも、中央ヨーロッパにおけるオーストリアの相対的地位にも強い関心をもっていた。カースルレイは、防御上の見地から大陸諸国を見ていたが、大陸諸国にとっては、その一般的均衡が、自分たちの存在理由である歴史的地位を破壊するようでは意味がなかったのである。カースルレイにとっては、均衡は、力のバランスを技術的に表現することであったが、大陸諸国にあっては、それぞれの国家の歴史的志望を調和させることであった。

このことは、外交上の手詰り状態をもたらしてしまった。イギリスとオーストリアが、すでに自分たちの特定の利益を確保してしまっていたので、ロシアとプロシアには、取引き材料がほとんどなくなってしまったため、一段とその行詰りは硬直したものとなった。そして、その手詰り状態は、天秤の一方に分銅を加えるだけでくずれるようなものだった。そのような状態の中で、どちらにも与みしていない唯一の大国はフランスであったので、かつての敵は、ヨーロッパ問題解決の鍵をにぎる存在となったのである。かくして、ウィーン会議におけるタレイランの役割についての神話が出来上ったのである。すなわち、悪魔的な機知をもって舞台に登場し、敵国の連合を切り崩した人物、そして、〝正統性〟という魔術的な言葉に訴えることによって、自分の好む形に連合を再編した人物として、そして、ついには、ヨーロッパの仲裁者となった人物として(注二)。しかし、これは、原因と結果を混同している人々や、より根本的な諸要素を駆使しなければ達成出来ないことを、単なる交渉技術のせいにしがちな職業外交官たちによって広められた伝説にすぎない。タレイランは、自分の仕えるルイ十八世がウィーン会議に出席しなかったために、おびただしい量の報告書を書かざるをえなかったし、元ナポレオンの外務大臣であった自分の不安定な国内での立場を固めるために、自分が欠くべからざる人間であることを強調しがちだったから、それが通り相場になってしまったのである。

もっとも、パリ条約が、もうすでに、フランスの国境を決めてしまっていたから、タレイランは、おそらく最も公平な態度をとることは出来ただろう。彼の機知と辛辣な批評は有名で、ゲンツは、彼を評して、嘲笑家と思想家を味方にしているようだ、と述べているほどである。さらに言えば、少なくともロシアの獲得欲についてタレイランが用いた議論に似た論法は、六カ月も前にナポレオンが使っていたのだが、それが何の効果もなかったのは、誰もナポレオンを信用していなかったからだった。情勢の本当の変化は、タレイランの覚書によってではなく、パリ条約とブルボン家の復位によってもたらされたのであった。従って、革命的状況が終息し、〝正統性〟の時代が到来していたから、タレイランが活躍出来たのだった。そして、彼が成功を収めることが出来たのは、〝正統性〟の概念を発明したからではなく、それを利用する場所があったからであった。

フランスは、パリ条約によって、国境外へのあらゆる影響力を放棄させられ、ヨーロッパ問題解決から除外されていたので、フランスが、連合を解体することをねらったクサビとしての勢力を結成しようとしたのはきわめて当然のことだった。同様に、フランスが、プロシアの、その力の中心をドイツに移そうとする意図に反発したのも当然のことだった。しかし、フランスに対する脅威の方が、東方からの危険よりも大きかった場合や、同盟内部の対立が、フランスという同盟の共通の脅威よりも大きくならなかった場合には、これらの試みは、ほとんど効果を上げなかっただろう。戦時には、フランスと斗うために協力し合ったという記憶が、問題解決の原動力だと連合国が信じている間は、タレイランは無力だった。しかし、ひと度、この幻想が打ち砕かれたとき、それは、ある国が、ただ調和のためといいながら、実は自国の側にフランスという一要因を加えようとしないかどうかという、自制の限界が問われることとなった。そのような状況は、いや応なしにそれに対する答を出した。結局、フランスが、ヨーロッパ問題に参加することになったのである。なぜなら、ヨーロッパ問題はフランスをぬきにしては解決できないからだった。

しかしながら、各国全権代表が、ウィーンに集りつつあった時には、その会議がどのような成行きになるのか、皆目わからなかった。その時はまだ、解決は早急になされ、フランスは、単なる傍聴者として出席するにすぎず、他のヨーロッパ諸国は、相対的調和のうちに、起草された文書を批准しさえすればよいものと考えられていた。ところが、プロシアはサクソニーを得るために、ロシアはポーランドを得るために、オーストリアはドイツの均衡のために、カースルレイはヨーロッパの均衡のために、そして、タレイランは、ヨーロッパ問題にフランスを参加させるために現れたのであった。これらの立場が、互いに矛盾するものだとは、誰一人思ってもいなかったようである。

このように相対立する野心を調和させる過程で、ウィーン会議は、次のような五つの段階を経て進められて行った。(a)まず会議を、反フランスの連合として開催しようとする本質的には手続き上の問題を扱った最初の期間、(b)カースルレイが、未解決の問題を解決しようと努力した段階、とくにポーランド、サクソニー問題に関して、初めにツアーに対して、個人的に要請しついで、ツアーに反対するために、ヨーロッパ諸国を結集しようとした段階、(c)メッテルニヒが、ポーランド問題とサクソニー問題を切り離し、諸国を歴史的権利に対する合意によって結合させようと、補足的な努力を傾けた時期、(d)反フランス連合が崩壊し、フランスが同盟国の討議に参加した段階、(e)最終的解決のための交渉の時期と続いたのである。

（注一）　例えば、Nicolson, *Congress of Vienna* ; Cooper, *Talleyrand*; Brinton, *Talleyrand*; Ferrero, *The Reconstruction of Europe* 参照のこと。

（訳注1）　ズデーテン地方はドイツに隣接する北ボヘミアの一地域で中欧最大の工業地帯。オーストリア・ハンガリー帝国に属していたが、第一次大戦後一九一八年チェコスロバキアの独立とともにチェコに帰属することとなったが、約三〇〇万人のドイツ人が住んでいた。ドイツでヒトラーが政権をとるや、民族自決をかかげ、この地方のドイツ帰属を主張する政党に援助を与え、ドイツ帰属の要求を強めた。このチェコをめぐる危機解決のために一九三八年九月二九日、ミュンヘンで、イギリス、フランス、ドイツ、イタリアの四大国が会談し、その結果、ズデーテン地方をドイツに割譲するとともに、ポーランド、ハンガリーも、チェコから領土を獲得した。これによってチェコは、人口の三分の一、戦略的国境線を失うこととなった。四大国は残りのチェコの領土を侵略から守ることを保障したが、ドイツは翌年ボヘミアとモラヴィアを併合さらに第二次大戦へと進んだ。ミュンヘン協定が結ばれたときには、イギリス首相チェンバレンは、「ヨーロッパを戦争から救った」と述べたが、今日に至るまでヒトラーに対する「宥和政策」として批判されている。

（訳注2）　チェコスロバキアの中部地方。

カースルレイが、再び大陸に渡ろうとしていた時には、イギリスの利益を大陸の安定に見い出そうとしていたことに疑問の余地はなかった。イギリス内閣が、その外務大臣の大陸問題への介入にどんな留保をつけようが、その年のカースルレイの政策が成功したことによって、彼は直接攻撃されることはなかった。しかも、ツアーのロンドン訪問は、イギリス国民がツアーに対してもっていた幻想を捨てさせることになったから、なおさらカースルレイが非難されることはなくなった。ナポレオン戦争の英雄ツアーは、野党と共謀して政府に反対した自分勝手な独裁者と見られ、下院の両党を不和にしただけだった。民衆の歓呼を民衆の支持とまちがえたアレキサンダーの態度は、ヨーロッパの平和がやがて、ツアーの非妥協性によって乱されることになろうとくりかえし警告してきたカースルレイの言葉の信用を高めるのに手を貸しただけだった。それと同時に、ヨーロッパ各地のイギリス代表部からの報告は、みな一貫してロシアの陰謀の模様を伝えていたので無視しえないものがあった。ベルリンのジャクソンからは、ロシアのある将軍は、六〇万の兵力をもってすれば、交渉する必要などないと述べたと報告してきた(注一)。また、パラーモウ(訳注1)のアコートからは、シシリーに対するロシアの内政干渉行為について不満が述べられていた(注二)。ツアーの真意がどうであれ、彼の代理人たちの行動は、もう一人の征服者の仕事をやりやすくするために以前の征服者が亡ぼされたのではないかという危惧を増大させたのだった。このような状況下にあっては、ポーランド問題が争われることになることはもはや必至であり、イギリスがその一方の当事者になることも疑問の余地がなかった。

しかし、カースルレイは、三つの思い違いをしてイギリスを発った。彼は、アレキサンダーに、その要求の不合理性を指摘することで、アレキサンダーを制約できると期待していた。かりに説得に失敗した場合は、反フランス連合の中でアレキサンダーに反対する勢力を結集するのが望ましいと考えていた。しかも彼は、このことは、比較的簡単な仕事であり、少なくとも、ロシアのポーランド所有が意味する均衡への脅威を証明することと同様に容易であると楽観していたのである。最後に、争いが避けられなくなった場合には、つまり交渉が手詰りになったときには、フランスを予備軍として利用出来ると信じていた――あたかも、フランスが、そのような消極的な役割に満足でもするかのように。カースルレイがどの程度のことを考えていたかは、パリ駐在、イギリス大使ウェリントンにあてた八月七日の書簡が証明している。ウェリントンは、「フランスが武力に訴えても、ポーランド問題に関するイギリスの見解を支持する用意があるか否か」を打診し、また、ポーランドに対するロシアの要求に反対するようプロシアを説得する際には、フランスの支持を要請するよう訓令を受けていた(注三)。八月十四日、カースルレイは、ウィーンに向う途中、タレイランと意見を交換するためパリに立ち寄ることを示唆した。ウェリントンは、この計画に対して、「世界情勢は、イギリス、フランスが相互に理解し合うならば、当然、両国をヨーロッパの仲裁者とするでありましょう。そのような理解は、平和を約束することになるものと信じます」(注四)と答えている。

カースルレイは、九月十三日にウィーンに到着し、十月一日から開催される予定の本会議を前にして、ただちに予備会談を行なった。彼は、まだ、十月一日以前に基本的決定がなされること、彼のパリ滞在という事実を利用してロシアの全権代表と合意に達することが出来るだろうと期待していたのだった(注五)。しかし、結果的には、予備会談のほとんどは、手続上の問題に費やされてしまった。そして、間もなく、カースルレイが、タレイランに対して行なった提案が時期尚早であったこと、他の諸国は共同行動がみな失敗したあとで、最後の手段としてフランンスを参加させようとしていることが明らかになった。というのは、戦時の記憶が、まだ、国際関係に影響力を与えていたからである。つまり、同盟の結束それ自体が、まだ目的と考えられ、調和は、友好の表われではなく、その原因だと考えられていたのである。そして、戦時の意見の一致は、フランスの脅威によってつくり出されたものだったから、同盟諸国は、〝正統性〟秩序に関する最も基本的な問題——それが、自発的諸関係をつくり出すことが出来るかどうか、あるいは、原動力として敵の存在という神話を必要とするのかという——に、ためらいながらあいまいな態度で対応したのだった。結局、諸決定は、〝四大国〟によってなされるが、承認を得るためにフランスとスペインに提出され、そして批准のために会議に付託されることに合意をみた。かりに同盟諸国が一致していれば、反対しても無駄だろう。という訳で一致しない場合のことは一顧だにされなかった。なぜなら、もし考えているとすれば、それは、結束への要請が他の一切の考慮に優先するものではないことを認めることになるからである。唯一の議論がこの手続きを有効にする方法について起った。すなわち、プロシアの提案のように、これを会議の公式の決議案の中に入れるか、カースルレイの提案のように、非公式の決定として簡単にすますかの議論だった(注六)。ちょうどこの時、九月二十三日、タレイランが、反フランス連合を解体させるために、反フランス連合の正統性理論を利用しようとウィーンに到着した。

すなわち、もし、〝正統な〟支配者が、ヨーロッパの平和を保証するというのであれば、ブルボン家のフランスをその討議から締め出す理由はないし、そして、もし、〝正統な〟支配が、神聖で侵すことが出来ないものであるとすれば、プロシアは、サクソニーの領土を併合し、伝統あるサクソニー王を処分する〃権利〃を持っていない、というものであった。たしかに、同盟諸国は、サクソニー王が、同盟国側に早く加わらなかったというだけで、その不運な王に反逆罪を着せることで、みずからの正統性を破る口実としていたのである。しかし、タレイランには、この議論の根拠の薄弱さを暴露することなど簡単なことだった。彼は、辛辣にもこう言ってのけた、「反逆とは明らかに日時の問題にすぎないようだ」と。

しかし、タレイランは、同盟諸国のもくろんだ会議の手続きについて激しく攻撃を加えてきた。彼は、フランスと二流諸国が、会議の審議から除外されていることに抗議した。彼は、〃四大国〃の法的存在を否定し、しかも、彼はフランスを四大国の指示に不満をもらしているすべての二流諸国の代弁者にしてやると言って威嚇したのだった。しかし、彼の才気といやがらせにもかかわらず、タレイランは、ほんのわずかの譲歩をかち得たにすぎなかった。会議の正式開催を十一月一日まで延期することとなり、その間、パリ条約の八つの調印国――〃四大国〃それにフランス、スペイン、ポルトガル、スエーデン――が、懸案の諸問題を検討することとなった。とはいうものの、〃四大国〃は、彼らだけで討議を続け、〃八ヵ国〃は単なる批准のための道具として扱うか、あるいは末梢的な問題の解決にあたらせようとしていたことは明らかだった。

タレイランの最初の一撃は失敗した。なぜならば、論理的矛盾というものは、連合を解体させるのに十分ではないからである。単に正統性理論に訴えるだけでは、その訴えている政府の脅威をいまだに感じながら、行動している他の主要大国の一致した反対にぶつかっては、いかんともしがたかったのである。事実は、連合内部の関係と連合対フランスという二つの関係が存在し、前者は、お互いの間の不信感はあるものの、フランスに対しては、連合は従来通りで変化はないというみせかけがまじり合っており、後者は、連合としてフランスに対処する場合に、力に頼るべきか、正統性をもって臨むべきか決めかねていたのである。特定の正義への要求——これが、連合の特徴なのだが——が、連合国間のお互いの対立の中に埋没し、消えてしまったあとになってようやく、タレイランが、対等のパートナーとして登場することが出来るのだった。しかし、その前に、連合の〃内的正統性〃についてて再度試してみなければならなかった。すなわち、ツアーを武力によって威すことなしに、彼の要求を制限することが可能かどうかを判断しなければならなかったのである。このような情勢にあって、カースルレイは、ヨーロッパの均衡を主張する第一人者としての地位を築いていたので、ツアーの決意を試す斗いの場に臨んだのであった。

(注一) C.C. X, p. 96, 一八一四年八月一九日。
(注二) C.C. X, p. 75, 一八一四年八月六日。
(注三) C.C. X, p. 76, 一八一四年八月七日。
(注四) C.C. X, p. 93, 一八一四年八月一八日。
(注五) B.D., p. 192, 一八一四年九月三日。
(注六) 手続き問題の詳細な論議については、Webster, Sir Charles, *The Congress of Wienna*, (London, 1934) pp. 149—165. 参照のこと。

(訳注1) イタリア、シシリー島北西部の港市で首都。

III

これまで、ポーランドに対するツァーの目的が、どのような内容かをツァーに述べさせようとする努力は、ことごとく失敗に終った。ラングルでも、トルワーでも、そしてまたパリにおいても、アレキサンダーは、自己の要求の詳細を明さなかった。彼が、自由主義的な憲法をもち、君主個人を通じてのみロシアと結びついたポーランド王国の再建を望んでいたことは知られていたが、その領土の大きさや、国内の諸機構の性格などについては、何一つ知られていなかった。このようなツァーの秘密主義は、フランスが均衡の一要素ではなくなり、イギリスが大陸に関心を示さなくなるまで、最終的決定を引き延ばすための巧妙な交渉手段だけとは言えなかった。ツァーのその複雑な性格からして、今まで、事がそう簡単に運んだことはなかった。ツァーが、青年時代の誓を果たすためと言って、ポーランドにおけるフリーハンドを要求したとき、疑いなく彼は真面目だったが、このような要求は、かえって、正統性秩序を確立するのを困難にしたのである。アレキサンダーが、単に私利私欲からではなく、道義的〝権利〟としてポーランドの大半を要求したとき、彼は、その問題をより高尚な次元に引き上げたのではなく、新たな動乱のくりかえしとなるようなジレンマをもたらしたのである。というのは、〝権利〟というものは、要求によってではなく、黙認によって確立されるものであり、一般に受け入れられない要求は、単なる独断的な意思表示に過ぎないからである。さらに、道義的要求の本質をなすものは、譲歩しえないということである。なぜならば、まさにそれが、私利私欲を越えた考慮によって正当化されているからである。従って、ツァーが、道義的義務という自己の宣言に〝真に〟忠実であるならば、彼は、革命的戦争――力の主張のみに基礎を置く斗い――を不可避にしているのである。このことは、いかに善意から出たものであれ、そしていかに真面目であれ、狂信的人間が、国際関係にもたらすパラドックスなのである。道義的優越性に対するそのような人間の要求こそが、あらゆる道義的制約を侵すことになるのである。

その後、カースルレイとアレキサンダーとの間には、奇妙な、実りのない一連の会見が持たれた。奇妙だったというのは、二人の苦々しい会話には、永遠の友情を表わす言葉がそえられていたからであり、実りがなかったというのは、アレキサンダーとカースルレイは、基本的前提では、決して一致することがなかったからである。その二人の主役は、交渉の枠組みを獲得しようと、たえず立場を変え、相手の理論に賛成しているように装いながら、ある意味で、相手の理論を不合理なものと解釈していたのである。かくして、ある時はカースルレイは、完全に独立したポーランドの熱心な擁護者となり、またアレキサンダーの方も、自己のポーランド構想をヨーロッパの安全に貢献するものと主張した。アレキサンダーがウィーンに到着した翌日、カースルレイとの最初の会見の場で、アレキサンダーが、自己の理論の神聖さをたてに要求していることが明らかになった(注一)。彼は、初めて、そのポーランド構想を明らかにしたのである。彼は、カリッシュ条約によって、プロシアに割譲されるべき一部を除いて、ワルソー大公国のすべてを掌握することを提案してきた。これらの要求は決っして野心の結果ではなく、道義的義務の産物であり、ポーランド人民の幸福を達成しようとの唯一の望みがその動機であるとアレキサンダーは主張した。要するに、これらの要求は、安全保障のためにもち出されたのではないから、他国に脅威を与えるはずがない、というものであった。これに対して、カースルレイは、立憲ポーランドは、オーストリアとプロシアに属する残りのポーランド領の安定に対する脅威を意味すると主張するとともに、彼は、オーストリアやプロシアにしても、独立ポーランドは歓迎するであろうが、中央ヨーロッパに深くくい込んだロシアの属国としてのポーランドは、常に不安定の原因となるだろう、と付け加えた。しかし、ツァーに、獲得したポーランド領から撤退する意思がないこと、そして、真に独立したポーランドを建設するつもりがないことは明白であった。カースルレイとアレキサンダーとの最初の会見は、ツァーの二重性格と、二人の立場に共通性がないことを証明するのに役立っただけだった。

アレキサンダーとカースルレイとの論争は、十月十三日に再開され、アレキサンダーは、ポーランドの領有は、均衡への脅威を意味するというカースルレイの主張に反論を加えてきた(注二)。アレキサンダーは、安全保障への要請によって自己の道義的要求が制限されることはないとしながらも、安全保障の要請が、自己の構想実現に役立つならば、それに訴えるつもりでいたのである。そこで彼は、自分のポーランド計画は、ロシアの勢力の拡大どころか、ニーメン河の後方まで、ロシア軍を撤退させることになるので、実際には、事態を改善することになると奇妙な議論を展開したのだった。しかし、カースルレイが、安全保障は、国家の総合的力によるのであって、軍隊の位置には関係がないと指摘すると、たちまちアレキサンダーは、再び彼の道義的義務論へともどったのだった。カースルレイが、次のようにアレキサンダーの主張の矛盾点すなわち、アレキサンダーの道義的要求は、分割ラインの一方の側に対してであり、他方の側には及ばないこと、その道義的義務は、ロシアの国家的利益によって制限されざるを得ないと強調したが無駄だった。カースルレイが、「現在行なわれている会議が、人類にとって祝福となるか、それとも、権力をめぐっての無法な争奪の場となるかは、いつに陛下の御心にかかっているのです」と述べたとき、アレキサンダーは、合理的要求に同意出来ない周囲の無能に対して憤まんをぶちまけただけだった。ツァーが、ポーランド問題は、自分の手中にあるものであるから、一方的に決着をつけるしかない、と答えたとき、事態は明らかに手詰り状態に陥ったのである(注三)。かくして、ツァーとカースルレイとの論争は、結局、説得は不可能であり、ロシアと他の諸国との関係は、力か、あるいは力による威嚇によらざるをえないことが明らかになったのである。

(注一) カースルレイの報告、B.D., p. 197f., 一八一四年一〇月二日を参照のこと。
(注二) カースルレイの報告、B.D., p. 206f., 一八一四年一〇月一四日。
(注三) カースルレイとツァーとの意見の交換は覚書の取り交しによって、一〇月中続けられた。一八一四年一〇月一二日、W.S.D. IX, p. 332; ツァーの回答: 一〇月三〇日、W.S.D. IX, p. 386; カースルレイの回答、一一月八日、W.S.D. IX, p. 410.

Ⅳ

カースルレイは、ツァーと交渉しながら、そのような力を結集するために全力を傾けた。外交上の一つの抽象的な問題として、彼の仕事は簡単なように思われた。かりにツァーの主張がヨーロッパの均衡に脅威を与えるのであれば、それに対する明白な対策は、彼に反対するヨーロッパの戦力を結集することだった。しかし、均衡は、不可分なものであるにもかかわらず、均衡を構成している国々にとってはそのようには思われないのである。ツァーに対抗するには、その他のヨーロッパ諸国の統一戦線が必要なのだが、それらの国々は、本当の危険が何であるかについて全くといっていいほど一致していなかった。彼らは、全般的な均衡がくつがえされるのは見たくはなかったが、かといって、彼らの歴史的立場がよっている均衡を犠牲にしてまで抵抗しようとは思わなかった。つまり彼らの考えでは、強力なロシアは、ヨーロッパを支配するかもしれないが、強力なプロシアは、オーストリアを凌ぎ、統一されたドイツは、フランスに脅威を与えるような事態を恐れていたのであった。

そのような訳で、大陸に守るべき立場をもたない島国の代表カースルレイが、全般的均衡のために斗った唯一の政治家になったのである。プロシア首相ハルデンベルグは、ポーランドよりもサクソニーに関心をもっていたし、タレイランは、ポーランド問題が、自分の意思に反した解決がなされるのと同じ位、自分が参加せずに解決されるのを恐れており、またメッテルニヒの態度は、オーストリアがかかえるジレンマ同様複雑だった。オーストリアが、ロシアの中央ヨーロッパへの拡大に無関心でいられないのは、オーストリアのヨーロッパにおける地位をおびやかすからであり、同様に、プロシアの中央ヨーロッパへの拡大にも無関心でいられないのは、ドイツにおけるオーストリアの地位を危くするからだった。しかし、オーストリアが、それらの脅威に公然と対決することは、その地理的位置から言って、あまりにも無謀であった。というのは、公然たる対決は、その最も脆弱な位置にあるオーストリアに、他国が攻撃を加える原因をつくるようなものだからであり、同時にそれは、プロシアとの密接な協力政策――メッテルニヒは、これをオーストリアの安全保障の鍵と考えていた――を放棄せねばならなくなるからであった。そこで最も安易な解決策は、プロシアのポーランド領をサクソニーの独立と交換にプロシアに返還することだった。しかし、プロシアのポーランド領は、ツアーが占領しているので、彼を敗北させるまで手が届かなかった。ツアーを敗北させるには、プロシアの援助なしには不可能だったが、プロシアは、オーストリアを支援する条件として、サクソニー併合の際の黙認を求めていたのである。ところが、メッテルニヒは、イギリスあるいはフランスの援助なしには、サクソニー問題でプロシアを妨害することは出来なかった。しかし、カースルレイは、ドイツの均衡のためにではなく、ヨーロッパ全体の均衡のことのみを考えるだろうし、会議の冒頭で、フランスの支持を得ようとすれば、二流のドイツ諸国を警戒させることになるだろう。

このような困難な状況のもとで、メッテルニヒは、オーストリアの唯一の交渉上の武器として、引き延し策を採ることにした。というのは、他の諸国は、自分たちの領土の併合を〝正統なもの〟とするためにオーストリアの黙認を求めていたからであった。数週間、彼は、〝病気〟を理由に何もしなかった。彼の病気が〝回復する〟と、お祝いのお祭り騒ぎが、お互いに果てしなく続けられ、その間、彼の恋愛事件と放心状態は、有名だった。メッテルニヒは、結局、ポーランド問題とサクソニー問題を分離することにした。そうすることによって、敵を各個撃破出来ると考えたのである。そこで彼は、結果として自分に行動のための道義的基盤をもたらすように、敵の解決を求めるあせりを利用して、敵が軽率な手段に出るのを待っていたのである。だからこそ、彼は、常に最強の態勢と呼んだ防御の姿勢——それは現状維持勢力のエトスを表現したものだが——をとったのだった。彼は、サクソニーの全権にこう語っている、「私は、自分を時間から隔離して、忍耐を私の武器にするつもりです」(注一)と。

かくして、ロシアに反対する統一戦線を結成しようとするカースルレイの努力は、気乗りのしない連合やかりの裏切り行為、そして悪意は防がねばならないとする意図から出た確固たる支持の約束など、一連のあいまいな諸国の離合集散となったのである。十月いっぱいカースルレイは、根気よく活動したが、前年と同様、諸国の理解に苦しむためらいとためにする引き延し策にぶつかった。再び彼は、自己の任務は、逡巡している諸国を励ますことだと考えたが、彼らを自分の意図する方向に努力させるための、唯一の手段とも言うべき、彼らの特定の要求に対するイギリスの支持を拒絶したのである。カースルレイが、ハルデンベルグとメッテルニヒに共同行動をとるようすすめたときに、彼は、「お互いの間にある種の不信感があるので……私は、その結果について自信をもって言うことが出来ない」（注二）ことを認めざるをえなかった。カースルレイは、メッテルニヒの理解しがたい〝臆病さ〟に不満をもらし、オーストリアの大臣は、何の確固たるプランをもっていないようだと述べた。また彼は、脇の方から、同盟国の困難を喜んで利用しようとしているタレイランに対して、「同盟の結束を維持して来た合意事項に反対のような態度をとるのは、同盟諸国のおかげで復位できたブルボン家のためにはならないだろう」（注三）と言って忠告した。

ついに、プロシアが、事態を危機に陥れた。なぜならば、プロシアには、解決を引き延す余裕がなくあせっていたからだった。たしかに、カリッシュ条約、テプリッツ条約、それにショーモン条約は、プロシアに一八〇五年の領土を保証していたが、これらの条約は、プロシアがその必要な領土をどこに見い出すのか明確に指定しておらず、従って、プロシアが、そのポーランド領をロシアに割譲する場合にはとくに問題になるところだった。その補償として得られそうな領土としては、主にラインラントのフランスの以前の領土か、以前の衛星国が考えられたが、それでは足りなかった。しかも、それらの領土は、プロシアの主要部分から地理的に離れているばかりでなく、その住民はカトリックであったためプロシアにとっては望ましくなかった。そこで、プロシアとしては、フリードリッヒ大王の時代から喝望していた、しかも自国に接しており、人口の大半がプロテスタントのサクソニーに目をつけたのだった。しかし、プロシアの交渉上の立場は、主要大国のうちで最も弱かった。ロシアとちがって、プロシアは、占領地をもっていなかった。また、プロシアは、オーストリアのように、一定の条件を獲得してから戦争に入ったのでもなかった。もし、ポーランド問題が、サクソニー問題の前に解決されるならば、プロシアは、そのあまりにも総力的な戦争遂行に対しての罰を受けることとなっただろう。すなわち、プロシアはあまりにも情熱的に戦争に突入したので参戦の条件などどうでもよくなってしまったからであり、また、事実、戦争がそれ自体目的となったため講和をおろそかにしてしまったからであった。それで、プロシアは、サクソニー併合についてのオーストリアの黙認を求めてきたのである。プロシアの安全保障にとって、不可欠の条件は、ドイツの組織化であったので、もし、オーストリアが、サクソニー問題で、ドイツの二流諸国の保護者として登場すると、それは、幻想になってしまうからであった。それゆえに、十月九日、ハルデンベルグが、「オーストリア、プロシアそれにイギリスからなる一つの仲裁方式」(注四)という賢明な考え方に同意を表明した覚書を提出したのは当然のことだった。彼は、ポーランド問題で、プロシアが協力する代りに、オーストリアが善意のしるしとして、プロシアのサクソニー併合とその暫定的占領に同意することを条件としたのだった。ハルデンベルグの覚書は、その試験的に同盟国を求めるふりをしてさぐりを入れるやり方や、あらゆる方面から利益を得ようとする非現実的な努力の中に、単にプロシアの直面するジレンマを示していたにすぎなかった。すなわち、ロシアの支持を得れば、サクソニーを獲得出来るかもしれないが、それでは正統性は得られないし、かと言って、オーストリアの支持を得れば、ポーランドを獲得できるかもしれないが、サクソニーではないというジレンマだった。ハルデンベルグの覚書はプロシアは、ロシアの善意には頼らず、オーストリアとプロシアの友好に基づいた、しかもサクソニーの所有の上で、新しいヨーロッパ秩序をつくろうとする言訳であった。

しかし、矛盾した政策を組み合わそうとしたこの努力も、メッテルニヒの手のこんだ策略にかかって、ポーランド、サクソニーの両問題を切り離すための道具にされてしまった。メッテルニヒは、十月二十二日、ハルデンベルグとカースルレイにそれぞれ覚書を送り、その中で彼は、ハルデンベルグの提案に対しては、不肖不承同意するそぶりを見せていたが、これによって、ポーランド問題に反対するために形成されつつある道義的枠組みは、サクソニー問題に反対するときにも同様の効果をもつこと、しかも、ハルデンベルグが、自己の危険を避けようと努力してゆくうちに、自己の敗北を避けられないものにしたという事実をおおいかくしていたのだった。一方、カースルレイにあてた覚書は、サクソニーのとり潰しに反対するいくつかの理由の要約から説きおこしていたが(注五)、それらは、"正統な"支配者を打倒するという有害な象徴となるとともに、ドイツの均衡に対する危険ともなり、しかも、もし中級国家が、大国を信頼しなくなれば、ドイツ連邦を結成するのが困難となる。にもかかわらず、オーストリアは、プロシアが、ワルソー大公国の問題でロシアに反対し、かつ、ドイツにおける影響力をオーストリアと等分することに同意するならば、ヨーロッパの均衡のためにこのような犠牲を払う用意はある、というものだった。カースルレイには、ヨーロッパの均衡のためのオーストリアの払う犠牲という意味は、もし万が一、その犠牲が無駄になる場合には、ドイツの均衡を守るためにオーストリアがイギリスに要請している支持の大きさであることに気付かなかったようだ。気付いていたにせよ、そのことは大して重要ではないと考えていたようである。しかも、カースルレイは、プロシアが最初にポーランド領を回復した場合には、プロシアのサクソニー併合は、"不均衡なまでのプロシアの増大"になるがゆえに、明らかに実行不可能な条件であるという留保を無視していたのである。

プロシアへの覚書は、カリッシュ条約へと話をもってゆきながら、危機の時代を通じてのプロシアに対するオーストリアの支援をオーストリア・プロシア間の密接な協力を求める訴えと結びつけて述べており、従って、プロシアの現在の立場は、ロシア以上にオーストリアによっていることを暗に示していた(注六)。オーストリアの政策は、ひきつづきドイツ連邦によって強化されたプロシアとの最も緊密な関係にもとづいて遂行されることになるが、その政策の効果は、ロシアのポーランドにおけるもくろみを阻止することにかかっていたのである。この理由のために、メッテルニヒは、友好国のとり潰しに立ち会いたくなかったにもかかわらず、次の三点を条件にして、プロシアのサクソニー併合に同意したのである。それらの条件とは、ポーランド問題では、一致した態度をとること、マインツ要塞を南ドイツ防御体制の一部とすること、そして、モーゼル河(訳注1)をラインラントにおけるプロシアの影響力の南の限界とすることであった。このことは、メッテルニヒが、ヨーロッパの均衡に関してよりも、単にドイツの均衡にのみ関心をもっていたことを明白に示していたはずだった。しかし、サクソニーを獲得しようとする情熱はハルデンベルグを盲目とし、メッテルニヒのもう一つの狡猾な留保を見のがすことになってしまった。すなわち、メッテルニヒの提案は、ポーランド問題に関してロシアに反対するという事実ではなく、反対したうえでの成功を条件にしていたからである。

このように、メッテルニヒが、プロシアとロシアとの仲を裂こうとする道義的枠組みをととのえつつあったとき、カースルレイは、ヨーロッパの均衡は、あたかも数学の方程式のように正確に作られてでもいるかのように、ポーランド問題をみていたにすぎなかった。十月二十三日、ついに彼は、メッテルニヒの覚書を基礎に、ロシアに反対する共同行動をとるようオーストリア、プロシア両国を説得することに成功した(注七)。三国は、合理的解決が、直接交渉によって得られない場合には、ポーランド問題を全体会議の場にもち出すと言ってツァーを威すことによって、その問題に決着をつけようと約束したのである。そして三国は、次の三点からなる受諾可能な解決案をロシアに提示することとした、すなわち、第一回分割以前の独立ポーランドを建設すること、一七九一年の時点の大きさにポーランドを維持すること、ポーランドを分割した三国が保有していた領土をそれらの三国に返還すること、というものであった(注八)。このうち、独立ポーランドの建設は、主として、交渉の武器として、また、イギリスの国内向け対策としてもち出されたことは明らかだった。なぜならば、ツアーは、戦勝の結果として、二世代にわたって、ロシアのものと考えている領土を放棄することに同意するはずがなかったからである。

会議の場で、ヨーロッパに訴えるという威嚇は、反フランス連合内部の力の組合せによって、ヨーロッパの均衡を達成しようとする最後の努力だった。メッテルニヒは、ポーランド問題に関する最後通告を提示するためツアーを訪問したが、彼は軽くあしらわれ、おまけに、ツアーの個人的な国際問題についての考え方をつきつけられたのだった。また、十月三十日、三人の君主が、ハンガリーを訪問した機会に、アレキサンダーは、自分の仲間である君主たちに対して、大臣たちの交渉をやめさせるよう要請した。彼の試みは、オーストリア皇帝に対しては失敗したが、愚鈍で創造力の乏しいプロシア王――彼はツアーの敗戦の際の剛胆さとその頭脳の明析さに対して常に畏敬の念をもっていたので――に対してはききめがあった。プロシア王に、三人の大臣の秘密交渉は、背信行為であると納得させることは、さほど困難ではなかった。三人の君主がウィーンにもどってきたとき、ハルデンベルグは、オーストリアとイギリスの大臣とのいかなる単独交渉もこれ以上やらないよう、ツアーの前で命令されたのだった。

このようにして、十一月五日、ポーランドをめぐる争いは、しばらくの間終止符を打つこととなり、カースルレイの個人的訴えは失敗に終った。それは、アレキサンダーが、自分の要求は、ヨーロッパの安全保障の要請を超越する〝権利〟に基づいていると主張したからだった。要するにカースルレイの優勢な力を結集しようとする試みが効果がなかったのは、反フランス同盟の内部に、ツアーをして合意を求めさせる程の確固たる決意が存在しなかったことと、複雑な問題は、単に宣言することによっては、解決出来ないものだったためである。力によらない合意にもとづいた国際秩序を確立しようとする努力は、振り出しにもどってしまったように思われた。

(注一) Schwarz, Wilhelm, *Die Heilige Allianz*, (Stuttgart, 1935,) p. 13.
(注二) B.D., p. 202, 一八一四年一〇月九日。
(注三) B.D., p. 203f., 一八一四年一〇月九日。
(注四) Text, d'Angeberg, Comte de, *Le Congrès de Vienne et les Traités de* 1815, 2Vols. (Paris, 1863—4). Vol. Ⅱ, p.1934.
(注五) Text, d'Angeberg, Ⅱ, p.1939f.
(注六) Text, d'Angeberg, I, p. 316f.
(注七) カースルレイの報告、B.D., p. 212, 一八一四年一〇月二九日。
(注八) Memorandum re procedure, B.D., p.213f.
(訳注1) フランス北東部ヴォズー山脈に発し、ドイツ西部に入り、ライン河に合流する河。

V

しかし、これは誤った印象だった。というのは、カースルレイの失敗が、均衡は、その必要性を誇示するだけでは達成出来ないことを証明したにせよ、メッテルニヒのほとんど感ずかれないような補足的な努力によって、その問題を正統性に訴えることを通じて再開するための道義的枠組みをつくり出していたからだった。そして、もし、ポーランド問題での敗北が、サクソニー問題での勝利と解釈することが出来るとすれば、恐らく、サクソニー問題での勝利は、ポーランド問題での譲歩を強いる手段になるだろう。カースルレイにとって、きわめて腹立たしかった例の引き延し策は、事実、メッテルニヒのジレンマを逃れるための彼の最も有効的な手段だったのである。というのは、引き延し策は、オーストリアの唯一の交渉の武器を強めたからである。すなわち、正統性は、与えられるものであって、強いるものではなく、また、それは、合意を意味するのであって、押し付けを意味するものではないからである。従って、十月中に彼のとった手段は、ロシア、プロシア間の共同戦線を打破し、最も弱い方面に矛先を向けるための道義的枠組みを整えようとしたことだった。「メッテルニヒの最大の手腕は、我々に時間を無駄にさせることであり、彼はそうすることによって得るところがあると信じている」とタレイランは報告している。この間、ヨーロッパが、オーストリアの大臣の軽薄さに不平をもらし、オーストリアの旧派に属する外交官たちは、その〝ラインラント生れ〟の大臣――彼らは、パーティ大臣とあだ名をつけていたが――が、帝国をプロシアに売り渡していると激怒しているうちに数週間が過ぎてしまった。ド・リーネ公(訳注1)の「会議は踊る。されど進まず」という名文句に感嘆するあまり、会議が踊りながら、ある計略にはまりつつあったのが見落されていたのである。

ハルデンベルグが、メッテルニヒに協力を申し出たとき、彼は、ポーランド問題の交渉は終ったにせよ、自分は、獲物をつかみつつあり、つまり、サクソニー併合の保証を得つつあると信じていただろう。しかし、メッテルニヒの回答によれば、両国が共同してとった手段が成功した場合を条件としてサクソニー併合に対するオーストリアの同意を得ると述べていたので、それらの二つの問題を関連づけていたものが実は、それらの問題を分離するための手段となっていたのである。というのは、ポーランド交渉が成功した場合は、プロシアは、ヨーロッパ的見地からみて、サクソニー併合に対するプロシアの道義的要求を失なうことになっただろうからである。換言すれば、もし、プロシアが、そのポーランド領を回復すれば、サクソニーの併合は、メッテルニヒが、カースルレイに警告していた〃不均衡なまでのプロシアの増大〃を意味するからであった。万一そのような場合でも、メッテルニヒが、プロシアのサクソニー併合に反対する急先峰の役割を果たす必要はなかった。タレイランがそれに反対するのは確実だったからである（訳注2）。事実、彼は、十月中は、じっとがまんしていたのだが、そうなれば、ドイツの二流諸国が彼のまわりに結集するだろうからである。ポーランド問題でツアーが敗北すれば、プロシアの敗北を喜ぶということはきわめてありそうなことだった。他方、カースルレイは、サクソニー問題で国会で攻撃されていたので、おそらく、彼は、プロシアのサクソニー併合を支持しようにも出来なかっただろう。いずれにせよ、カースルレイは、そのような事態の進展を予測していたように思われる。というのは、彼は、リヴァプールにあて次のように書き送っていたからである、「ポーランド問題に関する三国共同の努力が成功した場合には、（フランスが、）プロシアに対して、そのサクソニーに対する要求をいくぶん修正するよう友好的に説得するという手段に出るでしょう」(注一)。

しかるに、ポーランド問題の交渉が失敗に終っても、オーストリアの目からみれば、プロシアは、サクソニーに対する要求を失うことになるはずだった。いずれにしても、プロシアが孤立することは確実だった。なぜならば、プロシアがロシアに反対したという事実によって、その交渉が成功した場合と同様に、ツァーを敵にまわすことになるのは確実だったからである。サクソニー問題でオーストリアが譲歩を表明していたことによって、オーストリアがヨーロッパの均衡について関心をもっていることを証明してきたので、今や、ドイツの均衡ではなく、ヨーロッパの均衡が必要であると主張することで、非妥協的態度の言訳をすることが出来るようになったのである。しかも、カースルレイは、ポーランド問題の交渉を通じてオーストリアの支持を得てきたので、彼としても、もはやサクソニー問題をドイツの内部だけの問題として扱うことは出来なくなったのである。プロシアのサクソニー併合に対してのフランスや他のドイツの弱小諸国の態度には、疑問の余地はなかった。かくして、プロシアは、サクニー併合に対する再保障を得ようと努めて、結果的には、孤立を得たにすぎなかった。

十一月七日、ハルデンベルグが、メッテルニヒに、国王の命令を伝え、ポーランド問題について三国で合意された事項の履行が不可能になったと伝えたとき、メッテルニヒは、ついに、行動に移るための道義的基盤を獲得したのであった(注二)。彼は、十一月十八日まで待ってから、はじめて十月二十二日の覚書による三条件の実行を主張した。メッテルニヒは、プロシア国王の命令によって、カースルレイに仲裁人としての役割を果してもらうことが不可能になったので、ハルデンベルグがみずからツァーと交渉してほしいと提案した(注三)。しかし、こう提案することによって、メッテルニヒは、オーストリアの善意の証しをするとともに、サクソニー問題に反対するためのもう一つの理由を得ることになったのである。なぜならば、プロシア王をはるかに上まわっているツアーの力からみて、プロシアの単独提案が、どのような運命をたどるかは、火をみるよりも明らかだったからである。ハルデンベルグは、ツアーとの交渉の結果をこう報告するしかなかった、ツアーは、彼の意図の純粋さを再び誓い、そして、彼の認めた唯一の譲歩は、トルン（訳注3）とクラコウを自由都市にすることだけである（注四）、と。以前、アレキサンダーは、これらの譲歩は、オーストリアが、プロシアのサクソニー併合を黙認するかどうかであると狡猾にも主張していたものだが、このプロシアの交渉の結果そうでもないことがわかったのだった。かくして、サクソニー問題の交渉は、ポーランド問題の手詰りをときほぐすための一手段となったというわけである。というのは、ツアーの提案は、それが、偶然になされたものであるにせよ、結果的にはポーランドの領土が、変更を許さないものとして解決済みになっていたのではないことを初めて告白することになったからである。

十二月十日、メッテルニヒは、オーストリアの最終回答を提示した（注五）。オーストリアは、プロシアとの最も緊密な関係に関心をもっていたが、しかしそれは、サクソニーのとり潰しという犠牲を払ってまでもというのではなかった。もしそうなればドイツの二流諸国は、いずれも、自分たちの仲間の一国がとり潰された組織には加入しないだろうから、それら諸国の共通の利益がよっているところのドイツ連邦も死産することになるだろう。オーストリアは、ポーランドにおけるロシアの勢力拡大を黙認させられるとすれば、その均衡を完全にくつがえさないまでも、ドイツ内におけるプロシアの勢力増大を黙認することは出来なかったのである。そこで、メッテルニヒは、プロシアに、ラインラントにおいて補償を与えるとともにサクソニーの大部分をも与える一方、サクソニーの中心部を維持するという代案を提示した。多くの友好的言動にもかかわらず、プロシアが策略にはまったということやメッテルニヒは、サクソニー問題で勝利を収めるために、ポーランド問題で負け、かつ、サクソニー問題によって、ポーランドの状況を部分的に建て直したという事実をおおいかくすことは出来なかった。

十一月八日、サクソニーのロシア軍司令官が、暫定的行政権をプロシアに引き継いだことや、プロシア軍部が、戦争に訴えようとしていたことなど問題ではなかった。ロシアは、ヨーロッパの辺境にあるため、そのポーランドに対する要求を、占領という事実にもとづかせることが出来たが、大陸の中心に位置している国家は、ドイツ内部とヨーロッパ内の双方の〝正統性〟秩序を構成するものとしてしか生存することが出来なかったのである。こうして十二月中旬までには、ウィーン会議は、完全な手詰り状態に陥ってしまったように見えたが、その舞台裏では、根本的変化が準備されつつあったのである。あらゆる要素が出そろわないうちは、完全な手詰り状態とはならないのであり、しかるに、フランスはまだ参加していなかった。十月、十一月の争いを通じて、同盟国の結束という神話は崩壊してしまい、もはや、フランスの脅威は、かつて同盟国が感じていた程大きなものではないように思われた。そして次第に明らかになったことは、戦時の共同行動の記憶によって、フランスを天秤の自分の側へ加えようとする諸国の試みを防ぐには十分でないということだった。

カースルレイが、ポーランド問題の失敗に失望し（注六）、メッテルニヒに対し、本当に反対する意思がなかったと言って非難していた頃、その争いに新たな方向づけをすることになるある結びつきが形成されつつあった。というのは、明らかに、サクソニー問題で反対出来る連合は、ポーランド問題にも反対出来る連合でもあるからである。そして、もし、力にもとづく要求が、ある一方で、くじかれるならば、それは、他方においても、恣意にもとづく主張に制限を加えることになることはほぼ間違いない。従って、均衡は分割して考えられないものであるということが明らかになったのである。ただし解決はこのことを認識してなされたのではなかったが。ヨーロッパが救われたのは、ヨーロッパの名においてではなく、サクソニーの名においてであった。

(注一) B.D., p. 213, 一八一四年一〇月二四日。

(注二) D'Angeberg, I, p. 406. (メッテルニヒに対するハルデンベルグの覚書)。確たる証拠はないが、メッテルニヒが、ポーランドについての交渉——アレキサンダーとの会見を通じての手ひどい敗北——を、サクソニー問題に関して、プロシアを孤立させるための一手段としてしか考えていなかったという兆候がある。というのは、メッテルニヒの経歴の中で、彼が正面攻撃をえらび、全く効果のない交渉を行ない、しかもそんなに簡単に降伏してしまった例は他にないからである。

(注三) D'Angeberg, I, p. 418, 一八一四年一一月一八日、B.D., p.238 をも参照のこと。

(注四) D'Angeberg, II, p. 1941, 一八一四年一二月二日、B.D., p. 248をも参照のこと。

(注五) Text, d'Angeberg, I, p. 505.

(注六) B.D., p. 248f.

(訳注1) Ligne, Charles Joseph, Prince de (1735—1814) オーストリアの元帥。七年戦争やバヴァリア継承戦争にも参加、ヨセフ大帝やロシアのカサリン大帝と親しかった。この言葉は、一八一四年九月はじめに友人あての手紙の中で述べたもので、会議が遅々として進まず、各国君主、政治家、婦人たちのパーティ、社交の華かさを諷刺したものである。

(訳注2) サクソニー王は、ルイ十八世と親戚関係にあり、また、フランスとの同盟を最後の段階まで守った

サクソニーの保全に強い関心をもっていた。

（訳注3）　ヴィスチュラ河に面したポーランドの都市。一七九三年にプロシアに奪われたが、一九一九年以降ポーランド領。

VI

しかしながら、この新しい結合が形づくられる前に、カールスルレイに加えられた国内的圧力によって、メッテルニヒの巧妙につむがれた計略をもう少しのところでメチャメチャにしてしまうところだった。島国というものは、ヨーロッパの均衡の名のもとに戦争をするかもしれないが、均衡に対する脅威と自国の安全に対する直接的な脅威とを同一視しがちである。島国の場合、その政策が防御的であり、予防的でないから、戦争の原因は危険を〝証明する〟ような明白な行為がなければならないと考えるのである。しかし、均衡に対する危険は、均衡が破られるまで決して明らかにはならないものである。なぜなら、侵略者は、決定的な最後の一歩を除いては、限定的な要求の表明としてあらゆる行動を常に正当化できるからであり、また穏健な態度をとりつづけてきた代償として他に黙認を要求することが出来るからである。たしかに、イギリスは、初期の段階で、ナポレオンとの戦争に入り非常な耐久力をもってその戦争を続けた。というのも、均衡への脅威は、ロー・カントリーに対するナポレオンの攻撃により明らかとなり、力の均衡のためには、アントワープを維持しなければならないと考えられたからである。

しかし、今度は、問題は、地理的にも、心理的にも〝遠い〟国であるポーランドについてであった。ライン河を守るとすれば、ヴィスチュラ河で守った方が最も良く防衛されるということや、フランス以外にも平和に対する脅威が存在することが、〃証明〃されるまでわからなかったのである。このような精神構造で、イギリス内閣は、ポーランド論争を、大きな犠牲を払ってかち得た平和をおびやかす腹立たしい大陸諸国のライバル関係の結果であると考え、主にイギリスの国内政治に及ぼす影響の観点からこの問題を扱ったのである。これに関して、内閣とカースルレイとの間には論争が起ったが、双方とも、その意見の不一致が、不十分な情報によってもたらされた誤解であることを相手側に説得しようと大きな努力をしたのだった。ところが、両者の隔りは、ツァーとカースルレイとの間にある隔りとはたいした違いはなかった。というのは、ツァーが、自己の善意によって大陸の安全を保証しようとしたのに対し、イギリス内閣は、安全と島国としての立場を同一視しようとしていたからである。力の濫用と孤立の無責任さこそ、カースルレイの行く手に立ちはだかるスイラとカリブデス(訳注1)だった。

十月十四日、リヴァプールは、カースルレイに、「イギリスとしては、(ポーランドに)かかわりあいが少なければ少ない程よい」と書き送り、また議会の見解として、ツァーの計画は、ポーランドの独立の原則を守っているから、新たな分割よりは好ましい、と指摘していた(注一)。リヴァプールは、十月二十八日にも、同じような主張をくりかえすとともに、ロシアの脅威の現実性をいとも簡単に否定した人物である大蔵大臣ヴァンスィタート(訳注2)の覚書を送付して来た。ヴァンスィタートは、簡単な解決方法が、賢明な方法でもあると確信している凡人のせっかちな調子で、ロシアのポーランド併合は、ロシアに弱点を加えることになるが、イギリスの商業活動には貢献するだろうと主張していた(注二)。これらの手紙のために、カースルレイは、イギリスと大陸の安全保障の関係について、再度覚書を書かねばならなかった。彼は、ポーランドのためにロシアに反対しているのではなく、ヨーロッパのために反対しているのであると強く主張した。もし、ポーランド問題が、中央ヨーロッパ諸国の希望に反して解決されるならば、残る問題は、ドイツ内におけるオーストリアとプロシアとの間の争いと化すであろうし、そうなれば、ロシアが中欧の仲裁者として登場し、ひいては、オランダを防衛不可能な状態におくことになるだろう。従って、イギリスの最も直接的な利益である安全保障でさえ、ヨーロッパ政策に依存している。すなわち、「大英帝国にとっては、戦争中、その行動の基礎となった政策の精神を真に発揮し、ヨーロッパ問題のために斗うことに、最も大きな比重を置いた方が良いようです。というのは、ロー・カントリーだけに注意を向けていると、それは、結局、オーストリアとプロシアとの争いによって、イギリスにとって好ましくない形になるでしょうから」(注三)。

しかし、この覚書に対するリヴァプールの回答によれば、内閣は、ロシアよりもフランスに脅威を感じ、力の均衡に対する脅威よりも戦争を惧れていることに疑問の余地はなかった。リヴァプールは、今日の戦争は、革命戦争に変容したが、二年間の平和でさえ、十八世紀の限定戦争が再びそのルールとなって安定をもたらすかもしれない、と述べていた(注四)。十一月二十二日、内閣は、カースルレイに対し、ウィーン到着以来初めての訓令を送った。すなわち、「ウィーンにおいて、これまで討議してきたあらゆる事項に関し、我国を戦争に巻き込むことに賛成することがないよう私が貴下に指摘するまでもないものと思います」(注五)とバトハースト(訳注3)が書いていた。

かくして、カースルレイは、交渉の重大な時点で、圧力をかける唯一の手段を奪われてしまった。そしてそれは、ポーランド問題が純粋な力の問題になりつつあった時だった。というのは、プロシアが、メッテルニヒの一時しのぎ的なやり方に反発して、無謀な行動にかり立てられつつあったからである。プロシアは、自国の道義的、物質的基盤が、崩れつつあるのに気付き、だんだんと好戦的な調子になっていった。軍部は大っぴらに戦争を口にし、また穏健なハルデンベルグでさえ、極端な手段をほのめかすほどだった。しかし、正統性をもたない占有が幻想であるとすれば、力を通じての正統性は、非現実的だった。カースルレイがハルデンベルグに対し次のように述べたことは、まさにプロシアのジレンマを明らかにしたものだった。「貴下は、認められない権利をもって正当な称号であると主張することは出来ないし、貴下は良心や名誉にかけても、相手が単に認めることを拒絶することをもって戦争の理由にすることは出来ないでしょう……」（注六）と。このような状況下にあっては、カースルレイは、彼の内閣からの訓令に従うことは出来なかった。今ここでイギリスの無関心を表明することは、戦争に訴えようとするのを妨げているその主要な抑止力をとり除くことになると同時に、内閣は、平和を守ろうとして逆に、最も恐れている戦争をもたらすことになるだろうからだった。あるいは、イギリスがその争いから手を引くことは、オーストリアの降伏となりひいては、均衡を完全にくつがえすことになるからだった。

　そのような訳で、カースルレイとメッテルニヒは、再び、狡猾なオーストリアの大臣が規定した道義的枠組みの中での斗いで、お互いが味方同士であることがわかったのである。プロシアの態度が非妥協的になればなる程、メッテルニヒの立場は、強化されてくるのであった。抽象的議論をする必要もなく、オーストリアは、二流諸国の擁護者として登場することとなった。メッテルニヒが、バヴァリア（訳注4）とハノーヴァーに同盟を提案し、プロシアを除外したドイツ連盟結成を提唱したのは、彼が、二流諸国全体の意見の一致を見せつけたにすぎなかった。その争いが、力関係にかかわるものに変化しつつあったとき、メッテルニヒは、自分が、法外かつ不当なものと断定できるような要求に反対しているのだという立場を再び獲得してしまっていた。力の優劣をためす時が近づきつつあったので、最大限の戦力を結集することも必要となってきた。フランスに対して作られていた同盟の最後の痕跡が消え、タレイランが舞台に登場したのは、まさにこの時点であった。彼が存在しえたのは、匿名を求めるメッテルニヒが彼を舞台に引き上げてやったからであり、タレイランの雄弁が冴えたのは、メッテルニヒの願望を反映したものにすぎなかった。というのは、メッテルニヒはプロシアの屈辱に対する憎しみを一身に浴びたくはなかったからである。出来事は〝自然に〟起るべきだというのがメッテルニヒの願望だった。なぜなら、これは、個人的対立の危険を最小限にくいとめるからだった。一方、出来事は〝引き起されたもの〟として現れるべきだというのがタレイランの願望だった。なぜなら、それは、彼の不安定な国内的立場を固めるからだった。

タレイランは、メッテルニヒによって出番が与えられた。メッテルニヒは、十二月十日付のハルデンベルグへあてたオーストリアの回答を彼に知らせたのである。かくて、四大国では、その問題を解決出来ないことが明らかになったのである(注七)。タレイランは、辛辣な覚書で次のように回答してきた、すなわち、均衡の要請よりも正統性の要請が優先されるべきだと主張するとともに、少なくとも領土をほしがる者たちのために国王の廃位はあってはならない、と。また、タレイランは、大胆にも次のように主張していた。プロシアが、何を獲得しようなどと言うべきではなく、サクソニーの〝正統な〟国王がどのくらい割譲するかを明らかにすべきなのである(注八)、と。それは、苛烈な二カ月間にわたるあらゆる矛盾を見事に要約したものだったが、このこと自体は重要なことではなかった。タレイランは過去において〝有用な〟人間として生き残ることによって、覚書を書く以上にフランスに貢献してきたのだった。つまり、このやりとりの真の重要性は、フランスが、再び、ヨーロッパ協調の一員となったという事実にあったのである。

一方、プロシアは恐慌状態に陥りつつあった。ハルデンベルグは、メッテルニヒの策略を暴露するため、外交上のエチケットとしては前代未聞のことだが、ポーランド問題に関するメッテルニヒの書簡をツァーに手渡したのだった。しかし、ここでもまた、メッテルニヒの十月中の引き延し策が配当金を生み出したのである。というのは、メッテルニヒのとった行動のほとんどが、プロシアのイニシアチブに応じていたからであり、しかも、ハルデンベルグが、三国と合意事項を取り消す際に、ツァーとの斗いをもっと都合のよい時期まで延期することをその理由にあげていたからだった。従って、メッテルニヒが、自分のすべての手紙をツァーに送ると、ハルデンベルグは、またしても策略で打ち負かされてしまった。というのは、彼は、自分の手紙は提出することが、出来なかったからである(注九)。しかし、このいやがらせの応酬は、ツァーのポーランド構想が、いかに他の諸国に不安を与えているかをツァーに示す結果となったため、むしろ好ましい効果を生んだのだった。十月、十一月の間、アレキサンダーは、非妥協的態度を通していたが、その後、彼の性格の特徴である急激な心境の変化をきたしたのだった。彼の以前の好戦的性格が消えうせ、このあと十年間、彼を支配することとなる宗教的高揚の最初の兆候が見えはじめたのだった。オーストリアのフランツ皇帝が、誤解をとくためにアレキサンダーを訪問したとき、彼は、善意のしるしとして、四十万の人口をもつタルノポル地方(訳注5)をオーストリアに割譲することを申し出た。ツァーは、ポーランドの大部分を要求としてもち出すだろうが、これは、調整の過程を通じてにすぎず、そのことは、彼が、他の諸国の承認を求めていることを象徴するものであった。

今や、プロシアは、必死になって、サクソニー王を、プロシアの所有になりそうなラインラントの領地へ移すことをもくろんでいた。しかし、メッテルニヒもカースルレイもこれを黙認するつもりはなかった。メッテルニヒにとっては、それは、サクソニー王をオーストリアの同盟者から、プロシアの従者にしてしまうからであり、カースルレイにとっては、ピットの構想に従って、第一級の国が、ラインラントを守り、オランダを支援するのを望んでいたからだった（注一〇）。そして、その間ずっと、均衡はプロシアに不利に傾きつつあった。なぜならば、カースルレイとメッテルニヒが、同盟国の会議にフランスを徐々に参加させようとしていたからである。オーストリアとプロシア間の争いは、一八〇五年の大きさにプロシアを再建するための領土をどこに見い出すかという技術的な問題であったので、カースルレイは、係争地の人口を測定するための統計委員会の設置を提案した。そして、オーストリアとイギリスの支持のもとに、フランスの代表がこの委員会に参加を認められたとき、対フランス連合の解体が明らかになったのである。

タレイランが、すべての会議に参加を認められるまでには、もう一歩の間があったが、思い切った措置をとることを避けたいと考えていたカースルレイも、ついに十二月二十七日同意した。十二月三十一日、カースルレイとメッテルニヒは、今後、タレイランを四大国の会議に参加させることを提案した。今や、プロシアは完全に孤立してしまった。というのは、タレイランの登場は、プロシアが、その戦争の果実を受け取らないうちに、対フランス同盟にもとづくその特定の請求権がなくなってしまったことの象徴だったからである。カースルレイの言葉によれば、ツァーでさえ、「ポーランドにおける自分自身の領土の調整が確保された今となっては、プロシアに反対するよう助言するつもりはない」と語った。かくして、プロシアは、最後の手段に追いやられ、戦争に訴えると言って威嚇してきたのだった。

しかし、その結果は、プロシアの無力を証明することになっただけだった。カースルレイは、鋭く次のように切り返した、「そのようなことをほのめかしても、生存のためにビクビクしているような国に対しては効き目があるかもしれないが、みずからの威信を重んずる国家に対しては逆効果となるにちがいない。もし、そのようなムードが本当に支配的であるならば、我々は自主的な状態の中で討議などしないであろうし、それなら、会議を解散した方がよい、と言わざるをえない」（注一二）と。その同じ日に、カースルレイは、フランス、オーストリア、イギリス間の防衛同盟を提案した（訳注6）。もっとも、タレイランは、ロー・カントリーの保障とパリ条約の諸条項の再確認を求められていた。しかし、ウィーン会議におけるタレイランの最大の功績は、自制の態度を示したことであり、すなわち、領土上の利益を求めて、フランスの同盟参加を売り込もうとしなかったことである。もし、そんなことをしていたら、結局は、彼に反対するために、他のすべての列強を結束させてしまっただろう。そのような愚を犯さなかったから、彼はもっと重要なもの——フランスの孤立を終らせ、他の列強と対等であることの承認を獲得したのである。

　かくして、カースルレイが大陸に向けて最初に船出してから、ほぼ一年後に、彼は自己の訓令を真向から暴潰して、その同盟を崩壊させることになったが、この同盟こそ、永続する均衡を打ちたてるものと信じ、非常な努力を払ってきたものであった。それは、大胆かつ勇気ある行為だった。国際関係に対する防御的概念というものは、硬直性に陥いる危険性を含むものであり、外交政策を現在の危険にではなく、過去の危険にもとづいて策定しがちである。以前の敵国との同盟を提案することによって、カースルレイは、いかに首尾よくいったとしても、政策それ自体は、決して目的にはなりえないことを認識していたことを証明したのである。最も決断を要するときに、毅然たる態度をとったことによって、政治家の責任に対する彼の考え方を明らかにしたのだった。すなわち、一度失った機会は、取り戻すことが出来ないこと、また、少なくとも、十九世紀初期の状況では、手段を講ずるタイミングは訓令が有効であるか否かによるものではないということだった。彼がさらに進んで、訓令を破ることが出来ると考えたのは、国内的に彼の地位が優越していたことと、内閣が彼の個々の行動を承認しないまでも、彼の基本的政策に信頼を置いており、そこに自分の行動を正当化しうるものがあると確信していたことによるものであった。

一月三日の同盟は、メッテルニヒが、国家理性ではなく、普遍的な理性の名のもとに、彼の敵対者を孤立させてきた一連の外交活動のいま一つの頂点をなすものであった。十月の段階で、プロシアに反対するために、フランスとの同盟を提案していたら、ヨーロッパの猛烈な反対を引き起していただろう。ところが、一月には、その同盟が、均衡を守るものとして歓迎されたのである。十月の時点で、プロシアに反対していたら、近視眼的な自己中心主義と解釈されていただろう。一月に行ったそれと同じ反対が、力による要求に反対する正統性のある防御として歓迎されたのである。ちょうど一八一三年の春のように、メッテルニヒは、敵を待ちぶせることによって、つまり、決定を求める敵のあせりを利用し、敵がとり返しのつかないようなことをしでかすのを待って、自己の道義的立場をととのえたのだった。プロシアは、サクソニー併合についてのオーストリアの黙認を必要としていたので、ハルデンベルグは、ツアーに反対するための手段を共同でとるよう提案してきたのだった。こうして、サクソニー問題は、プロシアのイニシアチブによって、ドイツの問題から、ヨーロッパの問題に変ったのであった。そしてそれが、あまりにも手際よくポーランド問題から切り離されたので、ハルデンベルグは、手遅れになるまで、何が起ったのかわからなかったのである。また、ツアーは、自分の善行を示したいと思いはじめていたから、カースルレイが、威嚇によっても引き出せなかったことを、ポーランド問題での無償の譲歩という形で自発的に申し出て来たのだった。サクソニー問題に関する最終交渉の矢面に立たされたのは、メッテルニヒではなく、カースルレイであり、一月三日の同盟を提案したのもメッテルニヒではなく彼であった。メッテルニヒの才能は微妙な違い《ニュアンス》の重要さを理解するステーツマンシップにあったのである。すなわち、目的達成の形式は、その事実と同じ位、時には、それ以上に重要であることを認識していたのである。プラハ会議における課題は、戦争という事実をつくるのではなく、その理由をつくり出すことだったが、ウィーン会議の課題は、均衡を救うことではなくて、それを救う方法であった。サクソニーは、オーストリアの力の主張によって救われたものの、それは、絶えることのないオーストリアとプロシアの対立への出発点となった。また、ヨーロッパの名においてサクソニーは救われたものの、プロシアに対しては、将来においていやされねばならない傷あとをのこしたのである。

(注一) B.D., p. 210f.
(注二) B.D., p. 220f.
(注三) B.D., p. 229f.
(注四) W.S.D. IX, p. 285, 一八一四年一一月二五日。
(注五) B.D., p. 247f.
(注六) B.D., 255, 一八一四年一二月七日。
(注七) N.P. II, p. 503f.
(注八) N.P. II, p. 509f. 一八一四年一二月一九日。
(注九) W.S.D. IX, p. 483, 一八一四年一二月一七日。

（注一〇）　B.D., p. 270, 一八一四年一二月二四日。
（注一一）　B.D., p. 277f., 一八一五年一月一日。
（訳注1）　シシリー島とイタリア本土との間にあるメシナ海狭にある岩（スイラ）と、その前方にある渦巻（カリブデス）。この海狭を通る船が、渦巻をのがれようとして岩の方に近づくと、ここに住む犬のようにほえる六頭の女怪物のえじきになったという。

（訳注2）　Vansittart, Nicholas, Lord Bexley (1766—1851) リヴァプール内閣の大蔵大臣。財政問題の権威で一八二二年までその職にあった。

（訳注3）　Bathurst, Henry (1762—1834) リヴァプール内閣の陸軍大臣。

（訳注4）　西ドイツのバイエルン州で、神聖ローマ帝国の選帝侯領王国。ナポレオンと同盟して一八〇六年にライン連邦の王国となったが、一八一三年には、連合国側に加わった。

（訳注5）　ソ連南西部ウクライナ共和国の都市。もとポーランド領。

（訳注6）　一八一五年一月三日、カースルレイは、タレイランと協議のうえ、メッテルニヒを誘い、イギリス、フランス、オーストリア三国間に、ロシアとプロシアを対象とする秘密の同盟条約を結んだ。三国のうちの一国が攻撃を受けた場合、他の二カ国は、一五万の軍隊をもって援助する約束だった。

VII

たとえ、その防衛同盟が、ウィーン会議に危機をもたらしたにせよ、それはまた、問題解決への道をひらいたのである。いかなる交渉においても、力は最後の拠りどころである。しかし、この力の脅威を潜在化しておき、その大きさを明らかにせず、そして最後の手段としてのみ、力に訴えるのが外交の技術である。というのは、ひと度、力が現実に使われると、正しい意味での交渉が途絶えてしまうからである。効き目がないような力でも、使うと言って威すことは、そのような威嚇のなされる以前の時点まで交渉を戻すことを不可能にするのである。それは、完全に交渉上の立場を崩してしまうことになるのである。なぜならば、それは、有限な力の告白ではなく、無力の告白になってしまうからである。プロシアは、事態を危機に陥れてはみたものの、三国間の条約自体は秘密にされていたが、確固たる決意のそれらの国々と対決させられているのを知って愕然としたのであった。そして、ツアーは、自分にとっては頼りにならない同盟者であることがわかったのである。一連の部分的解決が、プロシアを孤立させたのだった。なぜなら、〝満足している〟勢力は、もし名誉ある代替案が示されれば、第三国の要求のためには斗おうなどとしないからである。

この代替案を提示する時期に気を配るのが、メッテルニヒの仕事だった。十二月十日の彼の覚書ですでに彼は、プロシアが、サクソニーの一部と、ラインラントの領土を獲得することによって、一八〇五年の大きさに再建が可能であるとの一つの計画を提案していた。プロシアが、戦争に訴えると威したものの実行出来ないということがわかると、今度は、この計画をカースルレイがとり上げたのだった。一月三日に、メッテルニヒとカースルレイが、タレイランを参加させないでは、交渉に応じないと宣言すると、ハルデンベルグは、プロシアの面子を保とうとして、タレイランの参加をすいせんしてきたのだった(注一)。一月五日、カースルレイは、「戦争の危機は去りました」(注二)と報告することが出来た。以後、サクソニー問題は、正式に五大国によって討議されることとなり、非公式な交渉を通じて大部分解決されたのである。その交渉の場で、カースルレイは、メッテルニヒとタレイラン側と、ツアーとハルデンベルグ側との間の仲裁者としての役割を果たしたのである。

最終的な解決に至る交渉を通じて、再びカースルレイの特異な才能が最もよく示されることとなった。枠組みは、再度明確にされたのである。すなわち、どの国も――とりわけロシアはそうだったが――戦争に訴える意思がないことがはっきりしたのである。そうなると、忍耐、根気、それに善意を通じて対立する意見を調整するという本質的に技術的な仕事が残っていた。ゲンツは、カースルレイが、問題を解決に導くために、日夜根気よく努力を重ねたと報告している。これには、ある特別の理由があった。議会の開会が近づいていたので、前年のようにリヴァプールは、下院が収拾不可能になるのを恐れて、カースルレイに帰国を説得していたのである。しかし、カースルレイは、出来るだけ早く帰国するつもりではあるがと述べつつ、「貴下は、去年、私がライプツィヒから（もし私がそこにいたら）もどることを期待したように、今回も又問題が急所にさしかかると、身を引くように期待しています。思うに、貴下は、貴下自身の支持者に対しては、ひどい仕打ちをしながら、私の存在がきわめて必要であると思われる時に限って、私に対して、あまりにも敬意を払いすぎるようです」と述べ、その懇請を拒絶したのである（注三）。

カースルレイは、最終的解決に到達しようとする努力の中で、ライン左岸にサクソニー王を移そうとするプロシアの新たな企てと、サクソニーのためにトルガウ（訳注1）のエルベ河要塞を確保しようとするオーストリアの意図に反対しなければならなかった。しかし、ツァーの援助を得て、カースルレイは、ヨーロッパの均衡という利益のために、プロシアは、ラインラントの防衛を引き受けなければならないことを説得し、一方、オーストリアに対しては、先の防衛同盟は、ドイツ内部の問題の解決に適用されるのではなく、ヨーロッパの均衡を破ろうとする現実の脅威に対してのみ向けられたものであることを明確にしたのである（注四）。戦争の危険は、ツァーをも、より柔軟にしたのであった。カースルレイが、サクソニー問題の解決案を、プロシアにとって、より受け入れやすいものにするために、ポーランドでロシアが多少とも譲歩をするよう促すと、アレキサンダーは、トルン市をプロシアに返還することに同意した。メッテルニヒは、ただちに、この好機をとらえ、アレキサンダーを誘い、さらに一連の問題調整に乗り出させ、プロシアが不満を抱いている国境問題に対する責任を彼に転稼したのである。メッテルニヒは、プロシアに対しロシアがさらに一層の譲歩をするならば、それと引きかえにタルノポル地方をロシアに返還すると提案した(注五)。ツアーは、これを拒否したが、サクソニー問題は、ロシアのポーランドへの野心を抑制する一手段となっていたのであった。ヨーロッパの全般的均衡のためと言っても、強要することが出来なかったことが、局地的調整を可能にした多くの譲歩を通じて達成されたのだった。

二月十一日、最終的合意に到達した。ポーランドにおいて、オーストリアは、ガリシアとタルノポル地方を獲得し、一方、クラコウは自由市とされた。プロシアは、ポーゼン地方(訳注2)とヴィスチュラ上流を支配するトルン市を得た。三百二十万の人口を擁するワルソー大公国の残りの部分は、ポーランド王国としてロシアのツアーの支配下に置かれることとなった。ドイツにおいて、プロシアは、サクソニーの五分の二、スエーデンのポメラニア地方(訳注3)、ライン左岸の大部分、それに、ウェストファリア公国(訳注4)を獲得した。オーストリアは、もうすでに、北部イタリアにおいて補償を獲得しており、さらに、パルマおよびトスカニー両従属王朝の樹立によって、イタリア全土における支配権を獲得したのだった。このように、ヨーロッパの均衡は、結局、わずかばかりの協調の精神で確立されたのである。それは、カースルレイが考えたような数学的公理の必然性をもって達成されたのではなかった。なぜならば、諸国家は、第三国にとっては、安全保障の調整の場の一要素と見えるかもしれないが、一方、当事国の諸国にしてみれば、みずからを歴史的な力の表現と考えているからである。均衡を目的として諸国家に関心を抱くこと——これは島国的な考え方であるが——は、実は、比較的安全に、諸国家の歴史的志望を実現するための手段としての均衡を求めていることにすぎないのである。従って、力の均衡という抽象的概念の名のもとに斗われたポーランドをめぐる争いが解決されず、歴史的なドイツの問題であるサクソニーをめぐる争いが、全体の問題解決の鍵を提供することとなったのは、決して偶然のことではない。

一八一五年六月九日、ウィーン会議の最終議定書は、会議に参加した全ヨーロッパ諸国によって批准された。これは、ウィーン会議の唯一の会合であった。

(注一)　B.D., p. 280.
(注二)　B.D., p. 282, 一八一五年一月五日。
(注三)　C.C. X, p. 247, 一八一五年一月三〇日。
(注四)　B.D., p. 295, 一八一五年一月二九日。
(注五)　D'Angeberg, I, p. 676.
(訳注1)　エルベ河に面した東ドイツの都市。

(訳注2)　現在のポーランドのポズナン州、一九一九年以前はプロシアの一州。

(訳注3)　バルチック海にそってドイツのシュトラルズントからポーランドのヴィスチュラ河に至る地域、一八一四年にスエーデンはデンマークの所有するノルウェーと交換したが、デンマークは、ウィーン会議でラウエンブルグ公国と交換にプロシアの所有となった。

(訳注4)　現在の西ドイツのノルトライン・ウェストファリア州。一八〇三年までは、神聖ローマ帝国を構成する一公国であった。ナポレオンが一八〇七年にプロシアのエルベ西岸領、ヘッセン、ブルンズウィク、ハノーヴァーでつくったウェストファリア王国とはことなる。

国際秩序を構築するには二つの方法がある。意思によるか要求の放棄によるか、すなわち征服によるか、正統性によるかである。ヨーロッパは、二十五年間、力によって秩序をうちたてようとした努力のために激動を続けてきたが、当時の人々が教訓を得たのは、そのような努力が失敗したことからではなく、もう少しのところで成功しそうになったことからであった。従って、ウィーンに集った政治家たちが、代るべき秩序を創り出そうとする努力の中で、彼らは、安全が達成されていた時代を振り返り、その安定は、安定が得られていた時代の各国の国内制度によっていたと考えたことは驚くにあたらない。ウィーンの政治家たちが、人間性の変革に興味がなかったのは、そのような試みが、四半世紀にわたる悲劇的な斗争に導いたと彼らの目には映ったからである。彼らから見れば、意思による行為によって人間性を変えるとか、ドイツ・ナショナリズムの名においてフランス・ナショナリズムを超越しようとすることなどは、革命によって平和を求め、未知の世界に安定を求め、ひと度、崩れた神話は回復出来ないということを認めるに等しいように思われたのである。

そのような訳で、ウィーンで起った出来事は、反動に反対するような改革の形はとらなかった——これは後世の解釈であるが、むしろ、問題になったことは、力の主張によって変化をもたらすのではなく、義務の感覚を通じて達成するような秩序をいかにして創り出すかであった。というのは、革命的秩序と、〝健全な〟正統性秩序との違いは、変化の可能性があるかないかではなく、変化を達成する方法にあるのである。〝正統性〟秩序は、それが停滞したものでない限り、受諾を通じて変化を達成するのであり、それは、正しいと考えられる調整の本質についての合意を前提としているのである。ところが、既存の義務構造を破壊した革命的秩序は、力によって、その手段を押し付けなければならない。そしてあらゆる革命において経験する恐怖政治は、既存の正統性を一掃するのに成功したことをほぼ確実に反映していると考えてまちがいない。″正統性″秩序においては、可能なことでも、正しいかどうかによって制約を受けるが、革命的秩序においては、正しいことは、物理的に可能なことと同一視されるのである。正統性秩序のかかえる問題点は、変化を可能とするような体制を創り出さなければならないことにあるが、革命的秩序においては、変化は、その秩序自体の終焉となるかもしれず、従って、他のいかなる体制をもつくりえないというジレンマに直面するのである。いずれの場合でも、改革は、直感による急激な行為によって行なわれることはない。もしそうだとすればそれは夢想家の幻想である。現状維持勢力も改革勢力も存在しないような秩序を構築することは不可能であり、そのような試みは、全体主義国家の熱狂か、沈滞かのいずれかに導くのである。社会体制が健全であるかどうかは、変化を受諾することが出来るかどうか、つまり、変化を求める力と維持しようとする力をうまく関連づけることが出来るかどうかにかかっている。ウィーン会議に集った政治家たちは、このような関係を力によって確立しようとした努力を経験していたので、彼らが、それに代るものとして″正統性″にもとづく秩序を構築しようとしたことは不思議ではなかった。

彼らのとった解決策の道義的内容が、どのように考えられようとも、その解決策は、ヨーロッパの協調体制から大国を除外しなかったし、従って、埋めがたい亀裂が存在しないことを証明していた。また、その解決策は、あまりにも大きな自制を必要とする善意のみに頼ることも、また、計算することの不可能な純粋な力の評価にもとづくその効果にも頼ろうとしなかった。むしろ、勢力が十分につり合っているような体制を創り出したのであって、そこでは、自制は、それ以上の何か別の価値のある形をとって現れたのである。つまりそれは、構成諸国の歴史的要求を考慮したものだったために、その体制の存在が受け入れられたのである。そのような新しい国際秩序の中にあっては、ウィーン体制の枠組み内で矯正手段を求めるよりも、ウィーン体制を打倒することによってそれを求めようとするほど大きな不満をもった国はなかったのである。そして、その政治的秩序には、〃革命〃勢力を含まなかったので、破局的動乱は起らないとの確信にもとづいてその秩序の諸関係は、だんだんと自発性をもつようになったのである。

ウィーン体制がこのように一般に受け入れられるようになったのは、幸運による偶然ではなかった。ナポレオン戦争を通じて、カースルレイとメッテルニヒは、戦争は、復讐のためではなく安定を求めるためであり、敵を打倒することではなく、敵に限界を認識させることがその目的であると主張してきた。ウィーン講和条約のアウトラインをピットの構想と比較し、その講和を正統化する過程をシュヴァルツェンベルグへ与えた訓令のそれとを比較すれば、政治においても、他の諸活動と同様に、運などというものは、そのもとの構想に比べれば問題にならないほどの影響力しかもたないことがわかるだろう。この講和によって、あらゆる出来事と構想とが一致したから、そこには洞察力があったことが証明されたなどと言うのではない。カースルレイは、歴史的な勢力の均衡のために、自己の技術的な勢力の均衡に対する信念を放棄して、構成国間との秘密の交渉を続けたために、徐々に、自国の考え方とは離れてゆかざるをえなかったのである。メッテルニヒは、イタリアとドイツの双方におけるオーストリアの優位を維持しようとしたために、自己の能力を超える政策を推進せざるをえなくなってしまった。メッテルニヒが正統性のために徐々に硬直した斗いをせざるをえなくなったのは、彼がオーストリアに課したヨーロッパ的任務を果たすにはオーストリアの物質的基盤をもってしては不十分であることがわかってきたからに他ならなかった。たとえ、大陸の中心に位置した国にとっては、純粋な力の政策は、自殺行為に等しいものであったにせよ、支持されない正統性にたよることは、国家の士気をくじくものであり、沈滞へ導くものだろう。目標が、明確な時にはフィネスは、力に変りうるが、挑戦が国の内部的なものになった時には、着想の代りにはなりえない。一方、プロシアは、疑惑と躊躇、国家的屈辱感と憎悪に似た敗北感をもって、知らず識らずのうちにドイツにおける使命を担うことになったのである。すなわち、ウィーン講和によって、今や、ヴィスチュラ河からライン河にまで拡大したプロシアは、ドイツ統一の要求を象徴していた。民族的使命感からというのではなかったが、中央ヨーロッパに散在する飛び地のために、プロシアは、その安全保障の要請によって、いや応なく、ドイツの政策の代表者とならざるを得なかったのである。しかも、プロシアは、主要な水路と陸路にあたっていたため、ドイツを物理的に統一する前に、経済的に支配することになったのである。サクソニー問題における敗北は、プロシアにとっては、きわめて苦渋に満ちたものであったが、結果的にはそれが、プロシアのオーストリアに対する最終的勝利を得る手段となったのであった。

しかし、これは五十年後のことであった(訳注1)。オーストリアにとっては、ナショナリズムの時代にあっては、真に成功をもたらす政策はなかったかもしれない。悲劇は、個人の運命であるように、国家の運命でもある。その意味は、もはや親しみのもてない世界に住んでいるようなものである。この点から見ても、オーストリアは、十九世紀のドン・キホーテだった。おそらく、メッテルニヒの政策は、その最終的な失敗によってではなく、避けることの出来ない破局をくいとめたその時間の長さによって評価されるべきだろう。とはいえ、ウィーン会議が終ったときには、破局は乗りこえられたように見えた。二十五年の年月を経てはじめて政治家たちは、戦争の準備をするのではなく、平和の諸問題に取り組むことが出来たのである。彼らは、これらの問題が、戦争の問題のように圧倒的なものではないが、それだけに一層複雑なものであることを知るのであった。しかし彼らは、少なくとも、この調整の過程を耐えてゆく体制をもうすでに構築していたのである。しかも彼らが、この仕事を始める前に、意見の相違はどうであれ、偉大な統一体の一部であるという意識を持つに至ったのである。ウィーンに届いた信じられないニュースに対する諸国の反応ほど、ちょうど合意されたばかりのその秩序の正統性をよく示すものはなかった。

というのは、三月七日、ナポレオンがエルバ島を脱出したというニュースが伝えられたからである。

(訳注1) 五〇年後にプロシアによってドイツが統一されたこと。ウィーン会議の結果ドイツは三八カ国からなる連邦として編成され、オーストリアがその盟主となったが、次第にプロシアが興隆し、一八六六年にはオーストリアとの戦争に勝利を収め、ウィーン会議のドイツ連邦は解体され、オーストリアを除外したメーン河以北の諸国からなる新組織を結成し、さらに一八七一年フランスをも破り、ついにプロシアを盟主としてドイツ統一が実現された。

第十章　神聖同盟と安全保障の本質

ナポレオンのエルバ島脱出とヨーロッパの結束——戦争の正統化——集団安全保障の諸問題——第二回パリ条約——四国同盟と神聖同盟——政治家と予言者——その一

I

メッテルニヒは、自分の自伝的遺稿の中で次のように書きしるしている、「三月六日と七日の夜、五大国の全権大使の会議が開かれていました。会議が明けがたの三時まで長びいたので、私は、睡眠を妨げないようにと従者に命じておいたのです……。起さないようにといっておいたにもかかわらず、従者は、朝六時頃、緊急という印をおした一通の手紙を持ってきました。私は封筒の『ジェノア帝国領事から』という文字を見て、封も切らずに、ベッドのわきのテーブルに置きました。しかし、一度起されてしまうと再び眠ることは出来ないもので、七時三〇分頃、その封筒を開けてみることにしました。その手紙には、たった六行で次のような内容が書かれていました、『イギリスの地方長官キャンベルが、ナポレオンがエルバ島から消えてしまったということについて、誰かジェノアでナポレオンを見たものはなかったかどうか聞きに、入港してきました。見なかったと回答すると、そのイギリスのフリゲートは、長くは停泊しないで出帆してゆきました』」(注一)と。

こうして、世の中のあらゆる秩序をメチャメチャにするような重大な危機は、もはや不可能だということを立証することになるのだが、ヨーロッパは、新たに見い出された正統性の脆さを知ったのである。どこにいるかさえまだわからない孤独の一個人が、全ヨーロッパを恐怖のどん底に陥れることが出来るということは、意思の主張である革命の本質を表わしたものであった。またその恐怖は、講和によって国境線が描かれ、時としては支配者さえも立てることが出来るが、自信や信頼は、ものごとがどれだけ長く続いているかによってしか、もたらされないものであるということを示していた。そういう訳で、ウィーンにいる政治家たちは、ナポレオンが、あたかもあらゆる選択を自由にとれるかのように思い、また、革命の象徴であるナポレオンが、ヨーロッパのいたるところで、象徴を現実に変えることが出来るかのように思い込んで、鳩首協議することになったのである。タレイランのような皮肉屋でさえ、自分の世界秩序が崩壊するのを、にわかには信じがたいといったふうに、「ナポレオンは、イタリアのどこかの海岸にでも上陸し、それからスイスに飛び込むだろう」と言った。メッテルニヒは、革命の理由ではないにせよ、革命体制を誰よりもよく知っていたので、「いやそうではない。ナポレオンは、パリへ直行するはずです」と答えた。というのは、パリは、ヨーロッパ問題解決の鍵であり、ナポレオンが、みずからのある種の正統性――カリスマ的支配のそれであるが――に対する権利をもっていたのは、パリであり、パリだけだったからである。こうした議論がなされつつあったとき、ナポレオンは、ローン渓谷を進軍中だった。そして、三月二十日夜、パリへ入城した(訳注1)。

しかし、恐怖の大きさは、ヨーロッパの結束の度合をも示していたのである。勝利の記憶によって、ナポレオンは強力だという幻想が創り出されていた時は、ナポレオンと講和を結ぶことは考えられた。しかし、今や、両立できない国内体制にもとづいた国際秩序が受け入れられるはずがなかった。三月十三日、ナポレオンの脱出が知れて、わずか六日後、〝八大国〟――オーストリア、イギリス、プロシア、ロシア、スエーデン、スペイン、ポルトガル、それにタレイランが代表するフランス――は、社会の安定を回復するために必要な援助を与えることをフランス王に約束した宣言文を発表した。同時にその文書は、ナポレオンを、世界の平静を乱すものとして、市民と社会関係のラチ外におくことを宣言していた。今にも動員が解除されそうになっていた軍隊は、再び動員された。ウィーン講和条約が批准される前に、ヨーロッパには、再び戦争が勃発したのだった。一時代の最後の頂点を象徴的に表現すれば、戦争は、国家に対して宣言されたのではなく、一個人に対して宣言されたのである。

ナポレオンが、パリ講和条約を受諾すると言っても無駄だった（訳注2）。ツアーに、一月三日の秘密条約の写し――それは、チュイルリー宮殿に残されていたのだが――を送っても無駄だった。メッテルニヒもナポレオンの懇願に耳をかさなかった。というのは、もはやナポレオンは、革命を超越した支配者ではなく、革命の首領にすぎなかったからである。ナポレオンは、講和を望んでいるということを訴えるかもしれないが、たとえ真剣であるにせよ、それに効力を与える力を失ってしまっていた。いくつかのつまずきにもかかわらず一八一四年のナポレオンは、まだ、イエナやアウステルリッツの勝者というカリスマ的性格をもっていた。一八一五年のナポレオンは、一八一四年の敗北者だった。しかも、ナポレオンが敗けたという記憶によって、ナポレオンの権力に対する要求が制限されてしまっていた。ナポレオンの帰還は、勝利の性質をおびていたのではなく、抗議のそれだった。そして、それは、不満をいだいているあらゆる人々からなる例の革命家の連合によってもたらされたものだった。意思の人であるナポレオンは、きらわれている〝正統性〟理論と斗うための象徴となり、理論となってしまったのである。すなわち、ナポレオンは、最後の舞台に登場するに際し、人間は、思想を征服することが出来るけれども、思想は、人間よりも永続するということを証明することになったのだ。革命は、革命自体の返還を要求し、ナポレオンは、自分の政府をジャコバン党を基礎にし、ブルボン家の政治体制を解放することによってしか、みずからを正統化することが出来ないのだった。たとえ、メッテルニヒが、征服者ナポレオンが力の限界をみとめるようになること期待していたとしても、国内的にみずからの基盤を革命におくナポレオンは、もはや、均衡の中で受け入れられる要素ではなかった。五月三日、同盟諸国は、次のような宣言に合意した、「我々は、現在のフランスの支配者と交戦状態にある。なぜならば、これまでの経験によれば、ナポレオンの宣言を信頼することは出来ないからである……。我々は、我々自身の独立を確保し、永久的な安定を獲得するために戦争を行なうものである。なんとなれば、現在の首領の支配下にあるフランスは、いかなる形にせよ、我々に安全を与えることはありえないからである」(注二)。

しかし、たとえ、同盟諸国間に、ナポレオンが引きつづき支配者として存在することと、ヨーロッパの均衡とは両立しないということについて意見の一致をみているものの、均衡をどのようにして作り出すかについては、満場一致どころの話ではなかった。新たな戦争が勃発したことによって、ラングル、トルワー、ウィーンで、きわめて激しく対立しながらも、なんとか解決をみてきたあらゆる問題が再び持ち出されたのである。というのは、過去に、自分の意見が通らなかった人々が、ナポレオンの再現は、自分たちの忠告を無視したからだと主張し始めたからである。ツァーは、ブルボン家には反対だという主張をまた繰り返したし、プロシアは、きびしい内容の講和を要求し、リヴァプール内閣は、フォンテンブロー条約に対する不快の念を表わした。フランスに復讐することと――前年には、かろうじておさえられたのだが――を支持する者たちはみな、どっと主張しだしたのである。それは、革命が、ヨーロッパを征服することが出来ないにせよ、少なくとも、あらゆる抑制がきかなくなるような大混乱にヨーロッパを引きずり込むかもしれないように思われた。

その大きな負担は、カースルレイの身にふりかかってきた。オーストリア軍はイタリアにあったし、ロシア軍はまだポーランドの奥深くにあった。ロー・カントリーに早急に集められたイギリス軍とプロシア軍が使えるにすぎなかった。同盟諸国は一ヵ国として、戦争に耐えうる財政状態にはなかった。しかも、前年中は、カースルレイは、フラフラして腰の定まらない同盟諸国に活を入れなければならなかったが、今度は、どちらかといえば、戦争――その費用を、今度は、勝者に負担させることはないだろうと一般に考えられていたが――に突進しようとする熱情をおさえねばならなかった。三月二十五日、ウィーンで、カースルレイの代理のウェリントンは、ショーモン条約の補助金条項を更新したが、今度は、二流のドイツ諸国は皆加盟した。カースルレイは、ウェリントンにこう書き送った、「もし、我国が、この仕事を引き受けなければならないとすれば、成行きにまかせるようなことがあってはなりません。……それは、最大規模で成し遂げられねばなりません……貴官は、あらゆる方面からフランスを武力で圧倒して下さい」(注三)と。

しかし、フランスを武力で圧倒することと、軍隊がどんな名目で斗うかを決定することとは、別問題だった。イギリスは、もう一度ブルボン家を復位させようと考えている国の中で、もっとも熱心な国だったかもしれないが、イギリスの国内的正統性によれば、ブルボン家復位のために戦争をすることは許されなかった。すなわち、外国の国内問題には介入しないということが、あまりにも根本的なイギリスの政策だったために、ブルボン家のためでさえ、それを破ることは不可能だった。カースルレイは、クランカーティにこう書き送った、「（ルイ十八世は）我国が考えている以上に、自分の復位の重要性を、もっと我国に感じてもらいたいと思ってもそれは無理なことです。その目的が達成できるような戦争をするために、最も確実性のあるありとあらゆる努力がなされるでしょうが、我国は、それを必要条件とすることは出来ないのです。諸外国は、当然、自分たちの安全と両立しないものとして、ナポレオンの権威を打倒することに同意するかもしれませんが、ナポレオンの後継者を公然と条件として明記することとは別問題なのです。これが、議会政治の微妙さなのです」（注四）と。さらにカースルレイは、追放されたブルボン家の王への大使であるチャールズ・スチュワートへの手紙の中で、こうつけ加えている、「……英国民《ジョン・ブル》は、束縛されていない時に、もっとも立派に斗います……そして、我国は、うまい方策で、ブルボン家復位の目的を、認められた（著者傍点）戦争の目的に結びつけることが出来るけれども、決して（それを）一つの理論として支持することは出来ません」（注五）。

　四月、五月を通じて、ツアーが陰険にも、再度ブルボン家を復位させるよりも、共和国の方がよいと語っていた時（注六）、カースルレイは、フランスの国内的調整には、完全に中立の立場をとるよう要求する国会の圧力と斗わねばならなかった。ブルボン家が救援を求め、大陸諸国が財政上の援助を求めていた時、カースルレイは、島国の精神と矛盾しないような戦争の理由をととのえなければならなかった。しかし、カースルレイは、きわめて苦しい立場にあったにもかかわらず、フランスを〝懲罰しよう〟とする国民の熱狂に同調し、自己の政策を正統化するようなことはしなかった。カースルレイは、議会に対してこう訴えた、ブルボン家は、フランスに社会的性格を与え、フランスを諸国家からなる家族の仲間入りをさせました。しかるに、ナポレオンは、軍隊がそのような考え方とはまるで逆の意味での平和をもたらしたことがあったという理由だけで帰ってきたのです(注七)。したがって、この戦争は、ナポレオンの脅威に対抗するために結束したヨーロッパの戦争であり、その目的は、フランスの再建であって、フランスの懲罰ではないのです、と。五月二十六日、ついに、戦争についてのその演説が議会を動かしたので、カースルレイは、ネセルローデに、こう報告することが出来た、「議会は、新たな戦争に、この国を心から参加させるための、ある手だてを必要としていたのです……。それがうまく成し遂げられて、我国が、同盟諸国とその立派な大目的に対しての期待にそむかないということを信じて下さい……」(注八)。

うまいぐあいに事態は進展した。六月十八日、ウォータールーの戦斗(訳注3)が行なわれ、六月二十二日、ナポレオンは、息子のために、再び退位した。かくして、カースルレイは、連合をうまくまとめて戦争をしなければならないという困難から免れたのであった。というのは、ツアーが、前年の勝利をもう一度という気持で、わずかなコサック兵の護衛だけをともなってパリへ進軍しつつあった時、ウェリントンは、ジャコバン党の国民議会が、ルイ十八世――フランスの〃正統な〃支配者――を復活させるように、再度の復位の準備をととのえたからである。一八一四年の春に、タレイランが、ツアーの雅量を頼み、アレキサンダーに既成事実をつきつけた時のように、今度は、ウェリントンとカースルレイが、穏健を名目にして、再度の既成事実を贈ったのである。アレキサンダーの生涯は、希望の中でしか願望が達成されないという人生だった。

フランスは、再び、〃社会性のある〃国家になった。しかし、四大国が二度目の講和条約を作成するために集ったとき、昨年への期待は、粉々に打ち砕かれてしまった。革命は、それに代るものを示すだけでは終らないように思われたし、フランスが、単に、その国内体制を変えるだけでは、諸国家からなる共同社会の一員になることは不可能なように思われた。一八一四年の戦争は、公式にはフランスを、"革命前の版図"にまで縮少するために斗われたのであり、ナポレオンの打倒は、偶然の副産物だった。それでもブルボン家の復位は、状況の本質的変化と受け取られた。一八一五年の戦争は、ナポレオンの打倒のために斗われたのであるが、逆説的であるが、この目的を達成したことによって、新たな疑惑が生み出されたにすぎなかった。去年のすばらしい言葉、すなわち、各々の国家の志望という正統性によって抑制された、諸国家からなる共同社会についてのすばらしい精神は忘れ去られてしまった。ヨーロッパは一人の敵への恐怖心によって組織されはじめ、そして、その過程を通じて自発性が失なわれつつあった。勝利を収めたという身勝手さで四大国は、フランスに講和を強いるべく再び会合したが、均衡感覚によってそれらの国々がもう一度動かされることはなさそうに思われた。

しかし、パリには、わずか三カ月間であるが、ヨーロッパの良心を代弁する一人の人物がいた。カースルレイが何ゆえにフランスの分割を求めるプロシアの要求——メッテルニヒでさえ、それに加わり、フランスに対する要塞にそい内側のベルト状のフランス領を永久に奪おうとしたが——に反対したかを説明することはむづかしい(注九)。また、何ゆえに彼が、内閣と国会の両者とも、懲罰的な講和を主張していたとき、内閣や国会と行動を共にしなかったかを説明することは困難である。しかしながら、フランスは許され、ヨーロッパの均衡は、直接的な攻撃によって危険を受けることが最も少ない島国の代表によって救われたのである。カースルレイについていえば、彼の経歴の中で、彼がパリで均衡のために斗った時ほど、偉大な力を発揮したことはなかった。カースルレイは、本国では誤解され、メッテルニヒが、これまでの争いの中でつくり出した道義的枠組みという支援もなく、自己の習慣となっている几帳面なまでの慎しみ深さ、それに重厚な説得力——これらは、彼の表現能力よりも確かな天性によっていたのだが——をもって行動したのである。これが、ヨーロッパが二世代にわたって、自由の破壊者という悪口を浴びせかけてきた人間の真の姿だった。なぜそうなったかといえば、諸国家間の政治的均衡があまりにも当然と思われるようになったために、社会斗争が、他のものに比べ一段と重要性をもつようになったからである。換言すれば、カースルレイが断固たる決意で維持した政治的均衡体制がなかったならば、諸国家は政治的争いに明けくれ、社会的問題を争うにしても、そのような問題を争う余地がなかっただろうということが忘れられてしまったからである。

(注一)　N.P. I, p. 209.
(注二)　B.D., p. 331, 一八一五年五月六日 *British and Foreign State papers,* (London 1841,). Vol. II, p. 301. 以後、B.F.S.P.として引用。
(注三)　C.C. X, p. 285, 一八一五年三月二六日。
(注四)　C.C. X, p. 301, 一八一五年四月八日。
(注五)　Webster, I (Appendix), p. 545, 一八一五年四月一九日。
(注六)　B.D., p. 324f., 一八一五年四月一五日。
(注七)　Hansard (Commons), 一八一五年四月二九日。
(注八)　C.C. X, p. 365, 一八一五年五月二八日。
(注九)　D'Angeberg, II, p. 1482.
(訳注1)　ナポレオンは、三月一〇日リヨンに入城し、正式に皇帝としての尊称と機能を再開し、ブルボン王朝の復活は無効であること、共和国または皇帝の許可なく帰国した亡命者をフランスから追放するこ

と、一八一四年四月一日以後行なわれた官吏の任用と免職を取消すこと、ナポレオン自身が与えたものをのぞき、一切の貴族を廃止する法令を発した。

（訳注2）　ナポレオンは三月六日、グルノーブルに到着し、同市の住民の前で、自分がフランスに帰った目的を宣言する次のような演説をした、「私は征服を放棄した。私は、フランスに、外においては平和、内においては自由を与える。私はパリ条約と一七九二年の国境を受諾する。軍事帝国をつくる必要から解放された私は、立憲政府に対するフランス国民の要望をみとめそれに服す」。

（訳注3）　一八一五年六月一八日、ブリュッセルの南ウォータールー村の近くで行なわれたナポレオン最後の戦斗。ナポレオン軍が優勢な兵力と火砲をもって、ウェリントン軍に攻撃を加えたが、ウェリントン軍は、ブリュッヘル軍と連携のもとにナポレオン軍を敗った。

II

カースルレイが講和条約を討議しようとした時、穏健なやり方に反対するありとあらゆる圧力が加えられてきた。敵が無力であるということは、一つの事実であるが、敵が和解する意思があるかどうかは、一つの推測にすぎない。領土の増大は、所有を保証するものであるが、自制によって、敵国を諸国家からなる共同社会の一員に加えることは、信頼の表現である。〝絶対的な安全保障〟を主張する者には、常に国民が味方になりその支持を与えるということは、めずらしくはない。彼らの考え方では、現在を是認すればよいが、政治家は、未来に対処しなければならない。

というのは、絶対的な安全保障を求める議論が、いかに〝妥当なもの〟であるにせよ、そのような議論は、国際社会に革命的状況をもたらすのである。戦争が唯一の原因によって起ると主張することによって、そのような議論は、物理的、心理的アンバランスをつくり出すのである。講和が懲罰的になればなるほど、集団安全保障体制への要求は、ますます強調されることになるだろう。そして、それは、以前の敵に対する脅威によって正統化されるのである。しかし、そのような体制は、硬直化の告白であり、講和が圧倒的な力によってしか維持できないということの告白である。永久的に不満を感じているような国を含んでいる秩序においては、調和が、それ自体目的となり、そして、このことは、講和が、もっとも残酷な国家——そういう国家は、もっとも革命勢力となりやすいのだが——の意のままにされてしまうことを意味するのである。屈服した国の表面的な弱さは信頼できないからという理由で、その国を永久的に弱くしておこうと努力することは、結果的には、その国の相対的地位を向上させることになるであろう。というのは、勝利を得た国々が、みずからの講和の正統性理論を破ることによって、すなわち、以前の敵に、自発的に講和を受け入れられないような条件を出すことによって、勝利を得た国々は、心理的に負い目をもつことになるからである。そうなってくると、現状維持勢力は、自分たちの立場を守るために、〝正統性〟に訴えることが出来なくなる。懲罰的講和を押し付けられた犠牲者に対して、勝利を得た国々は、みずからの権利を力に依存させねばならなくなる。かくして、安定をもっとも必要としている国々が、本質的には革命的政策の代表者となるのである。懲罰的講和が、敗者よりも勝者を堕落させる傾向にあるということは偶然ではない。したがって、絶対的な安全保障の探求は、永久的な革命的状況にみちびくのである。

しかし、一八一五年七月のパリにおいては、このことは、たった一人の人間をのぞいてはわからなかった。カースルレイは、プロシアの法外な要求と、それよりは少ないが、オーストリアの要求に直面し、さらに、自分の政府の圧力を受けて、彼の生涯でも、ごくまれにしかなかったことだが、自分の立場を理論的に防衛しなければならなかった。カースルレイは、同盟諸国の軍隊の略奪にいかりを覚え、軍隊の維持費を節約するために、出来るだけ多くの軍隊をフランスに送り込もうとするドイツ諸国の主張に憤慨する（注一）と同時に、だんだんと非妥協的になってくる内閣の態度に腹を立てた。そこで、カースルレイは、自己の政策の一部を責任転稼するために、穏健な損害賠償要求と思われている第一回パリ条約の再確認となるような講和条件を提案するようにと、宗教的気分の強いツアーを説得した。そして、カースルレイは、ロシアだけに穏健な講和を主張したという評判を与えてはならないということを暗に示した手紙で、このことを内閣に知らせたのである（注二）。

しかし内閣は、カースルレイの意見を尊重しないばかりでなく、ツアーにも従おうとはしなかった。というのは、七月十五日には、もうすでに、リヴァプールは、こう主張していたのだ、〝反逆者〟に対するフランス政府の寛大な処置は、フランス政府が信頼できないことを証明している。それゆえ、安全は、「フランスの侵略手段を少なくすることにこそあるのであって、同盟諸国は、ルイ十四世（訳注1）が征服したものをすべて、フランスからもぎ取る権利をもっているのであるが、最小限の権利として、北と東の国境ぞいの主要な要塞をフランスから剝ぎとるべきであり、また損害賠償を課すべきである（注三）。寛大な政策の結果は失望に終ったので、大英帝国は「みずからの安全を確保する最善の方法は、みずからの力に頼る以外にはない」と。そして、そのような時代には、常にそうであるように、最終的に頼れるものは、軍事力であると考えられたのである。あたかも、安全保障のために軍事的要素に頼ることは、それ自体道義的ででもあるかのごとく、あるいはまた、純粋に軍事力に頼ることがそれ自体、政治の放棄を象徴することであるにもかかわらず。リヴァプールは、こう言明していた、フランスの要塞の処分をウェリントンの軍事的判断にまかせても、ルイ十八世の人気には、影響を与えることはないだろう、「我国が、フランスで人気のあるルイ十八世の政府の存在がいかに望ましいと考えているにせよ、ヨーロッパの全般的安全保障にとって重要だと思われるあらゆるものを犠牲にしてまでも、その目的を達成しようという努力が正当化されるとは考えられない」(注四)と。

かくして、カースルレイは、安全保障の本質に関する最も徹底した声明を出さなければならなくなった。八月十二日付と十七日付の二通の覚書の中で、カースルレイは、協調と懲罰の問題、つまり、和解による講和と分割による講和の問題をとりあげていた。八月十二日の覚書では、領土の割譲問題をあつかっており、彼は次のように主張していた、かりに、フランス領土の分割が、安全保障を意味するにせよ、その安全保障は、戦利品の分配をめぐり引き起される同盟諸国内部の対立によって、危険にさらされるでしょう。それに、同盟の分裂によって、他の大国――とくにロシア――が、新たな侵略に断固反対するという保証がなくなれば、フランスに、軍事力に訴えようとする気持ちを起させるにすぎないでしょう。「ヨーロッパとって、その安全保障を、すべての大国が守るであろうような体制に、依存させることとの方が、極端な予防手段をめざすことによって、同盟が分裂の危険にさらされるよりも、どんなによいことでしょうか」。要するに、絶対的な安全保障という蜃気楼は、それを達成しようとするそのものを破壊するのである。安定の物理的要素を強調するあまり、安定の道義的面を見のがしてしまうのである。そして、一方では、敗北した敵をおさえつけておこうとする力を結集しながら、それを効果的にする決意が弱まっているのである。カースルレイは、こうつづけている、「フランスを虐待しつづけることは、ヨーロッパをある程度分裂させることになるのは確実です。……すべての諸国が切望している安寧を確保するために、同盟諸国は、今一度フランスにその機会を与えてみましょう。もし、失望させられた場合には、同盟諸国の優勢な力ばかりでなく、同盟をそのように結束させている道義力にもとづいて、再び武器をとることを保障条件に……………」(注五)。

八月十二日の覚書が、安全保障の本質についての一つの定義になっているとすれば、十七日の覚書は、政策というものは、短期間の世論の振幅に従って遂行されるようなことがあってはならない、ということを示したものだった(注六)。カールスレイは、リヴァプールに次のように書き送った、「私は、中間的政策はもっとも人気があり、有名な要塞の一つか二つを永久に割譲させることで、私達の仕事に栄光をもたらすことになる――栄光のために仕事をするのではないのですが――ということを確信しています……。しかし、戦利品を集めることは私達の仕事ではありません。もし出来ることなら、世界を平和な習慣にもどすことが私達に課せられた仕事です。このことは、フランスから領土を奪おうとするあらゆる試みと矛盾するものだと信じますし、……また、私は、フランスは、現在の大きささでさえ、ヨーロッパ体制の危険なメンバーというよりはむしろ、有益なメンバーだということは明白な事実だと思います」。ナポレオンにとって、もっとも執念深い敵であり、わずか十五ヵ月前までは、フランスの脅威によって組織されるヨーロッパしか考えられなかった大臣が、今では、調和にもとづく講和の支持者となったということは、政治家としてのカースルレイのある意味での成長だった。カースルレイが事実上孤立していたこの時でさえ、世論への譲歩を軽蔑していたということは、ステーツマンシップの義務についてのカースルレイの考え方の特徴を示すものである。

こうして、カースルレイが怒りをこめて主張し、内閣がしぶしぶながら同意したことによって、新たな講和の際のイギリスの役割が決ったのである。この役割が一個人の確信によっていたからといって実際の講和条約の交渉に悪影響を及ぼすものではなかった。しかし、その動機が、国民の熱狂をおさえることも、理解を得ることさえも出来なかったために、将来、その役割を遂行する際のさまたげとなるのであった。ヨーロッパという名のもとに構築された講和は、ヨーロッパの役割という意識がなければ、維持することが出来ないものだった。そして、この意識は、大きな危険があったという記憶がなくなるとともに消えうせ、英仏海峡を隔ててイギリスが、長らく友好国の手にあるアントワープを見るようになった時に、事態が今までとは変っていたかもしれないということが忘れ去られてしまったのである。

カースルレイは、内閣のためらいに打ち勝つことに成功したが、こんどは、大陸諸国の貪欲と直面することになった。というのは、プロシア――プロシアが過去にこうむった損害に対する野蛮な報復をしようと二十八万の軍勢でフランスをうずめていたのだが――は、今度こそ国家的屈辱に対する仕返しをしようとしていたからである。しかもそれを、二流諸国――得るものはあっても失なうものはない――が支持していた。というのは、二流諸国の領土の取得は、どうしても、諸大国によって保障されなければならなかったからである。カースルレイは激怒し、「前世紀にドイツを戦乱に巻き込んだ略奪の精神」(訳注2)を激しく非難した(注七)。カースルレイの怒りがいかに大きかったかは、彼らが過大な要求に固執するなら、ロー・カントリーでのイギリスの保障を取り消すと言っておどしたことによって証明される(注八)。

しかし、第一回パリ条約と同様の寛大な講和は、今や問題外だった。フランスは、ネザーランドの要塞の建設費の一部も、戦費も引き受けさせられ、賠償は七億フランと決められた。北部フランスにある占領軍は、条約の履行と、王を保護するという理由で駐留を続けることとなった。結局、プロシアと二流のドイツ諸国は、国境を修正することに成功したのである。フランスは、第一回パリ条約で保持することが認められていた追加領土、ザールイ(訳注3)、ランダウ(訳注4)、サヴォイを奪われ、革命前の領土に縮少されてしまった。そして革命戦争を通じて取得した美術品も、以前の所有者に返されることとなった。

この条約が、第一回パリ条約よりもきびしい内容のものであったとしても、それでも、フランスを永久的に不満をもつ国家にしてしまうほどきびしいものではなかった。失った領土は、経済的、あるいは象徴的重要性をもつものであるというより、むしろ、戦略的なものであり、いずれにしても、百万以下の人口しかないところだった。賠償金は、三年以内に支払われ、占領軍は、その時点で撤退した。かくして、穏健な講和条約は、十五ヵ月以内に再び締結されたのである。ヨーロッパをおおっていた偉大な精神的高揚を無視したという理由で、一世紀以上にわたって批判されることになったその政治家によって、全面的勝利を求める誘惑が、再びうまく防止されたのである。しかし、これらの高揚の精神の代弁者たち——彼らの社会的洞察力はどうであれ——は、みなシュタインのように絶えることのない政治斗争にヨーロッパを投げ込むことになるような復讐的講和を支持する人々であった。

(注一) C.C. X, p. 484f., 一八一五年八月一七日。Wellington's view, Gurwood, XII, p. 558; B.D., 342f. をも参照のこと。
(注二) B.D., p. 353, 一八一五年七月二九日。
(注三) C.C. X, p. 431f., 一八一五年七月一五日。
(注四) C.C. X, p. 431, 一八一五年七月一五日 C.C. X, p. 454f., 一八一五年八月三日 C.C. X, p. 479, 一八一五年八月一一日。
(注五) B.D., p. 361, 一八一五年八月一二日。
(注六) C.C. X, p. 484f., 一八一五年八月一七日。

（注七）　B.D., p. 375, 一八一五年九月四日。
（注八）　B.D., p. 376, 一八一五年九月四日。
（訳注1）　Louis XIV（1638—1715）フランス王、太陽王とも呼ばれる。五四年間にわたる治世の彼の行動の動機は、栄光と偉大さと熱情であり、目的は勝利であった。「朕は国家なり」という言葉に象徴されるように彼の意志に反するものは認めず、その絶対専制主義の統治は、全ヨーロッパの模範とされた。彼は、死の床で「戦争を愛しすぎた」と述べたように「女王戦争」、「オランダ戦争」、「スペイン継承戦争」など一連の戦争を行ない北方と東方にフランスの領土を拡大した。

（訳注2）　プロシアがオーストリア継承戦争から七年戦争と領土獲得の戦争にドイツ諸国をまき込んだこと。

（訳注3）　西ドイツ南西、ザールラント州の都市。ザール河両岸に位置し、一七世紀にルイ十四世によってきづかれ名づけられた。

（訳注4）　西ドイツ南西、ラインラント・ファルツ州の町。

III

しかしながら、正統性にもとづく均衡の時代は、次のような二つの行為なくしては始まらなかったのである。すなわち、革命の記憶は、その実体よりも危険かもしれないということと、創造は、理由を説明しなければならないが、〝既成の〟秩序は、存在するだけでよいということを、自意識を通じて明らかにされねばならなかったのである。これらの行為が、秩序を探求する場合の二つ側面を表わしていたのは、当然のことだった。一つは、力による均衡と善意の実体を意味していた一八一五年十一月二十日に締結された四国同盟(訳注1)であり、もう一つは、もろもろの野心が和解し合い、道義的理論が広く浸透していることを宣言した一八一五年九月二十六日に結ばれた神聖同盟(訳注2)だった。

カースルレイが政治的枠組みを作ったのは、当然のことだったが、ツァーが、道義的表現を創り上げたということは皮肉なことであった。というのも、ロシア皇帝は、前年、ヨーロッパを戦争の瀬戸際までもっていったが、今度は、栄光にあきて、神秘的ムードで、キリスト教の慈悲の理論を現実のものにすることに名声を求めたからである。

カースルレイは、七月十七日の時点で、リヴァプールに次のように書き送っていた、「私が昨年パリで、ナポレオンの帰還に反対する条項（ヨーロッパへ入ることを禁止した条項）の個所に、賛成しなかったのは大きな過ちでした。というのは、ナポレオンは、国民と軍隊に、自分は、復位するかもしれないし、それでも講和は守られるだろうと信じさせたにちがいありませんから」(注一)。かくして、四国同盟が誕生したのだが、それは、島国の国際関係に対する考え方と、ヨーロッパ的考えをもった政治家の安定の要素に関する知識とのあいまいな混合物だった。

イギリスが革命に関係した場合すべてがそうだったように、イギリスは、みずからの願望と、その国内的正統性との矛盾にぶつかったのである。具体的に言えば、ブルボン家を維持しようとする希望と、外国の国内問題には介入しないという理論との対立だった。その結果は、外国の国内的動乱に反対するための共同行動に対する明確な約束をさけながら、一方では、フランスの侵略に対しては、ヨーロッパを守る約束をするという妥協案となった。その是認された目的は、第二回パリ条約の領土条項を遵守するということであり、そしてこれが、まちがいなく、イギリス内閣に最も強くアピールする面だった。領土上の均衡が、ナポレオンによって何回も乱されてきたので、非介入の原則の例外規定は、ナポレオンの場合として、つまりフランスの玉座からボナパルト一族を排除することを規定した同盟条約第二条の中にもうけられたのである。しかし、万が一、フランスにナポレオン主義者以外の革命が起った場合はどうなるのか？　革命という事実を戦争の理由とすることは、非介入の原則を放棄することになるはずである。しかしながら、無関心でいることは、再び、一連の革命戦争となるだろう。このジレンマを逃れるのに、イギリスは、ヨーロッパの安定が社会的要因にかかっていることを認めつつも、一方では、世論を尊重して、その介入を避けるという次のような言いのがれ的規定となったのである。すなわち、同盟諸国は、「フランスが、再び革命によって大動乱に見舞われることのないよう警戒を続け……各々の国家の安全保障のために必要な手段をとることに合意した」と規定された。かくして、フランスにおける革命は、たとえ、それが物理的侵略行為を何らともなわない場合でも、潜在的な脅威として宣言されたが、それが、自動的に戦争の理由とはされなかった。

十五カ月前だったら、カースルレイは、これらの条項――各々の同盟国が共同手段のために兵力を提供し合うことを約束した追加条項とともに――を自分の苦心の極致と考えることができただろうが、今では当然のことと考えるようになってしまっていたのである。また、たしかに、内閣には、イギリスの安全保障が、フランスを抑制すること以外にあると考えるような人物は誰一人としていなかった。しかし、その間に、カースルレイは、大連合のほとんどの政治家が直面した誘惑の犠牲者になってしまっていた。連合の神話の中では、戦争に先だって行なわれる外交は、ひどく狡猾で、つまらない行為に思われると同時に、お互いの間に不信の種をまき散らす原因のように思われるのである。また、協力行為が十分に行なわれている場合や、その記憶がまだ新鮮なうちは、平和への願望は、それを達成するための十分な動機であるように思われる。そのような訳で、カースルレイは、共通の敵に対抗しなければならないという目的から生れてきた結束を、国際関係の通常の形態と考えるようになってしまっていたのである。彼は、〝道理〟の勝利という満足感で、前の年の苦汁に満ちた調整の過程を忘れてしまった。だんだんとカースルレイは、信頼関係が調和の表現ではなく、調和の原因だと考えるようになり、同様に、平和な秩序を求めることは、戦争で軍事的勝利を獲得しようとするのと同じように明白なことだと考えるようになった。それゆえ、彼はこう主張した、「ヨーロッパ諸国は、フランスを支配するために緊密な協力関係を保つだけでなく、ツアーが提案したようなヨーロッパの安寧という一般的問題を考えるためにも緊密な協力関係を維持すべきです」と。安定はヨーロッパ問題に参加することにあるのであって、機械的な力の均衡にあるのではない、つまり、予防にあって、防御にはない、という考え方は、イギリス内閣の想像をはるかに超えたものだったので、カースルレイが起草した同盟条約第六条には同盟諸国の誰一人として反対したものはなかった。そして、その条文には、「諸国家の安寧と繁栄とヨーロッパの平和にとって、最も有益だと思われる手段を考慮するために、締結国による定期的会議の開催」を規定していた(注二)。

このように、ヨーロッパを七年間にわたって支配することになる会議方式は、あとからの思いつき的なものとして生れたのである。しかし、どんな政治的状況にあっても、意のままにならないような、そして、人間の一生には変えることが出来ないようないくつかの要因が存在するものである。これが、政治家にとっては宿命という姿であらわれるのであり、宿命との斗いの中に、政治家の悲劇の本質があるのである。カースルレイの理想がどんなに価値があるにせよ、イギリスの経験は、その外務大臣を理解することは出来なかった。大衆の頭では、英仏海峡の支配方が、大陸の安定に頼るよりも、より確実に、イギリスの安全を守ることが出来ると考えられた。この意見の対立が、一八一五年の時点で、明らかにならずにすんだのは、両者の間に誤解があったからにすぎない。つまり、カースルレイが、ヨーロッパのことを考えていたとき、内閣とイギリスは、フランスに注意をそそいでいたからである。

パリには、達成出来そうもない極点をめざしているもう一人の人間がいた。ウィーンでの論争以来、アレキサンダーの頭脳は、徐々に、神秘的な面に変化しつつあった。長い間、情熱を傾けて追求してきた栄光と称賛は、どういうわけか、アレキサンダーの頭からは消えてしまい、自分が勝利することさえ、徐々に空虚なものと感じられるようになっていた。パリへの最初の進軍は、モスクワを焼き払われたことに対する道義的雪辱とはならずに結果的には、ブルボン家を復位させるという手の込んだ陰謀となってしまった。また、ウィーン会議は、倫理的理論の自明の理にひれ伏す場とはならずに、枝葉末節の問題を執拗に争う見苦しい斗いの場となってしまった。もちろん、政治が、高揚された精神状態で遂行されるものではないということは当っている。なぜならば、政治家は、世界を征服するのに興味をもつと同様に、保守することにも興味を持たねばならないからである。しかし、このことは、狂信者にとっても、また予言者にとってもなぐさめにはならない。政治家は限られた時間の中に生きており、従って、制約の存在する状況下で、自己の作りあげた体制をどのようにして永続させるかということによって試されるのである。一方、予言者は、当然のことながら、時間の次元のない永遠に生きており、従って、自己の理想それ自体に内包するものによって試めされるのである。政治家と予言者との出会いは常に悲劇的なものとなる。なぜならば、政治家は、予言者の理想を明確な手段の段階にまで引き下げようとするにちがいない。一方、予言者の方は、現実認識を超越した先験的基準で、現在の体制を測ろうとするからである。政治家にとって、予言者が脅威を意味するのは、絶対的な正義の主張は、微妙な違い《ニュアンス》を否定することになるからである。予言者にとっては、政治家は、真理に迫ろうとすることに対する反逆を意味する。なぜならば、正義を、達成可能な段階にまで引き下げようとすることは、普遍性に対する偶然性の勝利となるからである。政治家にとっては、交渉は、対立する要求の調整と正統性の承認を象徴するものであるから、安定にとって不可欠のものと考える。一方、予言者は、交渉は不完全の象徴であり、普遍的至福をくじく不純な動機の象徴とみるのである。そのような訳で、アレキサンダーが、常に誤解されていると感じたり、諸君主が、常にアレキサンダーを信頼することは出来ないと思っていたのも当然だった。諸君主にとって、安全は、限界を認めることであったが、アレキサンダーにとっての安全は、現実認識を超越した時にえられるものだったからである。カースルレイとメッテルニヒは——二人の違いはどうであれ——中間的な微妙《ニュアンス》な違いの理解できる世界を求めていたが、アレキサンダーは、直接的に完璧の世界を求めていたのである。

ツァーが、再び、軍隊をフランスに向けて進めたとき、ウィーンでのとるに足らない論争は、諸君主たちに、宗教的精神の高揚が欠けていたから起ったのだと考えはじめた。そこで、アレキサンダーは、自分が代表となって、キリスト教の教義によって導かれた諸君主の友愛社会の建設を求めて、会議に付託される一つの提案を思いついたのである(注三)。アレキサンダーがこのような気持ちになっているとき、彼のことをヨーロッパの救世主だと信じている一人の宗教的狂信者クリュデナー男爵夫人(訳注3)の訪問を受けて驚かされたので、アレキサンダーが、彼女の出現を神の啓示と解釈するか、新たな論争で、自己の正しさを証明するために神が与えた審判の場と考えたのも無理はなかった。アレキサンダーは、パリに到着するやいなや、次のような手紙で、自分に会いにくるようその男爵夫人を招いたのである、「町はずれの小さな家で貴女とお目にかかりましょう。私がこの家を選んだのは、庭に私の軍旗と十字架があるのを見たからなのです」(注四)。九月十日、ツァーは、諸君主のために、大観兵式を計画していたが、実際は、軍隊のパレードの代りに、クリュデナー男爵夫人の司宰するミサがとり行なわれたのだった。

このような気分で、ツアーは、寛大な講和を求めるカースルレイを支持したのである。今度は、アレキサンダーは、この仕事をあらゆる行動を判断する宗教の理論に結びつけることによって神聖化しようとしていた。ツアーは、クリュデナー男爵夫人の意見を聞いたのち、君主にこそふさわしく、君主だけが署名するという一つの宣言案を提出した。それについて、オーストリア皇帝は、皮肉っぽくこう語ったものである、朕には、それが、大臣からなる会議で討議されるのか、それとも、ざんげの席で討議されるのかわからない、と。その宣言草案は、三位一体と神の摂理への祈願で始っており、すなわち、神の恩寵が多からんことを願い、諸君主は、「お互いの関係において、列強が、以前とってきた政策を、根本的に変えなければならない。そして、我々の救世主の永遠なる宗教の崇高な真理にもとづく秩序におきかえることが急務であると決意した」、と。このあとに、三位一体を象徴する三つの条文が続いており、すなわち、諸君主と人民は、互いに兄弟と考え、諸国家をキリスト教国家の領土と考えるよう求めていた。さらにその草案は、諸国家に対し、慈悲深い配慮をもって統治し、かつお互いに救援の手をさしのべ合うように説いていた(注五)。

しかしながら、メッテルニヒが、こうした努力をどんなに馬鹿ばかしいものと嘲っていたにせよ、たとえ、それが、ツアーの頭がおかしくなったからだと思ったにせよ(訳注4)、注意深いこのウィーンの打算家メッテルニヒにとっては、それは、宗教的文書ではなく、最も重要な政治的文書を意味したのである。それについて、カースルレイは、こう報告している、「メッテルニヒは、それがいかに気狂いじみた考えではあっても、そのような考え方が続く限り、ツアーと世界の安寧を多くの困難から救うだろうと考えたので、ツアーの邪魔をする気はないのです。要するに、手を引かないと決めたからには、いくつかの字句上の修正を加えたのち、オーストリア皇帝は、それに署名することに同意したのです」(注六)。しかし、これらの修正は、きわめて重要な意味をもっていたのである。というのは、メッテルニヒは、ツアーの普遍性を、中欧の帝国の穏健な精神と矛盾しない政策を表明したものに変えてしまったからである。しかも、あまりにも巧妙に修正されたので、アレキサンダーは、その修正案が、自分が祈求してきた精神を含んでいると確認したのである(注七)。修正された神聖同盟では、人民の共同社会が、諸君主からなる長老会議に代えられており、前に引用した前文は、次のようになっていた、「同盟諸国君主は、列強の勢力関係という性格を帯びてきた政策は、永遠なる宗教の崇高な真理にもとづく秩序におきかえられねばならないと確信するに至った……」(注八)。

すなわち、急務であると述べた部分と根本的な改革の必要性に言及したところがのぞかれ、さらに、ヨーロッパの政治的協調への告発となっていた、以前の国家関係に言及したところも削除されていた。その新しい解釈は、むしろ、論理的に、革命によってもたらされた変化に対して攻撃を加えているように、つまり、秩序へもどる約束のように、また、意思に対する法律の優位を主張しているように読みとることが出来た。ツアーは、神聖同盟を、将来への理想として、つまり、歴史のつまらなさを超越する新時代の宣言と考えていたのだが、一方、メッテルニヒは、それを、革命の時代の終焉と、歴史への再会を宣言するのに利用したのであった。そのような訳で、アレキサンダーの二度目のパリ侵入は、またしても、期待に反した結果になってしまった。ツアーの竜頭蛇尾の人生で、彼が、世界を変える手段にしようと心に描いていたその条約は、ヨーロッパの均衡を守ることになったのである。

神聖同盟に対するイギリスの合意を得るには、まだいくつかの困難な問題点が残っていた。カースルレイ――彼は、神聖同盟を、「崇高な神秘主義とナンセンスの作品である」と呼んだが――は、そのような文書に対しては、国会が公式の承認を与えないだろうということを認識していた。そこで、カースルレイは、摂政殿下が、みずからの権威で、「その条約の欠点は、取決めの実体や性格にあるのではなく、むしろ美点が多すぎるところにある」条約に同意するようにと提案した（注九）。しかし、そのようなやり方でさえ、カースルレイの提案とイギリス憲法の諸原則との矛盾を強調することによって、そのジレンマをのがれようとしていた内閣にとっては、荷が重すぎた。そこで最終的には、イギリス摂政が、諸君主に親書を送り、諸君主の努力に対して個人的に賛意を表することで解決をみた（注一〇）。かくして、疑惑とためらい、崇高な理想と冷静な打算の産物であり、一時代を象徴する神聖同盟が誕生したのである。

一八一五年九月末、諸君主が、パリを離れる用意をしていた時には、ついに、革命の時代に終りをつげ、ようやく平和が保証されたように思われた。その講和が、きわめてひかえ目に構築されていたので、その偉大な成果、つまり、それが普遍的に受け入れられたということが、ほとんど見落されていた。そして、パリで、二つの条約すなわち、一つは、善意と道義的コンセンサスによって統合された、一つのヨーロッパの建設という希望をたくした四国同盟と、いま一つは、均衡についての政治的、倫理的表現となった神聖同盟が締結され、それらは、次の十年間、ヨーロッパを指導すると同時に、それらの首唱者たちの悲劇的な運命を決定づけたのである。すなわち、一つの統合されたヨーロッパという理想のために、その時代で、もっとも異った個性をもっていた二人の人間を破滅させることとなった。冷静で衒学的なカースルレイが、自国民の経験を超えた洞察力をもったために破局を迎えることになり、一方、国際秩序の経験を超越した秩序を祈求したためにアレキサンダーが破滅する運命になるのであった。

しかし、パリには、自己の可能性の限界を知っている一人の人間がいたのである。その男は、事態が変ったことを、あまりにもよく知りすぎていた。要するに、メッテルニヒには、観念的構造の政策は合わなかったし、国民の精神《エトス》を改革しようとする政策にも向いていなかった。おそらく状況に順応させることがもっとも必要だった帝国の政治家メッテルニヒが、硬直した枠組みを求めていたのであり、そして彼は、国際秩序をその枠組みの中にはめ込むことを自己の仕事と考えていたのである。パリにいた政治家の中で、講和が終りではなく始りであると考えたのはメッテルニヒただ一人だった。政治的斗争は終ったけれども、社会的斗争が始まろうとしていたのである。メッテルニヒは、例のいつもの戦術で、この斗いをすすめようともくろんでいた。つまり、建設的行為によってではなく、忍耐によって自分の敵を敗北させ、敵に優越することによってではなく、敵よりも長く生き残ることによって敵に打ち勝つ戦術によって。メッテルニヒが、自己の新たな戦斗への準備をはじめたとき、彼の社会的信念の本質が最高の重要性をもつこととなるのだった。

というのは、ヨーロッパは、自称〝革命の医者〟が診断するものを注目して待っていたからである。

(注一) B.D., p. 349, 一八一五年七月一七日。

(注二) 条約の詳細な分析については、Webster, II, pp. 54—6. を参照のこと。Text of Quadruple Alliance, Martens, *Recueil*, IV, p. 27ff.

（注三）D'Angeberg, I, p. 571, 一八一四年一二月三一日。
（注四）Schwarz, *Die Heilige Allianz*, p. 50 から引用。
（注五）Schwarz, p. 52f. 傍点の字句は、のちにメッテルニヒが削除した。後述。
（注六）B.D., p. 383, 一八一五年九月二八日。
（注七）Schwarz, p. 57.
（注八）メッテルニヒの修正についての議論に関しては、Werner Naef, *Geschichte der Heiligen Allianz* (Berner, Untersuchungen zur Allgemeinen Geschichte) p. 8f. を参照のこと。条約原文は Martens, *Recueil*, II, p. 656f.）
（注九）B.D., p. 382f., 一八一五年九月二八日。
（注一〇）B.D., p. 385f., 一八一五年一〇月三日。

（訳注1）第一条で、同盟国は、フランスとの第二回パリ条約を誠実かつ厳格に実施することを約束し、第二条で、ナポレオン及び彼の一族をフランスの王位から排除することを確認し、第三条と第四条では、フランスから攻撃を受けた場合、各締約国は、六万の軍隊を提供し、それで不足の場合は、全軍隊を提供すると約束し、第五条は、有効期間を定め、第六条では、「締約国は、共通の利益を協議するため、かつ各国の安寧と繁栄、ヨーロッパの平和の維持のため各時期にもっとも有益とみなされる措置を考慮するため、主権者自身またはその大臣が一定の時期に会合する」と約束していた。この第六条が、会議方式によってヨーロッパを四大国で管理してゆこうとするもので、最も重要な規定であった。

（訳注2）この条約は、前文と本文三カ条からなり、前文は「三君主が、過去三カ年を特徴づけた重大事件の結果としてかれらの相互間の関係をキリスト教の崇高な真理にしたがって処理することの必要を確信するに至ったこと、ならびにこの条約は、三君主が、自国の統治のみならず、他国との政治関係において、キリスト教の教義を唯一の指針とする決意を全世界に公表する以外に何らの目的をもたないことを

宣言する」と規定し、第一条は、「三君主自身は、互いに同国人とみなし、あらゆる場合、あらゆる場所において、相互に援助を与え、各自の臣民および軍隊に対しては、自ら家父をもって任じ、宗教と平和と正義とを守護するよう指導する」ことを規定し、第二条は、「三君主は、彼らの国民に対し、キリストが、人類に教えた義務の原則と行使とにおいて、毎日自己を強化するよう勧告する」と規定し、第三条は、すべての国が、この条約に加盟するよう招請を行なった規定である。

（訳注3） **Kurüdener, Baroness Barbara Julianc von** (1764—1825) ロシアの外交官クリュデナー男爵の未亡人で小説家。当初は、半自伝的な恋愛小説などを書き、パリの社交界をにぎわしていたが、一八〇八年、敬虔派の影響を受け、余生を宗教活動にささげることになった。一八一五年、彼女は、ロシア皇帝アレキサンダーに会い、強い影響力を与え、神聖同盟の提唱も彼女からのインスピレーションに負うところ大であった。

（訳注4） メッテルニヒは、この同盟条約を「無駄な冗言」と評し、カースルレイは、「ロシア皇帝の精神は正常ではない」と述べている。

第十一章　メッテルニヒと保守主義者のジレンマ

保守主義と革命——義務と忠誠の概念——理性的保守主義者と歴史的保守主義者——憲法の本質に対するメッテルニヒの思想——革命の本質に対するメッテルニヒの考え方——保守主義者のジレンマ——オーストリアの国内体制——ステーツマンシップと官僚行政

I

ようやくヨーロッパにおとずれた平和は、中欧の帝国オーストリアをもっとも深刻なジレンマに直面させることになったにすぎなかった。というのは、征服者の圧力が、まだ広範囲に及んでいるうちは、オーストリアのかかえる特殊な問題は、共通の危険の中に埋没されていた。しかるに、今後、各々の国家は、みずからの挑戦を見い出さねばならないし、各々の困難と斗わねばならないからであった。しかも、オーストリアは、国民に対して何の約束もせずに平和の時代に入ることが出来た大陸の唯一の国だった。ヨーロッパが人間性改革の夢でおおわれていた時のオーストリアの冷静さ、一つ一つの手段を具体的な政治的条件としなければならなかったオーストリアの主張は、混沌たる大混乱から義務の感覚を守り、反革命によってではなく、正統性を主張することによって、革命を打ち破るというふうに、社会的目標が、すべて消極的であったオーストリアの大臣がもっていた信念の裏がえしにすぎなかった。メッテルニヒ外交のまわりくどさは、自由は、権威から分離出来ないものであり、自由は、秩序の属性であるという基本的な確信の反映であった。メッテルニヒの指導下のオーストリアは、その道義的実体が救われるまで改革に興味を示さなかったし、その社会的価値が守られるまで、変化に興味を示さなかった。メッテルニヒは、こう書いている、「世界は、社会的、政治的という二つの影響力のもとにあるのです。……政治的要素は、巧みにあやつることが可能なのですが、その基礎が決して自由にならない社会的要素については、そうはいかないのです」(注二)と。それゆえ、これから始まろうとしている平和の時代においては、あらゆるものは、社会的基礎の本質についてオーストリアの大臣がいだいている考え方にかかっていた。

革命の時代における保守主義者は、常にどこか変っている。もし、まだ義務形態《パターン・オブ・オブリゲーション》が自然発生的であれば、誰も保守的だなどとは気付かないだろう。というのは、存在している体制に代る具体的な代替物は、考えられないからである。しかし、ひとたび、重要な革命勢力が存在するようになったり、さらにひとたび革命が実際に成功したときには、二つの補完的疑問が、根拠のあるものとして——その疑問に対していかなる回答が与えられるよりも、それらがまさに出現したということによって、より象徴的に——認められてしまうのである。すなわち、権威の意味するものは一体何か、自由の本質は一体何か、と。以後、安定と改革、自由と権威は、全く相反するものとなるのである。その論争は、理論的となり、変化の問題は、特定の問題についての争いに代って、存在する秩序そのものに対する攻撃の形をとるのである。このことは、政党の名前とは関係がない。例えば、十九世紀のアメリカやイギリスのような社会、それは、基本的には保守的なのであるが、したがって、存在する政党は保守的であると同時に進歩的でありうる社会が存在するのである。他方、一世紀以上にわたってのフランスのような社会、すなわち、そこでのあらゆる問題は革命的である社会が存在するのである。なぜならば、政党がみずからをどのように考えようとも、基本的な社会的分裂が存在しているからなのである。

それでは、革命的状況において、保守主義者がなすべきことは何であろうか。安定した社会秩序というものは、永久性に対する直感によって生き、それに反対するものは、無視されるか、あるいは、同化されてしまうのである。ヴォルテール(訳注1)が、十八世紀に〝流行〟したのは、十八世紀が革命の時代だったからではなく、革命が想像も出来なかったからである。他方、革命の時代が、その自意識によって特徴づけられるというのは、政治的活力は、ひとたび存在する義務形態《パターン・オブ・オブリゲーション》が挑戦されるとその自発性を失なうからである。安定した秩序における行動の動機は、任務の概念――もろもろの社会理論の自明の主張なのだが――であり、そこにおいては、行動に関しての代替手段は、とざされているのではなく、考えられないのである。革命の時代における行動の動機は、忠誠の概念であり、そこにおいて、意思に服従させようとする行為が、象徴的、形式的な意味さえもつようになるのは、その他の手段が常に存在しているように思えるからである。任務《デューティ》の倫理は、意思を働かせることによって、行動を判断する責任の観念を意味するのである。このために、それは、動機の倫理なのである。つまり、それは、個人のおきてと、基準となる道徳――たとえそれがいかに厳格なものであっても、意義があるようにするためには、個人に受け入れられる必要があるのだが――とを一致させようとつとめるからである。忠誠《ロイアルティ》の倫理は、信仰の観念を意味するのである。なぜなら、それは、団体全体の一致を達成する一手段だからである。それは、個人のおきてと社会のおきてとを一致させないのではなく、そうする必要がないからである。「正しかろうが正しくなかろうが、祖国は祖国である」（訳注2）――これが忠誠を象徴する言葉であるとすれば、「汝の行為が、汝の意思によって、普遍的な自然法となるように行動せよ」（訳注3）――これが任務《デューティ》を表わす言葉である。任務《デューティ》は、普遍性という姿を表わし、忠誠《ロイアルティ》は、偶然性という姿を表わすのである。

かくして、保守主義者は、政治的状況で行動する場合に、自分自身知らず識らずのうちに、革命の時代の象徴になってしまうのである。保守主義者の基本的立場は、権威の本質に関して、疑問をもつことの妥当性を否定するのを意味するのだが、それに回答しようとすることによって、その疑問には、ある種の妥当性があることを証明してしまうことになるのである。それゆえに、革命家にとっては、たとえ、当面の戦斗に負けた場合であっても、保守主義者の立場は、一つの回答であり、一つの勝利なのである。というのは、意思の斗争に勝利することが、保守主義者にとって、何の役にも立たないからである。保守主義者の斗いは、個人的なものでなく、社会的なものであり、保守主義者を正当化するものは、個人ではなく、歴史である。革命斗争において、保守主義者の立場が、反動派――いわゆる反革命――によって支配されるようになるのはめずらしいことではない。そして、反動派は、意思によって、また忠誠の倫理をもって斗うのである。というのは、真の保守主義者は、社会斗争には精通していないからである。真の保守主義者は、埋めることの出来ないような分裂は、さけようとするのである。なぜなら、安定した社会体制というものは、勝利のうえに繁栄するものではなく、和解のうえに繁栄するものだということを知っているからである。

それでは、どうしたら、保守主義者は、起りがちな矛盾する要求から自己の立場を守ることができるのであろうか。存在するものの、その自明の理が、崩壊してしまったとき、どのようにして人を説得することが出来るのであろうか。出来るかぎり、名をかくして斗うこと、これが古典的保守主義者の回答であった。つまり、たとえ、回答が与えられなければならないにしても、それは、意思を超越するだろう。従って、その斗争は、少なくとも個人を超越したところで起るだろう。だから、義務《オブリゲーション》は任務《デューティ》になるのであって、忠誠《ロイアルティ》にはなりえないのである。歴史的力の名のもとに、保守主義のために斗うこと、つまり社会の一時的様相と社会契約を否定するがゆえに、革命主義の疑問を拒否すること——これがバーク(訳注4)の回答だった。理性の名のもとに、革命と斗うこと、つまり、世界の構造に反するものとして、認識論的根拠にもとづいて、革命主義の疑問の妥当性を否定すること——これがメッテルニヒの回答だった。

　この二人の保守主義者の立場には、根本的な違いがある。バークにとっては、社会的義務の究極的基準は、歴史であったが、メッテルニヒにとっては、それは、理性であった。バークにとっては、歴史は、一つの民族の精神《エトス》の表現であったが、メッテルニヒにとっては、歴史は、物事を処理するための〃力〃であって、ほとんどの社会的力よりも重要なものであるが、それほど大きな道義的効力をもつものではなかった。バークは、理性が、社会的義務に十分な根拠を与えているという革命主義者の前提を否定した。それゆえ彼の挑戦は、速効性がないという運命にあった。一方、メッテルニヒは、革命主義者のその前提を認めたが、彼は、そこから、革命主義者の結論とは正反対の結論をひき出したのである。それゆえ彼の挑戦は、相手にとって致命的攻撃に思われたのである。バークにとっては、革命は社会道徳に対する攻撃であり、つまり、国家の歴史的構造という神聖な契約を破棄するものであった。メッテルニヒにとっては、革命は、もろもろの社会生活を支配している普遍的な法則を破るものであり、従って、革命は不道徳だからではなく、悲惨な結果をまねくものだから、反対されなければならなかったのである。歴史的保守主義者は、国家の伝統という個性的表現をそこなうという理由で革命をきらい、理性的保守主義者は、普遍的な社会理論が行なわれなくなるという理由で、革命と斗うのである。

メッテルニヒの政策を硬直化させ、自由の本質と権威の意味という補完的問題に対するメッテルニヒの解釈に硬直性を与えたのは、保守主義に対するこの理性主義的考え方だったのである。西洋では、自由に対して二つの回答を与えている。すなわち、抑制がないという意味での自由と、権威を自発的に受け入れるという意味での自由である。前者の立場は、自由を権威の範囲外にあるものと考え、後者は、権威の一属性としての自由を考えているのである。自由についての消極的解釈によれば、政治体制を超越した社会を表わしたものということになる。つまり、ロックにおけるように、そのような社会は、国家の上位に存在するような社会であり、その政治組織は、ちょうど、一定の目標を達成するために組織された有限会社のようなものになる（訳注5）。そのような社会においては、改革に反対する保守主義の問題は、一定の形と内容をもった問題について、変化が大きいか少ないかというどちらを強調するかという問題になりがちである。活動の重要な分野が、政府の統治範囲外にあるから、政治は、功利主義的機能をもつが、倫理的機能はもたない、つまり、有益ではあるが、道義的ではないのである。自由についてのロックの考えにもとづいた社会は、政治斗争がどのような形をとろうが、常に保守的なのである。もし、そうでないとすれば、強靱さが、その社会の凝集力、つまり、〝当然と考えられる〟ものに依存しているような組織をうまく動かすことは不可能だろう。このために、保守主義に対するバークの弁護論は、イギリス国内ではあてはまらなかったが、外国人がイギリスの国内体制に対してもっている誤解をとくことに向けられたのである。

しかし、大陸には、自由に関するアングロ・サクソン流の解釈は、これまで受け入れられなかった。これは、フランス革命以前に、ロックの考え方は、達成された革命(訳注6)の哲学となっていたからであり、つまり、行動を呼びかけるための論理的きびしさを欠いた、和解の理論だったからである。その後、イギリスの革命とはちがった、フランス革命によって、基本的な社会の分裂がもたらされたからである。凝集力のある社会では、争いが、枝葉末節的なつまらないものだということを明らかにするような習慣によって、その社会自体を律してゆくのである。ところが、基本的な分裂を内包する社会では、強制的関係の定義である法律にたよらねばならないのである。かくして、ロックではなく、カント(訳注7)とルソーが自由についての大陸的解釈の代表者となったのである。すなわち、カントが、意思と一般的利益の一致に自由を求め、ルソーは、統治されることが最も少ないときに自由があるのではなく、正しく統治されるときにもっとも自由であると考えたのである。イギリスの保守主義者にとっては、社会問題は、調整の一つだった。つまり、時宜をえた政治的譲歩をすることによって社会を守ることだった。しかるに、大陸の保守主義者にとっては、社会問題は、文字どおり保守の問題だった。なぜならば、大陸の保守主義者にとっては、政治的譲歩をすることは、社会的に降伏することに等しかったからである。というのは、人間は何かに対してのみ譲歩することが出来るにすぎないからである。国家と社会が、二つの異なった実在であるときは、このことは問題にならない。しかし、その二つが同一のものである時には、譲歩は、敗北の告白となり、埋めることの出来ない社会的分裂をみとめることになるのである。かくて、メッテルニヒは晩年になってからでさえ——彼の時代が終ったずっとあとで——イギリスのピール党員(訳注8)である、サー・ジェイムス・グラハムの政治家の叡知は、譲歩するための適切な時を知ることだと述べた演説に対し、こう反論することが出来たのである、「ステーツマンシップについての私の考え方とは完全に違っているようです。政治家の真価は、譲歩しなければならなくなるような状況をもたらさないように統治することにあるのです」(注二)と。

これは、その保守主義の政治家が、どんな変化にも反対しなければならないというつもりで述べたのではなかった。メッテルニヒは、こうも書いている、保守主義者であるということは、なにも、前の時代にもどるということや、反動を必要としているのではなく、改革を慎重に考えることなのです(注三)。真の保守主義は、積極的政策を意味するのです(注四)と。しかも、改革は、意思の所産ではなく秩序の所産でなければならなかった。すなわち、力の偶然性に反対する法律の普遍性の主張でなければならなかったのである。メッテルニヒは、自分の政治覚書に次のように書きしるしている、「私の考えている自由という言葉は、出発点の意味をもったことはなく、目標の意味をもっていたのです。出発点は、あくまでも秩序であり、秩序のみが、自由をもたらすことが出来るのです。秩序なしに自由に訴えることは、特殊な目的をもった特定の政治勢力の要求に等しく、実際にそれは、専制政治にみちびくのです。私は、秩序の人ですから、私の努力は、偽りではない、真の自由を達成する方向に向けてきました。……私は、いつも、どんな種類の独裁政治をも、弱さの徴候だと考えてきました。独裁政治が出現するところでは、独裁政治はみずからを非難するのです。そして、それに耐えられないかのように、独裁政治は、自由のためと唱える仮面をつけて現れるのです」(注五)。

しかし、もし、これらの主張が単なる個人的信念を代弁したものにすぎないとしても、その意義はどこにあったのだろうか。もし、それらの主張によれば、一つの〝体制〟——一世代にわたって、その体制をめぐる斗争が、ヨーロッパを震えあがらせてきたたぐいのものとはちがった別の体制——をつくり出していたことだろう。このジレンマのゆえに、メッテルニヒは彼の時代に自分の名をつけようとするのに反対して執拗に斗ったのである。〃メッテルニヒ体制〃という形容詞が正しいとすれば、それは、この保守主義の政治家の敗北を、革命の勝利とほとんど同じぐらい確実に表わしたものだったろう。メッテルニヒは、個人としてではなく、理性の名において、また、個人的に反対だからではなく、普遍性のために斗ったのである。ここから、自分は、一体制を代表するのではなく、永遠の理論を代表するのだという主張、国家の本当の基礎についての卓越した知識をもっているという主張（注六）、さらに、革命を病気として扱い、保守主義を真理として扱う〃病める〃社会制度を治療する医者としての態度が出てきたのである。三十九年間にわたって維持してきた権力の座を去るにあたってもなお、メッテルニヒは、崩壊しつつある世界を、自分の敵対者たちが、本当の社会的力を知らないために、恐しい大虐殺を引き起そうとしていることに対し、憐れみの感情がまじった、ほろにがいあきらめの気持でながめることが出来たのである。「三十九年間、私は、波が岩をのみ込むまで、波を寄せつけない岩としての役割を果たしてきました。しかし、結局、波は静かになりませんでした。というのは、波の騒擾を引き起したものは、岩ではなくて、波自身が本来的にもっている休みない動きだったのです。障害物をとりのぞいても状況は変らなかったし、変え得なかったのですが……。私は、社会的動乱の代弁者たちに、こう呼びかけたいのです、『世界革命、それはあなた方の夢の中にだけ存在するにすぎません、何も変ってはいないのです。三月十四日（注七）、たった一人の人間を消し去る以外に何事も起らなかったのです』」（注八）と。

　啓蒙主義が十九世紀には深く浸透していたので、その最後の擁護者は、もろもろの行動を、成功によってではなく、〃真偽〃によって判断したのである。また、哲学的唯物主義の時代における理性の擁護者は、道徳は知ることができ、徳行は教えることが可能だという自己の信念を放棄することはなかった。メッテルニヒは、一八二二年にこう書いている、「政策は、小説ではなく、歴史の上」に、また、信仰にではなく知識の上になりたっているという理論が真理であることが証明されました(注九)と。もう一人のナポレオン(訳注9)が舞台に登場した時——彼の偉大な祖先の敗北から三十五年後——メッテルニヒは、これを個人的な敗北とは考えずに、哲学的洞察力の証明と考えた。「ルイ・ナポレオンに投ぜられた数百万票は、秩序なくして社会生活はありえないし、権威なくして秩序はありえないという本能的感情を表わしたものにすぎません。今では、この真理は、みずからルイ・ナポレオンと呼んでいるのです。世の中が、まことに陳腐になってしまったので、真理は、一個人の名をかたらねばならないのです。なぜなら、真理へのあらゆる道が閉ざされているからです」(注一〇)。歴史に個人の名前がつけられることが、バークのような歴史的保守主義者の悲劇であるとすれば、真理が一個人の名を語らねばならないというこの言葉こそ理性主義的保守主義者メッテルニヒの悲劇に他ならなかった。また、真理が名前をもたないということは、啓蒙主義の矛盾でもあった。単に認識論の中だけでのことではあるが、真理が強固な時には、真理の基盤は信頼《フェイス》である。真理が挑戦される時には、それは教条《ドグマ》となるからである。

　しかしながら、そのような洞察は皮肉で懐疑的時代《シニカル・エイジ》においてのみ可能なのである。それは、カントやヴォルテールの世代の知識人にとっては到達出来ないものだった。自己の冷静さに対する誇りは、哲学の理論の自明の理に対する確信のうらがえしにすぎなかったのであり、カントは、自己の肖像画に署名を求められたとき、その絵に〝とくに情感は無し〟と書いて献呈したほどだった。晩年に入って、メッテルニヒは、自然科学に深い興味をもち、とくに実験科学の分野の科学者と広く交際していた。そして、ツアーが、自己の宗教的高揚を社会的分野で実行に移そうとした時、メッテルニヒは、一八一七年に次のような覚書を書いて彼に送った、「世界は、あるきわめて特異な病いにおかされているのです。あらゆる流行病がそうであるように、神秘主義という流行病もやがてすたれるでしょう……。今日では、隠とん者ピーター（訳注10）の説教を繰り返している方が、神が悩める人々に、流血の惨事を引き起すことよりも、再度の礼拝を求め、仲間の良心を判断出来る者は誰もいないということを明らかにすることよりも、容易なことでしょう」（注一一）。これは、いかなる種類の大衆運動にも反対する保守主義者メッテルニヒの抗議であると同時に、ロマンチシズムに対する啓蒙主義の非難の声でもあった。

（注一）　N.P. VIII. p. 340.
（注二）　N.P. VIII, p. 562.
（注三）　N.P. III, p. 415.
（注四）　N.P. VIII, p. 288.
（注五）　N.P. VI, p. 633f.
（注六）　N.P. VIII, p. 236.
（注七）　一八四八年三月一四日、メッテルニヒは帝国首相を辞任した日。
（注八）　N.P. VIII, p. 232.
（注九）　N.P. III, p. 542.
（注一〇）　N.P. VIII, p. 197.
（注一一）　N.P. III, p. 52f.
（訳注1）　Voltaire, François Marie Arouet（1694—1778）フランスの作家、哲学者、啓蒙思想家。

（訳注2） Decater, Stephen（1779—1820）アメリカ海軍提督。一八一二年の対英戦争で活躍。*Our country! In her intercourse with foreign nations, may she always be in the right; but our country right or wrong.*

（訳注3） Kant, Emmanuel（1724—1804）*Grundlegung zur Metaphysic der Sitten.*

（訳注4） Burke, Edmund（1729—1797）イギリスの政治家、保守主義の政治哲学者。

（訳注5） Lock, John（1632—1704）イギリスの哲学者。ロックによれば、人間の自然状態に終止符がうたれたあと成立するのは国家ではなく、国家の母体としての共同社会である。それは、国家権力を確立し、また廃棄する民衆の集合体、国家権力がその根拠とする最高の存在、母体であり、単に自然状態から、国家へ移行する単なる過渡的一時的意味をもつものではない、と説く。また、国家とは、人々の社会的利益——生命、自由、健康、安全、物質の所有を確保し、維持し、促進するためにのみつくられた社会であると説く。

（訳注6） 一六八八年のイギリスの名誉革命。スチュワート王家のジェイムス二世を追い、ウィリアムとメアリーを迎えて王、女王とした革命。

（訳注7） Kant, Immanuel（1724—1804）ドイツの哲学者。

（訳注8） 一八四六年に、首相だったサー・ロバート・ピールが出した穀物条例廃止法案に賛成した保守党員。

（訳注9） Napoleon Ⅲ（Charles Louis Napoleon Bonaparte, 1808—1873）フランス皇帝（一八五二—一八七〇）。ナポレオン一世の甥。彼は、ナポレオン一世の弟でオランダ王になったルイ・ボナパルトとジョセフィーヌの連れ子でナポレオンの養子になったホルテンス・ボアーネとの間に生れた。多分にロマンチックな経歴の持ち主で、青年時代には一八三一年のイタリーの革命に参加したり、一八三六年には、ストラスブールにナポレオン帝国の再建を企てて失敗してアメリカに追放された。さらに一八四〇年、ナポレ

オン一世の遺骨の帰国を機会に再び事を挙げて失敗したが一八四八年の二月革命後、フランス第二共和制の大統領に選ばれ、一八五一年にクーデターを行なって大統領の任期を一〇年間延長し、翌年国民投票で皇帝となった。

（訳注10）Peter the Hermit (1050—1115) フランスの禁欲隠とん僧で第一次十字軍派遣に大きな影響を与えた説教師。

Ⅱ

それでは、メッテルニヒが、自己の箴言によって表わそうとした洞察とは、一体何なのであろうか。それは、法によって支配された世界だった。ただし、出来ごとを解釈するという近代的意味の法ではなく、出来ごとの属性としての法則だった。この法則を無視し、調和と均衡の命ずるものを無視することは、道徳的悪というよりもむしろ、物理的に悲惨なことを引きおこすという認識だった。そして、政治的世界における均衡が、侵略しようとする力と、抵抗しようとする力とのつり合いを反映していると同様に、社会秩序も、社会的なあらゆる団体が本来的にもっている保持しようとする傾向と、破壊しようとする傾向との間の不安定な緊張を示していた。この抗争の外見と本質を見分けると同時に、時間によってのみ自発性がもたらされ得るような秩序のための道義的基盤をつくり出すことが、ステーツマンシップの仕事であるというのであった。このことは、理性主義者メッテルニヒが、しばしば問題を明らかにしたにすぎないことを、解決したことだと感ちがいした次のような特徴ある考え方を生み出したのである。すなわち、「人間は憲章——宣言内容を将来の目標として掲げるという価値をもつものだが——をつくることが出来るにすぎないのであって、憲法をつくるのは時間なのです」(注一)。

それゆえ、メッテルニヒは、二つの理由から、理想的な憲法を制定しようとする当時の人々の努力に反対したのである。一つには、彼らが、〃時間〃の要素――バークのようにほとんど神聖化された存在としての意味ではなく、もっとも強力な社会的力の一つという意味での――を見のがしていたからである。第二の理由としては、憲法についての彼らの議論全体が的はずれであって、非現実的だったからである。存在するものはすべて法によっているのであり、政治的世界における法は憲法である、「憲法をもたない国家というものは、相応する精神のない個人のようなもので、抽象概念なのです」(注二)。このゆえに、憲法の保障手段によって、自由を獲得しようとすることは矛盾だった。メッテルニヒによれば、〃権利〃はつくり出されるなどということはありえず、存在するものであった。従って、権利が確認されるかどうかは、付随的かつ技術的問題であって、自由とは何ら関係がない問題だった。何びとも、王といえども法を犯すことは出来ないのであり、すなわち二プラス二を、五とすることは神でさえ出来ない、というグロチウス(訳注1)の有名な言葉を想い起させる考え方だった。従って、メッテルニヒからみれば、権利を保障するということは、矛盾であって、事実を述べたにすぎないものに、法的権力のある言葉で表現しようとすることであり、永久に正当性をもつものに、人為的な存在を与えようとすることだった。「当然と受けとられてしかるべきものが、人為的宣言という形で存在するようになると、その力を失なうのです……。法律づくりの偏執狂こそ、六十二年間にわたって世界を荒廃させてきた病気のしるしなのです……。自然の力や道徳的力あるいは物質的力というものは、人間が規制する対象としてはふさわしくないのです。人権《ライツ・オブ・マン》を保障した憲章とならんで、重力の法則の存在を示す憲章のことを人は一体何と呼ぶのでしょう?……まちがって立法の対象とされたものは、たとえ、完全には無効にならないにせよ、擁護しようと思っているものを、たんに制限してしまう結果になるにすぎないのです」(注三)。

ここに、宇宙の属性としての理性主義者の権利についての確信、権力と責任とは分けることは出来ないとする貴族主義的考え方、秩序と自由との結びつきについての啓蒙主義への信頼があった。その確信にもとづいて人間のつくるいかなるものをも超越するような〝権利〟――事実人間がつくるものは、ただ単にそれを侵害するにすぎないような――の存在を主張するとき、それは、民主主義の理論のもつ根本的矛盾を衝いていたのである。すなわち、人間には自治能力があると主張する人間性についての見解は、その同じ理論の中でこの統治の範囲を制限しようとする人間性についての、もう一つ別の見解と結びついていたのである。もし、人間が恣意的な抑圧を認識しているとすれば、他人を抑圧しようなどとは思わないだろう。それならどうして、普遍的権利が保障されねばならないのか、そんな必要はないだろう。このことは、国家と社会との関係が、倫理的ではなく、法律的基礎によっているアングロ・サクソン諸国では、もちろん決して問題とはならなかった。そのような場合には、憲法上の保障は、どっちみち制限されるものと理解されている政府に対して、明白に制限されているものと暗黙のうちに制限されているものとを区別するものとしての価値があるのである。しかるに、〝倫理的国家〟にあっては、政府に対する明白な制限は意味がないのである。もし、国家が、その有効性ではなく、その道義性によってみずからを正当化している場合には、国家の手段を訴えるべき法廷は存在しないだろう。もし、制裁が法律的ではなく倫理的である場合には、権力の制限は、憲法上の保障によってもたらされるのではなく、自制によってもたらされるにすぎないのである。

これが、自由主義者である敵に対する保守主義政治家メッテルニヒの挑戦だった。保守主義者が、権威の本質について定義を下すよう強いられて、不本意ながら、革命の時代の象徴になるとすれば、自由主義者は、自由の本質についてのみずからの疑問に答えることによって、自己矛盾に陥いることになるだろう。たしかに、メッテルニヒは、自由に関する質問に答えていなかった。なぜなら、彼は、自由を権威から切り離すことは出来ないと考えていたからである。しかし、同様に、メッテルニヒの敵対者たちは、権威の問題は自由の定義の中でつくされたと考えていたため、権威の問題を本当に論じなかったのだ。しかし、メッテルニヒと彼の敵対者たちは、自分たちが認識している以上に似かよっていたのである。というのは、もし、メッテルニヒに権威の限界をたずね、メッテルニヒの敵対者に自由の限界についてたずねたならば、両者とも自分たちにとっては、そのような質問は意味がないということを示す理性の一語をもって答えたことだろう。すなわち、理性には、自明性とともに至上性があるゆえに、その概念はいずれにも適用可能であり、従って理性は、必然性の限界ばかりでなく、自由の限界をも示すものだからである。絶対的命題が、異なった解釈を可能にするなどということは、カントには想像も出来ないことだったろう。メッテルニヒにとっては、一君主が、法の代りに力をもってするということは、考えられなくはなかったが、そんなことをすれば自殺行為になると考えたから、ありえないことと思った。これが、メッテルニヒと自由主義者との間の抗争に苦々しい内戦――少なくともメッテルニヒの敵対者である〝民主主義者の〟側にとっては――の様相をもたらしたのである。メッテルニヒは、自由主義がみずから主張していたまさに、その普遍性の名のもとに斗った敵であったから、メッテルニヒの論法は、メッテルニヒに対する反対者の存在が、一つの挑戦であったと同様、彼の反対者に対する挑戦を意味したのである。事実、理性主義哲学においては、同じ前提が、二つの正反対の結論に到達しうることを証明するなどということは、困難である。

（注一）　N.P. Ⅶ, p. 636 ; Ⅷ, p.525.
（注二）　N.P. Ⅶ, p. 635.
（注三）　N.P. Ⅷ, p. 557f.
（訳注1）　Grotius, Hugo (1583—1645) オランダの法学者、国際法の祖。

Ⅲ

メッテルニヒが、正式な形のととのった憲法を求めることを空想だと考えていたとすれば、彼は、革命を大きな物理的災厄だと見ていた。維持しようとする力と破壊しようとする力の均衡によって特徴づけられている世界においては、革命は、後者に有利なようにバランスがくずれた時に起るからだった。しかし均衡は、″自然な″状態であるから、革命は、新たな統合へ向っての緊迫した不均衡な状態をもたらすにすぎなかった。従って、革命にともなう混乱は、過渡期の兆候であり、革命の暴力は革命の擁護者の無知を反映したものだった。「革命は、国家の生涯における一時的な混乱なのです……。常に秩序は、最終的には秩序にもどってゆくので、国家は個人のように死なず、みずからを変えてゆくのです。この変化を指導し、その方向を監督するのが、ステーツマンシップの仕事なのです」（注一）。保守的秩序と革命的秩序との相違は、変化するという事実ではなく、その方法にあった。「自由主義的精神がたいてい無視する考え方は、個人の生涯におけると同様に、国家の生涯において、慎重な手段によって進歩するか、急激に進歩するかの違いなのです。前者の場合は、自然の法則に従って発展するのですが、後者の場合は、この関係が破壊されるのです……自然は、現象の秩序立った連続としての発展であり、そのような過程においてのみ、邪悪なものが亡され、善良なものが育まれるのです。ところが、急激な変化は、全く新しい創造物を求めることで決着をつけようとするのです――しかし、人間には、無から有を創造する権利は与えられていないのです」(注二)。それで、文明というものは、変化がどのくらい〝自然に〟もたらされたかという度合を示すものであり、また、破壊しようとする力と維持しようとする力との緊張が、義務の自発的形態の中にどの程度埋没されているかという度合を示したものだった(訳注1)。従って、真の文明は、キリスト教の出現によって、初めてもたらされたのであり、そして、キリスト教は、権威を不可侵なものにし、服従を神聖なものにし、自己否認を神聖なものにしたのである(注三)――これが、宗教に対する理性主義者メッテルニヒの基本的な解釈だった。

メッテルニヒの権威の本質に関する見解が陳腐であるのは、保守主義者のジレンマを表わしている――なぜならば、保守主義者は、それを当然のことと考えるからである。また、メッテルニヒの自由の意味についての見解も貧弱である――なぜならば、彼は、その問題を無意味と考えたからである。しかし、メッテルニヒの革命の本質についての分析は、明析かつ説得力がある。一八二〇年、勃発した革命を敗北させるために計画された一連の会議を準備するかたわら、メッテルニヒは革命の本質についての分析と歴史哲学を結びつけた、〝信念の告白〟を書いた(注四)。メッテルニヒは、次のように主張している。十六世紀までは、維持しようとする力と破壊しようとする力は、自発的な均衡状態にあった。しかし、その時、文明が暴力によって、秩序が混沌によってとって代られるような三つの大事件が起った。すなわち、印刷技術と火薬の発明それにアメリカ大陸の発見だった。印刷技術の発明は、思想の交流を容易にしたが、そのために、思想が俗化することになった。火薬の発明は、攻撃兵器と防御兵器との均衡を破った。アメリカの発見は、物質的、心理的に状況を変えてしまった。貴金属の流入は、保守的秩序の基盤である土地財産の価値に急激な変化をもたらし、成金になりたがる気持ちが冒険心と現状への不満をひきおこした。そして、宗教改革は、道徳の世界を転覆させ、人間を歴史の力の上に位置づけることで、その過程を完成させた。

このことは、すべて、革命の時代を象徴するタイプの人間——なまいきな人間、つまり、表面的な完成に向って、あまりにも早く突進しようという人間精神から出てきた当然の所産なのだが——をつくり出したのである。「宗教、道徳、立法、経済、政治、行政すべてが、公共物となり、誰でも手のとどくものになったかのように思われるのです。科学は直感的なものと思われ、経験は、なまいきな人間の前では何の価値もないのです。そのような人間は、信仰には何の意義も認めず、個人的確信という口実をもうけて信仰に代えてしまうのだが、この口実を得るために、分析や研究を省いてしまうのです。というのは、もろもろの問題の全体を一挙にとらえる能力があると信じている人間にとっては、分析や研究は、あまりにもつまらない行為に思えるからです。そういう人間にとっては、法は何の価値もないのです。なぜなら、法律をつくるのに参加しなかったからであり、しかも、無知で理性のない世代によって書かれた制約を認めるなどということは、こけんにかかわることだと考えているからです。なまいきな人間は自分自身、能力があると考えているから、自覚のない人々に対してのみ有効なものにどうして服従しなければならないのかと疑問に思うというわけです。弱さの時代に妥当していたものは、理性の時代にはもはやあてはまらない、と考えるのです……（これらすべてが）社会を構成している要素を個性化するような秩序に向っているのです……」。これ以上悲劇的な表明を見い出すことは困難だろう。みせかけと現実との間のちがいを証明する皮肉のつもりで述べたものが、自分の敵が目的にしていたものの説明にすぎなくなってしまったのだから。メッテルニヒが、ただ馬鹿げていることを明らかにするために、示すことが必要だと信じていたことを、敵対者たちは、合法化するために、是認を求められているにすぎないと思ったのである。このことは、革命家の避けがたい誤解つまり〝真理〟は必らずしも自明ではないかもしれないということを認めたがらない気持からきていた。メッテルニヒが、必死になって、〝現実〟をその敵から守ろうとしていたとき、問題は、徐々に、現実の本質と〝真理〟の本質についての議論になっていったのである。もし、〝現実〟が今までどおり疑問の余地がないものであれば、メッテルニヒは、現実を肯定する必要はなかっただろう。メッテルニヒの肯定の主張が多くなることによって、逆に、現実の崩壊を立証することになったのである。

次に、メッテルニヒは、なまいきな人間を、タイプと生れによって分類した。彼らは、平等主義者と理論家からなっていた。前者は強い意思と強力な決意をもった人間であり、後者は、彼ら自身の世界に住んでいる抽象的な理論家だった。しかし、彼らが、どんなにうわべをとりつくろおうとも、その出身は、中産階級だった。革命的な貴族は、精神を失った人間であって、革命の犠牲者となるか、あるいは、下の階級のごきげんとりの役を強いられ、堕落していく運命にあった。そして、国民の大多数は、常に変化に不信の念をいだき、自己のきびしい職業に従事するため、法の下の平等な保護を切望しているにすぎなかった。しかるに、中産階級——法律家、著述業、官僚、なかば教育を受けたもの、つまり、意思伝達の手段をもち、目標はないが、野心をもち、不満を感じていても、他の手段を提案出来ない人々——これこそ真の革命の細胞だった。メッテルニヒは、こう断言する、革命がヨーロッパの最も貧しい国にではなく、最も豊かな国で、最も後進的な国にではなく、最も進歩した国で起ったのは偶然ではなかった。最も進歩した国は、大いに退廃していたので、「大衆の中で革命の準備がはじめられるまえに、革命は、王宮や、街の上流婦人の居間で勝利を収めていたのです」。

その時、政府の弱体と、また文字どおり適用すると破滅をまねくことになるような神話――イギリスの制度が大陸へ移植可能だという――を信じるということがなければ、革命が勝利を得るなどということは、ありえなかっただろう。メッテルニヒは、晩年、信念の告白に匹敵するものを書いたが、それには次のように書かれている。「今日のヨーロッパを特徴づけている恐ろしい混乱の原因の中には、存在する諸条件が完全に異なっている大陸に、イギリスの制度を移植したことがあげられます。だから、その適用は、幻滅か歪曲になってしまうのです。いわゆる〝イギリス派〟が、フランス革命の原因だったのです。しかし、その革命の結果は、傾向としては、きわめて、反イギリス的で、今日のヨーロッパを荒廃させているのです。イギリス人の考え方では、自由と秩序の概念は、きわめて不可分のものなので、例えば、改革者たちが、最も低い階級である馬丁の自由について説教しに現れたとすれば、馬丁は、彼らの面前で笑い出すでしょう」（注五）。フランス革命戦争は、これらの理論をヨーロッパ中に広げてしまったのです。ボナパルトへの憎しみが、ほんのしばらくの間、その有害な影響が広がるのをおくらせはしたが、これは誤解のためでした。というのは、ナポレオンに反対する君主たちが斗った戦争は、フランス革命の公約の実現を君主からかち取ろうと期待していた人民によって斗われたからです。しかし、人民は、自分たちの君主には、ある程度反対していたのです。一八一四年に締結された賢明なる講和条約は、安定の時代をもたらすことが出来たかもしれないが、ナポレオンのエルバ島からの帰還は、百日間で、ナポレオン支配の十四年間の反革命の成果を台なしにしてしまいました。ナポレオンは、フランスに再び革命を解き放つことによって、ヨーロッパを果てしない社会斗争にさらすことになったのです、と（注六）。

（注一） N.P. Ⅷ, p. 468.
（注二） N.P. Ⅶ, p. 638.
（注三） N.P. Ⅷ, p. 242.
（注四） N.P. Ⅲ, p. 400f.
（注五） N.P. Ⅷ, p. 218.
（注六） N.P. Ⅲ, p. 409.
（訳注1） メッテルニヒは義務形態が自発的であればあるほど社会は安定しており、従って、文明は安定社会において生れると説く。

Ⅳ

これはヨーロッパをおおっている不穏な情勢の原因についての力強い説得力ある分析だった。しかし、その力強さは、同時に破滅の原因でもあった。というのは、もし、革命精神が、それほど広くゆきわたっているのであれば、どうしてそれと斗うことが出来るというのであろうか。もし、革命の原因がそんなに根本的なものであり、しかもそんなに歴史をさかのぼっているのであれば、どんな矯正手段があるというのだろうか。もし、中産階級がそれほどの勢力をもっているなら、どうしてそれに対処することが出来るというのだろうか。漸進的な統合によって、とバークのような歴史的保守主義者は答えたかもしれない、つまり、穏健さと順応の必要性を知ることによって。カースルレイでさえ、まだ、ルイ十八世に対して、こう助言することが出来たほどだった、「革命家は、官職についている場合には、さほど恐しいものではありません。つまり、他の人間とかかわりが出てくるからです。専制政治は、好ましくない人物を毒殺することが出来るかもしれませんが、立憲君主がそういう人物を抑制するのにもっている唯一の手段は、その人物を登用することなのです」(注一)。しかし、理性的保守主義者メッテルニヒにとっては、この解決策は危険な逃避だった。啓蒙主義の所産である人間にとっては、政治問題は、論理的に二律背反の正確さがなければならなかった。だからメッテルニヒは、相違をとり除くのではなく、かえって、相違を尖鋭化したのである。もし、破壊しようとする力が猛烈ならば、秩序を保持しようとする力を強化することが、保守主義者メッテルニヒの仕事だった。もし、改革を求める世論が普遍的ならば、権威の名のもとに、それに反対することが、なおさら重要だった。

こうして、自由＝秩序への自発的服従、という方程式は、実際のところ、不毛の定義となり、非の打ちどころのない理論は、結果として無為を正当化するものとなった。そのような訳で、メッテルニヒは、人民の要求に譲歩することは、資本の浪費にたとえられると絶えず主張していた。それゆえ、彼の基本的理論はこうだった、「煽動された激情の中にあっては、人は改革のことを考えることはできないのです。だから、そのような状況の際の叡知は、維持することにとどめることです」(注二)。このために、メッテルニヒの態度は、だんだんといかなる変化にも反対するという硬直したものになっていったのである。というのは、メッテルニヒにとっては、変化は、圧力への屈服を象徴するからであった、「あらゆるものが動揺しているところでは、要するに、それが何であろうとも不動を堅持する何かが必要なのです。そこで、途方にくれた者が何らかの解決の手がかりを見い出し、道に迷った者が、保護者を見い出すことができるのです」(注三)。このような考え方が、メッテルニヒに、ブルボン家の〝正統性〟にもかかわらず、ブルボン家よりも、ナポレオンの方に好意をもたせる結果になったのである。メッテルニヒにとっては、正統性は、目的ではなく、あくまでも手段だった。そして、正統性が、安定への要請と矛盾する場合には、正統性の方が屈服しなければならなかった。それゆえ、逆説的ではあるが、メッテルニヒは、どんなに嘆かわしいと思っていても、存在する体制の擁護者だった。なぜなら、存在する体制を破壊することは、より大きな危険の象徴となるからだった。一八二〇年の恐慌の際に、バーデン大公が、憲法を廃止しようと申し出たとき、メッテルニヒは、こう答えている、「合法的に確立されたあらゆる秩序は、それ自体、よりよい体制の理論をもっているのです。……とにかく、憲章は、憲法とは違います。善悪を識別し、公権力を強化し、敵の攻撃から国民の幸福と安寧を守ることが政府の義務なのです」(注四)。

　革命の時代の真只中にあって、秩序を通じて変化をもたらし、秩序と安定を同一視しようという努力は、無益な斗争であり、自滅に導く、離れ業であった。それは、実際のところ、逆の言明にもかかわらず、失われた純潔をとり戻そうとする努力、つまり、義務が自発的であり、義務の代償行為として統治を考える貴族的観念が存在した時代を求めようとすることだった。〝メッテルニヒ体制〟は、革命の原因についての疑問には答えていたが、ひとたび革命が起った場合には、どう対処するかの指示は何も与えていなかった。メッテルニヒ体制は、改革する用意があるということについては、抽象的に語ってはいたけれども、いかなる具体的手段が適当かということについては論じてはいなかった。一八五一年に至っても、メッテルニヒは、自分の後継者であるシュヴァルツェンベルグ(訳注1)に対して、あたかも、まだ中産階級を打倒できるかのように、土地所有貴族階級を強化せよという以外に何の助言も与えることが出来なかった。革命が起るのは、常に政府の過失であり、それに対処する行動のみが体制を維持することが出来るという主張は、非の打ちどころのない立派なものだった。しかよりも、形式的勝利となってしまった。なぜならば、メッテルニヒは、原則的には、改革には反対していなかったけれども、秩序から出てくるものとして改革を求めたが、彼の敵対者たちは、変化の名のもとに、それと同じものを望んでいたからである。その結果は、手詰りとなり、本質よりも、形式的勝利となってしまった。

かくして、メッテルニヒ体制は、一時的な安定と、一瞬にすぎないにせよ、生命の消長の一時的停止を果てしなく追求することとなった。したがって、おそらく必然的に起ったことは、意思によるとか、不確実なものによると主張するのではなく、普遍的な理論によるものと解釈された。それは、あたかも、物理学者——電子の速度と位置を正確には計測することは出来ないが——が、たとえ、一秒の何分の一にすぎないにせよ、電子を静止させることに、自己の精力のすべてを傾注するようなものだった。なぜなら、このことは、物理学者にとっては、時間の感覚を超越して、その方法を図示することが可能だからである。あるいは、ちょうど、どの方向へゆくかはわからないが、山路を制御できない車に乗って、まっさかさまに下っている運転手が、必死にハンドルをとろうとしているようなものだった。というのは、運転手がこうするしか出来ないとすれば、避けることの出来ない転落は、秩序を意味するのであって、無秩序を意味するものではないからである。そのようなわけで、メッテルニヒの洞察はするどかったけれども、だんだんと教条主義になっていったのである。過去の経験をもったことのない人間は、未来をもつことは出来ない、と主張することにおいては、メッテルニヒはあたっていたかもしれないが、過去を経験したことのある人間は、未来の中に過去を求めることによってみずからを運命づけてしまうかもしれないのである。

しかし、こうした全く馬鹿げた認識の中にも、まだ偉大な要素はあった。というのは、メッテルニヒは、ありうる事態の進展については、何の幻想も抱いていなかったので、その必然的な結果を改善することに自己の仕事を見い出していたからである。「現在の社会は、衰退しつつあります。静止しているものは何一つとしてないのです……そして、社会はその発展の頂点に達したのです。そうなった時には、前進することは、下降することを意味するのです。……そのような時代に生きる人々にとっては、無限のように思われるのですが、歴史の年譜の二、三百年からみれば、どうなのでしょうか。……私の一生は、恐しい時代に始まりました。私は生れるのが、早すぎたか、遅すぎたのです。……前者であれば、私は人生を楽しむことが出来たでしょうし、後者であれば、再建に役立つことが出来たでしょう、私は今崩壊しつつある建物を支えるのに時間を費しているのです」(注五)。メッテルニヒは、革命が成功するとは思えなかったからではなく、革命が、〝不自然〟だと考えたから、革命と斗ったのである。彼はまた、民主主義と斗った、なぜならば、「権威とは、永続的権力の表現ですが、一方、(立憲的政府においては)権力は、一時的なものとして現れるのです。……私に言わせれば、小者は、みずからを権力の表現として考えたがるものであるということが理解できるのですが、同様に、いかなる権威にも反対する人々も、権威が、個人の段階まで引き下げられるのを望んでいることも真実です。なぜなら、そうなれば、権威をなくそうとする自分たちの努力がしやすくなるからです」(注六)。メッテルニヒは、秩序を均衡の表現と考え、均衡を宇宙の構造の反映と考えていたので、諸国家の〝基本的国益〟は究極的には回復されるものと信じていた。しかし、彼は、革命家たちは、自分たちがもたらした世界によって、ぞっとさせられるだろうと予言していた(注七)。混乱が大きくなればなるほど、混沌という空白期間は激しいものになる。だから、メッテルニヒにとっては、独裁政治は、権利を保証するものがないのではなくて、普遍的な理論のない統治だった。専制政治は、革命の原因ではなく、革命の結果としてありうることだった。そして、破壊しようとする力が社会秩序を打倒するのに成功すれば、それだけ、権威――社会には必らず存在するものであるが――は、ますます個人的な形をとらざるをえないだろう、というのが保守主義者メッテルニヒの独断的な見解であった。

従って、メッテルニヒは、意思が一方的に正当性を主張するのをのり超えなければならないためにまた、力による要求を制限しなければならないという理由で、保守主義者からの挑戦という姿勢をとったのである。それは、理性が神に代ったということを除けば、謙遜についての古典的な神学上の解釈、「み心の如くになしたまわんことを」という言葉の再確認であった（訳注2）。それは、政治の最も基本的な問題を処理するための努力、つまり、邪悪な行為を抑制することではなくて、正当な行為を制限することを意味していた。〝邪悪を罰すること〟は比較的に容易である。なぜなら、それは一般道徳の一表現にすぎないからである。正当な権力の行使を制限することは、より困難である。なぜなら、正義は、時間や空間を超えて存在するからであり、そして、たとえ、いかに高貴であるにせよ、意思の働きは、意思を超える力によって制限されるからであり、また、自制を達成することは、社会秩序の究極的挑戦であるといえるからである。メッテルニヒは、あらゆる分野においても、行きすぎは、社会的分裂となると主張することによって、この問題を処理したのである。メッテルニヒによれば、個人の意思は状況によって異なるものである。なぜなら、人間は、自分を超越する諸力の一部分だからである。すなわち、社会と、その歴史的表現としての国家――それらは、人間自身と全く同様に自然の所産なのであるが――の一部分である。というのは、社会および国家は、正義と秩序を求める人間の基本的要求を反映しているからである。国家が〝自然〟の所産であるがゆえに、人間と同様の生活環《ライフ・サイクル》をもっているが、最終的に国家は人間のなぐさめにはなりえないだけのことである。つまり、国家は人間のように死ぬことはありえないが、その代り国家の罪に対してはあらゆるつぐないをしなければならない(注八)、というものであった。

それゆえ、保守主義政治家メッテルニヒの最後の行為が、象徴的性質、つまり、自己の理論を正当化できる唯一のものである匿名への嘆願となったのは、けだし当然のことだった。一八四八年、勝利を収めた革命の代表者が、メッテルニヒの辞職を〝潔よい〟と述べたとき、メッテルニヒは、こう答えた、「私は、その言葉に厳重に抗議するものである。主権者である君主のみが潔ぎよくありうるのであり、私の行為は、権利についての私の解釈と義務についての私の概念の結果なのです」と。このように、〝革命の医者〟といわれた人間の最後の姿勢は、五十年間の斗争ののち、敗れてもなお、秩序に対する最後の必死の主張であると同時に、意思よりも権利が優先するということに対する最後の必死の叫びであった。さらに代表の一人が、〝潔よい〟という言葉を使ってくどくどと述べたとき、メッテルニヒはこう答えた、「私が辞職するに際し、帝国をもち去ったと諸君に言われる前に私の方から言いましょう。しかし、それは事実ではありません。個人は、一帝国をもち去るほどの強い肩をもっているものではない。もし国家が消滅するとすれば、国家自体が、その信頼を失なうからです」(注九)と。これは、保守主義者メッテルニヒのもつジレンマを究極的に象徴したものであった。すなわち、革命を打倒することではなく、革命を予防することが、保守主義者の仕事であり、革命を防ぐことが出来ないような社会――社会的価値の崩壊が、革命という事実によって示された社会――というものは、保守的手段によっては、革命を敗北させることは出来ないだろう。そして、ひとたび崩壊した秩序は、混沌の経験を経た後でなければ回復することは出来ないだろう。

(注一)　Webster, I, p. 547 (Appendix).
(注二)　N.P. Ⅲ, p. 415.
(注三)　Srbik, I, p. 354.
(注四)　N.P. Ⅲ, p. 375.
(注五)　N.P. Ⅲ, p. 347f.
(注六)　N.P. Ⅷ, p. 467. メッテルニヒは「陛下の政府」という表現に、権威の永久性をみている大英帝国には、このことを適用しなかった。
(注七)　N.P. Ⅷ, p. 235.
(注八)　N.P. I, p. 334.
(注九)　N.P. Ⅶ, p. 626; Ⅷ, p. 212.
(訳注1)　Schwarzenberg, Felix, Prince zu (1800―1852) オーストリアの首相。メッテルニヒが失脚した一八四八年の革命ののち、ハプスブルグ家のオーストリアを再建し威信を回復させた政治家。外交問題では、適確な判断を下したが、国内政治面では、一八四九年に与えられた憲法を一八五一年には廃止するなど必らずしも成功しなかった。原著索引では Schwarzenberg, Karl, Philipp, Prince zu (1771―1820) と同一人物のように扱われているが別人。

(訳注2)　マタイ福音書第六章の一〇。神の意志のとおりに従うということ。つまり、神が至上であったものが、メッテルニヒの考え方は、神を理性におきかえただけのことであった。

V

しかしながら、メッテルニヒの理論の硬直性には、もう一つの理由があった。事実、あらゆる観点からみて、その硬直性は彼が代表する帝国の体制を反映したものにすぎなかった。いつの時代にも時代錯誤の国は存在するものであり、崩壊した世界秩序のもっとも頑強な遺物とかかわりをもっていると認識できない人々にとっては、遅れているように見えたり、衰退に向っているとさえ思えるような国なのである。しかし、このような遺物が生き残ることが出来た、そのまさに鈍感なまでの強さが、逆にその順応性を制限することにもなるのである。そして、その遺物をもはや理解しないような世界に直面すると、硬直性は、崩壊する力に対する本能的な反動となるのである。

これが、十九世紀のオーストリア帝国の状態だった。一つの王朝の永続性を通じてうち建てられ、東洋に対するヨーロッパの防波堤として強力になり、その領土は、最も多くの言語にわたる民族と文明の結合したものであり、ただ共通の皇帝によって結ばれているにすぎなかった。中世の大封建体制——オーストリアだけにはそれが近代まで生き残ったのだが——が、相互の忠誠の理論と一連の複雑な了解、そして、その必要性という自明の理によってまだ結びつけられていたのである。メッテルニヒは、こう書いている、「オーストリアは、法律的には、同質ですが、行政的には、多様な国家なのです。オーストリアは、政府の行為を通じて多様なのではなく、根本的な理由によって多様であり、その最も重要なものは、民族的な違いなのです。……それゆえ、帝国の基礎は、帝国のさまざまな構成要素に関する異なった法的慣例を維持することにあり、これこそ、我々の時代の特徴となっているあらゆる概念を一様にしようとすることに対抗する我国の唯一の防御手段なのです」(注二)。

中央集権化と民族主義の時代に、また、合理化された行政と法典化された立法の時代に、王朝国家は、一体どうすべきだったろうか。近代の衝撃は、きわめて複雑な、事実きわめて神秘的な体制を崩壊させるものだった。というのは、もろもろの関係があまりにも複雑なので、それらを明確化しようとする試みが、単に、相違を強調することになるにすぎないような場合に、有機的な制度をどうやって合理化することが出来るのだろうか？　中央集権化への努力をすれば、あらゆるエネルギーが内部斗争についやされてしまうにすぎないような国においては、高度に中央集権化された政府の有効性というフランスの教訓を適用するのは、可能だったろうか？　オーストリアは、啓蒙主義の教訓を適用しようとして、ヨセフ大帝（訳注1）が努力してみたという経験をもってはいたが、それは、もう少しで、帝国を分裂させるところだった。しかも、オーストリア帝国は、容易には学ばなかったけれども、一度得た一つの教訓は決して忘れることはなかったのである。そして、その記憶が、オーストリアの硬直性であると同様に、破滅の原因でもあった。

このために、メッテルニヒは、理論的理由からばかりでなく、きわめて実際的な理由から、自由主義と斗ったのである。彼は、近代的な中央集権化された国家を求めるオーストリアの自由主義者の要求を幻想と考えていた。なぜなら、それは、オーストリアには、あてはまらない統治概念にもとづくものだったからである。メッテルニヒは、一八四八年のオーストリアを単一国家に変えようとした自由主義革命の後、こう書いている、「ウィーンはパリとは違うのです。ウィーンは、全帝国の活力を出しきる都市ではないし、それゆえ、帝国の法律を自由に制定しうるような都市ではないのです。ウィーンは、たまたま、帝国の中心に位置しているという以外の何ものでもないのです。……そこにたまたま皇帝がおり、この理由は、機械的、つまり帝国の中心に位置するということだけで、ウィーンは、複合国家の首都なのです。……帝国のあらゆる構成要素は、皇帝――帝国の真のそして目に見える支配者である――にあこがれの目を向けているのです。一体誰が、みずからを代表するにすぎない一大臣にあこがれの目を向けるでしょうか？　ハンガリーは、その大臣の命令に従うでしょうか？

実際、それはどうして可能なのでしょう？　その大臣が皇帝の帝冠でもつけているというのでしょうか？……皇帝がすべてであり、ウィーンには意味がないのです」(注二)。それはまた、一つのジレンマの壮大な分析ではあるけれども、また何の解決策も提案していなかった。なぜならば、オーストリアの悲劇は、まさに、個人の忠誠の正統性がもはや十分ではなくなったところにあったのであり、また、十九世紀が、統治行為を支配者の歴史的〝事実〟によって正当化するのではなく、それぞれの手段の合理性によって正当化するという抽象的な形にしてしまったところにあったからである。

オーストリア帝国の構造についてのメッテルニヒの分析によれば、彼は、責任内閣制という考え方を否認していた。なぜならば、メッテルニヒが、皇帝の権力を絶対的だと信じていたからではなく、メッテルニヒの責任についての考え方の方が、彼の敵対者の考え方と全く違っていたからであった。メッテルニヒはこう主張する、責任は、法律上の概念を意味し、従って、立憲国家の国会は、権威の高い法廷なのである。しかるに、オーストリアは、代議制をもつことは出来ない、なぜならば、オーストリアの紐帯は、帝政であって、国民ではないからである。責任内閣制は、国民主権を意味するが、国民主権は、オーストリアの解体を意味する(注三)。この状況は、帝国の各地に立法府を設けても、変らないだろう。というのは、帝権はいくつかの異なった民族にわたって及ぼすことが出来るけれども、国民主権は、分割できないからである。いくつかの異なった民族からなる国会という階層制度も、大英帝国とアイルランドの経験が、かつて証明しているように、解決策とはならないだろう。それゆえ、責任ある政府を求める要求は、全く無責任を求める要求である。オーストリア民族というものは存在しないのであるから、内閣は、内閣自身に対して責任をもっているにすぎない。歴史と王朝的ヴィジョンの所産であるオーストリアは、君主の理論、つまり、オーストリア自身の姿を体現化した皇帝にのみ責任があるというものであった。

またしても堂々たる矛盾だった。ところで、ナショナリズムの時代に、君主は、どう統治すべきなのか？　実際に政府が統治している如くに政府を強化することによって、また、行政の地方分権化をすすめることによって、とメッテルニヒは答えている。その多民族帝国は、中央集権の有利さと、その文化的多様性が矛盾しないということを示すことによってしか生き残ることが出来なかったのである。これが、オーストリア帝国の根源的な病気に対するステーツマンシップと行政とを混同したメッテルニヒの治療法だった。十九世紀が進むにつれて、この時代錯誤の帝国は、だんだんと計算の早さと確実さを求めるようになってきた。しかしこれは、変りつつある条件に合せようとすることよりも、官僚体制を採用すればいいとも簡単に得られるものなのである。官僚的行政は、″ひとりでに動く″という幻想をつくり出すものである。つまり、平凡さと同じものである形式的な慣例は、外部の者からみれば、成功しているように見えるのである。官僚の動機は、安全性の探求である。つまり、達成された目標によってではなく、むしろ、あやまちが、いかに少なかったかによって、その成功を測るのである。それは、偉大な着想は必要ではないという客観性に誇りをもっているのである――これらの資質はみな、崩壊しつつある体制にとっては、近づきつつある混沌状態から確実性を守る一手段を象徴するのかもしれない。オーストリアが、複雑な国内問題の解決のために、純粋に官僚的考慮を採用したことは、たとえ、それが失敗であったにせよ、理解することは出来る。が、オーストリアが分解することとなしには、王朝国家から中央集権国家への変化が出来なかったということが、事実であったとはいえ、十八世紀および、もっと以前の統治方式を、近代に入ってから導入しなければならなかったという理由にはならない。オーストリアが、国内的正統性と官僚体制を混同し、従って、時代おくれの行政が、急激に進展する工業化、民族主義、自由主義の諸問題と直面するに至ったのは、オーストリアのステーツマンシップの無策を示すものだった。かくして、オーストリア帝国は、実行によってみずからを正統化する機会を失ったのであり、そして、反対者は、理論的相違に対して不毛の非難を加えることが出来たのである。

オーストリアの行政組織は、封建時代の家父長的義務形態を継続しているにすぎなかった。皇帝は、唯一の司法的権威の源泉であるばかりでなく、政治と行政両面の中心的存在だった。統治は、内閣によってなされるのではなく、皇室の各部局を通じてなされた。各部局の長は、大臣ではなく、終身の長である「宮中顧問官《ホーフラート》」だった。ほとんど十年間は、メッテルニヒは、大臣の称号をもっている唯一の公人にすぎなかった。そして彼の場合は、用心深く、国内への権力の影響力を奪われる代りに高名を与えられたのである。皇帝の他に各部局間を統一して働かせるために三つの機関に委ねられているにすぎなかったが、それらは、当該部局の官吏からなる部局間の委員会という性格のもので、その機構と機能があまりに複雑だったために、一八八四年にオーストリアの著名な歴史家ですら、それを正確に説明出来ないほどだった(注四)。いずれにしても、それらの委員会は、皇帝が随意に開催し、皇帝が選択した問題だけが提出できると考えられていた。いわば、オーストリアの行政は、一インチも前進せずに、ひどい騒音を立てて回転している車のような奇妙な装置だった。メッテルニヒが晩年に、私は、しばしばヨーロッパを支配したけれども、オーストリアを支配したことはなかった、と語ったのももっともである。

メッテルニヒが外務省を引き受けて、手始めの仕事として、組織の再編を計画したが成功しなかった。またそのすぐあとで、基本政策を立案し協力を得るために、あるプランを帝国議会である連邦上院に提出しても無駄だった(注五)。その他の数々の提案と同様に、こうした努力のすべては、皇帝の頑迷さと衝突したのである。フランツ皇帝は、経験から得た教訓は、機械的に覚えておくという平凡な人間の一人だった。成功に対する皇帝の考え方は、失敗の反対であり、因果関係についての考え方は、時間的な連続性だった。フランツ皇帝にとっては、先帝ヨセフ二世の中央集権化の傾向が内乱となったので、あらゆる改革は避けねばならなかった。国民を結集しようとする試みは、一八〇九年の戦争で勝利を得られなかったので、国民の支持に信頼をおくことは出来なかった。気難しく、疑い深く、創造力に乏しく、衒学的であり、そのうえ、過去にあまりにも多くの大動乱を見てきたので、単なる永続性を一つの倫理的価値があるものと考えていた。フランツ皇帝のもっとも特徴的な性格は、感受性の欠除を反映している、うぬぼれの強い禁欲主義だった。皇帝のおじにあたるヨセフ大帝は、彼を次のように描写している、「彼は反省を嫌う。彼は、真理を知ることを恐れるがゆえに、自己の考えを言わないのだ。……これまで、頑迷さによって、自分のとりまきが軟化するのを見てきたので、自分にとって都合のよいことに固執することが出来るように、頑迷さを利用しているのである。……彼の心を動かすのは、あらゆるものの中でもっとも不愉快なものつまり、脅迫だけである。なぜなら、脅迫は、鈍感な性格、すなわち、苦痛に対する恐怖を暴露させるからである。彼は、自分の家系に対して、まちがった誇りをもっているために、自分が主張する意見を変えないのである。このような性格が、彼をして約束に対してもいいかげんな卑小な人間にしているのである」(注六)。

一世代以上もの間、そして、オーストリアの歴史上おそらくもっとも重大な時代に君臨したのが、このような人間だった。つまらない人物はえてしてそうだが彼は、あらゆる問題を個人的に解決できると思っていた。なぜなら、平凡な人間にとっては、あらゆる問題は、難しくもあり、易しくもあるからである。災厄の連続は、彼に、変化は、変貌の表現ではなく原因だと悟らせたのだった。それゆえに、彼は、どんな犠牲を払っても、あらゆる手段を使っても、変化をさけようとしたのである。皇帝の治安体制への監督は有名で、そのどんなつまらない報告ですら読むのを楽しんでいた。彼は、自己の大権を常に心配して、圧倒的な影響力をもたれるのを防ぐために、注意深く、部下に権限を分割していたのである。メッテルニヒでさえ、外交問題におけるあらゆる成功にもかかわらず、外交政策と国内問題との関係を否認する卑屈な人間とあらゆる国内問題についての議論を強いられているように感じていた(注七)。そのような人物が、官僚的仕事の確実さに、かくれみのを見い出し、行政のどんな些細な点にまで介入し、とるに足らないような決定まで皇帝の同意がなければ、出来ないようにしたのはおどろくにあたらなかった。皇帝の勤勉さには、驚嘆すべきものがあったが、勤勉は凡ような良心に対する鼻薬だからである。メッテルニヒにはめずらしく腹立ちまぎれに、皇帝についてこう書いている、「彼は、もっと、もっと深く穴をあけようとするドリルのように問題を処理するのです。そして、他のところにまで穴をあけてしまったことに気付いて驚くという訳なんですが、した仕事といえば、書類に穴をあけるだけのことなのです」(注八)と。

このような状況にあって、はじめて、メッテルニヒの注意深い策略が理解できるようになるのである。というのは、もし、変化が、安定を通じて達成できると皇帝に思わせるように、ある決定を気づかれずに皇帝にもってゆかなければ、皇帝は、まちがいなく、それに反対しただろうからであった。メッテルニヒが気まぐれに次のように述べていることは、まさしく真理をついていた。「昔、永年、一本足で柱の上に立っていて昇天した聖者がいましたが(訳注2)、……彼の功績は、不愉快な姿勢でいることでした。私の立場もせいぜいそんなところでしょう」(注九)。とにかく、皇帝の個性の影響力は、国内的には、きわめて有害だった。メッテルニヒは、また我々に、そのことについての次のような名解説を残している、「私は統治するための政府を欲しましたが、私の同僚は、現行の基準にしたがって執行しようとしました。……このような状態では、手段は、あらゆる下位の部局――そこで最終的に公式化されて、緊急の決定を必要とする場合に限って、私のところへもたらされたのですが――の全域をへた後、私の耳に入るにすぎませんでした。そして、そのために、行政部の計画と一致すること以外には、何一つ出来ないようになっていたのです。……オーストリア帝国の最大の過ちは……行政的に処理すべきだった問題に政府が関与したことです。このことが政府機構を麻痺させたのです。つまり、どんなに些細な問題であっても、最も低い行政機関に責任を持たせなかったために、最高レベルを困惑させることになったのです。私は、そうした行政を方向転換させるべきだったのでしょうか？　それには、私は十分な権力をもっていなかったのです。私は、そうした機構を打ち壊すべきだったのでしょうか？　これは、帝国を麻痺させることになっただけでしょう。私の任務は、統治することでも、執行することでもなく、外国に対して、帝国を代表することだったのです」（注一〇）。

これが、一八一五年、国際秩序を熟考していた保守主義政治家メッテルニヒの仕事であった。すなわち、外国に対しては、国家を代表し、その国家の脆弱さをカバーし、出来るだけ、その国家の必然的崩壊を先へのばすことであった。この仕事をするにあたり、メッテルニヒは、驚嘆すべき外交手腕によって助けられ、そして、その外交手腕によって、しばらくの間、その国の脆弱さは、外交的資産に変えられたと同時に、彼がヨーロッパの保守主義者の良心として存在することが出来たのである。メッテルニヒが、オーストリアの国内的正統性と国際秩序のそれとを一致させようと試みたということは、硬直性の徴候というよりはむしろ、与えられたものとして、それを採用する以外には選択の余地がないというオーストリアの国内体制の中での、唯一の可能な政策だったのかもしれない。けだしそれは、卓越した外交であり、純粋な意味での策略だった。しかしながら、それが究極的な偉大さに到達することがなかったのは、メッテルニヒの創造力の欠除によると同様環境の力によるところが大きかったのである。メッテルニヒは、自分の政治覚書の中で次のように書きしるしている、「私がどんな時代に生きてきたというのでしょうか？　一八〇九年から一八四八年にかけて、オーストリアと全ヨーロッパが直面していた状況を考えてみた時に、一人の人間の洞察力が、このような危機を健全な状態に変えることが可能だったかどうか聞きたいのです。私は、その状況を認識しておりましたが、我帝国内で、新しい体制を打ち立てることが不可能だったということも認識していたと言いたいのです……そして、このゆえにこそ、私のあらゆる配慮は、存在するものを保守することに向けられたのです」（注一一）。

　この言葉こそまさに、保守主義政治家メッテルニヒの墓碑銘である。歴史は、個人よりも偉大であり、たしかに歴史は、その教訓を教えるけれども、一人の人間の生涯においてはそれはあてはまらない。メッテルニヒの覚書には、彼の能力の限界をも示しているのである。というのは、政治家は、その行為によってばかりでなく、代替手段を考え出す能力によっても判定されねばならないからである。究極的偉大さに到達した政治家というものは、たとえ、どんな理由があったにせよ、あきらめを通じてそうなったのではなかった。そのような偉大な政治家は、秩序を完全に維持するばかりではなく、混沌とした状態——そこにおいて、新たな創造のための素材を見い出したのだが——を見つめる勇気をもっていたのである。

（注一）　N.P. VIII, p. 474.
（注二）　N.P. VIII, p. 424f.
（注三）　多くの例の中でも N.P. VIII, pp. 427, 465, 471.
（注四）　Springer, I, p. 120.
（注五）　N.P. II, pp. 315, 444f.
（注六）　Springer, I, p. 110.
（注七）　例えば、N.P. II, p. 432 を参照のこと。
（注八）　Srbik, I, p. 447
（注九）　N.P. III, p. 333.
（注一〇）　N.P. VII, p. 619.
（注一一）　N.P. VII, p. 640.

（訳注1）　Joseph II（1741—1790）神聖ローマ皇帝（一七六五—一七九〇）。女帝マリア・テレジアの第四子で長男。マリア・テレジアの死後、中央集権化、司法、行政の分化、行政機構の均一化をすすめ、多民族国家の近代化改革を断行した。しかし、急激な改革は、ハプスブルグ家という古い体質の王朝をバラバラにしそうな動乱を各地に招くに至ったため、彼の死の直前には、その改革のほとんどを取り消さねばならなかった。

（訳注2）　Simeon Stylites, Saint（390？—459）シリアの行者、柱行派(高い柱の上に住み俗世間から離れて苦行した禁欲者）の祖。三〇年間、柱の上に住み説教した。メッテルニヒが、みずからを揶揄していったもの。

第十二章　エイクス・ラ・シャペル会議と平和の組織化

正統性秩序における外交——新しい国際秩序の構成要素——オーストリア・イギリス協調の基礎——社会斗争と政治斗争——エイクス・ラ・シャペル会議への訓令——会議の争点——会議の結論

I

絶え間ない戦争に慣らされたヨーロッパにようやく平和が訪れたとき、それは、安堵感ばかりでなく幻滅感をもって迎えられたのである。革命戦争時代の苦痛は、至福千年への期待感と世界からは困難な問題がなくなるだろうという理想さえあれば耐えられるだろう。圧倒するような何ものかをもっている戦争に比べると、平和は、単に戦争のないことにすぎず、秩序は、均衡の当然の結果であり、調和は、自己保存の自明の理を表わすにすぎないと考えられるのである。しかも、そのような期待感が大きければ大きいほど、必然的にその魔法からさめた場合の失望は大きくなる。戦争の際の士気の高揚が平和の問題にうつし変えられないということ、調和が連合の属性であって、〝正統性〟秩序の属性ではないということ、そして、安定が全面的な和解の意識によってもたらされたものでないということが、認識される時が必ずやってくるのである。というのは戦争の目的は明確であり、敵を敗北させることであるが、平和の目的は不明確であり、均衡を構成している諸国間の意見の相違を調整することだからである。戦争の動機は、共通の敵の脅威によって、外部から強いられるものである。一方、平和の動機は、秩序立った一つの体制の枠組みの中での、国家の歴史的目的を実現しようとする試みである。このために、長い平和の時代というものは、必らずしも、調和してゆこうとする意識によって達成されたものではなかった。こう考えるのは、後世の人々の幻想か――さもなければ、島国の人々の幻想である。むしろ逆に、とりかえしがつかないような災厄を招いてはならないと確信していた時代においてのみ、微妙に変化する多くの同盟体制――それらは、埋められないような分裂が存在しないことの証しなのだが――によって、また、表面的な皮肉な言葉《シニシズム》――それは危険が限定されているのを示しているのだが――によって、さらに、限定戦争――それは、意見の相違が根本的ではなく末梢的であることを明らかにしているのだが――によって、宮廷秘密外交《キャビネット・ディプロマシイ》を遂行することが出来るのである。

一八一九年に、メッテルニヒはこう書いている、「一八一五年以降に起ったあらゆることは、通常の歴史の流れにそったものです。一八一五年以来、我々の時代は、自然に動いており、停止することがないから前進しているのであって、もはや、導びかれるなどということはないのです。……我々は、無数の小さな打算と、とるに足らないような意見が、時代の歴史を形成する、そういう時代に再びもどったのです。海はまだ時には荒れることもありますが、嵐は過ぎ去ったのです。そのような海でも船は転覆することがあり、人々が海に投げ出されることは、ままあるのです。なぜなら、風は、嵐の時よりもその向きを調べることが難しいからなのです。さりとて、海の状態は、もはや、そんなにひどいものではありません」(注一)。メッテルニヒが述べている小さな打算というのは、安定が当然のものと考えられつつあることの兆候だった。全面的変化が不可能か、あるいは考えられなくなった時には、ステーツマンシップは、ほとんど知覚出来ないような微妙な変化に集中されなければならない。というのは、そのような変化が累積されると、力の均衡をくつがえす結果になるからである。絶対的要求がなくなった時には、偶然の出来事が最高に羽振りをきかすようになる。偶然の出来事の外見は、偉大ではないから、正統性秩序が永久的に続くような感じを与えるような形をとるのである。そのような意味では、戦争は微妙な違い《ニュアンス》の抑圧を意味するが、平和は、微妙な違い《ニュアンス》の再現を立証するのである。

一八一五年以後の紛争が、だんだんと、新しい国際秩序を確立した三組の条約の解釈をめぐる対立という形をとるようになったことは、ウィーン講和が安定していることの兆候だった。すなわち三条約とは、(a)講和条約とウィーン会議最終議定書、(b)同盟条約（ショーモン条約と四国同盟）、(c)神聖同盟であった。講和条約とウィーン会議最終議定書は、ヨーロッパの領土調整問題を解決した。しかし、それらの条約が、同時に、この領土問題の解決を保証するかどうかは、まだ議論の余地があった。一八一四、五年の条約は、フランスの再侵略の問題を処理するためにのみ締結されたとするイギリスの解釈と、国内的にも、領土的にも、既存の秩序を保証することを意味するというアレキサンダーの解釈と、いずれが正しいのか。これが、エイクス・ラ・シャペル会議で解決されるべき問題点だった。フランスに向けられた同盟条約には、少なくとも部分的には共通の敵に対する脅威によって、ヨーロッパが組織されるということが明白だった。しかし、定期的会議開催に関する但し書の中で、カースルレイは、大国間の外交関係に、全く新しいもの——ヨーロッパ政府的な構想を導入していたのだった。しかし、国際間の討議にふさわしいと考えられるような問題は何か、まだ明確にされてはいなかった。均衡に対する脅威とは、政治的なものか、それとも社会的なものをさすのであろうか。

会議外交が、イギリスにおいて、果たして、国内的に正統化されるであろうか。これらが、トロパウおよびライバッハ会議で決定されるべき問題点だった。ローマ法王とサルタン(訳注1)を除く、あらゆる君主がやがて、加盟することになった神聖同盟(注一)は、道義の浸透と諸君主間の友愛的結合への主張であった。しかし、倫理規範は、自制と同様に、一般的介入を正当化するのに利用出来る普遍的要求をつくり出すものである。ツアーの徐々に昂じてきた神秘主義は、革命を起すための武器となるのか、それともロシアの膨張を抑制するための道具になるのであろうか。これがヴェロナ会議開催に導いた問題だった。

大国の監督のもとに、ヨーロッパを組織しようとする試みが、一連の会議となったということは当然のことだった。これらの会議の場で、結束は、目的ではなく、一連の状態であり、またその解釈は、構成国の地理的、歴史的状態に左右されること、究極的には、国際的な合意を国内的に正統化しうるかどうかによって制約されざるを得ないことが明らかになったのである。しかるに、一八一五年は、まだ戦時の習慣が影響力をもっており、調和は、不和を解消する魔法の水と考えられ、善意は、誤解によって生じた問題を完全に解決するものと考えられていた。三人の主要人物が頻繁に口にした〝結束〟という言葉が、実は、三人三様まったく違ったものを意味していたということが、まだ明らかにはなっていなかったのである。カースルレイは、結束を、国際間の協力関係の表現ではなく、その動機であると考え、メッテルニヒはオーストリアの政策に対する道義的承認を得るための手段と考え、ツアーは、和解し合った人類がふみ出す至福への第一歩と考えていたのである。

(注一) N.P. III, p. 297.

（注二）　イギリス摂政は、個人的信書の形でその目的とするところに賛意を表明した。

（訳注1）　トルコ皇帝。

Ⅱ

パリ講和条約が結ばれた直後の時代の特徴は、何といってもカースルレイとメッテルニヒとの最も緊密な協力関係だった。それは、連合が直面したもろもろの危機の際の試練に耐えて来た協力関係であり、その時々の結束の目的は、ある時は、利益が一致した結果であり、またある時は、ツァーの圧力によって強いられたものだった。イギリスが、その安全保障をヨーロッパ大陸の安定に求める限り、オーストリアは当然イギリスの同盟国だった。イギリスとオーストリアは共に、現状維持勢力だった。なぜならば、イギリスにとっては、大陸における唯一の利益は、ヨーロッパの安定であったからであり、一方、オーストリアにとっては、ヨーロッパの安定が、その生存の条件だったからである。両国は、強力な中央ヨーロッパはヨーロッパの安定にとっての必要条件であり、しかも、強力なオーストリアは中央ヨーロッパの鍵をにぎる存在であるとの均衡の要素の解釈について、一致していた。そして、両国は、やむことなく膨張してきたロシア――一世代のうちにその国境をドニーパー河からヴィスチュラ河まで前進させた――と対峙していたのである。

というのは、神秘主義が昂じていったにもかかわらず、アレキサンダーはまだ不穏な要因を残していたからである。神聖同盟の一般条文がいろいろと異なった解釈が可能であることがやがて明らかになった。諸民族の兄弟関係という言葉は、条文からは削除されたかもしれないが、それを生み出した精神は、依然として効力をもち続けていたのである。ヨーロッパ各地からもたらされる報告によれば、ロシアの間諜たちの暗躍をうらづけていた。シシリーでは、彼らはジャコバン党と陰謀を企てていたし、スペインでは、ロシア大使が、スペイン艦隊を復活させようとロシア船の売却を交渉していた——たとえそのような意図はなかったにせよ、それは、大英帝国に対する直接の挑戦を意味した。一方では、イギリス皇女が、オランダの王位相続権者であるオレンジ公との婚姻を拒否したあとに、ロシア皇室は、結婚を拒否されたオレンジ公とロシア皇女との婚姻をとり決め、イギリスの困惑を利用して利益を引き出したのである。これらの行為は、ひとつには、ツアーの新たな顧問として迎えられたカポ・ディストリア（訳注1）のさしがねだった。ギリシア貴族の彼は、専制君主に仕えるにあたり、啓蒙主義の自由の理論をもってしようとしたが、彼の教条主義と疑わしい汎ギリシア主義のために、やがて、メッテルニヒから、徹頭徹尾嫌われることになった。また、そうしたロシアの不穏な動きは、ある意味では、出来ごとの中心にいることに不慣れな、若い後進国家のもつ不安感の結果から生じたものだった。カスカートはこう報告している、「あらゆるロシア人は、何かを比較する際、自分たちが不利なことに対してはとくに敏感に反応する。彼らは、どんなに明白に優位な立場にあっても精神的に傷ついている。……彼等は、自分たちが出来ないことについて、我々を憎み、そして、直接利益が得られるような特別な目的もないのに、常に、我々の力が増大するのよりもむしろ減少するのを望む傾向がある」（注一）。

ツアーの宗教心の高揚も、政治活動からの引退を意味するものではなかった。むしろ逆に、それは、外国の国内問題に介入するためのもう一つの口実を与えるように思われた。メッテルニヒは、状況が手におえなくならないように細心の注意を払っていたにもかかわらず、オーストリアでさえその例にもれなかった。ネセルローデが、オーストリアが、敬虔派を弾圧したかどうかを問合せてきたとき、メッテルニヒは、そっけなくそれを否定したが、すぐこれにつけ加えて、単に敬虔派が許可されていないからとの理由だけで弾圧されることはないと述べた。そして、前章に引用した神秘主義に対する攻撃（注二）で、その文章を閉じ、次のような皮肉な注釈をつけて、そのすべての交信を皇帝に伝達した。「私が、何か奇妙な問題を議論したとすれば、それは、聖書の問題と宗教上の治安についての議論が本格的にならないうちにそんな下らない議論を終らせたかったからです。……常にアレキサンダー帝のあらゆる考えは、結局は一つのことになり、新たな帰依者を求めるのです。このために、彼は、イタリアのジャコバン党員、他のヨーロッパ諸国の敬虔派を勧誘するのです。今日では、アレキサンダーのかつての〝人権〟に対する関心は、聖書への関心によって置きかえられてしまったのです」（注三）。従って、ロシアに関しては、依然として、ラングル、トルワー、ウィーン当時と同様であり、一人の男が、自己の意思によってヨーロッパの秩序を打ち建てようとしていることが問題だった。オーストリアの一外交官は、「アレキサンダーは世界平和を望んでいる。しかし、それは、平和とその祝福のためではなく、むしろ彼自身のためなのである。それも無条件にではなく、何かしら精神的留保が付いているのである。すなわち、彼は、この平和の裁決者でなければならず、世界の安寧と幸福は、彼によってもたらされねばならないのである。そして、全ヨーロッパが、この安寧が、彼の働きの結果であり、彼の善意にかかっており、彼の気まぐれによって乱されることがありうることを認識しなければならないのである……」（注四）と報告している。アレキサンダーの生存中のメッテルニヒの政策は、ロシアは、気が変り易く、不安定で、おせっかいであるという認識にもとづいていたのである。

しかしながら、メッテルニヒとカースルレイが、力の均衡を保つ要素と、起りうる危険について合意していたとはいえ、それにどう対処するかの政策については必らずしも一致していなかった。カースルレイにとっては、会議を行なうという事実は、善意の象徴であり、善意はヨーロッパに調和をもたらす十分なる動機だった。メッテルニヒにとっては、会議は、単なる枠組みであって外交技術を駆使してそれに内容を与えなければならないものだった。カースルレイにとっては、結束は、調和の原因であったが、メッテルニヒにとっては、精神的一致の表現であった。カースルレイは、ツアーに恐れるものは何もないことを立証することによって、彼を穏健化しようとした。メッテルニヒは、自制の原則にツアーを同意させて、彼を抑制しようとした。つまり、カースルレイの政策は、ヨーロッパへの危険を政治的なものと考えていたが、メッテルニヒは、本当の脅威は、社会的なものと考えていた。従って、彼は、全精力を傾けて、自分が革命勢力と考えているものが、ある大国(訳注2)の政治的支援を獲得するのを阻止しようとしたのである。

二人のこの意見の相違は、それぞれの国の地理的位置と、その国内体制の違いを反映していたのである。国内体制が堅固であると確信している島国は、外国の国内問題に対する非介入の理論にその政策の基礎をおくことが可能だった。他方、国内体制が時代遅れであることを知っている多民族帝国は、変化を制限することではなく、変化を防がねばならなかったのである。ヨーロッパのはずれに位置しているイギリスは、他国の意図について誤った判断を下すかもしれない危険を冒す余裕があった。メッテルニヒには、そのような安全に対する余裕はなかったのである。このように、カースルレイとメッテルニヒの両者とも、現状維持勢力を代表し、本質的には、防御的外交政策を遂行しているとはいえ、メッテルニヒの〝沸点〟の方が低かったのである。カースルレイは、イギリスの非脆弱性に確信をもっていたので、善意の実現に賭けることが出来たのである。メッテルニヒは、破局がおとずれるかもしれないという予感とともに生きてきたので、一段と確実な形の安全保障を求めねばならなかった。

カースルレイは、ロシアの動機に関する各国に駐在するイギリス代表部の危惧を鎮めるために書いた十二月三十一日付の回章の中で、次のように述べている、「我国の島国としての地位は、我国を直接的攻撃の危険から十分に安全な位置に置いており（著者傍点）、我国がより寛大かつ外国を信頼した政策を遂行するのを可能にしているのです。ヨーロッパの現状にかんがみ、イギリスによって高められてきた信頼感を平和の達成に利用し、お互いが和解し合うような影響力を行使することこそ大英帝国の本分なのです。……従って、現時点において心すべきことは、ヨーロッパ諸国に、結束して危険を克服してきたという認識と、警戒心をゆるめると危険をまねくという認識を起させることで十分なのです」(注五)。カースルレイは、島国の安全性について確信をもっているので、メッテルニヒの〝臆病さ〟と過度の警戒心をたしなめたのである。一八一六年の春、ツァーが、一般的軍縮計画を提案した際、カースルレイは、自己の政策の正しさを証明するものとして受け取った。カースルレイは、ロシアが、オーストリアとプロシアの例にならい、一方的に軍縮するよう示唆することで、ツアーの提案に回答するのを避けたが、メッテルニヒに対しては、「同盟の原則にのっとった率直かつ和解的な外交方式は、最も効果的に、ロシアの軍事支出を抑えるための国内経済上の動機をもたらすでしょう」(注六)と指摘した回答を送った。そして、メッテルニヒが、ロシアに対抗するための措置について、イギリス、オーストリアが協力し合うべきことを示唆した時、カースルレイは次のように回答した、「万が一、不幸にして、オーストリアの指摘する警戒が、現実となった場合には、プロシアとフランスは、オーストリア、イギリスと提携して積極的に（ロシアに）敵対するだろうと予想するのはよろしいでしょう。がしかし、現時点では、どの国も危険が差し迫っているとは考えていないという信ずべき理由があります。このような状況においては、私は、オーストリアのいう警戒という言葉をやわらげた方が賢明ではないかとメッテルニヒ公に申し上げるものであります」（注七）。そして、最後に、メッテルニヒが、講和条約の履行を監視するためにパリに設けられた全権大使会議を、ヨーロッパ中からの警察情報収集機関に変えようとしたことに対して、カースルレイは、次のように激しく反対した、「特定の王室のとったいかなる措置に対しても、諸大国が共同して、権威ある忠告を与えるような場合が、ヨーロッパに起らないと主張するのは言いすぎかもしれないが、そのような方法は、慣習化すべきではないし、とりわけ、パリで会議中の大臣たちから持ち出すべきではない」（注八）と。

しかし、パリ講和の直後の時代は、これらのやりとりは、カースルレイとメッテルニヒの間に単に相違点があることを示したにすぎず、その相違点の全容は、この先数年間を経なければ完全には明らかにはならなかったし、その間、より大きな利益の一致の中に埋没していたのである。メッテルニヒは社会的危険が、もっと明らかにならない限り、それをヨーロッパの問題としてでなく、オーストリアの問題として処理することで満足していた。アレキサンダーが常軌を逸っしている限り、同盟をヨーロッパ政府的なものにすることは危険だった。とりわけ、メッテルニヒの全精力は、ドイツとイタリア両地域におけるオーストリアの地位を固めることに集中された。しかも、カースルレイの非介入の理論は、メッテルニヒがロシアの干渉から邪魔されずにそれを達成するための楯の役割を果したのである。問題が、ロシアの影響力を抑制するという政治的かつ本質的に消極的な仕事である限り、カースルレイとメッテルニヒは、ともに協力し合うことが出来た。時として両者に意見の合わないことがあっても、それは、根本的なものではなく、目的に関するというよりもむしろ手段に関するものだった。それゆえに、カースルレイが、平時におけるヨーロッパの最初の会議に相当大きな期待をよせていたのは当然のことだった。一八一八年九月末に召集されたエイクス・ラ・シャペル会議(訳注3)は、会議外交の効果を証明し、お互いの誤解をとき、善意による自明の利益を再び示すはずであった。一方、メッテルニヒの意図は、もっと複雑ではあったが、彼もまた必然的に起るにちがいないと判断していた社会斗争のための道義的枠組みを創り出すためだけにせよ、その会議を大いに利用しようと期待していたのである。

(注一)　C.C. XI, p. 265. 一八一六年七月一日。
(注二)　前述 p. 357 を参照のこと。
(注三)　N.P. Ⅲ, p. 51—4.
(注四)　Text, Nicolas Mikhailovitch, *Les Rapports Diplomatiques du Lebzeltern* (St Petersburg, 1915), p. 37f.
(注五)　Webster, Ⅱ, p. 67; C.C. XI, p. 104, 一八一五年一二月二八日。
(注六)　Webster, Ⅱ, p. 99.
(注七)　Webster, Ⅱ, p. 107.
(注八)　Webster, Ⅱ, p. 72.
(訳注1)　Capo d'Istria, Ioannis Antonios (1776—1831)　ギリシアの政治家。ギリシアのコルフ島に生

れ、ロシアをトルコの支配下にあるギリシア正教徒の希望をかなえる国と考え、一八〇九年ロシア外務省に入り、バルカン問題の処理に当った。一八一五年から一八二一年にかけて、彼のツアーに対する影響力は大きく、一八一六年には大臣となり、ネセルローデとともに外交問題をとりしきった。しかし、彼は、イタリアに対するオーストリアの政策に反対したため必然的にメッテルニヒと対立するようになり、ツアーに対するメッテルニヒの影響力が強まるとともにツアーの信頼を失った。さらに、ギリシアの反乱に対するツアーの態度に満足できず一八二二年辞任した。後にギリシアの大統領となった。

(訳注2) ロシアを指す。

(訳注3) エイクス・ラ・シャペル(ドイツのアーヘン)会議は、一八一八年十月一日から開かれ、オーストリアは、フランツ皇帝、メッテルニヒ、ロシアはアレキサンダー皇帝、カポ・ディストリア、ネセルローデ、プロシアは、フリードリッヒ・ヴィルヘルム国王、ハルデンベルグ、イギリスは、カースルレイ、ウェリントン、フランスはリシュリューが出席し、フランス問題が中心議題であり、占領軍の撤退、賠償の支払い、フランスのヨーロッパ協調への参加が含まれていた。

Ⅲ

一八一五年以降は、平時において、初めて会議方式を通じて国際秩序を組織しようと試みられ、しかも、初めて大国が明白にその監督権を主張しようと努めた時代だった。戦争直後の時代に、フランクフルト、ロンドン、それに、最も重要な意味をもったパリで開催された全権大使からなる会議が、ドイツの領土問題、奴隷売買の禁止、パリ条約の実施を処理したことは、それぞれ新時代の趨勢を象徴したものだった。しかし、それらの会議は、主要なアウトラインがうまく示されていた特定の問題を処理することに限られていたので、会議方式に対する真の試金石とはならなかった。しかしながら、全権代表たちが、エイクス・ラ・シャペル会議に出席する準備をととのえつつあったとき、彼らの前には、ヨーロッパのあらゆる種類の問題が山積していたのである。そして、彼らが、議題、メンバー、さらに、いかなる権威によってその会議を召集するのかといった問題を討議してゆくにつれて、意見の一致を達成することは、その願望のように簡単ではないことが、徐々に明らかになりつつあった。

というのは、エイクス・ラ・シャペル会議では、同盟諸国間の国際秩序の解釈に関する意見の相違が強調されただけでなく、カースルレイの意図と彼が国内的に正統化しうるものとの間の矛盾が明らかになったからである。カースルレイは、困難かつ悲劇的立場に立った。彼は、会議方式を創り出したが、それは、内閣とイギリス国民の理解を越えるものだった。彼らにとっては、ヨーロッパの全般的な安寧に関する問題は、外国の問題に対する危険きわまるおせっかいを意味したのである。カースルレイから見れば同盟は、ヨーロッパが結束していることの表現であったが、イギリス国民と内閣からみれば、同盟というものは、何かに対して向けられるべきものであり、従って、彼らには、フランス以外の敵を考えることは不可能だったのである。このために、カースルレイは、一連のどちらともとれるようなあいまいな態度をとらざるをえなかった。すなわち、彼は、外国と交渉する際に、自己の善意の命ずるものと考えて行ったことを、内閣に対しては、外国の圧力に不本意ながら屈したように思わせたのである。カースルレイが、ヨーロッパ協調のシンボルとして望んでいたものを、イギリス国内で正統化するには、それを、フランスを支配する技術と説明する以外に手はなかった。このことは、会議がいかなる権威のもとに召集されるのかを討議する段になるとすぐ明らかになった。その問題は、パリ条約第五条——三年後の、フランスと同盟諸国との関係の再検討を規定したもの——かあるいは、四国同盟第六条——ヨーロッパの安寧を維持するための全般的問題を討議する会議方式を規定したもの——かのいずれかだった。カースルレイは、四国同盟を基礎にして会議を開催したいと考えていた。なぜなら、それは、外交関係を処理する新しい方式を象徴するものだったからである。ところが、イギリス内閣の方では、イギリスが出席ぐらいは考慮してもかまわないと考えていたヨーロッパの会議は、フランス問題を取り扱い、パリ講和条約の義務にもとづいて召集される会議だけだった。

問題を一段と複雑化したのは、カースルレイとメッテルニヒとの間に、同様の意見の相違が起ったことである。というのは、カースルレイの構想は、内閣のそれをはるかに超えるものだったとはいえ、それでもメッテルニヒにとっては不十分だったからである。カースルレイは、同盟の基盤を、政治的利害関係の一致におこうとする点で、まだ、全くイギリス的であった。しかし、この実際的な取組み方こそ、社会斗争に備えて、ヨーロッパを組織化しようとする理論を求めていたメッテルニヒには、不十分に思えたのである。メッテルニヒは、ロシアのいう現存する秩序を保証する計画には、原則的には反対ではなかったが、集団安全保障体制というものは、共通の防衛とともに、普遍的な介入をも正当化することになり、またそれは、紛争を局地化することを不可能にし、かつ、連合の行動を、その最も積極的でないメンバーの水準にまで引き下げることになることを認識していたのである。メッテルニヒとしては、最も不安定な勢力であるロシアに、あらゆるヨーロッパ問題に発言権を与えるつもりはなかったし、アレキサンダーの同意がなければオーストリアの政策を遂行することが出来ないような状態にするつもりなど毛頭なかった。一方、カースルレイは、その会議を利用し、「外交が視界をくもらせている蜘蛛の巣を取り除き、会議方式の全貌を明らかにし、一国家としての能率と問題処理の容易さを、諸大国からなる協議の場でも行なってみようとするヨーロッパ政治における新発見」(注一)を実証しようとしていたのである。メッテルニヒは、その会議を、ヨーロッパに道義的教訓、すなわち、条約の神聖さと、それに、ツアーの要求とそれを実現しようとする能力との格差を教えるもってこいの機会と見ていたのである。こうした理由で、メッテルニヒは、会議の根拠をパリ条約におこうとするイギリス政府の主張に賛成したのである。なぜならば、彼は、ツアーがヨーロッパのあらゆる種類の問題をもち出すことをとりわけ心配していたからである。動機こそ違っていたが、メッテルニヒとイギリス政府の主張が通り、エイクス・ラ・シャペル会議は、パリ条約第五条にもとづいて開催される運びとなった。

カースルレイとメッテルニヒの訓令は、この動機の違いを反映したものだった。イギリスの訓令――ほとんどカースルレイが起草したものだが、内閣の感情に調子を合せており――は、あたかもヨーロッパが、誰かに反対するためにのみ組織されるかのように、もっぱらフランス問題を扱っていた。その訓令は、占領軍の撤退、同盟諸国への賠償の支払い、占領軍撤退後のフランスに対する軍事的予防措置、それに、フランスと同盟諸国間の外交関係の四項目からなっていた(注二)。最初の三項目については、ほとんど問題がなかった。というのは、すでにウェリントンが、占領軍の撤退を支持しており、フランス議会は、同盟諸国の賠償要求に応じ、金銭の支出に同意することを議決しており、また、フランスからの撤兵後の新たな軍事的予防措置は、四国同盟が、これに関する不測の事態に備えたものであることは、明白なので、とりたてて必要はないと、その訓令には述べられていたからである。従って、すべては、イギリス政府が、四国同盟をどう解釈するかにかかっていたのである。

しかし、イギリス内閣の考え方を分析すれば、イギリスが大陸問題への参加を渋っていることは明白だった。内閣は、フランスの侵略や、ナポレオン主義者の革命を戦争の原因と考えることには賛成していた。しかし、ナポレオン主義者以外によるフランス国内の動乱の際に、同盟諸国が協議することを規定した条文については、満足しているどころではなかった。そこで、「フランスの独立をおびやかし、その威信を傷つけるような組織的内政干渉で、フランスを脅迫するもの」と議会が解釈するのを防ぐ意味で、カースルレイは、この問題に関し、内閣が明らかに権限を与えない限り、いかなる新たな約束もしないよう訓令されたのである。またフランスの同盟への参加問題は、もし同盟に加盟させたとすれば、「フランス国王をして、国民の意思と全く違った立場に立たせることになろう」というおかしなつじつまのあわない言訳で、問題外だと宣言された。なる程、内閣は、第六条にもとづく一般討議に参加するようフランスを招請することには同意していたが、それは、ある意味では、イギリスが、その会議の目的を、フランスの抑制以外に考えることが出来ないことを示すものにすぎなかった。すなわち、会議方式へのフランスの参加は、フランスにおける革命に反対して同盟諸国がとる措置について、国王に意見を聞く一手段としてのみ正当化されたにすぎず、いずれにせよ、「同盟は、本質的にフランスに対抗するものとして結成されているからである」(著者傍点)と述べていたことからも明らかだった。

カースルレイへの訓令が、島国は、その外交政策を防御的意味以外では考えることが出来ないことを表わしたものだったとすれば、皇帝への書簡の中で述べられたメッテルニヒの意図は、大陸の政治家が、その会議に道義的象徴を求めていることを反映したものだった(注三)。イギリス内閣が、フランスについてのみ議論していた時、メッテルニヒの最大の関心事はロシアだったので、フランスについては、ほとんど言及していなかった。カースルレイが、エイクス・ラ・シャペル会議を、国際関係における新時代の始りと論じたが、メッテルニヒは、その会議が、パリ講和条約によって規定されており、従って、条約関係の神聖さの象徴を意味するという理由で、その会議を支持したのである。メッテルニヒの書簡が、ロシアの意図の分析から始っていたのはけだし当然だった。すなわち、矛盾する動機で精神的に分裂しているアレキサンダーは、彼の昂進しつつある宗教的熱狂だけの理由であれば、ヨーロッパの安寧を乱すことはないでしょう。アレキサンダーの信仰心からみると、侵略政策をとるとは思われませんが、そうはいってもやはり、彼の狂信的信仰は、たえず道義的、宗教的帰依者を求めることを意味するからこそ、不安定要因をもたらすのです。「それゆえ、ほとんどすべての政府を混乱に陥れるような数多くの陰謀が仕組まれたり、間諜や、使徒が洪水のように各国に殺到するのです」と。

従って、メッテルニヒは、ウィーン会議にならった会議にしようとするロシアの主張をしりぞけた。ロシアの主張の骨子は、参加国が大国に限られた会議は、二流国の嫉妬心を引き起すこと、それに、具体的成果を欠く場合には、会議方式を全く危くしかねないということにあった。メッテルニヒは、オーストリア皇帝への書簡の中で次のような反論を加えていた。会議は、フランス問題のみを討議するもので、しかも、存在する条約上の義務にもとづき開催されるものですから、嫉妬など引き起すことはありません。無為な会議になるかもしれないとの危惧については、「会議の最も有益な成果は、存在する秩序を変えないことにあり、一八一五年以来革新を求める熱狂に迎合するのを拒否してきた陛下ならびに他のあらゆる政府にとっては、最大の勝利となるでありましょう。あらゆる機会に〝時代精神〟に敬意を払い、しかも言質を与えることによって、改革者と信徒に希望を抱かせてきたあの皇室（訳注1）に対して、オーストリア皇室は、改革者の目からみて、あらゆるものが変化しないでいる限り、実際に、相手に大きな妥協をさせることになるのです」。ここに、いま一つのメッテルニヒ外交の特徴を実証するもの、つまり、行動しないことを武器にし、また心理的影響力を与えるために会議を利用するやり方を見ることが出来る。メッテルニヒは、次のように述べその書簡を結んでいる。「我国の数多くの計画は、これまできわめて多くの勝利を収めてきました。そして、私は、エイクス・ラ・シャペル会議でもそうなると確信するものであります。……すべては、最初の第一歩にかかっていました。我国は、十分早手まわしに手を打ってきましたから、妥協させられることはありません。……我国は、イギリスおよびプロシア政府とともに、十分に優位な地位をしめているので、会議が、我国の慎重なやり方から逸脱する心配はありません」。

(注一) C.C. XII, p. 54, 一八一八年一〇月二〇日。
(注二) Webster, p. 134f.
(注三) N.P. III, p. 139f.
(訳注1) ロシア皇室を指す。

IV

メッテルニヒが懸念するようなことは起らなかった。なるほど、ヨーロッパを巡幸しているツアーの態度は、相変らずどちらともとれるあいまいさが目立っていた。ツアーは、ポーランドの自由主義的諸制度が、やがて他のヨーロッパ諸国の模範になるだろうとの希望を表明したワルソーにおける演説につづき、ドイツ諸王室を巡幸していたときには、自己の平和的意図を宣言したのだった。アレキサンダーが、エイクス・ラ・シャペルに到着したときには、最も和解的な感情に支配されているように見えた。彼は、四国同盟をヨーロッパ安定の鍵と考えていることをカースルレイに保証するとともに、四国同盟の解消は、犯罪行為であるとまで主張した。フランスの同盟参加は、問題にはならなかったし、ましてメッテルニヒが恐れてきたようなフランスとの間でロシアが単独の取決めを結ぶということもなかった。このような雰囲気の中では、四国同盟とフランスとの関係をカースルレイの訓令どおりの方法で解決するのは、さして、困難なことではなかった。十月二日、同盟軍のフランスからの撤退が合意された。それから十日後には、四国同盟を更新すること、ならびに、フランスを四国同盟に加えないことが決定された。この決定は、フランスの国民感情を考えて、秘密にされたが、公表された議定書には、同盟第六条のもとに再結集する場合には、フランスの参加を求めることとされた。ここまでの会議の経過を見ると、会議方式の効果に対するカースルレイの信頼が正しかったかのように見えた。カースルレイは、誇らしげに次のように報告している、「存在する取決めに関して行なった我々の再検討は、通常の外交交渉では、達成しえなかったものでありましょう……がしかし、今や、各国政府が、お互いに、会議の場で一堂に会しているので、誤解はすぐに取り除かれ、意見の分裂は避けられそうです」(注一)。

しかし、会議の進行がきわめて速やかに運んだので、会議方式は将来もそのようにうまくゆくだろうという錯覚を引き起したということが、やがて明らかになるのだった。フランスの脅威が消え去り、フランスの列強への仲間入りが認められたので、純粋な防御的政策の時代は終りに来ていたのである。従って、これからの共同行動は、道義的一致を創り出すことに基盤を置かなければならなかったのである。そのような訳で、予想どおり、これを実現するための最も極端な方式を主張したのはツアーだった。十月八日付のロシアの覚書は、結局、ツアーの高揚している精神構造の根拠を暴露したものであり、そして、それは、もうすでに、カースルレイが、ツアーとの最初の会見の際に気付いていたものだった。というのは、その冗慢な哲学的論文で訴えていたものは、領土と国内体制の双方に関する保障条約の締結を求めていたからである(注二)。その覚書によれば、四国同盟は、パリ講和条約とウィーン会議最終議定書において具体化されたひとつの一般的同盟を政治的に表現したものである。それは、戦後の二つの問題——外国による侵略の脅威と国内における革命の恐怖——に対処する目的をもつものであると主張していた。要するに、アレキサンダーは、侵略と革命の危険に対処するため、存在する諸条約が、連帯責任同盟(訳注1)であり、しかも四国同盟は、侵略および国内動乱のいずれからもヨーロッパを守る責任を託されているという確認を求めていたにすぎなかった。そして、その覚書は、このように安定が保証されることによって、社会の進歩が促進され、国民には、大きな自由が許されるようになる、と無気味にも結んでいた。

　これは、集団安全保障体制内におけるあらゆる国家の国内問題に関する一般的介入理論だった。カースルレイが、このような取決めには、決して同意出来ないことは明らかだった。存在する秩序を保障するとのツアーの主張は、メッテルニヒの気をひくものがあったが、メッテルニヒもまた、社会改革に迎合することによって自己の政策を正当化するつもりはなかったし、ツアーが考えている革命の危険と斗うために、アレキサンダーの軍隊にヨーロッパ中を行進させるつもりもなかった。しかし、カースルレイとメッテルニヒは、ツアーの計画に反対することでは一致していたが、その方法論では違っており、そして、その意見の相違は、二人の友好の背後にある分裂を暗示していたのである。カースルレイは、ロシアの覚書の根拠となっているその理論を非現実的であり、しかも非介入の原則を破るものであるとの理由で拒否したが、メッテルニヒは、ロシアに対する選択手段を確保しておきたかったので、ツァーの原則を受け入れたが、連帯責任同盟が必要でないことの証明として、アレキサンダー自身の創造物である神聖同盟に訴えたのである。メッテルニヒは、ツァーに、本当にそれは必要ではないと思い込ませることによって、ツァーが心に抱いていた計画を放棄させたが、それは、その後幾度となく似たようなやり方をするその最初のケースとなった。

十月七日付のメッテルニヒの覚書は、ロシアの提案を予想して起草されたものだった。それゆえに、表向きは、フランスの占領終了後のヨーロッパの新たな政治関係を述べてはいたが、ツァーの覚書には、何もふれていなかった。にもかかわらず、その趣旨は、まぎれのないほど明白だった。それは、存在する条約関係の法的分析で始っており、メッテルニヒは、ショーモン条約の中の、フランスとの戦争に関する一時的条項は、効力を失ったけれども、永続的規定には何ら影響を与えないので、まだ完全に有効に存在しております。他方、四国同盟は、廃棄条項がなく、二十年間の有効期間をもって締結されたものであり、フランスの加盟は、不可能であります。なぜならば、新たなメンバーを加えることは、当初の締約国の脱退と同様に、その同盟を根底から変えることになるからでありますす、と。しかし、こうした法理論的議論は、ツァーの心情に訴えるためのきわめて重要な道義的問題に対する強力な主張に比べれば、ほんの序論にすぎなかった。ついでメッテルニヒは、次のように論じた。四国同盟は、政治上の道義の基本原則を反映したものであり、かつ、同盟諸国は、みずからのあらゆる安全保障手段の対象としている国から、みずからの国内体制に対する保障を受け入れることなどありえないのであるから、新しい同盟をつくるとすれば単に、一般論的原則を宣言したものにすぎなくなるでしょう。しかるに、そのようなことは、存在する神聖同盟を考えれば、不必要かつ冒瀆でさえあります、「一般的意味での取決めは、ショーモン条約を侵害すると同様、存在する（メッテルニヒ傍点）神聖同盟を侵害することになるにすぎません。そして、それらの条約は、その尊い創設者の意図にふさわしく、かつ最も有効な手段なのです」（注三）。

神聖同盟への訴えには反論出来なかった。メッテルニヒは、アレキサンダーの道義的貢献を称賛することで、アレキサンダーが条約構造の変更を主張出来ないようにしたのである。メッテルニヒは、現存する秩序を変えないでおくことにより、改革を求めて騒然としているヨーロッパにあって、安定の象徴としての立場を獲得したのである。メッテルニヒは、いつもの習慣に従って、自分がツアーの意図をくじく先頭に立つのをやめ、他人にそれをやらせたのである。カースルレイは、国内からの圧力を受けていたので、喜んで、アレキサンダーとの論争を買ってでたのである。カースルレイは、十月二十日付の覚書で、現行の諸条約に関するロシアの解釈に強硬に異議をとなえてきたのである（注四）。

メッテルニヒが、ツアーの提案の原則を受け入れたが、その必要を認めなかったのに反し、カースルレイは、国際秩序に関するアレキサンダーの考え方を即座に拒否したのである。カースルレイによれば、四国同盟は、普遍的道徳理論の適用を表現したものどころか、明確に列挙された特定の危険に対して向けられたものであり、会議方式は、ヨーロッパの統治を監督するためではなく、変動する状況に応じて、現行諸条約の規定を解釈することを目的にしているにすぎない。動乱が国内であれ、国外であれ、動乱という事実だけでは、戦争の原因にはなりえない。むしろ同盟諸国は、生じた変化が、干渉を正当化するだけの脅威を意味するかどうか、ケースごとに考慮しなければならないというのであった。そしてカースルレイは、次のように結んでいた、「世界の平和と幸福のための普遍的同盟を求める問題は、常に思索と願望の対象にはなってきたが、いまだに一度も実現されたことはなかったし、あえて私見を述べさせて頂くならば、それは、まだ決して実現出来ないでしょう。連帯責任同盟という考え方は、実際上、あらゆる国家に、平和と正義にもとづく国内制度を施行させるような一般的統治方式が、前もって確立されていることを意味するものと理解されねばなりません。……その時までは、諸国家からなる一般的同盟によってヨーロッパを統治するという制度は、現実的な段階にまで引き下げられなければならないし、全面的かつ無条件の保障という考え方は放棄しなければなりません。そして、諸国は、みずからの安全保障をそれぞれの自国の制度の正義と叡知にゆだねなければならず、そしてそれは、他の諸国が与える用意があると感ずるような協力によって支援されるのです」（注五）。

これは、イギリスと大陸諸国との間の最も根本的な対立点であって、いかなる〝善意〟をもってしてもとりつくろうことは出来なかった。すなわち、国際問題に関するイギリスの考え方は、防御的であり、従って、イギリスは、危険が圧倒的になった場合に限り、共同行動をとることが出来るにすぎなかった。しかるに大陸諸国の政策は、予防的であった。大陸諸国にとっては、緒戦が決定的意味をもつのであって、最後の斗いには意味がなかった。従って、大陸諸国は、圧倒的危険が現実に起らないように努力を傾けたのだった。つまり、イギリスは、物理的侵略の範囲をせばめようとしたが、大陸諸国は、侵略が全く起らないようにしようとしていたのである。大陸諸国にとっては、島国からみればとるに足らないものと思える事態に対する正確な予測こそ、島国が重大視している物理的孤立に匹敵するものだった。ツアーの神秘主義への高揚、メッテルニヒの可能な限り広範な道義的一致を達成しようとする主張、そして、カースルレイの島国の感覚それらの間にある相違は、いかに気高い善意や、ヨーロッパへの理想によっても、埋めることが出来なかったのである。

カースルレイが、ツアーの提案を考慮するのを拒否した際に、いかに賢明であったかということを十月二十日付の内閣からの手紙が明らかにしていた。ツアーの提案についてのニュースがまだロンドンに到着する前に、イギリス内閣は、エイクス・ラ・シャペル会議が、定期的会議をヨーロッパ外交の慣習的制度として発表する宣言をもって終るかもしれないとの見通しに驚いていた。カースルレイが、自己の最も誇りうる成果と考えた四国同盟第六条のこの解釈に対して、内閣が驚いて表した苦渋にみちた反応ほど、カースルレイと内閣との間の大きな隔りを、よく示しているものはない。その手紙は、出来るだけヨーロッパ問題への参加を防ごうとし、定期的会議という言葉が削除されさえすれば、次の会議開催の表明を認めてもよいと述べているところに、共通の危険以外にヨーロッパを一つに組織するものがあるとの考え方は、イギリス人の思考法の及ばないことだということを、またしても明らかにしていたのである。たしかに、〃懐疑的な愛情〃をもってみている議会を満足させることが難しいことを第一の理由にあげていたが、本当の困難は、もっと根本的なものにあった。すなわち「我々は、この際、我々が単に撤兵という単純な問題を処理する意図であることを困難ながら、(二流諸国)に保証することで、(一般的宣言を)是認するものである。しかし、定期的会議方式を二流諸国に発表するに当り、我々は、これらの会議が、一つの目的、つまり、フランス一カ国の問題に限られることになっており、国際法が介入を正当化しない場合いかなる介入の約束をもしないことを宣言しなければならない……」(注六)と述べていた。事実、カニングに率いられた内閣の一派は、定期的会議の理論は、イギリスの伝統的政策に反しイギリスを大陸のあらゆる紛争にまき込むことになるとの理由で反対していた。「我々の真の政策は、常に、大きな緊急事態以外は、介入しないことでありまた介入する場合は、圧倒的武力をもってする」と。その手紙は、内閣が、この見解をとるものではないことを明らかにしていたが、イギリスは、その会議に、外務大臣の個人的権限で参加したことと、内閣が、外務大臣に反対するという名誉ある方法を考えつかなかったために参加したという事実をおおいかくすことは出来なかった。

以前にもしばしばそうだったように、この手紙が着くまでに、危機は去ってしまっていた。というのはツァーは、カースルレイの非妥協的態度と、メッテルニヒの逃避的態度に直面して、連帯責任同盟に関する提案を撤回してしまったからである。しかし、アレキサンダーは、たとえ漠然としたものでも、ヨーロッパの精神的結合の表現だけでも残すよう主張した。カースルレイは、自分の国内的に困難な立場にあるのを改善するために、出来るだけ目立った行動をとりたくはなかったが、同盟諸国の発表した宣言――正統かつ立憲的支配者のもとにあるフランスの四国同盟の諸会議に参加しようとする平和的意図が十分に証明されたとの――を受諾せざるをえなかった。同時に、同盟諸国は、秘密議定書で、四国同盟を更新した(注七)。正統かつ立憲的という表現に不満があったけれども、内閣は、カースルレイが、その言葉は、単に、ツァーのおきまりの表現であって、べつに大した意味はないと保証したので受諾したのである(注八)。

エイクス・ラ・シャペル会議が格調高い調和の声明をもって終るかにみえたちょうどその時、もう一つの論争が起り、そしてそれは、もっと明白な保証がない限り、見かけだけの調和では、大陸諸国を安心させるには十分でないことを再び明らかにしたのである。今度は、プロシアが、集団安全保障に安全を求めてきたのだった。ヴィスチュラ河からライン河をこえて拡大し、飛び地によって隔てられた二つの主要領土からなるプロシアは、四国同盟が、ケースバイケースで解釈されるというカースルレイの主張に対して、少なからず不安を感じたのである。そこで、プロシアは、主要大国の領土に対してのみ及び、かつ、ネザーランドとドイツ連邦を含む保障条約を提案してきたのである。ツァーが、望んでいる計画の少なくとも一部分でも実現するかもしれない見通しに対してツァーがとびつくことはまちがいなかった。これには、メッテルニヒでさえ心を動かしたほどだった。メッテルニヒが、そのような条約に好意を示したのは、その条約が、ロシアに自己抑制を認めさせることを意味するばかりでなく、より重要な理由としては、オーストリアにとっては、常に脅威となってきたプロシア国内の軍部の影響力を減少させる一手段となるだろうと考えたからだった(注九)。そこで彼は、イギリスが条約上の義務的な約束を引き受けないが、精神的承認を与えることが出来るような表現の条約を考え出そうとした。しかし、結局のところ、そんなに含蓄のある文書を起草することは出来ないとわかったので、エイクス・ラ・シャペル会議は、カースルレイが望んだように表面的な一致と、メッテルニヒがもくろんでいたように、何事も変えることなく閉会したのである。

しかしながら、外見上の調和の背後には、さまざまな動機にもとづく矛盾が明らかになりつつあった。フランスが、諸国間の協調の仲間入りをしたことによって、政治斗争は、ついに終ったのであるが、それとともに、イギリスが大陸問題に参加するのを国内的に可能としてきた唯一の動機もなくなってしまった。イギリスが徐々にヨーロッパ問題への参加を制限するようになるにつれて、一つの悪循環が始ったのである。イギリスの孤立主義的傾向が強まれば強まるほど、オーストリアの物質的弱点を知っているメッテルニヒは、ツァーを抑制する最も効果的武器――アレキサンダーの道義的熱情に訴えること――にますます頼るようになるのだった。しかるに、メッテルニヒが、ツァーの宗教的高揚に媚びれば媚びるほど、カースルレイにとっては、よけいに共同歩調がとりづらくなるのであった。しかしながら、エイクス・ラ・シャペル会議が終ったときには、両者ともこのことをおおいかくそうとしたのである。なぜならば、メッテルニヒにとっては、自分のロシアに対する交渉力が、イギリスが味方になってくれると思わせることによっていたからであり、カースルレイにとっては、自己の抱いているヨーロッパへの理想のためにそうしたのだった。彼は、その理想が、内閣の愚かさと、同盟諸国の安全に対するつまらない——カースルレイにとっては——探求に打ち勝つことが出来るとまだ期待していたからである。しかし、彼は、幻想の時が終りつつあるのを感じとったにちがいなかった。というのは、その時、メッテルニヒは、次の斗いの局面では、カースルレイが、個人的にたとえどんなに同情しても、とてもついてゆけなくなるような挙に出たからである。メッテルニヒは、プロシア王に、国の行政機構について助言するとともに、一八一三年の熱狂の時代にプロシア王が、臣民に憲法発布を約束したことを実行しないよう勧告した二通の覚書を提出した(注一〇)。その中でメッテルニヒが展開した議論は、ヨーロッパの保守主義者の良心としての役割を果たそうとしたこれまでほどには興味を引くようなものはほとんどない。

(注一)　Webster, Ⅱ, p. 146.
(注二)　W.S.D. Ⅻ p. 723f.
(注三)　Hans Schmalz, *Versuch einer Gesamteuropäischen Organisation* 1815—20 (Berer Untersuchungen zur Allgemeinen Geschichte), p. 38f. メッテルニヒの四国同盟と一般的同盟との間の区別については、N.P. Ⅲ, p. 160f も参照のこと。
(注四)　その覚書は、カースルレイの配慮を内閣に示すためであり、ツアーに対して示されたものではなかったが、同様の議論は、それ程強い調子ではないが交渉の期間中、主張されたのは事実であった。

（注五） Text, Webster, *Congress of Vienna,* p. 166f.
（注六） C.C. XII, p. 394.
（注七） Documents in B.F.S.P.VI, pp. 11—19.
（注八） C.C. XII, pp. 71, 75.
（注九） N.P. III, p. 159.
（注一〇） N.P. III, p. 171f.

（訳注1） ツアーの提案した連帯責任同盟とは、ヨーロッパのすべての国が参加した一般的条約によって、ヨーロッパを組織し統治することを意味した。

第十三章　カールズバード条例と中央ヨーロッパの支配

オーストリアの中央ヨーロッパに対する関係――ドイツの組織化――ドイツ統一への期待感の消滅――コッツェビュの暗殺――テプリッツとカールズバードにおける協議――諸国の反応――オーストリアとイギリスの協調関係の限界

I

戦争直後の期間のメッテルニヒの最大の関心事は、強力な中央ヨーロッパの建設であった。彼はそれをヨーロッパの安定とオーストリアの安全保障の条件と考えていたのである。メッテルニヒは、強力なオーストリアこそ中央ヨーロッパの鍵をにぎるものであると確信していたので、国内の再編は、彼にとって主要な関心事となった。一八一七年、彼は、行政の分権化と一民族に一人ずつ四人の首相の任命をふくむオーストリアの統治機構の改革案を提出した(注二)。それは、優秀な行政によって多民族帝国の一体性をつくり出そうとする試みであり、北方のプロシアで成功裡に遂行されたやり方と似ていないこともなかった。しかし、皇帝にしてみれば、革新的計画で平和な時代を開こうとしてナポレオンと斗ってきたのではなかったし、革命の時代を通じてオーストリアを無事に維持してきた制度を根本的に変革しようとする理由がわからなかった。メッテルニヒが結局は、外交的手段によって、中央ヨーロッパを支配しようとせざるを得なかったということは、国内的にメッテルニヒが無力であったことのしるしだった。メッテルニヒがとったその外交手段とは、内部的な論理によって必然的にオーストリアの支援に頼らなければならなくなるような政治体制をつくり出すことであり、また、オーストリアとともに、民族主義と自由主義という一対の運動を挫折させることに共通の利益を感ずるような諸国を多数つくり出すことだった。たしかに、ドイツもイタリアも、ヨーロッパをおおっている民族主義と自由主義の思潮に免疫を維持していることは不可能だった。しかし、実際のところ、手に負えなくならない限り、社会不安は、二流諸国に独り歩きの政策をとるのを思いとどまらせるという意味では、メッテルニヒの意図からすれば、好都合だったのである。したがって、戦争直後の時代には、メッテルニヒは、反対者を鎮圧することよりも局限しようとし、また反革命の聖戦をすることよりも、敵対者が主要大国から支援を受けるのを妨げることに関心をもっていたのである。それゆえ、メッテルニヒの主要な努力はまだ政治的なものだった。すなわち、彼が革命的と考えている二つの大国——ヨーロッパにおけるロシアとドイツにおけるプロシア——を弱体化させることだったのである。

このことは、イタリアでは比較的簡単な問題だった。オーストリアは、その地理的位置の有利さと二流諸国の従属王朝によって、イタリアの北部と中部を支配していた。しかも、オーストリアは、ナポリ王国と条約を結び、その条約によって、ナポリ軍をオーストリアの指揮下に置くとともに、復位したナポリ王は、オーストリアの同意なしには、その国内体制を変えないことを約束していた。一八一七年、メッテルニヒが、イタリア諸王室を訪問した際に、彼は、ロシアの手先によって煽動された相当に広範なカーボナリー主義者(訳注1)の活動があることを報告してきた。しかし、彼は、一つには、オーストリア領のイタリア諸州の行政に、より多くのイタリア人を登用することにより、また一方では、ツアーが、ロシアのそうした行為を否定するか、やめさせるかしなければならなくなるように、ロシアの行為を最大限に宣伝することで、革命運動を失敗させることが出来ると信じていた(注二)。

ドイツにおける情勢はもっと複雑だった。オーストリアは、ドイツでは、地理的に有利な地位にないばかりでなく、ただ二流諸国を相手にしていればよいというものでもなかった。ドイツの中心からはずれ、強力な国家プロシアと対峙しているオーストリアは、ドイツを物理的に支配しようと望むことは不可能だったし、民族主義と自由主義の二つの潮流は、オーストリアの道義的立場に脅威を与えていたのである。それゆえに、一八一二年の熱狂の時代、プロシアの愛国者たちが、ドイツの改革を夢み、自由主義者たちが民族主義者たちの万能薬となる諸構想を描きつつあったとき、メッテルニヒは、これらの精神的高揚を挫折させるために、まわりくどいやり方で、粘り強く巧妙にやってきたのだった。ドイツが統一されていれば、それは、オーストリアから歴史的強さの根源を奪ってしまっただろう。というのは、多民族帝国であるオーストリアは、民族主義によって正統化された体制の一部には、決してなりえなかったからである。議会制度による一つのドイツ、あるいは、言語的に統一されたドイツでさえ、歴史的に発展してきた諸体制の相互依存という神話のうえに成り立っている国に対しては、常に挑戦を意味したのである。このゆえにこそ、一八一三年にメッテルニヒは、連合が、オーストリアの生存を保証するような原則を中心に結成されるようになるまで、オーストリアの連合への参加を引き延ばしたのであった。歴史的に発展してきた国家のもつ神聖さを主張することは、多数の諸国からなるドイツの存在を保証することであり、そこにおいては、共通の国籍を求める要求は、諸王朝の要求の中に埋没されてしまうであろうし、それらの王朝は、合意——道義的一致についての公式の表現――によってのみ統治され、支配によっては統治されえないものであった。

それゆえに、メッテルニヒのドイツ政策は、道義的関係という実体をつくり出すことにかけていたのである。彼は、ドイツにおけるオーストリアの優位を平等性の神話のうえにきづきたいと考えていたので、神聖ローマ帝国の帝冠をオーストリアが再び帯ることを潔よしとしなかった。そして、彼は、プロシアにその重心を東ヨーロッパからドイツに移すことを許し、一方、オーストリアの重心をドイツから東南ヨーロッパへ移すことにしたのである(訳注2)。なぜならば、彼は、オーストリアの道義的立場というものは、ドイツ内の領土的基盤に相応するものだとは信じていなかったからである。つまり、メッテルニヒは、人民の意思から諸王朝を守ること、それに、力にもとづく要求から二流諸国の存在を保証することを、オーストリアの道義的立場の強さと見ていたのである。ドイツ連邦の中に飛び地となっている領土をもち、その防衛のためには、ドイツを組織化して統一することにしか安全を見い出しえないプロシアに対して、二流諸国が、支援を求めてオーストリアに頼って来るような外圧を加えることをメッテルニヒは期待したのだった。

ウィーンで、重要人物たちがヨーロッパの勢力均衡をめぐって相争っていた一方、オーストリア、プロシア、ハノーヴァー、バヴァリア、ヴィルテンベルグ(訳注3)の諸国からなるドイツ委員会が、戦時中にしばしば、そしてあいまいに約束されていたドイツ連邦を生み出そうとしていた。というのは、テプリッツ条約やショーモン条約では、国家に関する条文は、多くの主権国家からなるドイツを要求していたが、ドイツ国民に対するプロシア・ロシア宣言――民族解放戦争の開始を宣言したものだったが――は、人民憲法を与えることを約束していたからである。しかし、オーストリアの立憲的目標は簡単だった。つまり、かりに人民を行動させるにしても、王朝を通じてやらせ、民族的熱情を宮廷秘密外交《キャビネット・ディプロマシィ》の領域に向けるような体制をつくり出すことだった。交渉が、自国の主権を失うまいと心配している王公諸国の代表者たちによって行なわれたので、論争の余地はなかった。その結果は、ドイツを主権国家からなる連邦として樹立するという連邦法が成立した。それによれば、ドイツ諸国は、相互間の戦争を放棄し、内部の紛争は、調停に付託することを約束していた。また、ドイツ諸国は、それぞれの国家の代表からなる議会を創設し、それぞれ一票ずつもつ十一の主要国と、残りは、一票として投票する六行政区に組織された。議決は、戦争か平和かのような重要問題は三分の二の多数決を要する以外は、単純多数決によることになっていた。約束されていた立憲的改革は、「それぞれの国家は、議会にもとづき憲法を制定するものとする」と第十三条に予定条項として規定されたが、やがてメッテルニヒは、それからあらゆる意味を奪いとって骨抜きにしてしまうのであった。

これほどうまく、人民の行動を挫折させるために計画された手段は、考え出そうと思っても考え出せるものではなかった。ドイツ連邦議会は、人民の代表者からなるのではなく、政府の代表からなっていたのである。諸小国の投票権の不均衡、小さく分裂していることに価値を見い出す国どうしの戦争の禁止、組織の修正には、満場一致が必要なこと、会議の最高主宰者としてのオーストリアの地位など、これらのすべては、行動は、影響力によってのみなされるのであって、武力によってではないということを強調していたのである。そして、二流諸国は、みずからのおかれた状況の必然性から、国内の革命を防ぐためにも、プロシアに支配されないためにも、オーストリアに頼らざるをえなくなったのである。かくして、プロシアの民族的使命感が二流諸国に与える脅威がかえって、オーストリアの保護によるドイツ連邦内の結束を固める要素となり、また、多くの愛国者たちが望んでいた民族主義的体制は、主として、反民族主義的動機と結びつけられたのである。しかし、メッテルニヒが考えていた問題は、単にプロシアを孤立させるというような簡単なものではなかった。不満をもったプロシアは、連邦という足枷に反抗して、民族主義運動のスポークスマンになるかもしれなかったし、もやもやとした不安は、ちょっとしたことを大戦争にかえないともかぎらなかった。二流諸国の道義的一致とプロシアの支持によってドイツを支配するということは、矛盾したやり方と考えられるかもしれないが、これが、メッテルニヒのドイツ政策の核心をなすものだった。

　メッテルニヒは、ウィーン講和がプロシアに与えた困難な立場によって助けられ、また、プロシアが、ドイツ統一による民族的基盤に立った安全保障か、オーストリアとの友好関係による政府基盤に立った安全保障を求めるかという基本的政策の選択が出来ないという、その優柔不断さに助けられたのである。プロシアが、中央ヨーロッパに領土を拡大し、防御不可能な国境線をもち、フランスのラインラントへの下心と、ロシアのポーランドへの野心を恐れていたので、軍事的に強力なドイツ連邦に安全保障を求めたのは当然のことだった。しかし、積極的なドイツ政策は、自国の主権がおかされはしないかと心配している二流諸国を恐怖におとし入れることは確実だった。一方では、プロシアは、ロシアやフランスと戦斗をまじえる場合には、常にオーストリアの支援を不可欠のものと考えていたが、これは、ドイツ連邦を強力にするという努力とは両立しないものだった。

　五十年間、プロシアは、ヨーロッパで最も危険にさらされている国であるとともに、最も防御不可能な国であるというこのジレンマを解決することは出来なかった。しかるに、戦争直後の時代にあっては、そのことは正確な方向性をもった明確な考えもなく、ただウィーン講和の失敗をただそうとする中途半端な暗中模索へとみちびいたのだった。そしてそれは、必要欠くべからざる条件についての正確な考え方もなく、ただドイツにおける強力な立場を追求するというあやふやな努力となったのである。それは、解放戦争時代のプロシア外交の失敗――あらゆる政策の利点のみを組み合そうとする――がまた現れたのだった。プロシアは、連邦内におけるオーストリアとの同格の承認を求める一方、フランスやロシアと対抗するためにオーストリアとの協力を取り付けようとしていたし、また、オーストリアとの友好関係を前提としてドイツ外での政策を遂行しながら、一方では、オーストリアを無力にしなければ達成できないはずのドイツ内での政策を実行していたのである。

そのような矛盾は、メッテルニヒのような狡猾な反対者にあっては致命的だった。事実、メッテルニヒの巧妙な策略は、自分がプロシアの政策に反対しているのをおおいかくすことにあった。プロシアのとる手段が常軌を逸してくればくるほど、オーストリアの道義的立場は、ますます強化されてくるのだった。プロシアが執拗になればなるほど、オーストリアは、ますます現行条約上の義務のところへ後退することが出来た。かくして、プロシアは、二流諸国にオーストリアの道義的主張の正当さを証明するような立場に追い込まれたのである。フランクフルトでの議会(訳注4)で、メッテルニヒの代弁者のブオル(訳注5)――連邦法にしたがって、その議会の主宰者としての職にあった――に対して与えた最初の訓令ほど、メッテルニヒのドイツ政策を要領よく説明しているものはなかった。メッテルニヒは、ブオルに主宰者としての肩書をあまり強調しないようにと忠告したあとこう続けていた、「我国自身の要求を主張することよりも、他国の要求を葬り去ることがより重要なのです。……貴下の任務は、(我国の)利益のために、出来るだけ有利に、(しかしながら)不信感を引き起すような目立った行動はとらずに連邦法によって与えられた主宰者としての権限を利用することと……貴下の職務を遂行するに際し、ある種の公正さを通じて、他の連邦諸国のあいまいな意図をくじくことなのです。そのような態度をとることによって、大部分(のドイツ諸国)は、我国が沈黙していることで、自分たちが好感をもたれていると思い、我国の忠告を受け入れるばかりでなく、積極的に忠告を求めに来ることさえ期待できるのです。……かくして我国はほとんど何も求めもしないのに、多くの利益が得られるようになるのです」（注三）。

そのような状況のもとでは、プロシアは、どう動こうにも失敗させられる運命にあった。事実、フランクフルトの議会で、プロシアの代表が、オーストリアとプロシアは、議会の指導権と、ドイツでの軍事的支配権を共有することを提案してきたとき、それは単に、メッテルニヒにオーストリアの優位を証明するための一手段を与えることになったにすぎなかった。しかも、メッテルニヒは、その提案を秘密裡に、他のドイツ諸王室に伝えるとともに、オーストリア・プロシアの友好関係はきわめて確固としているので、公式の条約など必要ではないし、またいかなる場合でも、明白な協力関係を結べば、二流諸国がそれに反対して結束する結果になるだろう、と回答した。プロシアは、その提案の失敗をおおいかくすのに、その代表を召喚するしか手がなかった。またプロシアが、オーストリアと同数の兵力の連邦軍を要求したときには、メッテルニヒは、二流諸国が、その提案を葬るだろうことを十分承知のうえで、オーストリア代表に、見事な間接的手段で、プロシアの提案に賛成投票するよう指示したのだった（注四）。さらに、プロシア王が、そのポーランド領をドイツ連邦に含めるよう求めてきたとき、メッテルニヒは、このプロシアの弱さの告白を利用して、オーストリアの賛成が欠くべからざることを証明したのである。すなわち、メッテルニヒは、まず、それは二流諸国の承認が得られる見通しもなく、さらにツアーを敵にまわすことになるにすぎないとプロシア王に確信させることで、その提案を撤回させておいてから、次に、それに代るものとして、秘密のオーストリア・プロシア防衛同盟を提案したのである（注五）。このやりとりこそ、メッテルニヒのドイツ政策の核心を象徴するものであった。要するに彼は、二流諸国のプロシアに対する脅威によってそれらの二流諸国を支配し、プロシアのフランスとロシアに対する脅威を利用して、プロシアを支配しようともくろんでいたのだった。

　こうして、高邁な希望をもって出発したドイツ連邦は、徐々に、オーストリアの政策に最も広い道義上の基盤を与えるための一手段になったのである。そして、その議会は、外交官たちの会合になってしまい、しかも、メッテルニヒがオーストリア代表に、訓令が届くまで投票を待つように主張したためにますます無力なものになっていったのである。各国にそれぞれの議会にもとづいた憲法を与えることを約束した連邦法第一三条は、メッテルニヒによって、それは予定条項であって、その実施は、それぞれの政府の叡知にゆだねられているともいうべき誠意の問題と解釈されるようになった。オーストリアの優位は、その代表が主宰者としての権限をもっていたことによるばかりでなく、会議の場所がオーストリア大使館であったこと、さらに、一八四八年まで、連邦の紋章がオーストリアの紋章だったことによって強調されていたのである。プロシアは、やろうと思えばこの締めつけを、愛国的諸団体と自由主義運動を結びつけた民族主義政策によって打ち破ることが出来たのだがやらなかった。しかし、このような考え方は、少数の者によって支持されてはいたが、プロシア王とその助言者たちは、外国の攻撃よりも革命をより恐れていたのである。民族解放戦争のさ中に、あのように高められた希望が、それに匹敵する程の苦汁に変り、とりわけ、若い世代がその民族精神の高揚《ナショナル・アスピレーション》がだましとられたと感じ、あらゆる点から本当に民族的機関である大学が反抗の拠点となったのは不思議ではなかった。しかし、その抗議もオーストリアの連邦機構の支配権に直面してはいかんともしがたかった。そして、ツアーにかけられた望みもまた期待はずれに終る運命にあった。ツアーの漠然とした一般論は、自由を求める十字軍となるよりも、抑制のための力となりそうなことが徐々にはっきりしてきたからである。またしても、メッテルニヒは、創造力ではないが、自己の診断力の正しさを証明することになったのである。というのは、彼は、エイクス・ラ・シャペル会議に先だって、すべてが現状どおりで何も変えられないならば、ツアーの道義的立場は失なわれることになるだろうと述べていたからである。

かくして、一八一八年末までには、メッテルニヒは、中央ヨーロッパの安定を達成し、オーストリアがその鍵をにぎる立場に立った。しかしながら、不満の声は鎮められず、社会斗争も、統制された結束を示すだけでは避けられるはずがなかった。最初の明白な革命的行為が、一人のロシアの情報係――君主制についての著作で名を上げていたが――の暗殺となってあらわれ、しかも、それが、イエナ大学(訳注6)の狂気じみた一学生の仕業だったということは、ドイツ国内の挫折感とツアーに対する期待感がさめたことを表わすものだった。コッツェビュ(訳注7)の暗殺というこの事件は、もっぱら政治的手段によって、中央ヨーロッパを組織しようとしてきたメッテルニヒの努力が終ったことを意味するものであった。以後、彼の政策は、主に、革命の波がおさまり、中欧の帝国オーストリアの生存を意味するような秩序の瞬間をたえず探求しようとして、社会的抑圧のための道義的基盤を得る手段となるのである。

(注一)　N.P. Ⅲ, p. 69f.
(注二)　N.P. Ⅲ, p. 175f.（イタリアの状況に対するメッテルニヒの最終報告）
(注三)　Stern, Alfred, *Geschichte Europas seit den Vertraegen von 1815 bis zum Frankfurter Frieden*

von 1871, 10Vols. (Munich-Berlin, 1913—24). Vol. I, p. 298.

(注四)　Stern, I, p. 530.

(注五)　Stern, I, p. 633 (Appendix).

(訳注1)　イタリアの最も有名な秘密結社で、一八一五年に、ナポリのブルボン家の復位に反対し、暴力で国王およびフランス人を国外に放逐し、共和政をしこうとして結成された。その教義はキリスト教の人道主義にもとづいてはいたものの、活動は、中世の石工組合（フリーメイスン）からの借りもので儀式的だった。しかも、指導体制が明確でなかったため、暴動も散発的かつ孤立しがちで、一八二〇年、一八二一年にナポリとピエモンテで反乱を起したが、鎮圧された。

(訳注2)　ウィーン会議で、プロシアがドイツに領土を拡大したのに対し、オーストリアは、ドイツで領土を求めなかった代りに、イタリアで、ヴェニスとロンバルディを保持した。

(訳注3)　神聖ローマ帝国を構成する選帝侯領、王国。ナポレオンと同盟し、その領土を増しライン連邦の一王国になったが、一八一三年に連合国側に加わった。

(訳注4)　ウィーン会議の最終議定書に規定されたドイツ連邦三八カ国（三四の主権国と四つの自由市）基本法にもとづきフランクフルトに連邦議会を設けることとなっていた。

(訳注5)　**Buol-Schauenstein, Karl Ferdinand Graf** (1797—1865)　オーストリアの外交官、外務大臣。一八五二年、シュヴァルツェンベルグの後継者として外務大臣に就任。しかし、クリミア戦争では、その動揺した外交政策の結果、ロシアの敵意をまねき、ドイツ、ヨーロッパでオーストリアを孤立させることとなった。第一五章一節参照。

(訳注6)　一五五八年に創立され、長い間、新思潮を最も自由に受け入れることに関しては、ドイツの大学の中でも最先端をゆく大学であった。一八世紀末から一九世紀初頭が、その黄金時代で、教授陣には、フィヒテ、ヘーゲル、シェーリング、シラーなどがいた。マルクスも、一八四一年ここで博士号をとった。

（訳注7） Kotzebue, August Friedrich Ferdinand von (1761—1819) ドイツの劇作家。一七八一年ロシアに行き官吏になるかたわら劇作をし、その劇はヨーロッパでなかなか人気があった。彼は、ロシア滞在中にロシア皇室と関係をもち、一八一七年以後、アレキサンダーから、ドイツ、フランスの政治、経済、教育などについての情報を報告するよう命ぜられる一方、マンハイムで新聞を発行し、ドイツにおける民族主義運動に冷笑を浴びせていた。大衆は、彼を裏切者とみなし、一八一九年三月二三日イエナ大学の学生カール・ザンドによって刺殺された。

II

メッテルニヒは、コッツェビュの暗殺を、皇帝に随行してイタリア諸王室を歴訪している途中、ローマで聞いた。彼は、自分の僚友で情報係のゲンツからの一連のヒステリックな手紙で知らされたのである。ゲンツは、コッツェビュの運命が自分をも待ち受けているのではないかとの恐怖感にとらわれていたのである。ゲンツは、ただちに鎮圧手段をとるよう、そして連邦を無視してもオーストリアが反革命の十字軍のリーダーシップをとるよう主張していた。しかし、メッテルニヒは、きわめて冷静だったので、興奮した精神状態で政策を遂行するようなことはありえなかった。彼は、コッツェビュ殺人事件をそれほど重大な挑戦とは見ずに、むしろ、小ドイツ諸王室に、賢明なるオーストリアの訓戒を垂れるかっこうのチャンスと考えたのである。それゆえに彼は、自分の自信のある戦術に忠実に従い、すなわち、他の諸王室に、オーストリアの目的を提案させるために、そして超然たる政策をとることによって、オーストリアが必要欠くべからざる存在であることを示すために、ドイツの恐慌状態を利用して危機を防ごうとしていたのである。というのは、状況はまさに、過去三年間にわたる自分の主張のすべてが正しかったことを証明しているように思えたからだった。主要なドイツ諸国の中では唯一カ国オーストリアのみが、革命の危険からまぬがれているように見えた。オーストリアの大学の平静をみだすような愛国的団体もなければ、反政府宣伝の機関となるような新聞もなかった。このことが、たとえ、オーストリア国家のもつ精神的均一性に対する賛辞というよりは、むしろ、オーストリア警察の優秀性に対する賛辞であるにせよ、やはりそれは、他国に影響力を与える行動のための有効な基盤となったのである。

　メッテルニヒは、またしても、自分の味方になりそうな諸国が態度を明らかにするまで、行動しないという気の遠くなるような、いつものやり方を始めたのである。実際のところは、メッテルニヒは、反革命の先頭に立つ用意はあったが、出来るだけ多くの諸国、とりわけプロシアをまき込むことを確実にしたいと考えていたのである。かりに、重要な問題をたとえいかに弱いものであれ民族的機関によって解決するよりも、純粋な宮廷秘密外交《キャビネット・ディプロマシイ》によった方がよりうまく解決できることだけを証明するのであれば、彼は、連邦をそっちのけにしてでもやる気は十分にあった。しかし、メッテルニヒは、オーストリアの自己の意思にもとづくものではなく、他の諸王室が、オーストリアの援助は、自分たちの防衛のためであるということを〝自発的に〟認める程、連邦の無力を証明することによって実行したいと考えていたのである。それゆえ、メッテルニヒ外交に精通している者からみれば、メッテルニヒが、何もしないことから自己の外交行動を開始したということは当然のことなのである。彼は、きわめてどっちつかずの回答をゲンツに与えたが、その抽象的で無頓着な調子の中にも、状況をくわしく知っていることを明らかにしようとしていた。メッテルニヒの手紙は、コッツェビュの暗殺事件——メッテルニヒはそれを民族主義者の陰謀のせいにしたが——には、ほんの一節しかさいておらず、逆に数ページを、ローマの建築のすばらしさについての感想、それに規模と美しさと神聖さとの関連にあてていた(注一)。ゲンツは、自分の興奮を抑えることが出来ずに、返事の中で、真の問題点は、民族主義者の陰謀を鎮圧することではなく、それをもたらした大学の教育制度を改革すべきであると示唆し、それに、その騒ぎのすべてを宗教改革のせいにしているサクソニーのオーストリア領事からの手紙を同封してあった。しかし、またもやゲンツの意気ごみは、メッテルニヒになだめられてしまった。というのは、メッテルニヒは、もし、ゲンツからの手紙が、ドイツ諸国間の精神状態を正確に反映しているものならば、必らずや、他の方面から、最大限の措置をとるよう提案してくるはずだと信じていたからである。メッテルニヒは、無関心をよそおい動乱の場所からさらに一歩遠のいたナポリへ向った。そして彼は、教育の改革は、大学の規律の面に限られるべきだと述べるとともに、次のような辛辣な文章を書き送った。「宗教改革に関しては、私は、イタリアのクウィリナル宮殿でマルチン・ルター博士(訳注1)と交渉するなどということは不可能です。私は、新教を根絶するなどということはしないでも、何か有効な手が打てると期待しているのです」(注二)と。

一方、他のドイツ諸政府は、恐慌状態に陥りつつあった。プロシア王は、革命の動向を調べるための委員会を設置し、そして、ただちにイエナからすべてのプロシアの学生を呼び戻したが、他の多くの王室がこの例にならい同じ措置をとるに至った。こうした傾向がきわめて顕著になったので、自由主義者で有名だったワイマール大公は、不運にも、その罪を犯した大学を領内にもっていたため、連邦議会が、全ドイツの大学の規律に関した一定の制度を設けるよう提案してきた。不運な大公が、学問の自由と憲法に対する変らぬ情熱をもっていることを宣言しようがそんなことは問題ではなかった。またしても、メッテルニヒの敵対者は、早まった行為をして罠におびきよせられてしまったのだ。自由主義者のワイマール大公でさえ、大学の改革を認めたとなると、オーストリアの大臣がその先例にならったとしても、誰が非難できようか。そして、連邦議会が、この緊急問題を処理することが出来ないとわかったときに、メッテルニヒが代替手段を提案するならば、彼が、ドイツのコンセンサスを述べたことになるだろう。それゆえに、メッテルニヒは理論家のゲンツの異議を制して、オーストリア代表に、ワイマール大公の提案に賛成するよう命じたのである。彼はゲンツに対してこう説明したものだ、「あのジャコバン党の頭目（ワイマール大公）に屈辱を与えるような扱いをしては何の得にもなりません。彼はそれになれているのです。彼の意図に賛成していると思わせることがより賢明なやり方でしょう。つまり、彼自身があげた理由によって彼を罠にかけるか、さもなければ彼をウソつきにしてしまうことです」（注三）と。間もなく、メッテルニヒが作りあげたものだから、よくわかっていたのだが、連邦議会は、決定的行動をとることを決定するには不適当な機関だということが明らかになった。ワイマール大公の提案が、委員会で力を失ったとき、暗殺者がいたるところに潜んでいると思っているドイツ諸政府の興奮状態は、ほとんど際限なく広がっていった。連邦が信用されなくなり、オーストリアが必要であることが十分に証明されるようになったので、いよいよ行動を起すべき時がやって来たのだ。今度はメッテルニヒはこう書いた、「もうぐずぐずしてはいられない。今や、各国政府は行動するのを恐れているのです。やがて、彼らは、恐怖心によって麻痺状態に陥てしまうでしょう」と。

メッテルニヒが、コッツェビュの暗殺を知ってから二ヵ月以上たって、ようやく、北への進路をとりつつあった六月十七日に、彼は、ゲンツにあてて、一つの行動計画を書き送った（注四）。彼は、休息をとるためにカールズバード（訳注2）に向いつつあったが、そこで彼は、ドイツ諸国の大臣と会見する手はずをととのえたのである。メッテルニヒの各国大臣に対する提案は、次のような自明の理にもとづいたものだった。すなわち、精神的危機は、物理的脅威よりも解消させやすいものであり、共通の国籍によって、どんなにとるに足りないようなドイツの一国といえども、孤立させておくことは出来なくしているので、協力して予防手段をとることによってのみ、革命の潮流をくいとめることができるのである。危機がいかに重大であるかについては、ペンに対する暴力が伝統的に制限されているドイツの一国で、陰謀が、暴力行為をとったという事実によって十分に証明された、というものであった。このために、メッテルニヒは、とくに大学と新聞の放縦を非難したのであった。従って、大学の規律をしめつけることと、新聞の検閲制度によってしか革命的風潮をおしもどすことが出来ないというものだった。ゲンツが歓喜してこう答えたのも無理はなかった、「ドイツで、何ものにも拘束されずに決定的行動、そんなにも高度な手段のとれる人物を見ると、私の暗い予感は消え去ってしまうようだ……」(注五)。

しかし、メッテルニヒは、成り行きにまかせるのではなく、万事計画的に事を運びたかったのである。プロシアが、革命的政策を遂行するという危険性は実際のところなかったが、プロシアが、鎮圧手段をどの程度支持するか全くわからなかった。また、メッテルニヒは、二流諸国に自己の意思を押し付けるような立場に立たされたくもなかった。オーストリアが鎮圧計画を立てたとみなされれば、多くの愛国者たちは、民族的使命を代表する国と考えているプロシアを強化することになるかもしれなかった。その意味からいって、プロシアに鎮圧計画を立てさせれば、プロシアが最後までもっている利点、民族的行動に訴える能力はなくなるであろう。そこでメッテルニヒは、七月二十八日、二つの目的をもって、プロシア王をテプリッツに訪ねたのである。一つは、ドイツ民族主義からプロシアを切り離すために、カールズバードでの協議に向けての共同計画を立てるためであり、いま一つは、ドイツの自由主義とプロシアを結びつけようとしているフンボルト(訳注3)のような政治家の努力を無にするために、プロシア王の憲法発布の約束を実行させないようにすることだった。

その結果、メッテルニヒとプロシア王との間では、奇妙なすばらしい会話が交わされることになった。メッテルニヒは、厳格な教師のようにプロシアの過失について抗議し、一方、プロシア王は、完全に従順な態度で、必死になってその罪を自分の大臣たちに転嫁しようとしたのである(注六)。というのは、恐慌状態にあるプロシア王にとっては、メッテルニヒの登場は、予言者か、救世主のように思えたからである。私は、過去において、エイクス・ラ・シャペル会議でも少なからずそうだったが、幾度となく警告を発してこなかっただろうか？　私は革命の危険についてこれまで予言しなかっただろうか？　プロシア王はうなだれてこう述べた、「貴下が予見したあらゆることが起った」と。しかし、メッテルニヒは、容赦はしなかった。彼はこう主張した、革命は、常に教訓のあとに起るというる。にもかかわらず、オーストリアは、プロシアとの友好政策があるために革命の潮流をくいとめるのを手伝おうとしているのである。しかしオーストリアは、まずはじめに、どの政府が、その名に値するかを決定しなければならない。もし万が一、その政府が、鎮圧するのに熱心でなかったり、優柔不断である場合には、オーストリアは、すぐに手を引くであろう、と。革命によって、ドイツ内で孤立してしまうのではないかと恐れているプロシア王は、今度は、自分の首相であるハルデンベルグの閣僚を非難しはじめた。プロシア王は、自己の過ちをただし、善意を示そうとして、民族主義的政策から失なうものの最も多い国の大臣メッテルニヒから、民族主義的政策から得るものが最も多い国の首相ハルデンベルグに、プロシアには、立憲体制が適していると助言してくれるようもちかけてきたのである。これに対して、メッテルニヒは、連邦法第十三条の議会の規程は、必らずしも、代議制を意味するものではないことを説明した覚書で回答し、これに対してもプロシア王は同意したのであった。メッテルニヒがプロシアの大臣との交渉をすすめようとしたときに、「どうしても、彼ら（プロシアの諸大臣）に文書で約束させるように」という、あわれなプロシア王の懇願に近い助言ほど、メッテルニヒの優位を示すものは、一体他にあるだろうか？　メッテルニヒが、オーストリア皇帝に、勝利の誇りにみちた調子で次のように報告したのも無理はなかった、「私は、二人の消極的人物が相争っているのを見ました。それは、無力な首相と弱気なプロシア王の二人です。……私は、プロシア王の精神の中で、最も顕著な要素——無気力になってゆく傾向——を一段と強めることを自分の仕事と考えておりますので、プロシア王は、憲法を与えるなどというあらゆる手段の中で最も勇気の必要とする手段をとることはほとんど出来ないでしょう」（注七）。

その結果は、オーストリアとプロシアが共同して鎮圧計画を立てることに合意したテプリッツ協定となった。そこで、二つの会議が、カールズバードとウィーンでそれぞれ開催されることになった。カールズバードでの協議は、さしあたっての危機を処理し、新聞の自由を制限し、大学を規制し、革命的動向を調査する中央委員会の設置を検討することになっていた。また、ウィーンでの協議は、連邦制度、とくに連邦法第十三条の解釈を取り扱うことになっていた。加えて、ハルデンベルグは、完全に秩序が回復されるまで、プロシアには憲法が発布されないこと、および、秩序が回復しても、貴族、僧侶、庶民の三階級《エステイツ》の議員からなる〃文字どおり〃（メッテルニヒのいう意味での）の意味での議会によってしか憲法は発布されない、ということを約束したのだった（注八）。要は、オーストリアの国内的正統性が、ドイツを組織する原則となったのである。

このように用意周到に根まわしされては、八月六日に開催されたカールズバード会議の結果は明らかだった。その会議の調子はナッソー（訳注4）の代表が示したように「みずからは革命の流れに影響されずに、革命を阻止する手段を考えてくれた」オーストリアに対する感謝を表明する会議となった。オーストリア・プロシアの共同提案は、そっくりそのまま承認された。各国は、二十頁以下の出版物を検閲官に提出すること、および、連邦のどの国でも、好ましくないと考える出版物の発行を禁止することを約束した。かくして、すべての国、とりわけオーストリアは、連邦の領域内のあらゆる出版物に関して完全な拒否権をもつこととなった。大学については、政府が各々代表を任命し、講義内容を監視するとともに規律をきびしくするよう監督してゆくこととなった。また、マインツに本部がおかれた中央委員会は、革命運動を調査してゆくこととなった。しかも、メッテルニヒの立場がきわめて強固だったために彼は穏健な政策の支持者と思わせる余裕があった。検閲に付するページ数を二十ページにするよう主張したのはプロシアだったが、メッテルニヒは、十五ページで十分だと思っていた。そして、プロシアが、革命運動を調査するばかりでなく、革命家を裁く特別な法廷の設置を主張したときなどは、メッテルニヒは、遡及法によって個人を裁くことが出来ないと主張したほどであった（注九）。

メッテルニヒは、離れ業を見事にやってのけたのである。最も脆弱な国であるオーストリアが、強さの宝庫のように思わせ、カールズバード条例から最も利益を得る国であるオーストリアが、それに対して、最も冷淡な当事者として現れたのである。集った外交官たちが、メッテルニヒのいうとおりにすることを許されたことに対して、敬意と感謝の意をこめたうやうやしい次のような演説ほど、征服は、必らずしも武力によってなされるものではないことをよく示すものはなかった。「名誉であると同様に困難なこの仕事――貴下がこの仕事のために我々を召集したのですが――が、貴下にとって、受け入れることが出来るような形で終ったとすれば、それはみな、貴下の賢明なリーダーシップのお陰なのです。……貴下がまだアルプスのかなたにおり、規律のないジャーナリストの喧騒と恐しい犯罪のニュースを聞かれたとき……貴下は、犯罪の真の原因を知っていたのです……そして、我々がここで達成したものは、貴下が、その時もうすでに考えついていたものだったのです」(注一〇)。後世、メッテルニヒの自己満足にみちた多くの手紙に対して加えられた不名誉な非難は、多くの場合、それらの手紙が、ただもろもろの異常事態の真実を反映していたということを見逃していたのである。そのようなわけであるが、カールズバードからの書簡は、次のようなものだった、「(三十年間で)初めて、反革命的で適切な確固たる手段をもった国家群が出現しつつあります。それは、私が一八一三年以来やろうと思ってきたことであり、また、あの恐るべきアレキサンダー皇帝が、常にぶち壊してきたものを、私はいま成し遂げたのです。なぜならば、彼がいなかったからです。……もし、オーストリア皇帝が、自分がドイツ皇帝であることに疑いをいだくとすれば、それは考えちがいをしているのです」。神聖ローマ皇帝の帝冠を放棄することによって、フランツ・オーストリア皇帝が、ドイツ皇帝になったということは、皮肉な状況――メッテルニヒには、奇抜なやり方を望むところがあったが――であった。

このように、カールズバード会議は、オーストリアの優位を他のドイツ諸国が自発的に再確認するという形で終った。メッテルニヒは、関心がないと言明しながらも、事実上ドイツの首相となった。プロシアは、みずから進んでオーストリアの優位を黙認したことによって、一世代以上にわたり、民族主義の潮流に共鳴できないような方向に向けられ、フンボルトのようなプロシアのリベラルな大臣はやがてその職を追われることとなった。そして、ドイツ連邦は、結局、二流の外交官の会合場所となり、真に重要な決定は、政府間の直接交渉でなされるに至った。要するに、全ドイツを代表する唯一の機関は、批准のための道具にすぎなくなってしまったのである。九月二十日、カールズバードでなされた諸決定は、何の議論もなく、満場一致で承認された。かくして、ドイツ統一の夢は、当分の間実現を見ることなく終ったのである。

(注一)　N.P. Ⅲ, p. 227f.
(注二)　N.P. Ⅲ, p. 234f.
(注三)　N.P. Ⅲ, p. 243f.
(注四)　N.P. Ⅲ, p. 250f.
(注五)　N.P. Ⅲ, p. 256.
(注六)　N.P. Ⅲ, p. 258f. ; Stern, I, p. 568.
(注七)　N.P. Ⅲ, p. 264f.
(注八)　Stern, I, p. 573.
(注九)　N.P. Ⅲ, p. 270f. ; Stern, I, p. 577f.
(注一〇)　N.P. Ⅲ, p. 284.
(訳注1)　Luther, Martin (1483—1546) ドイツの宗教改革家でプロテスタント派の祖。
(訳注2)　現在チェコスロバキア西ボヘミア地方の都市。現在のカルロヴィ・ヴァレィ市、鉱泉で有名。
(訳注3)　Humboldt, Karl Wilhelm, Baron von (1767—1835) プロシアの政治家、言語学者、文学者。一

八一三年、プラハ会議のプロシア全権として、オーストリアをプロシア、ロシアとともにフランスに宣戦させるために力をつくした。一八一五年には、パリ条約の署名者の一人となり、プロシア、サクソニー間の条約を起草し、プロシア領を大きく拡大させた。一八一八年エイクス・ラ・シャペル会議に出席したが、プロシア政府の反動的政策によって、翌年には、閣僚ならびに政界から引退し、以後、文学と研究に没頭した。

(訳注4) ドイツ西部の地区で、現在、ヘッセ・ナッソウ州の一部でもと公国。ナポレオン戦争で、ライン連邦に加わり、公国に引きあげられた。ウィーン会議後も公国として存在したが、一八六六年プロシアに併合された。

III

しかし、メッテルニヒが勝利を収めたと思っても、彼が革命運動と呼んでいるものが、外国からの支援を受けているとすれば、彼の勝利は完全なものではないだろう。もし、その外国が、カールズバード条例を承認するのを拒絶した場合には、オーストリアは、ドイツ国内ばかりでなく、ヨーロッパでも守勢をとらされるであろう。そして、ウィーンでの会議が近づいてきたとき、南ドイツ諸王国——とくにヴィルテンベルグ——は、オーストリア・プロシアの監督下にあることに反抗的になりつつあった。そこで、メッテルニヒは、イギリスとロシアに、カールズバード条例の承認を要請した(注一)。しかし、これは、カースルレイの立場をよけいに困難にしたにすぎなかった。たとえいかにそれに共鳴しているにせよ、国内の抑圧政策の是認を表明することは、いかなるイギリスの政治家にとっても不可能だった。事実上、外国の国内問題への一般的介入理論となるようなものに賛成することも出来なかった。カースルレイは、個人的な好意をもっていたにもかかわらず、オーストリア大使に対しては、次のような回答を与えるにとどめざるをえなかった、「我国は、公然と是認を与えるものではないが、悪いばい菌が駆逐されるのを見るのは、常に喜ばしいことです」(注二)と。

ロシアの態度は、さらに厳しいものがあった。カポ・ディストリアは、ツアーにオーストリアが、ドイツにおける支配権をもつことの危険性を説いた。カポ・ディストリアは、アレキサンダー帝が提案した連帯責任同盟に対する最大の反対者が、今度は、自己の利益のために、その理論を適用しつつあると指摘せずにはおかなかった。その結果は、つっけんどんではっきりとした意見を言わない次のような回章となった、カールズバード条例が、ドイツ問題を扱ったのであれば、ロシアは介入する資格がないし、もし、それが、ヨーロッパ問題を扱ったのであれば、カールズバードに招かれてしかるべきであった(注三)、と。十二月四日、カポ・ディストリアは、ウィーンでの協議に向けて共同発言が出来るかどうかに関して、カースルレイに打診さえしてきたのだった。

しかし、たとえ、カースルレイが、メッテルニヒの政策を容認することができないにせよ、少なくとも、ツアーがロシアの目的のために、中央ヨーロッパの苦況を利用するのを妨げることはできた。もし、非介入の原則が、イギリスにとって、自制の理論であるならば、メッテルニヒが、中央ヨーロッパを組織するための、その楯として使うこともできるはずである。そこでカースルレイは、ロシアの提案に対して、まことに巧妙な回答をしたのである(注四)。すなわち、彼は、連邦法は、ウィーン講和条約の一部であり、諸外国は、連邦法の違反に対して抗議する権利をもっていることは認めたが、カールズバード条例が、国内の安定を保証するための正統な手段をこえるもの――彼は、ロシアが、それを認めさせることを目的としていると確信していたが――ではないと主張したのである。イギリスは、カールズバード条例の通知文書には、公式には、回答しなかった。なぜなら、意見を述べることは、厳密には、ドイツの国内問題に介入することになるからだった。同時に、カースルレイは、イギリスは、これ以上のことは出来ないし、また、ドイツ諸国も、争いを長びかせるべきではないことを明らかにした次のような手紙をベルリン駐在大使に送った、「同盟諸国は、我国が、議会を開き討論しなければならないことを想起すべきです。そして、大陸の政治に関して、激しい議論をする必要はないというのが、基本的な考え方なのです……」(注五)。

カールズバード条例は、ヨーロッパ政治の分岐点を意味した。すなわち、オーストリアとイギリスの協調政策の限界と、非介入の原則が、社会斗争を局限するのに利用しうる限界を意味したのである。オーストリアが、ドイツ以外の勢力の援助がなくとも、ドイツ国内の革命を打ち破れる程強力だったので、カースルレイとメッテルニヒとの間の意見の相違は、ロシアの介入を防ぐために、政治的手段を使うことで、まだおおいかくすことが可能だった。消極的手段に関して、つまり、行動しないための枠組みをつくり出すということに関しては、メッテルニヒとカースルレイは、まだ一致していた。しかし、社会斗争が、より広範囲に及ぶようになると、行動しないという理論では、メッテルニヒが満足しなくなることは目に見えていた。彼が、ドイツ政策にプロシアをまき込んだように、ヨーロッパ政策に、ロシアをまき込もうとしていることは確実だった。これは、カールズバード条例の経験から、あとからではロシアの承認は得られないということがわかったので、一段と重要になったのだった。同盟の結束に対する重大な試練は、争いが、まさに社会的かつ、ヨーロッパ的規模に拡大したときにやってきたのである。一八二〇年になって、最もヨーロッパ的でないところで勃発した革命は、同盟というものは、人間と同様、過去の記憶によって生きることが出来るが、何のために結束しているかの意味は、現在の時点に立って、再定義されねばならないことを知らしめたのである。

（注一）　N.P. Ⅲ, p. 285.
（注二）　Webster, Ⅱ, p. 192.
（注三）　Stern, I, p. 595.
（注四）　C.C. XⅡ, p. 178f.,　一八二〇年一月一四日。
（注五）　C.C. XⅡ, p. 175,　一八二〇年一月一五日。

第十四章　トロパウ会議とヨーロッパの組織化

〝メッテルニヒ体制〟の構造――革命に対するイギリスの考え方
――ナポリの革命――メッテルニヒのジレンマ――神聖同盟の解釈
――トロパウ会議――カースルレイの反応――メッテルニヒの勝利

I

一八一九年の末までには、メッテルニヒは、オーストリアと諸国を結びつける手段として、諸国によって承認された正統性理論を利用して、オーストリアの脆弱性をおおいかくすような彼一流の複雑な国際関係の組合せをつくりあげてしまっていた。彼は、政治的手段によって、ロシアの影響力に打ち勝つために、イギリスと結ぶ一手段として四国同盟を利用した。そして、万が一、社会斗争が手に負えなくなった場合には、ロシアの支持が得られるという可能性を残しておくために、ツアーとの関係においては、神聖同盟に訴えたのだった。ドイツは、プロシアの協力を得て平穏になったし、ドイツ連邦は、二流諸国の黙認――実際のところそれは彼らのたっての希望だったが――によって、オーストリアの政策に組み入れられてしまった。ウィーンでの協議は、連邦法第十三条について新しい定義を下して閉会したが、それはまた、意味がないほどあいまいなもので、会議の約束は、諸公の主権に影響を与えることはないとの陳腐な表現となった。そして、イタリアは平穏だった。

これらのすべては、どの国との間にも、埋めることの出来ないような深刻な対立を引き起すことなく達成されたのだった。中央ヨーロッパにあるオーストリアの位置が、外交的資産に変えられたのである。というのは、大国間どうしの意見の相違の方が、オーストリアと各大国との間の相違よりも大きかったために、どんな国際的危機においても、オーストリアが要の国として存在することに注目させたからであった。カースルレイは、メッテルニヒのことを、大陸の政治家の中では、最も〝理性的〟であり、むしろやや臆病なくらいだが、最も交渉しやすく、最も穏健かつ現実的な人物だと見ていた。一方、アレキサンダーは、彼をヨーロッパの政治家の中で、最も観念的であり、さりとてとことんまで自分についてくるということはないが、自分の想像力の飛翔を理解する能力のある唯一の人物と考えていたのである。そして、外交問題については、プロシアは、オーストリアの衛星国であった。

メッテルニヒの政策は、このように、立場を鮮明にしなければならなくなるような重大危機を回避する能力と、あらゆる主要大国との友好関係をもっているかのように思わせる能力によっていたのである。それは、あらゆる方向に、敏感な触角によって、巧妙につむがれており、しかも、きわめて複雑だったので、実際には、基本的問題は何一つ解決されていないという事実をおおいかくしていたのである。というのは、アレキサンダーは、まだ、連帯責任同盟という彼の構想とそれにともなう一般的介入権に執着していたし、一方、カースルレイは、同盟は、もっぱら政治的目的のためにあるものだという自己の考えと、非介入の原則をまげようとはしなかった。いわば、二重の幻想が、このような考え方の対立をおおいかくしていたにすぎなかった。すなわち、ツァーは、連帯責任同盟は、もうすでに存在しているという、メッテルニヒの議論に同意し、一方、カースルレイは、エイクス・ラ・シャペル会議で自己の条約の解釈によって、連帯責任同盟の幻影を追い払ってしまったと信じていたのである。アレキサンダーが、自分の主張が原則的に認められたと思い主張するのをやめたので、カースルレイは、同盟内の意見の分裂をあからさまにするような機会がなかっただけのことだった。しかし、このような幻想は、同盟諸国が注意をそそぐような全面的問題が起れば、消えてしまうような代物だった。一大国が、同盟に保護を求めれば、すぐに、エイクス・ラ・シャペルにおける条約の解釈の相違が依然として存在していることが明らかになるであろうし、また、危険の性質やその程度について、意見が一致することはありえないだろうから、同盟国の結束が崩れつつあることが明らかになるだろう。

一八二〇年は、国際関係を根本的に変革することになる多くの大変動の最初の事件とともに幕をあけた。一月に、スペインのカディズ(訳注1)で、不穏な南米の植民地で軍務につくことになっていた軍隊の中で反乱が起った。それは、最初のうちは、大した重大事件とは思われなかったが、たちまち拡大し、三月七日には、国王は、一八一二年のきわめて自由主義的な憲法を発布せざるをえないと感じるまでになった。これは、ドイツにおけるような孤立した陰謀ではなく、既成の革命だった。存在する秩序の打倒は、ロシアが、自己の同盟についての解釈を満足させようとする動きに出ることは確実だった。カポ・ディストリアは、スペインの事件をまだ知らなかった一月十五日には早くも、同盟の崇高な理論にもとづいた新しい外交方式と、利己主義にもとづいた旧来の方式とを比較した回章を発し、その新理論を実行に移すよう諸君主に呼びかけていたのである(注二)。カポ・ディストリアが、スペインの革命を神のめぐみと考え、そして、自己の見解を最終的に証明するものとして受けとったのは不思議ではなかった。彼は、オーストリア大使に、フランスの占領終了後、同盟は、結束力を生み出すようなその目的を失ってしまった、と語るとともに、その後の会見では、どこか矛盾しているのだが、次のように主張した。四国同盟は、エイクス・ラ・シャペル宣言によって取って代られたが、自分は、それを現状の領土の保全と国内体制を保証するものと解釈している(注二)、と。そして、三月三日付のロシアの覚書が、スペインに対する共同手段を討議するよう同盟諸国を促していたのは、いわば当然のことであった。

しかし、カースルレイの反応は、もはや明白だった。十年以上にわたって、スペインの同盟国であったイギリスは、四国同盟の代理人という肩書でフランスが介入してくることを許すつもりはないし、征服者ナポレオンに対してさえ与えなかったものを、ヨーロッパの承認のもとに、フランスに与えることなど考えられなかった。かといって、その代りに、ロシア軍が、ヨーロッパを通り、スペインに進軍することも受け入れることは出来なかった。そこで、カースルレイは、立憲国家と君主国家との違いを述べ、イギリスの同盟についての見解を再確認する、次のようなきわめて厳しい調子の回答を送ったのである。「同盟はフランスに対抗するために結成されたものである。従って、世界を支配したり、あるいは他国の事件を監督したりするための連合《ユニオン》として意図されたものでは決してないのである」と。たしかに、同盟は、〝革命勢力〟からヨーロッパを守ることを意図してはいたが、それは、革命勢力の軍事的性格に対してだけであり、その理論からまでヨーロッパを守るというものではなかった。いずれにせよ、西ヨーロッパの立憲国家と、東ヨーロッパの専制国家との間の国内体制上の相違は、圧倒的な危機が存在する場合に限って、共同行動を可能にしたにすぎなかった(注三)。従って、エイクス・ラ・シャペル会議以来、危機の本質に関する意見の不一致から生ずる根本的相違を変えるようなものは、何も起らなかったのである。大陸の政治家たちは、――対策の選択には差はあったかもしれないが——社会的不穏を主要な脅威とみなし、国際問題として処理しようとした。一方、カースルレイは、明白な侵略行為を意味する政治的脅威しか認めようとせず、しかも、その場合でさえ、イギリスの参加を、ヨーロッパの均衡に対する攻撃と斗うことに限定していたのである。

　この意見の相違は、カースルレイが信じていたような国家の政治体制上の理論の違いというよりもむしろ歴史的発展過程における相違——イギリスには、民族国家がすでに完成されていたが、大陸はまだそうではないという事実——に根ざすところが大だったのである。大陸においては、自由主義は、フランス革命の理論という旗のもとに斗われ、その理論に対する一致の方が、政治的忠誠に優先して考えられていたのである。イギリスでは、フランス革命は、ナポレオンと同一視され、自由主義は、政治経済学上の巧利主義の形をとって、イギリス固有の発展をとげたのである。すなわち、存在する秩序に対する攻撃は、時には激しかったけれども、民族的結合の感情の方が、他のあらゆる国内的相違に優先していたために、秩序に対する攻撃は、政府にとっても、改革者にとっても、内政問題であると考えられてきたのである。一方、大陸諸国においては、革命は、普遍的理論の適用という意味で象徴的重要性をもっていたのである。ところが、イギリスでは、これらの主張の普遍性は否定されており、革命が、物理的な脅威を構成するものであるかどうかという実際的な意味をもつにすぎなかった。大陸諸国においては、民族主義と自由主義の二つの運動が、国際秩序を打倒することによってしか、その目的を達成することが出来ないために、抑圧も改革も、外交政策の原則にもとづいて処理されなければならない国際問題だった。他方、改革の要請が、国内問題と考えられているイギリスでは、抑圧も改革も国内政策の分野に属していたのである。カースルレイが、圧倒的な危険という言葉を口にしたときには、世界支配をめざす試みのことを言っていたのであるが、メッテルニヒが、圧倒的危険と叫ぶときには、社会的動乱のことを言っていたのである。いかなる好意的善意をもってしても、この歴史的背景からくる相違を埋めることは出来なかったが、メッテルニヒの抱いているロシアの意図に対する不信感が、これまで、この意見の相違をおおいかくしてきたのだった。

しかし、カースルレイとカポ・ディストリアとの応酬は、メッテルニヒを困難な立場に追い込んだ。メッテルニヒは、カースルレイにおとらず、ツアーの軍隊にヨーロッパを横断して派遣する権利を与えたくはないと思っていた。しかし同時に、アレキサンダーが突然気分を変え、革命主義者に大国ロシアの援助を与えることになるような状況を引き起したくはなかった。そういう訳で、メッテルニヒは、スペインに対して、イギリスが神経質なのはわかっていたが、ツアーの道義的感受性も配慮したいと考えていた。要するに、メッテルニヒは、カースルレイの政策に気持が傾いていたが、アレキサンダーの理論にも傾いていたのである。その結果は、エイクス・ラ・シャペル会議における と同様の妥協となった。すなわち、アレキサンダーの提案の理論には賛成しながらも、それが実際的ではないとの理由で、共同行動を拒否したのである。そして、メッテルニヒは、エイクス・ラ・シャペル会議のときと同様に、自己の穏健さと善意を強調するために、カースルレイの非妥協的態度を利用したのである。メッテルニヒは、イギリスが、出席を拒否するような会議は、結局のところ革命主義者を活気づけることになり、また、いずれにせよ、外国の介入は、局地的意味しかない革命に対しては、効果的ではない、と主張した(注四)。それと同時にメッテルニヒは、自分が確実に主導権を握れるような大使級会議を開催することを提案し、ツアーとの間に精神的共通点があることを示すことによって、ツアーの気を引こうとしたのである。カースルレイが、団結の象徴を切望しているロシア人を喜ばせようとするこの試みに対してさえ反対を表明したとき、メッテルニヒは、ルイ十八世の死後の状況に対処するということで、同盟国のパリ駐在大使に、共同の〝事態に備えた《イヴェンチャル・》訓令《インストラクションズ》〟を与えようという提案にまで後退した(注五)。しかし、カースルレイからみれば、このようなやり方は、すべて、利己的な目的のために同盟を利用しようとする近視眼的な努力にすぎないように思えた。〝事態に備《イヴェンチャル・》えた訓令《インストラクションズ》〟などというものは、危機が生じた場合に対処するという経験主義的外交政策のあらゆる理論に反するものだった。結局、ツァーは、オーストリア、プロシアおよびロシアに限定された共同行動で満足せざるをえなかった。

それにもかかわらず、分裂が表ざたになることだけは避けられた。というのは、最後の段階で、メッテルニヒが、社会の結束の理論と非介入の原則を結合させることに成功し、ツァーに対する忠誠を示しながら、イギリスを支持したからであった。しかし、七月二日、あらゆる幻想を打ち砕くような大事件が起った。この日、ナポリで革命が勃発し、その革命は、〝スペイン同様の憲法〟発布にまで至ったのである。事ここに至っては、いよいよメッテルニヒは、ヨーロッパ規模の斗いにのり出さざるをえなくなったのである。

(注一)　Schwarz, p. 178f.
(注二)　Schmalz, p. 52f.
(注三)　Webster, II, p. 238f. Text, Harold Temperley and Lillian Penson, *Foundations of British Foreign Policy* (Cambridge, 1938), p. 48f.
(注四)　Stern, II, p. 120.
(注五)　Webster, II, p. 211 ; Schwartz, p. 186.

（訳注1） スペイン南西部大西洋岸のカディズ湾にのぞむ港市。

II

メッテルニヒは、ナポリの革命の深刻さについては、何の疑問も抱かなかった。これは、コッツェビュの暗殺のような気の狂った狂信者の行動ではなかったし、また、スペインの革命のように、ヨーロッパのはずれのイギリスの庇護のもとにある国で起ったのでもなかった。ナポリは、イタリア最大の国であり、オーストリアとの間には、条約で、協議なしには、その政治体制を変えることが禁じられていた。この革命のもつ危険性は、単に象徴的意味にとどまらなかった。民族主義運動と自由主義運動が初めて手を結び、メッテルニヒの政策の主柱の一つであるイタリアにおけるオーストリアの支配権を脅すものだった。メッテルニヒが斗わずに引き下ることなどありえなかった。

英仏海峡をへだてて事態を観察しているカースルレイにとっては、その解決策は明白だった。ナポリの革命は、どこよりもオーストリアに脅威を与えているのであるから、これを打倒するか否かは、オーストリア次第だった。もし、武力介入が必要であるならば、それは、自衛権にもとづいて行なわれるべきであり、一般的介入権にもとづいて行なわれるべきではなかった。それゆえに、カースルレイは、オーストリア大使に対し、オーストリアの直面する〝きわめて微妙かつ名誉ある任務〟について、イギリスは是認することができるが、参加することは出来ないと語るとともに、ナポリに対して、オーストリアが単独の行動をとるよう主張した。

しかし、オーストリアの大臣の複雑な政策にかかっては、いままで、事がそんなに簡単に運んだものは何一つなかった。オーストリアの戦力の大部分をイタリアに投入することは、ツアーに北ヨーロッパで自由にその目的を追求させ、ひいては、ツアーをして、民族主義の使徒として登場させることになるだろう。また、フランスのブルボン家が、ナポリのブルボン家(訳注1)の庇護者として現れ、イタリアで以前の地位を回復しようとするのを防がないで、ナポリのブルボン家と争うことは、つまり、そういった方法は、常にオーストリアの資源の節約を考え、最も幅広い、道義的かつ物質的基盤の上に立って斗うことを考えているメッテルニヒの政策の理論に反するものであったろう。しかし、大陸諸国の共同行動は、イギリスを同盟から脱退させることになりかねず、そうなれば、オーストリアは、ツアーの善意に頼る以外になくなるだろう。問題をいっそう複雑にしたのは、オーストリアが、イタリアに二万人以下の軍隊しか置いておらず、それが増強されるまでは何も出来ないことだった。このような状況の中で、メッテルニヒの決意は明確だった。彼が、イタリア諸王室にあてた回章には、必要とあれば、オーストリアは、武力を行使してもイタリアの安定を守る決意である、と述べていた。また、ドイツ諸王室にあてた同様の書簡には、オーストリアがイタリアにかかわっている間、秩序ある政策をとるよう求めていた(注二)。

イタリア諸王室からきた回答のいくつかは、イタリアにおけるオーストリアの立場が不安定なことを示していた。トスカニー大公は、オーストリアの援助は必要ではないと言ってきたし、教皇庁外務大臣ゴンサルヴィは、オーストリアの非妥協的態度が、ナポリからの攻撃を引き起すかもしれないとの懸念を表明してきた。そして、八月九日付のフランスが諸大国にあてた覚書は、メッテルニヒのきわめて困難な立場を鋭く衝いたものだった。それによれば、フランスは、ナポリに対するオーストリアの介入を認めてはいたが、それはあくまでも技術的理由によってであること、すなわち、オーストリアの地理的位置が、オーストリアにヨーロッパに代って行動をとる最もふさわしい地位を与えているからというものであった（注二）。そのフランスの覚書は、イタリアにおける革命運動の潮流は、五大国会議による以外にはばむことは出来ない、なぜならば、道義的裏付けのない強制力は、事態をいっそう悪化させるにすぎないだろうと述べるとともに、次のようなオーストリアにとって無気味な警告で結ばれていた。オーストリアの一方的行動は、イタリア諸国をして、彼らの伝統的庇護者であるフランスに訴えさせることとなり、そうなると、フランスは意に反しても、立憲運動の先頭にたたざるをえなくなるだろう、と。

こうした状況のもとでは、メッテルニヒは、無謀な孤立した行動に走ろうなどとは思わなかった。イギリスとの友好関係を維持することは大いに価値があったけれども、イギリスを不快にさせることは、ロシアを不快にさせることよりも危険は少なかった。イギリスが同盟から脱退すれば、オーストリアの政策は大いに柔軟性を失なうことになるだろう。がしかし、万が一、ロシアが、行動の自由を得るようにでもなれば、オーストリアのヨーロッパでの立場を弱めようとするだろう。メッテルニヒには、カポ・ディストリアが前年、ドイツの二流諸国のスポークスマンの役割を果そうとした苦い経験を忘れることが出来なかった。メッテルニヒは、ロシアがあとで承認してくれるだろうなどと考えたり、信頼できないツアーの善意に頼ったりして、自分の立場を危くするようなことは、二度と再びすることは出来なかったのだ。それゆえ彼は、何としてでも、ロシアのとれる選択手段をなくしてしまおうと決意したのである。カースルレイが、あたかも、オーストリアの介入は、完全にイタリア半島の力のバランスにでも依っているかのように、決定的行動をとるようメッテルニヒにすすめていた時、メッテルニヒは、実際の行動よりもその様式、つまり、ナポリの革命を打倒することよりも、どうやって、ロシアに、イタリアでの共同行動に参加させようかと腐心していたのである。今や、メッテルニヒは、春以来の自分の注意深い政策の成果を手に入れたのである。カースルレイが、スペイン問題に関する五大国の会議をただちに拒否したときに、メッテルニヒは、皇帝とツァーとの会見を提案して、その拒否をやわらげたのだった。従って、メッテルニヒは、次の会議の議題に、ナポリ問題を、援助を要請するという形ではなく、諸君主の注意をひくべき、もう一つの問題として加えることが出来たのである。メッテルニヒは、皇帝の署名を得たアレキサンダーあてのへつらいの書簡を起草し、その中で彼は、イギリスの〝憲法上の足枷〟について言及し、それに反し、オーストリアおよびロシア皇帝は、「依然として行動の自由をもっている唯一の主権者」としての高い地位をイギリスのそれよりも好意的に扱っていた(注三)。

しかし、フランスを孤立させ、一方では、イギリスとの関係を維持しながら、ツァーが個人的に、オーストリアのイタリアへの介入に同意するよう、彼を誘い込もうとするこの狡猾な努力は成功しなかった。というのは、ようやく、自己の主張の正しさが証明されたと思っているアレキサンダーは、そんなに簡単に引き下らなかったからである。彼は、ポーランド国会への出席を急いでおり、それが終ったあとは、いつでも会見に応ずるとのオーストリア皇帝に対する個人的な温い返書を送った(注四)。しかし、それとともに届いたカポ・ディストリアの覚書には、君主の会議と同時に、エイクス・ラ・シャペル型の五大国会議を開催すべきであると示唆していた。それは明らかに、メッテルニヒが、同盟からイギリスが脱退することになるにちがいないような、国際秩序の構造に関する解釈を下さざるをえなくなりそうだった。

この期間ずっと、カースルレイは、自分の生涯をかけた仕事が崩壊しつつあるのを見て、メッテルニヒに、単独で行動することの賢明さを説き、すぐに行動するようすすめることによって――これらの手段は、メッテルニヒが、何としてでも避けようと努力してきたものだったが——同盟の見かけだけでも結束を守ろうとしていたのである。カースルレイにとっては、自分のオーストリアの僚友メッテルニヒの不可解なほどのちゅうちょは、ナポリの実際の強さを恐れているからだと解釈する以外になかったので、メッテルニヒを安心させようとしたのである。彼は、七月二十九日にこう書き送った、「もし、オーストリアが、全力をあげて、ナポリ王国に侵入すれば、反乱軍を解体させる力をもっていることは、間違いありません」(注五)と。また、九月六日の別の手紙では、あたかも、オーストリアが、中央ヨーロッパに位置していることによって強いられているジレンマなどは、国際法のきまり文句を辛抱強く繰り返しさえすれば、とり除かれるかの如く、ナポリの革命の法的問題を説明していた(注六)。カースルレイは次のように主張していた、同盟は、明白かつ圧倒的な危険に対してのみ効力をもっている。革命が当然脅威を意味するような時でも、それは、国によっていろいろと異った形で影響するものである。その理論によれば、イギリスに関しては、ナポリ問題は、それほど緊急の脅威を意味しないが…自衛権による介入は、イギリスが、武力介入の当事者になる際に、それを正当化するものとして、これまで英国議会で支持されてきたものである、と。また、カースルレイは、ロシア大使との会談においても、イギリスの同盟国への同情は、好意的中立以上にはなりえないと次のように語った、「大英帝国は、自国が積極的な当事者である場合の大義名分に対してよりも、厳密に言って、そうでないものに、より強い精神的支援を与えることが出来るのです。ナポリの革命は、一般的な問題としてよりも、むしろ特殊な問題として処理さるべきであります。従って、ヨーロッパの問題としてではなく、イタリアの問題として、つまり、同盟の問題としてではなく、オーストリアの問題として扱われるべきなのです」(注七)。カースルレイが、同盟に対して、いかに大きな愛着を持っっていようが、イギリスの政治家は、島国的な発想と全く異った政策を遂行することはありえなかった。革命という事実だけでは、国家体制の特異性を確信して国にとっては、脅威を意味しなかったし、誰も、ナポリからの武力による侵略の危険をまじめに考えることが出来なかった。

かくして、メッテルニヒは、自分の最も信頼している同盟国から支援することは不可能だと言われ、逆に、最も危険な敵から、やかましく援助の手を差しのべられるという状況に直面したのである。メッテルニヒは、いみじくもこう書いている、「オーストリアは、あらゆる物事について、その実質を考慮しています。ロシアは、何にもまして、形式を欲するのです。イギリスは、形式ぬきの実質を欲するのです。……イギリスの出来ないこととロシアの形式を組み合せるのが我国の仕事なのです」(注八)。このことは、移り気なツァーを敵にまわすことなく、ロシアの対抗勢力としてイギリスを同盟内にひきとめようとする粘り強い後衛的活動となったのである。しかし、もし、ロシアとイギリスの両国に受け入れられる政策をあみ出すことが不可能になった場合には、メッテルニヒは、ツァーの方を選ぼうと決意していた。彼は、当時、ウィーン駐在のイギリス大使スチュワートに次のように説明した、イギリスから離れることは、オーストリアの利益にはなりませんが、ロシアとフランスに独自の行動をされることは、オーストリアの利益に反するのです。もし、オーストリアが、同盟諸国のうち、一カ国と仲たがいしなければならないとすれば、脅威の最も少ない国とそうすることを選ぶでしょう、と。そして、メッテルニヒは、イギリスの国内的危機――日に日に、リヴァプール内閣を打倒しそうな勢いが強まっていたのだが(注九)――によって、この政策をとることを固く決意したのだった。

従って、メッテルニヒは、一歩一歩ロシアの主張に近づいていったのである。そこで彼は、八月二十八日、以前のエイクス・ラ・シャペル会議で、非常に効目のあった論法でツアーに訴えたのである。メッテルニヒは、こう書いている、同盟の結束は、きわめて強固なものがあるので、公式の会議を開催してまで、それを示す必要はない。その代りに、精神的な接触点として、ウィーンで、大使級会議を開く一方、同盟諸国は、ナポリとの外交関係を断つべきである（注一〇）、と。メッテルニヒは、そのような会議は、自分にとっては、何の困難もないし御しやすい会議になるということがわかっていたからである。というのは、メッテルニヒは、ウィーンに派遣されている各国大使を完全に籠絡していたので皮肉屋は、メッテルニヒのハーレムと呼んでいたほどであった。おそらく、もし、アレキサンダーが、ポーランドにいなかったならば、彼は、喜んでメッテルニヒの提案に同意していただろう。しかるに、アレキサンダーが、その舞台にきわめて近いところにいたので、自分の参加しない形での大きな会議には、がまんがならなかったのである。そこで彼は、ヨーロッパの精神的結束を示すことなくして、悪と斗うことは出来ないと主張し、十月二十日に、トロパウ（訳注2）での五大国会議を提唱してきた。一方、カースルレイは、イギリス大使をナポリからひきあげることを討議するなど、他国の国内問題に対する許しがたい介入であるとして、きっぱりと拒否してきたので、メッテルニヒの最後の望みは断たれてしまった。

九月末までに、メッテルニヒは降伏した。彼は、スチュワートにこう語った、オーストリアは、背後に敵意あるロシアをかかえては、イタリアにおいて行動することは出来ないし、自分が、いかにイギリスの感情を十分に考慮しているとはいえ、自分の柔軟な対応能力が、オーストリアの安全保障の要請からして制限されざるをえない。そのような訳であるから、より困難な事態を避けるためにも、イギリスは、オブザーバーとしてでも、トロパウに代表を派遣してもらえないか、と。メッテルニヒにとっては、スチュワートを得心させることなど、ぞうさもないことだった。スチュワートは、カースルレイに対し、「イギリス政府の情報のチャンネル以外に意味のないものとして」(注一二)トロパウに行くのを許可してくれるよう懇請したのである。

しかし、カポ・ディストリアが自己の勝利を誇り、カースルレイが、大陸の愚かさを非難している間に、知らず識らずのうちに、メッテルニヒを再びヨーロッパの首相として登場させるような状況の変化が起っていたのである。というのは、かりに、オーストリアが七月に会議を開催するよう要求したとすれば、それは、オーストリアの弱さの告白か、それとも、かたくなな態度と受け取られたことだろう。ところが、九月に、しぶしぶながら会議開催をのんだことは、オーストリアの自信と穏健さを証明することになったのである。ナポリに介入することに直接的利益を有する唯一の国であるオーストリアが、次第に、その最も望んでいることをまわりから実行するようにとすすめられる状況になったのである。行動することに対する責任は、だんだんとツアーの上に移っていったのである。やがて、アレキサンダーの高尚な理論への祈求からそのあいまいさが消えうせたために、自由主義者と民族主義者たちは、外国の支持を獲得しようとする望みを断たれたのである。ちょうど、前年のテプリッツ会議の時と同様に、トロパウ会議(訳注3)の準備を進めながら、今度も、メッテルニヒは、自分が最も恐れている君主を熱烈な抱擁で麻痺させてしまったのである。

トロパウ会議が避けられないように思われはじめたその時から、メッテルニヒは、最大の問題点は、ナポリではなく、アレキサンダーの気持ちにあると認識していた。フランス・ロシアの協調は、中央ヨーロッパを押し潰すかもしれないし、ツアーが自由主義者としての側面をみせることは、革命を誘発するかもしれなかった。しかし、ロシアの支援は、同様に危険でもあった。なぜならば、カポ・ディストリアの教条主義は、オーストリアに、その資力を超えた政策を強いることになるかもしれなかったからである。つまり、メッテルニヒは、安定が回復したことの象徴として革命を鎮圧しようと考えていたが、他方、カポ・ディストリアは、神聖同盟にもとづいて予定された新時代を開くために革命を打倒しようと考えていたのである。メッテルニヒが、宮廷秘密外交《キャビネット・ディプロマシィ》の一定の限られた手段を望んでいたのに対し、カポ・ディストリアは、ヨーロッパ諸政府を改革するための聖戦に乗り出そうと欲していたのである。会議が開催される前のカポ・ディストリアの書簡は、彼の意図を明白に伝えていた。彼は、フランス首相リシュリュー(訳注4)に対して次のように書き送った。ロシアは、自己中心主義に対する再度の戦斗を準備しており、エイクス・ラ・シャペル会議以上の成功を期待している、と。また彼は、フランクフルト駐在ロシア大使アンステットにこうも語っていた、もし、オーストリアが、ナポリにオーストリアの衛星国を樹立するために、ロシアの支援を得ようとしているのであれば、それは感ちがいをしている。革命の罪は、国民にあるのではなく、安定を保証する体制を国民に与えることが出来なかった政府にあるのである(注一二)、と。従って、トロパウ会議における基本的問題は、ナポリの革命にあるのではなく、ロシアの将来の政策の方向性にあったのである。すなわち、神聖同盟のあいまいな宣言が、国家の諸政体についてのカポ・ディストリアの抽象論を正当化するか、それとも、メッテルニヒの社会を抑圧する政策を正当化するかの問題であった。この問題が解決されるまでは、ロシアの政策はあいまいであり、改革の公約をするかと思えば、あらゆる革命に反対して介入するような脅威を与えるという具合に、振子のように揺れ動き、そして、それは、ツァーの気持ちと、カポ・ディストリアの一時的な影響力によっていたのである。メッテルニヒの第一の目的が、このあいまいさの原因を取り除くことにあった。ゲンツは、「我々の仕事は結局、カポ・ディストリアの一語に尽きるのである」と書いている。

このような状況にあって、メッテルニヒは、彼のような傲慢さがなければとうてい考えられないような、ある計画に着手したのである。すなわち、メッテルニヒは、来るべき会議で、カポ・ディストリアを敗北させると同時に――もしそうでなければ、その会議は、まだ革命に友好的な大国が存在することの象徴となるだろう――みずからロシアの大臣にとって代ったに等しいような手段でロシアを敗北させようともくろんだのである。つまり、アレキサンダーの同意ばかりでなく、アレキサンダーの熱心なリーダーシップによって革命を鎮圧しようとしたのである。そこで、メッテルニヒは、アレキサンダーの宗教的高揚の大司教として任命されるように事を運び、神聖同盟の公式の代弁者として認められることによって、社会斗争のための正統性ばかりでなく、神聖さをも獲得しようとしたのである。

ロシア駐在のオーストリア大使レプツェルテルンは、ツアーのそばを離れないよう命じられ、メッテルニヒは、彼を通じて、パリに本部をおくヨーロッパの陰謀――あらゆる玉座を転覆させせようとしているときめつけていたが――についての膨大な量の報告を送ったのである。おりもおり、ポーランド国会の反抗的態度――明らかにアレキサンダーの善行をどうしたわけか受け入れるのをしぶっていた――は、変化よりも秩序を、改革よりも安定を優先させるというメッテルニヒのお説教の正しさを証明するために意図されたかのようだった。その効果はてきめんだった。フランスの八月九日付の回章へのロシアの回答は、このような危機に際しての〝時代おくれの〟外交の危険性を警告していた。その回答は、フランスがオーストリアの動機を疑っていることに対して、次のように非難していた、「(フランスの) 大臣は、オーストリアに対する疑惑をとりのぞくべきである。オーストリアの意図では（そのような感情を）起こすことはありえず、また起すようなことがあってはならない」（注一三）と。

また、メッテルニヒの穏健さは、カースルレイに影響を与えずにおかなかった。たしかに、カースルレイは、五大国の会議に反対するのをやめなかったし、自分の非妥協的態度によって、自分から同盟の分裂を明らかにするところまでは行けなかった。しかし同時に、彼は、メッテルニヒが、他に選択の余地のないような譲歩をする立場に追い込まれるのではないかと恐れたのである。このような気持で、カースルレイは、メッテルニヒが自分のために かけてくれた黄金の橋を利用するのに何のためらいもなく、スチュワートがオブザーバーとしてトロパウ会議へ出席するのを許可したのである（注一四）。たしかに、スチュワートは、議定書原案にさえ署名しないよう、また、彼のオブザーバーとしての行動を、ヨーロッパの領土的均衡に限定するよう命じられていた。しかし、これらのことは、イギリス国内の議会対策上の逃げ口上だった。それでもなお、イギリスのオブザーバーが出席するという その象徴的効果は大きかった。そして、さらに重要なことは、いよいよという時には、イギリスのオブザーバーは、メッテルニヒの味方に加わるであろうということが予想された。そのうえ、カースルレイが、ナポリの革命の打倒にイギリスを加えるのをしぶっているとはいえ、少なくとも、他国が、オーストリアの計画を邪魔するのを防止することは可能だった。当然のことながら、カースルレイは、フランスが、ナポリのブルボン家との間に、何らかのファミリー・コンパクトのような同盟条約を結ぼうとしても、イギリスの支持が得られないことを明らかにしたのである（注一五）。ロシアから拒否され、イギリスからは圧力が加えられて、フランスは、ヨーロッパの会議で立憲諸国のスポークスマンとして登場しようとする夢をすてる以外に道はなかった。フランスは、その敗退をおおいかくすために、西欧諸国の立憲理論と同じ立場にあることを表明し、イギリスの例にならって、トロパウ会議へのフランス代表の参加をオブザーバーに限らざるをえなかった。

トロパウ会議の主役たちが集りはじめるにつれて、かつてのメッテルニヒの敵対者たちの多くがそうだったように、カポ・ディストリアは、自分の提案をメッテルニヒによって巧妙に利用されて、自分自身が孤立しているのに突然気づいた。プロシアは、オーストリアの外交的衛星国だった。イギリスは、スチュワートを代表として派遣していたが、彼の虚栄心は、メッテルニヒの策略のかっこうの標的だった。フランスは、ペテルスブルグ駐在大使のラ・フェロネとウィーン駐在大使のカラマンの二人をオブザーバーとして派遣していたが、カラマンは、同僚に対し気狂いのような嫉妬心を燃やしていると同時に、交渉の重大局面に、秘密訓令を見せるほどメッテルニヒに籠絡されていた。ちょっと前までは、カポ・ディストリアは、自分の思いどおりだった。ところが、会議が召集されてみると、ウィーンから来たやり手に討論の場を与えたにすぎないとカポ・ディストリアはくやんだ。五大国は集ったものの、実質的には、メッテルニヒが始終主張していたように、オーストリア、ロシア両国皇帝の会見の場となり、他の参加国は、皆オーストリアの援軍の役割を果たしたにすぎなかった。メッテルニヒは、まずはじめに、ロシアの援助によってフランスを孤立させ、この勝利を利用しフランスの援助をえてロシアを孤立させることによって、これを成し遂げたのである。カポ・ディストリアが不安を感じはじめたのも無理はなかった。彼は、会議の始る前にこうも述べている、「私は大胆な政策を遂行してきたが、おそらく、あまりにも大胆すぎたようだ」と。

しかしながら、メッテルニヒは、オーストリアが行動するための道義的基盤を獲得することに最大の関心をもっていたのであって、勝利には興味がなかった。ロシアを孤立させることは、最後の手段であり、これまで、あからさまに用いたことがなかっただけに、よけいに効果のある心理的武器だった。ちょうど、メッテルニヒが、ドイツ連邦を支配する際に、投票でプロシアに勝つのではなく、プロシアの黙認によって成し遂げたように、ロシアを孤立させて列国の協調を組織するのではなく、ロシアの援助によって、それを成し遂げようとしたのである。この目的のために、メッテルニヒは、ヨーロッパの良心、すなわち、ヨーロッパの道義的理論の管理人としてトロパウに登場し、そして、ツアーを征服することによって、ナポリの革命に勝利を収めたのであった。

(注一) Stern, Ⅱ, p. 121; N. P. Ⅲ, p. 382.
(注二) Schmalz, p. 61f.
(注三) Gentz, Friedrich von, *Dépêches Inédites aux Hospodars de Valachie*, 3Vols. (Paris 1876—7), Vol. 1, p. 75.
(注四) Gentz, *Dépêches Inédites*, p. 76.
(注五) Webster, Ⅱ, p. 262.
(注六) C.C. Ⅻ, p. 311f.
(注七) Webster, Ⅱ, p. 271.
(注八) Schmalz, p. 66.
(注九) The King's divorce : Webster, Ⅱ, pp. 214—15.
(注一〇) Schmalz, p. 63.
(注一一) Webster, Ⅱ, p. 521f. (Appendix).
(注一二) Schwartz, p. 192.
(注一三) Sbornick of the Imperial Russian Historical Society, Vol. CXXVII, p. 456f.
(注一四) Webster, Ⅱ, p.278.

(注一五) Webster, II, p. 281.

(訳注1) ウィーン会議で、ナポリには、以前のブルボン家一族の王が復位しており、一八一五年六月一二日にナポリ王は、オーストリアとの秘密の条約を結び、オーストリアの同意なしには憲法の変更を行なわないと約束していた。

(訳注2) 現在のチェコスロバキア、シレジア地方の都市オパヴァ。

(訳注3) 一八二〇年一〇月二〇日から開かれたトロパウ会議は、ナポリ、スペイン、ポルトガルで起った革命を処理するためで、オーストリアからは、皇帝とメッテルニヒ、ロシアは、皇帝とカポ・ディストリア、プロシアは、国王とハルデンベルグが出席したが、イギリスとフランスは、ウィーン駐在大使を出席させるにとどまった。

(訳注4) Richelieu, Armand Emmanuel du Plesis, Duke of (1766—1822) フランスの政治家、首相。フランス革命でロシアに亡命、アレキサンダーに寵愛され、オデッサの総督に任命され、その行政能力を示した。ルイ十八世のブルボン家の復位によってフランスに帰り、一八一五年、タレイランに代って首相になり、第二回パリ条約に署名した。

III

この時、メッテルニヒの頭脳が、一八一三年の彼の絶頂期のあの冷静かつ柔軟な状態に近づき始めたというのは理由のないことではなかった。彼は、再び、オーストリアを、その脆弱性にもかかわらず、ヨーロッパの要の国とし、危機を利用して、オーストリアの国際的地位を固めたのだった。トロパウ会議への出席を急ぎつつあったプロシア王は、大臣たちに、メッテルニヒの承認を得るためのプロシアの憲法問題に関する覚書を準備するよう命じていた。一方、アレキサーダーは、徐々に、自己の不幸な自由主義的な面を後悔しはじめていた。こうした状況だったので、メッテルニヒは、あの〝愚かな〟カポ・ディストリアを打倒することに自信を持ったのである。もし、メッテルニヒが、アレキサンダーが、フランスの国内情勢を〝あまりにも不安定〟と考えたために、トロパウ会議では、カポ・ディストリアのフランス・ロシア協調政策に終止符を打ったことを、知っていたら、いっそう自信を深めたことだろう。

メッテルニヒは、トロパウに、十月十九日到着し、ツァーはその翌日着いた。二人の会見は、ツァーの到着後ただちに開始され、三時間も続き、前年のテプリッツにおけるプロシア王との会談の際に起ったと全く同じ光景が再現されたのであった。今度もまた、懲しめられた皇帝は、そのつみほろぼしは、将来の結束にあると指摘するオーストリアの厳格な外務大臣に対して、自己の過ちを告白したのである。ツァーは次のように述べ罪を悔い改めた、「一八一三年から一八二〇年の間に七年間が経過したが、朕には、一世紀のように思われる。どんな状況になろうとも、朕が一八一二年にしたようなことを一八二〇年にはやらないであろう。貴下は変らなかったけれども、朕は変った。貴下には、何も後悔することはないが、朕には大いにある」(注一)。カポ・ディストリアは、その会議を新時代の幕あけとして位置づけ、つまり、立憲制度を導入することによって根本的に改革された状態で、安定を回復するという形をもくろんでいたかもしれない。しかし、彼は、みずからの地位を維持したいと思うなら、オーストリアの大臣に媚びへつらわなければならない状況になっていた。十月二十日、二人の最初の会見ののち、メッテルニヒは、その模様を次のように報告している、「私は、私の最も得意としているところ、すなわち、純粋な理性に従って我々の会話を始めたところ、彼はもうすでに、私と同じ立場に立っていました。私は、彼を試めしてみるためにその立場から離れてみたが、彼はついてきませんでした。……『これは少し離れすぎた。本当に試めしてみよう』と思い、私は黙示録のような理性に反する話に入って行きました。すると彼は、私に、心にもないヨハネの福音書などは、焼き捨ててしまった方がよいのではないですかと言ってきたのです。……この瞬間から、私は、もう我々は接近できると思いました……」(注二)。

そこで、十月二十三日の最初の本会議で、メッテルニヒは、オーストリア案を提示した。それは、イギリスを明らかに孤立に追い込むことになるような原則を規定せずに、また連帯責任を求めるロシアの要求を満足させるため、今一度の努力を傾けたものだった(注三)。メッテルニヒは、いかなる国といえども、国内問題が、外国に影響を及ぼすことがないとすれば、外国の国内問題に介入する権利をもっている国はない、と主張した。しかし、裏をかえせば、他国の国内的変化が、各々の国の国内体制に脅威を与える場合には、介入する権利をもつ、ということだった。メッテルニヒは、非介入の理論に対するヨーロッパ諸国の承認を求めていたのであり、そして、次に、その名のもとに、ナポリの革命を鎮圧しようともくろんでいたのである。ツァーに自制の理論に賛成するよう約束させるために、ナポリの革命に対するオーストリアの介入を利用することは、巧妙な手段だった。つまり、社会的動乱を鎮めるのに、同盟を利用しながら、その条約構造に関しては、外国の国内問題への介入を制限しているという解釈をとりつけようとしていたのだ。もし、たとえ、カースルレイが、会議に出席していたとしても、ほとんど同じ提案を行なっていただろう。というのは、メッテルニヒは、〃イギリスの理論〃によって、自分のイタリア政策を正統化しようと考えていたからである。

しかし、カポ・ディストリアは、そんなに簡単に降伏しなかった。ツァーは、以前の無茶なやり方はやめるかもしれないが、メッテルニヒでさえ、ツァーを純粋な宮廷秘密外交《キャビネット・ディプロマシィ》に引き込むことが出来たかどうかは疑わしいと思っていたほどであった。ツアーは、ヨーロッパの精神的一体性を示すための会議を主張していたのであって、問題にならないような当然の自衛権の問題を主張していたのではなかった。従って、メッテルニヒは、その二人のロシア人のためにほとんど儀式化したような形式をととのえてやらなければ、勝利の実質を獲得しえないだろう。カポ・ディストリアが、公式の回答を準備している間、交渉は中断していたが、この間に、メッテルニヒは、アレキサンダーの心をとらえようと、長い個人的会合をもっていたのである。十月二十九日、第二回目の公式会議で、プロシアが、あまりにも、オーストリアの意向にそった覚書を提出したために、ツアーとカポ・ディストリアの二人は、それが、メッテルニヒによって起草されたのではないかと疑ったほどだった。

その間に、ロシアの意図が次第に明らかになってきた。カポ・ディストリアは、スチュワートに次のようにただした、「オーストリア皇帝は、カーボナリーを滅すのに、十五万から二十万の軍勢を欲しているのか？　そして、その軍勢は、オーストリアが自由にできる。しかし、道義的根拠によって、一つの政府を打倒しようというのであれば、それに代るべきものが何であるか示されねばならない。人類の幸福のために、政府を再建することは、偉大なヨーロッパ同盟にとっては、考慮に値する問題である」（注四）。と。国際秩序に関してのオーストリアの考え方とロシアの考え方の違いをこれほど明白に示しているものはなかった。すなわち、メッテルニヒは、革命に対して、均衡の破壊者とみて斗ったのだが、カポ・ディストリアは、革命は、神聖なる君主が哲人王——革命家たちが、革命の形態としてしばしば主張してきたものだが——として、人民に恩恵を与えようとするのを妨げるがゆえに革命を打倒しようと考えていたのである。十一月二日付のロシアの覚書は、この考え方の違いを明白に示すものであった（注五）。その覚書は、介入は、自衛権によるものではなく、一八一四、五年の諸条約――それらは、既存の秩序の維持を保証するとうたっていたが――にもとづいたものであると主張すると同時に、介入を正当化するものとして次の三つの原則をかかげていた。すなわち、第一は、同盟は、革命におかされた国を自動的に除外していること、第二に、同盟諸国は、その疫病が広がるのを防ぎ、革命におかされた国々を同盟のふところに引きもどすための必要な手段をとる権利をもっている、第三は、これらの手段は、一八一四、五年の諸条約の領土上のとりきめに影響を与えるものではない、というものだった。

もちろん、これは、エイクス・ラ・シャペル会議の議論のやき直しだった。事実それは、メッテルニヒが存在する諸条約は、すべてその目的を果たしているので、ツアーの提案した連帯責任同盟は必要ではないと拒絶する際に用いた論拠であった。しかし、メッテルニヒにとっては、カポ・ディストリアの一般原則はどうでもよいことで、問題は、それがナポリ問題にどう適用されるかだった。ロシアの大臣はこう主張した、オーストリアのナポリへの介入の目的は、ナポリに、自由な民族意識を高揚させ、あわせて、政治的自由と民族的独立という〝二重の自由〟を保証することにある、と。そこで、カポ・ディストリアは、オーストリアの介入の前に、大国からの精神的圧力か、中立国による仲介――ローマ法皇が望ましいが――がなされるべきだと考えていた。たとえ、これが実現しない場合でも、オーストリアがナポリに樹立しようとしている政治体制を説明しなければ、同盟は、介入の承認を与えないだろう、と思っていたのである。要するに、カポ・ディストリアは、みずから、ヨーロッパの立憲思想にもとづいた仲裁人として登場しようとしていたのである。しかし、政治家は、国内での支持を失ってはいかんともしがたいのである。この時までに、メッテルニヒは、ロシアの大臣以上に、ツアーに対する影響力をもってしまっていた。「トロパウ会議での唯一の問題は、アレキサンダーとカポ・ディストリアのいずれが強いかということである」（注六）とゲンツは書いている。

その争いは、間もなくケリがついた。十一月五日、メッテルニヒは、カポ・ディストリアの一八一四、五年の諸条約についての解釈を否定し、次のように論じた。条約は、条文のみが拘束力をもつものであり、その精神についての解釈は状況によるのである。しかしながら、オーストリアは、ヨーロッパの安寧のために、きわめてリベラルな解釈を受け入れる用意がある（注七）、と。それは、メッテルニヒ一流の策略だった。すなわち、オーストリアは、ロシアの提案した原則に同意はしたが、それは、オーストリアの譲歩であって、論理的な必然性からではなかった。オーストリアは、条約についてのロシアの解釈を受け入れたが、それは、その適用のためのフリーハンドを確保するためだった。それによって、アレキサンダーは、長い間求めつづけてきたヨーロッパ統合の象徴は得たが、それは同時に、あとになって取り消すことが出来ないような約束をしてしまったことを意味したのである。間もなく、カポ・ディストリアは、自分の勝利は中味のない空虚なものであることに気がついた。というのは、メッテルニヒが、同盟諸国が、合意された例の諸原則にもとづいてナポリの憲法の代替案を決定すべきであるとのカポ・ディストリアの提案を拒否したからである。メッテルニヒは、こう論じた、同盟諸国の唯一の任務は、ナポリ王に行動の自由を回復させることによって、王を諸国家の協力体制に引き戻すことである。したがって、あまりに大きな介入は、王の主権を制限することになり、介入の目的を逸脱することになる、と。十一月六日、カポ・ディストリアが、ナポリ国王の主権が制限を受けることはないということを認めざるを得なくなった時、メッテルニヒが優位に立ちつつあることがはっきりしてきた。十一月七日には、ツアーは、カポ・ディストリアに、メッテルニヒが提案した妥協案に原則として賛成するよう命じた。メッテルニヒは、フランス駐在オーストリア大使に次のように書き送っている、「ついに我々は、確固たる基盤に立つことが出来ました。もちろん、まだいくつもの障害物に遭遇するでしょうが、我々は、高地を占領したので、斗いには勝利を収めるでしょう。我々は、〝民族的願望〟と〝調停〟の手段を封じてしまったのです」(注八)。

メッテルニヒの妥協案は、カポ・ディストリアの主張する三原則には賛成していたが、イギリスの立場を考慮して、介入は、最後の手段とするとの但書をつけ加えて、その三原則をやわらげていた。しかし、メッテルニヒの提案の実質は、これに合意することによって、いかなる改革的計画をも終らせようとしていることは明らかだった。例の〝二重の自由〟にも政府の再建についても何も述べられていなかった。むしろ逆に、国内の平穏を達成する手段は、正統な支配者の叡知にまかされるべきである、と主張していた(注九)。かくして、カポ・ディストリアが、執拗に主張してきたその原則は、ロシアにとっては、自己否定の論拠となり、つまり、鎮圧の道具ではあっても、改革の手段としての意味がないものになってしまったのである。メッテルニヒは、神聖同盟の理論をいかに解釈するかという権利をめぐる斗争に勝利を収めたのである。このように、トロパウ会議は、ナポリの革命に終止符を打つことになったばかりでなく、ロシアの革命的政策に終止符を打つことになったという点で、より重要な意味があった。

カポ・ディストリアの仲裁を求めようとの提案はうまくゆかなかった。カポ・ディストリアの立憲的統治体制を少しでもナポリに残しておこうとして意図された手段は、敵に採用することができないような提案をぶつけることによって、孤立させるというメッテルニヒ一流の狡猾なやり方の一つにされてしまったからである。メッテルニヒは、〝望ましい斡旋〟は、ローマ法皇によるのではなく、また、フランスのブルボン家がするのでもなく——カポ・ディストリアは、それを必死になって提案したのだが――仲裁は会議に集ったヨーロッパがなすべきである。そして、ナポリ王は、この会議に現われて、自己の立場を申し述べるべきだ、と主張した。それは、まさに悪魔的提案だった。もし、国王がナポリを離れる許可が得られなければ、王が自由をもっていないことが示されるであろうし、もし王が出てくれれば、最もきびしい形でのオーストリアの介入を嘆願することになるだろう。ナポリから王を移動させようと努力は、穏健派と過激派との間の激しい争いを引き起し、弾丸が発射される前に、国内的に国を弱めることになるだろう。そして、ツアーは、堂々たる法廷で自己の善行を示す機会を失なうまいとそれにとびつくだろうという読みだった。メッテルニヒは次のように報告した、「私は八十五パーセントの勝利を収めるでしょう。カポ・ディストリアは、残りの十五パーセントで世界の安定と、理性への尊敬と、それに常識に対する名誉を奪おうとするでしょう」(注一〇)。

メッテルニヒは、カポ・ディストリアが、トロパウ会議での彼の唯一の成果である協定を起草する権利を利用するだろうことを危惧しなければならない大きな理由があった。というのは、メッテルニヒが、カポ・ディストリアの諸原則からあらゆる実質的意味を奪いとってしまったから、かえって、その宣言の方が、イギリスをまだ同盟につなぎとめている細い糸をたち切ってしまうかもしれないからだった。イギリスから、一般的介入権の承認が得られるような言いのがれの手段は全くなかったし、しかも、フランスもイギリスの例にならうだろうと予想された。そこで、メッテルニヒは、自分の交渉については西欧諸国の代表を、一切つんぼさじきにしておくことにした。イギリスのスチュワートに対しては、彼がいないときには、何の決定もしないと保障して、二度ほど、トロパウを留守にして、ウィーンにいる若い妊娠中の夫人を見舞うことをすすめた。また、フランスは、代表団内部が仲間割れしていたので無力だった。ラ・フェロネが、十月二十三日のオーストリア提案に反対したときには、メッテルニヒは、皮肉をこめて、それは貴下個人の意見なのか、二人のフランス代表の意見なのか、それとも、フランスの意見なのかとたずねたほどだった（注一二）。しかも、ツアーは、フランスの革命に対する弱腰を示すものだと受け取って激怒し、フランスを軍事監視下におくといって威嚇したのだった。

十一月十九日になって突然、西欧代表は、既成事実をつきつけられているのを知った。人を信じやすいスチュワートは、ウィーンからもどった直後に、本会議に招かれ、もうすでに署名された文書、議定書草案（訳注1）――メッテルニヒの妥協案を内容としたものだったが――を見せられた。彼は激しく抗議し、フランス代表とともに、署名するのを拒否したが、あとの祭だった。メッテルニヒは、同盟の分裂が明らかになる前に、カポ・ディストリアを孤立させ、ツアーを抱き込んでしまっていたからである。この交渉の期間中、メッテルニヒは、万が一の場合は、イギリスが味方になるということで、自己の交渉の武器としてイギリスとの関係を維持していた。そして、自分が二枚舌を使ったことの結果として起るかもしれないイギリスとの関係悪化に対しては、介入権が保障されたことと、ツアーを抱き込んだことで十分に割が合ったのである。しかも、メッテルニヒが、完全にスチュワートを個人的に籠絡していたので、これほどひどく騙されたあとでさえ、スチュワートは次のように述べて、メッテルニヒをかばっている、「……なんといっても理解できない。少なくとも思いやりのないやり方である。……（しかし、オーストリアが）イギリスの政権交代とロシアの目的が変わるのを恐れていたので、三主要君主国の緊密な協調に頼ろうとしたのである。……私は、メッテルニヒ公によって、一時的には傷つけられたと感じるが、……それは、私たちの信頼には何ら影響を与えないし、友情も一瞬間たりとも弱めるものではないだろう」（注一三）。

しかし、カースルレイは、スチュワートのように簡単に引き下る訳にはいかなかった。カースルレイは、ツァーの思考法をきわめてよく知っていたので、自分が議会で答弁できないような譲歩をメッテルニヒがしなければ、メッテルニヒの目的とするものを手に入れることは不可能だと思っていた。カースルレイは、自分のいつくしんできた会議方式が、用いてはいけないと考えていた目的のために利用されるのを見ると次第に不愉快になってきた。「私は、今ほど、私がロシア皇帝と同席し、私の考え方を皇帝に伝えられないことを残念に思ったことはありません。……皇帝は、あらゆる機会を通じて、新たな取決めは行なわないこと、既存の条約以外に新たな協定はつくらないこと、四国同盟以外の新たな保障を求めないこと、その確固たる決意を繰り返しておりました。事実、その決意が、ヨーロッパの安全の命綱でありました。それなのに、今なぜ変えようとするのでしょうか？」(注一三)とロシア大使に語った。さらに、十二月十六日付のスチュワートあての書簡で、カースルレイは、イギリスの立場を次のように繰り返して述べている。同盟から国家を除名し、武力をもって、各国の国内体制を変えようとすることは、国際法違反であり、既存の条約に反するものである。さらに、もし、同盟諸国が、この理論をみずからに適用するのであれば、イギリスは、王位継承令(訳注2)によって、これに参加することは出来ないし、また、他のどんなやり方をしようとも、「そのような勧告を行なった大臣を処罰して罪をあがなわないかぎり、国民のあらゆる階層にとっては、きわめて不満なものであるがゆえに、イギリス国王の玉座をゆるがすことになるでしょう」。これは、イギリスが、秘密結社や軍事革命を好ましくないと考えていることを意味するものだった。しかし、自衛のための介入権は認めつつも、イギリスは、「一般的に、ヨーロッパの警察権を執行する道義的責任を、同盟の一員として引き受けることは出来ない」(注一四)、というものだった。

しかしながら、偉大な夢というものは、そんなに簡単には捨てきれないものである。事ここに至ってもなお、カースルレイは、ヨーロッパの協調は、島国の非介入の理論と大陸の予防政策とを組み合わせることは不可能だと認めたくなかった。彼は、まだ、忍耐と善意が、同盟を戦時の親密な関係にもどすことができると期待していたのである。カースルレイは、ロシア大使に、私は、十二月十六日付の書簡を送らねばならなかった時に心が痛んだ、と語り、自分は、同盟諸国の目的に反対しているのではなく、公式の文書で宣言することに反対しているのだ、と主張した。そして、スチュワートに対する個人的な手紙――十二月十六日付の書簡と同時に送ったのだが――の中で、カースルレイが、ヨーロッパ政府という自己の理想を棄てたくないと思っていたことを、次のような文面が証明している。「神聖な権利と服従への黙認という理論が打破されたことによって生じたあらゆる緊急事態にうまく対応していくために、同盟の改正を三王室が思いつくべきだったのに思いつかなかったのは不思議です。三王室は、スチュワート家が玉座を失なうことになった理論をハノーヴァー家は、もっていないと考えたのかもしれません(訳注3)。……今や、異った旗印のもとで、その危険に対処しなければならないかどうかの決定は、三王室にかかっているのです。……三王室は、論争されている三原則を放棄せずに、我国が提案したような形で、その問題に当るかもしれません。我国としては、三王室の三原則に忠実に従ってゆくことなど出来ないし、もし、三王室が、どうしても公式文書にするといって空論をもてあそぶならば、我国は、別行動をとらなければならないでしょう……」(注一五)。

しかし、それは無駄な努力だった。カースルレイは、同盟の真の任務は、実際の行動をしなくてもよくなった時――それは、政治的変動がないことの証明なのだが――に達成されると考えていた。しかし、大陸諸国、なかんづくメッテルニヒは、同盟を当面の危険――たとえそれがどんなものであれ

――に対する武器と考えていた。従って、メッテルニヒにとっては、社会斗争は、他の一切に優先するのに対し、カースルレイは、社会斗争を国際問題と考えることを拒絶していたから、メッテルニヒは、徐々にイギリスとの結びつきから離れていったのである。カースルレイの抗議は、議定書草案への署名を阻止したが、カポ・ディストリアが起草した十二月八日付の同盟諸国への回章までは差し止めることは出来なかった。しかも、その回章は、カポ・ディストリアの黙示録的な表現で、一八一四―一五年の条約構造から介入の正当性を導き出しており、さらに悪いことには、イギリスの同意さえにおわせていた(注一六)。かくして、同盟の分裂は明らかとなった。しかし、こうした事態が起る前に、メッテルニヒは、大陸を見事にまとめ上げてしまっていたので、イギリスの援助に頼らなくてもすんだのである。しかも、同盟の採った手段は、すべて、ツアーの責任になるように事を運んだのだった。そのために、イギリスが、同盟から徐々に離れていったにもかかわらず、オーストリアとイギリスとの関係は、他のどんな国との関係よりも緊密さを保つことが出来たのである。

(注一) N.P. Ⅲ, P. 352.
(注二) N.P. Ⅲ, p. 351.
(注三) Schmalz, p. 70f.
(注四) Webster, Ⅱ, p. 290.
(注五) Schmalz, p. 72f.
(注六) Gentz, Friedrich von, *Briefe von Friedrich von Gentzan Pilat*, 2Vols. (Leipzig, 1868), p. 436.
(注七) Stern, Ⅱ, p. 131 ; Schmalz, p. 76.
(注八) Schmalz, p. 77.

(注九)　N.P. III, p. 391.
(注一〇)　N.P. III, p. 356.
(注一一)　Schmalz, p. 82.
(注一二)　Webster, II, p. 528f. (Appendix).
(注一三)　Webster, II, p. 302.
(注一四)　Webster, II, p. 303f.
(注一五)　Webster, II, p. 305.
(注一六)　N.P. III, p. 392f.

(訳注1)　その内容は、「革命によって政府の変更をうけ、その結果、他の諸国に脅威を与える国は、当然ヨーロッパ同盟の構成員としての資格を失ない、そのような国の事態が、法的秩序と安定を保障するに至るまで同盟から除外される。もし、そのような政府の変更が、直接他の諸国を脅す場合には、列国は、平和的手段または、必要に応じ、武力によって、その有罪国を大同盟の懐に引き戻すことを誓約する」というものだった。

(訳注2)　権利の宣言を確認した一六八九年の法律には、イギリス革命で王位についたウイリアム、メアリーそれにアン以降の直接の子孫以外の王位継承の規定が設けられていなかった。しかし、ウイリアムとメアリーには子供がなく、しかもアンの子供も一七〇〇年に死んだために新たな王位継承法が制定され、その機会に、権利の宣言を確認するいくつかの規定が追加され、そしてそれらは、王権に対するより以上の制約を加えるとともに、臣民の権利と自由をいっそう保障するものであった。

(訳注3)　一六八八年の名誉革命の前に、スチュワート家の王たちが、王権神授説をとなえ、議会からの干渉を受けずに王権を濫用することが出来たような権利(そのためにスチュワート家のジェイムス二世が追放された)を、ハノーヴァー家の王はもっていないだろう、ということ。

Ⅳ

トロパウ会議は、メッテルニヒの外交手腕を最高度に発揮したものだった。メッテルニヒは、オーストリアを時代の支配的な流れに順応させようとはせず、また順応させることも出来なかったのだが、民族主義と自由主義に反対するために斗わねばならないという事態に直面し、それをオーストリアの斗いというよりもむしろ、ヨーロッパの斗いに変えることに成功した。このために、オーストリアの国内体制が、時代の流れに合っていないということが表面化するのをくい止められたのである。再びよみがえりつつあるフランスが、ファミリー・コンパクトと立憲主義に訴えて、イタリアにおける地位の回復をはかろうとする危険に直面すると、メッテルニヒは、巧みにフランスを孤立させるような策をめぐらし、その力を削いだのだった。トロパウ会議におけるフランス代表の役割は、これ以上みじめなものはないほどみじめなものになってしまった。メッテルニヒは、各国全権の中でも、最も好意的に接することによって、フランス代表を次々と罠にかけていった。カラマンが、カポ・ディストリアの示唆したフランスの調停という案をとりあげたとき、メッテルニヒは、彼に、その提案を本会議に提出するよう、それとなくすすめたが、ツアーが、正統な主権者と革命勢力との調停に激怒して反対すると、カラマンをいとも簡単に見捨ててしまった。一方、メッテルニヒは、自分に信頼をよせているフランス代表が、議定書草案に反対し、ナポリへの介入とその場合フランスに課せられる拘束とを比較した秘密の手紙をメッテルニヒに見せると、彼は、アレキサンダーが、自分の同盟国にしたいと思っている国の動揺を知らせるように配慮したのである(注二)。議定書草案に対するフランスの最終的態度は、まったくその無力を反映したものだった。すなわち、フランスは、議定書に署名するのは拒否したけれども、ナポリ王を招くことには賛成した結果、フランスは、ロシアとイギリスの双方を敵にまわすこととなった。

しかし、たとえ、メッテルニヒが、フランスを出し抜いたにせよ、ロシアを骨抜きにするのに成功しなかったならば、大した利益はなかっただろう。メッテルニヒには、二つの選択が考えられた。ロシアを物理的力によって孤立させるか、道義的に支配することだった。まさにこの理由のために、メッテルニヒは、前者を排除せずに、最後の瞬間までイギリスとの結び付きを維持しておいたけれども、彼は、それが、最終的には、オーストリアにとって、その資力を超える政策になることを知っていた。従って、メッテルニヒの策略は、後者、つまり、ツアーを支配することに徹した。アレキサンダーのポーランドにおける実験に対する幻滅感と、徐々に高まりつつあった宗教心によって助けられはしたものの、メッテルニヒは、トロパウにおける長時間にわたるツアーとの会談によって、この過程をみずからの手で完成させたのだった。メッテルニヒが、なまいきな人間に対するたくみな批判と、変化の前には秩序が必要であるとの主張をもって、ツアーの心をとらえるような〝信念の告白〟を行なったのはトロパウにおいてであった(注二)。メッテルニヒが、理論家の有害な影響について語るときは、それは、明らかにカポ・ディストリアを指しており、それはちょうど、憲法を要求することを革命家の傲慢さと同一視したのと同様だった。ツアーが、ロシア近衛兵の反乱(訳注1)——司令官の残忍さから起ったのだったが——を知ったのもトロパウにおいてだった。メッテルニヒは、それを、革命というビールスが広がっている証拠であり、ツアーを威嚇しようとするものだと簡単に説明したのである(注三)。

かくして、神聖同盟の理論——それは、新しい社会秩序を創り出すことを期待していたのだが——

は、メッテルニヒの考えている社会的均衡をよみがえらせるための道具にされてしまった。ほとんど知らず識らずのうちに、ツアーの道義的情熱は、革命的なものから保守的なものに——反動とまではいえないにせよ——変えられたのである。かりに、トロパウ会議が終るまでに、アレキサンダーが首相を任命するとすれば、それは、カポ・ディストリアではなく、メッテルニヒだったろう。アレキサンダーは、自分の手紙のほとんどすべてを発送する前にメッテルニヒに見せたが、それは、自己の過ちを何度も繰り返したくなかったからである。ロシアとオーストリアの両皇室は、リヴァプール内閣がいつ倒れるかわからないことに備えて——連日のように倒閣がうわさされていたが——それぞれのロンドン駐在大使に共同の訓令を与えた。また、メッテルニヒは、一つの手段では決して満足できなかったので、このことを秘密にスチュワートに打ち明け、それによって、自分の善意とその置かれている立場のむずかしさを証明してみせたのだった(注四)。

もし、かりに、ロシアが、独自の対策をとって、ヨーロッパの均衡をくつがえすことが出来たとしたら、プロシアは、オーストリアのイタリアにおける困難な立場を利用して、ドイツ内部のバランスをくずそうと思えば出来ただろう。しかし、テプリッツの会議とカールズバードの会議でプロシアが独自の外交政策をとるという問題には決着をつけてしまっていた。プロシア王は、トロパウ会議を、プロシアの国内体制に対してのメッテルニヒの助言を得る場と考えていたのである。プロシア王は、十一月七日まで来なかったが、先に到着していた皇太子はすぐにメッテルニヒに魅せられ、生涯メッテルニヒの崇拝者になったほどであった。プロシア王が、やっと到着して、他の諸君主の仲間に加わると、メッテルニヒは、プロシア王が、またしても、全員で組織の再建を承認するのを遅らせたという理由で、プロシアの内政に対する自己の見解を提出する機会を得たのだった(注五)。

メッテルニヒは、自己の立場が、盤じゃくの強さだったので、会議の最終段階では、余裕をもって、カポ・ディストリアの主張するナポリ王と革命勢力との間をローマ法皇によって調停してもらうとの提案を受け入れて、自己の穏健さを示したほどであった。しかるに、ローマ法皇に対するカポ・ディストリアの覚書は、調停工作に際しての法皇の支持を求めていたのに対し、メッテルニヒがオーストリア皇帝に代って起草した書簡では、ただ単に、革命を処罰するための精神的支持を求めていたにすぎなかった(注六)。そのことは、ちょうど、かつて、ナポレオンが、ライヘンバッハの講和条件を受け入れていれば、一八一三年のメッテルニヒの策略を失敗させることが出来たのにそうしなかったように、また、プロシアが、ウィーン会議で、共同行動を拒絶していれば、メッテルニヒを邪魔することが出来たのにそうしなかったように、ナポリの革命勢力も、穏健な政策をとっていれば、トロパウ会議におけるメッテルニヒの立場をきわめて困難にすることが出来たはずなのに、そうしなかった。メッテルニヒは、それらのいずれの場合においても、心理的要因のもつ効果に賭けていたのである――そして、どの場合にも彼は成功を収めたのだった。ナポリの穏健派と過激派との対立は、国王をライバッハ(訳注2)会議に出席させようとする招請状によって頂点に達した。この招請をことわることは出来なかったが、国王は、出発する前に、きわめて自由主義的な〃スペイン方式〃の憲法に対して、再度、誓約させられたのだった。アレキサンダーは、これを、直接の挑戦と解釈したため、カポ・ディストリアが立憲主義と調停を求めて行ってきた努力を一挙にフイにしてしまうこととなった。

メッテルニヒの政策――それは、本質的には防御的なものだったが――は、その脆弱さを知っている国家が、資源を浪費することなく、現状を維持してゆくための唯一の方式を示したものだった。すなわち、道義的一致を創造することだった。カースルレイは、優勢な力を結集した大国間の会議によって侵略を防止しようと考えていたのに対し、メッテルニヒは、侵略など考えもつかないような状態をつくり出すために諸国を道義的に拘束しようとしていたのである。それは、たとえ、建設的考え方ではないにせよ、巧妙な考え方だった。すなわち、ツァーを反革命の十字軍に組み込むことによって、彼の移り気の問題とヨーロッパの社会不安の両方を一挙に解決し、そして、これまでツァーのどうともとれるようなあいまいな態度によって助長されてきたあらゆる革命的動きと反目させることをねらっていたのである。物理的な力によっては不可能なことを、再び外交技術が成し遂げたのである――それは、十年間にわたるメッテルニヒの外交活動の頂点であった。ヨーロッパ大陸においては、オーストリアの国内的正統性が国際秩序を組織する理論となったのである。そして、ナポリ王と同盟諸国の君主がとり急ぎ向いつつあるライバッハでの会議は、国際関係の新しい性質を象徴するものだった。というのは、ライバッハ会議は、これまでの会議と異なり、全権代表たちの会合ではなく、オーストリアの大臣が、他のヨーロッパ諸国に対して、道義についての教訓を垂れることを意図した舞台だったからである。

（注一） Stern, Ⅱ, p. 135.
（注二） 前述 p. 364-5 参照のこと。
（注三） N.P. Ⅲ, p. 355 ; Schmalz, p. 77.
（注四） Webster, Ⅱ, p. 296.
（注五） Stern, Ⅱ, p. 145.
（注六） Stern, Ⅱ, p. 137.

（訳注1）　一八二〇年一〇月トロパウ会議の最中、アレキサンダー一世自身が所属するセメノウスキー連隊の兵士が上官の残忍さに耐えかねて反乱を起した。

（訳注2）　ユーゴスラビアを構成するスロヴェニア共和国の首都で、現在のリュブリアナ。

第十五章　ライバッハ会議とヨーロッパ政府

メッテルニヒ外交の戦術――ライバッハ会議――その第一段階――その第二段階――カースルレイと同盟――ピエモンテの革命――メッテルニヒの政策の再声明――外交の不毛性――ヨーロッパの結束

I

一八五四年から五九年にかけて、八十代になっていたメッテルニヒは、自分の後継者であるブオル――彼は、当時オーストリアの脆弱な立場に恐慌状態に陥り、どのような犠牲を払っても同盟体制をつくろうとやっきになっていた――に対して一連の覚書を書きしるしている。その威厳にみちた文体でメッテルニヒは次のように主張している。中欧に位置する帝国は、いかなる国にも頼ることはできない。なんとなれば、隣国は、十分に強力でもないし、支援しようとする意思もないからである。さりとて、中立政策も不可能である。なぜならば、中央ヨーロッパに存在するオーストリアの位置というものは、あらゆる紛争に必然的にまき込まれざるをえないし、もしオーストリアが中立の立場をとるとすれば、それは、他の諸国に、オーストリアの生存と矛盾する要求を公然と表明させることとなるからである。このジレンマからのがれるみちは、オーストリアのもつ唯一の現実的利点に頼る以外にないのである。すなわち、オーストリアは、ヨーロッパにおいて利己的欲望をもたないこと、安寧を求めるすべての国々は、必然的にオーストリアに引きつけられる、という利点に頼ることである。それゆえに、オーストリアは、実際には、決して孤立していないし、単に同盟国を持とうとして、盲目的な約束をすることは、かえって、オーストリアの弱点をさらけ出すことになるのである。オーストリアは、特定の目的に対してのみ参加しうるにすぎないのである。すなわち、オーストリアの現実の政策は、いかなる紛争に際しても早い段階では、参加せずに、現状維持勢力の象徴ともいうべき平静な状態に利益を見い出す目的に限って、オーストリアを参加させるための道義的枠組みを、受身になって受け入れるのではなく、それを規定してゆくことにある、と。メッテルニヒは、孤立は、その目的が明確に理解されている限り、恐れる理由はないし、外交における成功の鍵は、行動の自由であって、形式的な関係ではない、と主張している(注一)。

これこそ、生涯を通じてのメッテルニヒ外交の基本だった。行動の自由——敵になりそうないかなる相手よりもより大きな選択の幅をもっているという意識——は、必要とする時に、どんな選択手段でもとれるということを意味するがゆえに、同盟関係よりもよい防御手段だった。しかし、島国の行動の自由は、その地理的位置によって保障されているが、中欧に位置する帝国の行動の自由は、その道義的立場に頼らなければならなかったし、また、オーストリアの選択肢が、常に、いかなる敵対国のそれよりも大きくなるように組み立てられた諸外国との関係に頼らなければならなかった。それは、冷静な神経を必要とする政策だった。というのも、大きな危険——孤立か、さもなければオーストリアの犠牲によって問題が急速に解決してしまうかもしれない——を冷静に受け入れることによって、オーストリアが欠くべからざる国であることを示さねばならなかったからである。この政策の成功は、勢力関係についての正確な判断、とくにオーストリアのすぐれた柔軟性は、幻想ではないという事実にかかっていたのである。そして、その政策の成就が、最後の瞬間まで表にあらわれないのに対し、その危険は、すぐにわかるがゆえに、そのような政策を実行するには、メッテルニヒの特徴だったほとんど傲慢なまでの自信を必要としたのであった。この政策が、きわめて多くの無形のものに依存していたので、十九世紀には、とくにプロシアとロシアがオーストリアの主要なライバルと考えられるようになってから——ドイツではプロシアであり、バルカンではロシアだったが——は、そのような政策は、低下したオーストリアの地位をもってしては、実行するのが徐々に困難になっていったのである。しかも、メッテルニヒの後継者たちは、その危険だけに目を奪われ、その根底にある概念を見なかったために、メッテルニヒの巧妙な策略に代えて、彼らの政策は、オーストリアの運命を決定することになるような矛盾した二つの政策の間をさまよっていたのであった。

しかしながら、メッテルニヒが事態を支配することが出来た間は、危機の期間におけるメッテルニヒ外交の中に、ほとんど必らずといっていいほど二つの段階が存在するのである。はじめは、ためらっているように見える時期、つまり、共通の努力による道義的枠組みがまだわからないので、それは、普遍的希望を自発的に表現したように見えるのである。ついで、公式に宣言することによって、オーストリアの同盟諸国を、限定された目的の政策に参加させるという象徴的行動がとられるのであった。このようなやり方で、一八一三年春の曲折した交渉のあとに、プラハ会議となり、そして、その会議ではナポレオンの要求と均衡体制とは相容れないものであることが証明されるように意図されていたのだった。また、カールズバード条例のあとには、ドイツの道義的一体性を示す場としてのウィーンでの協議がつづき、そして、トロパウ会議のあとには、ヨーロッパの道義的一体性を象徴するライバッハ会議(訳注1)とつづいたのであった。そして、その過程を通じて、ツァーをして、あともどり出来ないほどに、メッテルニヒの政策に参加させてしまったのである。

かくして、ライバッハ会議は、メッテルニヒがトロパウ会議でつくり上げたヨーロッパ政府を表現することが第一の目的となったのである。この会議で、カポ・ディストリアが、イギリスの調停を求めたが無駄だったし、フランスが、第三の全権大使ブラカスを派遣し、二人の同僚を監督させるとともに、ナポリ王にひきょうなふるまいをさせないようにしたのだが、何の役にも立たなかった。メッテルニヒが、完全にアレキサンダーを支配していたので、その会議が、全くメッテルニヒに牛耳られていたからである。メッテルニヒは、次のように書きしるしている、「皇帝（アレキサンダー）と私との意見の一致は、誰も信じようとしないが、それは真実なのです。過去四カ月間に与えてきた影響力がいま実を結びつつあるのです。ロシアの首相は敗北したのです。機械学、物理学、倫理学の法則に従って、強者が、弱者をしたがえるのです」(注二)と。プロシア王は出席こそしなかったものの、外相のベルンシュトルフ——事実上彼は、メッテルニヒの腰巾着だった——を派遣した。イギリス代表スチュワートは、またもや、ウィーンの妻を訪問するようすすめられ、もどってきた時には基本的決定がなされていたので、トロパウ会議でつんぼさじきにおかれて怒ったと同様の光景を繰り返したのだった。また、ナポリ王の二枚舌が極端だったために、メッテルニヒは、再び穏健な政策の擁護者として登場することが出来たのである。というのは、ナポリ王が、ナポリを無事に離れるや否や、ナポリにいる時には、もし自分が、宣誓を破ることがあるならば、雷が自分に落ちるだろうという劇的な言葉で国会と憲法を支持することを誓った約束を破棄してしまったからである。

こうした状況の中で、もろもろの決定が下された。アレキサンダーは、一月八日に到着し、一月十日には、メッテルニヒは次のように報告することが出来た。「今日、もし地球が崩壊せずに、また天空が落下しなければ、……我々は、この争いに勝利を収めるでしょう。カポ・ディストリアは、聖水の中の悪魔のようにのたうちまわっているが、聖水の中にいるので何もすることが出来ないのです」(注三)と。メッテルニヒは、自分の〝ハーレム〟のメンバーの一人ルフォ――ウィーン駐在ナポリ大使――を登場させナポリのスポークスマンに仕立て上げた。一方、議会が任命した外務大臣ガロ公爵――彼は、国王に同行していたが――は、ゲルツ(訳注2)の近くで長らく待たされたのだった。一月十三日に、ライバッハでメッテルニヒが大いに楽しんだ喜歌劇をまるうつしにしたような場面が演じられた。ルフォが全体会議に出席し、ゲンツとメッテルニヒによって起草された草稿をもとに演説を行なったのである。その演説の中で、ナポリ王は、〝正義、叡知、寛大の理論〟に従って、同盟諸国が自分に反対者をなだめる役割を与えてくれるよう求めていた。それに対してもメッテルニヒは、うやうやしく、同盟諸国は、「陛下が、再度、臣民の親愛の情を得られるように助力することを喜びとするところである」と答えたのであった。しかるに、あわれにも、トロパウ会議では、「犯罪的行為によってもたらされたいかなる変革も、それは、世界の安寧を乱すがゆえに認めることは出来ない」と決定されてしまっていた。そのような妥協のありえない事態に直面して、立憲君主は、いったい何が出来るというのだろうか？　ルフォの声を借りてメッテルニヒは、こう答えた、最大の犠牲をはらうこと、つまり、同盟諸国が、交渉を拒絶するような憲法は、破棄することである、と。ルフォは、前もって、ナポリ王が、戦争の苦しみを臣民に与えないために、「神と自己の良心に対して、何ら恥じることなく」自己の誓いを破ることを臣民に知らせる手紙を用意してきていた。しかし、この国王の臣民を愛する意思に反対を唱えるものがあるといけないので、オーストリアの占領軍が、ヨーロッパの意思を満たす〝保障〟として到着することを知らせた秘密の手紙が添えられていた(注四)。

スチュワートが、ライバッハにもどって来たときには、喜劇の第一幕は終っており、彼は、メッテルニヒが、せっせと忙しそうに第二幕のシナリオを書いているのを見たのだった。そして、その第二幕では、ガロ公爵に、他のイタリア諸王室の代表が列席している中で、同盟諸国の決定を知らされることになっていた。スチュワートは、またしても、自分が参加しない交渉によって、同盟諸国が、一つの宣言を準備していることを知ったのだが、またもや、それに賛成するようたのまれたのである。今度も彼は、自分の善意を悪用したことに抗議したのだが、結局は、「イギリス代表は出席しているが、……会議の議事録に賛成する権限は与えられていない……」(注五)という文章を議事録に記録する許可を得たにすぎなかった。しかし、獲得したと思ったこの譲歩でさえ、やがて幻想だったとわかる時が来た。一月三十日、スチュワートは、ヨーロッパが会議の名において、ナポリの外務大臣に解決策を明らかにする厳粛な場にのぞんだ時、メッテルニヒが、自分の留保した点を完全に省いた、しかも、同盟諸国の連帯責任の形をとった全く別の宣言に代えてしまっているのに気付いた。ナポリの代表がもうすでに到着していたから、スチュワートは大いに憤慨したが、最後には、メッテルニヒが、自分の抗議文を読み上げることに同意したので、その新たな宣言に効力をもたせることを納得したのである。今度の第二幕は、ガロ公爵が会議に出席するよう求められ、メッテルニヒによる高潔な威信あふれる言葉遣いで——それを上まわるほどの悪だくみとは似ても似つかぬ——スチュワートの留保をほとんどおおいかくしてしまった同盟諸国の決定を知らされたのである。しかし、その喜劇の結末は、まことにあっけないもので、堂々たる役者を集めるほどの価値あるものではなかった。その革命を起した国の外務大臣は、激しい抗議もせず、また自己の理論を自信をもって主張することもせずに、メッテルニヒのきびしい訓戒に、同意をするかのようにうなずきながら傾聴していたのだった。ガロ公爵は、メッテルニヒの努力に対して感謝の意を表し、ナポリに帰り次第、全力をあげて、メッテルニヒの努力に応えると約束したのだった(注六)。ナポリの革命は、二回にわたるヨーロッパ会議を開かせ、ほとんど一年間、ヨーロッパ諸政府を混乱のるつぼに陥れたが、結局、敗北し、そのむなしさを証明することとなった。そしてそれは、メッテルニヒが、七カ月間のまわりくどい外交によって、達成しようとしてきたものであった。

オーストリアが、ヨーロッパの代表として行動できるようになってから、つまり、ナポリの革命が勃発してから半年以上たってはじめて、オーストリア軍は、ポー河を渡ったのである。ヨーロッパの是認のもとにナポリに介入できるようになったこと以上に重要なことは、メッテルニヒのツァーへの影響力だった。その大きさは、イギリスの一外交官をして次のように報告させるほどであった。かりに、ロシアが、オーストリアの領土であったとしても、メッテルニヒは、あれほどの自信をもって行動することは出来ないだろう、と。というのは、オーストリア、ロシア両国は、心から永遠の友好関係を最大限の雄弁をもって宣言したにもかかわらず、メッテルニヒは、スチュワートとの会話の中で、自分が本当の敵と考えている人物をはっきりと示したからである。スチュワートは次のように報告している、「メッテルニヒは、私にこう述べました。自分はついに、イタリアの自由主義者ばかりでなく全ヨーロッパの自由主義者の味方となってきたロシア皇帝を拘束することが出来ました。……一連の会議の結果は、自分がしてきたあらゆる見通しがまちがっていなかったことを証明するでしょうし、オーストリア帝国が、最大の脅威と感じてきた危機のもとで、自分が、帝国を安全かつ称賛に値する勝利へ導いたということを証明するでしょう」(注七)と。

(注一) N.P. Ⅷ, pp. 354—417.
(注二) N.P. Ⅲ, p. 424.
(注三) N.P. Ⅲ, p. 424.
(注四) Stern, Ⅱ, p. 150f.
(注五) Webster, Ⅱ, p. 316.
(注六) Stern, Ⅱ, p. 154f. ; Webster, Ⅱ, p. 318f.
(注七) Websrter, Ⅱ, p. 315.

(訳注1) 一八二一年一月二六日から開かれたライバッハ会議は、トロパウ会議の継続であり、ナポリに起った軍人の叛乱が拡大して、ついにナポリ王に、一八一二年のスペイン憲法と同一の憲法を採用させるに至った事態に対するオーストリアの干渉問題が中心であった。会議には、オーストリアからは、皇帝とメッテルニヒ、ロシアは、皇帝とカポ・ディストリア、ネセルローデ、プロシアからは、国王とベルンシュトロフ、イギリスは、オブザーバーとしてスチュワート、フランスも同様にカラマンが出席した。
(訳注2) イタリア北東の都市で現在のゴリツィア。

Ⅱ

ところで、こうした有利な情勢になる前の、イギリスの国内事情をもう一度、見ておく必要がある。スチュワートは、ライバッハ会議では、トロパウ会議と全く同様に馬鹿ばかしい役割を演じてしまった。しかし、国会が近づいていることと、野党が、独立国による外国への介入にはげしく反対していたので、カースルレイは、スチュワートのような生ぬるい抗議で甘んずることは出来なかった。そのようなわけで、一月十九日付の回章が発せられたのだった。そしてそれは、表向きは、十二月八日のトロパウ会議の際の同盟諸国の宣言に対する回答の形をとっていたが、実は、イギリスの立場を要約し、再確認したものだった(注一)。わざとらしい論理的調子で、前年かえりみられなかったあらゆる論拠を学問的に繰り返していたが、実際のところ、その覚書は、国会に提出されるために書かれたものであって、カースルレイが、同盟を分裂させるようなことは、全然望んでいないことを示していた。その覚書には、次のように、島国の政策のあらゆる主張が繰り返し述べられていた。すなわち、一般的介入権は、イギリスの基本的原則に反するものである。たとえ、この反対がなくともイギリスは、そのような介入に参加することはできない。なぜならば、そのような権利が、〝慈悲心の少ない君主〟の手に握られれば、それは全面的な専制政治となるかもしれないからである。原則的には、介入は、否認されるものではない。事実、イギリス政府は、しばしば、自衛のための介入の必要性を認めてきたところである。しかし、それは、一般的介入権にもとづくものではありえないし、イギリス政府が一貫して否認してきたように、一八一五年の諸条約の解釈から出てくるものでもない。介入は、あくまでも例外であって、国際問題を処理するルールでは決してありえない、と。

そして、この手紙——新しいものは何もなかったが——は、まさに、ヨーロッパ同盟は、カースルレイ個人の外交政策であることを示す一つの覚書となっていた。それは、イギリスは、「東欧諸国の意図の潔白なことに対しては完全に正しいと考える」とともに、「意見が違ったからと言って、その他のあらゆる問題に関して、同盟の誠意と調和に影響を与えるようなことはありえないし、東欧諸国が、現在の取決めに十分な効力を与えようとするその共通の熱意に水をさすようなことはしない」という主張で終っていた。カースルレイの悲劇は、大陸諸国との共同行動がもはや不可能であることを認めようとしなかった愚かさにあったのだが、それは、誰の罪でもなく、危険についての島国の考え方と、大陸諸国の考え方が一致しないからだった。しかしながら、これを認めることは、カースルレイにとって自分自身を否定することに等しかった。彼からみれば、意見の不一致は、集団安全保障体制を構築しようとする努力の中に本来的にあるものだとは考えられず、むしろ集団安全保障体制を濫用しようとする時に起るのだと考えたのである。つまり、意見の不一致は、同盟の本質にあるものではなく、同盟が意図しない方向にそれをもってゆこうとする時に起ると考えたのである。それゆえに、カースルレイは、分裂を明らかにするよりも、同盟を擁護することに自己の使命を見い出そうとしたのだった。そして、その回章につけられた添状には、その回章を起草するのがどんなに気が進まなかったかが如実に表わされていた。その添状は、「貴下は、同盟諸国政府が、その問題をいろいろと異った方法で考えることによって、同盟諸国の結束の至情が少しでもそこなわれるかもしれないような疑いのある議論、つまり、実際に条約に包含されている点に関して、常に意見の一致と拘束力があると考え、宣言するようなことを議論することは避けてほしいのです」(注二)と書かれていた。もしこれが正しくないとすれば、ロンドン駐在のオーストリア大使が、メッテルニヒに次のような報告は出来なかっただろう。「カースルレイは、教会の中の大の音楽愛好家のようである。彼は、拍手かっさいしたいのだが、あえてそれをおさえているのである」と。

それゆえに、下院でのカースルレイの最後の外交演説が、同盟継続の効果を主張しつつも、その過ちを認めたけれども結局は、同盟を強く弁護する形になったのは当然のことだった。彼は、メッテルニヒでさえ、手を加えようと思っても出来ないほどうまく、カーボナリーの行動を描写していた。そして、オーストリアの動機を弁護し、その動機の正しさは、オーストリアが、会議に集ったヨーロッパ諸国の同意をとりつけることが出来たことによって十分に証明されたと主張した。したがって、問題は、オーストリアの介入の事実ではなく、それをどうやって正当化するかだった。それでも、この意見の相違は、同盟からの決別を求めるものにはならなかった。孤立化政策を支持する人々はきわめて少なかったからである。そして、同盟は、その効力を失なうことなく継続されることとなったのである。「大陸諸国との同盟に関しては、きわめて多くのことが述べられてきたが、私は、断じて、同盟を弁護するのをやめるつもりはない。同盟に反対の紳士諸君が、予言してきた同盟への暗い見通しが大いにはずれたことに対して、少なからず心苦しく思うのも当然でしょう。そして、その同盟が存続する限り、それは、自分たちの愚かさを証明するものとして存在することになるので、反対党の紳士諸君が、人情として、だまって見ていることが出来ないことは良くわかるのであります。ヨーロッパの平和を確固たるものにするために、私が永続することを期待しているこの同盟は、反対党の議員紳士諸君が、もてあそんできた予言が、馬鹿ばかしいものであり、しかも、諸君が、政府に勧告してきた政策案の内容そのものであることが証明されたのです」（注三）。

ここに、例のごとく、冷静かつ重々しい調子で述べられた演説の中に、失敗の運命をたどるに至ったカースルレイのヨーロッパ統一の理想を見ることが出来る。なんとなれば、ヨーロッパ統一などという理想は、イギリスの大衆にとっては、永久に理解できない事柄であり、また、彼らにとっては、平和を確固たるものにするための同盟などというものは、どう考えても彼らの考えとは矛盾するものだった。彼らの考え方にしたがえば、同盟は、特定の目的をもち、誰かに対して向けられたものでなければならなかった。要するに、圧倒的な危険が存在しない限り、大陸との共通の政策というものは、容易に国内的に正統化されることはありえなかったのである。善意によって達成されるヨーロッパ統一というカースルレイの理想——同盟諸国の協調という単なる事実を通じてのヨーロッパ政府にすぎなかったが——は、その提唱者を破滅へ導くことになる蜃気楼であり、冷静な学問的体裁で述べられてはいるが、やはり悲劇に至る要素にはちがいなかった。

(注一) Webster, II. p. 321f.
(注二) Webster, II. p. 323f.
(注三)Hansard (Commons), 一八二一年二月二一日。

III

一方、オーストリア軍が、南に向って進軍しつつあったとき、メッテルニヒは、喜劇は、おしまいまで演じられるべきで、あらん限りの道義が示されるまで、観衆は解散すべきではない、と主張しているかのようだった。敗北した敵に、立ち直る機会を与えるような馬鹿なまねをする者はいない。メッテルニヒは、カポ・ディストリアが、介入の事態になったことに対する最後の言訳にしそうなこと——ナポリの平静を保証する憲法上の政治制度をナポリに与えるというトロパウ会議での約束——まで反故にしはじめたのである。それはちょうど、カールスバードで、メッテルニヒが、恐慌状態にあるドイツ諸国に節度を守らせたときのように、ライバッハ会議では、絶対的支配者としての地位を回復させようと、臆病なナポリ王の尻をたたいたのである。長い交渉を通じて、メッテルニヒは、ナポリ王に、「ナポリ王国基本法草案」——ツアーに秘密裡に提案し、その承認を得ていたのだが——を受諾するよう説得したのである。それは、まさにメッテルニヒの統治理論をそのまま反映したものだった。すなわち、行政を地方分権化すると同時に、国王の権威を強化し、国王は、単なる助言機能を持つにすぎない名士評議会《ステート・オブ・カウンシル》と、ナポリとシシリーの貴族、僧侶、庶民の三階級《エステイツ》の議員からなる議会《コンサルタ》によって拘束される以外何物にも拘束されなかった(注一)。カポ・ディストリアが、少なくとも、少しぐらいは代議制を残すようツアーに訴えてみたが、いかんともしがたかった。ヨーロッパの秩序という正統性理論は、〃正統な支配者〃――ナポリ王のようなくだらない人物にさえ――に絶対的権限を与えたために、何びとといえども、その決定に異をとなえることは出来なかった。いずれにせよ、メッテルニヒは、今や公然とカポ・ディストリアの頭ごしに物事を運び、アレキサンダーに働きかけて、彼の首相につべこべ言わせないようにすることが出来るほど強い立場に立っていた。メッテルニヒは、「カポ・ディストリアと皇帝との亀裂は、今まで以上に大きくなりつつあります。……しかし、皇帝は強い立場にあり、しかも、それには、明らかな理由があるのです」(注二)と報告している。

事実、こんどは、メッテルニヒの最大の課題は、ツアーの気負い立った気持ちに手綱をかけることだった。アレキサンダーが、メッテルニヒの〃信念の告白〃をいかによく学んだかを証明するように彼はこう書きしるしている、「我々は、悪魔の国との戦斗を行なっているのである。この仕事は大使では不十分である。神の祝福があるとすれば、国民の先頭に立っている君主のみが、この悪魔の力との斗いに勝ち残ることが出来るのである……」。さらに彼は、諸政府が、神聖同盟の理論をもとに和解して以来、キリスト教のあらゆる敵、あらゆる革命主義者、カーボナリー、そして過激な平等主義者たちは、復讐を誓っている(注三)、とも書いている。このようなムードでは、十字軍的考え方――たしかに、人間性の改革や新時代の始りではなく、革命を打倒し、均衡を回復するための十字軍だが――にゆきつくのは当然のことだった。ツアーは、フランス代表に次のように語った、「この会議の唯一の目的が、二、三人のカーボナリーを処罰することだと考えてはいけない。……スペインの例にならって広がったナポリの革命は、後のみせしめとして役立てるべきである。……もし、我々が、ナポリに正しい秩序をうちたてるならば、オーストリアが、ナポリに関して果たしたような役割を、フランスが、スペインで果たす日が来るであろう」(注四)と。

しかし、メッテルニヒにしてみれば、自分が骨を折って交渉してきたあげくのはてに、フランスに利益を得させるようなことを許すつもりはなかった。しかも彼は、スペイン問題では、イギリスが、穏健な抗議ではすまさないだろうということがわかっていた。イベリア半島に対する同盟諸国の介入は、イギリスが、同意出来る内容にその手段を正統化するなどという出来るはずのない議論をすると同時に、同盟を最終的に取り返しのつかない公然たる分裂に導くにちがいなかった。また、メッテルニヒは、独自の政策を遂行する用意があるとはいえ、イギリスをはっきりとした敵対国の立場に追い込んでまでするつもりはなかった。彼は、自分が冷静かつあつかましいまでの政策を遂行出来るのも、最終的には、オーストリアがイギリスを頼ることが出来るからだということをよく認識していたし、だからこそ、彼は、ツアーに対して、個々の手段についての理論では譲歩したが、その実質は完全におさえていたので、〝ロシアの〟特定の目的は一つとして達成されたものはなかったのである。

というのも、カースルレイの友情が、メッテルニヒの危険を防いでいたからであった。イギリスとの友好関係が維持されている限り、オーストリアとロシアとの間には、純粋に政治的抗争以外の困難な問題は起りえなかったし、そしてそれが、どんなに不利な情勢にあっても、イギリスが確実にオーストリアを支援しているという事実によって改善されてきたのだった。ところが、もし、イギリスを最終的に敵対国の立場に追いやってしまうならば、メッテルニヒの政策は、その柔軟性を失ない、ツアーの偏見におもねることによって、オーストリアの危険を防がねばならなくなるだろう。メッテルニヒは、この難題を、これまで、何度も試みて成功してきたエイクス・ラ・シャペル会議の戦術で処理したのであった。彼は、フランスの不安定な状態から言って、スペインへの介入は時期尚早であるとアレキサンダーに確信させると同時に、ヨーロッパの道義的結束を示す再度の機会をもつようほのめかし、スペイン問題の討議を来年開くこととするフローレンス（訳注1）の会議まで延期するよう提案して、自分の拒否の態度をやわらげたのである。メッテルニヒは、次のように報告している、「私の最大の功績といえば、アレキサンダーに強い影響力を与え、彼に、善や正義の境界線を越えさせないようにしたことでしょう。というのは、悪は善と境を接しており、その境界線は、きわめて知覚しにくいものなので、カンともいうべきものに頼らなければ、この境界線を認識することは不可能だからです」（注五）。

二月二十八日、ライバッハ会議は、メッテルニヒの最終演説によって正式に閉会した。三月七日、オーストリア軍は、リーティ（訳注2）でナポリ軍を破り、三月二十四日には、ほとんど無傷で、銃剣にオリーブの小枝をつけてナポリに入城することが出来た。メッテルニヒの政策が、究極的には平和政策を武器とし、穏健政策を手段とし、道義的一致をその政策の基礎にしていたことをこれほどよく示すものはなかった。

（注一）　Stern, Ⅱ, p. 155f.
（注二）　N.P. Ⅲ, p. 429.
（注三）　Schwartz, p. 224.
（注四）　Stern, Ⅱ, p. 152.
（注五）　N.P. Ⅲ, p. 438.

（訳注1）　イタリア中部アルノ河畔の都市、かつてトスカニー大公国の首都。
（訳注2）　イタリア中部のヴェリノ河に面している都市。

Ⅳ

しかし、オーストリア軍が、何の抵抗もなく、ナポリに向って進軍しつつあったとき、まだライバッハに残っていた全権代表たちは、どんな革命も相互に関連をもつと警告したオーストリア首相の言葉の正しさを証明するような事件が起ったことを知らせるニュースで驚かされた。三月十二日、ピエモンテ（訳注1）――オーストリアの勢力範囲にない唯一のイタリア国家だったが――で革命が勃発し、国王を退位させたことが知らされたのである。しかし、メッテルニヒは、過去の経験によって、ほとんど機械的に、ナポリの革命や、ドイツで大成功を収めた同じ戦術で、その革命に対処したのである。新たな革命の実体についてもうアレキサンダーに認識させる必要はなく、むしろ今度は、アレキサンダーのはやる心を抑えることの方が必要だった。ツアーは、こう叫んだほどだった、「今、何ゆえに神が朕をこの瞬間までここにとどまらせたかようやく判った。朕は神に何と感謝しなければならないことか。というのは、物事が何もかもうまくめぐり合わされているので同盟者とともにここにいるのだ。……もし、我々が、ヨーロッパを救うとすれば、それは、神がそう望んだからである」（注一）と。九万のロシア軍は、イタリアに急行しつつあるオーストリア軍の予備軍を形成しフランスの介入しようとする誘惑を抑制する行動に移りはじめていた。一方、メッテルニヒは、テューリン（訳注2）駐在のロシア大使に、新しい王――退位させられた王の弟――に対して、大赦を与える代りに革命主義者たちに降伏するよう交渉する権限を与えた――それは、革命陣営内に分裂を引き起すための手段だったが。そして、四月八日、オーストリア軍は、ピエモンテの革命を完全に敗北させたのだった。

メッテルニヒが、二週間にも満たない戦斗で、二つの革命を打倒し、オーストリア帝国の道義的、物理的資産を消耗することなく、イタリアにおけるオーストリアの支配を確固たるものにした政策に対して、オーストリア国内で称賛を博したと考えたとしても不思議ではない。しかし、政治の叡知は、後世になってからでなければ明らかにならないのである。逆に、危険はすぐに明らかになるものであるが。このことは、実質を獲得することが出来ると思えば、常に、よろこんで形式を放棄したメッテルニヒの政策のように見事な政策の場合はとくにそうだった。さらに圧倒的な勝利が得られたのではないかと、"国粋派の"政治家連中——メッテルニヒの前任者であるシュタディオンがその代表だったが——は、メッテルニヒの成功を当然のものとして受け取る一方では、それは保障されないものであるとしてその危険性を批判していた。彼らには、危険の大きさがわからなかったから、その成功の本質も理解できなかったのだ。従って、ピエモンテの革命に対する作戦に、ロシア軍が参加したことは、彼らからみれば、オーストリアの主権を放棄するに等しい危険なことに思えたのだった。事実、彼らは、財政的負担になるとの観点から、その作戦の必要性を疑問とし、さらに、不必要にも、オーストリアを英国の同盟国からロシアの衛星国に変えてしまったとメッテルニヒを批判したのである。彼の同僚たちでさえ、メッテルニヒが、ライバッハ会議で、周到巧みに演出した劇を額面どおりに受け取り、実質を見なかったということは、彼の自己を表に出さないことの巧みさに対する贈物だった。しかし、メッテルニヒが、自己の偉大な勝利の瞬間において、ロシアの内閣からではなく、ウィーンの内閣から困難な問題をつきつけられたということは、運命の皮肉そのものであった。

メッテルニヒは、四月二十二日付の二通の長文の書簡でシュタディオンの批判に回答した。その手紙は、一八一三年の政策についての膨大な覚書をほうふつさせるものがあった(注二)。その文章は、次のような警句と反問をおりまぜて書かれていた、「私は勇気はもっておりますが、幻想はもち合わせておりません。もし私がロシア軍に対して絶対的な権威をもっていなかったなら、私は、ロシア軍を進軍させようと思っても出来るはずがなかったでしょう」。この誇らしげな主張は、メッテルニヒの動機を要約した序文だった。メッテルニヒは、ピエモンテとナポリの革命を打倒するのに、そのような兵力を配備する必要がなかったことは認めた。そして、彼は、ピエモンテや、ナポリの孤立した動乱は、決して心配していなかったのだ。本当の危険は他にあるのであって、イタリアにはなかったのである。彼はこう続けている、「私は、ロシアの自由主義を封殺し、過激主義者が、まだ最も自由に行動できる二つの国家によって反対されたということをヨーロッパに示すのを私の義務であると思っていたのです。……一八二一年には、事実のみがものをいうのです。ロシア皇帝のあらゆる約束、あらゆる言葉は信用を失いました。十万の軍隊の行動……それを動員するのに一千二百万の支出――これが第一の事実です。軍を停止させた命令――重要なことですが、これが第二の事実です。我国の要請に従って行動する国境近くに配置された十二万の軍勢――これが第三の事実です」。こうして、シュタディオンは、さらに多くのことが成し遂げられただろうという幻想も、ロシアが必らずしも必要ではなかったのではないかとの錯覚をも捨てるに至ったのである。さらにメッテルニヒは、次のように記している、「測りしれないような成果がもたらされたのですが、それは、かろうじて、我国に生存の可能性を与えたにすぎません。我々は思いちがいをしてはなりません。我国はこの可能性に向ってほんの一歩をふみ出したにすぎないのです。……革命の悪は、驚異的な高みにまで達しているのです。……我々の勝利は、(ヨーロッパの首都において)犯罪として判断され、我々の考え方は、誤りとして、我々の見解は、犯罪的愚行として評価されるでしょうから御安心下さい」と。

　自己の勝利が不毛にすぎないことに対するこれほどまでの完璧な自認はしようと思ってもできるものではない。メッテルニヒは、自己の勝利の絶頂において、ヨーロッパが、彼をその首相として頼りにしており、二つの圧倒的勝利の後に、三人の君主が、彼なしには一歩も進めないような時に、彼は、権力や栄光を感じるのではなく、脆弱さ、危険、迫りつつある災厄を認識していたのであった。中欧に位置する帝国がたどる運命を、最高の手腕をもつ外務大臣のこの悲観主義ほど明らかに示すものはないだろう。オーストリアは、国内体制を時代に順応させることを好まず、そのような国内体制をもってしては、ナショナリズムの時代に生存することは不可能だったので、オーストリアの最も成功した政策でさえ、一時しのぎにすぎないものになったのである。つまり、同盟諸国を建設的な仕事に対してではなく、避けることの出来ない大崩壊をそらせることに参加させようと必死になっていたのである。このゆえに、メッテルニヒの政策は、最も純粋な意味での外交――本質的に、楽器を演奏するたぐいの名人芸――だった。そして、まさに、その技術こそ、最終的には徒労に終るであろうことを証明し、中欧の帝国オーストリアは、離れ業を演じることによってしか生存出来ないことを証明したのであった。

　しかし、一八二一年の四月には、離れ業は見事にやってのけられ、オーストリアのジレンマを最終的には解決しなかったとしても、一時的には災厄をくいとめたのである。メッテルニヒが、たとえ、暗い予感を感じていたとしても外にはそれをあらわさなかっただろう。メッテルニヒは、自分が代表する国家の脆弱さをおおいかくすという自己の仕事に、あまりにも成功したので、大陸におけるオーストリアの主導権が圧倒的なものとなったし、また、彼が、正確な判断で対処したので、イギリスと仲たがいすることもなかった。メッテルニヒはこう結んでいる、「ロシアは我々をリードすることは出来ません。アレキサンダーをリードするのは我々であり、その理由は簡単です。彼は助言を必要としているのですが、助言者をすべて失ってしまったからです。彼は、カポ・ディストリアをカーボナリーの頭目と考えており、軍隊や大臣、貴族、人民を信じていないのです。こんな状態ではリードできるものではありません。……そして、イギリスは完全に我々の味方です」と。これこそ、メッテルニヒの真の業績であり、つまり、ロシアの自由主義を封殺し、アレキサンダーに服従しているかのごとく装いながら、オーストリアにとって最も危険なライバルであるロシアを支配する手段を獲得したのであった。

五月に入って、ヨーロッパ列強の再度の会合は、ようやく解散した。しかし、メッテルニヒは、ツァーが、ロシア皇室の影響力を受けずに、来年の会合で再会するまで、うまく乗り切れるように、もう一通の覚書を提出した。その概要は、トロパウ会議における〝信念の告白〟(注三)につづくものであり革命の原因とその予想しうる危険性について分析し、憲法を要求する背後には、革命がかくされていることに言及し——これは、まぎれもなくカポ・ディストリアに対する攻撃だったが——さらに、変化の前には、秩序が必要であることを繰り返し主張していた(注四)。トロパウ会議の際の覚書は、信念をもった者の雄弁をもって書かれていたが、ライバッハ会議のそれは、支配権を確立した者のもつ、ひかえ目な自信をもって書かれていた。その覚書によれば、社会の病弊を認識するとともに、ヨーロッパの結束にその救済手段があることを認識したツアーに対して、オーストリアばかりでなく、社会全体として恭順の意を表明していた。さらにメッテルニヒは次のようにつけ加えていた。アレキサンダー皇帝は自己の良心の中に報酬を見い出すでありましょう。——それは、イタリアにおけるロシアの援助は、義務であって、オーストリアに対しては、何ら請求権を構成するものではないことを暗にほのめかしたものだったが。そして、メッテルニヒは、オーストリアとロシアが共同して、革命という疫病が広がるのを防止する手段を要約しつつその覚書を閉じている。その手段とは、両国皇室間の緊密な関係を推持すること、重要問題に関しては、主要首都駐在大使に対して共同訓令を出すこと、その接触地点としてウィーンでの大使会議を開催すること、ならびに、ライバッハ会議の原則を正確に適用することを含んでいた。メッテルニヒが、このあいまいな文章の中で意図したことが、来るべき数カ月のうちに明らかになるのだった。

五カ月間にわたって事実上ヨーロッパ政府を構成したその会議は、メッテルニヒの回章と諸君主による宣言によって閉幕した（注五）。その回章は、同盟国諸君主の正義、保守主義、穏健主義の精神と、革命主義者の陰険な意図——空想的平等をこえたあらゆるものを破壊しようという熱情——とを対比させていた。そのような脅威に直面しては、同盟国諸政府は、合法的に確立されているあらゆるものを保守する以外にとるべき手段はない。このことは、必要な改革までも避けねばならないということを意味するものではなく、変化は、「圧制に代り大動乱が起き、革命主義者が権力を握らないように……自由な決意、つまり神が責任を授けている君主の啓蒙された考え方から出てくるものでなければならない」ということを意味したにすぎなかった。そしてこれは、オーストリアの大臣の見解としてではなく、また会議に参加した諸君主の見解としてでもなく、〝永遠の真理〟として宣言されたのである。

（注一）　Schwarz, pp. 211, 225.

(注二) N.P. Ⅲ, p. 467f.
(注三) 前述 p. 364-5 参照のこと。
(注四) N.P. Ⅲ, p. 480f.
(注五) N.P. Ⅲ, p. 486f.
(訳注1) サルジニア王国の別名。ピエモンテと呼ぶ理由は、この王国の中核が、サルジニア島ではなく、ポー河上流のピエモンテ地方にあったからである。

(訳注2) イタリア北西部、ポー河に沿う都市で、サルジニア王国の首都。

V

成功した政策には、後世の人々に、事態が変っていたかもしれないということをいとも簡単に忘れさせてしまうような特徴があるようだ。一九三六年にヒトラーが打倒されていたら、ちょうどリーティでナポリ軍が敗北してみると、それが危険というよりもむしろ哀れなものに思われたように、彼は、愚かな革命家の首領ぐらいに思われたことだろう。また、もし、一八一九年から一八二〇年にかけての革命が、みな一時に起っていたら、まちがいなく、オーストリア帝国は、その最終的崩壊の一世紀も前に瓦解していただろう。にもかかわらず、メッテルニヒは、イギリスの非介入の原則を楯として利用して、ドイツに平和を回復させたのだった。そして、カポ・ディストリアの教条主義とリヴァプール内閣の弱体によって、この政策が危くなった時に、彼は、ツアーを個人的に完全に籠絡することによって、ロシアの大臣の意図をくじいたのだった。彼はピエモンテの革命が勃発する前にナポリの革命を敗北させた。そして、同盟が、ダニューブ公領(訳注1)とギリシアの革命によって、重大な試練に見舞われたとき、ピエモンテの平和を回復させたのだった――これらはすべて、ヨーロッパの代表として、オーストリアの道義的、物質的資源を浪費することなく成し遂げられたものだった。そして彼は、スペインに対する聖戦を遂行しようとするツァーの情熱をおさえる一方、カースルレイの抗議に対しては、断固たる態度を堅持し、了見の狭い〝国粋派〟の外交官たちの批判に耐えたのだった(注一)。それで、たとえ、瞬間的にせよ、またそれが不毛であったにせよ、ヨーロッパ政府が、一つの現実になるということが起ったのである。五月五日、ライバッハ会議の終る一週間前、ナポレオンが、セント・ヘレナ(訳注2)で死んだということは、まさに象徴的なことだった。大陸の政治的結合――それは、ナポレオンが、征服によって達成することが出来なかったものだったが――は、正統性理論を自主的に承認することによって実現したのである。

ヨーロッパを正統性についてのオーストリアの解釈にならわせようとする過程の中で、大陸の外交政策の考え方と島国のそれとの間の矛盾が、徐々に表面化してきたのである。メッテルニヒの目的に対して、カースルレイがどんなに同情していても、イギリスの国内情勢の現実は、カースルレイをとてつもない孤立に追いやったのである。オーストリア大使が、カースルレイの留保が、徐々に大きくなっていることは、リヴァプール内閣の困難によって引き起されたことをそれとなくほのめかしたとき、カースルレイは激怒して次のように答えた、「三国は、我国がこれまでとってきた、そして、これからもとりつづけなければならない政策を、政府がおかれている一時的な困難な立場のせいにしている。むしろそれは、我国の体制にあっては不変であるにちがいない理論と、もし、三国が、その過激な理論を公けに(著者傍点)宣言することにあまりに長く固執すると我々すべてが回避しようと望んできた同盟の分裂を引き起すような理論のせいなのである」(注二)。こうして、後世の人々が、完全なポスト・ウィーン時代と認識している諸国の配置のアウトラインが出現したのであった。すなわち、三東欧諸国は、イギリスが独自の外交政策のもとに徐々に敵意を増大しつつあること、さらに、フランスは、これらの勢力の中にあって、動揺しながら有利な地位を得ようとしている情勢に直面して、政治的動乱に対してばかりでなく、社会的動乱に対してもヨーロッパの治安を維持する権利をもったのである。

しかしながら、明白なポスト・ウィーン体制に移行することは、ライバッハ会議ののち、しばらくの間引き延ばされた。というのは、カースルレイが、会議外交という自己の理想を放棄したがらなかったからばかりでなく、カースルレイとメッテルニヒとの論争が、単なる言葉の上だけにすぎないことを示すような事件が起ったからでもあった。すなわち、ダニューブ公領とギリシアに起った革命によって、メッテルニヒとカースルレイの両者は、地中海に対するロシアの政治的影響力の拡大という危険に直面することとなった。そして、カースルレイは、メッテルニヒが、ライバッハ会議の原則を巧みに利用するのを見て、共同介入の理論は、非介入の理論よりも、行動を規制するのに効果ある手段となることを認識するに至ったのである。メッテルニヒが、ツァーへの最後の覚書の中で、重要問題についての共同訓令、両者の共通の理論の厳格な適用を主張したことが、ここで役立ったのである。ダニューブ公領で起った反乱の知らせは、ライバッハ会議の開催中にとどいた。ツァーは、オーストリアに、イタリア問題に関して自由行動をとる権利を与えたが、メッテルニヒは、バルカン半島で、アレキサンダーに同じことをさせる気は毛頭なかった。メッテルニヒに代表される信念は、自由行動に反対する政策だった。共同行動への要請は、同盟の最も積極的でないメンバーの水準に行動がおさえられるということを認識していたからよけいにそうだった。そして、バルカン半島でのオーストリアの唯一の利益は、あらゆるものを変化させないでおくことにあった。

一方、ギリシアの危機において、カースルレイの政策は、非介入の理論が、卓越した道義を反映したものではなく、また、国内体制の相違を正確に反映したものでもなく、主として、島国という環境によってもたらされた安全保障に対する意識を反映したものであることを暴露したのだった。というのは、ギリシアにおいては――オーストリアの利益とイギリスの利益がほぼ等しく存在するところでは、換言すれば、イギリスが、オーストリアと同様の脆弱さを感じているところでは――島国も同盟に訴えることができ、そして暗に、神聖同盟にさえ訴えることが出来るということが急に明らかにされたからである。驚くべきことに、この問題では、カースルレイは、メッテルニヒに劣らぬ雄弁をもって――メッテルニヒに比べより重厚ではあるが――革命が邪悪であり、国際的陰謀が危険であるという理論をもって登場したのである。ツアーの意図をくじかねばならないという問題が再びもち上ったとき、メッテルニヒとカースルレイのかつての協力が完全によみがえったのである。そして、カースルレイがアレキサンダーを妨害しようとして必死になって述べたアレキサンダーに対する友情の宣言――一年の経験の利があるメッテルニヒの友好宣言には熱意の点でかなわなかったが――は理解に苦しむものがあった。

（注一）　彼はウィーンに帰ってから、皮肉まじりに次のように書いている、「私は、このすばらしい都にもどってきました。もちろん、だれもがみなよく知っており、みなうまくゆくだろうと思っているのです。……万事が簡単で、当然のように見えたので、だれも、事態が変っていただろうなどとは思わないのです。……だれもが、いつもそう行ってほしいと思っていたように、万事簡単にゆきました。……成功のあとには、議論などいらないのです……」N.P. Ⅲ, p. 442.

（注二） Alison, Ⅲ, p. 223.

（訳注1） ダニューブ河口のルーマニアのモルダヴィアおよびワラキア地方。一五世紀中葉以来トルコの支配下にあった。

（訳注2） 大西洋南部アフリカ西海岸沖の英国領の島。

第十六章　ギリシアの反乱

ギリシアの反乱――その第一段階――その第二段階――神聖同盟の再解釈――カースルレイの同盟への復帰――ハノーヴァーでの会見――アレキサンダーへのメッテルニヒの訴え――タチチェフとメッテルニヒの交渉――招待状と覚書――島国の政策と大陸の政策との矛盾の認識

I

一八二一年の夏のはじめに、メッテルニヒは次のように記している、「私は、あたかも蜘蛛の巣の中心にいるような気がします。私がこれまで幾度となく感嘆し、それゆえに愛着を感じている私の友人である蜘蛛たちのように……。私は、あらある方面に道義的手段に訴えるようにとの圧力を加えてきました……しかし、この状態は、あわれな蜘蛛を、自分の張りめぐらした精巧な蜘蛛の巣の中心にとどまらざるをえなくしているのです。蜘蛛の巣というものは、見るからに美しく、芸術的に紡がれており、軽い衝撃には耐えられるのですが、突風には、耐えられないのです」（注一）。彼が気まぐれに、皮肉をこめて放ったこの警句こそ、〃メッテルニヒ体制〃の本質をうつし出している。すなわち、それは、敵がみずからの動きによって罠にはまるような政策であり、また、目に見えない絆によって敵を挫折させる政策であり、そして、その政策は、ゲームをする場合には、〃ゲームのルール〃があるように、敵が短気を起して、蜘蛛の巣を取り払ってしまうようなことはないという神話にもとづいていたのである。このような戦術によって、メッテルニヒは、これまで多くの成功を収めてきたのだった。彼が、ドイツとイタリアを平穏にもどし、長い間求めてきた安定が、ようやく手の届くところまでやって来て、彼がまさに最も偉大な勝利の絶頂に立ったかに見えたその瞬間、〝突風〟が吹き、しかも、全く予想だにしなかったバルカン半島の方角から吹いてきたのだった。その突風は、蜘蛛の巣をすぐに引き裂くようなことはなかったが、その芸術的構造物は、最もきびしい耐久テストを受ける羽目になった。というのは、ダニューブ公領で、トルコに対する反乱が起きたとの知らせが、ライバッハ会議の終了する前に届いたからだった。

バルカンにおける危機は、中央ヨーロッパで起った最近の出来事とは、道義的にも、物理的にも、全く異質の問題を提起していた。ヨーロッパが五百年間にわたって斗いつづけてきた軍事神政国家であるオトマン帝国は、最大限の拡大解釈で、〝正統な〟政府と考えられたにすぎず、キリスト教理論を鼓吹された諸君主からなる友愛組織である神聖同盟にもサルタンは加えられていなかった――彼は、神聖同盟への加盟を拒絶しており、たとえ加入したにせよ、調和してゆくことは出来なかっただろう。ところで、最近起った出来事と類似点があるとすれば、それは、新たな難題がもち上ったということだけだった。というのは、バルカンへの介入という果実を獲得するのは、今度は、オーストリアではなくロシアになるだろうからであった。ロシアは、ピーター大帝(訳注1)以来、オットマン帝国の犠牲のうえにその版図を拡大してきたのだった。この伝統は、アレキサンダーにも継承され、彼は、その初期の治政において、ティルジット条約で与えられた行動の自由を利用して、ダニューブ公領を侵略したのであった。一八一二年に、アレキサンダーが、ブカレスト条約(訳注2)の締結に同意したのは、ナポレオンによる侵略の脅威が出てきたからにすぎなかった。ブカレスト条約によってロシアは、ダニューブ公領を保護領とする権利を獲得し、また、その協定によれば、トルコ政府は、ヤースイ(訳注3)とブカレスト(訳注4)の総督を任命するが、ロシアの承認を必要とすると同時に、ギリシアの貴族階級から選出されることとなっていた。"ギリシヤ"の反乱が、当初、ギリシヤでもロシアでもない地域で勃発し、しかも、二人のギリシヤ人の反乱指導者がかつてロシア軍将校だったというのは、このような事情があったからだった。二人の指導者のうちの一人、イプシランティ(訳注5)は、トルコ戦役を通じてアレキサンダーの寵愛を受けていたということもあって、彼は大胆にも、一八二一年二月、ある大国は喜んで自分を支持するであろうと宣言し、キリスト教の名のもとに、ツアーに対して次のように訴えたのだった。「陛下、我々を救い給え。我々の宗教を迫害者の手から守り給え。陛下の統治される偉大な国家に、神聖な光彩を注いでいる我々の寺院、我々の祭壇を我々の手にもどし給え」(注二)。

このような事態に直面し、神聖同盟の創設者は、いかに対応しようとするのだろうか。この反乱は、政治的自由を獲得しようとする中産階級から出た革命ではなく、宗教的基盤をもった民族運動だった。しかも、この反乱は、トルコ側の侮蔑的かつ度重なるブカレスト条約違反問題をめぐって、コンスタンチノープル(訳注6)駐在のロシア大使が、現に交渉を行なっている相手国であるトルコに反抗するものだった。さらにまた、トルコは、一八一四年から一八一五年の諸条約の当事者ではなかったから、同盟に対するロシアの解釈によって保護される立場にはなかった。加えて、カポ・ディストリア——彼は、ギリシアの独立という自己の理想を実現させたいものと考えていたのだが——は、イプシランティの計画を前もって知っていながら、秘かに、彼に、ロシアの援助を期待するよう激励していたのだった。イプシランティの手紙がライバッハに到着したのはピエモンテの革命の知らせのわずか三日後の三月十七日だった。それでは、ロシアに、オーストリアがイタリアで獲得したような役割をバルカンで果たさせることになるのだろうか。これが、用意周到なメッテルニヒの策略の最後の結末だったのだろうか。結局、メッテルニヒは、アレキサンダーにピーター大帝の夢を実現させる理論をつくり上げるためにこれまで努力してきたのだろうか。

しかし、メッテルニヒは、形式的な類推解釈を機械的に適用することで、安寧を求めるという自己の信念を犠牲にするつもりはなかった。彼はすでに一八〇八年に、オットマン帝国の保全は、オーストリアの基本的な利益であると宣言していた。その理由は、オットマン帝国の存続は、オーストリアの南部国境の安定を保障しているが、逆にその状況をどう変化させても、長期的な動乱を引き起すことになるにすぎなかったからであった(注三)。メッテルニヒとしては、アレキサンダーが、ティルジットでナポレオンと和解しても、手に入れることが出来なかったものを、今度は、オーストリアの庇護のもとに彼に獲得させる気など毛頭なかった。しかし、ロシア軍のトルコ領への南下を阻止することは、それを望むほどには容易な仕事ではなかった。オーストリア軍の主力は当時イタリアにあったし、いずれにしても、オーストリアのために、つい最近、十万の軍隊を差し向けてくれたロシアを相手に戦争をするということは考えられなかった。

かくして、メッテルニヒとアレキサンダーとの最後の抗争は、ツァーが、自分の領域と考えてきた絶対的な道義上の権利をめぐって展開されることとなった。というのは、メッテルニヒには、アレキサンダーが、自己の行動の支配者ではあるが、自己の意思の支配者ではないということが、わかり始めると同時に、イタリアでは介入の根拠となった同じ理論が、バルカンでは、不介入の根拠にもなり得ることがわかり始めたからだった。アレキサンダーの宗教心の高揚がいかに純粋なものであれ、メッテルニヒにとっては、それは、政治的〝事実〟にすぎず、それをいかにうまく利用するかにオーストリアの生存がかかっていたのであった。そこで、メッテルニヒは、アレキサンダーの道義上の権利を認める一方、それを具体的問題に適用する際にどう解釈するかという権利を留保する形で彼に対処したのである。メッテルニヒは、バルカンとイタリアの類似性を認めることは、邪悪な革命家連中が、自分たちにきわめて不利な大勢を逆転させようとしてデッチ上げた幻想に陥いることになるということを証明しはじめた。メッテルニヒがアレキサンダーに提出した覚書には、次のように書かれていた、「この革命は、用意周到な計画の結果であるにちがいありません。その目的は、陰謀家たちが最も恐れている勢力、すなわち、現体制の維持を目的としている二人の君主の結束に対して向けられたものであります。……これは、まさに、ロシアとオーストリアとの間に投げられた松明であり……しかも、ギリシア正教を奉ずる最強の君主とその臣民との間に不和を醸成することによって……ロシア皇帝を西方から退却せしめ、東方に釘づけにすることを狙ったものであります」（注四）。要するに、かつて、オーストリアが、イタリアで行動を起すことを可能にしたその同じ同盟が、バルカンにおいては、ロシアの行動を封じるための道具として利用されることとなったのである。西方で、オーストリアを援助するという特典と引きかえに、アレキサンダーは、東方において、一世紀も続いたロシアの政策の方向転換を求められたのだった。換言すれば、友情は、力によってはめようとしても出来なかった足枷をはめることになったのである。

その効果はてきめんだった。アレキサンダーは、メッテルニヒに、「ダニューブ公領の革命は、神聖同盟が、宣言したキリスト教の諸原則の適用をさまたげようとする野望から生れた新たな大火以外の何ものでもない」と語った。イプシランティは、ロシア陸軍から追放され、彼の同僚のウラディメレスクは、ロシア勲章を剥奪された。そして、ギリシアの独立が、唯一の情熱であるカポ・ディストリアもまた、皇帝によって、自由は陰謀によって獲得できるものではなく、その行動をざんげし、そのような企てを放棄するようにとの忠告の手紙をイプシランティに送るよう命ぜられた(注五)。このような状況下にあっては、トルコが、反乱を鎮圧するのは簡単なことだった。イプシランティは、ハンガリーに逃亡したが、そこで六年間の獄中生活へと消えることとなった。

かくして、ライバッハ会議は、三つの革命を敗北させたのだった。二つの革命は介入の理論によって、残るもう一つの革命は、非介入の理論によって、それぞれ粉砕された。そして、両方の理論とも、神聖同盟の理論を適用したものとして、正統化されたのである。しかし、メッテルニヒは、何事も成り行きにまかせるようなことはしたくなかった。彼は、会議が散会する一週間前に、ロシアは、バルカンにおいて、同盟諸国と別個の行動はとらない旨の約束をアレキサンダーから取りつけたのである。そして、メッテルニヒの最終覚書は、オーストリアとロシアの協力、ならびに、両国の大使にあてる共同訓令が、ヨーロッパ安定の基礎であると宣言していた。メッテルニヒは、突風が、彼の構築した蜘蛛の巣を引き裂くのを防ぐことに成功した。しかし、トルコ問題は、そんなにたやすく、彼一人の力で解決されるものではなかった。というのは、ダニューブ公領で失敗に終った反乱は、モレア(訳注7)の〝正真正銘〟のギリシア人に蜂起するきっかけを与え、独立を主張するのろしとなったからである。三カ月もたたずに、トルコ人は、ペロポネソス半島から駆逐され、東方問題は、ヨーロッパ外交の中心課題となったのである。

（注一）　N.P. Ⅲ, p. 444.
（注二）　Text, Prokesch-Osten, Anton von, *Geschichte des Abfalls der Griechen*, 5Vols. (Vienna, 1867), Vol. Ⅲ, p. 61f.
（注三）　N.P. Ⅱ, p. 164f.
（注四）　Schwarz, p. 216.
（注五）　Text, Prokesch-Osten, Anton Ⅲ, p. 65f.

（訳注1）　Peter The Great (1672—1725)　ロシア皇帝のうちで最もロシアの近代化につくした皇帝で、一六九六年には彼自身匿名でヨーロッパ各地を旅行し、イギリスやオランダの造船所で働くなど西欧の技術をロシアに導入し、常備軍の整備、海軍の創設、製鉄所の建設、ボルガ河とバルチック海を結ぶ運河の建設など国力の充実をはかり以後の帝政ロシアの発展のもとを築くとともに、カスピ海の南西を侵略し、トルコを破り大いに国土を拡げた。

（訳注2）　一八一二年五月二八日にブカレストでロシアとトルコとの間に結ばれた条約。一八一二年初頭、ロシアはトルコと戦争をしており、ナポレオンは、ロシア軍をトルコとの斗いに釘づけにしておきたいと考え、トルコと同盟を結ぼうと提案した。しかし、イギリスのストラットフォード代理大使のたくみな調停工作によって、ロシア、トルコ間にブカレスト条約が締結されたため、ロシアは、その軍隊をナポレオンの侵略にむけることが出来た。

（訳注3）　ルーマニア北東部の都市。

（訳注4）　ルーマニアの首都。

（訳注5）　Ypsilanti, Alexander (1792—1828)　トルコとの戦争や、一八一二—一八一三年のナポレオンとの戦争では、ロシア軍にあって、アレキサンダーの副官をつとめ大将にまで昇進した。のちギリシアの独立をめざす秘密結社「友の会」の指導者となり、一八二一年モルダヴィアでトルコに対する反乱を起した

が、トルコ軍に鎮圧され、ハンガリーに亡命し死の直前までメッテルニヒに拘禁されていた。

(訳注6) 現在のイスタンブール。

(訳注7) ギリシア、ペロポネソス半島。

Ⅱ

オットマン帝国が、十七世紀までは、中央ヨーロッパを恐怖におとし入れていたような強大な国家でなくなってからすでに久しかった。オットマン帝国は三大陸にまたがり、軍事独裁制と封建的諸制度が奇妙に混在した国で、帝国を構成する各地方は、コンスタンチノープルのサルタンから各々異った独立性を与えられた総督によって支配されていた。しかし、チュニス(訳注1)のベイ、エジプトのエミル、モレアのパシャ、ダニューブ公領のホスポーダは、それぞれ異った権威をもっていたとはいえ、彼らは、中央政府が自己の増大しつつある弱体性をおおいかくすとともに、その権威を主張しようとするいいがかりをつけられがちだった。サルタンから封土をもらっていたヨーロッパ諸民族のうちで、ギリシア人は、バルカン半島を文化的にも経済的にも、政治的にも支配しており、有利な地位をしめていた。トルコ海軍は主としてギリシア人によって支えられていたし、ヤースイ大学はギリシアの影響を受け、ダニューブ公領の総督は、ギリシアの貴族階級から選ばれることになっていた。従って、ギリシア人の反乱は、オットマン帝国の根幹を揺がす致命的打撃だった。もしこの反乱が成功し、エーゲ海に対する支配権が失われるとしたら、トルコ政府は、どのようにして、より遠方の領土を維持するのであろうか。モレアを失ったことに対するトルコ人の反応が、ヒステリックになり、ギリシア人が彼らと同じ宗教の信者であるロシア人に救援を求めるに至って、狂乱状態になったのも不思議ではなかった。トルコ側においては、初期の宗教的狂信主義が復活し、これが、コンスタンチノープル在住のギリシア人の大虐殺となって現れた。すなわち、一八二一年の復活祭の日曜日、コンスタンチノープルのギリシア正教会の大司教が数人の司教とともに大聖堂の扉の前で絞首刑に処せられたのだった。

これは、ギリシア正教の伝統的保護者であるロシアに対する直接的な挑戦だったし、宗教に熱狂し、ダニューブ公領の反乱鎮圧に際してトルコが残虐行為を行なったといううわさを聞いて既に気の落ちつかない状態にあったアレキサンダーにとっては、二重の挑発を意味する出来事だった。さらに重要なことには、この時、アレキサンダーは、メッテルニヒの影響力から隔絶され、カポ・ディストリアの道義的責務という考え方の影響をもろに受ける状態に置かれていた。しかも、カポ・ディストリアの考え方が、予期せぬ二人から支持されていたため、一段と説得力をもつこととなった。六月、プロシア皇太子の家庭教師アンシロン（訳注2）は、その覚書の中で、オットマン帝国は、〃正統な〃政府でないと述べるとともに、秩序を回復する際の神聖同盟の代理人には、ロシアが任命さるべきだと提案していた。そして、この提案は、過去のある人物の賛同を得たのだった。すなわち、例のクリュデナー男爵夫人——ロシア皇帝の寵愛を失って久しかったが——は、新たな十字軍という幻想をたずさえて再び登場し、陶酔的調子で、かつての教え子に、自分は、皇帝が、イエルサレムでクリスマスのミサを祝うことになると確信していると書き送ったのだった。メッテルニヒは、次のように書いている、「人間が環境からの影響力に抵抗するには強い精神が必要であり、影響力を克服するには、さらに強靱な精神力を必要とするものです。皇帝（アレキサンダー）はなお抵抗を続けているけれども、彼は今独りでいるのです……」（注一）。

そのような訳で、アレキサンダーは、夏のうちずっと、堅忍不抜のような顔をしているが優柔不断であり、非妥協的態度のようにみえるけれども、実は動揺しているという彼特有のポーズに戻っていたのである。彼は、自分の大臣であるカポ・ディストリアの非難を受けないで、メッテルニヒへの友情を維持したいと考えていた。また彼は、同盟の結束を望んだけれども、同時にギリシア正教の救世主として登場したいとも思った。アレキサンダーの七月中の手紙は、このあいまいな気持ちを反映していた。彼は、ライバッハ会議の精神に忠誠を宣言する一方、七月十一日、オーストリア皇帝に対し、トルコの残虐行為にもかかわらず、ヨーロッパが、自分に対し、拱手傍観しているよう望むことが出来るだろうか、と訴えた。彼は、自分と同じギリシア正教徒の虐殺をくりかえし非難する一方で、七月十七日、メッテルニヒに対し、ロシアが行動するのは、同盟諸国と共同歩調をとる場合に限られると保証した(注二)。メッテルニヒは、"結束"という言葉を利用することにかけては天才的だったが、ひとたび戦争が始まれば、カサリン大帝の後継者に制約を加えることはほとんど不可能に近いと信じていた(訳注3)。そして、コンスタンチノープルで起りつつある事件から判断すると、戦争は避けられないように思われた。

この間、コンスタンチノープル駐在のロシア大使ストロガノフは、ブカレスト条約の違反行為について、またオットマン帝国内のギリシア正教の保護者として自己に課せられた任務の範囲内でトルコ政府と交渉を続けていた。ストロガノフは、古いタイプの"ロシア国粋派"の外交官で、ロシアは、ビザンチン帝国の後継者であり、コンスタンチノープルを支配することが、ロシアの政策の当然の目標と考えていた(訳注4)。彼は、カポ・ディストリアから直接訓令を受けていたから、彼の行動には、トルコとの間の緊張をやわらげるようなことはみじんもなかったし、一方、トルコ政府も、常にも増して、傲慢な態度でストロガノフをあしらった。というのは、西欧諸国でこそ、アレキサンダーのやり方はあいまいだと見られていたものの、疑い深いトルコ人にとっては、すべてが明白すぎるくらいであり、神聖同盟は、新十字軍への呼びかけであり、ロシア皇帝の慈悲深げな理論は、ダーダネルス、ボスポラス海峡への侵入のための口実であるように思えたのである。両国間の緊張が非常に高まったので、ストロガノフは、コンスタンチノープルから黒海のある港に避難し、そこから六月五日、トルコの残虐行為に関する長文の報告書を送ったのだった。

カポ・ディストリアからの回答は、疑問をさしはさむ余地のない最後的なものであった(注三)。その回答は、キリスト教に対する暴虐行為について触れたうえで、ロシアのためにヨーロッパの共同意思を発動し、破壊された教会の即時復旧、信仰の不可侵性の保証、罪人とそうでない者との区別、および、革命に加わらなかった者の身の安全を要求していた。さらにその回答は、以上の要求を拒絶することは、オットマン帝国が、キリスト教諸国と交際する資格がないことを証明するものであり、ロシアとしては、他のキリスト教諸国とともに、キリスト教徒の保護にあたらざるをえなくなるだろうと述べ、トルコ政府に八日以内に回答するよう要求していた。カポ・ディストリアが予想していたとおり、激昂したサルタンは、この最後通牒を検討することさえ拒否した。そして、ロシア大使ストロガノフが逆上したトルコ人の手にかかって暗殺されるのをからくも防いだのは、イギリス大使ストラングフォード卿(訳注5)の仲裁が功を奏したからだった。八月十日、ストロガノフが、船でオデッサに去ったときには、次に来るのは、宣戦布告以外にはないように思われた。

しかし、メッテルニヒは、このような情勢に流されてしまうわけにはいかなかった。彼は、アレキサンダーが求めているものは、政治的征服ではなく、道義的征服であること、従って、哲学的紐帯が、政治的関係以上の意味を持ちうることを知っていた。かくして、再びライバッハ会議の場合と全く同様の斗いが繰りひろげられることとなり、結局、神聖同盟の諸原則の解釈に関する争いとなったのである。カポ・ディストリアは、東欧で積極的政策に出ることが、ツアーの道義的義務であると主張した。メッテルニヒは、ツアーの宗教心に訴えることは、その背後で悪魔が巧妙かつ邪悪な行為をしていることの証拠であると主張した。しかし、アレキサンダーが、ライバッハ会議で、同盟諸国と別れ独自の行動をとらないと約束していたので、ロシアの外交政策の伝統やトルコの強硬態度にもかかわらず、メッテルニヒの交渉の立場は、見かけよりも強かったのである。というのは、同盟というものは、意思の一致がえられる場合にのみ、行動のための広範な道義的ならびに物理的基盤を提供しうるにすぎないからである。メッテルニヒは一八二一年に、アレキサンダーを支配することに成功していたので、イタリアを平定する過程で、オーストリアは、ロシアを外交上の衛星国の地位にしてしまったのであった。そして、アレキサンダーは、オーストリアから同様の黙認をとりつけることが出来なかったから、カポ・ディストリアのギリシアに対する計画は、同盟によって阻止されたのである。かくして、メッテルニヒとカポ・ディストリアとの論争は、正統性理論が、国益の要請に打ちかつことが出来るか否かの争いになった。

カポ・ディストリアが、一瀉千里に事を運んでも、メッテルニヒの言葉によれば、「メッテルニヒ派とカポ・ディストリア派が世界中至るところで相対立しているが、ツアーはメッテルニヒ派であるから、その反対派は、破滅の道をたどる」という事実を防ぐことは出来なかった。ツアーについてのメッテルニヒのすばらしい〝ポートレート〟が証明しているように、彼は、アレキサンダーの性格的特徴——その決断力の欠如は、常に長い間逡巡したあとで採用した行動方針に頑固なまでに執着するという形で現れる——を理解していた。そして、アレキサンダーは、精神的に高ぶった気分で政策を遂行するという癖があったので、避けることが出来ない当然の決定を、道義の命ずるものとみなすようなひたむきな情熱をもってしがちだった。だからこそ、一八〇七年、フリートラントの敗北ののち、彼のナポレオンに対する憎悪は、ほとんど一晩で、熱烈な尊敬の念に変ったのだった。また、一八一二年に、ナポレオンとの戦争を強いられたのち、彼はそれをモスクワ炎上に対する道義的雪辱と考えたと頑固に言い張ったのだった。同様に、一八一五年以降、ウィーン会議での挫折を契機として、彼の気持に宗教的神秘主義が生じたのだった。従って、メッテルニヒは、何としてでも、ロシアの政策変更をくいとめようとしたのである。というのは、メッテルニヒには、ひとたび戦争が始ってしまえば、アレキサンダーは、すぐにそれを聖戦に変えてしまうだろうということがわかっていたからである。「もし、一門の大砲が火を吹けば、アレキサンダーは、自分の取り巻きの先頭に立って我々の手から離れていってしまうでしょう(著者傍点)。そうなったら、彼が自己に命じられた神聖な法則と考えているものに対しておかれているいかなる制約も、もはや存在しなくなってしまうでしょう」(注四)。

このような状況にあったので、メッテルニヒは、感動して影響を受けやすいツァーに攻撃をかけるために、一時は、ウィーンに自分の自由になる人間が一人もいなくなるほど多くの使いを派遣しておびただしい警察情報を集めた。そして、これらの報告はすべて、次のような命題に到達するようになっていた。すなわち、ヨーロッパにおけるロシアの基本的利益は、社会革命を鎮圧することであって、たとえそれが、アレキサンダー個人にとっては、苦痛であるにせよ、トルコ帝国の残虐行為に対して復讐することではない。パリにある邪悪な中央革命委員会は、革命に反対している同盟を弱めようと陰険な方法で、モレア地方の反乱を煽動している、と。そして、七月十一日のツァーの手紙に対して、フランツ皇帝の手紙は次のような内容だった、「我々が斗うべき悪は、トルコにではなくて、ヨーロッパにいる。……彼らの本当の目的に対して誤った幻想をもたないためには、現在、きわめて熱狂的にいわゆるキリスト教のためと騒ぎたてている連中をよく吟味してみることが必要である。……彼らは、いかなる神の存在も信ぜず、神の法をも人間の法をも尊重しないようなまさにそういう人間である。……この恐しい災厄を防ぐ最後の望みは、同盟諸皇室の結束にある」(注五)。この書簡は、逆境にあって、頑固さを通して自己の仕事を神聖化しようとし、また、革命中央委員会——それは、アレキサンダーの道義的義務と人道主義的戒律との間のかっとうをもたらしたのだが——の悪意に満ちた誘惑に抵抗しようとしているライバッハ時代のツァーに対する訴えであった。トロパウ会議とライバッハ会議の初期においては、同盟諸国の結束は、共同行動を正当化するために用いられたが、今度は、行動しないための理論を導き出すために用いられたのである。このような論理を背景にして、予想外なことには、カースルレイが、あたかも、同盟から遠ざかろうとしたことなど一度もなかったかのように、再び同盟に強い利益を見い出したのである。

というのは、トルコおよび海峡の支配の問題は、イギリスにとって、ナポリの革命をどうやって鎮圧するかといったような遠方の〝抽象的〟問題ではなかったからである。今度の問題は、独善的で無関心な政策をとった方が、島国の安全保障となるケースではなかった。オットマン帝国の崩壊は、地中海の制海権喪失と、ほぼまちがいなく近東の支配権の喪失をもたらすものと思われた。ここで初めてオーストリアにとってもイギリスにとっても大きな脅威となるような問題が起ったのだった。そのような訳で、急に、メッテルニヒの臆病とその予防政策への批判が聞かれなくなった。もし、批判があるとすれば、今度は、カースルレイが、メッテルニヒに対して、十分に予防的でないと言って批判するほどだったろう。事実、カースルレイは、オットマン帝国を分割しようとメッテルニヒがツアーと同盟しているのではないかと疑ったほどだった(注六)。それゆえ、彼は、六月中は、コンスタンチノープルでの共同行動を訴えたメッテルニヒに対して冷ややかだった。しかも、七月十六日、彼は、メッテルニヒとの間に何の事前の打ち合せもせずに、ツアーに対するある提案を行なったのである。このことは、基本的なイギリスの利益がかかっている場合には、カースルレイも同盟——それを最大限に拡大解釈してでも——に訴えることがありうるということを証明したものだった。というのは、カースルレイは、ツアーにあてた私信の中で、彼にしては、まれにみる雄弁で、アレキサンダーを同盟の守護者であり、その恩恵がヨーロッパの平穏を保障している寛大な統治者であるとほめたたえ、トロパウ会議、ライバッハ会議当時のツアーに対して訴えたのだった。同盟の不当な拡大解釈に対する自分の去年の非難など忘れてしまっていたし、連帯責任同盟にもとづくヨーロッパ政府というツアーの非現実的なヴィジョンに対して加えられた、ほんの二、三カ月前の批判も無視してしまっていた。さらに、他国の内政に対する不干渉の原則でさえ破られていた。というのは、カースルレイの手紙は、カポ・ディストリアに対するほとんどあからさまな攻撃を加えていたからである。

　カースルレイがツアーに私信を送るに至った口実は、三年前に、アレキサンダーが、エイクス・ラ・シャペル会議の終りに、カースルレイに対し、圧倒的な危機の場合には、直接自分に訴えて差しつかえないと語った言葉だった。その手紙の書出しは、ツアーの直面する国内的困難について婉曲に触れるとともに、イギリスとロシアの結束を確認し、同盟の重要な役割——ごく最近まで、あれほど用心深くその目的を限定してきたはずの——を肯定していた。カースルレイは、「皇帝陛下は、地域的考慮や臣民特有の気性によって(著者傍点)心を動かされるかもしれませんが、あのめんどうな悪魔についての陛下のお考えと英国政府のそれとは一致するものと確信しておりますので」アレキサンダーに手紙を書くのに何らためらいを感じなかったと断言している。ついで彼は、「そして、皇帝陛下は、あらゆる地域的な障害を克服なされておりますので（著者傍点）最近の講和条約により強化されたヨーロッパ体制を神聖不可侵のものとして維持する御決意のあることを、再び期待に応えて明らかにして頂けるものと私は確信しております」と続けていた。これまでの経緯からみて、それは奇妙な理論の展開だった。それによれば、条約の署名国の一つであったナポリに対する条約の適用は、イギリスによって断固として拒絶されたにもかかわらず、トルコは、自ら加入を拒絶した条約の保護を受けることとなるのであった。同様に、ギリシア人の暴動の本質問題に対するカースルレイの解釈は、注目すべきものがあった。彼は、その反乱が孤立した一つの現象ではなく、むしろ、「ヨーロッパの至るところで組織的に繁殖しつつあり、何らかの原因で、統治権力が弱まったときに爆発する、組織的な反乱精神の一つであるという烙印を押していた。カースルレイが、ナポリの革命と斗おうとするツァーの努力に対して、「とりわけイギリスにとっては、遂行することの出来ないはかない希望であり美しい幻想である」ときめつけてから九カ月もたっていなかった。

カースルレイは、トルコ人によってなされた残虐行為は、「人類を身ぶるいさせるほどのものである」ことを否定しはしなかった。しかし、彼は、メッテルニヒと同様に、ヨーロッパという〝神聖な体制〟を維持することの方が人道上の考慮よりも優先されてしかるべきだと主張した。もし、過激な革新を許せば、ヨーロッパの体制は、その屋台骨をゆすぶられることになるからというにあった。それだからこそ、カースルレイは、アレキサンダーに次のように訴えたのだった。「皇帝陛下が、ヨーロッパにうち建てようと尽瘁なされた体制に対する宗教的尊敬の念のみが、そのような挑発的状況にあっても、なお命じうるほどの寛大な処置を、この半野蛮的な国に対してお示しなされることによって、皇帝陛下の誇り高い経倫を後世にお残しになりますように」と。そして、その手紙は、最近の同盟内部の不一致は、共通の目的に対する些細な争いであり、イギリスのツァーに対する敬愛の念は少しも変るものではないという次のような文章で結んでいた。「私は、各国が、その行動に独特の習慣をもっているとはいえ、同盟の要請する基本的義務に対しては、変らぬ忠誠を誓うであろうこと、また、現在の体制は、ヨーロッパの安全と平和のために末長く存在しつづけるだろうと確信するものであります」（注七）。

当時の出来事の経緯に照らしてみると、その手紙の事実は、カースルレイの知性に大きな疑いをいだかせるものでなかったとしても、その手紙は、前代未聞の厚顔無恥なものだったろう。いまや、イギリスの国益がおびやかされているので、カースルレイは、危険が必らずしも自明なものではないかもしれないということが理解出来なかったのだ。ちょうど、前年に、同盟がいろいろ異なった解釈ができるかもしれないということをみとめたがらなかったように。そこで、しばしば言われていた〝圧倒的危険〟という言葉が出て来たのだった。そして、カースルレイが、同盟を平和の守護者として、その過去の栄光に照らして見なおしたのもけだし当然のことだった。

このカースルレイの手紙に対して、アレキサンダーははじめ、あまり芳しい反応を示さなかったが、二つの同盟大国からの攻撃には抵抗できなかった。アレキサンダーがほぼ十年間にわたって求めつづけても手に入れ得なかったもの——ヨーロッパが感謝の念をもって自分を称賛する状況——は、求めさえすれば、彼のものとなる状況にあった。これで初めて、アレキサンダーの理論を普遍的に適用するのを妨げるようなケチな考え方がなくなったのだった。そして、たとえ、彼の理想に対する訴えが、無限の自己抑制を求めるものになったとしても、それは、それで、アレキサンダーにとっては、むしろ遅すぎたくらいなのだが、ようやく自分の正しさが証明されたのだった。一方、メッテルニヒは、プロシアの外務大臣に、アンシロンの覚書を彼の〃個人的見解〃であると宣言させてしまっていた。その結果、ロシアとの友好関係云々という言明にもかかわらず、ロシアが再び孤立しているという事実をほとんどおおいかくすことは出来なかった。このような状況では、アレキサンダーは引き下がらざるをえなかった。八月の初め、カポ・ディストリアが、バルカン半島の戦争は、同盟を以前の団結状態にもどすにちがいない、と述べたとき、アレキサンダーは、メッテルニヒの言葉で、こう答えた、「もし我々が、トルコに対して戦争をもって答えれば、パリの革命委員会は勝利を収め、諸国政府は存続しつづけることはできなくなるだろう」と。そして、アレキサンダーは、カポ・ディストリアに対して、いかなる手紙の中でも、戦争の可能性について述べることを禁じたのだった。ストロガノフが、コンスタンチノープルから戻って、出頭すると、アレキサンダーの決定を伝えられ、それに服するよう命じられた。八月二十九日、アレキサンダーは、幾分あいまいなところはあったが、カースルレイに対して次のように回答した、「朕は、可能な限り、寛容な態度をとるつもりである」(注八)と。九月三日、メッテルニヒは、こう書いたのも当っていた、「日一日と、私は、アレキサンダー皇帝が、私の〃派〃になり切りつつある新たな証拠を得ています。……カポ・ディストリアは、行動を起してほしいと思っているのですが、皇帝は、それを望んでいないのです」(注九)と。

しかし、今にも勃発しそうだった戦争が避けられたことで、多くの利益が得られたとはいえ、緊張をつくり出したいくつかの要因はまだ残っていた。ギリシアの反乱は、双方が数限りない残虐行為をくりかえすという形でまだ続いていたのである。カポ・ディストリアは、ロシアの大臣としてとどまっており、彼の断固たる行動を求める主張は、ほとんどのロシア外交官の支持を得ていた。そして、アレキサンダーの方は、精神的苦痛が増加するにつれ、和解を示す一つ一つの行為を好戦的な言葉を吐くことによってつぐなおうとするような神秘的あいまいさの中に入っていった。従って、アレキサンダーの決定は、カースルレイとメッテルニヒに、一息入れる暇を与えてくれはしたが、それ以上のものではなかった。事実、アレキサンダーは、イギリス大使に、我々は、冬の期間中は、戦争の災禍を避けようとするが、万が一、戦争にまき込まれた場合に備えて同盟諸国は、とるべき手段を考えておいた方が賢明であろう（注一〇）、と語っていた。メッテルニヒの解決策は、彼の最も得意とする常套手段に訴えることだった。すなわち、ウィーンでの大使会議――それは、アレキサンダーに団結の象徴を与える一方、これによってメッテルニヒがロシアの野心をくじく手段を得るつもりだったが――を開催することだった。しかし、カースルレイは、メッテルニヒが、あまりにも妥協的になりはしないかと不安を感じるとともに、その問題を大使に任せておくには、複雑すぎると考えていた（注一一）。ついで、メッテルニヒは、英国王が、近いうちにハノーヴァーの臣下を訪れる予定になっているのを口実に、カースルレイと個人的に会見することを提案した。

メッテルニヒが、この提案をウィーン駐在の英国代理大使ゴードンに切り出したときは、ゴードンの反応は冷ややかだった。ゴードンは、前年のカースルレイの用心深い超然主義にまだ染っていたので、オーストリアとイギリスが単独の交渉を行なうことは、「各方面への誤解や嫉妬や悪質なデマ」を生み出すことになるだろう（注一二）と主張した。ゴードンは事態の進展についてゆけなかったのである。同盟についての彼の考え方は、イギリスの国益とは何ら関係がなかったトロパウおよびライバッハ会議のときのそれであるか、あるいは、フランスだけが脅威と考えられたエイクス・ラ・シャペル会議のときの考え方だった。しかし、トルコ問題は別だった。カースルレイにとっては、その違いは、現実的問題と抽象的な理論に関する問題——メッテルニヒは、仰天したかもしれないが、ナポリの革命に対してカースルレイはこう見ていたのだが——との違いのように映ったのが特徴的だった。カースルレイは、ゴードンに対して次のように述べている、「我々の関心を集めている問題が、ごく普通の性質のもので、ヨーロッパのある部分が、生存してゆく際にいかなる統治形態をとればよいかという点に関する問題（最近のナポリ問題がそうだったが）であれば、私も、貴下がメッテルニヒ伯との会見の際にもったと同様の感じを抱くでしょう。……しかし、トルコの問題は、全く性質の異なった問題であり、我国においては、理論的考慮を必要とする問題ではなく、現実的考慮を要する問題であると考えられているのです……」（注一三）。　かくして、安寧を求める二人の偉大な政治家は、これまで度々そうしてきたように、ヨーロッパの均衡を維持するための共同の行動計画を作成すべく、一八二一年一〇月末に会見したが、それは、彼らにとって最後の出会いとなった。

（注一）　N.P. Ⅲ, p. 444.

（注二）　Text, N.P. Ⅲ, p. 416 (Letter to Metternich) ; Prokesch-Osten, Ⅲ, p. 124f. (Letter to the Emperor)

（注三）　Stern, Ⅱ, p. 217; Webster, Ⅱ, p. 355.

（注四）　Schwarz, p. 234.

（注五）　Text, Prokesch-Osten, Ⅲ, p. 156f.　一八二一年八月二二日。

（注六）　Webster, Ⅱ, p. 361.

（注七）　C.C. Ⅻ, p. 403f.　一八二一年七月一六日。

(注八)　Text, Prokesh-Osten, Ⅲ, p. 191f.
(注九)　N.P. Ⅲ, p.448.
(注一〇)　Webster, Ⅱ, p. 373.
(注一一)　Webster, Ⅱ, p. 365.
(注一二)　C.C. XⅡ, p. 439. 一八二一年一〇月三日。
(注一三)　Webster, Ⅱ, p. 366.

(訳注1)　現在のチュニジア。

(訳注2)　Ancillon, Johann Peter Friedrich (1767—1837)　プロシアの政治家、歴史家。一七九二年ベルリン兵学校の歴史学の教授となり、一八一〇年に皇太子（のちのフリードリッヒ・ヴィルヘルム四世）の家庭教師に任命され、強い影響を与えた。また彼は、ハルデンベルグ等の立憲的な諸計画に強く反対した。

(訳注3)　カサリン大帝は、みずから外交を指導し、その目的をロシアの勢力拡大に置いた。三回にわたりポーランドを分割したほか、二回にわたるトルコとの戦争を通じて、クリミア半島を奪い、黒海での自由を得、ロシア領土を前例のないほど西と南に拡大した。従って、彼女の後継者も、ひと度戦争が始まればその伝統を受け継ぎ手に負えなくなるだろうということ。

(訳注4)　ロシアがビザンチン帝国（東ローマ帝国）の後継者と考える一つの理由は、ロシア帝国の基礎を築いたイワン大帝（一四四〇—一五〇五）が、東ローマ帝国がトルコに亡ぼされる（一四五三年）前に、東ローマ帝国の最後の皇帝の姪を皇后にしていたことである。そこから、コンスタンチノープルの支配がイワン大帝の後継者たちの目標となった。

(訳注5)　Strangford, Percy Smythe (1780—1855)　イギリスの外交官。コンスタンチノープル、セントペテルスブルグなどの大使を歴任。

III

メッテルニヒのドイツを横断してゆく旅は、さながら凱旋将軍のようだった。ゆく先々の宮廷で、彼は、革命を打倒した人物として迎えられたので、メッテルニヒ自身、ドイツ諸政府は、自分に助言よりもむしろ命令を求めているようだと報告したほどだった(注一)。イギリス国王の歓迎もメッテルニヒの自信を傷つけないよう盛大をきわめた。ジョージ四世との最初の会見では、二人が、ギリシア人の暴動についてよりもイギリスの内政問題について長時間かけたということは、ヨーロッパの保守主義の良心としてのメッテルニヒの地位をあらわすものだった。その頃、イギリス国王ジョージ四世は、リヴァプールを辞任させる決意をしていたが、最も混乱の少ない方法でそれを行なうにはどうしたらよいかを〝革命の医者〟であるメッテルニヒに助言を求めたのだった。メッテルニヒとしては、リヴァプールに好意をもっていたわけではないが、英国政府の交代によってカースルレイが外務大臣をやめるようなことにならないことを望んだ。そこで、メッテルニヒは、カースルレイに対して、リヴァプールの辞任工作を行ない、自ら新内閣を組閣するよう説得した。カースルレイは、リヴァプールが自発的に辞任することを条件にメッテルニヒの考えに同意したが、そうでない場合は、リヴァプールと共に辞める気だった(注二)。

カースルレイとメッテルニヒが、ギリシアの暴動について話合いを始めてみると、二人は、自分たちの考え方が本質的に一致していることに気付いた。メッテルニヒは、ロシアとトルコ間の紛争を三段階に分けて対処するという覚書を持ってきていた。それによれば、交渉の基礎を確立するために、同盟は、「実際に完全に有効に存在しているものと考えるべきであること」——これは、カースルレイが、前年のように独善的な批判をつつしむようにとの暗示だったが。次に、カポ・ディストリアが、この問題解決の主要な障害であるとの認識、第三に、コンスタンチノープル駐在のイギリスならびに、オーストリア大使が、戦争へのあらゆる口実を取り除くために、トルコ政府に譲歩をさせるよう努力すべきである、という内容だった(注三)。カースルレイは、この考えに同意し、二人の大臣は、平和を維持するために協力し合うこと、そして、ロシアが、戦争の際のイギリスとオーストリアの態度を明らかにするようにと求めてきた場合には、これを拒否すること、さらに、ロシア駐在のイギリス、オーストリア両国大使に同一の訓令を送ることに意見の一致を見た。しかし、メッテルニヒとカースルレイは、ロシアに反対することで、オーストリア、イギリス間に合意が成立したことを気付かれるのを防ぐために、それぞれの状況に応じて適当と思われる議論を用いることとした(注四)。トルコ駐在のイギリス大使ストラングフォード卿が、トルコ政府との交渉を担当することとなった。このようにして、十月末までには、メッテルニヒの蜘蛛の巣は以前にも増して強固なものになったのである。というのも、すでにライバッハ会議で、単独の外交行動はとらないという約束をツアーからとりつけていたし、今度は、ハノーヴァーで、共同行動をとることにイギリスとの合意を得たからである。一八一三年春の極めて重要だった時期にそうだったようにメッテルニヒは、アレキサンダーとカースルレイという二人の主要人物との間の橋渡しの役を演じたのである。というのは、彼は両者から承認されている正統性理論をもっていたからそれが出来たのである。すなわち、カースルレイに対しては、政治的均衡を訴え、アレキサンダーに対しては、社会的均衡を訴えたのだった。

アレキサンダーに対して最初に訴えたのは、カースルレイの方だったが、彼は、イギリス特有の議論をあまりにも正確すぎるくらいに展開してしまった。彼は、同盟の崇高な諸原則に訴えないで、性急な手段が〝不適当〟だということを示すことによってツァーにそのような行動をとるのを思いとどまらせようとした。またカースルレイは、自分の主張を強化するのに、アレキサンダーの道義理論をうまく解釈して利用しようとせずに、その理論を適用することを否定したのだった。またカースルレイは、戦争が起った場合にとるイギリスの態度についてのロシアの問い合せに対しては、「いかなる国といえども、戦争のような重大な局面の態度をあらかじめ言明することは出来ない」として、その問題を論議するのを拒否していた。たとえ、戦争が不可避となった場合でも、戦争の目的が、「皇帝陛下が極めて強く非難しているところの革命に由来する」ギリシア国家の建設となる点に同意出来ないとしていた。さらに、カースルレイは、「もし、ロシアの大臣が、そのような計画をすすめるならば、彼に明白で理解出来る形の計画を立案させるとよいでしょう。ロシアの同盟諸国は、そのような計画には、反対せざるを得ないのですから、同盟諸国から何の助言も期待できなくなるでしょう」とつけ加えていた。しかし、このようなカポ・ディストリアに対する直接の攻撃を加えたことは大いにまずかった。なぜならば、ツァーは、イギリスの責任内閣制の仕組みを理解できなかったので、これを自分に対する攻撃と受け取ってしまったからである。カースルレイの手紙の他の部分も、問題を引き起したにすぎず、事態を好転させるものとはならなかった。というのは、その手紙で、カースルレイは、トルコ側が残虐行為を行なったという点を認めてはいるものの、感情論とステーツマンシップとの関係についての講釈となっていたために、その講釈は、アレキサンダーにとっては、自分が大いに唱えてきた理論すべてに対する挑戦としか解釈のしようがなかったからである。「……もし政治家が、自己の悟性の命ずるところによってではなく、感情のおもむくままに、自らの行動を律することが許されるとすれば、衝動的行動に加えられる制約はなくなってしまうように思われます。……しかし、政治家の重大な任務が、平和を確保し、みずからの直接の保護下にある人民の利益と安全を確保することにあり、従って、政治家は、後世の人々の運命を改善しようとして投機的な行動で現世の人々の運命を危険に陥れてはならないという点を、我々は常に想起しなければなりません……」（注五）。

しかし、カースルレイは、ツアーの好む神聖な言辞を使うのを軽蔑したことは、それだけツアーに対する説得力を失なうこととなり、一九二一年の秋には、両者の関係は険悪になってしまったのである。もっとも、これは、主としてカポ・ディストリアのせいだった。彼はまだ、種々の公文書を起草しており、そこで、カースルレイかメッテルニヒを不用意な返答にさそい込もうと、ツアーの意図を出来る限り激しい調子で表現していた。そして、アレキサンダーもだんだんと御しがたくなりつつあった。彼は、自分の軍隊は常にヨーロッパを代表するものとして意のままに利用されてきたと指摘するとともに、従ってたとえ、自分の軍隊だけであっても、自分は、あたかもオーストリア、フランス、イギリス、プロシア軍がいるものとして行動するであろう、と無気味な公約をしたのだった。しかしながらメッテルニヒはこの公約を実施させてはならないと固く信じていた。それゆえ、メッテルニヒは、十二月五日、カースルレイの重厚な論理よりももっとわかりやすい言葉でアレキサンダーに訴えたのである。彼はこう主張していた、東方の危機は、邪悪な理論が最終的に敗北する前の最後のあがきなのである、と。彼は、ドイツ横断の旅のことを語り、現在のドイツは、一八一八年のドイツとはまるで違って平穏そのものであるが、それは主として、ライバッハ会議におけるツアーの態度の賜物であると述べていた。これは少々誇張だったけれども、アレキサンダーを励すようなよい評判を与え、節操を守ることを精神的行為にまで高めることによって、不安定な心境にあるアレキサンダーの疑惑を解消することをねらった手紙の結びの一節への恰好の導入部分となっていた。「我々は何事にも心を奪われてはなりません。志操を堅持し、崇高な努力を続けている君主こそ、それにふさわしい声望が得られるのです。それは、よこしまな精神が長い間助長してきた全面的な破壊から文明を守ることに他なりません。……陛下、歴史は、道義的に制覇することに対しては、領土の支配や、帝国の打倒を唯一の目的とする征服よりも、より高い評価を与えるものなのです」（注六）と述べていた。

そして、メッテルニヒは、アレキサンダーに期待している道義的制覇にはっきりと焦点をあてるため、前年の夏にやった同じ手口をまた繰り返したのだった。多くの使者が矢つぎばやにドイツやイタリアにおける革命の陰謀に関する膨大な量の報告をたずさえてロシアに向った。カースルレイでさえ、南米の岸からエーゲ海の岸まで革命の大潮流が流れているとわざとらしい文章の手紙を書いたほどだった（注七）。これらの報告は、即座に緊張をやわらげることにはならなかったが、ツァーに行動に移る決断をさせない効果はあった。「あらゆるものが、ロシア皇帝に不信と疑惑の念をつのらせている」とレプツェルテルンは報告してきた。それから間もなく、アレキサンダーが、オーストリアにならって、秘密警察を設立しつつあるとの情報が西欧に入ってきた。

メッテルニヒは次いで、アレキサンダーの鎧のいま一つのほころび――彼の首相のあいまいな立場――に攻撃を加えていった。メッテルニヒはこう書いた、「カポ・ディストリアは、戦争を望んでいるようでもあり、望んでいないようにも見えます。彼は、ギリシア問題を解決するためにロシアの援助を欲しているのですが、それは、ロシアの目的のためではありません。……彼は、自分自身がおそるべき責任に直面しているのを自覚しています。すなわち、彼は、二つの目的に奉仕するけれども仕える主人は一人という状況に特有の困惑を感じているのです。……そして、この二つの目的ほど矛盾するものはありません。というのは、ギリシア国家を建設すれば、そのギリシアは、恐れなければならない唯一の敵としてロシアを考えなければならなくなるからです」(注八)。この矛盾を暴露しようと、ついにメッテルニヒは、一月二十八日、カポ・ディストリアの脅迫めいた手紙に回答を送った。彼は、狡猾ともいえる穏健な文面の中で、オーストリアが、ライバッハ会議の精神にもとるような行動をしているという非難を拒絶した(注九)。それどころか、オーストリアは、トルコ問題にまき込まれるのを防ぐことによって、西欧で新たな革命が起るのを阻止してきたと論じていた。メッテルニヒは、革命と無神論者である革命の支持者に対する形どおりの非難を加えるとともに、一つの提案を行なった。それは、ロシアとの条約をトルコが破ったために生じた問題――これについては、ロシアが単独で条約の履行を要求する権利をもつ――と、ギリシア人の暴動によって引き起された問題――これについては、ヨーロッパ全体が関心をもっており、ヨーロッパ会議がとりあげるのにふさわしいが――とを区別することで、ジレンマを解決しようとしていた。メッテルニヒは、純粋な〝ロシアの〟不満を支持することによって、ロシアとオーストリアの友好関係を証明すると約束し、ロシアの不満を次の四項目に分類した。すなわち、(a)ギリシア教会の再建、(b)ギリシア正教信仰の保護、(c)罪あるギリシア人とそうでないギリシア人とを区別することの承認、(d)ダニューブ公領からの撤退であった。〝ロシアの〟要求を支持すると述べることによって、メッテルニヒは、カポ・ディストリアの考えている〝ギリシアのため〟という動機を証明するとともに、アレキサンダーに、ギリシア人の暴動へ介入する〝特別な〟権利を放棄させようとねらっていたのである。

しかし、ツァーは、二月中はずっと沈黙を守り通した。そして、もし、カポ・ディストリアの激しい手紙が、アレキサンダーの心を反映したものであるならば、戦争は避けられなかっただろう。ストラングフォード卿のコンスタンチノープルでの交渉が、トルコ側の非妥協的態度に直面して決裂したときは、カポ・ディストリアの勝利は決定したかのようにみえた。彼は、メッテルニヒの手紙に対してあまりにも激しい回答を与えたためにオーストリア大使は、それを両国関係断絶の前兆となるのではないかと思ったほどだった。しかし、このカポ・ディストリアの書簡は、メッテルニヒに対する最後ののしりとなる運命にあった。というのは、その手紙が送られてから三日後、アレキサンダーは、前年の八月の場合と同様、自分が行動を起してもそれは孤立した行動になるだろうと考えて尻ごみしてしまったからである。アレキサンダーにとっては、海峡の支配というロシアの伝統的政策目標のためとはいえ、キリスト教理論にもとづいた人類の調和という自己の理想をそんなに簡単に棄てきれなかったのである。そして、アレキサンダーの性格上の特徴であるが、彼は、同盟国の結束という大義の中に逃避することによって、自己のジレンマから逃れたのだった。彼は、レプツェルテルンに、自分は、覚書の交換には飽きたので、メッテルニヒと交渉させる全権大使をウィーンに派遣する用意があると語った。アレキサンダーの人選は、当をえたものとはお世辞にもいえなかった。なぜなら、全権大使に任命されたタチチェフは、前のマドリッド大使だったが、一八一七年にイギリスに対する陰謀を企てたことで札つきの人物だったからである。ツアーは、まだ自分には、選択手段が残されていると思って、みずからをなぐさめていたが、メッテルニヒは、根本的な点で自分が勝利を得たと信じて疑わなかった。というのは、その争いを道義的問題から政治的問題に変え、しかも、自分が得意とする宮廷秘密外交《キャビネット・ディプロマシイ》の手段を通じて解決しうる場を得たからだった。彼は皮肉っぽくこう書いている、「爆弾は爆発しましたが、それには綿花がつまっていました。……ロシア皇帝は、馬鹿げたことを言いつくしてしまって、どう言うべきかわからないので、今度は、議論したがっているのです。皇帝は、たまたま身近にいる人物を全権大使に任命したが、このような人選が行なわれたということは、ロシアには、人間ほど価値のあるものはないという単純な理由のようです。……これから事態は急転回するでしょう」（注一〇）と。

しかし、現実には、事態の急転回はなかった。というのは、タチチェフの行動が、ロシア皇室の動機同様に、あいまいだったからである。彼は、カポ・ディストリアが起草した覚書をもってきていたが、それによれば、オットマン帝国内のキリスト教徒は、ロシアが保護すること、ならびにギリシアに対するトルコの主権を宗主権に変えるよう主張していた。しかるに、タチチェフは、カポ・ディストリアの覚書が、彼の訓令のすべてを含んだものでないことを認めたばかりでなく、さらに、アレキサンダーからは、ロシアが、同盟諸国との共同行動以外の独自の行動はしない決意であることを表明するよう命ぜられていたことも認めた。このアレキサンダーの命令については、メッテルニヒが大いに気に入るところとなった。なぜなら、ロシアが同盟諸国と共同行動をとるということは、オーストリアが、ロシアの行動に関する拒否権を得ることを意味するからだった。メッテルニヒと交渉させるのに二流の全権大使を派遣するのは危険だったし、ウィーンで交渉を行なわせることは二重に危険だった。そして、合意に達する腹づもりであるとしか受けとりようのない二組の訓令を与えて全権大使を派遣したことは致命的だった（注一一）。そのうえ、タチチェフは、異常なほどうぬぼれが強く、メッテルニヒを騙すことなど簡単に出来ると考えていたが、メッテルニヒは、自分を過少評価してかかる敵を騙すすべを知っていた。彼は、タチチェフについてこう書いている、「ほとんどの人は、自分自身を利口であると思っている人間をいかに有利に利用するかということを知らないのです。……本当に正直な敵だけは、うまく利用しようと思っても出来ないのです」と。

かくして、メッテルニヒは、純粋な宮廷秘密外交《キャビネット・ディプロマシイ》の場で、熟練した名人芸を演ずる機会――目標が与えられ、あとは、あらゆるものが、敵の心理状態をいかにうまく利用するかにかかっている交渉——が再び与えられたのである。それは、彼が、そのような名人芸を演ずる最後の機会となった。というのは、それ以後、メッテルニヒは、二度と再び、イギリスが最終的には、味方になってくれるという確信をもって、あつかましいまでの大胆さで行動することが出来なくなったからである。間もなくタチチェフは、メッテルニヒと交渉しているうちに、ナルボンヌ、アバディーン、カラマン、ハルデンベルグそれにスチュワートの仲間に加わってしまった。彼らは、結局は、メッテルニヒに完全に裏をかかれるか、あるいは、これもしばしば起ったように、狡猾なオーストリアの大臣の代弁者にされてしまったのだった。次の会合で、メッテルニヒは、カポ・ディストリアの訓令よりも、ツアーの訓令を基礎に交渉するようタチチェフを説得した。そして、同盟諸国の結束の必要性について確固たる合意が得られるや、メッテルニヒは、タチチェフに、まずはじめに、オーストリア政府に、ついで同盟諸国に提示するためのロシアの最大限の要求を明らかにするよう求めた。メッテルニヒは、タチチェフの草案は、メッテルニヒの手許を離れることは出来なかった。しかし、実際には、タチチェフの要求を一つ一つ削除していったからだ。メッテルニヒは、あれもダメこれもダメとタチチェフの要求を一つ一つ削除していったからだ。メッテルニヒは、ギリシア人に対するロシアの"保護権"にも同意しなかったし、トルコの宗主権にも、同盟諸国による軍事行動にも同意しなかった。結局、タチチェフは、何一つ獲得できなかった。タチチェフが、哀れにも、メッテルニヒに、代案を作成してくれるよう求めたとき、それは、みずからのジレンマを暴露したにすぎなかった。すなわち、結束は、目的ではなく、一連の状態であることが明らかになったのである。もし、結束が目的となる時には、それはステーツマンシップの放棄となり、みずからの目的を知っている最も強い決意をもったメンバーによって同盟が牛耳られることになるからである。メッテルニヒは次のように書いている、「二つの選択が考えられるにすぎません。彼らが私を騙そうと思っているか、あるいは、彼らが、自分自身、何を欲し、何が出来るかわからないかのいずれかでしょう。前者は、考慮するにはあまりにも馬鹿げていますが、後者は、ロシアに関して私がもっている知識と全く合致していますから、ためらうことなく、後者が正しい説明だと思うのです」(注一二)と。

このとき、メッテルニヒの巧妙に紡がれた蜘蛛の巣のような工作が、トルコ政府の非妥協的な覚書によって、あやうくメチャメチャにされるところだった。というのは、その覚書は、ロシアの要求を拒絶するばかりでなく、カポ・ディストリアにトルコとの外交関係を断絶させるための口実を与えるような強い調子で、ロシアがギリシアの革命を助長していると非難していたからだった(注一三)。しかし、メッテルニヒは、打つべき手がなくなってしまった訳ではなかった。彼は、ロシアとの一体感を示すことによってそのジレンマからのがれた。彼はタチチェフを呼び、トルコからの覚書を読み上げたうえで、自分は、オーストリアの威信にかけても、そのような覚書をロシアに伝達する訳にはいかないとのオーストリアの返書を読み上げたのだった。かくして、メッテルニヒのパルチザン的な行動が、宣戦の口実をとりのぞく手段となった。そして、タチチェフは、メッテルニヒの言い逃れを受け入れたのである。事実、彼は、トルコの無礼も、ロシアの冷静な決意に何ら影響を与えないだろうと確信していると語った。それゆえ、ウィーンでの会議は、ロシアの目的を達成するためではなく、タチチェフの馬鹿げた柔順さの理由をさぐるため、彼を追い込みいじめてゆく場になってしまった。そして、とうとう三月二十七日、タチチェフは、メッテルニヒが、アレキサンダーとカポ・ディストリアとの間にくさびを打ち込むことに事実上成功したことを明らかにした。さらに今度は、タチチェフが、カポ・ディストリアを通り越して、直接アレキサンダーに報告するよう訓令を受けていたことが明らかとなった。タチチェフは、アレキサンダーの唯一の望みは、夏の期間中を無事に乗り切るための名誉ある方法を見い出すことであり、そうすれば、皇帝は、秋の会議には、何の拘束も受けずに出席できることになろう、と語った。メッテルニヒは次のように書いている、「問題はすべて今日から始まるのです。アレキサンダーは、世界から数ヵ月の平和を奪ったあとで、いまや私のところに頭をかかえて現れ、自分の頭の中にあることを、私に説明してほしいと頼んでいるのです。……彼は迷宮の中で出口を発見したいと思っており、自分の昔なじみのアリアデニー（訳注1）に糸のまりをくれるよう頼んでいるようなものです」（注一四）と。

それで、糸のまりは、ふんだんに与えられることになった。今やメッテルニヒは、交渉の両方の当事者となった。彼は初めに、カポ・ディストリアの訓令をオーストリアにのませることは不可能であるとのタチチェフからカポ・ディストリアにあてた公式の報告書を起草した。さらに、これを補完するものとして、オーストリアの立場を一月二十八日の線にそって、繰り返し主張するとともに、ロシアとトルコ間の争いと、ギリシアの反乱とを区別する考え方を盛り込んだメッテルニヒからカポ・ディストリアあての公式の手紙を書いた。ついで、ツアーの焦りをやわらげるために、ヨーロッパ会議は八月にくり上げて開催すべきであるという内容の公式の手紙を半ば私信のような形でツアーに送った。そして、最後に、タチチェフに、ネセルローデの手を経て、アレキサンダーあてのメッテルニヒからの秘密の手紙が与えられた。その中でメッテルニヒは、何よりも皇帝の信頼を求めつつも、自分が純粋にオーストリアの政策を遂行したことの罪を心ならずも認めていた——その言葉によって自分の最大の望みが友人のための強力な支えとなることをわからせようと意図したものだったにせよ（注一五）。そして、アレキサンダーには、オーストリアの友好関係の価値についての具体的証拠を示さねばならなかったから、メッテルニヒによって起草されたフランツ皇帝からのアレキサンダーあての信書の中で、もしトルコが、現在の諸条約から派生したロシアの要求を満たすのを拒否しつづければ、オーストリアは、トルコとの関係を断絶する方針であると述べていた。ただし、それには、すべての同盟国が同意すればという条件がついており、カースルレイの強硬な態度からみて、これは十分に安全な約束だった。そして、同盟諸国の感触を打診するために、六月からウィーンで大臣級会談がもたれることとなった。ダラダラと時間を空費して軍事行動に適した季節を失わせるためにアレキサンダーに、ヨーロッパの結束という餌が与えられねばならなかったのである。

(注一)　N.P. Ⅲ, p. 492.
(注二)　N.P. Ⅲ, p. 494; Webster, Ⅱ, p. 356f.
(注三)　Schwarz, p. 239; Phillips, W. A., *The Confederation of Europe* (London, 1913), p. 225.
(注四)　N.P. Ⅲ, p. 492f.; Webster, Ⅱ, p. 375f.
(注五)　Webster, Ⅱ, p. 376f., 一八二二年一〇月二八日。
(注六)　Stern, Ⅱ, p. 561f. (text).
(注七)　C.C. Ⅻ, p. 443, 一八二一年一二月一四日、この手紙は、実際には渡されなかった。というのは、イギリス大使が、このような手紙は意図した効果と逆の結果がでるのではないかと恐れたためであった。
(注八)　Schwarz, p. 246.
(注九)　Text, N.P. Ⅲ, p.531f.; Webster, Ⅱ, p. 379 をも参照のこと。ウエブスターでさえ——彼はメッテルニヒを評価することは留保しているが——この手紙の〝巧妙さ〟は称賛に値すると書いている。
(注一〇)　N.P. Ⅲ, p. 505.

（注一一） メッテルニヒとタチチェフとの交渉については、Prokesch-Osten, Ⅲ, p. 303f.; N.P. Ⅲ, p. 549f. をも参照のこと。メッテルニヒの考え方は、彼が在外大使たち、とくにトルコ大使にあてた手紙の中にあらわれている。それらの手紙の内容をゆがめて書かなければならないような理由はなさそうであり、それらの手紙を書いた動機はみな明白である。

（注一二） N.P. Ⅲ, p. 506.

（注一三） Text, Prokesch-Osten, Ⅲ, p. 278f.

（注一四） N.P. Ⅲ, p. 507, 一八二二年四月三日。

（注一五） N.P. Ⅲ, p. 539f. すべての手紙は一八二二年四月一九日付となっている。Prokesch-Osten, Ⅲ, p. 363f. も同様。

（訳注1） ギリシア神話のクレテの王ミノスの娘。セーシュースと恋に落ち、彼に糸のまりを与えて道しるべとして迷宮からの脱出を助けた。

Ⅳ

カポ・ディストリアは敗北した。ギリシア問題は、トルコ問題と切離され、ロシアの野心は、まさにカポ・ディストリアが七年間にわたって適用範囲を出来るだけ拡大しようと努めてきた同盟の名において阻止されたのである。カポ・ディストリアは、同盟に関するメッテルニヒの解釈のいかさま——自制の理論に対するアレキサンダーの同意を獲得するためだけに大げさに訴えられたと言った——を証明しようとしたが無駄だった。また、彼は、イギリスとオーストリアの仲を裂くために、スペインの革命に反対するためのヨーロッパ軍を編成しようと呼びかけたがこれも無駄だった。メッテルニヒは、この提案を次の大臣級会議の議題につけ加えたにすぎなかった。これは結局、アレキサンダーが会議に参加する動機を一つふやしたにすぎなかった。メッテルニヒの主たる心配は、もはや、カポ・ディストリアではなく、形式論的な強硬論を唱えるカースルレイだった。メッテルニヒは次のように書いている、「カースルレイには、アレキサンダー皇帝が、トルコとの戦争は望まないが、カポ・ディストリアが、スペイン問題をトルコで戦争を起すための手段と考えているという問題の本質を理解しないでしょう。……これが、カースルレイと私が、また完全に意見が違ってくるところなのです。……カースルレイは、馬鹿げたことは、合理的であるはずはないということを証明するための覚書を書くでしょう。一方、私の方は、御返事を賜りたいという但し書をつけて招待状を送ることが、自分の仕事だと考えてきました。……もし、アレキサンダーを救い合理性にもとづいた行動をさせるものがあるとすれば、それは、おそらく、カースルレイの覚書の方ではなくて、私の招待状の方でしょう」(注一)。

全く、ここに、カースルレイとメッテルニヒの違いがあった。すなわち、前者の、政策方針ならびに脅威は自明であるという考え方と、後者の継続する諸関係の枠組みを創り出そうと絶えず努めていることとの間の違いであった。カースルレイの政策は、経験主義だった。なぜならば、イギリスの島国としての特性は、脆弱ではないという確信を意味していたからであった。従って、イギリスは、自らの希望する条件の下でしか、同盟諸国との共同行動をとらないということが可能だったし、脅威に対抗するときはじめて条件を明らかにするという権利をもちえたのだった。さらに、同盟諸国との共同行動が必要であるとの認識は、範囲の確定できる特定の問題の存在によって生じるから、イギリスの政策は、目前の問題に全力をあげ、それが将来に及ぼす影響については考慮を払わない傾向があった。しかし、このような特定《アド・ホック》的な対処の仕方は、外交政策上の問題が一時的な脅威の存在にあるのではなく、継続的な脆弱性にあった大陸諸国にとっては、あまりにも危険だったのである。メッテルニヒには、自分が介入する時期の選択も、自分自身の斗いをする余地もなかった。彼は絶えず支援を必要としていたので、"権利"を確立する政策、つまり、根本的な敵対関係が存在しないか、あるいは、少なくとも、最大多数の同盟国が存在するような枠組みを創造する政策をとらざるをえなかった。イギリスの危機は孤立だったが、オーストリアの危機は崩壊だった。カースルレイにとっては、解決の内容がすべてだったが、メッテルニヒにとっては、解決の方式もまた内容に劣らずきわめて重要だった。カースルレイは、会議が終れば、海峡のかなたに引き揚げることが出来たから、解決の達成を外交活動の終了とみなした。これに反し、メッテルニヒは、引き続き相手と接触しつづけなければならないので、解決は、関係の継続を定めたものと考えていた。そのために、カースルレイの政策のきわだった傾向は、ロシアの要求の"不合理性"を証明し、もし万が一、それが失敗に終ったら、優勢な力を結集しようとするところにあった。これに対し、メッテルニヒの政策のきわ立った特色は、気の変りやすい敵のために黄金の橋をかけてやることだった。従って、対立を解決することは、降伏の形をとるのではなく、意思による形にすることだった。そのようなわけで、カースルレイとメッテルニヒとの間の最後の争いもまた従来通り、本質については、二人が完全に一致しているが、そのとる手段の形式に関するものとなった。

というのは、カースルレイは、メッテルニヒが、同盟を巧みに利用することに対して、個人的にはいかに共感を感じようとも、イギリスの国内体制は、彼があまりにも直接的に大陸問題に参加するのを許さなかったからである。エイクス・ラ・シャペル会議以来はじめて、イギリスの目的と同盟の目的とが一致したこの時でさえ、カースルレイは、自己の政策をヨーロッパの行動としてではなく、イギリスの行動として出すという苦心を払わねばならなかった。彼は、メッテルニヒに次のように書き送った。「私は何か危機が近づきつつあるような気がします……それはおそらく、オーストリアと大英帝国が、その共通の目的を追求するにあたり、ライバッハ会議の時と同じように、各々の政府の性格や手段に応じた、若干異った態度をとることになるだろうということです。トルコ問題の特殊な性格によって、我国は、従来以上に精力的に活動することができたのですが、最終的決定を下す際には、我国の結論としては、交渉全体を議会で説明しなければならなくなるほど我国を深く関係させるような政策はとりえないのです」と。

この文章の意味するところは、メッテルニヒが、大臣会議にロシアを誘い込もうともくろんでいた手段に対しては、イギリスとしては協力しえないということを告白したものだった。メッテルニヒの手段とは、大臣会議で、コンスタンチノープルからの大使の引き揚げを検討するとのロシアに対する約束のことだった。一八一三年にイギリスが、みかけだけの穏健さに意味があった講和条約案を討議するのを拒否したと全く同様に、今また、単にロシア皇帝の面子をたてるためだけの計画にイギリスは参加できなかったのである。経験主義的な外交政策は、一つの目的に集中するという長所があるが、このことは同時に、そのような政策の前提として、あらゆる手段を額面どおりに評価せざるを得ないという欠点をもっていることを意味する。メッテルニヒが、トルコとの関係断絶を提案したのは、ロシアに対する友好的な態度を示すためと、大臣会議にロシアの参加を引き出すため、とりわけ、時間をかせぐことをねらったものだった。しかし、議会対策上の困難に直面しているカースルレイとしては、トルコとの関係断絶について討議することにさえ同意することは出来なかった。メッテルニヒとしては、自分の提案に対するイギリスの反対論を大臣会議の場で出してもらいたいと考えていたが、カースルレイには、このように動機を偽った会議に出席する余裕はなかったのだ。イギリス議会が、非介入の原則を破るものと解釈しかねないような会議に、イギリスの全権大使を派遣したくはなかった。従って、カースルレイが、メッテルニヒに提供できたものは、コンスタンチノープル駐在の英国大使ストラングフォード卿を通じての従来どおりの支援であり、「てこを動かすためのてこ枕」（注二）であった。

この言葉は、まさにカースルレイとメッテルニヒとの協力関係の基礎をうまく言い表わしている。イギリスとオーストリアとの間の了解によって、イギリスは、大陸的な考え方でその政策を擁護してくれる支持者を大陸に見い出し、一方、メッテルニヒは、自己の政策の柔軟性を保つために欠くことの出来ない条件である選択の自由を獲得していたのである。メッテルニヒは、カースルレイに対する返書の中で、この点を認めていた。たとえ、両国が、目的追求の過程で異なった方法をとるにせよ、政策の基本原則として、両国の利益は一致しているとみなしていた。しかし、カースルレイが、大臣会議への参加についてちゅうちょしていることに対するメッテルニヒの反応をみると、メッテルニヒの洞察力にもかかわらず、メッテルニヒが、イギリスの国内状況についての根本的事実を理解していなかったことを示している。すなわち、イギリスでは、いかなるヨーロッパ会議にせよ、それに参加するという事態を正統化することが段々と困難になっていたのである。そのような事情を理解しなかったメッテルニヒは、カースルレイが参加を敬遠しているのは、会議のもたらす結果を恐れているからだと考えた。そこで彼は、ロシア皇帝が会議にのぞめば、ますます〝戦争〟という不吉な言葉を口にするのにためらいを感じるようになるだろう、ということを説明することによって、カースルレイの懸念を和らげようとした。たしかに、ロシア宮廷内の〝ギリシア派〟は、会議での交渉を自己の目的達成のための手段にしようと考えているが、しかし、とメッテルニヒは次のようにつけ加えた。「ゲームをリードするのは我々二人となるでしょう。私は、一八二一年にロシアの大臣が勝ったのを見たことがありませんし、アレキサンダー皇帝が、我々の提案を受け入れてくれれば、私は、その日のうちに、少なくとも私は、事態が、一八二一年に進展したように一八二二年にも同じように進展すると言うことが出来ると思うのです。事態は万事うまく運ぶということです」(注三)と。

そして、アレキサンダーはメッテルニヒの提案を受け入れた。無気味な数週間の沈黙ののち、ロシア軍はプルート河(訳注1)を渡らないだろう、また、ウィーンには新たな交渉者を派遣せずに、あのあわれなタチチェフが派遣されるだろうとの知らせが入った。トルコ側が最初の和解的な動きを示すと、アレキサンダーの優柔不断な態度に終止符がうたれた。アレキサンダーが、トルコ側の動きに飛びついたその早さを見れば、彼が、同盟諸国からの訴えに同調したがっていたことが予測できた。五月のはじめ、トルコ政府が、やっと〝四条件〟を原則的に受諾した時、トルコ側がその実施時期についてなお慎重に沈黙を守っていたにもかかわらず、ストラングフォード卿は、トルコ側のこのジェスチュアを直接セント・ペテルスブルグに送った。ジレンマから逃れようとやっきになっていたツアーは、その動きに対して、外交関係を再開するための十分な根拠を見い出したと言明したのだった。ツアーにこのような決心をさせたものが、招待状であるか覚書であるかは明らかではないが、どちらが、これを達成するための形式を与えたかは明白だった。アレキサンダーは、プロシア公使に次のように述べた、「朕は、ギリシアへの情熱に身をまかせることも出来たが、反乱の不純な動機やロシアの介入が、同盟諸国に与える危険についても考慮しないわけにはいかなかった。利己主義はもはや政策の基礎とはなりえない。真の神聖同盟の理論は純粋なのである」(注四)と。六月二十五日、カポ・デイストリアは、長い賜暇に出て行き再び帰らなかった。

ところで、このような勝利に対して、メッテルニヒはどう反応したであろうか？　それは、歓喜に満ちた勝利感、自己の理論の正しさに対する誇らしげな再確認、自己の技術に自信をもっている技術者の満足感だった。メッテルニヒは、こう書きしるしている、「いまやこれらの理論の正しさが証明されました。政策というものは、小説にではなく歴史に基礎をおくべきものであり、信仰にではなく知識に基礎をおくべきものです」(注五)。「私は他の人々よりも頑固なのではなくて、粘り強いのです」。「アレキサンダー帝は、信用できるのは私だけだと言っています。それについて私がどんな風に感じているか知りたいですか？　ほほえみを浮べるだけですよ」(注六)。抽象的理論を議論することは、メッテルニヒの好むところではなかったし、人類の調和という理想にふけることも彼の性に合わなかった。十八世紀の所産である彼は、政策を科学と考え、感情的行為とは考えなかった。ツアーは、野望を挫かれたが、それは、道義的事実ではなく政治的事実だった。ロシアがみずから黙認して、その伝統の命ずる政策から逸脱したことは、道徳的出来事ではなく、歴史的出来事だった。メッテルニヒは、オーストリア皇帝にこう上奏している、「ピーター大帝の偉業は、崩壊しました。今やあらゆるものは、新しい基礎の上に置かれています」(注七)と。

冷静なウィーンの策士は、ライバッハ会議でアレキサンダーに失敗させたように、今度も自己の目的を達成しようと思っていた。やがて召集される会議は、結束を誇示するためだけの場にするのではなく、ツアーに、とりかえしのつかなくなるような約束をさせるための手段となるはずだった。イギリス政府は、これで、トルコ問題は、当面解決済みであると考え、ツアーが、ヨーロッパの救世主として現れるのを待望していたとき、メッテルニヒは、バルカンにおけるロシアの野望を徹底的に粉砕するために、その会議を道義的象徴に変えるのに、自分が最もよく知っているやり方で、その会議開催の準備をすすめていた。しかし、前年の場合とは異なり、オーストリアとロシアとの合意を示すのではなく、一つの矛盾する理論を一般理論にまで高めることであった。すなわち、それは、東欧でロシアを妨害する一方では、同盟の熱心なメンバーにとどめておくということだった。このためには、出来るだけ広範な道義的一致を示すことが必要だった。そして、そうすることによって、オーストリアだけが、アレキサンダーに反対しているという責任を背負わされるのを回避することが出来るからだった。

それゆえにこそ、メッテルニヒの策略のすべては、ヴェロナ(訳注2)で開催されることになっている会議に、カースルレイを出席させることに集中された。彼は、カースルレイに次のような内容の書簡を送った。「ロシアは、決定的に後退しましたが、アレキサンダー帝は、自分が敗れたとは考えていないでしょう。彼は、ロシア政府の犯した大失敗の数々をヨーロッパの利益のために払った犠牲と解釈するでしょう。そこで彼は、ロシアの政策が東欧で失った勢力を西欧での広汎な活動によってとり戻そうとするでしょう。……しかし、そうは言っても、諸国政府のさらされている危険は大いに減少しているのです。というのは、今や問題は、物理的な行動を起すには不適当な状況にあるからです。国家を規制する最も強い法則は地理上の法則です。……そして、西欧四大国は、各々の行動の主人公なのです。しかし、そうであり続けるためには、四大国は、お互いに理解し合わなければなりません」。従って、すべては、来るべき会議――何もすることはなく、ただ、何かすることを避けるのが大きな目的の――にカースルレイが出席するかどうかにかかっていたのである。そして、メッテルニヒの手紙は、彼の政策は、極めて精緻に構築されてはいるが、蜘蛛の巣のようにこわれやすく、トランプで組み立てられた家のようにはかないものであることを自認する次のような言葉で結ばれていた。「もし貴方が、私の希望にそってくれなければ、私は一人ぼっちになってしまうでしょう。……そうなれば、斗いは不利になってしまいます。神の恩寵によって斗いを拒絶しないだけの勇気はもっていますが、お互いに最もよく理解し、同じ政治的見解をもっている両国政府が共同して斗うべきものを、私が一人で斗わなければならないとすれば、事はうまく運ばないでしょう」(注八)と。

しかし、神々は、高慢——大勝利のときのメッテルニヒの精神的プライド——を好まないのである。カースルレイは、ヴェロナに行くことに決心した。しかしその決定は、カースルレイの立場と他の参加者のそれとの相違をはっきりさせるにすぎなかった。ヨーロッパの一方に対して介入出来るとしながら、他の一方における行動を防止出来るとするような同盟、抑圧と絶え間ない動乱によって生命を保っているヨーロッパの協調。この二つは、いずれも、かつてカースルレイがパリで大いなる期待をもって心に描いた会議方式からは、あまりにもかけ離れた存在だった。会議は、相手をうまく出し抜こうとする場に化しつつあったし、調和の精神がもたらす利点を示す場ではなくなり、狡猾な術策をめぐらす舞台になってしまっていた。そして、イギリス国内では、カースルレイはますます孤立してしまっていた。彼は戦時の大連合の時代に参加したことのある唯一の閣僚だった。当時は、ほんのわずかの期間であったけれども、その団結の絆が、共通の危険によってもたらされたものだということを忘れさせるほどヨーロッパが一つに見えた時代だった。彼は、自分一人で会議方式を創り上げた人物だった。しかし、その時から七年の歳月が過ぎ去った今、カースルレイが創り上げたものが安定したことによって、イギリス国民にとっては、彼のヨーロッパに対する理想が理解出来なくなったのである。ヨーロッパ会議が開催されるということは、彼の政策の正しさを証明するのではなく、むしろ、彼のジレンマを浮彫りにする結果となってしまった。カースルレイの業績は、当然のものと思われるようになっていたために、彼がその真の意義と考えたものは、ますます理解されなくなっていったのである。カースルレイはヴェロナで何を成し遂げることが出来るというのだろうか？　その会議ではメッテルニヒの外交交渉のすべては、アレキサンダーに名を与えて、実質を拒否するために遂行されるのはわかり切っていた。一八二二年のイギリスの国民感情の実体は、ヨーロッパの協調というものが、たとえ形式的なものであれ、何らかの譲歩をする程、イギリスにとって重要だとは考えられなかったのである。イギリスは、まだ大陸諸国と協力することは出来たが、それは協力のための協力ではなく、特定の範囲の特定の問題についての協力だった。言いかえれば、カースルレイが、あれ程までに島国的視点を乗りこえようと努力してきた、その島国的考え方に戻ることによってしかイギリスは大陸と協力することが出来なかったのである。カースルレイにとっては、来るべきヴェロナ会議は、まだヨーロッパの結束を示すためのものであったが、イギリス政府にとっては、ヨーロッパ問題にまき込まれる危険を意味したのだった。この二つの考え方の間にある断層はもはや埋めがたいものになってしまっていた。カースルレイは、国王と最後の拝謁の席で次のように述べたという、「陛下、ヨーロッパに別れを告げなければなりません。陛下と私だけがヨーロッパを知っており、そしてヨーロッパを救ってきました。私のあとに来る者は、だれもヨーロッパを理解しえないでしょう」。

それから四日後に、ついにカースルレイは自殺を遂げてしまった(訳注3)。

(注一)　N.P. Ⅲ, p. 512.

(注二)　Text, Webster, Ⅱ, p. 537f. (Appendix), 一八二二年四月三〇日。

（注三）　Text, Webster, II, p. 538f., 一八二二年五月一六日。
（注四）　Stern, II, p. 250.
（注五）　N.P. III, p. 542.
（注六）　N.P. III, p. 520.
（注七）　N.P. III, p. 554.
（注八）　Text, Webster, II, p. 541f. (Appendix).
（訳注1）　ソ連南西部カルパシア山脈に発して黒海付近でダニューブ河に注ぐ河。

（訳注2）　イタリア北部の都市。

（訳注3）　一八二二年のイギリス議会は、例年になく長びき、カースルレイは、スペイン問題、ギリシア問題で反対党の厳しい質問をさばかなければならず心身ともに疲労していた。外務省のスタッフは、日頃のカースルレイの几帳面な筆記が乱れ、冷静な上品さが、いら立った雰囲気に変ったことに気付いた。そこで彼の秘書が、元気づけようと、近づきつつあるヴェロナ訪問の話をしたところ、彼は、「他の時なら嬉しいのですが……」と額に手をあて、「頭が疲れました。本当に疲れ果てました。今度の新たな責任には耐えられそうにありません」と言った。八月九日、国王に拝謁したのちウェリントンを訪ねたが、国王は、彼の会話の支離滅裂なのに驚き、リヴァプールに知らせた。ウェリントンは、カースルレイに「貴方の話からすると、精神状態が正常ではない」と言うと、カースルレイは、「貴方がそう言うから私もそうではないかと恐れるんです」と答えた。ウェリントンは、カースルレイの主治医にその旨を告げ、主治医は、念のために、彼の身のまわりから、ピストルやカミソリを取り除いたが、八月一二日早朝、気付かなかった小刀で喉をかき切って自殺した。彼は、生前「不人気はジェントルマンらしさである」と述べたが、事実彼の葬列に対して、ロンドン市街に拍手が起ったほど不人気だった。

第十七章　ステーツマンシップの本質

会議方式の終焉――政治家と予言者―その二――カースルレイとメッテルニヒのステーツマンシップの教訓――ステーツマンシップの本質

I

カースルレイの死は、ヨーロッパ政局の分水嶺となった。イギリスと同盟を結びつけていた最後の絆、すなわち、戦時の大連合の記憶はカースルレイの死によって消え去ってしまった。以後、外交政策とそれを国内的に正統化する可能性との間の懸隔を主張しようとする動機は何一つ存在しなくなってしまった。そのために、イギリスの政策は、その国民の考え方と同様、極めて島国的な傾向を帯びることとなった。

「(カースルレイの死は)極めて不幸な出来事でした。彼は、私にとって、とりわけ、余人をもってはかえがたい人物なのです。聡明な人間は、あらゆる欠点を補うことが出来ますが、経験だけは補うことは出来ないのです。カースルレイは、外交問題に経験をもっているイギリスで唯一の人物でした。彼は、私を理解出来る人物でした。他の誰かが、彼と同様の信頼をかち得るには数年間は必要とするでしょう」(注一)。メッテルニヒは、自分の最も危険な敵を敗北させたその瞬間に、唯一の信頼出来る盟友を失ったのである。

その後の事態を見れば、メッテルニヒの巧妙な術策は、結局のところ、イギリスを最終的に頼ることが出来たから、可能だったということが明らかとなった。たしかに、彼が多くの大成功を収めたのは、出来事に対する道義的枠組みを規定することによって、その出来事を処理するという彼の卓越した外交技術によって達成されたものだった。しかし、彼が大胆な手段をとりえたのは、オーストリアが外国と対決しなければならない時には、イギリスが味方になってくれるという確信があってはじめて出来たことだった。ある時は、ロシアの提案を検討するのを次の会議まで延期することにより、またある時には、自制の理論に訴えて、アレキサンダーの野心を阻止しながら、オーストリアの目的をすべて達成するまで、メッテルニヒが、あらゆる交渉の場で執拗に主張しえたのはこのためであった。メッテルニヒのこのようなやり方をいつまでも続けることが出来たかどうか、また、いつも、将来においてしか達成しえないと思われるヨーロッパの統一という蜃気楼のために、アレキサンダーが果たして、いつまでも譲歩し続ける用意があったかどうかは、確かに疑問である。イギリスとロシアが、同じ同盟の一員でありながら、同盟国の義務については、全く相反する解釈をするというような複雑な組み合せは、矛盾するものをたがいに相互補完的なものと思わせる方式をつくり出す才にメッテルニヒがいかにたけていたとしても、おそらく、それほど長続きはしなかっただろう。しかし、カースルレイの死は、目に見えなかった分裂を表面化させるとともに、メッテルニヒの政策の条件だった同盟諸国の結束という幻想を一撃のもとに打ち壊してしまった。カニングがイギリスの外務大臣となるや、オーストリアにとってロシアとの友好関係は、政策としての行為から、生存のための条件に変ったのである。メッテルニヒは、もはや、他国がオーストリアの困難から利益を得るという事態を防ぐ上で役立った、イギリスの好意的な中立政策に頼ることが出来なくなったからである。それどころか、孤立主義的で懐疑的なイギリスは、均衡をとるためのバランサーとしての伝統的な役割を演じようとすることになり、大陸における対立を緩和するよりもむしろ激化させる役割を果す可能性の方が強かった。

かくして、メッテルニヒは、安全性への余裕がなくなってきたことで、危険を防ぐためには、いきおい硬直した政策を強いられるようになったのである。今や、万事は、ロシアを同盟につなぎとめておくことにかかってきたので、メッテルニヒにとっては、同盟の結束を求めることが、交渉の武器ではなく、それ自体が目的になってしまった。以後、オーストリアが、ロシアと対決してまでその政策をすすめることが出来ないということをロシアに知られてしまったために、メッテルニヒは、その交渉上の立場をいちぢるしく弱められたのである。これは、神々が、我々人間の望みをあまりにも完全にかなえてくれることによって罰を与えるという好例である。メッテルニヒは、今や、彼が求めていたすべてのものを手に入れていた。ウェリントンが、ヴェロナから報告しているように、メッテルニヒは、事実上、ロシアの首相であったし、ヨーロッパの鍵をにぎる人物だった。しかし同時に彼は、自分のつくり上げた神話のとりこでもあった。というのは、もはや彼は、アレキサンダーの信頼を裏切ることは出来なくなっていたからである。懐疑的なイギリスに直面すると、彼は、聖戦を求めるアレキサンダーにおもねらざるをえなかった。そして、そのような過程を通じて、イギリスの自制心を敵意に変える羽目になってしまった。流動的な情勢の下で、機敏な術策によってオーストリアの安全を求めるという見事な策略は過去のものとなった。それに代って、ますます正統性理論への傾倒が顕著となり、また出来る限り硬直的な政策をとることとなったのである。その結果、国際関係が硬直化し、そしてその硬直性こそ、変化を不可能にしたものだった。従って、後世の人々が、ウィーン会議後の全期間と考えている、いかなる犠牲を払っても現状維持を執拗に求めるという理論が出てきたのは、実はカースルレイの死以後だった。その時から、メッテルニヒは、〝東欧の〟三つ国との同盟にオーストリアの安全を求めようとしたのである。そして、オーストリア、プロシア、ロシアの三国は、社会的な動乱への恐怖によって互いに結束し、今やその三国だけのものに化した神聖同盟の唱える理論に、多かれ少なかれ公式に反対の立場に立って、限定的な目標のみを追求しつつあるイギリスと対峙することになった。

イギリスを大陸とのかかわり合いから切り離そうと考えていたカニングが、結果として、自分自身きわめて嫌っていた理論を実行する羽目になり、逆に明白な分裂をひき起すのを嫌ったカースルレイの態度は、後世の人々から非難されたが、それは意図しなかったにせよ、社会的抑圧を緩和する役割を果したということは、皮肉なことだった。たしかに、カースルレイとカニングとの相違は、主として、力点の置きどころの問題だった。カースルレイは、自分自身を同盟の創設者だと考えていたので、同盟が、イギリスの政治家ならだれも賛成出来ないような手段をとるに至った後でさえ、同盟の形式だけでも維持しようとしたのだった。これに反し、カニングは、同盟のとる手段ばかりでなく、同盟の唱える理論にも反対していたので、あらゆる機会を利用して、対立を顕在化しようとしたのである(訳注1)。しかし、まさにこの微妙な違いこそ、メッテルニヒの政策の成否を左右するものだった。

シャトーブリアン(訳注2)ほどカースルレイの死のもつ意味をうまくとらえた者はいなかった。「ヨー「ヨーロッパは、イギリスの最も重要な大臣の死によって得るところが大であろう。私は、これまで、度々、彼の反大陸的政策について指摘してきたが、ロンドンデリー卿(カースルレイ)が生きていたら、ウィーンに多大の害を及ぼしたであろう。彼とメッテルニヒとの関係は理解しがたく、不安を抱かせるものがあった。危険な支援者を失ったオーストリアは、我々に接近せざるをえないだろう」（注二）。カースルレイのヨーロッパの結束を求める政策が、反大陸的政策と解釈された――そのように見られても当然だったのだが――ということは、彼の一生にとって最後の皮肉であった。

メッテルニヒが、オーストリアとイギリスとの協調の新時代を開くものと期待を寄せていたヴェロナ会議（注三）は、このようにして両国間の協調に終止符を打った。たしかに、会議には、カースルレイが自分が使うために起草した訓令を携えてウェリントンが、イギリス全権代表として出席した。しかし、訓令は、それ自体で必要な権限や手段を生み出すものではない。たとえウェリントンに能力において欠けるところがなかったとしても、カースルレイの政策は、国内での支持が得られていなかった。ウェリントンは、カースルレイの死があまりにも突然だったために、その意向を全面的に変更する余裕がなかったから単に出席するにすぎないということをよく知っており、従って、彼は、イギリスをいかなる共同措置にも参加させることは出来なかった。それゆえ、ヴェロナ会議におけるウェリントンの役割は、今やイギリスと大陸諸国との分裂が、恒常化したという点を除けば、トロパウ会議におけるスチュワートの立場とほとんど変るところがなかった。かくしてメッテルニヒは、自分の性分から言っても信念から言っても全く合わない立場、すなわち、同盟の具体的施策について、アレキサンダーと唯一人でおおっぴらに斗うという立場に立たされてしまったのである。メッテルニヒが予見していたように、アレキサンダーは東欧では、自制する代りに西欧での共同行動を要求してきた。そして、メッテルニヒにとっては、今や、万事がロシアを同盟にひきとめておくことにかかっていたので、オーストリアが前年、イタリアで果たした役割を、イベリア半島においてフランスに果たさせる措置を徐々に容認せざるをえなくなっていった。しかし、スペインへの干渉は、必然的にイギリスを同盟から明らかな形で決別させることとなったのである。

かくして、カースルレイの描いた理想——調和という自明の必要性によって結ばれた一つのヨーロッパ——は終った。しかし、この理想がある程度長続きしたことによって、そのヨーロッパの秩序が当然のものとみなされるようになった——その秩序に永続性を与えるということは、最も困難なことがらであったが。一八一五年から、一八二一年にかけてほど、ヨーロッパの結束が現実味を帯びた時代は、これまで多分二度となかっただろう。ウィーン会議で和平が達成されたときにゲンツは、五年以内に再び大戦争が起るだろうと予言し、カースルレイが以後十年間に戦争がなければ大成功と考えていたことが、忘れ去られてしまったことを想起するとますますその感を深くする。ヨーロッパが一世紀にわたって大戦争を経験しなくて済んだのは、その間にあって、ヨーロッパの結束という神話が、政治的な言葉に変えられていたからだった。このために、メッテルニヒは、まず第一にヨーロッパを道義的に支配し、ついで、大戦争を不可能にするような列強の配置をつくり出すことが出来たのであった。イギリスが同盟から離脱する時までには、均衡の要件はすでに確立されてしまっていた。ライバッハ会議で合意された正統性理論は、プロシア、ロシア、オーストリアという東欧の三大国を結びつける絆の役割を果たしており、そして、フランスは、この東欧三大国の一致した反対に抗らうような大陸政策を遂行することは出来なかったし、一方イギリスは、徐々にヨーロッパ以外の役割に気付き始めていたのである。そして、東欧三国の道義的枠組みは、オーストリアによって現定されていたので、その支配的な政策は、保守的かつ現状維持的なものとなり、従って、イギリスの積極的な敵意とはならなかったのである。たしかに、アレキサンダーの死後（訳注4）、一時期、ロシアがイギリスと結託し、バルカン半島で独自の政策を遂行した。しかし、一八三〇年の西欧に起った革命は、ロシアの新皇帝（訳注5）に、社会的大変動のもたらす危険についてのメッテルニヒの理論の正しさを証明した。そして、ヨーロッパにおける勢力図は、その後、一世代にわたって、大陸において効力をもちつづけた〝神聖同盟〟と英仏海峡をへだてた大英帝国という形をとったのである。

（注一）　N.P. Ⅲ, p. 522.
（注二）　Webster, Ⅱ, p. 448; d'Antioche, Chateaubriand, pp. 342, 348.
（注三）　Webster, Ⅱ, p. 541 (Appendix).
（訳注1）　メッテルニヒは、カニングの登場を評して、ヨーロッパの混沌と激動の前兆、〝悪意に満ちた流星〟であると述べている。また、カニングの人気を得ようとする政治姿勢をステーツマンシップのはきちがいであると批判している。

（訳注2）　Chateaubriand, François Renéde (1768—1848) フランスの作家、政治家。その小説、随筆、紀行文、自伝は十九世紀の文学に大きな影響を与えた。彼は政治にも大きな興味をもっており、ロンドン大使をつとめ、ヴェロナ会議にフランス代表の一人として出席した。

（訳注3）　ヴェロナ会議は、一八二二年一〇月二〇日から、一二月一四日まで開かれ、ロシアからは、アレキサンダー、ネセルローデ、オーストリアはメッテルニヒ、プロシアは、ハルデンベルグとベルンシュトルフ、フランスは、ド・モントモレンスィとシャトーブリアン、イギリスはウェリントンが出席し、スペインで起った革命（第十四章一節参照）に対する対処の問題が全会期にわたって討議された。この会議では、スペインに対するフランスの干渉問題をめぐってイギリスと大陸諸国との対立が浮彫りにされた。東欧三国は、フランスが、マドリッドからの公使の引き揚げについては、フランスに同調し、フランスの必要とするあらゆる援助を与えることを表明したが、非介入の理論に立つイギリスは、全面的に反対し、イ

ギリス代表ウェリントンは以後会議への出席を拒んだ。翌一八二三年四月七日、フランス軍九万五千がスペイン国境を越えた時をもって、大国間の会議方式によるヨーロッパの協調に終止符が打たれた。

（訳注4） アレキサンダー一世は、一八二五年一二月一日タゴンログで突然死んだが、その死は謎につつまれていた。彼自身、帝冠の恐しい重さに押し潰されたと述べたが、ロシアでは、その後長らく、アレキサンダーは、死んだのではなく、宗教に陶酔していたので、シベリアに行きフェダー・クスミッチ（一八六四年まで生きていた）という隠者になったといううわさが広まっていた。当局は、そのようなうわさを鎮めるために一八六五年、アレキサンダーの棺を開いてみたが中は空であった。著者も、カースルレイとアレキサンダーの死を自己の理想のゆえの悲劇として扱っているのは、このことを指す。

（訳注5） **Nicholas I**（1796—1855）アレキサンダーの弟で一八二五年アレキサンダー一世の死によってロシア皇帝となった。

Ⅲ

ロシアでナポレオンが敗北したときから、ヴェロナ会議に至る期間ほど、鮮やかに人格の劇的な対照を見せてくれ、また、正統性秩序を構築する上での問題点を明らかにしてくれた時代はない。ナポレオンがヨーロッパを支配している時には、それぞれの国独自の国家戦略という考え方にもとづく政策は不可能だった。各国の運命は、征服者の意思いかんにかかっており、フランスの体制に順応する以外に安全を見い出す手段がなかった。しかし、ロシアでのナポレオンの敗北は、ヨーロッパがもはや力によって支配することは不可能であることを明らかにするとともに、意思の人ナポレオンもまた限界を認めることによってしか、みずからの安全を見い出しえないことを明らかにした。ナポレオンの大陸軍《グランド・アルメ》の崩壊を目のあたりにして、ヨーロッパ諸国は、あらためて、国際秩序の中における自己の位置づけを行ない、将来の侵略を阻止するために、勢力の均衡をつくり出し、さらに、十八世紀の崩壊した体制の混沌の中から、安定を保障する何らかの組織理論を探り出すことを余儀なくされた。

　この時代の歴史から教訓を引き出そうとする後世の人々にとって幸運なことには、主要登場人物が、すべて際立った個性の持ち主であり、各人はそれぞれ秩序を確立する問題に対する独自の回答を象徴していた。ナポレオンは力に基づく権利を、アレキサンダーは、絶対的な道義的権利に基づく政策の不確定性を、カースルレイは、平和というものがもつ自明の利益を認めることによって維持される均衡の概念を、そしてメッテルニヒは、正統性理論に関する合意によって維持される均衡をそれぞれ体現していた。ナポレオンとアレキサンダーは、ともに、ヨーロッパを自己の意思に一致するように組織しようとした点で革命家であった。たしかに、ナポレオンは、全世界を支配することに一つの秩序を求め、アレキサンダーは、人類の和解にそれを求めたのだった。しかし、予言者の要求は時として征服者の唱えるそれと同様破壊的な性格をもっている。というのは、予言者の要求は、完全性を求めるものであり、完全性は画一性を意味するからである。ユートピアを実現するには、平均化の過程と、あらゆる義務形態《パターン・オブ・オブリゲーション》を否定することになる混乱の過程を通らなければならないのである。征服者と予言者は正統性秩序に対する攻撃の二つの大きな象徴であり、前者は、普遍性を探求し、自己以外の一切のものを無力にすることによって平和を求め、後者は、永遠性を探求し、神の祝福による平和を求めるのである。

　しかし、政治家は、こうしたやり方に対しては、絶えず懐疑的でなければならない。それは、政治家が、小手先の術策を楽しむからではなく、起りうる最悪の事態に対して備えなければならないからである。他の主権国家の善意が続くことに頼ることは、士気を失なわせることになる。なぜなら、そのような態度は、無能力を告白するに他ならず、物事は、人間の意思によってはいかんともしがたいという信念がもたらす無責任さをまねくことになる。また、個人の道義的純粋性に完全に頼り切ることは、抑制の可能性を放棄することを意味する。なぜなら、道義的な要求は、絶対的なものを追求することとなり、微妙な違い《ニュアンス》を否定し、歴史を拒絶することを意味するからである。これこそ、根本的な意味において、征服者や予言者の側と、政治家の側との間に存在する争点なのである。すなわち、構想と可能性とを同一視することと、個人の意思が時と場合によって異なると主張することとの違いであり、時間の枠を超越しようとする努力と、時間の中で生存する必然性を認めようとする考え方の違いなのである。この争いは悲劇的であり、必然的に勝負のつかない性格のものである。政治家は、予言者を政治的現象として扱うから、予言者が何者であり、何を言っているかがわからないのであり、同様に予言者は、政治家を先見的基準で判断するため理解出来ないのである。従って、政治家は、予言者が、いかにその動機が真実であり、その予言が起ると言っても、せいぜい〝ニセ〟の予言者ぐらいにしか受けとらないのである。かくして、ステーツマンシップが対処出来るのは、ニセ予言者に対してにすぎないのである。そこで、政治家は、自分の計算をたえず狂わされるものと対決させられることとなる。政治家の計算を狂わすものというのは、人間の精神を高揚させるものは均衡を求める感覚ではなく、普遍性を探求する気持ちであり、また、安全性を求める気持ちではなく、永遠性を探求する気持だということである。

それは歴史とは切り離せない要素であり、この対立は、着想力と組織力との争いである。着想は、自我と出来事の意義とを一致させようとすることを意味するが、組織は規律を要求し、集団の意思への服従を意味する。着想は永遠であり、その正当性は、その概念の中に本来的に内在するものである。組織は歴史的なものであり、その正統性は、一定の時代において入手可能な素材いかんにかかっている。着想は偉大さを求めることであるが、組織は、リーダーシップの通常の形は平凡さにあることを認めることである。政治的に有効とするためには、組織を必要とするのだが、このために、予言者的ヴィジョンを政治的表現に変えることによって、常にヴィジョンの提案者の意図を歪曲することになるのである。宗教的運動や予言者的運動が、最高の精神的威力を発揮するのは、その概念のみが、その運動の唯一の現実であるとき、つまり、反対運動の段階においてであるということは偶然ではない。確立された宗教もしくは予言者的な運動が、その運動のかつての〝真の〟心からのものを懐古し、その復活を求める傾向にあるのも不思議ではない。それは、大衆の熱狂や、〝もろもろの改革〟や、聖戦や、粛正の源になるものであり、つまり、個人の自発的な思想は、制度的に枠をはめることには、なじまないものであるということである。

　征服者が、自己の意思と義務構造とを同一化しようとし、予言者が、一時の先見的な着想のゆえに組織を解体しようとするのに対し、政治家は、組織力と着想力との間の緊張関係が、表面に表われないように努力する。すなわち、力を行使する必要性が最小限に抑えられるように、十分な自発性をもった義務構造を創造すると同時に、熱狂した状況を正統化する必要が起らないような、十分に堅固な義務形態《パターン・オブ・オブリゲーション》にしようとするのである。カースルレイとメッテルニヒが、力の均衡の中に安全を求めた政治家だったことは、何ら不思議はない。彼らの目標は、完全性ではなく、安定性にあったのだから。そして、それは、侵略に対する物理的な防御手段なくしては、いかなる秩序も安全ではありえないとする歴史の教訓から導き出した力の均衡についての古典的な考え方である。かくして、新しい国際秩序は、力と道義力、安全性と正統性との間の関係についての十分な認識の上に創造されるに至ったのである。正統性理論のみに完全に頼り切って、新しい国際秩序を創り出そうとする試みはなされなかった。このような試みは、予言者の求めるものであって、それは、神聖なる自制を前提とするがゆえにかえって危険である。他方、力というものも、また自己抑制できるものだとは考えなかった。というのは、征服者にまつわる経験が、その逆であることを証明していたからだった。だから、現実に創り出された秩序は、力の均衡状態――それは相対的な安全性を与えるものであるがゆえに――であり、そしてそれが一般に受け入れられ、しかもその正統性が、当然と考えられるにしたがい、この力の均衡状態での諸関係は、しだいに自発性を帯びるようになったのである。

たしかに、その国際秩序が、ある種の誤解と思いちがいの上に築かれていたことは確かである。誤解というのは、カースルレイが、調和の象徴として創り出した会議方式が、メッテルニヒによって敵を孤立させるための外交上の武器として利用された点であり、思い違いというのは、カースルレイが、安定を和解しようという意識をもつことと同一視した点である。そして、あらゆる脅威――全世界を支配するという脅威ばかりでなく――は、すべての国によって、全く同一に解釈されると信じていたことは、悲劇的間違いだった。革命の時代の特質は、〝正統性〟秩序に対する攻撃が、その秩序内の意見の相違をすべて抹殺してしまうことであり、逆に安定の時代の特徴は、秩序の正統性が受け入れられているので、局地的、あるいは、末梢的な問題について争いがあっても安全であるという点にある。ナポレオンが打倒されたのち、国際秩序には、革命的国家が存在しなかったので、イギリスが会議方式に参加する本当の理由はなかったし、国際秩序に対する主要な脅威である自由主義と民族主義の運動は、イギリス国内では危険なものと考えられていなかったから、なおさら参加する理由はなかった。そのような訳で、会議方式は、カースルレイにとっては、些細な、いや気のさすような抹梢的問題についての争いに導くか、イギリスが、国際問題とはとうてい認めることが出来ないような脅威についてで満場一致でそうだという態度を示すかのいずれかだった。ヨーロッパの結束が生れたのは、カースルレイが考えていたように、その必要性が自明の理であったからではなく、皮肉にも、社会的抑圧を正統化する理論を規定するためにその会議を機械的に利用されたからであり、換言すれば、カースルレイの善意によってではなく、メッテルニヒの術策によって生れたものだった。

しかし、このようなことを割り引いても、きわめて希薄なものにせよ、イギリスを傍観者とする形でヨーロッパ政府に似たものが、何ゆえに成立したのかを検討してみる必要がある。メッテルニヒが、ヨーロッパの首相として登場することが、どうして可能になったのであろうか？　十九世紀後半の歴史がメッテルニヒの敵対者たちによって書かれたというのは、彼にとって不運なことだった。メッテルニヒの反対者たちにとっては、彼は、理論においても、政策においても身の毛がよだち、反吐の出したくなる存在だった。彼らは、メッテルニヒが、何ゆえに、みずからの時代に自分の刻印を押し得たかという点を解明しないで、彼の業績は、奸計と幸運、平凡な人物と無能な敵との、相矛盾する組合せのせいにした。メッテルニヒの時代の公文書を見ると、一世代以上の期間にわたって、彼が直接関与するか、彼が反対した結果によるか、いずれかの形でメッテルニヒが関係しなかったヨーロッパの出来事は一つもなかったことがわかる。たしかに、メッテルニヒは、ツアーの移り気とプロシア王の優柔不断によって助けられはした。しかし、ツアーの気の変りやすい性格は、新たな聖戦を引き起したかもしれなかったし、彼の移り気な気性は、誰でもが利用することが出来たにもかかわらず、ツアーを個人的に支配出来たのはメッテルニヒ唯一人だった。一方、メッテルニヒ自身は、自分の哲学的理論をすぐれたものと解釈しているが、その理論が月並みなことは前述のとおりであって、それは成り立たない。しかし、単なるまわりくどい策略では、十年以上にもわたって、全ヨーロッパを騙そうと思っても騙すことは出来なかったはずだ。むしろメッテルニヒが成功を収め得たのは二つの要因のおかげと考えられる。その一つは、ヨーロッパの結束は、メッテルニヒの発明ではなく、当時のすべての政治家の共通の信念だったことであり、もう一つの要因は、メッテルニヒが、十八世紀の伝統を受けついだ最後の偉大な外交官だったこと——徐々に、政治思想にもとづく〝動機〟によって政策を遂行しつつあった時代に、自己の政策の組合せを冷静に感情をまじえずにアレンジする政治〝学者〟だったことである。従って、彼が、誇らしく思っていた理論は、哲学的な意味はなく、心理的意味があったのである。すなわち、彼は、自己の公正さには強い自信をもっていたので、他の人々の唱える理論を冷静かつ冷笑的に評価し、それを利用すべきものは利用したのだった。そして彼は、政治を科学と考えていたから、感情的好悪が自己の政策実施に当って干渉することを許さなかった。メッテルニヒ外交には、彼が目標を選択する際にみせる硬直した教条主義も、アレキサンダーが政策を遂行する際にみせた無軌道な感情主義もみられなかった。そして、彼の虚栄心にもかかわらず、彼は常に解決の実質のためには、その形式を捨てる用意があったので、彼の勝利は、相手を傷つけて決裂することではなく相手との継続する関係を規定することだった。

メッテルニヒは、ある状況の本質的なものを把握する点での非凡な能力と、自分の敵を支配するための心理的洞察力をもっていた。一八〇五年に、彼は、プロシアが、もはや、かつてのフリードリッヒ大王時代のプロシアではないと指摘した唯一人の人間だったし、一八一二年には、ナポレオンの敗北によって生じた本質的変化を最初に認識した人間だった。また、彼は、一八一五年以後、ヨーロッパで潜在的に生起しつつあった社会的変化の本質を誰よりもよく理解していた。そして彼は、その社会的変化の潮流を無視することにしたことが、自己のステーツマンシップへの批判となるかもしれないが、洞察力への批判とはならないことを知っていたのである。従って、彼は、自己の求めているものを知っていたという点で、敵よりもはるかに有利な立場に立つことが出来たのである。たとえ、彼の目標が何物をも生み出さない不毛のものであるにせよ、その目標は、確固たるものがあったのである。メッテルニヒは、ギリシア危機のたけなわに次のように記している。「誰もが、どうやって手に入れるかについて何の考えもないのに何かを望んでいます。そして、この情勢の本当に興味をそそられる一面は、誰一人、欲するものをいかにして手に入れるかについて明確な考えのないことです。しかし、私は、自分の欲しているものを知っており、また、他の人々に何が出来るかを（メッテルニヒ傍点）知っているので、私には、万全の備えがあるのです」（注二）。これが、高慢で、思い上った、ひとりよがりな言い方だからといって、その真理をそこなうものではない。

　しかし、ヨーロッパの結束というメッテルニヒの大義名分が、オーストリアの国家的利益を婉曲に表現したもの以上の形として出現した枠組みの中で彼が行動しなかったならば、彼のあらゆる外交手腕は何の役にも立たなかっただろう。十九世紀初頭は、過渡的な時代だった。そして、過渡期の通例とし一時代の新たな義務形態の出現は、それにとって代られるものの価値観を鮮明に浮彫りにしたにすぎなかったのである。十八世紀の政治体制はすでに崩壊してしまっていたが、その理想像は、身近かに存在していたのである。さらに、その理想像は、真偽によってその有効性を判断する理性主義哲学から派生したものだったので、普遍的適用を主張したのである。メッテルニヒの同世代人にとっては、ヨーロッパの結束は一つの現実であり、それを金科玉条として形式的にとなえていたことは、とりもなおさず、それが、一般の多くの人々の意識を支配していたことを物語るものだった。地域的な相違は認識されていたが、それらは、大きな全体の中の局地的な変化と考えられていた。一体性は、同一性と等しいものであるとは認識されておらず、民族の権利も道義の命ずるものとはみなされていなかった。それゆえ、メッテルニヒの仲間たちはみな、同じ理想をかかげ、似かよった教養の持ち主であり、本質的には同じ文化の所産であった。彼らが、フランス語で容易に会話を交すことが出来たからだけでなく、より深い意味で、自分たちが共有しているものは、自分たちを隔てている問題よりも、より重要であるという意識があったから、彼らは、お互いに理解し得たのである。メッテルニヒが、イタリアのオペラをウィーンに紹介し、アレキサンダーが、ドイツの哲学をロシアにもたらしたのは、別に彼らが意識的に寛容であろうとした訳ではなく、自分たちが、〝外国の〟ものを移入しているとの自覚さえなかったのである。〝卓越したもの〟に対する理想は、その起源よりもまだ重要性をもっていたのである。例えば、ロシアの首相カポ・ディストリアはギリシア人だったし、パリ駐在のロシア大使ポッツオ・ディ・ボルゴ(訳注1)はコルシカ人だった。フランス首相リシュリューは、オデッサの総督をつとめたことがあったし、ウェリントンは、オーストリアがミュラーを相手に斗ったときには、オーストリアに軍事的助言を与えたし、一八一五年には、プロシアとオーストリア両国は、シュタインにドイツ連邦議会における両国の代表として働くよう要請したのだった。そして、メッテルニヒ自身もまた、封建的関係だけで、たまたまオーストリア人だったにすぎず、その国際的な教育、理性主義的哲学から言って、他のいかなる国の大臣になったとしてもおかしくはなかった。もし、彼が、オーストリアと何か特別な結びつきをもっていたとすれば、民族的な同一意識からではなく、哲学的な同一意識から派生したものだった。なぜなら、オーストリアが代表する諸理論が、彼自身の理論に最も近かったし、多民族帝国であるオーストリアは、彼の国際的価値体系の一つの全体をなすものだったからである。彼は、一八二四年、ウェリントンに宛てた手紙に、「ヨーロッパこそ、現在に至るまでの長い間、私にとって祖国のようなものなのです」と書いている。

以上の理由からして、メッテルニヒは有能かつ有力であったが、それは、彼に説得力があったばかりでなく、とりわけ彼には、人をなるほどと思わせる弁舌のさわやかさがあったからである。彼が、自分の同僚のうちで、十八世紀の諸理論を最もうまく訴えることが出来たのは、それらの理論が、彼自身の信念に合致していたからであったが、より重要な理由としては、オーストリアの利益が、ヨーロッパの平静によって得られる利益と全く一致していたからである。メッテルニヒの政策の究極的目的が、安定であり、そして、オーストリアの獲得したものが常に無形のものであったので、彼の異常な犬儒主義《シニシズム》や、敵の意見を冷静に利用するやり方をしても、彼の行動にはやり過ぎにならないような抑制力が働いていた。同じ戦術が後年、ビスマルク（訳注2）によって使われたが、その時には、あらゆる抑制力が失われてしまった。このように、メッテルニヒの政策は、すぐれて現状維持の政策であり、従って、優勢な戦力を結集することによってではなく、彼の考えている正統性に対する自発的服従をとりつけることによって遂行されたのである。彼の政策の功績は、軍備競争や、大戦争の脅威もなく、一世代以上にわたって平和が続いたことである。そして、一八四八年に変化が起ったときに、それがオーストリアの崩壊につながらず、永久的な革命にもならずに、存在する体制の中にその変化を吸収統合させてゆくことが出来たのである。

しかし、彼の政策の成功は、まさに失敗と表裏一体をなすものだった。革命の時代の真只中にあって、現状維持と安定とを同一視したことは、オーストリアの国内体制の硬直化を強めることとなり、究極的には、国内体制の化石化現象を招くに至ったのである。メッテルニヒ外交のまさにその手際のよさが、彼が成し遂げたことの正体をおおいかくしていたのである。すなわち、彼は、民族主義と自由主義の世紀にあって、ますます拡大してゆくオーストリアの時代錯誤的面をおおいかくしたにすぎず、必然的に来る最後の審判の日を延期したにすぎなかった。もっとも、民族主義の世紀にあっては、多民族帝国にとって、真に成功を収めるような政策はありえなかったかもしれない。しかも、オーストリア皇帝は、国内改革を真剣に進めようとする試みには、彼特有の愚鈍なまでの頑迷さでもって間違いなく反対しただろう。とはいえ、ナポレオン戦争の終息は、それがたとえどんなに苦痛をともなう過程であったにせよ、オーストリアがみずからを時代に適応させてゆくことによって、過去からみずからを解き放ち、来るべき嵐に立ち向うための試みの出来た最後の機会だった。しかし、メッテルニヒの驚くべき外交手腕によって、オーストリアは、国内改革と革命斗争との間の困難な選択をさけることが出来たのである。すなわち、合理的行政の行なわれる時代に、本質的には、昔と何ら変らない国内体制を維持し、民族主義の時代に、多民族帝国として生き続けることが出来たのだった。メッテルニヒのやり口が、あまりにもあざやかだったので、その基盤は単なる外交手腕であり、それは、根本的問題を何一つ解決していないこと、また、それは、操作技術であって、創造的行為ではないことを忘れ去れさせてしまったのである。というのは、外交は、国際関係の諸要素を的確に把握し、それらを巧妙に利用することによって、相当の成果をあげることが出来るからである。しかし、外交は、着想に代りうるものではない。外交の成果は、究極的には、その目標いかんによるのであるが、その目標は、外交の分野で規定されるのではなく、外交は、それを与えられたものとして処理しなければならないだけのことである。メッテルニヒが、きわめて有能だったために、しばらくの間、巧妙にごまかしたものを、あたかも国際関係の自然な形態のように思わせることが出来たのだった。すなわち、彼がもろもろの要素を余りにも巧みに組み合わせたので、十年間もの間、普遍的理論の適用と思われていたものが、実は、一人の人間の離れ業であったという事実をおおいかくしていたのだった。

成功を収めうる政策は常にありうるなどと主張するのは浅薄な歴史主義だけである。オーストリアの悲劇的ジレンマを簡単に解決しうる手だてはなかった。すなわち、オーストリアが、その精神を放棄することによって、みずからを時代に順応させることが出来るが、その価値体系を守ろうとすれば、その過程で化石化が進行するという窮地に立っていたのである。従って、メッテルニヒに対する真の批判は、彼が究極的に失敗したことに対してではなく、そのような状態に対して彼がどう反応したかに加えられねばならない。メッテルニヒがまき込まれた過程を考えれば、彼が、悲劇的偉大さを獲得したかもしれないが、彼が、実際にそこに到達しえなかったのは、本質的に技術的性格をもつ外交上の技巧にメッテルニヒが自己満足してしまったからである。メッテルニヒに欠けていた資質は、歴史上の数限りない危機に直面して、それをのり越えることを可能にしてきた精神的強さであった。すなわち、科学者の超然とした態度ではなく、その過程において、勝利を得るかあるいは滅亡するかもしれない挑戦として底なしの深淵を見つめる勇気だった。たしかに、後世の人々から保守主義者のシンボルとして見られたいという彼の第一の野心それ自体に、偉大さがないとは言えないが、そこには、結局、時代錯誤的帝国の政治家とならざるを得なかった、ほろにがい運命への諦めが感じられる。人間が神話的偉大さに達するのは、何を認識しているか、何を成し遂げたかによってではなく、何を自己の任務として課したかによるのである。

メッテルニヒは、十八世紀の宮廷秘密外交《キャビネット・ディプロマシイ》の教訓をあまりにもよく学びすぎていた。その均衡についての卓越した感覚は、体制に対する挑戦がなく、体制を構成する各部分が、みずからの安全を自認して活動しうる時代には適していたが、連続的な変化の時代には役に立たなかった。同盟を結成するとか和平を交渉しなければならない時とか、ある定められた枠組みの中で行動するときには、メッテルニヒの手腕はさえわたっていた。しかし、彼が、自分の目標を創造しなければならないような時には、彼のまわりには無能の雰囲気が感じられた。彼は、与えられた要素を巧みに操作することによって安定を見い出そうとしたので、結局、安寧の政治家である彼は、事件のとりこになってしまったのである。要するに、彼は、勝つ見込みのない戦いは絶対にしなかったから、象徴にはなれなかったのである。メッテルニヒは、同世代人の誰よりもよく、政治における力の果たす役割の重要性を理解していたが、その知識は、ほとんど役立たなかった。彼は、その知識を建設の目的のために利用する代りに、力が行使されるのをさけるためだけに使ったからである。かくして、十八世紀の最後の名残りをとどめていた人物は、知識は力なりという啓蒙主義の理論のひとつの誤りを証明することとなった。このような理由から、メッテルニヒの政策の最終的結果もまた、一連の皮肉な性質を帯びるに至った。自己の理論の普遍性を最も誇りとしていた政治家の政策が、一人の人間の死によって、その柔軟性を失なったこと、メッテルニヒが、その体制を支える柱の一つと考えていたプロシアによって崩壊させられたことである。しかも、その体制の正統性が、社会革命や、中産階級の代表の手によるのではなく、プロシア社会の最も伝統主義的階層の代表の手によって崩壊させられたのだった。すなわち、オットー・フォン・ビスマルク——その先祖は、プロシア王室よりも古い由緒ある家系の出身者——がメッテルニヒの抑制してきた無益な革命の仕事を完成させたのである。

従って、平穏を求めた二人の政治家は、各々の国内体制のゆえに、最終的には敗北したのである。カースルレイは、国内体制を無視したために敗北し、メッテルニヒは、国内体制の脆弱さをあまりにも意識しすぎたことによって敗北したのである。しかし、彼らの業績は、長期間にわたる平和の時代をもたらしたことと、彼らの時代に与えた影響力とにあった。ナポレオン戦争を通じて出現してきたヨーロッパの協調は、彼らの均衡に関する考え方とほとんど一致しており、しかも、それを維持した会議方式は、カースルレイ個人の創造によるものだった。彼は、対仏大連合内の意見の相違を調停し、生涯を通じて——彼が、だんだんと気のすすまない役割を強いられるようになった後でさえ——同盟の良心でありつづけた。カースルレイは、ほとんど一人で、イギリスの安全は、ヨーロッパの安定によって確保されると主張した。結局は、イギリスの島国的精神の現実が、再び主張されたとはいえ、新秩序が破局を迎えずに発足しえたのは、イギリスの参加が長続きしたからであった。一方、メッテルニヒが、いかに、〝メッテルニヒ体制〟という言葉に反撥しようとも、それは、一世代にわたる抗争の内容を要約していた。一八〇九年から、一八四八年の間にあって、彼に反対し、彼を憎み嫌うことは出来たが、彼からのがれることは出来なかった。彼は神聖同盟の大司祭であり、その理論についての公認の解釈者であった。彼は、会議方式の操縦者であり、会議の席では、敵の提案を巧みに利用して敵を孤立させるのが常だった。メッテルニヒに対する攻撃の激しさこそ、彼が、きわめて重要な役割を果たしたことをうらづけるものであった。そして彼は、匿名で、遠まわしに、そして間接的に、政策は知識に立脚するものであるかもしれないが、その遂行は、技術によるものであることを証明したのである。

(注一)　N.P. Ⅲ, p. 511.
(訳注1)　Pozzo di Borgo, Carlo Andrea (1763—1842) コルシカに生れたが、コルシカの独立運動に加わ

りナポレオンにうとまれたためイギリスへ亡命。アダム・ツァルトリスキーの援助によってロシア外務省に入り、一八一二年、ベルナドットを同盟国側に立たせるために働いた。ブルボン家の復位後、パリ駐在ロシア大使になった。

（訳注2） Bismarck, Otto Eduard Leopold von (1815—1898) プロシアの政治家、のち統一ドイツの初代首相。ウィーン会議の結果、ドイツは、プロシアのシュタインが望んだような統一国家ではなく、メッテルニヒの計画どおり、三八の主権国家からなり、オーストリアを盟主とする連邦国家となった。ビスマルクは、セントペテルスブルグ、パリ大使をへて一八六二年首相になるや、その政策目標をプロシアによるドイツの統一におき、「ドイツの統一は、演説や決議案によるのではなく、血と鉄でなされなければならない」と述べたように、六年間のうちに、デンマーク、オーストリアそれにフランスを破って一八七一年オーストリアを除外したドイツ統一を実現しメッテルニヒの構築した体制を破壊した。

III

それでは、ステーツマンシップの果たす役割とは何であろうか？　社会決定論によれば、政治家は、〝歴史〟という名の機械に付いている歯車にすぎず、彼は、かすかに運命というものを認識出来るかもしれないが、しかし、結局は、自己の意思とは関係なくおとづれる運命の代理人にすぎないとする。環境の及ぼす広汎な影響力と、個人の無力を信ずる考え方は、政策立案の領域にまで広がっている。事実が入手不可能であるから、計画外の予測しえないことが起こるかもしれないとか、知識が限られているから、行動を起すのは困難であるとかという主張を我々はよく耳にする。政策は、真空の中からは生れないし、政治家は、与えられたものとして対処しなければならない素材と直面していることは、もちろん否定することは出来ない。たとえば、地理的条件や、資源の入手可能性ばかりでなく、国民の資質や、国民の歴史的経験もまたステーツマンシップに制約を加える要因である。しかし、政策が、みずからの政策内容を創造しないということと、政策がみずからを実現してゆく力をもっているということとは、別問題である。ナポレオン帝国が倒れそうになっているという認識は、一八一三年における政策の条件ではあったが、それ自体が政策であった訳ではない。革命の時代が、勢力の均衡した秩序に置きかえられなければならない、そして、意思による主張が、正統性による主張に席を譲らねばならないという意識は、漠然としたものだったかもしれない。しかし、大部分の国家のとった施策が動揺していたことを考えれば、均衡の秩序とは何であるか、そして、それを創り出すための手段が何であるかについて、当時の人々がはっきりした考えを持っていなかったことがわかる。後でふりかえってみると、国家的利益が、どんなに〝自明の理〟のように見えたとしても、その当時の人々は、選択できそうな政策の多様性に悩まされ、互いに矛盾する行動方針を推奨していたのである。一八一三年に、無条件の中立を支持しなかったオーストリアの政治家の大部分は、無敵の征服者との関係を確固たるものにするためフランスとの同盟を継続することに賛成するか、あるいは、ヨーロッパをおおっていた民族主義の熱情に従ってすぐにでも反フランス陣営に加わるべきだと主張していた。メッテルニヒだけがほとんど唯一人、どちらにも組みせず、確固たる態度を堅持していた。なぜならば、彼は、ナポレオン帝国と均衡体制とは両立しないからといって、必らずしも、多民族帝国と民族主義の時代が両立しうるとはかぎらないと確信していたからである。全く同じ時期に、イギリス政府は、ナポレオンの追放を要求し、また後には、苛酷な講和を要求したが、これは、国内世論を反映していたにすぎなかった。復讐という考え方にもとづく講和ではなく、力の均衡による講和をもたらし、無力にされたフランスではなく、許されたフランスを実現したのはカースルレイだった。これらの政策の選択は、"事実"によるのではなく、事実をどう解釈するかによって出てきたものであった(注一)。それは、本質的には、精神的行為、すなわち、ある種の判断行為を含むものだった。その評価行為の有効性は、手もとにある材料をどう解釈するかにかかっていると同様に、いかなる目標を設定するかということにかかっていた。そして、その判断行為は、知識にもとづくものであったが、知識と同一のものではなかった。

そこで、政治家に対する試金石は、真の力関係を認識する能力であり、そして、その知識を自己の目的に役立たせる能力となってくる。オーストリアが安定を求めなければならなかったのは、オーストリアの地理的位置と、その国内体制に本来的に由来するものだった。しかし、一時的にせよ、そして、結果的には、愚かなことであったかもしれないが、オーストリアが、その国内的正統性理論と、国際的秩序の正統性理論とを一致させることに成功したのは、オーストリアの外務大臣の功績だった。イギリスが、力の均衡に安全を求めようとしたのは、二十三年間にわたる断続的な戦争の結果だった。しかし、イギリスが、ヨーロッパ協調の一員として存在し得たのは、一人の孤独な人間の努力のおかげだった。従って、いかなる政策も、それがめざす目標以上に立派な政策はありえないのである。メッテルニヒが、自己の業績の形式と実質を混同せず、中欧の帝国の存続は、勝利によってではなく、和解によるしかないことを理解していたことがメッテルニヒのステーツマンシップであり、また、カースルレイが、正統性秩序を構築する場合に、報復よりも統合の重要さを認識していたことが、カースルレイのステーツマンシップだった。両者とも、自己に与えられている素材が許容する以上の仕事を自己に課したことが彼らの失敗だった。すなわち、カースルレイは、自分の国の国内体制が許容する以上の構想をもったために、また、メッテルニヒは、民族主義の時代に達成不可能なものを求めたために失敗したのである。

しかし、政治家を評価する場合、その構想だけで判断するのは十分でない。というのは、政治家は、哲学者とちがって、自己の構想を実行に移さねばならないからである。そうなってくると、政治家は、必然的に、自分に与えられている素材が動かしがたいものであるという事実に直面すると同時に、外国は、巧みにあつかえる要素ではなく、調和していかなければならない勢力であるという事実にぶつかるのである。さらに、安全保障の探求の度合は、それぞれの国家が置かれた地理的位置と国内体制によって異なるという事実に直面するのである。政治家がもっている手段は外交であり、外交は、力の行使よりもむしろ合意によって、すなわち、特定の野心と一般的合意とを調和させるような行動理由を表わすことによって、諸国家を相互に関係づける技術なのである。外交は、強制ではなく、説得によっているから、一つの明確な枠組みが存在することを前提とするのである。そして、その枠組みは、正統性理論に関する合意を通じてか、あるいは、理論的には、諸国の力関係に関する一致した解釈を通じて――実際のところ、これを達成することは最も難しいが――なされたものである。カースルレイとメッテルニヒの業績の大部分は、彼らの外交官としての非凡な能力によるものだった。二人とも、自分たちが参加した外交交渉に圧倒的な影響力を発揮した。カースルレイは、互いに相対立する見解を調整する能力と、経験主義的政策がもたらす目的に対するひたむきな態度によって、また、メッテルニヒは、自分の敵を心理的に圧倒し、支配することにかけてのほとんど異常ともいえる能力と、譲歩が、降伏ではなく、共通の目的に対する犠牲であると思わせるような道義的枠組みを規定する能力によって各々、会議を牛耳ったのであった。

しかし、政策についての厳密な意味での試金石は、その政策が、国内的支持を獲得しうるか否かという点である。これには、二つの側面がある。一つは、統治機構の内部において政策を正統化するという問題、つまり、官僚機構に対する合理性の問題である。いま一つは、政策を民族的な経験と調和させるという問題、つまり、歴史的発展過程の問題である。皮肉な結果であったにせよ、一八二一年にメッテルニヒが、ロシアの大臣連中を相手にしたときよりも、自国の大臣連中を相手に、はるかに悪戦苦斗し、また、カースルレイが、外国の大臣を相手にした場合よりも、閣内の同僚を相手に必死の斗いをしなければならなかったのも決っして偶然ではない。というのは、政策立案の精神と官僚機構の精神とは、互いに全く相対立するものだからである。政策の真髄は、起りうるかもしれないことへの対応にあるのであって、従って、その成否は、ある程度、推定による判断が正しいかどうかにかかっている。一方、官僚的精神の本質は、安全性の探求であり、従って、その成否は、予測可能性にあるのである。深遠な政策は、不断の創造、目標に対する不断の修正のうえに築かれるのである。立派な行政は、慣例――平凡さが存続しうるような諸関係を規定することだが――のうえに成り立つのである。政策は、もろもろの危険を調整することを伴うのであるが、行政は、一定の方針から逸脱するのを回避する作業を意味する。政策は、その手段と均衡感覚との関係によって正当化される。行政は、与えられた目的に照らして個々の行動が合理的か否かによってその正当性が決る。政策を官僚主義的に遂行しようとする試みは、予測可能なことを求めることとなり、その結果として出来事のとりこになりがちなのである。政策的に行政を運営しようとすれば、全くの無責任におちいってしまう。なぜなら、官僚機構は、執行するために設けられているのであって、目的設定のためのものではないからである。

政策を行政的に遂行しようとする誘惑はたえず存在する。ほとんどの政府は、国内政策を遂行するために組織されているのであって、そして、その主要な問題は、社会的決定を実施に移すことであり、それが技術的に可能であるか否かによって制約を受けるに過ぎない。しかし、国際問題を技術的問題と考えることは、目的を達成することよりも、過ちを避けるという評価基準をもたらすこととなり、また、チャンスを発見することよりも、むしろ破局を予測することによって能力を判定するような考え方を生み出すことになる。だから、一八一四年のウィーン会議の最中に、ヴァンスィタートが、ロシアの脅威の現実性を単純に否定し、また、一八二一年にシュタディオンが、ピエモンテに対する作戦を行なうことは、オーストリアの財政に大きな負担をかけるものとして反対したのは驚くにあたらない。それぞれの例では、危機であることはすぐに明らかになったが、その危険性については、象徴的なものか、将来のことのように思われたため、いずれの場合も、確実さを求めようとする主張は、その危険性の存在を否定したのである。

このような理由からしても、計画立案とそれを実行する責任を分離することは危険である。というのは、責任は、判断の基準、すなわち、正統性を意味する。しかるに、官僚主義の基準は、社会的な努力の基準とは異なるからである。社会的努力目標は、国内体制の正統性理論によって正当とされ、そしてそれは、合理性とか伝統とか、カリスマとか、いずれにしても、一つの究極的な価値と考えられるものである。これに反して、官僚の手段は、与えられた目的を達成する上で、ある行動が適切であるか否かという本質的には、手段としての合目的性によって正当化されるのである。ある社会が行いうる決定は、その社会の価値が比較的固定されているから、ある程度限られている。理想的な官僚機構というものは、行政的に可能ないかなる決定をも実行しうるはずである。それゆえに、社会的目標を官僚主義的に決定しようとすれば、目的の決定に手段の合理性の尺度を適用するから必然的に歪曲が生れる。カースルレイの政策にあのような柔軟性を与え、メッテルニヒが、狡猾なまでの柔軟性をもって対処しえた主な理由は、政策の立案と実行の責任とを併せもっていたからだった。カースルレイもメッテルニヒも、行政的な慣例によってではなく、社会的な目標に対する努力によって正統化されていたので、長期的な国家戦略として政策を立案することが出来たのだった。彼らは、在任期間が長かったので、自らの立案した政策を、単に個々の政策手段の合理性だけでなく、手段相互間の関係についても、当然の注意を払いながら遂行することが出来たのである。

官僚主義的な惰性に加えて、政治家の直面するもう一つの大きな困難は、自己の政策を国内的に正統化する仕事である。というのは、国民の国内的な経験と国際的な経験との間に大きな不均衡が存在するからである。国民のあらゆる国内的努力がめざしているものは、正義についての合意を得ることによって、力を義務に変えるための努力であることを示している。義務形態《パターン・オブ・オブリゲーション》が、自発的なものになればなるほど、社会的価値は、ますます〝自然な〟〝普遍的な〟ものに思われるようになる。これに反し、国民の国際問題に対する経験は、その国民がもっている正義感の普遍性に対する挑戦である。というのは、国際秩序の安定は、それぞれの国家の自制によるからであり、換言すれば、異なった正統性同士の調和にかかっているからである。国民は、その政策を、国内的正統性によって評価するが、これは、それ以外に判断の基準がないからである。しかるに、国際秩序の正統性理論と、一国家の正義についての解釈とを一致させようとする努力は、革命的状況に導くことになる。国と国との間の国内的正統性理論に十分な共通性がない場合はとくにそうなるのである。もし、ある社会が、普遍性とともに排他性を主張する理論によって自らを正統化するとすれば、言いかえれば、もし、その社会の〝正義〟の概念が、異なる正統性理論の存在を認めないとすれば、その社会と他の社会との間の関係は、力によらなければならなくなるだろう。この理由のために、正統性を争っている二つの体制間では、合意に達することはきわめて難しいのであるが、それは、単に、何が〝正当な〟要求であるかについて合意出来ないからだけでなく、おそらくもっと重要なことは、それぞれの体制が、国際的に達成可能な合意を国内的に正統化することが出来ないからであろう。

しかし、基本的なイギォロギー上の分裂が存在しない時でさえ、民族の国内的経験は、国際問題を理解する上での障害となりがちである。国内的には、何が〝正義〟であるかについて合意することが最も困難な問題である。しかし、国際的には、ある外交政策の策定に本来的に内在する国内的合意は、しばしば、外国の同様の国内的合意と妥協しなければならないのである。国内的政策手段が、意思と執行の一致を象徴する官僚機構であり、対外的政策手段が、適用の偶然性を象徴している外交であるのはけだし当然である。多くの国々が、無意識のうちに、外交政策に対する強力な反感を示し――実りのない決定に到達する際に本来的に存在する精神的苦痛を残すものであるが――また、国内的に正義と考えられるものが、国際的には、単なる交渉の対象としか考えられないという判断基準の二重性に対する強力な反対があるのも理由のないことではない。多くの社会がもっているみずからの理想が外国人の不正な計略によって、その本来の権利が奪われたようにうつるのも偶然ではない。というのは、国内政策の推進力は、直接的な社会経験であるが、外交政策の推進力は、現実的な経験ではなく、潜在的な経験――戦争の脅威、つまり、ステーツマンシップがその脅威が明らかになるのを防止しようと努力しているもの――だからである。

それゆえに、政治家というものは、古代劇の英雄のようなもので将来に対するヴィジョンをもってはいるが、それを直接国民に伝えることも、自己の〝正しさ〟を証明することも出来ないのである。国民は、自己の経験を通じてしか学ばないものである。だから国民は、行動するには、もはや手遅れになったときにはじめて〝わかる〟のである。しかし、政治家は、自己の直感は、もうすでに経験したかのように、また、自己の着想は真理であるとして行動しなければならないのである。政治家が往々にして、予言者と同じ運命をたどり、自分の国において尊敬されず、たえず、自分の計画を国内的に正統化するという困難な仕事に直面し、そして、政治家の直感が実際に経験された時、つまりたいていは、後世においてのみ政治家の偉大さが明らかになるというのは、このためである。従って、政治家は、教育者でなければならない。政治家は、国民の経験と自分のヴィジョンとの間のギャップ、国家の伝統とその未来との間のギャップをうずめようとしなければならないのである。この仕事の中で、政治家の可能性が限定されることになる。国民の経験をあまりにも越えている政治家というものは、カースルレイが例証するように、その政策がいかに賢明であっても、国内的な合意を達成することには失敗するであろう。また、国民の経験に自己の政策を限定してしまう政治家というものは、メッテルニヒが証明しているように、結局何物をも生み出さず、みずからの努力を無益なものにしてしまうだろう。

多くの偉大な政治家が、本質的に、保守的な社会体制の代表者か、あるいは、革命的社会体制の代表者かのいずれかであったのは、以上のような理由のためである。保守主義者が、強みを持つのは、国民の経験を理解し、安定的な国際秩序にとっての鍵となる持続する関係の本質を理解しているからである。一方、革命家の強みは、経験を超越し、正しいものと可能なものとを一致させようとするところにある。保守主義者（とくに本質的に保守的な社会体制を代表する場合には）は、社会的努力のめざす基本目標と、社会的経験の内容についての合意によって正統化されているのである。従って、保守主義者は、目標への途中の段階をひとつひとつ正しいと証明していく必要がないわけである。革命家は、みずからのカリスマ的資質によって、つまり、彼個人あるいは、自己の理論の正統性に対する合意によって正統化されるのである。従って、革命家のとる手段には、偶然性がともなうのである。なぜなら、革命家は、自己の目的や、自分自身によってその手段を正統化するからである。保守主義体制というものは、本来的に存在する最善のものという属性的観念——それは、偉大な概念の枠組みを提供することになるのだが——を生み出すが、一方、革命的秩序は、狂気じみた高揚的観念——それは、技術的な限界をもなくそうとするような——を生み出すことになる。かくして、保守主義者も革命家も、ともにステーツマンシップの根本的な問題と取り組むことになるのである。すなわち、政策の実体についての理解を得ることが不可能な時に、いかにして、政策の複雑さについての了解を取りつけるかに取り組むことになるのである。

　本書は、伝統的な社会体制をもった国、すなわち、十分な凝集力をもった社会の保守主義の政治家を取り扱ってきた。そのような社会においては、政治家は、国内的争いが、本質的に技術的な争いであり、ある一つの合意された目標をいかにして達成するかという点に限定されているという確信をもって政策を遂行することが出来たのである。このような確信があったからこそ、メッテルニヒが、反逆者として非難されることなく、一八〇九年から一八一二年にかけて、〝敵との提携〟政策を遂行することが出来たのであり、また、カースルレイも、〝国を売る〟との非難を浴びることなくナポレオンと交渉することが出来たのである。従って、ステーツマンシップは、着想の問題ばかりでなく、実行の問題をも含むのである。すなわち、何が望ましいヴィジョンであるかを見抜く能力とともに、何が達成可能であるかを見定める能力をも必要とされるのである。カースルレイとメッテルニヒが、正義にかなうものと可能なもの、国際的正統性と国内的正統性とを調和させようとしたその努力についての記述は、政治家としての彼らの物語であり、彼らが、維持したいと心から願っていたものの永久性を達成することに失敗したことは、人間としての彼らの物語りである。

（注一）政策には、安全性が要求されるから、〝目的〟的であるという議論は、既成の行為に動機づけをするような陳腐な文句になってしまう。というのはステーツマンシップの直面する重大な問題は、既成の政策に公式の意味を与えるのではなく、直面する時々に、その内容を解釈することである。政策に関する論争は、安全性からみて、賢明か否かについての意見の相違に関するのではなく、政策の内容についての不一致に関するのであり、安全性への望ましさではなく、それをどうやって達成するかについての最善の手段をめぐる意見の相違なのである。

Ⅳ

歴史的出来事は、本質的に一回限りのものであるという主張に見られるとおり、歴史的経験からひき出された結論が正しいかどうかについての疑問が残る。出来事は、全く同じ形では二回は起らない、従って、この意味では、歴史は、それ自体〝繰り返す〟ことはない。しかし、それは、ごくありふれた肉体的経験においてさえ真実である。初めて象を見る人間は、自分が対面しているものが何であるかわからない（もし、その人間が、経験に代る絵や写真を見たことがないと仮定すればの話だが）。その人間が、二度目に象を見たときにようやく、その独特な外観から抽象化することによって、また類似性の基準を設けることによって、その動物に名称を与えることが出来るだろう。従って、概念は、対象についての〃すべて〃を言い表わすことはないし、種類についての〃法則〃を表わしているのでもない。ニュートンの法則が、リンゴについて何も言っていないからといって非難することは出来ない。なぜなら、ニュートンの法則の意義は、〃落下しつつある物体〃の形式的関係についての認識を通じて、リンゴから〃一回限りのこと〃――時間の流れの中での一光景――と〃リンゴらしさ〃――一つの種類を構成するものとしての外観――とを取り除いた、まさにその事実の中にあるからである。これと同じように、ナポレオンが、ヒトラーと全く同じではないとか、カースルレイは、チャーチルと全く同じではないと指摘しても、それは、歴史的観点から国際関係を研究することに対する反論とはなりえない。関連性があるということは、どんなものでも、正確な一致によっているのではなく、直面している問題の類似性によるのである。そして、導かれた結論は、――あらゆるものを帰納する場合と同様に――個々の経験の特殊性を抽象する能力を反映することになる。

物理の法則は、説明であって描写ではないし、歴史は類推によって教訓を与えるのであって、一致によるのではない。このことは、歴史の教訓は、自動的に得られるものではなく、経験した範囲での重要性を認める一つの基準に照らしてしか会得しえないものであり、我々が歴史から得られる回答は、我々が提起する問題以上の立派なものはありえないことを意味する。自然科学におけるもろもろの深遠な結論は、感覚的経験の〃意義〃が、本質的に精神的行為といわれるものによって認められるまで、何ら導き出されなかった。国際問題の研究――各々が、全体を構成するひとつの単位として行動する諸国家の研究――において、意義ある結論を導き出すためには、歴史的関係についての認識がなければ不可能である。というのは、社会は、空間よりも時間の中に存在するものだからである。実証主義哲学者たちが指摘しつづけてきたように、国家は、単なる個人の集合にすぎない。しかし、それは、共通の歴史を自覚することによって、一体性を獲得するのである。この自覚こそ、民族がもっている唯一の〝経験〟であり、民族が自己の過去から学ぶ唯一の方法なのである。歴史とは、諸国家の記憶なのである。

もっとも国家は、忘れっぽい傾向がある。国家が、その過去から学ぶことはそんなに度々あることではないし、ましてや、その過去から正しい結論を導き出すことなどきわめて稀である。というのは、歴史的経験からの教訓は、個人的経験の場合と同様に、偶然的なものだからである。歴史の教訓は、ある特定の行動の結果が何であるかは教えてくれるが、状況が類似しているかどうかを認識させることは出来ない。ある人間が、熱いストーブに手を触れてやけどをしたという体験をもっていたにせよ、その人間は、ある一定の大きさの金属の物体に直面したとき、自分の知識が役立つ前に、それが本当にストーブであるかどうか直ちに判断しなければならないのである、国民は、革命的状況になった場合に起りうる結果について知っているかもしれない。がしかし、革命的状況であるかどうかを認識することが出来なければ、その知識は、何の役にも立たないのである。ここに、物理的知識と歴史的知識の違いがある。すなわち、各々一つの世代には、ただ一回の抽象行為を許されているにすぎない。一つの世代は、自分たちが、その主体であるがゆえに、一つの解釈と一つの実験しか許されていないのである。これこそ歴史の挑戦であり、歴史の悲劇でもある。そしてそれは、〝運命〟というものがこの地球上に現わす姿なのである。この挑戦と悲劇とを解決することはもちろん、それを認識することでさえ、おそらく、ステーツマンシップの直面する最も困難な課題であろう。

訳者あとがき

本書の訳出にあたり、数多くの方々から暖い御援助を賜りました。心から感謝の意を表し訳者あとがきと致します。

訳者の恩師である西尾末広先生に厚く御礼申し上げます。というのも、先生は、キッシンジャー外交に大いに共感を示され、その政策発言について、当時、秘書として先生の身近にあった訳者にしばしば語られました。その意味から、西尾先生こそ、あらゆる能力を欠く訳者が、本書訳出に取り組むきっかけを与えてくれたからです。

猪木正道先生は、御多忙中にもかかわらず、防衛大学校校長室で、しばしばお会い下さり、励しのお言葉とともに、拙訳の出版をすすめて下さいましたうえに、身に余る序文をお書き下さいましたことに、心から感謝申し上げます。

ランカスター大学政治学部長ピーター・ネイラー教授には、訳者が、「安全保障政策」および「イギリスの国防政策」について指導を受けているうえに、本書訳出について訳者の疑問個所につき御教示下さいました御好意に心から感謝申し上げます。

外務省の天江喜七郎氏はじめ多くの方々から暖い御援助を賜りましたことに厚く御礼申し上げます。なお、訳注作成にあたり、ランカスター大学図書館資料を参考にしたほか、田村幸策博士著「世界外交史」一巻を一部引用させていただきました。

訳者の未熟のために著者の意を十分に伝ええないことをおわび申し上げますとともに、訳者の予断につきましては、御指摘、御教示賜りますよう御願い申し上げます。
最後に、本書訳出を激励下さいました畏友国利俊一郎氏に厚く御礼申し上げます。

一九七六年二月十一日

ランカスター大学にて

伊藤幸雄

ヘンリー・A・キッシンジャーとその国際秩序観

リアル・ポリティークの提唱者

ヘンリー・A・キッシンジャーは、一九二三年にドイツで生まれ、一九三八年にナチス政権からの迫害を逃れてアメリカに渡ったドイツ系ユダヤ人である。キッシンジャーの一家は第二次世界大戦中の一九四三年にアメリカに帰化したが、この戦争に彼は、アメリカ軍情報部の士官として参戦し、戦後は母国ドイツに駐留して多くの戦争犯罪者の裁判にかかわった。

ハーバード大学に進学したキッシンジャーは、一九五〇年に卒業論文「歴史の意味――シュペングラー、トインビー、そしてカントをめぐる省察」を提出、その後、一九五四年には「回復された世界平和――メッテルニヒ、カースルレー、そして平和の問題　一八一二～二二年」で博士号を取得している。後者は、一九世紀のヨーロッパ外交、特にウィーン体制についての研究で、後にこの博士論文を出版したものが同タイトルの本書『回復された世界平和――メッテルニヒ、カースルレー、そして平和の問題　一八一二～二二年』である。

キッシンジャーは一九五四年から七一年にかけて母校ハーバード大学政治学部で教鞭を執ったが、同時に彼は、外交問題評議会（the Council of Foreign Relations）などへの関与を通じて、アメリカの国家安全保障政策をめぐる積極的な発言を行っている。その中でも、アイゼンハワー政権の「大量報復戦略」の硬直性を厳しく批判し、後にケネディ政権が採用した「柔軟反応戦略」の原型とも言える核兵器と通常兵器の段階的運用を唱えた彼の「制限戦争」理論は、つとに知られている。実際、一九五七年に出版した『核兵器と外交政策』(田中武克・桃井真訳、日本外政学会、一九五八年)でキッシンジャーは、柔軟性を備えた防衛態勢の構築を主張したが、その中には制限戦争の必要性や核兵器の政治的活用といった方策を、一九五〇年代のアメリカ外交の主流であった大量報復戦略の代替案として提唱したものもあったのである。

キッシンジャーにとって当時のアメリカ外交が目標としたものは、同国の経済力と比較してあまりにも高価であると思われた。ソ連とのいわゆる「冷戦」は、戦うには高過ぎる。彼にとってもはや高邁な理想主義外交はアメリカには負担できないと、そして、そのための方策である封じ込め政策は評価に値する結果をもたらしてはいないように思われた。そこで、彼は冷戦の代わりとして、平和(=安定)、貿易、そして文化交流を求めた。キッシンジャーは、アメリカのグローバルな関与を、縮小しつつある同国の経済力や政治力に見合ったものへと下方修正したのである。また、彼にとって理想主義外交は非現実的であった。その結果、当然ながらキッシンジャーの推進した外交は、例えば共産主義政権下で暮らさざるを得ない人々の苦難に対して、ほとんど関心を寄せることはなかった。

一九六九年にニクソン大統領の国家安全保障問題担当大統領特別補佐官となって以降、同政権およびフォード政権期の国務長官を務めたキッシンジャーは、一九七〇年代のアメリカ外交の事実上の責任者として幅広く活躍した。特に、ニクソン訪中の実現や、ベトナムと中東での和平工作などは、彼が中心的な役割を果たしたと言われる。一九七三年にはキッシンジャーは、ベトナム戦争の和平交渉での功績が認められ、ノーベル平和賞を受賞した。

こうしてキッシンジャーは、「現実主義外交（Realpolitik）」の提唱者として一九七〇年代のデタントとして知られる緊張緩和政策を推進した。だが、同じ現実主義を唱える立場でも、国際政治を抽象的なモデルにまで単純化したケネス・ウォルツなどとは違い、キッシンジャーは、外交政策が政治家という人間によって形成されるという単純だが重要な事実に常に敏感であった。すなわち、外交が特定の歴史的、文化的、政治的文脈の中で形作られる目標と、限りある選択肢の間で展開される人間のドラマである事実をキッシンジャーは十分に理解していたのである。だからこそ、『回復された世界平和』ではメッテルニヒとカースルレーという二人の人物に焦点を絞って考察がなされているのである。

こうした点においてキッシンジャーは、ハンス・モーゲンソーの立場に近いと言えよう。実際、ケネス・トンプソンとともに彼を、モーゲンソーの弟子と位置づける説があるほどである。彼らの国際秩序観は、国際平和は法や国際組織ではなく、力《パワー》の分布によって達成可能であるとする見方である。

フォード政権の退陣とともに政治の表舞台から離れたキッシンジャーは、コンサルタント会社を設立し、今日にいたるまでその会長として活躍している。なお、キッシンジャーの学問業績は多岐にわたり、邦訳された著作も多いが、その中でも、『外交』（岡崎久彦監訳、上下巻、日本経済新聞社、一九九六年）と『二国間の歪んだ関係――大西洋同盟の諸問題』（森田隆光訳、駿河台出版社、一九九四年）はそれぞれ、近現代における外交問題や、アメリカとヨーロッパの間に横たわる戦略問題を見事に分析しており、本書『回復された世界平和』や前述の『核兵器と外交政策』とならんで彼の世界観や国際秩序観をうかがい知ることができる。

デタント政策

では、より具体的にキッシンジャーはいかなる外交を展開したのであろうか。

最初に、ニクソン政権下のキッシンジャーはホワイトハウス主導の外交を実現させるべく、ケネディ政権やジョンソン政権では必ずしも重視されていなかった国家安全保障会議（NSC）を活用した。彼は、国家安全保障問題担当大統領特別補佐官や国務長官に在任中、あたかも一九世紀オーストリアの宰相であったメッテルニヒのように、過度の理想主義とイデオロギーを排除したかたちで国益中心の現実主義外交を推し進め、ソ連とのデタントの達成など数々の外交的成果を上げたが、彼のこうした外交政策を理論的に支えたのが、後述する「勢力均衡」と「正統性」という二つの国際秩序観であった。このように彼は、研究者として『回復された世界平和』で提示した自らの理論を、実務家の立場から実践できた希有な人物であったと言える。

ニクソン大統領とともにアメリカの冷戦政策の見直しを意図したキッシンジャーは、一九七一年には大統領の「密使」として、当時ソ連との関係が悪化しつつあった中国を二度にわたり極秘に訪問、周恩来首相との会談で米中和解への道筋をつけた。また、この中国との和解を交渉のカードとしてソ連とのデタントを推進した結果、第一次戦略兵器制限交渉（SALT1）の締結などにも成功した。

さらにキッシンジャーは、当時のアメリカの喫緊の外交課題であったベトナム戦争の終結にも成功する。アメリカが中国やソ連と関係改善を行い、その結果、ベトナム戦争でこの両国からの支援を得ていた北ベトナムを国際的に孤立させることで、一九六八年からパリで実施されていた和平協定の締結にこぎ着けたのである。ベトナム戦争の「ベトナム化」であり、「リンケージ」である。一九七三年にはパリ協定が調印され、ベトナム戦争は終結へと向かった。キッシンジャーはまた、アラブ諸国とイスラエルの和平交渉にも尽力したが、こうしたキッシンジャーの活発な外交は、「シャトル外交」として知られる。さらに彼は、日米同盟や在日米軍の存在理由を、いわゆる「瓶《びん》の蓋《ふた》論」を用いて明快に説明した最初の人物であった。

以上の事実を踏まえるとデタントとは、短期的にはベトナム戦争の終結、長期的にはアメリカとソ連による対立という従来の冷戦構造に、新たに台頭してきた中国をさらなるアクターとして組み込むこと、また、ソ連の核戦力がアメリカと対等である(あるいは、対等であるべき)ことを認めて両国関係の安定化を目指すという、真の意味で戦略的な外交方針であった。

キッシンジャーの国際秩序観とその批判

キッシンジャー外交の真髄はその現実主義にある。つまり、アメリカの国益(キッシンジャーの言葉を用いれば「国益の啓蒙化された概念」)というものを外交の中心に据え、国際政治の勢力均衡(バランス・オブ・パワー)に配慮しつつ、同国にとって受け入れ可能な国際秩序の構築を目的としたのである。当然ながら、キッシンジャーのこうした国際秩序観には、彼が本書『回復された世界平和』で研究したウィーン体制が一つのモデルとして存在しており、彼にとっての平和は、安定的な力の調和、すなわち秩序を意味した。

だが、力の均衡による勢力圏の安定という自らの信念を、例えば民主主義といった理念より重視する彼の国際秩序観は、当然ながら道義問題への無関心となって表れてくる。ここには、政治家は一般の人々とは違い、道義的な要請に縛りつけられる必要はないという彼の信念があったが、彼の外交政策が道義問題を軽視した結果、アメリカの同盟諸国や友好国が国内の民主主義勢力や反対勢力を弾圧した事実、時として殺戮さえも犯した事実を黙認していたとして、今日にいたるまで厳しい批判にさらされている。例えば、ピノチェト政権下のチリで弾圧された被害者の親族や様々な人権団体により、今日でもキッシンジャーは「マキアヴェリスト」として糾弾されているのである。

また、後に「新保守主義者」と呼ばれるようになるアメリカのいわゆる理想主義者にとって、国家間の勢力均衡を重視し、「抑圧的で邪悪な」政治体制を保持するソ連とデタントを推進するキッシンジャー外交は許し難いものであった。こうした理想主義者は、対ソ強硬派としてレーガン政権に参画することになるが、この時期を通じてキッシンジャー外交が厳しく批判された事実は周知のとおりである。

『回復された世界平和』

本書『回復された世界平和』は、フランス革命とナポレオン戦争によって破壊されたヨーロッパの秩序を再構築し、（議論の余地はあるものの）その後ほぼ一世紀にわたる安定を確保したとされるオーストリア宰相メッテルニヒとイギリスの外相カースルレーを中心としたウィーン体制を分析した研究である。ここでは、「勢力均衡」と「正統性」の確保が国際秩序の構築と維持には必要であるとの見方が示されている。また、正統性秩序と革命秩序という相容れない対立軸を切り口として、ウィーン体制が崩壊へと向かうダイナミズムも描かれている。

本書では、ナポレオン戦争の終結前の一八一四年のウィーン会議に始まり（出発点は一八一二年）、一八二〇年代まで継続された一連の複雑な会議外交あるいは会議システムが詳しく説明されているが、要は、フランス革命とナポレオン戦争によって変更を余儀なくされた国境線や各国の政治体制をどうするかが一番の問題であった。

キッシンジャーは、フランス革命とナポレオン戦争が引き起こした混乱の中から、ヨーロッパの指導者が同地にその後長期にわたって安定した秩序（キッシンジャーの言葉を用いれば、「健全で均衡の取れた秩序」）。当時の指導者の目的は秩序の完全性ではなく、安定性にあった）を作り上げることに成功した理由として、彼らが「勢力均衡」と「正統性」に対する鋭い感覚と認識力を有していた事実を強調している。周知のように「勢力均衡」とは、ある一つの国家が支配的な地位を占めることを阻止して、各国が相互に均衡した力を有することで戦争が起きる可能性を低くしようとする試みである。国際秩序に対するキッシンジャーの認識は冷徹かつ現実的なものであり、本書でも「力の均衡が存する場合にのみ、平和を確保し、維持することができる」という彼の確信が繰り返し言及されている。

一方、「正統性」とは、時としてキッシンジャー独自の意味合いで使われているため理解し難いが、基本的にこの概念は、ウィーン体制のさらなる主人公であるフランスの外相タレイランが唱えた、ヨーロッパをフランス革命以前の状態に戻すことを意味する。だが、キッシンジャーは本書でしばしば、大国による国際秩序の枠組みの承認、あるいは現在保持している外交手段で何が達成可能であるかを見極める能力を指してこの言葉を用いている。後者は、当事者が保持する外交手段の限界に見合ったレベルにまで政治目標を下げる能力のことであり、これは、前述した彼のデタント政策の基礎となる考え方である。キッシンジャーの功績が、アメリカ外交に「限界」という認識を持ち込んだことであると評価されるゆえんである。また、キッシンジャーの言う「正統性」についてさらに重要な点は、これが「正義」とは無縁の概念であるという事実である。つまり、キッシンジャーにとって外交の本質とは、勧善懲悪の考え方や宗教上の信条、そしてイデオロギーなどとは関係がないのである。

ウィーン体制がいつまで維持できたかについては、実は歴史家の間でも議論が分かれている。例えば、その破綻の直接の契機を一八二一年に始まるギリシア独立運動とする説があり、また、一八二三年のフランスによるスペイン介入、あるいは一八三〇年のフランス七月革命が、ヨーロッパ各地にウィーン体制に対する反乱の連鎖を招いたとする見解も存在する。さらには、ウィーン体制は一八四八年の革命によるメッテルニヒの失脚まで継続したとの説や、クリミア戦争(一八五三~五六年)によって完全に崩壊したとの説もある。加えて、「ドイツ統一戦争」とビスマルクが行った一連の外交をどのように評価するかにもよるが、ウィーン体制といわゆるビスマルク外交を、まったく別種のものであると捉える見方もある。もちろん、第一次世界大戦勃発までの約一世紀の間ヨーロッパに長期の平和をもたらしたとの説もあり、基本的にキッシンジャーは、この立場に立っている。

メッテルニヒ、カースルレー、そしてタレイラン

『回復された世界平和』が極めて興味深い書である理由は、それが膨大な一次史資料を縦横に駆使してナポレオン戦争後のヨーロッパ各国の複雑な外交交渉の実相を鮮やかに描き出している点もさることながら、メッテルニヒとカースルレーという人物の考察を通じて外交の本質を明らかにしているからである。実際、本書に限らずキッシンジャーは、外交交渉の進展を阻害する大きな要因とされるいわゆる官僚制への解毒剤として、強力な指導者の個人的な創造性を高く評価しているのである。

メッテルニヒは一八一四年、ナポレオン戦争の戦後処理のための国際会議をウィーンで主催し、その議長として新たな国際秩序の形成に努めたことで知られている。しかし、ヨーロッパ各地から大小九〇の王国と五三の公国の代表二一〇人がこのウィーン会議に集まり、領土配分などについて各国の利害が極めて複雑に絡み合った結果、会議は当初から紛糾した。この時の会議の難航状況を端的に示すのが、「会議は踊る、されど進まず」という有名な言葉であり、今日でも映画「会議は踊る（Der Kongreß tanzt）」でその一端を垣間見ることができる。長い議論の後、ようやくウィーン議定書が採択され、ウィーン体制と呼ばれる新たな国際秩序がヨーロッパに作り上げられたが、キッシンジャーによれば、この秩序をヨーロッパに回復させたのは、ひとえにメッテルニヒとカースルレーの巧みな外交手腕であった。

メッテルニヒはこうした会議システムを主導することによって、オーストリア（ハプスブルク

帝国）の生き残りを模索した。彼はヨーロッパの平和を、回復された君主間の諸原則と結束により構築しようとしたのである。メッテルニヒにとって、フランス革命とナポレオン戦争によってヨーロッパに注入された「自由主義的な革命」という思想は、決して受け入れられるものではなかった。同時に彼は、当時ヨーロッパで台頭し始めていたナショナリズムにも強い警戒感を示した。というのは、ハプスブルク帝国は複雑な政治体であり、そこには数多くの少数民族と言語が混在しており、こうした状況の下でナショナリズムが台頭することは帝国の生存を脅かしかねないと思われたからである。

そこでメッテルニヒは、当初はナポレオンを排除するための対フランス同盟を主導した。なぜなら、ナポレオンは中庸ある平和を受け入れようとはしなかったからである。その一方でメッテルニヒは、ロシアの力を相殺するためブルボン王朝が復活した強いフランスの存在も必要としていた。こうして、「中庸」がメッテルニヒの、そしてウィーン体制の中心的な外交方針となったのである（ウィーン体制の核心は大国の「自制」である）。そして彼は、君主間の結束で、自由主義的な革命やナショナリズムに基づく反対運動を抑え得ると期待したのである。

メッテルニヒの外交努力は、一八一五年に構築された国際秩序の維持、つまり勢力均衡を守ることに注がれ、この正統主義による平和を維持するため彼は神聖同盟を結成し、また、四国同盟（後にフランスが加わって五国同盟となる）によってヨーロッパ内外の秩序の破壊に対して戦い、あらゆる反対運動を弾圧することになる。

一方、メッテルニヒの意図を十分に理解し、ヨーロッパ大陸の秩序回復の必要性を痛感していたイギリスの外相カースルレーは、メッテルニヒと協力してウィーン体制の構築とその維持に努めたが、母国イギリスでは、イギリスの国益の名の下にヨーロッパ大陸の国際政治へ過度に関与したとして厳しく批判されることになる。そして、周知のようにその後のイギリス外交はヨーロッパ大陸とは距離を置いた「光栄ある孤立」へと向かうのである。

キッシンジャーは『回復された世界平和』であまり言及していないが、ウィーン体制のさらなる立役者は、フランスの外相タレイランである。事実、ウィーン体制とはタレイランの主張した「正統性」に基づき、ヨーロッパをフランス革命前の状態に回復させようとした試みである。そして、その基本原則である「ヨーロッパ協調（Concert of Europe）」により、彼が国家間の対立の解決に向けて外交努力を惜しまなかったため、前述の第一次世界大戦までの比較的長期間の安定をヨーロッパにもたらしたとの高い評価が存在するのである。

タレイランが「正統性」の議論を持ち出したのは、母国フランスを守るためであった。すなわち、フランス革命前のヨーロッパの姿が「正統」、あるべき正しい状態であり、それゆえ、すべてを革命前の状態に戻そうと主張することが彼にはできたのである。国境線は革命前の状態に戻すとされた。また、タレイランはこの「正統性」の議論を用いることで、フランスも革命の被害者であると主張できた。そして、フランス革命のような騒動を再びヨーロッパで生起させないためにも、国家間の利害の対立を超えて君主が結束することで、新たに台頭しつつある市民階級とナショナリズムを封じ込めようとしたのである。

前述したように、ウィーン体制はわずか数年間しか機能し得なかったとの見解がある一方で、少なくともその基本概念と原則は、歴史上、長期間にわたるヨーロッパの平和の基礎を提供することになった。実際、ウィーン体制を支えた基本概念や原則、つまり規範と呼ばれるものは、そして、ヨーロッパ協調という政治的「神話」は、一九一四年の第一次世界大戦勃発までヨーロッパの主流として君臨し続けたのであり、この点こそ、ウィーン体制が特筆すべき強靱性を備えていたとして一部で高く評価される理由なのである。

おわりに

キッシンジャーの国際秩序観は、イギリスの歴史家マイケル・ハワードのそれとほぼ同様であると言える。すなわち、平和とは秩序に他ならず、平和（＝秩序）は戦争によってもたらされるというものである。ここでは、戦争は新たな国際秩序を創造するために必要な手段とされる。平和とは、創り出されるものである。そして、平和が人類の創造物であるとすれば、当然、それは人工的かつ複雑、極めて脆弱な存在であり、いかにしてこれを維持すべきかが問題となる。

こうした問題に対してキッシンジャーは、本書『回復された世界平和』の中で「勢力均衡」と「正統性」という概念を手がかりにしてナポレオン戦争後のヨーロッパの長期間にわたる平和、すなわち、ウィーン体制という国際秩序の本質を解明しようとしたのであり、本書は将来の国際秩序のあり方を考える上でも、極めて多くの示唆を与えてくれるに違いない。

防衛省防衛研究所戦史部第一戦史研究室長　石津朋之

概説的な大著であるが，記録文書がきわめてうまくおりまぜられ，多くはないが，実証的に有益な資料が付されている。第1，2巻が当該の時代を扱っている。

TREITSCHKE, Heinrich von, *Deutsche Geschichte in Neunzehnten Jahrhundert* (5 vols.) (Leipzig, 1880)

ドイツ民族主義についてのすぐれた著作。言うまでもなくメッテルニヒのコスモポリタン的価値観は著者にとっては忌避すべきものであり，メッテルニヒの政策は，有害であると述べられている。

V　その他の参考文献

BRINTON, Crane, *Anatomy of Revolution.* (New York, 1938)

FERRERO, Gugliemo, *The Principles of Power.* (New York, 1942)

JOUVENEL, Bertrand de, *On Power.* (New York, 1949)

MORGENTHAU, Hans, *Politics among Nations.* (New York, 1950)

PETTEE, George, *Process of Revolution.* (New York, 1938)

1925)
VIERECK, Peter, *Conservatism Revisited*. (New York, 1949)
メッテルニヒ，フランツ皇帝，その他諸々の同世代人に対する批判論。誰もが，悪魔的タイプの人物として描かれている。フランス・エッセイの範ちゅうとしては面白いかもしれないが，真面目な歴史の研究としてはつまらない。

Ⅳ　基本的参考文献

Cambridge History of British Foreign Policy (5 vols..) Edited by A. W. Ward. (Cambridge, 1907)
第2巻が当該の時代を扱っており，1816年から22年の期間の章は，W. A. Phillips によって書かれ，著者のヨーロッパ連合についての考え方の基礎をなしている。有益な引用文献があげられている。
Cambridge Modern History. Edited by Sir A. W. Ward and G. P. Gooch. (New York, 1922—23)
第9巻，10巻が当該の時代を扱っている。あらゆる点から見て，C. H. B. F. P. よりもすぐれているとともに，さらに多くの有益な引用文献があげられている。
SCHNABEL, F., *Deutsche Geschichte im Neunzehnten Jahrhundert* (3 vols.) (Freiburd 1929—37)
十九世紀ドイツ史の卓越した研究。外交史については乏しいが，国内制度と学問的発展についての分析にはきわめて有益。
SPRINGER, Anton, *Geschichte Oesterreich's seit dem Wiener Frieden von 1809* (2 vols.) (Leipzig, 1863)
すぐれた著作であり，オーストリアの国内問題についての記述がとくによい。メッテルニヒと皇帝についての分析は公平かつ正確。
STÄHLIN, Karl, *Geschichte Russlands von den Anfängen bis zum Gegenwart*, (4 vols.) (Berlin, 1935)
第3巻が当該の時代を扱っている。
STERN, Alfred, *Geschichte Europas seit den Vertraegen von 1815 bis zum Frankfurter Frieden von 1871* (10 vols.) (Munich-Berlin, 1913—24)

タレイラン，メッテルニヒ，アレキサンダー，ピット，カースルレイ，カニング，それにウイルバーフォースのエッセイを収録したもの。平凡かつ皮相的。
MEINECKE, Friedrich, *Weltbuergertum und Nationalstaat*. (Munich, 1928)
十九世紀の世界主義的価値観と民族主義的価値観についての高名な歴史家のすぐれた研究。
MIKHAILOVITCH, Le Grand Duc Nicolas, *L'Empereur Alexander I* (2 vols.) (St. Petersburg, 1912)
謎の人物についての最も内容のある伝記。深い分析はほとんどみられないが，資料には価値がある。
——, *Les Rapports Diplomatiques du Lebzeltern*. (St. Petersburg, 1913)
セント・ペテルスブルグ駐在オーストリア大使の報告を編集し，きわめて興味ある議論を展開しているが，メッテルニヒの政策についての分析は弱い。
ONCKEN, Wilhelm, *Das Zeitalter der Revolution, der Kaiserreiches und der Befreiungskriege* (2 vols.) (Berlin, 1886)
革命戦争の時代についてのすぐれた著作。第2巻は1800年から1815年までを扱っており，とくにオーストリアの政策についての分析は鋭い。
SCHIEMANN, Theodor, *Geschichte Russlands unter Nikolaus I* (4 vols.) (Berlin, 1904)
第1巻はアレキサンダーについてのすぐれた伝記で，有益な基本資料が付されている。
SCHMIDT-PHISELDEK, *Die Politik nach den Grundsätzen der Heiligen Allianz*. (Kopenhagen, 1822)
神聖同盟についての同世代人による弁護。それだけに興味深い。
SRBIK, Heinrich von, *Deutschc Einheit* (4 vols.) (Munich, 1936)
ドイツ統一の要請とオーストリア，プロシア間の抗争についての深遠な研究。第1巻はメッテルニヒ時代を扱っている。
TEMPERLEY, Harold, *The Foreign Policy of Canning*. (London,

1947)

ウィーン会議以後の社会斗争に関する新マルクス主義者の著作。一方的であるにせよ博士論文としてはよい。

SCHMALZ, Hans, *Versuche einer Gesamteuropäischen Organisation, 1815—20*. (Bern, 1940)

トロパウ会議に焦点をあてたメッテルニヒの介入政策についての有益な実証的研究。主としてウィーンの資料にもとづいたもの。

SCHWARZ, Wilhelm, *Die Heilige Allianz*. (Stuttgart, 1935)

ポスト・ウィーン時代についてのすぐれた著作であるが，神聖同盟と四国同盟の違いが認識されていないことや，ジャーナリスティックな手法のために正確さがそこなわれがち。

WARD, Sir A. W., *The Period of the Congresses*. (New York, 1919)

D. その他の資料

BAILLIEU, Paul, *Die Memoiren Metternich's*. Historische Zeitschrift, 1880.

N. P. I のメッテルニヒ自伝的遺稿に対し，他の巻からの文書を援用し徹底的に攻撃を加えたもの。心理的ものとしてではないが歴史的資料としてのメッテルニヒの自伝の価値を否定しているが，N. P. の他の巻については，記録文書からその価値を認めている。

BRINTON, Crane, *The Lives of Talleyrand*. (New York, 1936)

よく書けた作品ではあるが，真剣な研究としては貧弱。

COOPER, Duff, *Talleyrand*. (London, 1932)

きわめて一方的で，タレイラン自身の評価を額面どおり受け取っているが，伝記としては佳作。

CROWE, Eyre Evans, *History of Reigns of Louis* XVIII *and Charles X*, (2 vols.) (London, 1854)

第1巻の二回にわたる復位についての記述はとくに有益。少ないが有益な資料が付されている。

HALL, John R., *The Bourbon Restoration*. (London, 1909)

よく書けた有益な実証的著作。

LOCKHARDT, J. G., *The Peacemakers*. (London, 1932)

BRYANT, Arthur, *The Age of Elegance*. (London, 1950)

1812年から1822年のイギリスについて良く書けた有益な著作。それほど重要というわけではないが，背景を理解するには好適。

CRESSON, W. P., *The Holy Alliance*. (Now York, 1922)

神聖同盟と新世界アメリカとの関係を扱った研究で，モンロー主義を広めることとなった。ヨーロッパの主要な事件を理解するうえでさほど重要ということはない。

MARRIOTT, Sir J. A. R., *The Eastern Question*. (Oxford, 1925)

東方問題についての有益な研究ではあるが，本書の扱った時代に関するものは少ない。背景理解には好適。

MOLDEN, Ernst, *Zur Geschichte des Oesterreichisch-Russischen Gegensatzes*. (Vienna, 1916)

1815年から1818年に至るオーストリアとロシアとの関係緊張についての有益な著作。本書が書かれるに至った原因として，第一次大戦時の雰囲気が影響しているように感じられる。ウィーンの資料にもとづくもの。

MUEHLENBECK, E., *Etude sur les Origines de la Sainte Alliance*. (Paris, 1887)

アレキサンダーの宗教的高揚とクリュデナー男爵夫人との関係を研究した好著。

NAEF, Werner, *Zur Geschichte der Heiligen Allianz*. (Bern, 1928)

神聖同盟の起源を論じたすぐれた研究。アレキサンダーの原案に対するメッテルニヒの修正文の本質と意義についてのすばらしい分析。

PHILLIP, W. A., *The Confederation of Europe*. (London, 1913)

体系的なカースルレイ再評価の最初の著作。外務省資料にもとづいており， Webster ほど徹底したところはないが，分析はむしろ明析である。

RIEBEN, Hans, *Prinzipiengrundlage und Diplomatie in Metternich's Europapolitik, 1815—48*. (Bern, 1942)

メッテルニヒの政策の基本概念についてのすぐれた著作。メッテルニヒ外交の適切な要約書。

SCHENK, H. G., *The Aftermath of the Napoleonic Wars*. (London,

どが付されている。ほとんどの文書が盗むほどの価値がないことを証明するものとして有効。

LA GARDE-CHAMBONAS, Comte A. de, *Souvenirs du Congrès de Vienne*. (Paris, 1901)

フランス代表団の一人によってものされたウィーンの社交界についてのはなやかな回想録。舞踏に明けくれた会議文学の分類に入るもの。例えば，老リーネ公のような社交界の名士たちについての興味ある描写。英，独語でも出版されている。

NICOLSON, Harold, *The Congress of Vienna*. (London, 1945)

第四次対仏大連合と会議外交についての研究。洗練されてはいるが，職業外交官の観点から主として書かれているため，他の多くの要因によるものを交渉技術に帰している。タレイラン称賛のいま一つの賛歌。

WEBSTER, Sir Charles, *The Congress of Vienna*. (London, 1934)

ウィーン会議の平和維持の努力から教訓を引き出そうとヴェルサイユ会議の準備のために外務省の要請にもとづき書かれたもの。直接的かつペダンティックであるが，どことなくカースルレイの役割が強調されている。歴史の教訓は，算術計算のように簡単ではないこと，成功は必らずしも失敗の逆とは言えないことを証明するものとして有益。著者の結論は，ウィーン会議の間違いの一つは，フランスに交渉させたことにあるとしているが，ドイツに関して，この過ちを繰り返してはならないという彼の助言は，ヴェルサイユ条約の過ちの一つを作り出す結果になった。

WEIL, Commandant M-H, *Les Dessous du Congrès de Vienne* (2 vols.) (Paris, 1917)

オーストリアの秘密警察によって入手された秘密書類を刊行したいま一つの著作。前記 Founier の著作と同様。

C. ウィーン会議以後1822年までの期間

注） ウィーン会議とその余波に対する第一級の研究はない。当時すでに資料文書は入手可能であったが，歴史家は，その時代に独善的な非難を加えていたにすぎない。

Raumer's Historisehes Taschenbuch Ⅳ, 5. (Leipzig, 1886)

ナポレオンとの最後の和平交渉に関する有益な研究文献ではあるが，Fournier には及ばない。

——, *Aus den letzten Monaten des Jahres 1813*. Raumer's Historisches Taschenbuch Ⅳ, 2. (Leipzig, 1883)

1813年の最後の三ヵ月間のメッテルニヒ外交についてのすぐれた研究文献。

ROSE, John Holland, *Napoleonic Studies*. (London, 1904)

ナポレオン時代のいくつかの場面についての研究で，さほど詳しくはないが，1813年のメッテルニヒの政策についての有益な章がある。

——, *The Revolutionary and Napoleonic Era, 1789—1815*. (Cambridge, 1894)

通覧的な形の有益な解説書。1812年から1815年の期間が他の部分に比べ詳しい。

SOREL, Albert, *L'Europe et la Revolution Française*. (Paris, 1904)

この著名な著作の第８巻が第四次対仏大連合を扱っている。メッテルニヒが，奸計とフィネスで英雄を亡ぼしたマキャヴェリアンとして強調されているようなところがあるが，全体的にはすぐれた著作。カースルレイに対しても共感と称賛を示し高い評価を与えている。

B. ウィーン会議

FERRERO, Gugliemo, *The Reconstruction of Europe*. (New York, 1941)

ウィーン会議について良く書けた著作。主としてタレイランの回想録にもとづいているが，それを額面どおりに受け取っている。その筆致は，どこか教訓じみたところがあり，また近代との関係があまりにもうまく描かれている。全体的には，タレイランが，人間わざを超越した能力の持主として登場している。

FOURNIER, August, *Die Geheimpolizei auf dem Wiener Kongress*. (Vienna, 1913)

ウィーン会議の期間のオーストリア秘密警察のきわめて効果的活動についての興味ある文献で，秘密警察によって押収された秘密文書な

(London, 1932)

1809年から1813年にかけてのメッテルニヒの注意深い政策と，一連のイギリス使節に対する巧みな扱いについて書かれたきわめて興味ある著作。第四次対仏大連合結成に至るまでの重大な時期におけるオーストリアの不安定かつ複雑な国内情勢を理解するにはすぐれた資料。

DEMELITSCH, Fedor von, *Metternich und Seine Auswaertige Politik.* (Stuttgart, 1898)

メッテルニヒの外交政策の決定的研究を意図したものだが，著者の死により，第1巻が完成されたのみ。主としてウィーンの資料にもとづいているが，1809年から1812年に至るメッテルニヒの政策への分析はすばらしい。

EOURNIER, August, *Dcr Congress von Chatillon.* (Vienna, 1900)

テプリッツ条約からナポレオンの没落に至るまでのメッテルニヒ外交についてのペダンティックかつ緻密な研究。本書には，メッテルニヒとフーデリストの交信，同盟諸国の軍事行動についての論議，トルワーの危機に関する資料，ハルデンベルグ日記，ミュンスター伯よりイギリス摂政への報告等が付属資料として収められており，きわめて有益。

LUCKWALDT, Friedrich, *Oesterreich und die Anfänge des Befreiungskrieges von 1813.* (Berlin, 1898)

オーストリアを対仏大連合に参加させるまでのメッテルニヒの巧妙な政策に対し鋭い分析を加えた好研究。主としてウィーンの資料にもとづいており，多くはないが，有益な外交文書が付されている。

MACUNN, F. J., *The Contemporary English View of Napoleon.* (London, 1914)

OMAN, Carola, *Napoleon at the Channel.* (New York, 1942)

戦時のいま一つの駄作。明らかにイギリスの立場からヒトラーとナポレオンの経験を比較したもの。

ONCKEN, Wilhelm, *Oesterreich und Preussen im Befreiungskriege.* (2 vols.) (Berlin 1880)

上記引用文献I Bを参照のこと。

——, *Die Krisis der letzten Friedensverhandlungen mit Napoleon.*

く評価している点がよい。一般にフランスの歴史家の方がドイツの歴史家に比べ寛大なのは，ナポレオンを称賛するために，その第一の敵に敬意を払う必要があるからか。

SRBIK, Heinrich von, *Metternich der Staatsmann und der Mensch* (2 vols.) (Munich, 1925)

きわめて該博な知識と非凡な分析力による不滅の著作。あらゆる点から言ってメッテルニヒ伝記の決定版といえる。ただ惜むべきは，著者が，メッテルニヒの哲学的洞察力を称揚するあまり，その外交手腕を見すごしている。従って，その描写は，メッテルニヒ自身のヴィジョンである十八世紀の哲人王そのままである。しかし本書は，オーストリアの国内体制の困難についてもすぐれた分析を加えている。

——, *Meister der Politik* (vol. 3) Edited by Erich Marcks. (Stuttgart, 1924)

本全集中の Srbik のメッテルニヒに関する長文の章は，彼の大著の大要であり，あらゆる点からみてすばらしい 。

WOODWARD, E. L., *Three Studies in European Conservatism.* (London, 1929)

N. P. の中の〝信念の告白〟からほとんど引用されたメッテルニヒ思想についての有益，簡潔な解説。深みはないが，適切な紹介。

Ⅲ　特殊な研究書ならびに論文

注）フランスの立場から 1814 年の連合について書かれた膨大なナポレオン文学がある。例えば，Thiers, Bignon, Houssaye, Fain などの著作があるが，それらのアプローチは，一方的なので，ここではあげない。

A．1812年から15年の時代

BRYANT, Arthur, *Years of Victory.* (London, 1944)

1802年から1812年に至るイギリスの側からのナポレオン戦争についてのつまらない作品。イギリスの第二次大戦の経験の影響を受けて書かれたのは明らか。

BUCKLAND, C. S. B., *Metternich and the British Government.*

——, *Metternich in Neuer Beleuchtung.* (Wien, 1928)

著者が保守主義の政治家に加える絶えることのない批判のいま一つの著作。本書では，1831年から1834年に至る期間のメッテルニヒとバヴァリア首相ヴレーデとの交信がやり玉にあがっている。例によってメッテルニヒは，嘘つき，裏切者，臆病者，馬鹿者にされている。

CECIL, Alger, *Metternich.* (London, 1933)

短い同情的な伝記。外交上の経歴やオーストリアの国内政策についての描写は貧弱であるが，メッテルニヒの動機については適切な説明を加えている。

DU COUDRAY, Helen, *Metternich.* (New Haven, 1936)

Srbik の不朽の名作に刺激されて生れた伝記の一つ。どこか感情的なところがあるが，メッテルニヒに対する繊細な性格描写をしている。

MALLESON, C. B., *Life of Prince Metternich.* (London, 188—)

ロンドンでのメッテルニヒの最初の伝記。リベラル派の歴史家による批判の典型的なもので，メッテルニヒを軍人を打ち負かす陰謀家，アッティラ王のあとに来た策謀家として扱い，一世代以上にわたりヨーロッパを奴隷化した人間として描いている。

MAZADE, Ch. de, *Un Chancellier d'Ancien Régime. Le Règne Diplomatique de Metternich.* (Paris, 1889)

フランス人によるメッテルニヒとビスマルクを対比し後者に不利に書いたもの。貧弱ではあるが，メッテルニヒが十八世紀に根ざした人間であるとの分析は良い。

PALEOLOGUE, Maurice, *Romantisme et Diplomatie.* (Paris, 1924)

タレイラン，メッテルニヒ，シャトーブリアンの研究。とくにメッテルニヒの部分は価値がある。

SANDEMANS, G. A. C., *Metternich.* (London, 1911)

イギリスでの最初のメッテルニヒに同情的な伝記。それほど多くの資料が入手できなかった時に書かれたが，それでもイギリスの歴史家による最も公平な著作であろう。

SOREL, Albert, *Essais d'Histoire et de Critique.* (Paris, 1883)

メッテルニヒについての章はすばらしい，とくにその外交技術を高

Quarterly Review（1862年1月）の中での，後に外務大臣となった著者によるカースルレイに対する卓越した擁護論。ウェリントンの *Supplementary Dispatches* はまだ刊行されておらず，従って，不十分な資料にもとづいて書かれたため若干批判的内容でもあるが，初めてカースルレイのヨーロッパへのヴィジョンを認めた点がすぐれている。

WEBSTER, Sir Charles, *The Foreign Policy of Castlereagh* (2 vols.) Vol. I, 1812—15 (London, 1931) ; Vol. II, 1815—22 (London, 1925)

主として外務省の公文書類，それに他の補足的文書資料を調査して書かれたカースルレイの外交政策研究の基準となる著作。それらの資料は，分析を避けていると言えるほど衒学的客観性をもって用いられているため，引用のための主要な資料としての価値の方が高い。イギリス的見方が少し出過ぎた観があるが，カースルレイについての記述はフェアである。カースルレイの卓越した知性の引き立て役としてメッテルニヒの愚鈍，臆病さがたえず強調されているが誤解であり，また，大陸諸国の意図についての著者の説明も平凡。多くのすばらしい付属資料がなければ，主要な資料としての価値はない。

B.　メッテルニヒに関するもの

注）メッテルニヒについての著作は，きわめて豊富であるが，その大部分は批判的なものである。最も代表的なもののみをあげる。

AUERNHEIMER, Raoul, *Metternich, Statesman and Lover*. (New York, 1940)

お世辞の強い伝記で，メッテルニヒの恋愛事件を外交と結びつけようとする馬鹿ばかしい心理学的努力。

BIBL, Victor, *Metternich, der Dämon Österreich's*. (Leipzig, 1936)

表題が示すように，著名な歴史家によって書かれた批判論。その手法は，個々の文章の文字どおりの注釈であり，また，その主張は，メッテルニヒのあらゆる策略を額面どおり受け取ったものなので，著者が，メッテルニヒを嘘つき，裏切者，臆病者，馬鹿者と判断するのは当然だろう。リベラル派の歴史家によるメッテルニヒの反動を証明するものとして書かれた近代の好個の著作。

——, *Correspondance Inédite pendant le Congrès de Vienne.* Edited by G. Pallain. (Paris, 1905)

かなり自己釈明的内容。

注） Webster, Fournier, Lcukwaldt の主要著作ではないものの中にも，きわめて重要な資料を含むものがあるのであげておいた。

Ⅱ　伝記あるいは伝記的著作

A．カースルレイに関するもの

ALISON, Sir Archibald, *The Lives of Lord Castlereagh and Sir Charles Stewart* (3 vols.) (London, 1861)

カースルレイ再評価の最初の作品であり，カースルレイの義弟サー・チャールズ・スチュワートに依頼されて書かれたもの。主としてカースルレイの書簡と当時の資料にもとづいているが，不適当な文書とつまらない分析によって価値がそこなわれている。例えば，著者は，カースルレイとスチュワートの重要性を同等に扱っているのを見ても明らかである。ウェブスターの名作——ロンドンデリーのごく少量の資料を除けば，本書の資料とすべて同じものによったのだが——によって価値を失った。

HYDE, H. M., *The Rise of Castlereagh.* (London, 1933)

アイルランドでのカースルレイの経歴とアイルランドの暴動鎮圧に際しカースルレイが果した役割を知るにはきわめて有益な著作であり，カースルレイに対し大いに同情的である。

LEIGH, Jane, *Castlereagh.* (London 1951)

全く表面的な伝記で，外交問題研究には不適。カースルレイの個性と自殺に至る出来事についての記述は中庸。

MARRIOTT, Sir J. A. R., *Castlereagh, The Political Life of Robert, Second Marguess of Londonderry.* (London, 1936)

かつてカースルレイを大いに批判していた歴史家による遅まきながらの弁明。カースルレイの外交的経歴についての記述は貧弱であるが，個性，国内における困難についての解説はすぐれている。

SALISBURY, Marquess of, *Biographical Essays* (London, 1905)

書をすべて収録。

MARTENS, G. F., *Nouveau Récueil de Traités* (16 vols.) (Göttingen, 1817—42) Recueil として引用。

1808年から1839年に至るロシアを当事国とした主要条約を網羅したもので，その他諸々の重要外交文書が補足されている。第3巻から10巻が当該の時代を扱っている。

MUENSTER, Ernst, Count von, *Political Sketches of the State of Europe, 1814—1867*. (Edinburgh, 1868)

1814年から1815年に，当時ハノーヴァー王としての権限を有するイギリス摂政に代り，ハノーヴァーの全権が同盟諸国軍とウィーン会議にあてて書いた書簡集。主としてドイツ問題理解に好適。

NESSELRODE, Graf von, *Lettres et Papiers* (11 vols.) Edited by A. von Nesselrode. (Paris, 1904)

長期にわたってロシア外務大臣の職にあった著者の残した文書。第3巻から7巻が当該の時代を扱っている。

PASQUIER, Duc du, *Mémoires du Chancellier Pasquier* (6 vols.) Edited by d'Audiffret-Pasquier. (Paris, 1893—94)

ライバッハ会議からトロパウ会議の期間にフランス外務大臣であった著者の回想録。一方的であるが，この時代の有益な資料。

Sbornik of the Imperial Russian Historical Society (vols. xxxi, civ, cxii, cxix, cxxvii) (St. Petersburg 1880—1904)

148巻よりなる膨大なロシアに関する総合的資料。あらゆるものが網羅された編集のためさほど有効ではない。

TALLEYRAND, C. M. de, *Mémoires de Talleyrand* (5 vols.) Edited by the Duke of Broglie. (Paris, 1891—92)

メッテルニヒの同世代人では，最もメッテルニヒに似ていたフランスの偉大な外交官の回想録。メッテルニヒの自伝のように，1巻と2巻の一部が断片的な記述になっており，他は，公的な書簡からなっている。ウィーン会議の期間については，とくに重要な資料であるが，それにしても，元ナポレオンの外務大臣だったタレイランは，自己の必要性を顕示しなければならなかったから，国王に対する報告などは，割り引いて受け取らねばならない。

1848年から1851年に至るメッテルニヒとロンバルディの元オーストリア総督との間の交信記録。ステーツマンシップの本質と行政についてのメッテルニヒの見解が面白い。

ONCKEN, Wilhelm, *Oesterreich und Preussen im Befreiungskriege* (2 vols.) (Berlin, 1880)

1813年前半の6ヵ月間のオーストリアとプロシアの政策についての記述。主要な外交文書，原文をドイツ語に翻訳したその他の文書が豊富に付されている。記述は一貫性がないが外交文書は価値がある。

PROKESCH-OSTEN, Anton von, *Geschichte des Abfalls der Griechen* (5 vols.) (Vienna, 1867)

オットマン帝国を熟知しているオーストリア外交官によるギリシア独立史。1，2巻は記述であり他は外交文書。後者は，1821―22年の複雑な外交関係を理解するのに有益。

――, *Aus dem Nachlass Prokesch-Osten's* (2 vols.) (Vienna, 1881)

第3巻は，メッテルニヒと著者――東方問題についてのメッテルニヒ配下の専門家――との交信記録。1848年以降の時代がとくにすぐれている。

C. その他の資料

ANGEBERG, Comte d', *Le Congrès de Vienne et les Traités de 1815* (2 vols.) (Paris, 1863―64)

ウィーン会議に関する基本資料の一つで，シャティヨン会議とエイクス・ラ・シャペル会議の外交文書が付されている。

Acte du Congrès de Vienne. (Vienna, 1815)

ウィーン会議最終議定書。

CAULAINCOURT, *Mémoires*. Edited by J. Hanoteau. (Paris,1933)

ナポレオンのロシア大使であり，最後の外務大臣の回想録。深遠なものではないが，比較的良く書けており，ナポレオン帝国の最後の段階の記述がすぐれている。

KLÜBER, Johann, *Acten des Wiener Congresses* (9 vols.) (Erlangen, 1815)

雑多であるが，ショーモン条約からウィーン会議に至る膨大な議定で，メッテルニヒの自画像，とりわけ，その理性主義的哲学が面白い。
KLINKOWSTROEM, Alfons, *Oesterreich's Theilname an den Befreiungskriegen.* (Vienna, 1887)

1813年の戦争にオーストリアが参戦するまでの経過をゲンツが記したもの。付されているメッテルニヒとシュヴァルツェンベルグとの交信記録がとくに有益。

KUEBECK, Max, *Metternich und Kuebeck, Ein Briefwechsel.* (Vienna, 1910)

1849年から50年にメッテルニヒとドイツ問題担当のオーストリア外交官との交信記録。ドイツ統一問題についてのメッテルニヒの見解がとくに有益。

METTERNICH, Clemens, *Aus Metternich's Nachgelassenen Papieren,* (8 vols.) Edited by Alfons v. Klinkowstroem. (Vienna, 1880) N. P. として引用。

メッテルニヒが自伝代りに残した文書。第1巻は，メッテルニヒの自己満足とさほど正確ではない自伝的遺稿，それにナポレオンとアレキサンダーについての見事な描写が収められている。他の巻は，外交文書，私信，覚書からなっている。本書の正確性については疑問があるとされているが，その誤差はとるに足らないものであり，また外交文書は，今日までに明らかにされている彼の他の文書と一致している。（本引用文献第Ⅲ D, Baillieu を参照のこと）。フランス語では，Mémoires として，また英語でも1巻から5巻まで刊行されているが，上記の版のみ外交文書がフランス語，ドイツ語の原文のまま収められている。

——, *Briefe des Staatskanzlers Fuerst Metternich-Winneburg an den Oesterreichen Minister des Aüsseren Graf Buol-Schauenstein aus den Jahren, 1852—59.* Edited by Carl J. Burckhardt. (Munich, 1934)

メッテルニヒが，彼の後継外務大臣にあてた手紙で，オーストリアの政策について助言を与えている。メッテルニヒの外交政策の基本原理を知るには好適な資料。

——, *Metternich-Hartig, ein Briefwechsel.* (Vienna, 1923)

(London, 1837) Gurwood として引用。

軍人でありまた外交官としてウェリントンは，この時代に密接な関係をもっていたので，その書簡は，背景として有益な材料。第8巻から13巻が当該の時代を扱っている。

——, *Supplementary Dispatches, Correspondence and Memoranda* (15 vols.) Edited by his son. (London, 1858—76) W. S. D.として引用。

第6巻から14巻が当該の時代を扱っている。ウェリントン公爵が直接間接に交際した他の重要人士の文書を収集したもの。本書には，多くのカースルレイの書簡と覚書が収められており，雑多ではあるが，貴重な資料。多くの点で，カースルレイの書簡集よりも有益。

B. オーストリア関係資料

GONSALVI AND METTERNICH, *Correspondance 1815—23 du Cardinal Gonsalvi avec le Prince de Metternich.* Edited by Charles Van Duerm. (Louvain, 1899)

メッテルニヒと法皇庁外務大臣の書簡。メッテルニヒのイタリア政策と教会に対する冷静な態度を知るには好適な資料。

GENTZ, Friedrich von, *Depêches Inédites aux Hospodars de Valachie* (3 vols.) Edited by Anton Prokesch-Osten. (Paris, 1876—77) Prokesch-Osten として引用。

——, *Briefe von Friedrich von Gentz an Pilat* (2 vols.) Edited by Karl Mendelson-Bartholdy (Leipzig, 1868)

——, *Tagebuecher, aus dem Nachlass Varnhagen von Ense* (4 vols.). (Leipzig)

メッテルニヒが最も親密な関係をもった人物の文書であり，メッテルニヒの文書もいくらか収められている。ゲンツは，自己の役割を強調するきらいがあるが，事件を知るには有益であり，とりわけ1815年以降。

HANOTEAU, Jean, *Letters du Prince Metternich à la Comtesse de Lieven.* (Paris, 1909)

ロンドン駐在ロシア大使夫人に対するメッテルニヒのラブレター

引 用 文 献

I 記録文書関係

A. イギリス関係資料

CASTLEREAGH, Viscount, *Correspondence, Dispatches and Other Papers* (12 vols.) Edited by his brother, the Marquess of Londonderry. (London, 1848—52) 注において C. C. として引用。

内容は，題名のごとく雑多。第8巻から12巻は，カースルレイの外交政策を扱っている。二義的な意味では有益な補足資料であるが，とくに1815年以降，その資料より事件を再構成するのは不可能。

British and Foreign State Papers. Edited by the Librarian of the Foreign Office. (London, 1841) B. F. S. P. として引用。

1841年刊行された公文書。カースルレイが議会対策用に書いたもので，率直さが少ないため利用する際には要注意。第1巻から9巻が本書が取りあげた時代を扱っている。

Parliamentary Debates. Hansard として引用。

カースルレイが，自己の政策を国内的に正統化する際に直面した困難を指摘するには，きわめて有益な資料。第1集の20巻から41巻，新集1巻から7巻が当該の時代を扱っている。

TEMPERLEY, Harold, and Lillian PENSON, *Foundations of British Foreign Policy*. (Cambridge, 1938)

実証的に重要文書を収集したもの。当該の時代を扱ったものは少ないが，厳選されている。

WEBSTER, Charles, *British Diplomacy, 1813—1815*. (London, 1921) B. D. として引用。

外務省公文書を収集し，カースルレイの書簡から抜粋補足したもの。当該の時代をきわめてよく描写している。

WELLINGTON, Duke of, *Dispatches* (13 vols.) Edited by Gurwood.

ルイ・ナポレオン，フランス皇帝　356
ルソー，ジャン・ジャック　6, 353
ルター，マルチン　428
ルフォ，ファブリツィオ　485

レ

レオン　247
レプツェルテルン男爵　109, 111-4, 128-9, 457, 532, 534
連帯責任同盟　407, 409, 411, 437, 442-3, 465, 521
連合の性格　64, 78, 233, 337
　連合の危機　180-1

ロ

ロウマゾフ　36
ロー・カントリー（ベルギー，オランダをも参照のこと）　7, 24, 193, 200, 216, 223-4, 299, 301, 306, 323, 333
ロシア（アレキサンダーをも参照のこと）
　アウステルリッツの敗戦　28
　フリートラントの敗戦　34
　1812年のナポレオンとの戦い　52
　モスクワ炎上　339, 519
　カリッシュ条約締結　175
　ロシア・プロシア宣言　418
　ロシアの膨張政策　390-1, 508-9, 511, 516
　メッテルニヒのロシア観　43, 47, 52, 393, 453, 487
　カスカートのロシア観　392
ロック，ジョン　352-3
ロベスピエール　24
ローマ　428
ローマ教皇　47, 390, 465, 467, 477
ロンドン　89, 109-10, 166, 193, 196, 198, 250, 262, 267, 276, 398, 410, 490

ワ

ワイマール　191
　ワイマール大公　429
ワルソー大公国　43, 99, 143, 147, 222, 282, 289, 428-9

ハノーヴァー公使ハルデンベルグのメッテルニヒ観　20
ゲンツのメッテルニヒ観　20
ツアーのメッテルニヒ観　442
カースルレイのメッテルニヒ観　442
アバディーンのメッテルニヒ観　190-1
メッテルニヒの自伝　319
後世のメッテルニヒ評　19, 434, 554, 563, 569
〈メッテルニヒ体制〉　38, 355, 370-1, 507, 571
メルヴェルト伯爵　188

モ

モスクワ，モスクワ撤退　52, 56, 173
モーゼル河　290
モラヴィア　270
モレア（ペロポネソス半島，ギリシア）　512, 514
モレアのパシャ（総督）　514

ヤ

ヤースィ　509

ヨ

ヨセフⅡ世（大帝），神聖ローマ皇帝　377, 381
ヨハン大公　125
ヨルク伯爵　96, 102

ラ

ラ・アルベ　175, 207
ライバッハ会議　390, 478, 483-7, 492-5, 500-1, 503-4, 521, 525, 531, 533, 543, 546, 556
ライバッハでのメッテルニヒ　484-7, 496-501
会議の意義　484, 512, 520, 529, 556
ライプツィヒ　311
ライプツィヒの戦斗　179, 188
ライヘンバッハ条約　146-8, 154, 156-7, 167, 194, 477
ライン河　36, 82, 119, 143, 145, 177, 187-8, 191-3, 229, 240, 248, 299, 311-2, 317, 411
ラインラント　23, 287, 290, 293, 296, 304-5, 310-1, 420
ライン連邦　54, 114, 143, 179
ラ・フェロネ伯爵，ピエール・ルイ　459, 468
ラ・ロティエールの戦斗　227
ラングル　208, 216, 281, 393
ラングルでの協議　216, 219-20, 222-4, 229, 239, 322
ランダウ　333

リ

リヴァプール伯爵，ロバート・ジェンキンス　215, 232, 235, 249, 260, 294, 300-1, 311-330, 332, 336, 528
リヴァプール内閣　64, 301, 322, 453, 476, 502-3
リーティの戦斗　495, 502
リーヴェン伯爵　73
リーネ公爵，カール・ヨセフ・ド　293
リシュリュー公爵　456, 566
リポン伯爵　69, 205
リュッツェンの戦斗　140
リュネヴィル　214
リューベック　147

ル

ルイXIV世，フランス王　330
ルイXVIII世，フランス王　205, 230, 233, 253, 273, 324-5, 330, 368, 446

ヨーロッパでの権力の絶頂　478, 508
ライバッハでのメッテルニヒ　484-7, 492-5
ピエモンテ革命への政策　496 7
閣僚からの批判　497-8
ダニューブ公領反乱への非介入理論援用　512
ハノーヴァーでのカースルレイとの協議　525-6, 528-9
タチチェフとの交渉　534-9
トルコとの国交断絶提案　539, 543
ヴェロナ会議提案　547-9
〈メッテルニヒの個性と見解〉
個性　15-20, 563-71
理性への傾頭　15-9, 54, 351-2, 356-7, 359-60, 373, 565
保守主義　16-7, 351-7, 377-9, 499, 567
現実主義　18, 370, 546
教条主義　371, 375
戦術　20
宮廷秘密外交　19, 95-6, 131, 153, 427, 456, 535, 569
心理的洞察力　105, 130, 163, 242, 477, 536, 564
コスモポリタン　24, 37, 566
"ヨーロッパの首相"　19, 455, 499, 563
全般的政策　43-5
ヨーロッパ安定への見解　9-10, 394-6, 559
諸国家の団結への信念　24-5
世論への見解　34
オーストリアの道義力への見解　47, 54, 295, 390, 418, 449, 459, 482-3
プロシアへの見解　26, 101-3
勢力均衡への見解　117-20
外交官への見解　190
ウィーン会議への見解　272
ポーランド問題への見解　285-6
神聖同盟への見解　341-2
自由への見解　352-3, 360-2, 367
宗教への見解　364
神秘主義への批判　357
憲法への見解　359-61
革命に対する見解　24, 144-5, 363-7, 416, 426-7, 533
"革命の医者"　344, 374, 555
オーストリア帝国への見解　377-83
ロシアに対する見解　208, 393
イタリア政策　416, 448-9, 463
ドイツ政策　417-27, 434-5, 438
抑圧政策　369, 373-4, 424, 426-7, 433, 456-7, 463, 571
ツアーへの影響力　462, 465, 475-6, 484, 487, 493, 500, 502, 518, 538
メッテルニヒ外交の基本　481-3, 567-71
東方問題への政策　504-5, 517-20
メッテルニヒのナポレオン観　54, 207
メッテルニヒのカースルレイ観　214, 541, 551
メッテルニヒのアレキサンダー観　174, 434
ツアーとの関係　174, 190, 437
皇帝との関係　125-7, 282
ナポレオンとの関係　54, 242-3
カースルレイとの関係　215, 391
内閣との関係　498, 575
ナポレオンとの比較　130-1
ツアーとの比較　209, 340
カースルレイとの比較 8-9, 65, 394-6, 541-2, 571-7
タレイランとの比較　251-2
バークとの比較　351-2
ビスマルクとの比較　567
ナポレオンのメッテルニヒ観　19

解　277, 285-6, 290-2, 301
メッテルニヒのポーランド問題への見解　285, 293
プロシアのポーランド問題への態度　212, 285
ポールⅠ世，ロシア皇帝　174
ボルドー　251
ポルトガル　168, 177, 179, 279, 321

マ

マインツ　24, 290, 433
マギオレ湖　262
マドリッド　534
マリー・アントアネット，フランス皇后　211
マリー・ルイス，フランス皇后　46, 159, 211, 215, 259
マルタ　262
マンハイム　195

ミ

ミューズ河　223
ミュラー，ヨアヒム，ナポリ王　72, 566
ミュンスター伯爵，のち公爵　237

メ

メッテルニヒ公爵，クレメンス・ヴェンゼル・ネポムーク・ローター・フオン
出生　24
サクソニー公使　25
プロシアとの交渉　26
アウステルリッツ敗戦後の政府との斗い　28
スペイン戦争への見方　35
オーストリア・ロシア同盟提案　36
外務大臣就任　38
ナポレオンとマリー・ルイスとの婚姻取決め　46
フランスとの"限定的同盟"交渉　48
1812年のナポレオンとの交渉　88-93
1813年のロシアとの休戦　94
ポーランド文書をナポレオンに送付　100
1813年の対仏大連合内でのオーストリアの目的規定　104-6, 161-2
イギリスとロシアに使節派遣　109-15
フランス大使との交渉　129-34
ツアーに援助を誓約　136
ナポレオンに休戦要請　141-2
ライヘンバッハ条約締結　146-7
ドレスデンでのナポレオンとの会見　151-2
プラハ会議　153-5, 158
講和提案　187
連合に参加　159, 187
連合の"首相"　187, 247
フランクフルトでのメッテルニヒ　191-6
1814年のツアーとの抗争　207-13
ツアーのベルナドット擁立計画に反対　211-2
カースルレイとの会見　214-6
シャティヨン会議の目的と成果　225-36
ロンドン訪問　267
ポーランド問題の引き延し戦術　286, 293
ウィーン会議の成果　314-8
エイクス・ラ・シャペル会議の目的　400-4
神聖同盟への訴え　407-8
コッツェビュ暗殺事件への反応　426-9
カールズバードでの協議提案　429-30
プロシア王との会見　430-2, 462
同盟の名のもとにナポリ介入提案　463
トロパウでのメッテルニヒ　461-9

ナポリのブルボン家　449, 458
プレスヴィッツの休戦　141-2
ブレスラウ　143
プロシア（フリードリッヒ・ヴィルヘルムⅢ世をも参照のこと）
オーストリアとの比較　14
1806年ナポレオン軍プロシア領通過　27
武装調停提案　27
イエナ，アウエルシュタットの敗戦　33
ナポレオンへの背信　96, 106, 114
1813年のプロシアのジレンマ　100-1
カリッシュ条約締結　106, 112
対仏大連合参加　112, 114
ドイツの国家へ　176, 418
1814年の戦争目的協定に同意　233
プロシアとポーランド問題　212, 261, 285
プロシアとサクソニー問題　261, 274, 285, 287-313, 307-8
1815年，戦争に訴えても 302, 305, 310
ポーランド，サクソニーより一部領土獲得　312, 317
フランスへの復讐心　333-4
領土保障条約提案　412
ドイツ連邦に参加　418-23
プロシアとドイツ・ナショナリズム　419-20, 423, 430
オーストリアの外交上の衛星国　442, 459
ナポリ革命への態度　464
フローレンス　495
フンボルト男爵，ヴィルヘルム・フオン　431, 435

ヘ

ベルギー（オランダ，ローカントリーをも参照のこと）47, 192-3, 205, 223, 234, 243, 246, 248, 262
ベルナドット，ジヤン，スエーデン皇太子，のちカールⅩⅥ世　211, 214-6
ベルリン　26, 103, 276
ベルンシュトルフ伯爵，クリスチャン・フオン　484
ベンティンク卿，ウィリアム　68-9

ホ

ボアーネ，オジェンヌ・ド，イタリア総督　259
ポー河　242, 487
ホスポーダ（ヤースィ，ブカレスト，ダニューブ公領総督）509, 514
ポーゼン　312
ポツダム　26
ポッツオ・ディ・ボルゴ，カルロ・アンドレア　566
ボヘミア 27, 128, 133, 137, 142, 154, 161, 270
ポメラニア　312
ポーランド
ポーランドの歴史　173
ナポレオン支配下のポーランド　173, 174
ツアーのポーランド構想　175, 281-2
ポーランド議会　451, 457
ポーランド問題　176, 182, 193, 200, 208, 213, 222, 246, 264, 274-6
ウィーン会議でのポーランドをめぐる抗争　822-314
イギリスのポーランド問題への態度　299-301
カースルレイのポーランド問題への見

ヒ

ピエモンテ，革命勃発 496, 502, 510, 577
革命平定 497-8
東インド諸島 263
ビスマルク，オットー・フオン 567, 570
ピーター大帝，ロシア皇帝 508, 510, 546
ピーター，隠とん者 357
ピット，ウィリアム 64
カースルレイとの関係 64
アレキサンダーとの折衝 80
ピット構想 80-5, 121, 176-8, 183, 193, 203, 305, 316
ヒトラー，アドルフ 270, 502, 583
ピレネー山脈 36, 191, 204

フ

ファミリー・コンパクト 167, 458, 474
ブオル・シャウエンシュタイン伯爵 421, 481
フオンテンブロー条約 259, 322
ブカレスト条約 508-9, 516
フーシェ，ジョセフ，オトラント公爵 36
ブブナ伯爵 89, 91, 93, 96, 116, 141
フーデリスト 209, 212, 251
ブラッセル 24
プラハ 191
プラハ会議 153-5, 158, 178, 242, 308, 483
フランクフルト 222, 398, 421-2, 456
フランクフルト提案 194-5, 198, 223
フランス（ナポレオン，ルイXVIII世をも参照のこと）
ロー・カントリー侵略 7
オーストリアとの同盟 48
ロシア戦役 118
メッテルニヒのフランス政策 120, 134, 196, 221
ブルボン家復位 253, 325
講和条約締結 258, 333
ナポリ革命に対する態度 449-50
スペインへの介入 556
フランス革命 6-8, 15, 24, 67, 81, 170, 248, 252, 353, 367, 445
フランツI世，オーストリア皇帝 37-8, 46, 94, 122, 125-7, 131-3, 135, 145-8, 154-9, 161, 163, 241, 243, 304, 451, 477
1813年のツアーへの信書 113
"いかなる犠牲を払つても講和を" 123, 140-4, 154-8
ライヘンバッハ条約調印 146-7
皇帝の弱腰 151
神聖同盟調印 341
皇帝の性格 125, 156-7, 380-2
皇帝の保守主義 38, 380-2, 415, 568
皇帝とメッテルニヒの関係 382
イタリア行幸 426
"ドイツ皇帝" 434
東方問題をめぐって 516, 520, 539
ブラカス・ダウルプ伯爵，のち公爵 484
フリートラントの戦斗 34, 519
フリードリッヒII世(大王)，プロシア王 26, 100, 287, 564
フリードリッヒ・ヴィルヘルムIII世，プロシア王 26, 96, 112, 207, 220, 267, 291, 413, 423, 428, 430, 462, 476
メッテルニヒの影響力 431-2
ブリュッヘル将軍 220, 231, 234, 247
プルート河 545
ブルボン家 250-1, 260-1
イギリスのブルボン家への態度 67, 204-5, 287, 323-4, 336
ブルボン家の正統性 253-4, 369
ブルボン家へのロシアの反対 322, 324
ブルボン家の復位 253-4, 261, 325-6

ツアーから講和要請　234
エルバ島へ追放　259-60
エルバ島脱出　318-20
ツアーに英・仏・澳秘密同盟の写しを送る　321
ウォータールーの敗戦　325
退位　325
セント・ヘレナでの死　503
〈ナポレオンの個性と見解〉
革命児　7, 243-4
"正統性"への衝撃　7, 559
全能を装う必要　91-3, 127, 240, 242, 244, 559
ポーランド民族主義への態度　99-100, 173
ナポレオンの硬直性　145
国内政策　207
シャティヨン会議への錯覚　225-6
ナポレオンのメッテルニヒ観　19
メッテルニヒとの関係　242-3
メッテルニヒのナポレオン観　54, 369
メッテルニヒとの比較　130-1
イギリスのナポレオンへの憎悪　204
"革命の首領"　321-2
ナルボンヌ伯爵　129-34, 536

ニ

ニーメン河　7, 34, 63, 119, 283

ネ

ネザーランド（オランダ，ベルギー，ロー・カントリーを参照のこと）
ネセルローデ伯爵　179, 191-2, 230, 325, 393, 538

ハ

バヴァリア　142, 302, 418
ハーウィッチ　204
バウツェンの戦斗　140
バーク，エドマンド　351-2, 356, 359, 368
ハーグ　205
バーゼル　69, 213, 222
バッサノ公爵　57, 92, 188, 195-6
バーデン大公　370
バトハースト伯爵，ヘンリー　301
ハノーヴァー（ジョージⅣ世をも参照のこと）　20, 28, 33, 144, 302, 418
ハノーヴァーでのメッテルニヒとカースルレイの協議　528-9
ハプスブルグ家（フランツⅠ世をも参照のこと）　14, 93, 125, 211, 230-1, 243, 262
ハミルトン，ウィリアム・リチャード　249
パラチネット　262
パラーモウ　276
パリ
ツアーのパリ進軍　208, 213, 222, 225-6, 228-9, 242
第一回パリ条約　167, 262-4, 273, 279, 306, 321, 330, 333-4
第二回パリ条約　328, 333-4, 336, 389, 391, 396, 398-401
バルカン危機（ダニューブ公領，ギリシアを参照のこと）
ハルデンベルグ，ウィーン駐在ハノーヴァー公使　20, 45, 49, 114, 126, 129, 140
ハルデンベルグ公爵，カール・アウグスト・フォン　198, 230, 261, 310, 431-2
ポーランド，サクソニー問題への態度　285, 287-91, 294-6, 302, 304, 307, 310
メッテルニヒ外交に敗北　304, 307, 536
パルマ公国　259, 312
ハンガリー　43, 377
ハンブルグ　147

チロル　243

ツ

ツァルトリスキー，アダム　99,173-4

テ

ディジョン　252-3
ティルジット　34
　ティルジット条約　34,508,510
テプリッツ
　テプリッツ条約　187,287,418
　テプリッツ協定　432
　テプリッツ協議　455,462,476
テューリン　496

ト

ドイツ
　ドイツ連邦　296,302,412,432
　ドイツ連邦法　421,441
　連邦の無力　428-30,435
　連邦内の革命的傾向　416-7,531-2
　メッテルニヒのドイツ政策　418
東方問題（ダニューブ公領およびギリシアの反乱を参照のこと）
ドゥーカ伯爵　142
トスカニー　262
　トスカニー大公　312,449
ドニーパー河　173,391
トバゴ　262
トルガウ要塞　311
トルコ（オットマン帝国を参照のこと）
トルン　296
奴隷売買　398
ドレスデン　151-2,154,157-8
トロパウ会議　390, 483-4, 488-9, 492, 520,525
　ツアーの会議開催提案　454
　会議の準備　455
　メッテルニヒの会議への目的　455-7
　会議議定書草案　472,474
　会議の意義　474-8,484-5
トロワー　228,236,239,264,322,393

ナ

ナッソー大公国　433
ナポリ王国　72,416,428,452-6
　ナポリ革命　73, 447-8, 450,460,463, 487,494,496,498,503,522
　ナポリのブルボン家　449,458,474-5
　トロパウ会議での議論　461-78
　ライバッハ会議での結論　484-7,492-5
　リーティの敗戦　495,502
ナポレオン
　プロシア領を通過　27
　アウステルリッツの勝利　28
　イエナとアウエルシュタットの勝利　33
　フリートラントの勝利　34
　ティルジットでのツアーとの会見　34
　スペイン戦争　35
　1809年のオーストリア戦争勝利　37-8
　マリー・ルイスとの結婚　46,57,159
　オーストリアとの同盟　48
　ロシアでの敗戦　8,52
　1812年のメッテルニヒとの交渉 88-93
　1813年の戦争への信念　141
　ドレスデンでのメッテルニヒとの会見　151-2
　プラハ会議　153-5,158
　1813年のオーストリア皇帝への訴え　188
　マンハイムでの会議提案　195
　コーランクールを外務大臣に任命 196
　シャティヨン会議での条件　225-8
　ブリュッヘルを破る　231

神聖同盟 174, 389-91, 456, 505, 511, 515, 518, 545, 554, 557
神聖同盟の起源 340-1
ツアーの構想 340-1, 406-8
メッテルニヒの見解 341-2, 441, 467, 475, 571
カースルレイの見解 341-3
イプシランティの訴え 509-10
神聖ローマ帝冠 113, 377, 418, 434

ス

スイス 195, 204, 207, 210, 245, 262, 320
スエーデン（ベルナドットをも参照のこと） 168, 211, 279, 321
スチュワート，サー・チャールズ 143, 151, 154, 158, 165, 198, 259, 324, 536
プラハ会議でのスチュワート 158
パリ進軍についての覚書 220
シャティヨン会議でのスチュワート 227, 247
ウィーン駐在大使 453-5, 458
トロパウ会議でのスチュワート 464, 468-71, 555
ライバッハ会議でのスチュワート 484, 486-8
ズデーテン危機 270
ストラスブルグ 23-4
ストラングフォード子爵，パーシー・スミス 517, 529, 544-5
ストロガノフ男爵 516-7, 524
スペイン
ナポレオンへの抵抗 35-6, 49, 178, 444
スペインの革命 443, 448, 494-5
スペイン革命へのイギリスの態度 444, 446, 494
フランスの介入 556

セ

セント・エニアン男爵 191-3, 198
セント・ペテルスブルグ 56, 190, 459, 545
セント・ヘレナ 503

タ

大陸封鎖（コンチネンタル・システム） 45, 79
タチチェフ 534-9, 545
タウロゲン，プロシア・ロシア休戦協定 96
ダニューブ公領
ロシアの侵入 508-9
トルコへの反乱 503-4, 508, 511-2, 514-5
反乱平定 512, 533
タレイラン・ペリゴール，シヤルル・マウリス，ベネヴェント公爵 36, 193
タレイランのオーストリア観 14
タレイランの十八世紀観 15
メッテルニヒとの比較 251-2
オータイユの司教 252
ルイXVIII世の復位実現 251-3, 261
ウィーン会議でのタレイラン 271-5, 287, 294, 303, 320-1, 325
タレイラン外交の流儀 272-3, 303
ウィーン会議への抗議 278-80
ポーランド問題への態度 285
サクソニー問題への態度 303
タレイランのメッテルニヒ観 293
〝四大国〟会議に参加 303, 305-6, 310
タルノポル 304, 312

チ

チャーチル 583
チュニス，チュニスのベイ（総督） 514

ゲンツのカースルレイ評　311
ゲンツのタレイラン評　273
コッツェビュ暗殺事件への恐怖　426-30
トロパウ会議への見解　456-7, 465-6
ウィーン会議への見解　556

コ

黒海　517
コッツェビュ，アウグスト・フオン　424, 426-7, 429, 448
ゴードン，サー・ロバート　526
コーランクール侯爵　158-9, 191-2, 195, 198, 213, 221, 239, 241-3, 247-9
外務大臣就任　196
シャティヨン会議でのコーランクール　227-30, 232, 241-3, 247-9
フォンテンブロー条約交渉　259
コルシカ島　46, 93
コンスタンチノープル　509, 514-7, 521, 524, 529, 533, 543-4

サ

サヴォイ　262, 333
サクソニー　25, 175, 193, 212, 261-2, 264, 274
サクソニー問題　274-5, 278-9, 317
サクソニー王　279, 303-4, 311
ウィーン会議でのサクソニーをめぐる抗争　285, 293-8, 313
ザールイ　333
サルジニア　68, 81, 83
サンタ・ルシア　262
サント・ドミンゴ　262

シ

ジェノア　82, 319
シェルト河　72, 182, 203
四国同盟　335-8, 343, 389, 400-1, 405, 411, 441, 444
イギリスの解釈　401-2, 410-1
ツアーの見解　406
メッテルニヒの見解　407-8
カースルレイの見解　408-9
四国同盟とエイクス・ラ・シャペル会議　405-7
シシリー　68, 168, 177, 179, 276, 392, 493
ジャクソン，サー・ジョージ　276
シャティヨン　227-8, 230, 234, 236, 241
シャティヨン会議　225-7, 232, 235, 240, 247-8
ジャコバン党　211, 322, 325, 393
シャトーブリアン　554
シュヴァルツェンベルグ公爵，カール・フィリップ　93-4, 96, 116-7, 119-20, 122, 128, 187, 210, 212-3, 219-20, 224, 234, 316
シュヴァルツェンベルグ公爵，フェリクス　370
宗教改革　364, 428
シュタイン男爵，ハインリッヒ，フオン・ウント・ツム
オーストリアへの羨望　14
東プロシア議会を糾合　101
フランスへの復讐心　334
オーストリア・プロシア両国代表 566
シュタケルベルグ伯爵　106
シュタディオン伯爵，ヨハン　37, 140-3, 146, 158, 227-8, 241, 497-8, 577
ジュネーブ　263
ジョセフィーヌ，フランス皇后　259
ジョージⅣ世，イギリス王，摂政（1811—20）　166, 199, 342-3, 525, 528
ショーモン条約　245, 287, 323, 389, 407-8, 418
シレジア　25, 102, 104, 116

カニング，ジョージ　64, 410, 552
　孤立政策　71
　カースルレイとの比較　554
カポ・ディストリア伯爵
　ツアーの顧問　392, 437
　メッテルニヒのカポ・ディストリア観　392, 500, 532-3
　カポ・ディストリアの同盟への見解　443
　スペイン問題をめぐるカースルレイとの応酬　444-6
　ドイツ諸国の代弁者を狙う　450
　ナポリ革命とカポ・ディストリアの教条主義　456-7, 459, 462-9, 472, 474-7, 502
　ライバッハ会議でのカポ・ディストリア　485, 492-3, 500
　イプシランティへの激励　509, 512
　東方問題へのカポ・ディストリアの態度　515-8, 524-5, 532-5
　カースルレイの非難　521, 530
　ロシアの大臣を辞任　545-6
カーボナリー主義者 416, 490, 493-4, 500
カラマン公爵　459, 474, 536
ガリシア　49, 90, 94, 128, 131, 312
カリッシュ　143, 157, 106, 112
　カリッシュ条約　175, 282, 287, 289
カールズバード条例
　メッテルニヒのカールズバード協議提案　429
　協議の目的　430-1
　オーストリア・プロシア共同提案　432
　メッテルニヒの成功　433-4
　ツアーのカールズバード条例への抗議　437
　カースルレイのカールズバード条例への態度　438
　カールズバード条例の意義　438, 476, 483
ガロ公爵　485-7
カント，エマヌエル　353, 356, 362

キ

ギッチン　142
喜望峰　205, 262
キャンベル，サー・ナイル　319
ギリシアの反乱　503-5, 512-33, 537-8
　カースルレイの態度　520-3
　メッテルニヒの態度　517-20
　ツアーの態度　515-6, 523-4

ク

クック，サー・エドワード　249, 260, 263
クツゾフ公爵　99
グナイゼナウ伯爵，アウグスト・ヴィルヘルム，フオン　220
クネーセベック将軍，フオン・デム 100-4, 106, 109
クラコウ　94, 116, 296, 312
グラハム，サー・ジェイムズ　353
クランカーティ伯爵，リチャード・トレンチ　223, 249, 324
グランド・アルメ(フランス軍)　14, 28, 35, 56, 63, 84, 91, 95, 99-100, 116, 188, 558
クリミア戦争　53
クリュデナー男爵夫人　340-1, 515
グロチウス　360

ケ

敬虔派　393
ゲルツ　485
ゲンツ，フリードリッヒ・フオン
　ゲンツのメッテルニヒ観　20, 163

1813年のメッテルニヒ提案への反論 79
ピット構想復活 80-5, 120-1, 176-8, 305
1813年, ツアーからの保障獲得の試み 177
プラハ会議への不信感 165, 169
オランダと海上権をめぐる交渉 177-85
1813年の大陸への出発 185, 199-201
フランクフルト提案への反対 193-4
オレンジ公とイギリス皇女との婚姻取決め 205
バーゼル到着 213
メッテルニヒとの会見 214-6
ナポレオン打倒へ 222
シャティヨン会議でのカースルレイ 225-36
ツアーとの交渉 232-3
連合に失望 235
寛大な講和の主張者 69, 258
影響力の絶頂 260-3
ツアーとの不和 282-4
英・仏・澳の対ロシア, プロシア秘密同盟提案 306
1815年のウェリントンへの訓令 323, 325
パリでの諸提案 326-33
四国同盟締結 335
メッテルニヒとの協力 391, 397
内閣の見解との対立 399-402, 410-1, 548, 576
エイクス・ラ・シャペル会議への目的 399-401
スペイン革命への政策 444-7
ナポリ革命への反応 73, 448, 450-2
トロパウ会議でのメッテルニヒへの抗議 470-1
最後の外交演説 490-1
東方問題の交渉 505, 520-4
ツアーへの訴え 520-3
ハノーヴァーでメッテルニヒと会見 526, 528-9
ヴェロナ会議出席決意 548
自殺 549, 554
〈カースルレイの個性と見解〉
実用主義 65
孤高の人 65, 233
革命への見解 67-8, 368
ヨーロッパ安定への見解 9-10, 391, 394-5
均衡への信念 69, 73, 120-1, 176-7, 559, 573
政策全般への見解 73-4, 391, 573-7
連合の守護者 85
連合の調停者 223
ポーランド問題への見解 290-1, 300-1
神聖同盟への見解 341-2
ロシアへの見解 395
同盟の結束への見解 452, 489-91
東方問題への見解 505, 520-4
カースルレイのメッテルニヒ観 215, 442
世論への見解 332
安全保障への見解 263, 331
会議方式の提唱者 337-8, 399, 548, 562, 570-1
非介入政策 442, 444-5, 458, 502-5
カースルレイの経験主義 447, 541, 543, 575
メッテルニヒとの比較 9-10, 65-6, 541-2, 573-81
メッテルニヒのカースルレイ観 214, 551
カースルレイへの後世の評価 64, 327
カディズ 443

ヴォルテール　349, 356
ウラディメレスク　512

エ

英仏海狭　71-2, 79, 338, 448
エイクス・ラ・シャペル会議
　会議の目的　389
　メッテルニヒの会議への態度　395-6, 424, 431, 454, 465, 495
　カースルレイの会議への態度　395-6, 442-3, 521
　会議へのイギリス内閣の態度　401-2
　イギリス内閣の目的　410
　イギリス内閣の妥協　446
エジプト，エジプトのエミール（総督）　514
エルバ島　67, 259-60, 318-9, 367
エルベ河　116, 128, 137, 154, 240, 311

オ

オーストリア
　国内体制　13-4, 375-80, 415
　多民族帝国　13, 53, 161-2, 269, 376-8, 394, 415, 573
　タレイランのオーストリア評　14
　1809年の戦争　37-8
　フランスとの同盟　48-9
　カースルレイの1813年のオーストリア観　79
　列強の中間にある国家の立場　118-20
　条約の神聖さに依存する国家の立場　13, 52, 137, 154, 161-3
　オーストリアのナポレオンへの援軍　48, 90-6, 128, 137, 187
　オーストリア軍　135-8, 323, 495-6, 510
　1813年の戦争　161, 187-9
　十九世紀のヨーロッパにおけるオーストリア　316-7, 379
　オーストリアの保守主義　347-8, 427
　オーストリアの道義的強さ　54, 295, 390, 418, 421, 482-3
　オーストリアの利益としてのオットマン帝国の保全　510
オータイユ　252
オーデル河　102, 111, 116, 119, 137
オデッサ　512, 566
オットマン帝国（トルコ帝国）（ギリシアの反乱をも参照のこと）
　ロシアとの関係　508-10
　オットマン帝国の性格　514
　サルタン　390, 514, 517
オポチナ　146, 151
オランダ
　オランダの独立　177, 179, 191
　ベルギー併合　205, 223-4, 234, 262
　1814年の国境決定　245-6, 249, 412
オレンジ公　205, 223, 392

カ

解放戦争　53, 131, 157, 161, 418, 421, 423
会議方式　337-8, 398-400, 401, 405, 410, 548, 562, 571
海狭問題　520, 534
海上権　70, 81, 83, 168, 177-9, 192-3, 199, 234, 271
カサリンⅡ世（大帝），ロシア女帝　516
カスカート伯爵　70, 84, 89, 158, 168-70, 177-80, 183, 190, 198, 209, 392
　メッテルニヒへの態度　166
　シャティヨン会議でのカスカート　227
カースルレイ子爵，ロバート・スチュワート，ロンドンデリー侯爵
　出生と初期の経歴　63-4
　外務大臣就任と下院指導者　63-4
　カニングとの決斗　64

アントワープ　123, 176, 194, 200, 246, 299, 333

イ

イエナ，イエナの戦闘　33, 35, 96, 241, 321
　イエナ大学　424, 428
イエルサレム　515
イギリス（大英帝国）
　国内体制　9, 73, 542
　防御的外交政策　66, 83, 165, 402
　非介入政策　71
　大陸諸国のバランサー　66, 80, 167
　対ナポレオン戦争政策　65-7, 203-4
　連合の守護国　85, 205
　ブルボン家への態度　67, 204-5
　トバゴ他植民地獲得　262
　ポーランド問題への態度　290-1, 299-301
　スペイン革命への態度　444
　ナポリ革命への態度　451-2, 470, 488-9
　東方問題への態度　545
　経験主義的外交政策　447, 543
　同盟との決別　559
　メッテルニヒのイギリス観　111, 453
イギリス皇女　205, 392
イタリア（ナポリをも参照のこと）　54, 68, 82, 200, 210, 245, 259, 262, 312, 320, 323, 393, 396, 441, 448-52, 454, 474, 476, 487, 496, 498, 504, 508, 510-1, 532
　メッテルニヒのイタリア政策 416, 448-9, 463
イプシランティ　509-10, 512
イリリア　43, 54, 143, 145, 147, 157
イル・ド・フランス　262

ウ

ヴァンスィタート，ニコラス，ベクスレイ卿　300, 577
ウィーン
　〈ウィーン会議〉（サクソニーおよびポーランド問題をも参照のこと）
　会議開催の根拠　267
　会議の意義　271
　会議の五段階進行　274-5
　タレイランの抗議　279
　リーネ公の会議評　293
　会議の手詰り　272, 297
　メッテルニヒの会議引き延し策　286
　会議の最終議定書　312-3
　会議の結果　314-8
　〈ウィーンでの協議〉　432, 436, 441, 483
ヴィスチュラ河　94, 99-100, 116, 299, 317, 391, 411
ヴィトロール男爵　250
ヴィルナ　56
ヴィルテンベルグ王国　418, 436
ウェストファリア公国　312
ヴェーゼル河　27
ヴェッセンベルグ男爵　109, 166
ウェリントン公爵
　スペインでのウェリントン　204
　パリへの使節　277
　ウィーン会議出席　323, 330
　第二回ブルボン家復位準備　325
　占領軍撤退の支持　401
　ヴェロナ会議出席　553, 555
　イタリア戦線でのオーストリアへの助言　566
ヴェルサイユ条約　2, 270
ヴェロナ会議　547-9
ウオータールーの戦斗　325

索　引

ア

アイルランド　64, 378, アイルランドの反乱　64
アウエルシュタットの戦斗　34, 96
アウステルリッツの戦斗　28, 35, 241, 321
アコート　276
アバディーン伯爵，ジョージ・ハミルトン・ゴードン　170, 183, 190-3, 195, 198, 206, 210, 227, 536
アメリカ合衆国　178
アルプス山脈　36, 191, 434
アレキサンダーⅠ世，ロシア皇帝
　ナポレオンとのティルジットでの会見　34
　スペイン革命への介入提案　73
　イギリスとの同盟交渉　80, 84-5
　カリッシュでのアレキサンダー　112, 282
　ナレポオンとの交渉拒否　141
　オランダと海上権をめぐるカースルレイとの応酬　177-185
　1814年のメッテルニヒとの対立　207
　完全勝利の主張　209-10, 222-3, 227-8, 232-3
　フランスを除外するための手段　211, 214
　シャティヨン会議での提案　228-34
　パリ入城　253, 325
　フォンテンブロー条約の交渉　259
　パリ条約受諾　262
　ロンドンでのアレキサンダー　267, 276
　ポーランドへの野心　281-4, 290-2
　ウィーン会議でのアレキサンダー　291
　プロシアへの譲歩　312
　クリュデナー男爵夫人との友情　340, 515
　1815年の介入政策　392-3, 442
　エイクス・ラ・シャペル会議出席　405
　連帯責任同盟提案　406-7, 411, 437, 442
　カールズバード条例への抗議　437
　スペインへの介入意図　443-4
　トロパウ会議の提案　454
　ピエモンテ革命への反応　496
　ダニューブ公領の反乱制止　511-2
　ギリシア問題への政策　515-8, 523-4
　東方問題へのオーストリア・イギリス提案の受諾　545
　アレキサンダーの死　556
　〈アレキサンダーの個性〉
　ナポレオンのアレキサンダー観　174
　メッテルニヒのアレキサンダー観　174, 434
　タレイランのアレキサンダー観　174
　メッテルニヒとの比較　209-10
　アレキサンダーの感情主義　304, 330, 446, 493, 518-9, 542, 563
　ブルボン家への嫌悪　322, 324
　アレキサンダーの宗教的高揚と神秘主義　330, 335, 338-9, 356-7, 391-3, 403, 475, 511, 519, 559
　アレキサンダーの妄想　518
　アレキサンダーのメッテルニヒ観 442
　アレキサンダーのメッテルニヒへの服従　475-6, 484, 487, 493-4, 518
アンシロン，J. P. F.,　515, 524
アンステット男爵　158, 456

ヘンリー・A・キッシンジャー

1923年ドイツ生まれ。38年にナチス政権からの迫害を逃れてアメリカに渡る。ハーバード大学では本書『回復された世界平和――メッテルニヒ、カースルレー、そして平和の問題　一八一二～二二年』で博士号取得。69年にニクソン大統領の国家安全保障問題担当大統領特別補佐官、フォード大統領政権では国務長官を務める。73年に、ベトナム戦争の和平交渉での功績が認められ、ノーベル平和賞を受賞。

伊藤幸雄（いとう・ゆきお）

1942年神奈川県横須賀生まれ。明治大学卒業後、政治家秘書等を経てランカスター大学。

キッシンジャー　回復《かいふく》された世《せ》界《かい》平《へい》和《わ》

●

2009年10月30日　第1刷

著者……………ヘンリー・A・キッシンジャー

訳者……………伊藤幸雄《いとうゆきお》

発行者……………成瀬雅人

発行所……………株式会社原書房

〒160-0022 東京都新宿区新宿 1-25-13

電話・代表　03(3354)0685

http://www.harashobo.co.jp/

振替・00150-6-151594

装幀……………和田悠里（Studio Pot）

印刷……………株式会社平河工業社

製本……………東京美術紙工協業組合

ISBN 978-4-562-04533-4, printed in Japan